대 한 민 국

머니
임팩트

대 한 민 국
머니
임팩트

윤광원 지음

비전코리아

지난해 11월 IMF 구제금융 신청 10주년을 맞아 방영된 모 방송사 특집프로그램 중 이런 내용이 있었다.

현재 경제평론가로 활동하고 있는 한 경제전문 기자가 1997년 당시 외환위기를 미리 예측해 국민들에게 제대로 알리지 못한 데 대한 죄책감으로 회사를 그만뒀다.

그해 11월 당시 정부와의 비밀협상을 위한 미셸 캉드쉬 IMF 총재의 극비 방한을 특종 보도했던 기자 역시 사표를 던졌다. 기아사태 때 매각이 순리였음에도 특정 지역 정서와 노동조합을 등에 업고 버텼던 기아 측에 언론이 동조, 결과적으로 경제위기를 더욱 부채질했던 데 대한 자괴감 때문이다.

10년 전의 IMF위기가 우리에게 과연 무엇을 남겼는지, 그리고 한국 경제가 또다시 이런 위기를 맞을 가능성은 정말 없는 것인지 하는 문제를 떠나, 이 두 전직 기자들은 이런 질문을 던진다.

"과연 한국의 언론들은 IMF사태에 대한 책임이 없는가? 또 만일 그런 상황이 다시 닥쳤을 때 이를 미리 예측해내고 국민들에게 제대로 알릴 수 있는가?"

실제로 2007년 초부터 일부 경제전문가에게서 위기의 재연 가능성을 경고하는 목소리가 흘러나왔고 하반기부터 세계 금융시장을 강타한 미국의 서브프라임모기지 부실사태로 그런 불안감은 현실화되기 시작했다.

15년 이상 경제, 특히 금융전문 기자로 활동해온 필자 역시 두 선배 기자들이 제시한 질문과 책임에서 자유롭지 않다. 이 책은 그런 질문과 책임에 대한 필자 나름대로의 대답이다.

사실 필자는 10년 전 이미 지금 이 책과 비슷한 책을 출간하려 했었다. 경제위기를 초래한 관치금융과 정경유착 50년 역사의 실상을 제대로 알리기 위해서였다. 그러나 그 당시는 다른 많은 사람들과 마찬가지로 필자 역시 실직 상태였고 경제적으로나 여러 가지 여건상 책을 쓸 만한 여유가 없었다.

따라서 이 책은 10년 전에 하지 못한 밀린 숙제를 지금에야 한 것이다.

하지만 이 책이 처음 태동한 것은 10년 전이 아니었다. 15년 전인 1993년 무렵이다. 당시 금융전문 월간지인 《은행계》에 재직 중이던 필자는 한 선배의 충고에 따라 슬슬 고개를 들기 시작하는 매너리즘을 극복하기 위해 한국 금융의 지나온 발자취를 야사의 측면에서 되돌아보는 책을 쓰기로 결심했다.

재벌들의 성장 및 쇠망 과정이나 정부 경제정책의 이면을 들춰보는 야사들은 꽤 많지만 금융을 특화한 비사 혹은 야사는 없었기 때문이다.

이런 책이 거의 없는 사정은 그때나 지금이나 마찬가지다. 외환위기 등 특정 사안을 중심으로 한 책들은 많지만 우리 60년 금융사를 관통하는 제대로 된 금융야사는 찾아보기 어렵다. 그래서 IMF 구제금융 신청 10주년과 대한민국 건국 60주년을 맞아 10년 전에 못한 작업을 하기 위해 용기를 냈다.

결국 이 책은 집필에는 10개월 정도 소요됐지만 실제로는 15년이 걸린 셈이다. 개인적으로는 15년 금융기자 인생을 정리하는 의미도 있다.

2008년 새해는 그 어느 해보다도 뜻 깊고, 과거를 반추하면서 잘못을 반성하고 새출발하는 의미가 강하다.

2008년은 대한민국 정부가 수립된 지 60년이 되는 해이다. 동양적 세계관에서 60라는 숫자의 의미는 다른 어느 숫자보다 크다. 60년은 한 갑자, 즉 한 시대의 사이클이 완전히 마감되고 새로운 시대가 시작된다는 것을 뜻한다.

IMF사태 이후의 10년을 '잃어버린 10년' 으로 규정한 이명박 차기 정부는 실용주의를 기치로 내걸고 경제 살리기와 대한민국의 재도약을 선도할 것을 다짐하고 있다. 새로 들어서는 정부의 모든 정책은 이전 정부에 대한 평가와 반성의 기초 위에서 출발할 수밖에 없다.

과거의 지식과 경험에서 현재의 지혜와 자양분을 찾아내는 이에게 역사는 미래의 나침반이요 등대가 될 수 있다. 그러나 그렇지 못한 이에게는 그저 쓸모없는 옛날이야기일 뿐이다.

이 책은 비록 과거를 다루고 있기는 하지만 결코 과거 얘기일 수만은 없다.

금융은 신정부의 국가경쟁력 강화와, 새로운 성장동력 육성에 가장 중요한 핵심분야의 하나이며, 이를 위해 규제완화와 외국 자본 유치, 금융허브 구축, 금융 · 산업자본 분리 철폐 등 다양한 정책대안들이 적극 추진되고 있다.

　이런 상황에서 이 책이 다루고 있는 대한민국 금융사 60년의 경험은 실용주의 경제 시대를 헤쳐나가는 데 지혜와 자양분이 될 수 있다.

　이 책으로 인해 본의 아니게 잊고 지내던 과거의 상처를 다시 떠올리게 된 분이 있다면 정중히 사과드린다. 또 사실과 다르게 기술된 부분이 있다면 기탄없이 지적해주시기 바란다.

　이 땅에 다시는 관치금융과 정경유착이 발을 붙이지 못하기를, 그리고 결코 IMF사태 같은 경제위기가 재발하는 일이 없기를, 나아가 우리나라가 금융 선진국으로 도약하는 그날을 염원하면서, 이 책을 과거 권위주의 정권 시절 금융자율성을 지키려다 희생된 사람들과, IMF위기 당시 은행에서 강제로 쫓겨난 한을 가슴에 품은 채 이 세상을 떠난 이들에게 바친다.

2008년 1월
윤광원

차례

해방·분단·전쟁과 금융인들

조흥은행이 대한민국 중앙은행 될 뻔

1

■　■　■　■

"해방은 도둑같이 찾아왔다"는 말이 있다. 절대 다수의 사람들이 전혀 예상하지 못한 상태에서 갑작스럽게 일본의 패망이 이뤄졌기 때문이다. 이는 금융인들에게도 마찬가지였다.

다음은 《조흥 100년 숨은 이야기》에서 박병철이 회고한 내용이다.

1945년 8월 14일 서울시내 각 전봇대와 담벼락에는, 15일 정오에 일본 천황의 중대 방송이 있을 것이라는, 붓글씨로 쓴 벽보가 나붙었다. 사람들은 "전 국민이 죽창이라도 들고 총공격에 나서라는 명령이 발표되는가 보다"며 불안해했고 밤에는 공습경보가 더욱 심해졌다.

이튿날 정오 광교 조흥은행(현 신한은행) 본점 정문 입구 수위실 앞. 박병철을 비롯한 은행직원들이 모여 수위실에 있는 큰 구형 라디오를 밖에 내놓고 숨을 죽이며 중대 방송을 듣기 시작했다.

천황의 약간 떨리는 목소리가 라디오에서 흘러나오기 시작했다. 잡음이 심해 잘 들리지 않았지만 일본이 무조건 항복한다는 폭탄선언이었다. 일본이 무조건 항복한다니 참으로 믿기 어려운 일이었다. 무적 황군이라고 그렇게 떠들어대던 일본이 망하다니…….

■　　■　　■　　■

조흥은행 본점에 미군병사 5명 주둔

방송을 듣고 있던 일본인 직원들은 아무 말 없이 하나 둘 사라졌고 조선인 행원들은 서로 쳐다보며 수군거렸다. 일본인 중역들이 황급히 두취(頭取, 은행장)실에 모여들었고 저녁이 다 되어 퇴근하는 일본인 차장의, 풀이 푹 죽어 나가는 모습이 그렇게 처량해 보일 수 없었다. 반면 조선인 행원들은 퇴근할 생각도 않고 삼삼오오 모여 앉아서 이 믿어지지 않는 현실과 해방의 감격에 대해 이야기꽃을 피웠다. 모두들 웃고 떠들며 막걸리 사발을 돌리면서 쾌재를 불렀다.

이날 밤부터 서울시내 모든 가정은 그 지긋지긋한 방공커튼을 걷고 참으로 오랜만에 전깃불을 환하게 켰다. 암흑세계에서 일약 광명의 세계로 천지가 개벽하는 느낌이었다.

16일 이른 아침 박병철이 출근하려고 돈암동 전차 종점에 나가보니 대학생같이 보이는 청년들이 완장을 차고 교통정리를 하고 있었다. 일본경찰 대신 치안유지에 나선 자치대원들이었다.

은행에 도착하니 일본인 직원들은 거의 출근하지 않았고 모든 업무는 완전 중지된 상태였다. 어쩌다 출근한 일본인도 풀이 죽어 아무 말이 없었다. 어제까지만 해도 서로 같이 일하던 동료직원이었는데 하루 사이에 이렇게도 쌀쌀하고 서먹서먹해질 수 있는 것인지 박병철은 인생의 무상함을 느꼈다.

해방 당시의 조흥은행 본점 건물

박병철이 근무하던 인사부의 일본인 참사는 자택에서 두문불출했고 심지어 누구누구가 할복자결했다는 소문도 들렸다.

어느새 한낮이 됐다. 갑자기 거리에서 만세소리와 함성이 들려왔다. 도둑같이 찾아온 해방에 어리둥절해하던 시민들이 이제야 거리로 쏟아져나와 자유와 해방의 기쁨을 만끽하는 소리였다. 군중의 선두에 선 이들은 서대문형무소에서 막 풀려난 듯한, 흰색 한복 차림의 사람들이었다. 감격의 순간이었다. 박병철과 다른 은행원들도 창가로 몰려들어 손을 흔들며 환호했다.

미군이 서울에 진주한 것은 9월 8일경이다. 4~5일 후 조흥은행 본점에도 미군 5명이 1층 영업장과 2층 각 부·과에 1주일 정도 주둔했다. 인사부에 배치된 미군병사 휄멘은 훤칠한 미남형이었다. 양담배를 연신 피워대고 껌을 딱딱 씹는 친구인데 총을 거꾸로 메고 다니는 폼이 우스꽝스러웠다. 일본군인과 비교하면 덩치만 큰 애 같았다. 박병철은 생전 처음 보는 미군이라 신기하게 느껴졌지만 우리를 해방시켜준 군인이라 생각하니 친근감이 들어 서툰 영어로 은행 곳곳을 안내했다.

9월 20일에는 미군 환영행사가 대대적으로 열렸다. 조흥은행에서도 100여 명이 선발돼 행사에 참가했다. 남자 행원들은 흰 와이셔츠, 여자 행원들은 흰 저고리에 감색 또는 흑색 치마를 입고 'WEL-COME'이라고 쓴 플래카드를 든 채 시민들의 환호 속에 시가행진을 벌였다. 행진이 끝난 후 참가자들은 식도원 건물 옆에 차려진 임시 식당에서 설렁탕으로 허기진 배를 채웠다.

해방 직후 조흥은행이 수행한 가장 이색적인 업무는 특수업무부의 '적산(敵産)' 관리였다. 일본인들이 남기고 떠난 재산인 적산(주로 가옥)을 관리하고 감정 및 연고자에게 불하하는 일이었다.

조흥은행은 1946년 초 식도원 자리에서 적산불하업무를 시작했다. 불하신청을 받으면 특수업무부에서 적산가옥의 가치를 감정한 후 불하계약을 체결했다. 당시 적산을 불하받는 것은 로또 당첨과 같은 횡재였다. 공짜로 집 한 채 차지해보려는 사람들로 특수업무부 앞은 연일 인산인해를 이루었다.

어떻게 연줄을 댔는지 일제강점기에 수원비행장 건설에 참여했던 근로보국대 중대장이던 사람이 박병철을 찾아와 뻔뻔스럽게 불하계약을 청탁했는데 박병철은 "내 소관이 아니다"라며 거절한 적이 있다고 한다.

미군정청, 조흥은행을 중앙은행으로 밀어

한편 일본인 중역들이 사라진 후 새로 조흥은행장에 오른 이는 정운용이었다. 정 행장은 당시 미군정청의 고든 재무부장과 매우 절친한 관계였다.

그 무렵 금융계의 최대 관심사는 과연 어느 은행이 해방 조국의 중앙은행이 되느냐 하는 것이었다. 일제강점기에 중앙은행 격이었던 조선은행과 조선식산은행(현 한국산업은행)·조흥은행이 서로 중앙은행이 되기 위해 치열하게 경쟁했다.

조선은행은 발권·국고업무 등을 담당하는 조선은행이 당연히 중앙은행이 돼야 한다는 입장이었지만 상황은 여의치 않았다. 조선은행이 일제의 대륙침략에 일익을 담당하면서 한반도보다는 만주와 중국에서 주로 활동했고 상업은행의 업무도 같이 수행하고 있던 것이 문제였다.

식산은행은 "대륙침략의 도구였던 조선은행보다 조선 내에서 주로 활동한 식산은행이 중앙은행의 모체가 돼야 한다"고 주장했다. 조흥은행도 "조선은행은 일제가 세운 식민지 은행이다. 일제하에서 우리 민족자본에 의해 세워지고 우리 민족의 손으로 키워온 은행은 조흥은행밖에 없다"며 새 나라 중앙은행의 모체는 조흥은행이 돼야 한다고 강변했다.

당시 조흥은행은 막강한 비장의 카드를 쥐고 있었으니 바로 정 행장과 고든 재무부장 간의 친분이었다. 당시 우리 금융계를 좌지우지하던 고든 부장은 정 행장의 말이라면 웬만하면 다 들어줬다. 조선은행이 아닌 조흥은행에 적산관리업무를 밀어준 것도 바로 그였다.

그러나 고든 부장이 본국으로 소환되고 윤호병이 새 재무부장이 되면서 조흥은행장도 김한규로 교체됐다. 중앙은행이 되려는 조흥의 노력도 그것으로 끝이 났다. 이에 대해 조흥은행 종합기획부장과 인사부장을 역임한 최기섭은 "해방 직후 정운용 행장은 군정청의 고든 재무부장과 친분을 유지하면서 조흥은행을 중앙은행으로 만들고자 했으나 우리에게 중앙은행 업무를 맡아서 처리해줄 인력이 부족했고 큰 안목이 없었던 게 중앙은행이 되지 못한 이유였던 같다"고 말했다.(조흥은행 편집실, 《조흥 100년 숨은 이야기》)

다음은 한규훈의 《실록 한국은행》의 일부분이다.

"조선은행이 새로운 중앙은행 창설을 위하여 본격적으로 활동을 전개한 것은 대한민국 정부가 수립된 이후였다.

미군정 시대에는 조선식산은행과 조흥은행이 제각기 그럴듯한 이유를 내세워 자기 은행을 중앙은행으로 만들어야 한다고 주장했다. 이 두 은행은 모두 미군정당국과 줄을 대고 중앙은행운동을 활발히 전개했으며 미군정청과 소원했던 조선은행은 오히려 수세에 몰리는 입장이었다.

식산은행과 조흥은행의 중앙은행운동. 어찌 보면 이것은 한은(한국은행) 탄생을 위해 겪어야 할 진통의 하나였는지도 모른다. 조선은행이 새 중앙은행의 모체로서 그 지위가 확정된 것은 대한민국 정부가 수립된 직후였다."

조선은행은 1950년 6월 12일 한국은행으로 거듭 태어나 현재까지 대한민국의 중앙은행으로 자리매김하고 있다.

소련군 약탈 견디다 못해 지점 버리고 월남

미소냉전의 와중에 빚어진 조국분단과 동족상잔의 비극은 금융인들에게도 엄청난 시련이었다. 해방 이후 미군과 소련군이 38선을 경계로 한반도를 분할점령하자 조흥은행도 서울본점과 북한지역 소재 점포들 간의 연락이 두절됐다.

평양지점을 소련군이 접수함으로써 서울 출신 직원들 사이에는 지점을 떠나려는 분위기가 팽배했다. 당시 평양지점에 근무하던 어갑선은 정확한 상황 파악을 위해 서울본점으로 길을 떠났다. 도중에 열차가 끊어져 개성 성황당 고갯길을 걸어서 넘어 겨우 서울에 도착했다.

본점 이동구 상무는 돌아가서 무조건 지점을 지키라고 지시하면서 불만이 있는 사람은 직권으로 승진시켜주라고 했다. 할 수 없이 평양지점에 돌아온 어갑선은 남은 인원 8명을 모두 대리로 승진시켰다. 이렇게 전원 대리가 되어 회전의자를 놓고 앉아 있었지만 은행에는 대출은커녕 예금하러 오는 사람도 없었다.

대신 시도 때도 없이 소련군인들이 들이닥쳐 소련 군표를 조선은행권으로 바꿔달라고 소란이었다. 소련군인들은 대체로 더럽고 입은 옷도 부실했다. 한밤중 술에 취해 몰려와서 '시비(여자)'를 내놓으라느니 하며 행패를 부리기도 했다. 심지어 38선을 월경해 개성지점을 습격, 900만 원을 약탈해간 일도 있었다. 이러한 약탈행위에 대해 스티코프 사령부에 항의했더니 "시베리아 병력이라 그러니 이해해달라"는 회신을 보내왔다.

견디다 못한 어갑선과 직원들은 지점을 포기하고 월남하기로 결심했다. 어갑선은 사리원을 통해 남하, 동두천에서 전에 알고 지내던 북조선인민위원회 소속 경비장교의 도움으로 증명서를 얻어 겨우 38선을 넘었다.

월남한 후에도 어갑선의 고생은 끝나지 않았다. 그는 경북 영천지점장으로 임명됐는데 당시 10월 대구폭동사건의 여파로 영천에는 지점 건물 자체가 없었다. 부임해보니 낮에는 미군정, 밤에는 남로당

천하였고 군청·우체국·경찰서도 없었다.

계수(計數)를 헤아려보니 시재금이 너무 많았다. "왜 이 돈을 조선은행으로 현금수송하지 않느냐"고 실무자에게 묻자 현송 도중 돈을 강탈당할까봐 가지 못한다는 것이었다. 그래서 지점장인 그가 직접 나섰다. 시재금을 배낭에 넣고 허름한 복장으로 거지같이 변장한 채 목숨을 걸고 대구 조선은행으로 길을 떠난 것이다. 이를 본 조선은행 대구지점장이 감동해 점심을 대접하며 환대했다.

어 지점장은 새로 부임한 영천군수와 영천경찰서장에게 면사무소와 경찰서 건물 신축자금으로 한 면당 100만 원씩 총 1200만 원을 대출해주기도 했다.

한편 홍남지점에 근무하던 최기섭은 해방 직후 지점장이 서울로 갔다가 돌아오지 않아 6개월 동안 지점을 책임졌다. 당시 소련군이 들어와 설립한 북조선 중앙은행이 조흥은행 점포들을 통제하기 시작했는데 그때 북조선 중앙은행 기획부장이 된 친구가 최기섭에게 같이 일을 하자고 권유했지만 최기섭은 그 유혹을 뿌리치고 자유를 찾아 월남했다.

개성지점에서 근무하던 강주영은 38선을 넘는 도중 송악산에서 총격전을 만나 목숨이 위태로운 지경이었다. 다행이 짐을 싣고 지나가던 차를 얻어 타고 간신히 탈출할 수 있었다.

전시 미처 피난 못한 은행원 대량 면직

이렇게 조흥은행은 북한지역 점포들을 송두리째 잃었다. 그러나 더 큰 시련인 전쟁의 참화가 기다리고 있었다.

공산군이 남침, 서울이 위험해지자 한국은행은 민간은행에 직원들에게 세 달치 월급을 지급하고 그들을 남쪽으로 피난시키라고 종용했다. 하지만 미처 피난을 못하고 공산군 치하에 남은 은행원들은 대부분 면직됐다. 일도 할 수 없고 급여도 지급할 수 없으니 은행을 지키기 위한 최소 인원만 남기고 정리한 것이다.

당시 조흥은행 적선동지점에 근무하던 권영출은 해방 이전 흥남지점에서 같이 근무하던 옛 동료가 북조선 중앙은행 책임자가 되어 공산군과 함께 내려와, 자신을 생각해준답시고 동대문지점으로 발령하자 할 수 없이 거기서 근무했다. 그러나 그 일로 권영출은 서울수복 후 상당한 고초를 겪어야 했다.

목포지점의 경우 공산군이 밀려오자 숙직자 4명에게 은행을 지키게 하고 나머지 직원들은 피난을 떠났다. 지점을 점령한 공산군은 숙직자들을 위협하며 금고를 열라고 요구했으나 은행원들은 열쇠가 없다며 목숨을 걸고 버텨 끝내 금고를 지켜냈다.

한편 창립 13일 만에 전화에 휩싸인 한국은행은 구용서 초대 총재를 중심으로 신속히 전시체제로 전환, 정부의 남하를 따라 대전·대구를 거쳐 부산에 임시본부를 차렸다.

8월 말에는 한은의 7개 지점 중 부산과 대구지점만 정상 가동됐다. 9·28 서울수복으로 서울에 돌아왔지만 본점 건물이 모두 파괴돼 인근 저축은행 본점(현 SC제일은행 제일지점)에 임시사무실을 꾸려야 했다. 그러나 4개월 후 중공군의 개입으로 다시 전세가 악화되자 이번에는 바로 부산으로 본점을 이전, 1953년 8월 7일까지 2년 반 동안 임시수도인 부산 본점체제가 계속됐다. 재수복한 서울에는 분실을 운영했다.

쏟아지는 포탄 속 통화교환조치 감행

전란 중 가장 극적인 사건은 한은이 보유 중이던 지금은(地金銀)이 미국으로 건너간 일이다. 전쟁발발로 서울이 위태로워지자 한은은 보유 지금은 및 현금을 긴급히 소개(疏開)해야 했다. 그러나 화차 사정으로 철도수송이 여의치 않았다.

이에 구 총재는 국방부의 협조를 얻었고 금은괴 89상자(순금 1070킬로그램, 은 2513킬로그램)는 군 트럭에 실려 6월 27일 오후 2시 극비리에 본점을 출발, 29일 진해 해군통제부에 무사히 도착했다. 해군통제부에 임시 보관되던 지금은은 더 안전한 곳을 찾아 8월 1일 부산을 경유해 미국 샌프란시스코로 보내졌다.

그 후 이 금은괴는 뉴욕 연방준비은행에 기탁됐다가 1955년 우리나라가 국제통화기금(IMF) 및 국제부흥개발은행(IBRD)에 가입할 때 이들 국제금융기구 가입을 위한 출자금으로 충당됐다.

하지만 이렇게 무사히 소개된 지금은은 당시 한은이 보유 중이던 지금은의 절반에 불과했다. 나머지 순금 260킬로그램과 은 1만 5970킬로그램, 미발행 조선은행권 등은 미처 옮기지 못하고 고스란히 공산군 수중에 들어갔다.

당초 한은은 종래 유통되던 조선은행권을 폐기하고 한국은행권을 새로 발행할 예정이었다. 하지만 전쟁발발로 미처 조선은행권을 폐기하지 못한 채 대구에서 최초의 한국은행권을 발행함으로써 한국은행권은 조선은행권과 함께 사용되었다.

한편 공산군은 남한지역의 경제교란을 목적으로 점령지역에서 인민권을 강제 유통시킴은 물론, 탈취한 조선은행권도 마구 남발했다.

심지어 국군과 유엔군이 지키고 있던 낙동강전선, 포항 · 영천 · 대구 · 창녕 · 마산 · 통영을 연결하는 이른바 '워커라인' 내 지역에까지 이들 약탈 은행권을 반입, 공작자금으로 사용했다.

이에 따라 적성통화 유통 봉쇄를 위해 정부는 1950년 8월 28일 대통령 긴급명령 제10호를 발표, 구조선은행권을 한국은행권으로 바꿔주는 통화교환조치를 단행했다. 1952년 1월 26일까지 모두 5차례에 걸쳐 교환대상액 771억 원의 93퍼센트에 해당하는 719억 원이 교환됐다.

전란 중에 취해진 이 같은 교환조치는 그야말로 쏟아지는 포탄 속에서 감행된 또 다른 전쟁이었다. 전주 · 목포 · 광주에서는 현금수송 도중 모두 9차례나 공산군의 습격을 받았으며 대구에서는 현송 차량이 다른 자동차와 충돌, 한은 직원 1명이 순직하기도 했다.

제1차 통화개혁

전시 인플레 잡아라…
정치 싸움에 흐지부지

2
■ ■ ■ ■ ■

돈 가치가 하도 없고 물가가 비싸 시장에 갈 때 돈을 가마니로 싣고 가야만 한다면? 대공황 시절 미국의 얘기가 아니다. 한국전쟁 기간 중 우리나라에서 있었던 일이다. 한국전쟁으로 인한 경제 혼란과 살인적인 인플레이션의 해결책으로 선택된 것이 1953년 2월 15일 단행된 제1차 통화개혁이다.

당시 전쟁으로 모든 산업시설이 초토화되고 생산이 마비 상태에 빠져 물자 구하기가 하늘의 별 따기처럼 어려웠다. 또 막대한 전비조달과 파괴된 시설물 복구를 위해 화폐를 마구 찍어내는 바람에 통화량이 폭발적으로 증가한 반면, 예금하는 사람은 거의 없고 세금도 잘 걷히지 않았다.

전쟁발발 전날인 1950년 6월 24일 558억 원이던 화폐발행고는 1952년 말에는 1조 원을 돌파했고 화폐개혁 전날인 1953년 2월 14일에는 1조 1367억 원을 기록했다. 수요와 공급·통화량 등 모든 측면에서 악성 인플레는 불가피한 상황이었다. 물가는 해방 직후에 비해 무려 18배나 급등했다.

정부와 한국은행은 인플레를 잡기 위해 가능한 모든 방법을 동원해봤지만 허사였다. 김유택 당시 한은 총재는 "당시까지도 우리나라의 통화는 조선은행권과 한국은행권이 병용되고 있었는데 어찌나 인플레가 극심했던지 시장에서는 돈을 가마니로 싣고 다녀야만 거래가 이루어질 정도로 화폐가치가 떨어져 근본적인 대책이 요구됐다"고 회고했다.(김병석 편, 《인물은행사》)

■　　■　　■　　■

시장 가려면 돈을 가마니로 싣고 가야

백두진 당시 재무장관과 김 총재는 숙의를 거듭한 끝에 전쟁으로 누적된 인플레를 정리하는 동시에 전재의 복구와 산업의 부흥에 필요한 자금을 조달할 수 있는 근본적이면서도 유일한 방도가 통화개혁뿐이라는 결론에 도달했다.

전황도 38선 근처에서 밀고 밀리는 교착상태였고 휴전회담이 진행되고 있어 전쟁이 끝나는 것은 시간문제였다. 따라서 전후복구 및 산업부흥자금조달 방안도 시급히 마련해야 했다.

1951년 11월 백 장관은, 태국 방콕에서 열린 국제회의에 참석차

출국하는 송인상 재무부 이재국장(현 한국능률협회 명예회장)에게 통화개혁에 대한 외국의 참고자료를 구해오라고 지시했다. 이승만 대통령에게는 통화개혁을 비롯한 금융경제상의 비상조치가 필요하다는 점을 건의하기 시작했다.

12월 18일 한은 김유택 수석부총재가 총재로 승진하고 한은 출신 송 국장이 한은 부총재로 임명되면서 통화개혁 구상은 한층 활기를 띠었다.

통화개혁 구상은 한은 내부 실무자에게서도 나왔다. 조사부 김정렴 과장(재무장관, 대통령 비서실장 역임)이 그 주인공이다. 김 과장은 제2차 세계대전 이후 세계 각국의 통화개혁 사례를 수집한 다음, 서독·네덜란드·벨기에·일본 등의 성공사례를 정리한 대외비 조사자료를 만들어 김 총재의 관심을 끌었다.

1952년 7월 김 과장은 김 총재의 갑작스런 호출을 받았다. "김 과장의 조사자료를 흥미롭게 봤네. 꼭 한다는 것은 아니지만 만일 우리나라에서 통화개혁을 한다면 어떻게 하는 것이 좋을지 김 과장의 생각을 극비리에 한번 써서 내도록 하시오"라고 김 총재는 지시했다.

9월 초 이번에는 백 장관이 김 과장을 불렀다. 웬일인지 의아해하며 찾아간 장관실에는 김 총재와 송 부총재가 와 있었다. 백 장관은 "김 총재로부터 상세한 보고를 받았네. 통화개혁을 하지 않을 수 없는데 해낼 수 있겠는가?"라고 묻는 게 아닌가. 김 과장은 내심 긴장하면서도 자신 있게 해낼 수 있다고 대답하고는 '비밀을 누설하면 총살한다'는 서약서에 서명까지 했다.

김 과장은 같이 작업할 동료로 같은 과의 배수곤 대리(한국상업은행장, 은행감독원장 역임)를 추천했다. 김 총재는 두 사람을 차에 태워 해운대의 어느 가정집으로 데리고 갔다. 두 사람은 남의 눈을 피해 해운대와 송도의 가정집·여관·호텔 등지를 옮겨 다니며 두문불출, 극비리에 통화개혁안을 만들었다.(김정렴,《한국 경제정책 30년사》)

과장과 대리가 항상 출장만 다닌다면 과원은 물론 은행 사람들이 모두 이상하게 생각할 것이므로 그들은 일부러 결근도 하고, 낮에는 출근해 정상근무를 하다 밤에 작업하는 고된 생활을 하기도 했다. 일개 한은 과장이 값비싼 호텔에 1주일씩 숙박하면서 두문불출하는 것을 수상쩍게 생각한 경찰에서 출두요구를 하기도 했고 뭔가 이상하다고 생각한 기자들의 추적을 받은 일도 있다. 한번은 통금시간을 넘겨 파출소에서 조사를 받다가 하마터면 통화개혁의 비밀이 새나갈 뻔했다.

당초 김 총재는 김 과장의 상사인 이상덕 조사부장에게 "김 과장은 특별히 쓸데가 있으니 간섭하지 말라"고 말해뒀었다. 작업이 어느 정도 진척되자 이 부장과 김병옥 발권부장도 비밀작업에 합류했다. 이때까지 통화개혁 추진계획을 아는 사람은 백 장관과 김 총재, 송 부총재, 이 부장과 김 부장, 김 과장, 배 대리 그리고 이승만 대통령 등 8명이 전부였다.

1953년 1월 통화개혁안이 드디어 완성되자 백 장관과 김 총재, 송 부총재는 부산 광복동 미진호텔에 모여 최종 검토를 마친 후 확정된 안을 들고 대통령 재가를 얻기 위해 당시 대통령 임시 집무실로 쓰던 경남도지사 관사로 올라갔다. 이전부터 백 장관은 이승만 대통령에게 여러 차례 통화개혁의 불가피성을 역설했지만 이 대통령은 썩 내켜하지 않았었다.

당시 브리핑을 했던 송 부총재의 회고다. "이 대통령은 통화개혁의

취지에 대해서는 이해하는 듯했으나 100대 1로 통화단위를 내리는
데 대해서는 왜 1대 1이면 안 되느냐고 반문했다. 더욱이 일정 한도
를 초과하는 금액에 대해 2~3년간 사용을 동결한다는 부분에 대해
서는 납득할 수 없다고 몇 번씩 강조했다."

송 부총재는 "통화단위를 100대 1로 내린다고 해서 물가가 100분
의 1로 내려가는 것은 아니므로 일정액의 통화를 유통 과정에서 흡
수해 통화량을 줄여야만 합니다"라고 이 대통령에게 설명했다.

그러나 이 대통령은 "국민들이 피땀 흘려 벌어서 쓰지 않고 저축해
모은 재산을 정부라고 해서 권력을 가지고 강제로 2~3년 동안 동결
시켜 못 쓰게 하는 것은 찬성할 수 없네. 자본주의의 가장 좋은 점은
사유재산제도를 엄격히 보호해주는 것이 아니겠나? 정부라고 해서
국민의 재산 사용을 마음대로 제한한다면 누가 정부를 믿겠는가?"라
며 반대했다.

하는 수 없이 백 장관과 김 총재까지 나서 진땀을 흘리며 대통령을
설득했고 결국 장시간의 씨름 끝에 이 대통령은 "장관의 소신이 정
그렇다면 할 수 없지 않은가"라면서 '가만(可晩)'이라고 사인을 해주
었다. 통화개혁이 무산위기를 넘기는 순간이었다.(송인상, 《부흥과 성장》)

정월 초하룻날 아침의 통화개혁 날벼락

통화개혁의 가장 큰 난제는 신은행권의 제조·보관·운송문제였다.
시간과 비용도 그렇지만 보안유지가 어렵기 때문이다. 그런데 일이
잘되려고 그랬는지 그때는 이런 걱정이 필요가 없었다. 미군정 시절
미국에서 인쇄해 가져와 창고에 그대로 쌓아둔 예비은행권 'US프린

트'가 있었던 것이다.

미군정 시절 조선은행은 경제 혼란과 인플레를 막기 위해 통화개혁을 실시하자고 주장했다. 하지만 군정청은 가급적이면 충격적인 정책을 펴지 않고 큰 정책은 새로 수립되는 한국 정부에 넘긴다는 입장이었다.

그러면서도 통화개혁 실시에 대비, 미국에서 US프린트를 제조해 납품까지 받아두었다. 군정청은 이 은행권이 도착하자 뜯어보지도 않고 포장 상태 그대로 봉인, 조선은행 금고에 보관시켰다. 이 US프린트는 1·4 후퇴 때 부산으로 이송, 당시 조선방직 창고에 보관 중이었다.

어느 날 송 부총재는 백 장관의 전화를 받았다. "그 조방(조선방직) 창고의 물건은 잘 있겠지?" 그렇다고 대답은 했지만 갑자기 걱정이 된 송 부총재는 김 발권부장과 함께 조방 창고로 달려갔다. 그때 말로만 듣던 US프린트를 처음 보았다. 돈 다발이 산더미처럼 쌓여 있었고 잉크냄새가 코를 찔렀다. 상자 하나를 열고 냄새나는 창고 바닥에 쭈그리고 앉아 액수를 세어보기 시작했다. 다행히 금액에는 이상이 없었다. 안심하고 다시 봉한 다음 창고 문을 잠갔다.

통화개혁의 D-Day는 2월 15일로 정해졌는데 이날이 하필이면 음력 설날이었다. "모든 사람들이 한창 들떠 있는 정월 초하루에 통화개혁을 단행하려니 한편으로는 마음이 언짢은 감도 없지 않았지만 여러 가지 사정을 고려할 때 오히려 그편이 가장 나을 것 같았다"라고 김 총재는 술회했다.

통화개혁에 대한 각종 문서는 김 과장이 담당했다. 그는 배 대리를 비롯한 한은 직원 9명을 당시 비어 있던 한은 부총재 사택에 모아놓고 1주일간 합숙작업을 지휘했다. 말이 좋아 합숙이지 사실상 연금이었다. 동료와 가족에게도 알리지 못해 은행은 은행대로 집은 또 집대로 난리가 났다.

조폐공사 전 직원 구금, 비밀 인쇄작업

통화개혁의 막판 비밀유지를 위한 또 다른 난제는 대통령 담화문과 긴급통화조치 전문 등의 인쇄를 어디서 진행할 것인가 하는 문제였다. 고민하던 김 총재의 머리에 떠오른 곳이 동래의 조폐공사 공장이었다. 김 총재는 국방장관에게 부탁해 헌병 50여 명을 불렀다. 헌병들은 공장을 물샐 틈 없이 포위했다. 이 헌병들에게는 "이 시간부터 외출하는 사람은 무조건 체포, 구금하고 찾아오는 사람은 모두 돌려보내라. 밖에서 이유를 물으면 조폐공사에 모종의 혐의사안이 있어서 조사 중이라고 답변하라"는 지시가 떨어졌다.

백 장관과 김 총재는 나정호 조폐공사 사장을 조용한 방으로 불렀다. 나 사장이 자리에 앉자 백 장관은 돌연 주머니에서 권총을 꺼냈다. 나 사장의 얼굴이 새파랗게 질렸다. "지금부터 하는 말은 국가의 지상명령이오. 만일 누설되는 날에는 모든 것을 각오하시오."

이로부터 사흘간 조폐공사 300여 임직원들은 완전 구금된 상태에서 담화문·포고문·서식 등의 비밀 인쇄작업을 완료했다.

통화개혁 D-Day 하루 전날인 2월 14일 음력 섣달 그믐날 저녁 한은 남자직원 전원에게 송도 미진장 호텔에 집결하라는 지시가 떨어졌다. 김유택 총재가 마련한 설날축하연이라는 명목이었다. 김 총재는 호텔에 모인 300여 한은 임직원들에게 통화개혁 단행을 선언했다. 그리고 "중앙은행의 명예를 걸고 부여된 과업을 책임지고 완수하자"고 당부했다.

새벽부터 한은에 통화 개혁대책본부가 설치되고 신은행권 수송과 교환을 담당할 요원들이 각 지방으로 출발했다.

신·구은행권 교환작업에 분주한 은행직원들

15일 0시를 기해 단행된 통화개혁은 새벽 전파를 타고 전 국민에게 비로소 알려졌다. 김 총재는 아침 6시 KBS방송국으로 나가 통화개혁의 취지와 내용을 설명하고 협조를 당부했다.

제1차 통화개혁의 골자는 이렇다.

첫째, 1953년 2월 17일 이후 종전의 모든 화폐는 일체 유통을 금지한다. 둘째, 2월 17일부터 9일간 모든 금융기관 예금의 인출과 지급을 금지한다. 셋째, 새로 발행된 환 표시의 한국은행권을 대한민국의 유일한 법정화폐로 한다. 넷째, 환화와 기존 원화의 교환비율은 환 1에 대하여 원 100으로 한다. 다섯째, 17일부터 25일까지 9일간 구은행권의 모든 금융기관 채권과 채무를 신고해야 하며 신고하지 않은 것은 무효로 간주한다. 여섯째, 금융기관 예금에 대해서는 세대별로 1인당 500환씩만 지급하고 나머지는 별도 조치가 있을 때까지 동결한다.

정읍 빨치산 금융조합 습격, 신은행권 탈취

통화개혁은 국민들의 경제생활과 재산권에 엄청난 영향을 주는 초헌법적 조치였다. 비록 전시였지만 명절을 맞아 들뜨던 분위기는 새벽부터 날아든 통화개혁 뉴스에 날벼락을 맞았다. 국민들은 이 같은 극약처방에 무엇을 어떻게 해야 할지 혼란스러워 했다. 이틀간의 공백은 불안을 더욱 부채질했다.

각종 루머가 난무하고 매점매석과 사재기 · 물자퇴장 등으로 시장은 일시적으로 혼란에 빠졌다. "이건 공산당보다 더 악랄한 수법"이라고 비난하는 사람도 있고 "재무부와 한국은행 사람들은 서울에 미리 집을 샀다더라" "모 고위층이 소금을 몇 십만 가마 샀다더라" 등등의 악성루머도 나돌았다.

전시 상황이라 화폐 운송 및 교환 과정에서의 에피소드도 많았다. 당시에는 해로수송을 하려면 해군선박이 필요했는데 이를 위해서는 작전지휘권을 가진 유엔군사령관의 협조가 필수였다. 백 재무장관은 당시 겸임 중이던 국무총리서리 자격으로 해론 소장을 통해 유엔군사령관에게 몇 척의 함정을 요청했고 한국 해군참모총장 손원일 제독에게 출항 준비 명령이 떨어졌다.

손 제독은 '대통령이나 총리가 배로 출장이라도 가려나 보다' 생각했는데 난데없이 한국은행 직원들이 새끼줄로 묶은 궤짝을 짊어지고 나타나는 게 아닌가. 통화개혁을 하기로 했으며 지고 온 궤짝이 모두 돈 상자라고 말하자 손 제독과 수병들의 입이 딱 벌어졌다.

강릉에서 일어난 일이다. 모든 예금을 동결해놓았는데 군인들이 국고예금을 찾으러 왔다. 국고금은 긴급금융조치에서 해제됐지만 이를 미처 통보받지 못한 한은 직원들은 예금지급을 거절했다. 그러자 군인들이 발칵 뒤집혔다. "일선 고지에 보급품을 대주지 않으면 적에게 고지를 내주고 후퇴하거나 굶어죽는 수밖에 없다. 네놈들은 다 뭐냐? 다 쏘아 죽이겠다."

군인들이 총부리를 들이대자 한은 직원들은 혼비백산했다. 하지만 예금을 멋대로 내주는 것도 목을 내놓아야 하는 일이므로 직원들은 일단 버텼고 직원 한 사람이 트럭을 얻어 타고 원주로 달려가 확인해 보니 국고금은 지급하도록 돼 있었다. 교통·통신이 원활하지 못한 데 따른 해프닝이었다.

정읍에서는 빨치산들이 벌건 대낮에 금융기관을 습격, 신은행권을 탈취하는 사건이 벌어졌다. 당시 내장산에는 상당수의 빨치산이 준동해 '낮에는 대한민국 밤에는 인민공화국'인 상황이었다.

통화개혁은 빨치산에게도 날벼락이었다. 자신들의 돈이 하루아침에 휴지조각이 되었던 것이다. 따라서 무슨 수를 써서라도 새 은행권을 확보해야 했다. 고부는 내장산과는 거리가 멀어 평소에는 평온했는데 빨치산들은 경찰의 의표를 찔러 상당한 거리의 평야를 가로지르는 위험을 무릅쓰고 경비가 허술한 고부금융조합을 공격 목표로 정했다.

2월 17일 저녁 7시경 요란한 총성이 울렸다. 빗발치는 총탄에 금융조합 건물은 벌집이 돼버렸다. 고부면장과 경찰 및 민간인 1명이 현장에서 사살되고 신은행권 40만 환이 탈취당했다. 이 사건으로 정읍 경찰서장의 목이 날아갔다.

"족청계 백 재무장관 영웅 만들 순 없어"

한편 전국적으로 통화교환이 이루어지고 있는 상황에서 통화개혁의 두 번째 위기가 닥쳤다. 일시적인 시장 혼란과 반대세력의 반발이 심해지자 아무런 사전 정보도 듣지 못해 못마땅하던 경무대 비서관이 대통령에게 이 문제를 부풀려 보고해 가뜩이나 통화개혁에 미온적이던 이승만 대통령이 긴급 국무회의를 소집한 것이었다.

이승만은 일정 금액 이상의 예금을 2~3년간 동결한다는 게 특히 불만이었다. "국민이 애써 번 돈을 정부라고 해서 권력을 가지고 마음대로 못 쓰게 해서는 안 되지 않나. 들리는 바로는 통화개혁을 잘못해서 국민들이 혼란에 빠져 있고 정부에 대해 불만이 많다는 거야."

다행히 각료들 중 경제이론에 가장 밝은 이재형 상공장관의 지원사격 덕에 겨우 고비를 넘기고 원안대로 추진할 수 있었다.

그러나 더 큰 위기는 긴급금융조치법안에 대한 국회심의였다. 당시 휴회 중이던 국회에 2월 25일자로 긴급금융조치법안이 제출되자 본회의에서 격론이 벌어졌다. 의원들은 이구동성으로 "국민의 재산권을 침해했다"며 통화개혁을 문제 삼았다. 백두진·이재형 장관과 김 총재가 좌충우돌하며 설득했지만 의원들은 어떻게든 예금동결률을 대폭 완화하려 들었다.

당시 여권에서는 뚜렷한 주도세력 없이 족청계·비족청계·신라회 및 친여 무소속 등의 파벌들이 암투를 거듭하고 있었다. 백 장관은 조선은행 이사 시절 민족청년단 재정담당이사를 맡은 적이 있어 족청계로 분류됐다. 비족청계의 중진 배은희 의원과 신라회 총수 장

택상 국회부의장은 "정부 원안대로 하면 백두진이 영웅이 돼, 영웅이"라며 자파 의원들을 충동질했다.

결국 동결률이 75퍼센트나 삭감, 사실상 백지화된 수정안이 통과되고 말았다. 김 총재는 당시의 심경을 이렇게 술회했다. "백 장관과 나는 전쟁에서 참패를 당한 기분이었다. 10년간 공들인 탑이 와르르 무너지는 듯한 그런 참담한 기분이었다." (김병석 편, 《인물은행사》)

하지만 이재형 장관은 국무회의에서 "이번 통화개혁은 금융인만의 생각으로 입안을 했기 때문에 이런 결과가 나온 것이다. 보다 광범위하게 실업인과 상공인들을 참여시켰다면 더 좋은 안이 나왔을 것"이라고 비판했다.

재벌의 손에 넘어간 은행들

친여 재벌에 은행 불하, 영구집권 시도

3

2007년 대선정국에서 전통적인 '금산분리(금융과 산업자본의 분리)' 정책이 하나의 쟁점이 된 바 있다. 60년 대한민국 금융사에서 시중은행들이 재벌에게 지배당한 것은 자유당정권 말기인 1957년부터 1961년 5·16 쿠데타 직후까지 단 4년뿐이다. 1957년 정부는 보유하고 있던 은행주를 대대적으로 민간에 불하했는데 그 대부분을 재벌들이 차지한 것이다.

해방 후 일본인들이 소유하고 있던 은행주식을 환수, 정부가 보유하고 있던 것을 '귀속주'라고 한다. 이 귀속주를 민간에 불하, 은행의 완전한 민영화와 자주적 경영을 보장하는 것이 은행법 제정 이후 금융정책상의 최대 당면과제였다. 이에 따라 1954년 10월 정부는 귀속주 불하요강을 발표했다.

하지만 조건이 까다롭고 사정가격이 너무 비싸 여섯 차례의 공개입찰이 모두 유찰됐다. 이에 불하원칙을 완화해야 한다는 여론이 높아졌다. 결국 정부는 불하방식을 분할매각방식으로 전환하고 입찰계좌수 제한을 철폐, 유력 재벌들에게 은행 소유의 물꼬를 터주었다.

은행의 독점지배권을 확보할 길이 열리자 1957년 3월의 은행주 입찰에 재벌들이 몰려들었고 이 과정에서 돈줄인 은행을 장악하기 위해 기업들 간에 치열한 쟁탈전이 벌어졌다. 정치권의 개입과 온갖 유착 및 비호가 난무하면서 결국 극소수 정치재벌이 은행들의 주인이 됐다.

▨   ▨   ▨   ▨

삼호그룹 정재호와 이기붕 · 박찬일의 관계

서울지하철 3 · 4호선 충무로역 사거리 매일경제신문 구사옥 맞은편에 동화빌딩이라는 5층짜리 낡고 초라한 건물이 있다. 주변 고층빌딩 숲에 둘러싸인 볼품없는 건물이지만 이곳은 과거 1950~1960년대 재계를 호령하며 일세를 풍미한 대재벌 삼호그룹의 본거지였다.

삼호그룹은 창업자 정재호가 일제강점기에 설립한 삼호공업사로 처음 출발했다. 경북 예천의 파산한 천석꾼 집안에서 태어나 가난의 설움을 뼈저리게 느끼며 자란 정재호는 소학교를 마치기 무섭게 청운의 꿈을 안고 대구로 나와 양말과 포목 봇짐장사를 시작했고 그 후 양말공장 직공생활을 하다 약관 20세에 대구시내에 조그만 양말공장을 세웠다. 회사 이름은 고향인 예천 삼강리의 '삼(三)'자와 자신의 이름 마지막 글자인 '호(護)' 자를 따서 삼호공업사라 지었다.

창업 10년 만인 해방 당시 삼호공업은 대구 굴지의 메리야스 업체로 성장했다. 정재호는 다시 1949년 대구에 삼호방직을 설립하는데 이것이 재벌 행진의 본격적인 시작이다.

때마침 한국전쟁이 터지면서 직물수요는 폭발적으로 늘었으나 국내 방직시설은 전화(戰禍)로 대부분 가동 불능 상태였다. 낙동강전선 이남에 있어 전쟁의 피해를 전혀 입지 않은 삼호방직은 전국 시장을 휩쓸면서 주체할 수 없을 만큼 떼돈을 벌어들였다.

종전과 함께 서울로 진출한 정재호는 1953년에 대전방직, 자유당 정권 말기에는 다시 조선방직을 잇따라 인수해 이른바 '방직트리오'를 형성했다. 당시 방직트리오는 국내 총생산의 4분의 1을 점할 정도였다. 또 삼호무역을 다른 축으로 해 다양한 업종으로 급속히 영토를 넓혀나갔다. 1950년대 말 삼호그룹은 방직트리오 · 삼호무역 · 저축은행 · 제일화재 · 삼양흥업 · 유창물산 · 원양수산 · 동화통신 · 제주목장 등을 거느린 국내 정상급의 거대 계열기업군이 됐다.

이처럼 삼호그룹이 급성장을 거듭한 것은 정재호 자신의 사업가적 식견과 수완이 뛰어난 때문이지만 권력 핵심과의 끈끈한 유대관계도 단단히 한몫을 했다. 정재호는 당시 '서대문 경무대'로 통하던 권력 2인자 이기붕 부통령과 밀착돼 있었다. 당시 '나는 새도 떨어뜨린다'는 이기붕의 권력은 이승만 대통령을 오히려 능가할 정도였다.

하지만 당시 내막을 잘 아는 사람들은 박찬일 경무대 비서관을 더 주목한다. 박찬일은 경북여고에서 교편을 잡고 있다가 미국으로 건너가 로스앤젤레스 주립대학을 졸업하고 1954년 대통령 비서관이 된 인물이다. 친미파 일색이던 당시 경무대에서 실세 비서관이었던 박찬일은 정재호와 처남 매부 사이로서 그와 이기붕을 맺어준 연결고 리였다고 전해진다.

대구의 일개 방직업자였던 정재호가 명실상부한 국내 굴지의 대재 벌로 도약하는 데 그의 막강한 정치적 배경이 작용했음을 상징적으 로 보여주는 사건이 1957년 12월의 저축은행(지금의 SC제일은행) 인수다.

"윤석준을 포기시켜라", 전방위 외압

온갖 의혹이 난무했던 귀속은행주 불하 과정에서 가장 말썽이 많았 던 것이 바로 저축은행 불하였다. 저축은행 입찰에는 정재호 외에도 윤석준(조선제분) · 설경동(대한전선그룹 창업자) · 강일우(조선제분) 등 쟁쟁한 기 업인들이 대거 참여했는데 윤석준에게 주당 3만 3232환의 최고 가격 으로 낙찰됐다.

그러나 윤석준은 1년이 다 되도록 매수계약을 체결하지 못한 채 시간만 질질 끌고 있었다. 겉으로는 30억 환에 달하는 자금부담 때문 이라지만 사실은 4순위 응찰자였던 정재호에게 저축은행 낙찰권을 넘기라는 정부당국의 외압 때문이었다. 당국은 윤석준에게 "이미 조 선제분이라는 귀속재산이 있으므로 한 개인이 두 개 이상의 귀속재 산을 갖는 것은 곤란하다"는 이유를 들어 저축은행을 포기하라는 압 력을 가했던 것이다.

인태식 당시 재무장관과 이열모 전 이재국장은 윤석준에게 조흥은 행으로 방향을 선회할 것을 종용했다. 서재식 신동아화재 사장도 한 몫 거들어 조흥은행 주식이 저축은행보다 훨씬 싸므로 부담이 적다 고 설득했다. 버티다 지친 윤석준은 결국 조흥은행 낙찰자인 민덕기에게서 조흥은행 주식 5만 2000주를 매입했고 이는 저축은행을 사실상 포기한 것이나 다름없었다.

그런데 얼마 후 재무장관이 인태식에서 김현철로 바뀌었다. 윤석준과 가까웠던 김 장관은 그에게 낙찰권을 부여한다고 통고했지만 이미 조흥은행 주식을 매수한 윤석준에게는 저축은행 인수에 드는 막대한 비용을 충당할 만한 여력이 없었다.

윤석준의 저축은행 인수를 막으려는 정치권력의 외압은 집요했다. 만일 인수를 강행한다면 저축은행이 유치하고 있는 도금고를 신설 농업은행으로 이관하겠다고 위협했다. 권력 핵심부의 압력은 심지어 김 장관에게도 가해졌다. 시중에는 "만일 윤석준이 저축은행을 인수하면 저축은행은 정치적 제물로 사라지고 말 것"이라는 소문이 파다했다. 이 모두가, 재력이 시원찮은 정재호에게 저축은행을 헐값에 넘겨주려는 권력 핵심의 농간이었다.

결국 입찰자 중 주당 2만 7610환이라는 가장 낮은 가격을 써낸 정재호가 저축은행의 주인이 됐다. 하지만 그 가격에도 인수자금이 모자라 정재호는 저축은행 매수를 전제로 8억 환의 특별융자를 받아야 했다. 그는 주식을 반반씩 나눠 공동운영하자는 윤석준의 간청을 냉정히 뿌리쳐 여론의 지탄을 받았다.

운칠기삼(運七技三)의 잊힌 기업인과 1950년대 재벌

권불십년(權不十年)이라 했던가. 4·19 혁명으로 자유당정권이 무너지자 정재호가 기대던 권력의 언덕도 사라졌다. 5·16 쿠데타 이후 들어선 군사정권은 정재호를 자유당 시절의 부정축재자로 간주해 저축은행을 통째로 몰수하고 3억 5000만 원의 벌금까지 물렸다.

이후 정재호는 군사정권하에서 '줄 바꿔 잡기'에 실패하고 삼성그룹 이병철과는 달리 경제개발 과정에서 사업 변신의 기회도 잡지 못한 채 서서히 몰락해갔다. 오늘날 운칠기삼(運七技三)의 기업인 정재호와 1950년대의 정상급 재벌 삼호그룹을 기억하는 이는 거의 없다.

홍업은행(한일은행으로 개명했다가 나중에 상업은행과 합병해 한빛은행이 되고 다시 현재의 우리은행으로 바뀜)·조흥은행·상업은행(현 우리은행) 등 다른 시중은행의 사정도 저축은행과 크게 다르지 않았다. 표면적인 공매 결과와는 무관하게 권력자들이 의중에 둔 재벌의 손에 은행소유권이 귀착됐고 그 과정에서 자유당계 정치재벌들 간에 치열한 줄 잡기와 진흙탕 싸움이 벌어졌다.

지난 1993년 한국일보 이종재 기자는 저서 《재벌이력서》에서 당시의 귀속은행주 불하에 대해 이렇게 평가했다. "금융의 민주화를 위해 금융기관의 민영화를 추진한다는 것이 정부가 내건 은행주 불하의 명분이었으나 실제로는 자유당정부가 친여 재벌들로 하여금 은행을 주축으로 한 근대적인 콘체른을 형성하도록 한 뒤 영구집권을 뒷받침하는 세력기반으로 이용하려 했던 것이다."

3위 응찰자 이병철에 홍업은행 불하

홍업은행의 불하 과정도 저축은행 못지않게 말이 많았다. 설경동·윤석준·정재호·강일우 등 재계의 내로라하는 실력자들을 포함해 총 18명이 몰린 귀속주 입찰에서 삼성그룹 창업자 이병철은 입찰가 기준 3위였으나 1·2위 응찰자들을 제치고 낙찰되면서 36만 3500주

당시 저축은행 본점이 있던 건물로 한국은행 건너편 남대문시장 입구에 있다. 현재는 SC제일은행 제일지점이며 서울시 유형문화재 제71호이다.

구한말인 1909년 건립된 우리은행 종로지점 건물(서울시 기념물 제19호). 대한천일은행 – 한국상업은행 – 한빛은행 – 우리은행으로 이어진 100년의 역사를 말없이 지켜왔다.

대한민국 머니 임팩트

를 매입, 지분율 83퍼센트로 흥업은행의 지배권을 완전히 장악했다.

이병철이 써낸 가격은 주당 2866환으로 1위 주당 4400환, 2위 3300환보다 응찰가가 낮았다. 당연히 1순위 응찰자에게 낙찰권이 돌아가야 했으나 정부는 1·2위 응찰자의 매입 희망 주식수가 50주와 100주인 점을 꼬투리 잡았다. "은행주 대량 매각 방침에 따라 실력 있는 기업인이 불하받아야 한다"는 것이다.

훗날 이병철은 자서전 《호암자전》에서 이렇게 밝혔다.

"(1·2위 응찰자의 행동은) 다른 응찰자에 대한 짓궂은 행동으로밖에 생각할 수 없었다. 은행주가 분산되면 금융시장의 정비를 기할 수 없으므로 묶어서 불하하려는 것이 정부의 의도인 것 같았다.

입찰가격 제2위인 주당 3300환으로 사주기 바란다는 정부의 요청이 있어 낙찰에서 빠진 잔여주까지 합해서 그 가격으로 사들이게 됐다. 총액 11억 9000만 환 상당의 규모였다."

조흥은행은 일제강점기 말 동일은행과 대구은행이 합병해 탄생한 은행이다. 따라서 양대 주주인 동일은행계 민씨 집안과 대구은행계 정씨 집안 중 어느 쪽이 주도권을 잡느냐가 관심사였다.

1957년 3월 말 실시된 입찰에서 민씨 가문은 민덕기(조선맥주)를 중심으로 계성(주)·휘문재단·영보합명회사 및 민병도 당시 조흥은행 전무 등의 지분을 합쳐 총지분율 40퍼센트가 넘는 7만 8000주를 확보해 4만 6000주에 그친 정운용·정종원 등 정씨 가문을 압도했다. 하지만 민씨들은 이를 지켜낼 힘이 부족했다. 민덕기의 조선맥주가 경영위기를 겪고 있었기 때문이다.

결국 민덕기는, 저축은행에서 밀려나 '꿩 대신 닭'을 노리던 윤석준에게 조흥은행 주식 5만 2000주를 주당 8000환이라는 헐값에 넘겨버렸다. 윤석준 입장에서 저축은행 인수는 29억 5000만 환이라는 거금이 필요한 반면 불과 4억 환으로 30퍼센트의 만만찮은 지분을 확보할 수 있는 조흥은행에 매력을 느꼈을 수도 있다.

그러나 윤석준은 조흥은행도 차지할 수 없었다. 권력 핵심의 의중에 삼성 이병철이 있었기 때문이다. 얼마 후 이병철은 조흥은행 주식 55퍼센트를 매입, 경영권을 장악했다. 저축은행을 정재호에게 빼앗긴 윤석준은 어쩔 수 없이 차선책으로 선택한 조흥은행에서도 쓴잔을 마신 꼴이 됐다.

그도 김현철 장관이라는 만만찮은 배경을 갖고 있었지만 정작 입찰단계에서는 장관이 인태식으로 바뀌어 있었다. 나중에 김 장관이 다시 컴백해 도와주려 했지만 이미 게임은 끝난 뒤였다. 윤석준은 공연히 헛돈만 쓰고 몰락의 길에 빠진 비운의 주인공이다.

흥업은행 · 조흥은행 · 상업은행 모두 이병철이 장악

상업은행의 경우는 상대적으로 우여곡절이 적었다. 기존 대주주인 이한원은 합동증권 진영득 사장을 대타로 내세워 최고 낙찰권을 따냈다. 이한원은 동아상사 · 국제손해보험 · 전남방직 및 대한제분 등을 거느린 유력 재벌이었다. 물론 그 역시도 순탄치만은 않았다. 예상치 못했던 도전자가 나타났으니 바로 대한산업 사장 설경동이다.

설경동은 자유당 재정부장을 지낸 정계실력자이기도 했다. 정부는 재력 부족을 빌미로 최고 낙찰자인 진영득의 낙찰권을 인정하지 않고 설경동에게 상업은행을 인수시키려 했다. 하지만 인 장관이 물러나고 김 장관이 복귀하면서 상업은행 낙찰권은 공매 결과대로 진영득에게 인정되어 이한원이 최대주주가 됐다.

이한원은 대주주가 되자마자 상업은행 경영진에게 모든 은행취급 화재보험을 계열사인 국제손보와 계약토록 압력을 가해 손해보험업계에 충격을 주기도 했다.

그러나 겉보기에만 그럴 뿐 실상 이한원은 독점적인 지배권을 행사하지 못했다. 흥업은행이 소유한 상업은행 지분이 33퍼센트나 됐기 때문이다. 오히려 흥업은행 대주주인 이병철이 더 큰 영향력을 발휘했다. 이렇게 이병철은 4대 시중은행 중 3개 은행을 사실상 장악했고 전체 은행 주식의 거의 절반을 소유했다.

1950년대 말 삼성은 이미 삼성물산·제일제당·제일모직·한국타이어·안국화재·효성물산·근영물산·조선양조·풍국주정·대한제당판매·삼척시멘트·천일증권·동일방직·호남비료 등 거대 계열기업군을 거느린 재계 정상이었다. 헌데 3개 시중은행까지 지배하게 된 것은 삼성의 욱일승천 기세에 날개를 단 격이었다. 이병철은 《호암자전》에서 이렇게 말했다.

"(대주주) 입장을 이용하여 임의로 금융기관을 운영하고자 했던 것은 결코 아니다. 시중은행주를 매수한 것은 이 나라 금융의 근대화를 기필코 실현하자는 일념에서였다."

당시 인 장관은 저축은행 낙찰자 윤석준을 조흥은행으로 돌리기 위한 작전의 일환으로 흥업은행 소유 조흥은행주 1만 6431주를 윤석준에게 수의계약으로 매각하라고 이병철에게 종용했다.

이병철은 이를 한마디로 거부했다. "흥업은행이 보유한 조흥은행 주식은 상호주(시중은행들끼리 서로 교차 보유한 주식)로서 귀속재산이 아니며 은행 소유이므로 자신이 독자적으로 처리할 수 있는 성질이 아니다"라는 이유에서다.

이 때문에 한때 재무부와 이병철 사이에는 난기류가 흘렀다. 그 무렵 산업은행법을 개정해 산은에 한은 재할인을 허용하려는 움직임에 대해 앞장서서 반대운동을 벌인 것도 이병철의 흥업은행이었다.

은행귀속주 불하로 재계판도 지각변동

주무장관의 요청을 일언지하에 거절하고, 막강한 배경을 가진 재계 실력자들을 누르고 3개 은행을 사실상 싹쓸이할 수 있었던 이병철의 배짱과 힘은 과연 어디서 나왔을까? 그것이 가능했던 것은 이병철의 후원자가 절대권력 그 자체였던 이승만 대통령이었기 때문이다. 이처럼 당시 은행을 불하받았던 재벌들은 모두 권력 핵심과 유착돼 있었다.

불하를 받지 못한 사람들도 마찬가지였다. 설경동과 윤석준은 물론 조선방직의 강일우도 이 대통령과 연분이 깊은 정치재벌이었다. 치열한 막후 파워게임이 벌어졌음을 짐작할 수 있다.

나중에 인 장관은 이렇게 변명했다. "입찰 과정에서 최고가로 입찰한 사람을 제쳐두고 다른 사람에게 낙찰시켰다고 해서 말들이 많았다. 그러나 분명히 말할 수 있는 것은 조흥은행의 민씨는 조선맥주 하나만으로도 경영에 힘겨운 상황이었고 저축은행의 윤씨는 조선제분이라는 귀속재산을 안고 있는 처지여서 한 개인이 두 개 이상의 귀속재산을 가질 수 없다는 당시의 법규정에 사실상 위배되고 있었다."

은행귀속주 불하는 재계판도에 지각변동을 가져왔다. 삼성·삼호·동아상사 그리고 새로 창립된 서울은행의 지배주주인 개풍그룹 등은 1955년까지만 해도 대부분 10대 그룹은커녕 20대 기업에도 대부분 들지 못하는 신출내기들이었으나 은행을 장악하면서부터 5년 만에 삼성이 재계 정상에 오르는 등 모두 굴지의 대재벌로 도약했다.

정치권력과의 과도한 유착은 이병철에게도 부메랑이 됐다. 5·16 쿠데타 이후 그는 한때 부정축재자 제1호로 몰려 정재호와 마찬가지로 시중은행 주식을 모두 강제 환수당하고 신체적 고초까지 겪어야 했다.

자유당정권의
권력형 부정대출

현대판 봉이 김선달
목포 앞바다를 팔아먹다

4

1958년 11월 20일 제30회 국회 재경위원회 3차 회의에서 양일동 의원은 "옛날에 봉이 김선달이 대동강 물을 팔아먹었다는 얘기를 들었는데 요새 떠도는 말을 들으면 봉이 김선달이 아닌 문창숙이라는 사람이 목포 앞바다 물을 팔아먹고 있습니다"라며 일종의 사기사건을 폭로했다.

　주인이 누구인지도 모르는 유령회사가 염전을 한다면서 대출을 받아 방파제를 쌓고 염전 자리만 잡아놓은 채 3년이 넘도록 그대로 방치하고 있었다. 당시 주민들 사이에는 그 회사가, 애써 일군 염전에서 자신들을 쫓아내려 한다는 소문이 떠돌았다.

대출금지업종에 담보도 없이 거액 대출

'현대판 봉이 김선달' 사건의 주인공은 척방염전과 수수께끼의 인물 문창숙이었다. 척방염전은 총면적 430정보에 염전 실제 축조면적 263정보, 총공사비 6억 7600만 환의 사상 최대 규모의 염전사업계획서를 산업은행에 제출했다.

산업은행은 척방염전에 염전개발자금으로 당초 3억 환을 대출해 줄 계획이었으나 척방염전은 설계변경을 통해 5억 환을 대출받았다. 게다가 이후 4억 환이 더 대출될 예정이었다. 담보는 전혀 없었다. 있다면 바닷물과 갯벌뿐이었다.

이런 터무니없는 거액 대출이 이뤄지게 한 것은 융자를 해주라는 전매청의 추천서 달랑 한 장이었다. 게다가 당시 김현철 재무장관은 이 같은 부실대출을 감독하기는커녕 200만 달러의 개발차관자금을 척방염전에 지원해달라는 추천서를 미국에 공식 전달하기까지 했다.

당시 염전은 여신금지업종이었다. 정부는 한때 염전 개발을 장려했으나 제염업체가 지나치게 늘어나면서 과당경쟁에 따른 업계 전체의 부실화가 우려되자 염전 신규 허가와 융자를 전면 금지했던 것이다. 그러나 유독 척방염전만은 허가를 받고 담보도 전혀 없는 상태에서 거액을 대출받을 수 있었다.

국회에서 이 문제가 불거지자 김 재무장관과 김영찬 당시 산업은행 총재는 "신규 허가 금지조치 이전부터 구상된 사업계획이며 사상 최대 규모에 최신 설비를 갖추고 해외수출까지 계획하고 있는 업체여서 특별히 허가해주고 개발차관 추천서까지 써줬다"며 궁색한 변명을 했다.

게다가 사후관리도 전혀 이루어지지 않았다. 수천만 환의 자금용도 확인을 영수증 달랑 한 장으로 처리했고 이자연체가 상당 규모 발생하고 있었음에도 국정조사 제출서류에서 연체 사실 부분을 검은 줄을 그어 지워버렸다. 의원이 캐묻자 '단순 오기'라고 발뺌했으나 곧 실제 연체 사실이 드러났다. 이런 판국에 또 4억 환을 추가 대출하겠다는 것이다.

이뿐만이 아니다. 현지 염전업자들은 가동 중인 염전을 매입하더라도 1정보당 140환, 아무리 시설이 좋더라도 200환이면 충분하다고 증언했다. 그러나 척방염전에 대한 시설자금 융자금액은 정보당 330환이었다. 척방염전은 완성된 염전 매입가격의 2배를 개발자금으로 대출받은 것이다. 장부상의 자체자금까지 합치면 4배가 넘었다.

자금관리서류의 자금용도란에 붙어 있는 영수증도 확인해보니 인물과 주소가 가짜였다. 완전한 사기극이었다.

이런 사기놀음에 정부가 장단을 맞추고 미국에 추천서까지 써줬고 산업은행은 알면서도 사기꾼에 속아주면서 아예 떼일 것을 각오하고 거액을 빌려줬으니 현대판 봉이 김선달이 목포 앞바다 물을 팔아먹는다는 얘기가 나올 만도 했다.

대출액 절반이 자유당 선거자금이라는 소문

양 의원의 추궁은 이어졌다. "산은(산업은행)의 조서를 보면 대기업가인 김성곤씨가 보증을 해서 잘못돼도 책임진다는 의견서가 붙었는데 나중에 무슨 이유인지 김성곤씨 보증은 취소가 되고 지금은 전혀 변상할 수 없는 그런 사람으로 보증인이 교체돼 있습니다."

대한민국 머니 임팩트

여기서 낯설지 않은 이름이 등장한다. 김성곤, 바로 1950∼1970년 대 정·재계 실력자이자 쌍용그룹 창업자다. 당시 김성곤은 국내 굴 지의 섬유업체인 금성방직 사장 겸 여당의원이었다. 금성방직은 나 중에 대농그룹에 인수된 쌍용그룹의 모체로서 1955년 당시 자본금 (200억 환) 기준으로 국내 5위의 대기업이었다.

일제강점기 상공은행 출신 금융인이던 김성곤은 해방 후 대구에서 삼공유지를 경영하던 중 영등포에 있는, 일본인들이 버리고 간 적산 인 동경방직의 방직기 2000추와 안양에 있는 조선직물 공장건물을 불하받아 금성방직을 차렸다. 이 공장은 한국전쟁 때 불타버렸지만 미국의 원조 덕분으로 김성곤은 재기할 수 있었다.

한국전쟁 막바지에 이르러 미국은 기존 구호물자 원조 대신 경제 복구 원조로 방향을 전환했다. 한국 정부는 UNKRA(유엔한국재건단)· ICA(국제협조처) 및 PL(미공법) 480호 원조 등 국제사회의 원조자금들을 특혜적으로 정실배분해 권력형 재벌들을 육성했다. 1954년 UNKRA 는 방직 및 제지시설자금 270만 달러를 지원했다. 김성곤은 이 원조 달러를 배정받아 금성방직을 재건할 수 있었다.

김성곤은 적산불하와 원조달러 지원, 정권과의 유착이라는 초창 기 재벌의 전형적인 코스를 걸어 재벌이 된, 1950년대의 대표적 자 유당계 기업인의 한 사람이다. 특히 그는 정경유착에 그친 것이 아 니라 직접 정치판에 뛰어들어 여당 국회의원이 됐고 5·16 쿠데타 이후에도 살아남아 공화당의 거물 정치인으로 변신했다. 반 김종필 라인이던 그는 삼선개헌의 막후 주역이기도 하다.

이 김성곤이 1958년 8월 22일 국회에서 금성방직이 산업은행 연 계자금(連繫資金) 2억 환을 대출받은 것에 대해 신상발언에 나섰다. 이

것이 바로 산업은행 역사상 최대 오점 중 하나인 연계자금사건이다.

9월 19일 임시국회 본회의장에서 민주당 엄상섭 의원은 흥분한 목소리로 따졌다. "연계자금이란 연계되어 지출됐다 그거야. 연계가 되었든지 안 되었든지 그것이 문제가 아니에요. 그 연계되어 가지고 나가는 거기에 불법이 있고 부정이 있다는 것이 문제입니다. 항간에 굴러다니는 말이 3~4월에 40억에 가까운 돈이 나갔는데 그 절반은 자유당 선거자금으로 나갔다, 이런 말이 돌아다녀요."

이 사건으로 이미 7월부터 국회 재경위와 예결위에서 여야 및 정부가 격돌하고 있었다. 김 재무와 한국은행 및 산업은행 총재에 대한 불신임안이 발의되었고 여야의원들은 서로 욕을 퍼부으며 난투극을 벌였다.

연계자금이란 한국은행의 돈을 산업은행이 지목한 기업에게 시중은행창구를 통해 대출한 자금을 말하는데 3개 기관이 연계된 대출과정은 복잡하다. 우선 산업은행이 재무부의 승인을 얻어 융자 순위를 정한 다음, 한국은행에 대해 지불보증을 한다. 이를 근거로 시중은행이 한국은행에서 재할인을 받은 후, 그 돈을 산업은행 관리계정에 넣어 해당업체에 대출케 하는 것이다. 산업은행의 대출재원이 고갈되자 나온 편법이다. 결국 산업은행은 돈 한 푼 없이 한국은행의 돈을 가져다 원하는 기업에 대출해주었던 것이다.

이 연계자금은 거의 친자유당계 기업에 지원됐다. 특히 1958년 5·2 총선거를 앞두고 특정 업체에 집중 지원됐고 이 중 상당 부분이 자유당 선거자금으로 흘러갔다는 의혹이 눈덩이처럼 커지고 있었다. 야당이 흥분하는 것은 당연했다.

대한민국 머니 임팩트

쇠고기 군납, 영화사가 국가기간산업?

1958년 2월부터 4월까지 연계자금으로 대출된 금액은 정부에서 밝힌 액수만 35억 5800만 환, 야당 측 주장으로는 39억 7000만 환에 달했다.

정부는 대한중공업에 4억 6800만 환, 금성방직 2억 환, 태창방직 1억 환, 조폐공사 2억 환, 동양시멘트 1억 5000만 환, 조선방직 1억 5000만 환, 중앙산업 6억 7000만 환, 삼호방직 2억 환, 동립산업 7억 환, 동양사료 5억 환, 국제보도연맹 2000만 환, 수도영화사 2억 환 등이 대출됐다고 국회에서 밝혔다.

정부는 국가기간산업으로 국민경제에 꼭 필요한 업체여서 대출해 줬다는데 계란과 쇠고기 및 건빵 군납업체와 영화사 등도 국가기간산업이라는 것이다. 이들은 모두 친여 기업 또는 국영업체들이었다. 이 업체들이 이렇게 대출받은 돈의 상당 부분을 5 · 2 선거 때 선거자금으로 바쳤다는 의혹이 불거졌고 야당은 반발할 수밖에 없었다.

당시 야당과 정부 측(김 재무장관과 구용서 산은 총재)이 국회에서 벌인 공방을 들어보자.

야당: 동양사료는 사료를 생산해 판매하는 회사가 아니라 소와 계란을 사가지고 군에다 납품하는 회사랍니다. 사료를 제조한다면 농촌에서 중요한 노동력인 소를 증강한다는 면에서 기간산업 근처에는 갈는지 모르겠지만 농민들이 길러놓은 소를 사다가 수백 두씩 때려죽여 노동력을 감소시키는 이런 회사가 무슨 기간산업이 되느냐 이 말이에요.

정부: 거기서 많은 소고기를 미군에 납품하면 달러를 획득할 수 있

으므로 기간산업입니다.

야당: 이 동양사료에 근 7억 환의 돈이 나갔는데 거기에 아무런 담보가 없어요. 제주도에 있는 소 몇 마리 가지고 이것이 담보다 그러는데 소가 있는지 없는지 누가 가본 사람도 없고 그렇습니다.

정부: 대출액은 7억이 아니라 5억입니다.

야당: 담보관계는 어찌된 거요?

정부: (묵묵부답)

야당: 영화제작소에 영화제작비 내지 운반비로 2억 환을 대출했는데 그것이 어떻게 기간산업이나 중요산업이 됩니까?

정부: 외화를 획득할 수 있으니까 중요산업이라고 봅니다.

야당: 산업은행법 18조에 중요산업 해놓고 괄호하고 선박과 차량을, 이것도 중요한 산업에 안 들어갈지 모르니까 일부러 집어넣었는데, 어째서 영화제작이나 음반이 기간 내지 중요산업입니까?

정부: 대한중공업과 활동사진의 영향을 비교하면 물론 산업 방면에서는 대한중공업이 큽니다. 그러나 국민 전체의 생활에 미치는 영향은 활동사진이 오히려 더 크다고 봅니다.

야당: 그따위 잠꼬대 같은 소리 집어치워요.

당시 야당의 조사보고서 내용이다. "첫째, 연계자금은 아무런 법적 근거가 없이 산업은행의 각서 한 장으로 시중은행을 통해 방출됐다. 둘째, 금융통화위원회의 의결서에는 국회의 동의를 얻어 산업은행 증자를 한 다음 산업금융채권을 발행, 연계자금 대출액을 연내로 시중은행에 상환토록 돼 있다. 셋째, 금통위(금융통화위원회)의 일부 위원들은 강경하게 반대하고 퇴장했으나 어거지로 승인시키도록 했고 넷째, 융자 업체들의 담보물이 확실치 않은 점으로 미루어 산은 대출은 명백히 선거자금을 마련하기 위해 꾸며낸 계획적인 부당대출사건이다."

야당은 연계자금을 받은 업체들이 5·2 선거를 위해 10억 환가량을 자유당에 바쳤다고 주장했다. 이는 연계자금 대출총액의 약 4분의 1에 해

당시 군납은 재벌의 가장 손쉬운 치부수단이자 정경유착의 루트였다. 사진은 그 무렵의 군납촉진대회 광경.

당하는 액수다. 엄상섭 의원은 "제가 들은 세 사람(연계자금을 대출받은 기업인) 가운데 제일 적게 뜯긴 사람이 6분의 1입니다. 제일 많이 뜯긴 사람은 홀랑 가져간 사람도 있습니다. 그 중간은 3분의 1쯤 가져갔습니다. 그리고 4월 말경에 80만 환 보증수표가 200매 끊겨나갔다는 것도 세상이 다 아는 사실입니다"라며 따졌다.

7월 24일 국회 예결위에서는 무소속 민관식 의원이 이렇게 추궁했다. "본인한테 들었습니다만 한 1억 환쯤 빌려간 모 방직회사입니다. 자기는 만져보지도 못했다고 그럽니다. 증언대에 올려놓고 물어보면 확실할 것입니다만 만져본 일도 없습니다. 이런 식으로 산업자금을 대출하면 산업은행이 산재은행(散財銀行)이 될 것이에요."

건설 5인조 공사대금 30퍼센트가 정치자금

여기서 모 방직회사란 태창방직으로 백낙승이 이끄는 태창그룹의 주력 기업이었다.

백낙승은 종로의 대포목상 백윤수의 아들로 일제강점기인 1924년

태창직물을 설립하고 일본군사령부와 야합해 일본 헌병들의 호송까지 받아가며 면포를 만주로 밀수출하던 친일파 대무역상 출신이다. 그는 해방 후 귀국 초기 고단한 처지이던 이승만 박사에게 접근해 거액의 정치자금을 바쳤다. 또 매달 50만 원의 생활비를 꼬박꼬박 건네며 이 박사의 환심을 샀다.

이승만은 권력을 잡은 후 어려울 때 자신을 도왔던 백낙승에게 지나친 특혜를 베풀었다. 적산인 고려방직(현 방림) 영등포공장을 불하해주고 식산은행(현 산업은행)에서 500만 달러를 대출받아 일본에서 방직기계를 도입할 수 있도록 했다. 한국 최초의 외화대출이었다. 또 그가 운영하던 대한문화선전사에 홍삼판매권을 주고 귀속재산인 조선기계의 관리도 맡겼다. 백낙승이 친일 혐의로 반민족행위특별조사위원회에 체포되자 직권으로 풀어주기도 했다.

이런 이 대통령의 비호를 등에 업고 태창그룹은 한국전쟁 이전에 이미 한국 최초의 재벌그룹이 됐으며 1950년대 정경유착 관련 사건이 터질 때마다 빠짐없이 연루됐다. 백낙승은 4·19 혁명 몇 달 전에 사망했다. 아들 백남일은 부정축재 처리 과정에서 전 재산을 몰수당한 후 일본에 귀화했다.

연계자금을 가장 많이 대출받은 기업인 동립산업은 건빵 단 한 품목으로 7대 기업이 된 이른바 '건빵재벌'이었다. 사장 함창희는 일제 식민통치의 주구였던 경찰 출신으로 해방 후 사업가로 전환했다. 1954년 적산인 모리나가제과 건빵공장을 불하받은 후 군납을 추진했다. 먹는 것이든 입는 것이든 당시 군은 최대의 고객이었고 군납은 땅 짚고 헤엄치기로 떼돈을 버는 장사였다. 이를 위해 함창희는 권력 2인자인 이기붕에 밀착해 생활비와 정치자금을 정성껏 갖다 바치고

1950년대 후반 전군의 군용건빵 납품을 독점하고 있었다.

건설업계도 여권의 주요 정치자금 루트였다. 당시 건설업은 대부분 정부 혹은 주한미군 발주공사에 의존하고 있었다. 헌데 이를 둘러싸고 공사대금의 30퍼센트는 미리 공제돼 자유당 정치자금으로 납부되었고 20퍼센트는 이익금으로 분배된 후 나머지 50퍼센트만 가지고 공사를 했다는 말까지 나돌았다.

당시 이른바 '건설 5인조'를 '자유당 5인조'라 불렀던 이유도 여기에 있다. 건설 5인조란 대동산업 사장 겸 자유당의원 이용범, 극동건설 김용산, 현대건설 정주영, 삼부토건 조정구, 조흥토건 황의성 등을 지칭한다.

연계자금을 두 번째로 많이 대출받은 기업은 건설사인 중앙산업이었다. 중앙산업 사장 조성철은 제주도청 준공식장에서 이승만 대통령을 처음 만난 이후 경무대 수리공사를 수주하는 등 이승만의 신임을 받았으며 1000여 개의 건설업체 가운데 수주실적 1위를 달렸다. 국내 최초의 아파트인 와우아파트를 지은 것도, 고속도로 건설을 처음 구상한 것도 조성철이다.

그는 4·19 혁명으로 이승만이 하야하고 이화장으로 돌아오자 제일 먼저 달려가 무너진 이화장을 수리했고 하와이 망명지에도 종종 들러 이승만을 문병하면서 생활비를 건넬 정도로 마지막까지 충성을 다했다.

연계자금을 받고 정치자금을 상납한 업체들의 면면이 이러했다.

연계자금과 관련한 야당의 집요한 추궁에 견디다 못한 김 재무장관은 이렇게 실토했다. "솔직히 큰 기업 하시는 분들이 자유당에 가까이 가려고 선을 대고 있지 않나 보고 있습니다. 이들에게 융자가 상당히 나간 걸로 봅니다. 정치자금에 대해서는, 이번 5·2 선거에 어떠한 정도의 정치자금이 전국적으로 나갔는지 잘은 알 수 없습니다만 거액이 나간 것은 사실이 아닌가 이렇게 보고 있습니다."

산업은행은 정치자금의 복마전

야당은 연계자금사건의 책임을 물어 김현철 당시 재무장관과 구용서 산업은행 총재는 물론 김진형 한국은행 총재에 대해서도 불신임안을 제출했다. 일부에서는 수뢰에 대해 독직 혐의를 적용해야 한다는 주장도 폈다. 한은에서는 인수할 수 없도록 돼 있는 산업금융채권을 받기로 결정한 금통위원들도 책임을 피할 수는 없었다.

이렇게 엄청난 파문을 일으킨 산업은행의 당시 대출 실태는 어떠했을까? "총 900억 환의 융자 중 중요 기업체가 350억 환, 20개 업체가 300억 내지 700억 환 가까이 쓴다. 나머지 250억 환을 군소 기업체가 나눠서 쓴다. 이는 정치적 압력에 의한 것이다."

이런 부실·불법대출로 인해 1958년 말 현재 산업은행의 대출 연체액은 총대출 1000억 환 중 500억 환 이상이었다. 산업은행 관계자는 국회의원들에게 "정치적인 간섭만 없다면 잘해나갈 수 있다"고 고백했다.

산업은행은 이미 전과가 있었다. 1954년의 금융계 부정사건과 제1회 산업부흥국채사건, 1956년의 지불보증사건 등이다. 지불보증사건은 폭설피해 복구자금으로 5억 9600만 환, 석탄공사 8억 환, 대한중공업 5억 6000만 환, 조선전업에 15억 환, 주택영단에 3억 4000만 환을 각각 국회 동의 없이 불법 지급보증한 것이 문제가 되어 총재가 재발 방지를 서약한 사건이다.

연계자금사건에서 지불보증을 각서라는 편법으로 처리한 것도 이 때문이다. 당시의 산업은행 융자는 '可晩(가만)'이라는 이승만 대통령의 사인쪽지 하나가 금고열쇠였고 유일한 담보였다. 이 쪽지를 금고 속에 소중히 모셔놓고 심계원(현재의 감사원) 검사나 국정감사 때 꺼내서 보여주면 그만이었다고 한다.

민주당 윤형남 의원은 이렇게 질타했다. "국민들의 기대에 위배할 뿐만 아니라 정치자금의 복마전이 되고 있는 이 산업은행에 관해서는 동지들과 논의해서 산업은행폐지법률안을 제안할 생각을 가지고 있습니다."

3 · 15 부정선거와
금융계의 수난

**선거자금 약속해야 대출,
10~20퍼센트 상납**

5

산업은행만 정치자금을 마련하기 위해 금융부정을 저지른 게 아니었다. 당시 정치재벌의 손아귀에 장악된 시중은행들도 별반 다르지 않았다. 김현철 재무장관이 "선거를 앞두고 시중은행에 정치에 지나치게 간여하지 말라는 강경한 경고문을 띄웠다"고 증언했을 정도였다. 일부 시중은행에서는 '가불융자'라 해서 대주주에게 담보 없이 나중에 배당금으로 갚는다는 조건으로 30억 환을 대출해주기도 했다.

연계자금사건 외에 1950년대 국회에서도 문제가 됐던 대형 금융부정 사건으로는 중석불(重石弗)사건과 정부 보유 달러 외화대부사건 그리고 대충자금(大充資金)사건 등이 있다.

중석불사건은 텅스텐 수출대금으로 정부가 보유 중인 470만 달러를, 정치권과 결탁한 특정 재벌에 부정불하해주고 그 대가로 정치자금을 상납받아 자유당 창당비용으로 사용한 사건이다.

대충자금은 미국의 원조 중 ICA 자금과 PL 480호 원조에 의해 조성된 재정자금을 말한다. ICA 자금은 한국의 산업재건에 사용되는 17억 달러 규모의 엄청난 돈이며 PL 480호 원조는 무상 지원되는 미국 잉여농산물로 정부가 이를 팔아 대충자금계정에 넣었다.

이 원조자금이나 정부 보유 달러를 배정하는 것은 정부의 권한으로서 일단 받기만 하면 공식환율과 시장환율과의 차이로 가만히 앉아서 2∼3배의 폭리가 보장되는 엄청난 특혜였다. 이 특혜배정의 책임은 아래로는 대충자금 관리자인 산업은행 및 재무당국, 위로는 경무대 이승만 대통령에게 있다.

1950년대 권력형 재벌들의 성장 발판 중 하나가 바로 이 대충자금 특혜배정이었다. 이런 특혜로 성장한 제일제당 · 제일모직 · 락희화학(현 LG 그룹의 모태) · 금성방직 · 대성목재 · 동아제약 · 유한양행 · 대동공업 및 대한전선 등이 오늘날 재벌의 뿌리들이다.

■   ■   ■   ■

4개 은행, 이승만 팔순 경축금 대출도

자유당정권하에서 실행된 가장 황당한 은행대출은 아마도 1956년의 이 대통령 '탄신 80주년 경축금' 대출일 것이다.

그해 봄 국무원 사무국은 이승만의 80회 생일을 기념해 탄신경축

중앙위원회를 창설하고 위원장에 이기붕을 추대했다. 위원회는 이승만의 팔순을 축하하는 경축금 3억 환을 상납하기 위해 전국극장연합회를 조직하고 극장 입장객으로부터 관람료 외

생일을 맞은 이승만과 프란체스카 여사의 단란한 모습. 그러나 그 팔순잔치를 위해 은행들은 경축금 3억 환을 대출해줬다가 그중 상당 부분을 결국 떼이고 말았다.

에 10~20환씩, 즉 200환 미만이면 10환, 200환 이상이면 20환을 더 거둬 경축금을 조성하기로 했다. 관객들의 호주머니를 강제로 털어 이승만에게 잘 보이겠다는 심보였다.

그러나 경축금을 전달하려면 당장 현금이 필요했고 관객들에게 돈을 거두려면 상당한 시간이 걸렸기 때문에 우선은 4대 시중은행에서 대출을 받아 충당키로 했다. 위원회는 이기붕 위원장을 채무자로, 극장연합회 간부 임화수(이승만이 총애하던 정치깡패)를 비롯한 4명을 보증인으로 세워 4개 은행에서 3억 환의 대출을 받았다. 이 돈은 이승만 동상 건립기금으로 사용됐다고 한다.

그 후 1959년 4월까지는 전국의 극장에서 거둔 돈으로 원리금을 갚아나갔으나 4·19 혁명이 터지자 원리금 상환이 제대로 이루어질 리 없었다. 채무자인 이기붕은 혁명 직후 자결했다.

4개 은행은 1960년 11월 24일 현재 652만 5944환의 부실채권을 떠안게 됐다. 이에 은행들은 연체대출금 상환을 전국의 각 극장에 요청했으나 채무자도 아닌 극장들이 이를 갚을 리 만무했다. 할 수 없이 은행들은 임화수 등 4명의 보증인에게 대출금 상환 청구소송을 제기했다. 소송은 물론 승소했다. 그러나 임화수와 백운성 등 보증인들에게는 압류할 만한 변변한 재산이 없었기 때문에 연체대출금 대부분은 끝내 회수되지 않았다.

대출액의 30퍼센트 선거자금으로 뜯어내

이러한 자유당정권의 횡포는 1960년 3·15 부정선거로 극에 다다랐고 자유당정권은 종말을 향해 치달았다. 자유당정권은 영구집권을 위해 3·15 부정선거에 올인했는데 사전투표 40퍼센트, 3인조 및 4인조 등 사실상의 공개투표, 환표 및 투표함 바꿔치기 등 기상천외한 부정선거 방법을 총동원했다.

문제는 선거자금이었다. 예의 부정대출 커넥션이 다시 동원됐다. 1000만 환 이상의 선거자금을 바친 기업인들이 200여 명이었고 총액은 70억 환에 달했다. 또 도로사업비 등 정부사업예산에서 80억 환을 전용해 부정선거자금으로 사용했다. 이 선거자금조달 작전에 앞장선 것이 박용익 자유당 총무위원장이었고 송인상 재무장관, 김진형 한국은행 총재, 김영찬 산업은행 총재, 김영휘·배제인 한국은행 부총재 등이 동원됐다.

우선 12개 주요 업체로부터 선거자금을 거둬들였다. 대한양회·극동해운·중앙산업·경남모방·동양시멘트·삼호방직·대한방직협회·삼성물산·태창방직·대한방직 등 주요 재벌들이 수억 환씩 내놔 총 21억 환을 모금했다.

또한 산업은행은 산업부흥국채 인수를 핑계로 13개 업체에 42억 환을 대출해주고 대출액의 30퍼센트 내외를 선거자금으로 뜯어내 총 17억 환을 조달했다. 대출 규모는 대한중공업 9억 환, 대한양회 5억 환, 기아산업 3억 5000만 환, 조선방직 5억 환, 락희화학 2억 환, 조선기계 1억 5000만 환, 한국나일론 2억 2500만 환, 동립산업 7억 환, 대한중기 3억 환, 동신화학 2억 환, 고려모직 2억 환, 극동연료 5억 환 등이었다. 이것이 바로 연계자금사건에 이은 산업은행의 제2차 정치자금 의혹사건이다.

4 · 19 혁명 후 금융인 대거 혁명재판 회부

"이승만정권 시절 3 · 15 부정선거를 계기로, 1959년 10월부터 1960년 4 · 19 직전까지 시중은행에서 정치자금으로 대출됐다고 간주할 수 있는 금액은 22억 환으로 추정된다. 또 1960년도 산업금융채권 발행한도액 중 35억 환어치가 4개 시중은행에 무리한 방법으로 인수됐으므로 이를 합치면 57억 환의 금융기관 자금이 3 · 15 선거를 전후해 정치자금화됐다."

4 · 19 혁명 이후 한국은행 감독부(현 금융감독원)의 시중은행 검사보고서 내용이다. 한국 금융 60년 역사상 금융기관의 정치자금 실태가 국가기관에서 공식적으로 밝혀진 것은 이때가 처음이자 마지막일 것이다. 민중의 힘에 의해 독재권력이 무너진 혁명 직후의 사회적 분위기 때문에 가능했던 일이다.

그뿐만이 아니다. 허정 과도정부 시절인 1960년 7월에는 부정선거 자금조달에 동원된 금융인들이 줄줄이 혁명재판정에 서는 수난을 당했다. 이중재 · 송인상 전 재무장관, 김진형 한은 총재 및 김영휘 · 배제인 부총재, 김영찬·구용서 전 산은 총재 등이었다.

　당시 검찰의 공소장 내용은 다음과 같다.

　"피고인 박용익(자유당 총무위원장), 동 송인상, 동 김영찬 등은 전 민의원 의장이며 자유당 부총재로서 제5대 부통령에 입후보했던 이기붕, 전 민의원 부의장이며 3·15 정·부통령선거대책위원회 기획위원회 의장이던 한희석 등과 공모하여, 제4대 대통령에 이승만, 제5대 부통령에 이기붕을 당선시키는 데 필요한 선거자금 및 그에 수반되는 자유당 운영 또는 정치자금을 염출 수집할 목적하에, 제5회 산업금융 채권 또는 산업대부 회수자금을 국고채무 부담 행위로서 발행 또는 대부한 후, 1959년 2월 18일부터 3월 초순경까지 각 업자들로부터 선거자금을 제공할 터이니 융자를 해달라는 청탁을 받고, 동 약속을 받은 자에 한하여 부당한 융자 대부 행위를 해주는 부정행위를 한 후, 동 사례의 추진인이 뇌물로서 제공한 금원을 교부받음으로써 뇌물을 수수한 후, 그를 융자 목적 이외의 타처(선거자금)에 사용함으로써 융자금의 회수 위험성을 초래케 하여, 대한민국 국고 및 정당히 융자를 받을 수 있는 중요 산업자들이 응당히 받을 수 있는 산업자금을 받지 못하게 함으로써 재산상의 손해를 가하고, 선거운동에 이용할 목적인 선거자금 또는 동 목적에 수반되는 자유당 정치자금을 기부 모집할 것을 기도하고, 1960년 2월 18일경부터 3월 초순경 별지 적시자에게 권유 및 요구하여 적시금액을 기부받아 도합 16억 9500만 환의 기부금을 모집한 후, 동 자금을 공무원인 경찰관 또는 청년단체 등의 선거운동에 사용케 함으로써 선거의 자유를 방해하는 데 부조하는 동시에 공무원으로서 선거운동을 하였다."

융자금의 1할쯤 선거자금으로 떼는 건 예사

이 사건 관련 피고인들 중 송인상 전 재무장관의 죄목이 가장 거창했다. 정·부통령선거법 위반, 허위공문서 작성 및 동 행사, 수뢰 후 부정처사, 업무상배임, 기부금품모집금지법 위반, 은행법 위반, 알선수뢰 및 증뢰 등이다.

다음은 7월 19일 혁명재판 당시 그의 심문기록이다.

재판장: 작년 11월경 이기붕 집에서 자금 염출 관계로 모의한 일이 있습니까?

송인상: (우물쭈물하다가) 예.

재: 이기붕으로부터 자금 염출에 대해서 무슨 지시를 받았나요?

송: 이기붕이 국유재산을 불하해 선거자금을 갹출하고 국고금에서 선거자금을 내놓으라는 등의 지시를 했으나 저는 거절했습니다.

재: 작년 말경 역시 피고의 사무실에서 박용익·김영찬·김진형 등과 선거자금 염출을 모의한 적이 있나요?

송: 그런 기억이 없습니다.

송인상이 계속 부인하자 재판장은 다른 피고들을 돌아보며 물었다. "산업금융채권은 어떤 기업체에 발행했으며 그중 선거자금은 얼마나 거두었습니까?"

"대한양회·조선방직·한국나일론·고려방직·태창방직 등 7개 업체에 31억 5000만 환의 금융채권을 발행하여 그중에서 16억 9500만 환을 갹출했습니다. 그중 태창의 5억 환은 백남일씨가 직접 이기붕에게 준 것으로 압니다"라고 박용익·김영찬이 답변했다. 재판장은 다시 송인상을 추궁했다.

재: 선거자금을 그렇게 떼면 나중에 융자금 회수에 지장이 있을 것이고 결국 국고에 손실을 주지 않겠습니까?

송: 손해를 끼친 것은 사실입니다.

재: 결국 선거자금조로 62억 9000만 환을 거두어 쓴 것이 맞지 않습니까?

송: 그렇습니다.

재: 모금한 것을 공무원에게 줘 선거운동을 시키고 선거자유를 방해한 것이 틀림없나요?

송: 예.

재: 선거자금을 내겠다는 사람에게만 융자해줬다는데요?

송: 그렇습니다.

재: 총융자액이 77억 환인데 그중 1~2할을 공제한 정치자금이 21억 3000만 환 맞지요?

송: 예.

마침내 송인상은 체념한 듯 1~2차 기부금 27억 8700만 환의 정치자금화, 서울신문에 정부 보유 달러 50만 달러 불하, 한국견방·중앙산업·동립산업·대한양회 등의 융자인준 조건 1억 9000만 환 모금 및 기타 혐의들을 시인했다.

검찰(보충심문): 부정대부를 종용하고 산업금융채권 융자 중에서 1할을 자유당 선거자금으로 떼어준 것은 부정대부를 감독, 시정해야 할 임무를 망각한 소행이 아닙니까?

송: 사후에 알았으므로 시정할 길이 없었습니다. 이승만정권 아래서 융자금의 1할쯤 커미션으로 선거자금으로 떼는 것은 예사였습니다. 산업은행 연계자금 같은 것이 그것입니다.

제일은행장 선거자금 50억 환 모금

김진형 한은 총재는 당시 56세로 피고인들 중 최고령이었고 워낙 청렴해 자기 집도 없는 처지였다. 그는 한은 후배들이 자신을 추월해 총재나 장관이 되는 것을 묵묵히 지켜보다 뒤늦게 총재 자리에 올랐으나 불운하게 정치 격랑에 휩쓸리고 말았다.

다른 피고인들은 모두 "기억이 없다"고 딱 잡아뗐지만 김 총재는 1959년 말 재무장관실에서 박용익·송인상·김영찬 등과 함께 선거자금 염출을 모의했다고 솔직하게 시인했다. 박용익의 요구로 융자금액의 1~2할을 선거자금으로 떼는 데 동의할 수밖에 없었다는 것이다.

김 총재의 진술이 나오자 혐의 사실을 부인하던 김영찬 전 산은 총재도 사실을 털어놓기 시작했다. 산업금융채권 융자 대상 업체를 추천한 장본인이 박용익이며 정치자금을 15~20퍼센트씩으로 하자고 주장한 것도 박용익과 송인상이었다는 것이다. 김영찬은 한은 부총재·재무차관을 거쳐 1958년 산은 총재가 된 인물로 자의든 타의든 부정선거자금 마련에 일익을 담당했고 그 공로로 상공부장관이 됐으나 겨우 20일 천하였다.

이기호 당시 제일은행장은 시중은행장 중에서는 유일하게 구속됐다. 이기붕의 6촌 동생이자, 이기붕의 비호 아래 삼호그룹 정재호가 지배하던 제일은행에서 은행장이 된 그는 온갖 부정한 방법을 동원해 선거자금 50억 환을 긁어모은 뒤 한희석의 '한', 박용익의 '용', 자신의 이름 마지막 글자 '호'를 따서 한용호라는 이름으로 가명계좌를 만들어 입금하는 방법으로 부정선거자금을 상납했다.

대한민국 머니 임팩트

검찰에서 그는, 내무부 최병환 국장 주도로 제일은행 예금 2억 3000만 환을 선거자금으로 각도에 배정, 지출했다고 시인했으며 박용익이 전화로 "도금고를 제일은행이 맡고 있으니 선거자금을 내라"고 요구했다고 자백했다.

혁명재판은 5·16 쿠데타 후 '구악일소' 차원에서 재개됐다.

선거자금조달 관련 금융인들의 판결 결과는 송인상 징역 15년, 구용서 징역 10년, 이중재 징역 10년, 김진형 징역 10년, 김영찬 징역 12년, 김영휘 징역 10년, 배제인 징역 10년 등이다. 물론 이들은 대부분 도중에 풀려났고 상당수가 재계 및 금융계에서 계속 활약했으나 이때의 일은 평생 오점으로 남았다.

민병도 전 한은 총재는 이런 말을 남겼다. "당시 금융은 정권의 시녀 노릇으로 몸을 망친 꼴이었다. 물론 정권은 칼자루를 쥔 강자였고 금융은 미약한 존재였지만 이런 변명이 후세에 와서도 용납될 수 있다고 누가 말할 수 있겠는가?"(김병석 편,《인물은행사》)

쿠데타정권
은행을 점령하다

시중은행 다시 정부 손아귀에…
관치금융 출발

6

■　■　■　■

"잠에서 깨어보니 세상이 달라져 있었다"라는 말이 있다. 1961년 5월 16
일이 그랬다. 그날 아침 세상은 전날과는 180도 달라져 있었다. 거리는
탱크와 군인들로 가득했고 대한민국은 박정희 장군을 비롯한 군인들의
천하가 됐다.

쿠데타 이튿날인 17일 삼엄한 경계 속 한국은행 부총재실. 민병도 수석
부총재에게 뜻하지 않은 손님이 찾아왔다. 계급장도 없는 군복을 입은 청
년장교였는데 군인이라기보다는 문학청년 같은 이미지의 인물이었다.

그는 민 부총재에게 나라를 지켜야 할 군인들이 혁명을 일으키지 않을 수
없었던 까닭과 그 의의를 간략하게 설명하고는 금융계도 혁명운동을 적

극 지원해야 하지 않겠느냐면서 혁명과업 완수에 필요한 자금을 방출해 달라고 요구했다.

이에 민 부총재는 "개인적으로는 혁명의 의의와 필요성에 대해 저도 공감합니다. 금융계도 혁명운동에 적극 참여하는 것이 바람직하다고 생각합니다. 하지만 자금 방출을 위해서는 재무부의 동의서가 필요합니다"라며 원칙을 강조하는 방식으로 정중히 거절했다.

그 젊은 장교는 "잘 알겠습니다. 필요한 절차를 밟아오겠습니다"라고 말하고는 예상외로 순순히 그냥 돌아갔다. 그는 자신이 누구인지 계급이 무엇인지 아무것도 밝히지 않았다. 민 부총재는 일개 경리장교려니 생각했다. 그러나 그는 쿠데타세력의 제2인자 김종필, 바로 그 사람이었다. 나중에야 이를 안 민 부총재는 깜짝 놀랐다. '아니 그렇게 얌전한 사람이 어떻게 목숨을 건 이런 엄청난 일을 벌였을까?'

이 짧은 만남이 5·16 쿠데타세력과 금융계와의 첫 만남이었다.

＊　　＊　　＊　　＊

부정축재자 소유 은행주식 국고로 강제 환수

쿠데타 당일 군사혁명위원회는 포고령 제2호 '전국금융기관 동결령'을 발표했고 쿠데타의 성공이 거의 굳어지자 국가재건최고회의는 5월 20일 새 내각을 발표했다. 재무부장관에는 백선진이 임명됐다. 또 30일에는 금융계 수장인 제6대 한국은행 총재에 유창순, 재무부차관에 이한빈, 농업은행 총재에 박동규, 한은 감독관에 김희곤을 각각 임명했다. 이어 31일에는 산업은행 총재에 이필석, 6월 1일에는 한은 부총재로 문상철을 앉혔다.

아울러 6월 15일에는 농업은행과 농업협동조합을 통합해 오늘날의 농협중앙회를 탄생시켰고 7월 1일에는 중소기업은행법을 제정했다. 이밖에 '금융기관에 대한 임시조치법' 공포, 산업은행법 개정, 한은 통화안정증권법 시행규정 제정 등 굵직한 금융정책을 잇따라 단행했다.

이 중 가장 중요하며 먼 훗날까지도 지속적으로 영향을 미친 금융정책은 뭐니 뭐니 해도 시중은행주식 정부귀속에 따른 은행 국유화였다. 시중은행이 정부의 손에 넘어가게 된 것은 부정축재자 처리 과정의 부산물이었다.

이병철·정재호·이한원·이정림 등 자유당정권 시절의 거물 부정축재자들에 대한 단죄 및 이들이 자유당 권력과 결탁해 부정하게 취득한 재산을 국민들에게 환원하는 것은 마치 해방 직후의 친일파 청산문제 만큼이나 4·19 혁명 이래의 국민적 과제였다. 이는 5·16 쿠데타로 집권한 군사정권에게도 마찬가지였으며 군사정권은 국민적 지지 확보를 위해 오히려 과거청산작업을 더욱 강력히 추진했다.

그해 6월 14일 제정된 부정축재처리법은 부정이득자와 부정공무원에 대한 부정축재분의 환수조치를 규정했고 특히 시중은행주식은 최우선 환수대상이었다. 우선 6월 20일 금융기관에 대한 임시조치법을 공포함으로써 일반 은행 대주주들의 의결권을 정지시켰고 이어 10월 25일 부정축재환수절차법을 통과시키면서 그들의 주식을 국고로 강제 귀속시켰다. 이로써 1957년 귀속주 불하로 재벌의 지배하에 들어갔던 조흥은행·상업은행·제일은행·한일은행 등 4개 시중은행은 다시 정부의 소유가 됐다.

정재호가 장악하고 있던 제일은행은 1961년 3월 말 현재 개인소유 지분율(정재호 포함)이 52.32퍼센트였고 정부가 31.5퍼센트, 법인·단체가 15.18퍼센트의 지분을 소유하고 있었다. 하지만 1년 후에는 정부가 67.96퍼센트를 소유함으로써 압도적인 대주주가 됐고 개인이 19.53퍼센트, 법인·단체가 12.50퍼센트의 지분을 소유했다.

한일은행의 경우, 1959년 9월 말 이병철의 개인 지분이 43.9퍼센트에 달했고 정부 지분율은 39.5퍼센트였으나 1962년 9월 말에는 정부 지분율이 64퍼센트에 달했다. 조흥은행의 정부 지분율은 46.7퍼센트였다.

1959년 12월에 뒤늦게 설립된 시중은행인 서울은행(현 하나은행)은 창립 당시 정부 지분은 전혀 없었고 처음부터 개풍그룹 이정림이 지배주주였다. 하지만 다른 은행들과 마찬가지로 총주식의 39.7퍼센트가 국고로 귀속되면서 서울은행 역시 국영은행이 됐다.

당초 군사정권은 부정축재자들의 시중은행주식을 일단 국고로 환수한 후 적당한 시기에 다시 민간에 불하하겠다고 약속했지만 이 약속은 지켜지지 않았다. 시중은행의 민영화는 제5공화국 시절 김재익 당시 청와대 경제수석이 민영화를 단행하기까지 무려 20년 이상을 기다려야 했다. 이때가 국영은행 시대의 시작이자 오늘날까지도 완전히 청산되지 못한 관치금융의 본격적인 출발점이라 할 수 있다.

국영은행 시대 개막, 관치금융 본격 출발

이런 금융기관의 위상변화는 금융인들의 바람이나 의지와는 전혀 무관하게 이뤄진 것이었다. 금융인들은 오직 군사혁명에 대한 협조만을 요구받았을 따름이다. 5월 27일 대한금융단(현 전국은행연합회)은 임시 총회를 열고 '혁명과업 완수를 위한 금융업무에 관한 사무혁신사항' 7개항을 결의했다.

"1 대부는 계획성 있는 경제발전을 위한 자금을 우선 취급하고, 2 정실 대부와 편중 대부에 대한 압력을 배격하며, 3 대부 사무는 3일 안에 가부를 결정하여 10일 만에 실행하고, 4 잔고가 없는 당좌수표의 발행에 대해서는 엄중 조치하며, 5 예금 및 환업무는 5분 안에 처리하고, 6 불필요한 경비지출은 일체 억제하며, 7 능력본위의 인사쇄신을 기한다."

이 결의사항은 금융단 기관지인 《금융》 매호마다 맨 앞에 실렸다. 이 잡지의 표지 다음 면에는 혁명공약이, 그 다음 장에는 관련 표어들이 고정적으로 게재됐다.

"마음부터 혁명하여 민족정기 바로잡자. 모든 부패 일소하고 새 살림 이룩하자."(8월호) "혁명정신 살려서 새 나라 이룩하자. 검소한 생활에서 이 나라 재건된다."(9월호) "너도나도 근로정신 기름진 땅 재건하자. 마음의 혁명 없이 조국의 앞날 없다."(10월호) "국민도의 양양하여 혁명과업 성취하자. 몸과 마음 다 바쳐서 혁명과업 완수하자."(11월호)

쿠데타 덕분에 금융계 수장이 된 유창순 한은 총재의 1962년 신년사는 이러했다.

"우리 국가와 민족의 역사에 있어서 지난해는 길이 기억돼야 할 해였습니다. 기아와 절망에 시들어 빈사 상태에 있던 우리 민족이 희망의 광명을 보게 되어 혼신의 기력이 다시 한 번 새로운 민족의 생명력을 소생시키게 된 해였습니다.

반공보루의 최전선에서 조국의 전도를 근심하여 오던 우리 국군은

기어코 궐기하여 우리나
라의 민주주의 역사에
새 기원을 창건하였고
또 우리 민족정기를 세
계만방에 다시 한 번 과
시한 5·16 혁명을 가져
오게 하였습니다.

국가재건의 마지막 기
회로써 구악을 일소하고
경제재건을 통해서 사회

유창순 한은 총재는 쿠데타 덕분에 금융계 수장 자리에 올랐지만 1년도 채 못
돼 물러났다. 사진은 박정희 최고회의 의장(왼쪽)의 한은 시찰을 수행하는
유창순 총재의 모습.

정의의 실현을 다짐하는 거룩한 혁명대열에 참여함에 있어서 우리는
새해를 당해 경제의 혈액이라고 할 금융의 역할에 대한 인식을 새롭
게 하고 혁명의 대의에 헌신할 결의를 굳게 해야 하겠습니다.

5개년 경제계획의 성공 여부를 좌우하는 관건은 소요자금의 조달,
특히 국내 민간자원의 동원 여부에 있다고 해도 과언이 아니며 민간
자원의 동원은 무엇보다도 금융기관의 활동에 기대하는 바 크다는
것은 새삼스럽게 강조할 필요조차 없다고 생각하는 것입니다."

유 총재는 이렇게 군사정권에 잘 보이려 노력했지만 증권파동을
둘러싼 한은 특융 문제로 군정실세들의 미움을 사 재임기간 1년도
채우지 못하고 5월 26일 퇴진하고 말았다.

이필석 산은 총재, 취임 7일 만에 체포돼

다른 금융인들에 비하면 유 총재는 그래도 행운아였다. 반면, 취임한

지 불과 7일 만에 쿠데타세력 내부 권력투쟁의 유탄을 맞아 억울하게 희생된 이필석 산은 총재는 가장 불행한 케이스였다.

아래는 김병석의 《인물은행사》에 실렸던 이필석의 회고다.

쿠데타 당시 상업은행장으로 있던 이필석은 퇴근길에 신문 특보란에서 자신이 산은 총재로 임명됐다는 기사를 보고 깜짝 놀랐다. 당사자가 신문을 보고 자신의 임명 사실을 처음 알았을 정도로 당시의 인사는 주먹구구식이고 갑작스러웠다.

최고회의 부의장 겸 인사위원장이던 이주일 장군이 설명한 바로는 인사에 신중을 기하기 위해 학계·금융계·재계를 대상으로 적당한 산은 총재감에 대한 설문조사를 한 결과 이필석이 1위였다고 한다. 이필석은 왠지 모를 당혹감과 이상한 불안감이 엄습해왔으나 다음날 바로 취임식을 가져야 했다.

그는 취임사에서 "우리 산업은행의 진정한 자랑은 숫자가 아니라 이 나라 경향 각지에 흩어져 있는 모든 공장의 굴뚝이 연기를 뿜도록 하는 것입니다. 현재 산은 대출 업체의 태반이 연체 업체가 되어 있다는 사실은 그 책임을 기업에만 전가할 것이 아니라 은행 자신도 공감해야 할 것이며 따라서 종래 산은이 가지고 있는 맹점을 규명, 적출해야 한다는 것을 말해주고 있습니다"라고 밝혔다. 그의 취임사는 과거 물의를 빚었던 산은의 자금운영을 바로잡겠다는 의지의 표명이었다.

취임 3일 후 그와 한은 유 총재 및 박동규 농업은행 총재는 장도영 최고회의 의장과 박정희 부의장에게 신임인사를 갔다. 이때 박 부의장실에서 있었던 일이다. 유·박 총재가 먼저 나간 후 혼자 남은 이필석이 "각하, 드릴 말씀이 있습니다"라고 말문을 열었다.

"각하께서 혁명을 하신 것은 이 나라 민생이 잘살도록 하려 하심인데 요사이 주요 경제인들을 속속 구금하고 계시니 앞으로 이 나라 경제를 누구에게 맡기실 작정이십니까?" 도대체 겁이 없는 건지 당돌한 건지 모르지만 그것이 이필석의 성격인 것을 어쩌랴. 박정희는 "머지않아 해결될 터이니 염려 마시오"라고 응수했다.

그런데 이필석의 산은 총재 생활은 단 '7일 천하'로 끝났다. 취임 8일째인 6월 8일 새벽 단잠에 빠져 있던 그는 느닷없이 들이닥친 중앙정보부 기관원에 연행돼 마포교도소에 수감되었다. 체포 이유는 상업은행 시절 대한제분 대출에 대한 비리 혐의 내사 때문이었지만 그는 양심에 걸리는 것이 전혀 없었다. 수감된 진짜 이유는 따로 있었다. 심문 도중 취조관은 그와 장도영 의장과의 관계를 캐물었다. 하지만 이필석은 개인적으로 장도영과 전혀 알지 못하는 사이였다.

장도영은 쿠데타 당시 육군참모총장으로 쿠데타에 대해 모호한 태도를 취하다 쿠데타군의 얼굴마담 격으로 최고회의 의장 겸 내각수반에 오른 인물이다. 그러나 7월 초 장도영은 송찬호·박치옥·문재준·김재민 등 쿠데타 공신들과 함께 반혁명 혐의로 체포됐다. 박정희·김종필 라인과의 헤게모니 쟁탈전에서 패배한 것이다.

이필석은 40일간의 옥살이 끝에 석방된 후 김용태를 만나고서야 자신이 체포된 이유를 알 수 있었다. 그가 장도영에게 3000만 원을 줬다는 의심을 받은 것이었다. 결국 이필석은 권력투쟁의 유탄을 맞고 희생돼 은행 인생이 불명예스럽게 끝나고 말았다.

6대 산은 총재 이필석이 수감되면서 초대 구용서 산은 총재 이후 전임 산은 총재들이 모조리 감옥에 갇히게 됐다. 그만큼 산은 총재는 외풍을 많이 타는 자리였다.

행장 명단은 중앙정보부가, 은행 배정은 장관이

한편 정부의 손에 넘어간 시중은행들의 사정은 어떠했을까? 갑작스런 쿠데타로 시중은행도 쑥대밭이 됐다. 현역 은행장들은 모조리 체포되거나 사임했고 임원들도 대부분 퇴진이 불가피했다.

군사정권은 우선 금융기관에 대한 임시조치법을 발동, 대주주들의 권리행사를 막아놓고 은행장 인선작업에 착수했다. 은행장 후보명단은 김종필이 이끄는 중앙정보부의 몫이었다. 중정(중앙정보부)이 작성한 5개 시중은행 행장 명단은 민병도 · 문종건 · 김세련 · 이호상 · 이보형 등이었다.

이들을 은행별로 배정한 것은 김유택 당시 재무장관이었다. 김 장관은 후보들을 모아놓고 "은행 선택권은 내게 맡기시오. 자기 출신 은행에는 보내지 않을 것이오"라고 선언했다. 김 장관은 조흥은행장에 이호상, 상업은행장에 문종건, 제일은행장에 민병도, 한일은행장에 김세련, 서울은행장에 이보형을 임명했다.

제일은행 상무를 지냈던 이보형은 당시 중앙무진 사장이었는데 동생인 이지형 장군이 평소 친분이 있던 박정희에게 그를 소개했다. 그 결과 중정에서 확정한 은행장 적격자 5명 중 이보형만 유일하게 '제일은행장'이라는 박정희의 꼬리표가 붙어 있었다.

하지만 김 장관은 이를 인정하지 않았는데 그 5명 중 이보형만 김 장관과 친분이 없었던 것이다. 이보형은 생각해보니 제일 작고 생긴 지도 얼마 안 된 서울은행이 자신에게 돌아올 것 같았다. 이보형은 한상원 은행감독부장에게 전화를 걸었다. "다른 은행은 몰라도 서울은행에는 갈 수 없습니다. 내겐 박 부의장이 직접 제일은행장이라고 써준 것이 있습니다."

얼마 후 한 부장의 전화가 걸려왔다. "큰일입니다. 이 사장이 서울은행을 거부하니 결정이 안 납니다. 이번만은 양보해주시지요." 이보형이 이를 거부하자 한 부장이 직접 쫓아왔다. 30분간의 옥신각신 끝에 이보형은 '그래, 내가 서울은행을 전국 은행으로 키워보자'고 마음먹고는 서울은행장 자리를 수락했다.

이보형은 필자와의 인터뷰에서 "박정희의 꼬리표만 없었더라도 그렇게 고집 부리지는 않았을 것이다. 김 장관도 그것 때문에 아예 무시하지 못했을 것"이라고 술회했다.

한편 제일은행장이 된 민병도는 이렇게 회고했다. "김유택씨로부터 내가 제일은행장으로 전임된 사실을 통고받았다. 이 인사 역시 내가 예상치도 않았던 일이었다. 매번 나의 인사는 밖에서 그렇게 되도록 만들어진 것이었고 내가 스스로 움직여 그렇게 되도록 한 적이 없었다."

은행장이 결정되자 남은 것은 임원선임 문제였다. 역시 적격자 명단은 중정에서 만들고 선임은 김 장관이 직접 했다. 김 장관은 은행장들을 불러 임원 명단을 내놓고는 마음에 드는 사람을 고르라고 했다. 은행장들은 각자 친분과 능력을 고려해 차례대로 골랐고 맨 마지막 순번인 이보형 서울은행장은 나머지 사람들만 맡았다. 해당 임원을 전무로 쓰느냐 상무로 쓰느냐는 은행장의 재량이었다.

최종 선임된 임원진은 조흥은행 전무 박용삼, 제일은행 전무 정우창, 제일은행 상무 이예철 · 박노성 · 류기홍, 제일은행 감사 홍성택 · 윤홍규, 서울은행 전무 전신용, 서울은행 상무 이창근 · 강대봉, 서울은행 감사 김민호였다. 상업은행과 한일은행은 신규 임원선임이 없었다. 이들이 쿠데타 이후 정부 소유로 바뀐 시중은행의 최초 임원 진이다. 5개 은행은 6월 30일 일제히 주주총회를 열어 이를 추인하는 절차를 밟았다.

금융계 군기 잡아 관치금융 진입로 포장

당시 선임된 은행장들의 재임기간을 살펴보면 한국은행 유창순 총재 1년, 한국은행 민병도 총재 1년, 산업은행 이필석 총재 7일, 산업은 행 나익진 총재 7개월, 조흥은행 이호상 행장 4개월, 한일은행 김세 련 행장 7개월, 제일은행 민병도 행장 11개월, 서울은행 이보형 행장 4.5개월이었다.

평균 재임기간은 겨우 7개월이다. 한마디로 은행장 목숨이 파리 목숨이었다. 이들 중 영전한 경우는 김세련 · 이보형 · 민병도 행장뿐 인데 민 행장은 한은 총재로 영전한 후 1년 만에 퇴진했다.

쿠데타세력은 서슬 퍼런 인사 칼날을 휘두름으로써 금융계의 군기 를 잡고 관치금융 시대의 진입로를 새로 포장했다. 이런 분위기에서 상당수 금융인들은 최고회의로 중정으로 실세와 요로를 들락거리며 보신과 승진운동에 몰두했다. 자유당 시절에도 찾아보기 힘들었던 '인사로비'라는 새로운 풍속도가 이 무렵부터 관행으로 굳어져갔다.

제2차 통화개혁

경제를 실험도구로 삼은 한 편의 코미디

7

군사정권이 들어선 지 1년여가 지난 1962년 6월 9일 일요일 저녁 요정 대하(大河)에서는 송요찬 내각수반이 경제인들을 초청해 술자리가 한창이 었다. 참석자들은 삼성그룹 이병철, 금성방직 홍재선, 개풍그룹 이정림, 극동해운 남궁련, 대한산업 설경동 등 거물 기업인들이었다.

갑자기 송 수반이 "10시에 중대 발표가 있다고 하니 함께 듣자"며 라디 오를 가져오게 했다. 당시는 텔레비전이 대중화되기 전이었다. 임시뉴스 가 흘러나왔다. 10시의 중대 발표란 바로 제2차 통화개혁이었다. 그때까 지의 통화였던 '환'을 '원'으로 바꾸고 화폐단위를 10분의 1로 평가절하 한다는 것이었다.

송 수반은 그 자리에 있던 기업인들에게 "담화에서도 언급했지만 이번 통화개혁조치는 장롱 속에 숨겨진 퇴장자금을 끌어내 경제개발계획에 필요한 산업자금을 마련하기 위한 것"이라고 설명했다. 그러나 반가워할 줄 알았던 기업인들은 날벼락에라도 맞은 듯 표정이 굳어졌다. 송 수반으로서는 이해할 수 없는 반응이었다.

다음날 아침 이들 기업인들은 박정희 최고회의 의장실로 불려갔다. 박 의장은 "어젯밤 뉴스 들었지요? 경제건설을 위한 자금조달에는 이 길밖에 없다고 생각해 단행한 것입니다. 워낙 극비리에 진행했기 때문에 최고회의 내에도 모르는 사람들이 많았습니다"라며 기업인들의 의견을 물었다.

하지만 기업인들은 이구동성으로 통화개혁이 잘못된 것이라고 비판했다. "큰 경제 혼란을 초래할 것이다" "신권과 구권 화폐교환을 위해 날마다 수백만 명이 은행창구에 줄을 서야 하고 그 원성은 모두 정부로 쏟아질 것이다" "거액의 현금을 장롱에 쌓아놓고 있는 사람도 별로 없을 것이다" 등등의 비판이었다. 박 의장의 얼굴이 굳어졌지만 이미 엎질러진 물, 기업인들이 반대한다고 해서 통화개혁이 철회될 리 만무했다.

■　　■　　■　　■

한은 총재도 발표 직전에야 통보받아

송 수반이 기업인들을 만나기 몇 시간 전인 일요일 오후 민병도 당시 한국은행 총재는 집에서 모처럼의 휴일을 즐기고 있었다. 갑자기 요란한 전화벨 소리가 울렸다. 박정희 의장이 그를 만찬에 초대한다는 전화였다. 그는 부랴부랴 장충동 의장공관으로 달려갔는데 정문에서 근무 중이던 연락장교가 "의장께서는 지금 최고회의실에서 기다리고 계십니다"라고 전했다. 민 총재는 좀 이상한 생각이 들었지만 황급히 차를 돌려 최고회의실로 향했다.

최고회의실 주변은 경계가 삼엄했고 영문도 모른 채 몰려든 기자들이 웅성거리고 있었다. 민 총재가 회의실에 들어섰을 때 최고회의 의원들이 모두 자리에 앉아 있었는데 분위기가 싸늘하게 가라앉아 있었다.

박 의장이 입장해 자리에 앉자 최고회의 재정경제분과 위원인 유원식 장군이 일어섰다. 그의 입에서 천만뜻밖에도 통화개혁에 대한 제안설명이 쏟아지는 게 아닌가. 민 총재는 쇠망치로 뒤통수를 얻어맞은 듯한 기분이었다. '아닌 밤중에 홍두깨도 유분수지, 한 나라의 중앙은행 총재인 내가 통화개혁 바로 전날 저녁에야 이런 엄청난 일의 제안설명을 처음 듣다니…….'

민 총재는 무척 기분이 나빴다. 아니 기분이 나쁘다기보다는 화가 났다. 그래서 천병규 재무장관을 찾아가 강력히 항의했다. "아니, 능력이 있건 없건 간에, 이 민병도가 한은 총재로 있는 한 통화개혁에 대한 모든 책임은 나에게 돌아올 텐데 나는 도대체 뭡니까? 통화개혁의 각종 발표문이 한은 총재 민병도 이름으로 나가야 할 텐데 나 자신이 이번 통화개혁에 있어서 일언반구 사전통고조차 받지 못했으니 나는 허수아비 총재란 말입니까?"

민 총재가 이렇게 화내는 모습을 처음 본 천 장관은 그를 달래기 시작했다. "이번 조치는 민 총재가 취임하기 훨씬 전부터 계획됐던 것이고 사전준비가 다 끝난 다음에 당신이 임명된 것입니다. 그래도 미리 알려줄까 생각도 했지만 오히려 고민과 초조함만 더해줄 것 같아 본의는 아니었지만 끝내 비밀로 할 수밖에 없었습니다. 이해해주세요."

민 총재는 더 이상 할 말이 없었다. 일국의 중앙은행 총재가 다음 날 0시를 기해 단행되는 통화개혁을 전날 저녁 공식발표 직전에야 처음 알았다는 이 사실은 1962년 6월의 제2차 통화개혁의 성격과 본질을 함축하고 있다.

발상자 유원식·박희범, 재무장관은 반대

그렇다면 이 쇼크요법은 대체 누구의 머리에서 나와 어떻게 진행됐던 것일까? 6월 13일자 《한국일보》는 송요찬 수반의 기자회견 내용을 다음과 같이 보도했다.

"송 수반은 이번 통화개혁이 작년 7월 유원식 위원에 의하여 제의되었으며 동 9월에 박 의장이 '해야 겠다'는 의사를 밝혀 자기가 9월 중순경 주한영국외교기관을 통하여 영국 정부에 신은행권 인쇄의뢰를 했으며 영국 측의 응낙을 얻은 후 동 11월 정(정래혁) 상공장관이 차관교섭차 서독에 갔을 때 영국 정부의 초청 형식으로 잠깐 도영하여 정식 발주를 했다.

그 후 박 의장의 도미에 수행한 천 재무장관이 영국에 들러 발주를 재확인, 금년 5월 중순에 지폐가 도착했다고 그 경위를 설명했다.

그는 이번 통화개혁의 주된 입안자가 서울상대의 박희범 교수라고 밝혔다."

박희범 교수는 박정희 의장의 경제고문 격인 인물로 박정희와 같은 경북 선산 출신이다. 군정에 참여한 교수들 대부분이 혁명적 방식에 의한 정책집행을 기술적으로 하청받아 일했던 것과는 달리, 박 교수는 박 의장의 신임을 바탕으로 독자적 재량권을 갖고 정책입안에 참여한, 당시 민간인 실세 중 한 사람이다.

유원식과 박희범, 이 두 실세 중 누가 먼저 통화개혁을 구상했고 박 의장에게 건의했는지는 분명치 않다. 어쨌든 1961년 7월에 처음 태동한 통화개혁 구상은 8월 박 의장이 박 교수에게 구체적 연구검토를 지시함으로써 현실문제로 부상했다. 9월 초 통화개혁 결심을 굳힌 박 의장은 송 수반과 천병규 재무장관 및 김종필 중앙정보부장에게 이를 털어놓았다.

주무장관인 천 재무장관은 9월 초 유원식에게서 이 얘기를 처음 들었다. "박 의장도 알고 있으니 만나보라"는 것이었다. 금융인 출신인 천 장관은 경악을 금치 못했다. 천 장관은 다음날 바로 박 의장에게 달려가 독대하면서 "통화개혁은 전 국민에게 가공할 파급 영향을 주는 진짜 혁명이므로 쉽게 생각해선 안 됩니다"라고 신중론을 폈다.

하지만 박 의장은 "이미 기정사실이야. 박 교수에게 연구를 지시해 놓았어"라고 일축했다. 천 장관은 사안의 중대성과 실무작업의 어려움을 거듭 강조하며 재고를 건의했다. 묵묵히 듣고만 있던 박 의장은 "박 교수의 안이 완성돼봐야 구체적인 방안이 나올 터이니 그때 다시 이야기합시다. 그동안 천 장관도 여러 가지로 연구해보시오"라고 말했다. 천 장관은 더 이상 할 말이 없어 그냥 물러나올 수밖에 없었다.

박희범의 초안 탈락, 김정렴 실무작업

송 수반도 처음에는 "혁명한 지 아직 일천하여 국민의 경제활동이나 사회생활이 안정되지 않고 있기 때문에 시기상조"라며 반대했다. 하지만 화살은 이미 시위를 떠나 있었다.

천 장관은 소신과는 상관없이 그 일을 추진할 수밖에 없었다. 그는 오스트리아 빈에서 열린 IMF·세계은행 연차총회에 참석하고 귀국하는 길에 서독에 들러 통화개혁용 신은행권의 인쇄관계를 탐문했다.

10월 중순 최고회의 의장실에서는 박 의장, 송 수반, 유원식 위원, 천 장관 등 4명만이 참석한 가운데 박 교수의 극비 브리핑이 있었다. 이와 관련해 천 장관은 다음과 같이 회고했다.

"박 교수의 안은 너무나 조잡해서 도무지 쓸모가 없는 것이었다. 화폐교환을 동회(요즘의 동사무소)에서 하도록 구상하는 등 비현실이요 실천 불가능한 안이었다. 은행원 출신인 나뿐만 아니라 박 의장, 송 수반, 유 장군이 다 같이 안 되겠다는 판정을 내렸다.

박 교수가 물러간 다음, 네 사람만 의장실에 남아서 통화개혁 문제를 협의한 결과, 박 교수의 안은 백지화하되 통화개혁은 초지일관 단행하기로 결정했다. 박 교수에게는 '통화개혁은 안 하기로 했다'고 속이고 탈락시켰다."(김병석 편, 《인물은행사》)

박 교수의 초안이 폐기되자 난감해진 천 장관은 부득이 한은 실무자의 손을 빌리지 않을 수 없었다. 그 적임자는 바로 1953년 제1차 통화개혁 때 실무 준비를 맡았던 김정렴이었다. 김정렴은 당시 한은에서 무보직 대기발령 상태였다. 따라서 총재에게 일언반구도 없이 불러다 쓸 수 있었고 그에게 신경 쓰는 상사나 동료도 없어 비밀작업에 안성맞춤이었다.

어느 날 김정렴은 천 장관의 호출을 받고 장관실로 향했다. 천 장관은 그를 유원식 위원에게 데리고 갔다.

유 위원은 "1953년 2월의 긴급통화조치를 기안했다면서요"라며 "통화개혁을 할 생각은 없고 단지 참고만 하고자 할 뿐이니 개혁 시 사전준비사항, 구체적 내용, 사후대책 및 자체평가에 대해 보고서를 써줬으면 합니다"라고 부탁했다.

김정렴이 한 달간의 비밀작업을 거쳐 보고서를 제출하자 유 위원은 수고했다며 주미대사관 경제참사관 자리를 권했다. 하지만 이것은 연막작전일 뿐이었다. 출국준비에 바쁘던 김정렴은 다시 유 위원에게 불려가 비로소 본격적인 통화개혁 준비작업을 지시받았다. "한다 안 한다는 아직 결정된 바 없으나 할 때를 대비해 기안해달라"는 얘기였다.

실무작업 팀들도 통화개혁 반대

김정렴은 1차 개혁 때 같이 일했던 배수곤을 공동작업자로 천거, 함께 중정 파견명령을 받아냈다. 이상덕 · 김병옥 · 안종기 · 최찬화 등도 나중에 합류했다. 1차 때와 같은 진용이었다.

김정렴 · 배수곤 팀은 의심을 사지 않기 위해 정상 출퇴근하면서 중정 측이 제공한 밀실에서 작업했다. 장소도 이리저리 옮겨 다녔는데 가장 많이 이용한 곳이 이승만 전 대통령의 별장이었던 마포장이었다.

《한국 경제정책 30년사》에서 김정렴은 다음과 같이 회고했다.

"우리가 받은 요강은 제1차 경제개발 5개년 계획 수행에 필요한 산업자금조달을 위해 통화개혁이 필요하다는 것이었다. 하지만 우리들은 산업자금조달을 위해서라면 통화개혁이라는 비상조치에 의하지 말고 전통적인 재정금융수단에 의하는 것이 원칙이라는 데 의견의 일치를 보았다.

작업을 할까 말까 하는 의견까지 교환되었으나 극비 선서까지 하고 특별명령을 받은 이상 '통화개혁을 하지 않는 것이 좋겠다'는 의견을 강력히 상신하되 안 자체는 작성해나가기로 했다."

실무자들도 통화개혁이 바람직하지 않다는 데 공감하고 있었다. 1962년 5월 17일 김정렴은 신당동 최고회의 의장공관으로 호출됐다. 박 의장, 송 수반, 천 장관, 유 위원 등이 모인 가운데 그는 통화개혁 기안서를 브리핑하기 시작했다. 그는 먼저 "산업자금조달을 위해서는 통화개혁이 불필요하고 만일 꼭 하려면 충분한 사전준비가 필수적입니다"라고 전제하고는 개혁안을 설명한 다음, 통화개혁의 필요성이 없다는 점을 재차 강조했다.

그러나 군사정권 수뇌들은 금융기관의 담보 위주 타성으로 볼 때 획기적인 경제개발을 위해서는 금융기관의 전통적 방법에만 맡길 수 없다는 생각이 확고했다. 통화개혁 여부는 아직 미정인 줄로만 알았던 김정렴에게 "다음날 부산에 새 은행권이 도착하며 통화개혁 D-day는 6월 10일로 잡혀 있으니 내일 은행권 하역을 돕기 위해 부산으로 출발하라"는 명령이 떨어졌다.

영국에서 신은행권 비밀 인쇄해 도입

싫건 좋건 통화개혁의 대임을 떠맡은 천 장관에게는 신은행권 인쇄가 최대 고민거리였다. 미국에도 사전에 알리기 않기로 했으니 미국업체에 맡길 수도 없고 일본은 지리상 너무 가까워 비밀누설 우려가 있었다. 이스라엘 · 이탈리아 · 프랑스 · 서독 등도 탐문해봤으나 은행권 인쇄용 원판이 없었다.

결국 11월 유럽으로 출국한 정래혁 상공장관이 독립문 사진을 가지고 영국으로 가서 토머스 데라류사와 접촉했다. 이 회사는 주로 후진국의 은행권을 제조하던 업체로서 우리나라에도 은행권 제작대행을 타진한 적이 있었다. 최초 발주는 정 장관이 하고 케네디 미국 대통령과의 회담을 위해 미국을 방문한 박 의장을 수행하던 천 장관이 귀국길에 영국에 들러 본 계약을 체결했다.

영국에서 제조된 신은행권은 5월 18일 마침내 부산항 제2부두에 도착했다. 이영근 중정 차장의 진두지휘하에 신은행권 하역작업이 벌어졌다. 이날 작업에는 공수단 차지철 대위도 참여했다. 10 · 26 사태 때 김재규에 의해 사살된 경호실장 바로 그 사람이다.

새 은행권은 권종별로 큰 나무상자에 견고히 포장돼 있었다. 상자 표면에는 소화기 · 경기관총 · 중기관총 · 곡사포 · 통신장비 · 화공약품 등이 표시돼 있어 운반하는 군인들도 군용장비인 줄로만 알았다고 한다.

통화개혁 단행 전날인 6월 9일 신은행권이 이상덕 등 한은에서 차출된 요원 다수가 참여한 가운데 각지의 한은 지점으로 수송되었다. 유원식 위원은 통화개혁대책본부 구성에 착수했다. 하지만 민 총재를 비롯한 한은 수뇌부는 아무것도 모른 채 휴일을 즐기고 있었다.

사실 이렇게 철저히 비밀에 부쳤음에도 항간에는 통화개혁이 단행될 것이라는 소문이 심심찮게 나돌았다. 언로가 막힌 독재정권하에서는 공식발표보다 유언비어가 더 진실에 가까운 법이다.

금융통화위원회에서도 통화개혁 풍문이 의제에 올랐다. 그러나 당시 유창순 총재는 "지금의 정치적 경제적 사회적 여건 속에서 통화개혁은 절대로 있을 수 없고 있어서도 안 된다"고 강력히 부인했고 위원들도 이에 공감했다. 유 총재뿐만 아니라 후임인 민 총재와 금통위원들도 통화개혁설은 낭설일 뿐이라고 굳게 믿고 있었다.

1차 통화개혁을 주도했던 김유택 전 한은 총재가 당시 초대 경제기획원장관이었으나 그 역시 한마디 귀띔도 받지 못했다. 1차 때의 경험과 교훈은 사장됐고 전문가의 지식과 한은의 조직 및 시스템을 전혀 활용하지 못했으니 애초부터 비현실적 탁상공론이었던 통화개혁의 결말은 뻔했다.

음성자금 강제 저축, 경제개발자금화 목적

더욱이 최고회의 재경위원장인 김동하 장군조차 6월 9일 저녁까지 까맣게 모르고 있었다. 다른 최고위원들이야 말할 것도 없었다. 어떤 낌새도 없던 중대 사안이 갑자기 일요일 저녁 긴급회의에 올랐으니 회의장 분위기가 싸늘했던 것은 당연했다. 하지만 이미 다 끝난 일, 최고위원들은 불만을 삭이며 긴급통화조치법과 7개 시행령을 만장일치로 통과시켰고 민 총재는 굴욕을 참고 실무에 임해야 했다.

다음은 박정희 의장이 발표한 '긴급통화조치에 관한 담화문' 일부다.

"의법 처리 중인 부정축재자 외에도 구정권의 부패에 편승하여 음성적으로 축적된 자금이 상당히 온존되어 있습니다. …… 이런 음성자금과 과잉구매력을 진정한 장기저축으로 유도하여 투자재원

신·구은행권 교환을 위해 은행 앞에 몰려든 인파.

으로 활용하는 동시에 인플레이션을 미연에 방지하는 조치, 즉 통화개혁이 불가피한 것입니다."

즉, 통화개혁의 목적이 음성적으로 축적된 자금을 일종의 '강제 저축'으로 유도해 인플레를 예방함과 동시에 산업자금으로 활용하기 위함이라는 것이다.

당시 군사정권은 집권의 정당성 확보를 위해서라도 경제개발에 정책의 최우선순위를 둘 수밖에 없는 입장이었다. 그 구체적 방안이 경제개발 5개년 계획 수립 및 경제기획원 창설이다. 하지만 경제개발 계획은 각계의 비판에 부딪혔다. 가장 큰 문제는 장밋빛 청사진을 실현하기 위한 자금조달, 특히 내자조달의 방법이었다.

이에 정권실세들이 착안한 것이 바로 음성자금 양성화이다. 구정권하에서 부정부패로 치부한 장롱 속 자금이 상당히 많을 것이라고 막연히 추측하고는 이를 끌어내 산업자금화하면 구악일소와 경제개발이라는 두 가지 혁명공약을 모두 실천할 수 있다는 단순한 발상이었던 것이다.

6월 10일 0시를 기해 단행된 제2차 통화개혁의 골자는 이렇다. 첫째, 1962년 6월 10일부터 구 '환' 화의 유통과 거래를 금지한다. 둘째, 호칭가치를 10분의 1로 절하하여 신 '원' 화를 발행한다. 셋째, 구은행권과 각종 지급수단은 6월 17일까지 금융기관에 예금한다.

이어 18일에는 긴급금융조치가 시행됐는데 그 내용은 '첫째, 동산·부동산·채권·채무·계약 등 모든 환화 표시 금액은 10대 1의 비율로 원화 표시 금액으로 변경한다. 둘째, 구권 예금과 재래 예금은 일정한 누증률에 의해 봉쇄계정에 동결하고 나머지는 지급상 하등의 제한을 받지 않는 자유계정으로 전환한다. 셋째, 봉쇄계정은 앞으로 6개월 내에 설립될 산업개발공사의 주식(연 15퍼센트 배당을 정부가 보증)으로 대체한다. 넷째, 다만 봉쇄계정은 6월 23일까지 납세 등의 지급에 충당할 수 있다'는 것이었다.

즉 화폐 액면가치를 포함, 모든 재산의 표시가격을 10분의 1로 절하해 원화로 표시하고 구권 및 재래 예금의 일부를 봉쇄하여 산업개발공사의 자본금으로 전환해 산업자금으로 활용한다는 것이 골자였다. 산업개발공사는 이렇게 강제 동원한 자본금으로 울산공업단지 등 각종 사업에 투자해 그 투자이익을 다시 재투자하는 방식으로 눈덩이 굴리듯 산업자금 투하량을 늘려간다는 것이었다.

사전협의 없어 최고위원·미국 강력 반발

그러나 이런 발상은 충격적인 극약처방으로 국민들의 사유재산권을 침해하는 위헌성이 있는 게 사실이다. 실제로 통화개혁의 최초 아이디어맨인 박희범 교수는 "산업개발공사 착상은 국가자본주의적 사고

대한민국 머니 임팩트

방식이며 이는 민주자본주의가 아니다"라는 비난에 휩싸였고 유원식 위원 역시 경제개발계획 수립 과정에서 미국으로부터 사회주의자라는 소리를 들었다. 박정희 의장도 과거 남로당과의 관계 때문에 사상적으로 의심을 받은 적이 있다.

한편 긴급금융조치를 의결한 16일의 최고위원 · 전 각료 연석회의에서는 통화개혁 과정에서 소외된 최고위원들의 불만이 폭발했다. "1차 조치 때는 물론 2차 조치 때도 전혀 사전협의가 없었다. 유원식 위원의 독주와 비협조가 지나치다" "2차 조치는 봉쇄를 어떻게 하느냐 하는 조치이므로 설령 난상토론이 되어 사전에 누설된다 해도 큰 문제가 없는 것임에도 일체 알리지 않고 강행했다. 재경위원회와 위원들을 무시해도 유분수 아닌가?"

일대 격론 끝에 긴급금융조치는 간신히 의결, 공포됐다. 그러나 송 수반과 천 재무장관 등 전 각료가 일괄 사표를 제출해야 했다.

신은행권 발행을 의결해야 할 금통위에서도 상황은 마찬가지였다. 통화개혁은 있을 수 없다고 굳게 믿고 있던 금통위원들은 속았다며 분노해 급히 달려왔지만 총재조차도 언질 한마디 못 받았다는 말에 그저 허탈한 쓴웃음만 지을 뿐이었다.

9일 밤 긴급 소집된 금통위는 회의실을 통화개혁대책본부에 빼앗겨 옥상에 있는 간부식당에서 열어야 했다. 조명이 어두워 천장에 임시로 전선을 얼기설기 얽어 전구를 매단 채 준비된 각본에 따라 6개 권종의 신권 발행을 형식적으로 추인했다.

더욱이 미국에 사전통보하지 않은 것이 결국 큰 문제가 됐다. 가뜩이나 미국은 쿠데타로 집권하고 사상적으로도 믿음이 가지 않는 군사정권을 사사건건 견제하고 있었다.

6월 10일 버거 당시 주한미국대사는 "한국 경제의 안정과 성장에 있어 일대 중요한 정책인 통화개혁을 하면서 다액의 경제원조를 해오고 있는 미국 측에 사전에 하등의 통보나 협의가 없었던 점에 대해서 심히 유감스럽게 생각한다"고 강력히 항의했다. 유원식 위원은 "기밀 보호를 위해 사전통보를 못한 것일 뿐 다른 뜻은 없었다"고 해명하고 "6일 후의 긴급금융조치는 반드시 미국 측과 사전협의하겠다"고 약속해 겨우 급한 불을 껐다.

예금 봉쇄 한 달 만에 백지화, 음성자금도 없어

그러나 이 약속도 지켜지지 않았다. 미대사관 하비브 정치참사관이 6차례나 면담을 요청했으나 유원식 위원은 이를 거절했다. 그러자 미국은 이제 불만과 항의 정도가 아니라 아예 적대적으로 변해갔다.

박정희 의장은 결국 미국 측을 달래기 위해 6월 30일 1년 미만 재래 예금과 외국인 및 해외교포가 갖고 있는 예금을 봉쇄 해제해주고 말았다. 긴급금융조치의 일각이 무너지기 시작한 것이었다. 이 조치와 관련해 대국민 설명이 필요했던 정부는 이렇게 발표했다.

"이번 마지막 통화개혁 사후조치를 단행함으로써 봉쇄예금은 당초의 98억 원에서 70억 원으로 감소했다. 앞으로 홍수·한해 등 긴급사태가 벌어지지 않는 한 이번 조치가 통화개혁 사후조치로서는 마지막이 될 것이다."

그러나 이는 희망사항일 뿐이었다. 이미 감정이 상할 대로 상한 미국은 여기서 그치지 않고 모든 봉쇄예금의 전면 해제를 요구해왔다. 통화개혁 자체의 백지화 요구에 불응할 경우 경제원조를 전면 중단

한다는 위협이었다. 이번 기회에 군사정권을 단단히 손봐줘야겠다고 작정한 듯했다.

원조 중단 압력은 당시로서는 치명적인 것이었다. 국민경제의 파국이 명약관화했다.

결국 김정렴은 모든 봉쇄예금을 실질적으로 전면 해제하는 내용의 '긴급금융조치법에 의한 봉쇄예금에 대한 특별조치법'을 다시 기안해야 했고 이 법은 7월 13일자로 공포됐다. 이에 따라 봉쇄예금의 3분의 1은 자유계정으로, 나머지 3분의 2는 1년 기한의 특별정기예금으로 전환됐다. 이 예금도 금리를 포기하면 언제든 찾아 쓸 수 있었다. 통화개혁의 핵심인 예금 봉쇄조치는 불과 한 달 만에 사실상 백지화되고 말았다.

이에 앞서 최고회의에서의 내각 일괄 사표와 관련, 6월 18일 개각이 단행됐다. 박정희 의장이 내각수반을 겸하고 경제기획원장관에 김현철, 재무장관에 김세련이 임명됐다. 7월에는 최고회의도 개편, 김동하 재경위원장이 외무국방위원장으로 옮기고 재경위원장에는 유양수가 임명됐으며 유원식 최고위원은 사임했다. 통화개혁의 핵심 주체였던 유원식·송요찬·천병규 등 3인이 모두 퇴진한 것이다.

이런 일련의 인사는 군사정권 스스로 통화개혁의 실패를 인정했다는 것을 의미한다. 박 의장도 실패를 자인했다고 한다.

이 실패는 비단 미국과의 마찰에 의한 봉쇄예금 해제 때문만은 아니다. 7월 13일 특별조치법을 발표하면서 김현철 경제기획원장관은 "통화개혁 실시 결과 당초 예상과는 달리 자금의 편재가 별로 없었다는 것이 판명됐기 때문"이라고 그 배경을 밝혔다. 즉 기대와 달리 장롱 속에 숨겨진 음성자금이 별로 없었다는 것이다.

참담한 실패로 끝난 군사정권의 경제쿠데타

민 총재는 "결국 돈의 분포 상태를 파악한 일과, 국민이 돈 귀한 줄을 알게 되었다는 정도의 성과만 거둔 셈"이라고 2차 통화개혁을 혹평했다. 김정렴은 "제2차 통화개혁은 화폐단위만 10분의 1로 절하했을 뿐 국민경제에 불필요한 크나큰 충격을 준 결과가 됐다"면서 "33년 동안 크고 작은 여러 경제정책에 참여해왔는데 제2차 통화개혁만은 두고두고 쓰라린 경험으로 남았다"고 고백했다.

왜 이런 참담한 결과가 나왔는가? 제1차 통화개혁의 주역 중 한 사람인 송인상은 회고록 《부흥과 성장》에서 이런 말을 남겼다. "통화개혁처럼 사전에 알려 국민의 의사를 수렴해서 시행하기 어려운 정책은 처음부터 시도해서는 안 된다는 것을 배웠다. 특히 극약을 투입해 병을 고치는 식의 쇼크요법 경제정책으로는 일시적인 효과를 거둘지는 모르지만 더 큰 후유증을 가져온다는 것을 체험했다."

그의 말처럼 통화개혁은 일종의 극약처방이자 쇼크요법으로서 국민경제를 실험도구로 삼은 것이었다. 성공했다 하더라도 정당성에 논란의 소지가 있었고 성과도 그때뿐이었을 것이다. 특히 1차 때와 달리 전문가집단인 한은과 경제인들이 철저히 소외된 채 군인들이 무리하게 밀어붙인 제2차 통화개혁은 군사정권의 경제쿠데타요, 경제를 볼모로 연출한 한 편의 코미디였다 할 것이다.

4대 **의혹**사건의
그림자

"정치자금 100억 환 만들자",
증시의 검은 커넥션

8

"6 · 25에 두 번 망했다."

초창기 한국 증권산업을 이끌었던 원로들은 이런 말을 남겼다. 그 한 번은 6 · 25 한국전쟁을 말하는 것이고 다른 한 번은 1962년 5월의 증권파동을 말한다.

군사정권의 2인자였던 김종필 중앙정보부장을 일시적으로 퇴진시키고 '구악'이 아닌 '신악'이라는 신조어를 낳게 할 정도로 정권의 도덕성에 큰 타격을 입히면서 세상을 떠들썩하게 했던 4대 의혹사건이 있다. 공화당 창당 등을 위한 정치자금조달을 위해 기획된 증권파동 · 새나라자동차 사건 · 워커힐사건 · 빠찡코사건이 바로 그것이다.

그중 가장 큰 파문을 일으킨 것이 1962년 5월의 증권파동이다. 이 증권 파동은 금융계에 엄청난 파장을 몰고 왔다. 지난 1990년 발간된《한국은행 40년사》에는 이렇게 기록돼 있다.

　"증권파동은 한국은행법의 개정과 함께 유창순 총재를 퇴임하게 한 계기가 되었다. 유 총재는 비정상적인 투기과열로 빚어진 수도결제부족자금을 중앙은행에서 공급한다는 것은 부당하다고 반대하였고 아울러 때마침 정부가 추진한 한국은행법의 개정에도 뜻을 같이할 수 없어 사표를 제출하였다.

　사표는 5월 26일자로 수리되었고 같은 날에 당시 제일은행장이었던 민병도씨가 당행 제7대 총재로 취임하였다."

■　　■　　■　　■

윤응상과 공화당 사전조직의 밀담

한국 증권산업 60년 역사상 최대의 오점인 5월 증권파동은 어떻게 일어났을까? 증권파동 하면 떠오르는 인물이 바로 윤응상이다. 한국통신과 동양통신 · 한국비료를 거친 기업인 윤응상이 증권가의 왕자로 등장한 것은 1958년 경희증권 고문을 맡으면서부터다.

　윤응상은, 한창 때 그의 출근시간에 따라 주가가 영향을 받았고 증권거래소 이사장실과 직통전화를 갖고 있을 정도로 증시 큰손 중의 큰손이자 주가조작의 천재였다. 단골술집에서 선풍기를 틀어놓고 아가씨들에게 팁을 뿌려 온 방안에 지폐를 날렸고 술집에서 그가 한 한마디가 다음날 신문의 주요 기사가 됐을 정도였다.

8월 12일 박정희 최고회의 의장은 오는 "1962년 8월 15일을 기해 민정이양을 하겠다"고 발표했다. 그 직후 윤응상은 중앙정보부 연구실 행정관 강성원 소령의 방문을 받았다. 윤응상이 정치·경제계의 뒷골목 사정에 밝았기 때문이다. 충무로의 한 다방 밀실에서 윤응상과 강 소령은 은밀히 밀담을 나누었다.

"그렇게 쉽게 군정에서 민정으로 바뀔 수 있겠습니까? 민정이양을 위해서는 우선 100억 환의 정치자금이 필요할 겁니다. 내가 100억 환을 만들어줄 테니 3개월간 7억 환 정도만 융통해주십시오." 윤응상의 제안에 대해 강 소령은 "저는 돈에 관한 한 문외한입니다"라며 중정관리실장 정지원 소령을 소개해줬다.

강 소령과 정 소령은 중정이 은밀히 만든 민주공화당 사전조직, 소위 '지하 공화당'의 핵심멤버였다. 윤응상은 증시에서 합법적으로 돈을 벌어 공화당 창당 및 선거를 위한 거액의 정치자금을 마련할 수 있다고 이들에게 제안한 것이었다. 솔깃한 얘기가 아닐 수 없었다.

다음은 1964년 국회 국정검사 보고서의 내용이다.

"증권파동사건은 전 중앙정보부 행정처장 이영근, 관리실장 정지원 등이 증권업에 경험이 있는 윤응상으로 하여금 통일·일흥·동명의 세 증권회사를 창설케 하기 위해 1962년 2월 초순 무렵 당시의 인기주인 한국전력주 12만 8000주를 농협중앙회 회장 오덕준, 부회장 권병호를 설득시켜 감독기관은 농림부임에도 하등 권한이 없는 재무부장관의 허가를 얻은 후 당시 시가보다 5퍼센트 싼 가격으로 방출시켜 8억 6224만 6400환을 위의 회사 자본금으로 충당했다."

윤응상은 약속한 정치자금 100억 환을 마련하기 위해 한전주 가격 조작에 나서는 한편, 금융조합 청산인인 농협에 묶여 있던 한전주 12

만 8000주를 헐값에 불하받았다.

이를 위해 강성원은 농협에 압력을 넣었고 농협이 재무장관의 승인을 조건으로 내걸자 중정 이영근 행정처장이 당시 천병규 재무장관에게 전화를 걸어 승인을 요구했다. 농협의 감독기관인 농림부는 못 본 체했다. 불하가격은 시세보다 저렴한 주당 1만 5813환 70전이었다. 당시 증시에서 거래되던 한전주 총물량은 10만 주였는데 추가로 12만 8000주를 확보한 윤응상에게 주가조작은 식은 죽 먹기였다.

광란의 증시, 증권거래법이 투기 부채질

윤응상의 다음 먹잇감은 대증주(대한증권거래소 주식)였다. 대증주는 당시 가장 물량이 많은 주식이었을 뿐만 아니라 증권거래소가 주식회사체제로 전환되면 이 주식을 많이 보유한 대주주가 증시 전체를 한 손에 쥐고 주무를 수 있었다.

아니나 다를까 기존의 공영제 증권거래소를 주식회사체제로 바꾸는 것을 골자로 하는 증권거래법이 1962년 1월 25일 최고회의에서 통과됐다. 대증주는 폭등을 거듭했다. 연초 90전에 불과했던 주가가 3월 말 9환 20전으로 10배가량 올랐다. 다시 4월 말에는 실물거래 42환 50전, 보통거래 60환으로 액면가의 85배와 120배에 달했다.

4월 유상증자 때는 액면가의 28배라는 프리미엄이 붙었는데 이는 세계 증시 사상 신기록이었다고 한다. 청약창구에는 구름 같은 인파가 몰려들었고 청약 전날 밤 인근 여관방은 초만원이었다.

대증주뿐만 아니라 모든 상장주식이 투기 대상이 됐다. 한전주는 정부가 8만 주를 추가로 시중에 풀어놓았는데도 실물거래 4만 6000

증권파동 당시 명동에 있던 증권거래소의 해방 직후 모습.

환, 보통거래 6만 환대에 도달했다.

보통거래란 무엇인가? 개정 증권거래법은 종전의 실물거래와 청산거래 대신 실물거래와 보통거래를 도입했다. 보통거래는 매매가 성립되면 2개월간은 매수대금을 내지 않아도 거래소가 대신 결제를 해주고 이자를 물리는 제도다. 거래소가 일종의 여신 기능을 수행하는 것이다.

이는 금리를 부담시켜 실물거래를 유도하고 투기를 막기 위한 것이었지만 결과는 그 반대였다. 매일 주가가 토끼뜀을 하는데 금리 몇 푼이 대수인가? 오히려 매수대금 납입 연기로 투기를 더욱 부채질했다. 보통거래가 폭발적으로 늘어나면서 증권거래소가 그 엄청난 결제자금을 감당할 수 없게 됐다. 바로 이것이 증권파동으로 폭발한 것이다.

증권파동 직전의 과열상을 이윤무는 《증권독본》에서 이렇게 묘사
했다.

"한국의 월스트리트인 서울 명동에는 날이 새면 몇 억의 부자가 새
로 생겨나곤 했다. 대중주니 연증주니 하는, 이제까지 들어보지도 못
한 종이쪽지들이 아침저녁으로 값이 올랐다. 5할이 오르고 10할이
되고 3배가 되고 9배가 되고 10배는 또 200배로 뛰었다.

사람들은 이 마력을 가진 종이쪽지를 구하려고 모여들기 시작했
다. 얌전하게 자기 사업을 해오던 상인들도 모여들었다. 지방 사람들
도 소문을 듣고 올라오는 마당에 월급쟁이라고 가만히 있을 수 없었
다. 돈이 늘고 사람이 늘면서 이 종이쪽지들의 값은 무한정 올라가기
만 했다. 고무풍선처럼 부풀어 오르고 푸른 하늘에서 연 오르듯 했
다." 실로 광란의 증시였다.

결제자금 없어 한은에 계속 손 벌려

연초 윤응상이 작전을 시작할 즈음 심상찮은 움직임을 포착한 주기
식 거래소 이사장은 대중주에 대해 100퍼센트 증거금을 납입토록 하
고 가격등락폭을 제한하는 등 강력한 규제책을 도입했다. 3월 14일
에는 '대중주 상장 폐지 검토'라는 폭탄선언까지 내놓았다.

그러자 증권업자들로 이루어진 증권업협회는 벌떼같이 들고일어
나 주 이사장의 퇴진을 요구했다. 이들은 주식회사체제 거래소의 대
주주들이었다. 더욱이 최대주주인 윤응상은 막강한 권력의 힘을 등
에 업고 있었다. 주 이사장이 쫓겨나자 거래소는 대중주 70퍼센트를

보유한 윤응상의 수중에서 놀아나게 됐다.

4월 중 거래량 기록은 1180억 환, 보통거래 규모도 1020억 환으로 도저히 증권시장 스스로 소화해낼 수 없는 규모였다. 은행에서 최대한 돈을 끌어다 대도 역부족이었다. 4월 17일 현재 시중은행에서 증권금융으로 나간 대출이 17억 5000만 환이었음에도 보통거래의 청산결제를 위해서는 22억 6000만 환이 필요했다. 은행들은 대출한도제 때문에 더 이상 돈을 빌려줄 수 없다는 태도였다.

결제가 안 되면 증권시장은 그대로 붕괴되는 것이다. 다급해진 거래소는 재무부를 통해 금융통화위원회에 증권금융 20억 환을 '한도외 융자'로 지원해줄 것을 긴급 요청했다.

4월 18일 이 안건이 제출되자 금통위에서는 반대론이 거세 격론이 벌어졌다. 재무부 이재과장이 "지금 거래소 자금 사정이 상당히 급해 증권시장이 당장 깨지게 생겼다"며 "거래소가 20일 증자를 결의할 예정인데 증자로 돈이 들어오면 20억 환을 갚을 수 있으니 증자불입금을 쓸 수 있게 될 때까지만 봐달라"고 사정해서 겨우 통과시켰다.

이것은 시작일 뿐이었다. 열흘도 못돼 거래소는 다시 30억 환의 증권금융을 요청하게 된다. 투기꾼들의 무차별 공매매로 4월 말 결제에 필요한 자금이 무려 114억 환에 달했다. 한도외 증권금융 20억 환을 포함해도 30억 환이 모자랐다.

4월 28일 재무부의 요구로 다시 금통위가 열렸다. 한은 집행부와 금통위원들은 난감했다. 지금 상태라면 빌린 돈을 갚기는커녕 5월 말에도 결제자금이 모자랄 것이고 그때 또 손을 벌릴 게 뻔했다. 또 이런 식은 증시과열을 부채질하고 투기꾼들만 배불려주는 격이었다. 하지만 그렇다고 지원을 거부하면 "한은 때문에 증시가 깨졌다"는 소리를 들을 게 뻔했다.

유창순 한은 총재는 "30억 환을 내서 증권시장이 안정된다면 찬성하겠지만 안정된다는 확신을 주는 사람이 없으므로 확신이 서기까지는 찬동하기 힘들다"고 반대했다. 재무장관과 거래소 이사장이 급히 달려왔다. 유 총재와 천 장관의 설전으로 복도 밖에서도 고성이 들릴 정도였다. 결국 천 장관이 증권시장 안정화를 책임지겠다고 공개적으로 약속함에 따라 장장 4시간에 걸친 격론 끝에 수도결제자금 30억 환을 거래소에 지원하는 안건이 의결됐다.

그러나 문제는 여기서 끝나지 않았다. 한 달 후 또다시 230억 환이라는 거액이 나갔음에도 부족 금액을 다 메우지 못해 부풀려질 대로 부풀려진 고무풍선이 그만 뻥하고 터져버렸으니, 이것이 바로 5월 증권파동이다.

상가처럼 침울했던 금통위

이렇게 간신히 증권금융을 얻어 4월 말 수도결제는 이틀이나 연기된 5월 2일 겨우 완결됐다. 이쯤 되면 이젠 정신 차릴 만도 했다. 위험경보가 깜박거리고 있음을 누구나 감지할 수 있었다. 하지만 증시 참여자들은 이미 눈이 멀었고 귀가 먹었다. 증권시장은 종말을 향해 달려가는 모래시계였다.

증권거래소 지배주주인 윤응상 측은 대증주 주가를 끌어올려 시세차익을 얻는 동시에 높은 가격으로 책정된 공모주가 원활히 소화될 수 있도록 총력을 기울였다. 반면 매도측 증권사들은 대량 투매로 주가를 떨어뜨려 매수측을 꺾으려 했다. 쌍방 간에 사활을 건 공방전이 벌어졌다.

5월의 거래대금은 4월의 두 배가 넘는 2520억 환에 달해 거래소 개설 이래 6년 동안의 총거래대금에 거의 육박했다. 거래소가 수도결제를 대행해야 할 금액은 691억 환이었는데 이 중 183억 환을 마련할 방법이 없었다. 할 수 없이 다시 재무부를 통해 180억 환의 증권금융을 요청했다.

또한 연합증권금융도 50억 환의 증자대금이 은행에 들어와 있으나 법적 문제로 당장 쓸 수 없다면서 50억 환을 신청했다. 이에 따라 재무부는 5월 말 수도결제자금으로 거래소에 180억 환, 연합증권금융에 50억 환 등 총 230억 환의 증권금융을 금통위에 요구하기에 이르렀다.

이에 대해 금통위와 한은 임직원들의 공통된 의견은 "이 융자는 부당하므로 금통위에서 일단 부결시켜 정부에 회부, 정부 단독으로 하도록 하자"는 것이었다. 증권금융이 나갈 때 나가더라도 막을 수 있는 데까지는 막아보자는 것이었다.

천병규 재무장관이 직접 주재하는 금통위가 5월 30일 오전 10시에 열렸다. "금통위의 분위기는 마치 상가처럼 침울했다. 참석한 위원 모두가 착잡한 감정에 사로잡힌 듯했고 사실 이날 참석자 전원은 미묘한 심적 갈등으로 어느 누구 하나 안면근육이 경직되지 않은 사람이 없어 보였다."(김병석 편, 《인물은행사》)

아무도 앞장서 찬성도 반대도 하지 않고 침묵을 지키는 답답한 회의였다. 회의는 오전 내내 진전을 보지 못하고 겉돌았다. 정오에 10분간 휴회했다가 다시 속개해 1시 25분에야 끝났다. 결국 이 증권금융은 통과됐다. 하지만 정인욱 의원은 끝까지 자신의 반대 의견을 의

사록에 남겨달라고 요구했다.

거래소의 계산착오로 끝내 파국

이렇게 천신만고 끝에 방출한 230억 환의 증권금융으로 위기를 넘겼으면 좋았으련만 5월 말의 수도결제는 무사히 넘어가지 못했다. 거래소가 결제자금 부족액을 잘못 계산했던 것이다. 거래소의 계산은 5월 말 총거래대금 691억 환 중 증거금으로 적립돼 있는 415억 환이 모두 현금화될 수 있다는 것을 전제로 한 것이었다.

하지만 증거금의 상당액을 이루고 있는 개인 당좌수표가 은행 잔고도 없는 깡통계좌였기 때문에 은행에 가지고 가면 당장 부도가 날 판이었다. 자금이 완전히 바닥난 윤응상 등은 예금 없는 당좌수표로 증거금을 대신했다. '자신들이 대주주인 이상 거래소가 어떻게든 막아주겠지' 하는 배짱이었다. 물론 거래소는 마지막까지 최선을 다했다. 금통위에서 의결한 증권금융 230억 환 중 연합증권금융에 나간 50억 환은 증거금 관계 당좌수표의 부도를 막기 위한 것이었다.

그러나 이것 말고도 미입금 당좌수표가 100억 환에 달했다. 수도결제가 무사히 마무리될 리 없었고 증시는 아수라장이 됐다. 재무부 당국은 대경실색했다. 증권계가 요청한 230억 환만 대주면 되겠거니 했는데 마른하늘에 날벼락이 아닐 수 없었다. 이미 파국은 벌어졌다. 남은 선택은 100억 환을 더 지원받아 수도결제를 완결, 사태를 일단 수습하고 다시 증시를 개장하는 길뿐이었다.

하는 수 없이 정부는 6월 1일 오후 금통위를 소집, 100억 환의 증권금융을 추가 방출해 2일 사태수습을 한 다음, 월요일인 4일 증권시장을 재개한다는 방침을 세웠다.

1일 오후 3시 긴급 금통위가 열렸다. 이 자리에는 천 장관 외에도 유원식 최고회의 재정경제위원이 배석했다. 금통위원들은 추가 증권금융에 완강히 반대했다. "바로 그제 230억 환의 증권금융을 내주었는데도 증시는 결국 파산하고 말았다. 도대체 더 이상 무엇을 어떻게 하자는 말인가?"

유 위원과 천 장관은 "본건은 최고회의 의장으로부터 분부도 있었고 증권시장 수습은 국가정책"이라며 추가 방출 필요성을 역설했다. 결국 오후 5시 10분 금통위는 거수표결로 100억 환의 증권금융 한도 외 취급을 결의했다.

당시 민병도 한은 총재의 회고다.

"매우 괴로웠다. 이보다 더 큰 괴로움을 나는 일찍이 경험해보지 못했다 해도 지나친 말은 아니다. 그러나 최후의 순간은 나에게 과감한 결단을 요구해오고 있지 않은가.

반대는 곧 나 개인의 명예를 가져다주고 찬성은 곧 개인에게 불명예를 가져온다. 그러나 내가 입을 다물고 찬성하면 사태는 일단 수습할 수 있다. 아니 내가 반대해 부결이 되더라도 그 문제는 결국 정부 측이 원하는 방향으로 해결될 것이 뻔했다.

이때 내가 머리를 책상에 푹 파묻은 채 거수했던 사실이 오늘날에 와서 나 자신을 위한 변명의 한마디가 될 수 있을까? 사태는 수습됐지만 금융인으로서의 자존심은 여지없이 짓밟힌 거나 다름이 없었다. 금융이 독립되지 못한 채 정권에 눌려버린 이번 일을 두고 며칠이고 침울한 생각에 젖어 있었다." (김병석 편, 《인물은행사》)

진상과 책임 규명 없이 사건 미봉

100억 환 추가 방출로 겨우 사태를 수습하고 4일 증시를 다시 개장했으나 6월 말 수도결제가 과연 잘될 것인지에 대한 의구심이 시장에 팽배해 거래가 제대로 이뤄지지 않았다.

재무부도 차마 증권금융을 더 내달라는 말을 꺼낼 수 없었던지 이번에는 주가 폭락을 막기 위해 주식을 금융기관들이 인수해달라고 요청했다. 대증주를 프리미엄 공모가인 주당 14환 50전에 5억 7000만 주 떠안아달라는 요구였는데 금융단 60억 환, 생보업계 및 손보업계 각각 10억 환씩이었다. 하지만 이는 은행과 보험사 입장에서는 있을 수 없는 일이었다. 증권파동으로 주가가 폭락할 것이 뻔한데 앉아서 엄청난 손해를 보라는 얘기였기 때문이다.

당시 취임 직후였던 문상철 은행감독원장은 금융기관의 경영 건전성을 지켜야 한다고 결심하고는 기자회견을 열어 "빈껍데기 주식을 어떻게 은행이 인수하느냐? 책임지고 이를 막겠다"고 선언했다. 유 위원과 천 장관의 재고 요청과 증권업자의 협박 전화에도 그는 굴하지 않았다. 마침내 문 원장은 박정희 최고회의 의장에게 불려갔다.

"별일도 아닌 것을 가지고 왜 이리 시끄럽소?" 박 의장의 질문에 문 원장은 당당히 소신을 피력했다. "빈껍데기 주식을 80억 환이나 은행과 보험회사에 떠안긴다는 것은 은행의 민간 주주들이 납득하지 않을 것이고 국민이 납득할 수 없을 것입니다. 꼭 필요하다면 최고회의가 입법을 해서 이 증권 인수에 대해 정부가 지급보증을 해야 합니다. 그렇지 않으면 은행감독원장으로서 금융단의 주식 인수에 승복할 수 없습니다." 잠시 뭔가 생각하던 박 의장은 "알았소"라고 대답했다.

이렇게 해서 금융기관의 대증주 강제 인수는 유야무야됐다. 무소불위의 최고 권력자 앞에서도 굴하지 않고 소신을 지킨 문 원장의 용기는 두고두고 금융인들의 입에 오르내렸다.

한편 박 의장의 지시에 따라 최고회의는 증권파동의 진상을 밝히기 위해 특별감사단을 구성했다. 그러나 특감단의 조사 결과를 바탕으로 최고회의가 내린 조치는 사건의 본질과는 한참 거리가 멀었다.

"증권파동은 일부 업자들의 지나친 이익추구와 재무부당국의 일관성 없는 정책 때문에 야기된 것이므로 그 관계 책임자를 엄중 문책하고 증권시장을 조속한 시일 내에 재개한다"는 얘기뿐이었다. 중앙정보부와 윤응상의 결탁 등 진상과 책임 규명 없이 사건을 미봉했고 책임자 문책도 천 장관과 거래소 이사장 경질, 6개 증권사 영업정지가 고작이었다.

윤응상 정치자금 67억 환, 총통화의 4퍼센트

최고회의 특감에서 유야무야 넘어간 증권파동이 다시 도마 위에 오른 것은 이듬해 2·28 성명에서다. 이 성명에서 박정희는 "국민들에게 의혹을 받고 있는 몇 가지 문제를 철저히 조사하여 책임의 소재를 밝히고 국민 앞에 그 진상을 공개하겠다"고 약속했다.

당시 중앙정보부는 사건의 배후인물로 지목된 김종필 전 부장과 사이가 나빴던 김재춘 부장이 이끌고 있었다. 중정은 1963년 3월 6일 증권파동사건 수사 중간 발표를 통해 유원식 최고위원, 천병규 장관, 일흥증권 고문 윤응상·이장규, 중정 요원 강성원·정지원, 증권거래소 이사장 서재식, 증권거래소 전무 이동훈, 증권거래소 상무 박영후 · 장태섭 · 최응환, 농협중앙회장 오덕준, 부회장 권병호 등 총 13명을 구속했다. 이영근 중정 차장은 입원 중임을 감안해 불구속 입건했다.

또 김종필에 대해서는 "도의상 책임은 있을지 모르나 아직 형사상으로는 아무런 관련이 없다"고 밝혔다. 그러나 당시 중정 특별조사단의 사건송치서에는 김종필의 혐의가 구체적으로 적시돼 있다.

"(김종필은) 1962년 1월 일흥증권을 설립하게 한 뒤 이영근 · 강성원 등과 공모해 1962년 2분기 중정 운영예산 9억 8000만 환을 미리 빼내 윤응상 대선조선공사 회장에게 빌려줘 증권 운영자금으로 쓰게 했다"며 "증권파동이 예상되자 그해 5월 한남동 외인주택가에 있는 자신의 별장으로 유원식 · 천병규 · 민병도 한은 총재 등을 불러 '증시를 살려야 하겠으니 금융통화위원회가 거래소에 대해 대출한도외 융자를 하도록 하라'고 요청해 금통위가 100억 환의 한도외 융자를 하게 함으로써 긴급한 영농자금 등의 융통에 차질을 빚게 했다"면서 "하지만 특정범죄처벌에 관한 임시특례법 위반 혐의가 인정되나 순회대사로 국외방문 중이므로 기소 중지가 바람직하다"는 것이다.

이와 관련 당시 중정 관계자의 증언을 통해 재구성해본 내막은 이렇다. 처음 김재춘 부장은 박정희에게 "김종필 전 부장을 구속해야겠다"고 보고했다. 그러나 박정희 최고회의 의장은 아무 말 없이 눈만 감고 있었다. 김 부장은 하는 수 없이 그냥 나와야 했다. 그때 신직수 법률고문이 넌지시 "김종필은 안 올리는 게 좋겠다"고 충고해 그를 외유 보내는 것으로 정치적 타협을 했고 이에 따라 이 송치서도 실제 군법회의에는 전달되지 않았다.

이런 분위기는 재판에서도 그대로 이어졌다. 1963년 6월 27일의 보통군사재판부는 피고 전원에게 무죄를 선고했다. "300억 환이라는 거액이 특별융자의 형태로 주어졌지만 그 돈은 모두 수도결제자금으로 사용되어 그 후 모두 회수되었으며 그 융자가 특정인에게 이익을 주기 위해 이루어진 것이 아니다"라는 이유였다. 게다가 "세칭 의혹이란 그 원인이 없다는 것이 명백히 되었다고 보며 따라서 구악에 못지않은 신악이 있다고 하는 세간의 의혹은 해소되어야 할 것"이라고 훈계까지 했다.

그렇다면 증시에서 빠져나간 돈은 대체 얼마나 되며 어디로 흘러들어간 것일까? 미국 의회의 기록에는 이때 빼낸 금액이 4000만 달러라고 돼 있으며 일부에서는 100억 환으로 본다. 1964년 9월 재무부 국정감사에서 이중재 의원은 "윤응상이 정치자금으로 제공한 총액이 67억 환"이라고 주장했다. 이는 당시 총통화량의 4퍼센트에 해당하는 액수다.

이렇게 새나간 돈의 대부분은 공화당 사전조직에 쓰였고 일부는 김종필이 반공연맹 건물 및 워커힐 신축자금으로 기증했다는 얘기도 있는데 그 진실은 거의 반세기가 지난 지금까지도 베일에 싸여 있다.

일본 차 수입해 고가 불하, 부정이득 챙겨

한편 새나라자동차사건은 1961년 12월 김종필 당시 중정 부장의 부하 석정선 제2국장 등이 재일교포를 끌어들여 국내에 자동차 조립공장을 건설, 특혜를 주고 그 대가로 정치자금을 조성하자는 아이디어에서 비롯됐다.

당시 서울시내의 택시는 모두 시발택시였다. 1950년대 장안의 명물이었던 이 택시는 그러나 군용지프를 개조한 것이어서 볼품이 없었다. 그래서 외국관광객을 유치하고 자동차공업도 육성할 겸해서 날씬한 일제 소형차의 부품을 수입해 국내에서 조립하자는 것이었다.

이를 위해 중정은 재일 거류민단 부단장을 지낸 재일교포 실업인 박노정을 점찍었다. 1961년 12월 김종필이 일본에 파견한 에이전트 최영택은 박노정을 만나 포섭하는 데 성공했다.

새나라공업주식회사는 자본금 1억 원으로 설립됐다. 박노정은 이 중 3000만 원을 출자했고 나머지는 한일은행에서 대출을 받아 해결했다. 당시 한일은행에는 김종필의 친형 김종락이 상무로 앉아 있었다.

1962년 5월 최고회의는 향후 5년간 자동차부품 수입을 무관세로 하고 자동차세를 감면하는 내용의 '자동차공업보호법'을 제정했다. 자동차공업 육성을 명분으로 새나라에 특혜를 주기 위한 것이었다. 그러나 부품 수입과 조립생산은 말뿐이었다. 새나라는 부품이 아닌 일제 완성차를 수입했다. 무려 2000여 대를 무관세로 말이다. 이 많은 일제 택시들이 거리를 누비게 되자 시발택시들은 시골길로 밀려났다.

이 일제 승용차는 대당 13만 원에 수입, 국내 업자들에게는 그 2배에 가까운 25만 원에 넘겼다. 이 과정에서 김종필 라인은 2억 5000만 원의 부당이득을 챙겨 정치자금으로 조성했다.

그런데 새나라의 첫해 이익금 분배 과정에서 문제가 생겼다. 박노정은 생각했던 만큼의 이익금을 배당받지 못하자 불만을 품고 각계에 진정서를 돌리며 억울하다고 주장했다. 노발대발한 김종필은 체포명령을 내렸다. 이를 눈치 챈 박노정은 숙소인 반도호텔을 황급히 뒤쳐 나와 부산으로 향했고 밀항선을 타고 일본으로 도망쳤다.

모국의 실권자를 등에 업고 한몫 잡아보려던 박노정은 결국 원금까지 고스란히 날렸고 일본에서는 밀입국 혐의로 체포돼 곤욕을 치렀다고 한다. 이 사건을 주도한 석정선은 1963년 3월 구속돼 조사를 받다가 한 달 후 풀려났다.

'한국의 라스베이거스' 비리 의혹에 얼룩

비슷한 시기에 터진 또 다른 의혹사건이 워커힐사건이다. 쿠데타 한 달여 후인 6월 김종필은 경치 좋은 한강변에 최신식 초호화 호텔을 지어 외국관광객을 유치해 외화를 벌어들이겠다는, 참신하고 대담한 구상에 착수했다. 이어 7월 석정선을 중심으로 워커힐 건설을 위한 사단법인이 설립되고 중정 임병주 과장이 건설사무소장이 됐다.

10월 4일 김종필은 재무부장관 · 교통부장관 · 경제기획원 부원장 · 서울시장 · 한국전력사장 · 산업은행 총재 등을 불러 워커힐 건설자금 65억 환 조달을 위한 연석회의를 열었다. 그 결과 정부예산에서 16억 환, 산업은행 융자로 12억 환, 서울시에서 6억 환, 한국전력에서 1억 환을 각각 조달키로 했다.

며칠 후 건설사무소장인 임병수 중령이 나익진 산은 총재를 찾아와 워커힐 건설자금 대출을 요구했다. 다음은 《인물은행사》에서 나익진이 밝힌 내막이다.

나 총재가 "도대체 이 일을 맡아 하는 주체가 누구냐"고 캐물었더니 임 소장은 답변을 회피하면서 "사단법인으로 운영할 계획이며 대출상환은 외국인관광객을 유치해서 그 수입으로 변제할 예정"이라며 은근한 압력을 가했다. 나 총재는 난처했다. 은행원 입장에서는 도저히 수락할 수 없었으나 그렇다고 안 할 수도 없는 상황이었다.

궁리 끝에 나 총재는 "이것을 국립으로 하시오. 그러면 혹 잘못되는 경우라도 국립은행에서 국립기관에 내는 것이니 큰 문제는 없을 거요. 그러나 사단법인체에 이런 큰돈을 내는데 담보도 상환계획도 불확실해서는 곤란합니다"라고 요구했다. 이에 임 소장도 그렇게 하겠노라고 약속했다. 이렇게 해서 산은 대출이 나가게 된 것이다.

이윽고 워커힐 부지로 내정된 광나루 밖 임야 18만 평에 대해 토지수용령이 발동됐다. 주민들은 시가 2800만 환짜리 땅을 겨우 430만 환이라는 헐값에 넘기고 쫓겨나야 했다. 공사는 육군공병대와 군형무소 수감자들까지 연인원 2만 4000여 명을 동원해 일사천리로 진행됐다.

1962년 말 '한국의 라스베이거스'로 불린 워커힐이 한강변 언덕에 우뚝 솟았다. 카지노 · 수영장 · 나이트클럽 · 회전무대 · 고급 살롱 및 사격장까지 갖춘 환락의 궁전이었다. 그러나 준공도 되기 전에 건설주역들의 부정사건이 터지고 말았다. 다음은 그들의 혐의 내용이다.

"임 소장과 유재명 경리과장은 제일은행에서 융자받은 공사대금 3970만 원(제2차 통화개혁 이후 시점) 중 200만 원을 워커힐 고문이던 정해직이 운영하던 동해장유에 무단 대부하고 보관 중인 입찰보증금을 잃어버리자 퇴직 사원이 계속 근무하는 것처럼 서류를 조작해 인건비를 지출한 것으로 꾸몄다.

또 석정선 중정 제2국장의 지시로 건축자재를 공화당사로 내정된 옛 세브란스병원 건물의 수리용으로 빼돌렸고 6000만 원의 공사를 맡은 시공회사 삼환기업으로부터 접대비 마련을 위해 180만 원을 수뢰했다."

여기서 그치지 않았다. 최고 책임자인 김종필을 향해 의혹의 화살이 날아들었다. 김종필이 워커힐 공사가 한창이던 1962년 8월부터 이듬해 2월까지 박춘식 교통부장관과 신두영 관광공사 총재에게 압력을 넣어 정부 지분 5억 3600만 원을 건설자금 명목으로 뽑아내 가불 형식으로 전용함으로써 막대한 공사대금을 정치자금으로 빼돌렸다는 의혹이다.

또 중정은 나이트클럽에 사용된 고급 자재를 검사도 관세도 없이 일본에서 수입해 150만 달러 이상의 자금을 마련했다고 한다. 이렇게 정치자금과 관련된 비리 의혹이 난무하자 워커힐이 주고객으로 잡았던 주한미군에 출입금지령이 떨어졌다. 결국 워커힐은 외화획득은커녕 금융기관들의 애물단지로 전락했다.

군정 말기 쏟아진 부정, '막판의 먹자판'

4대 의혹 중 마지막 하나는 빠찡코 의혹사건인데 이 사건은 금융계와는 별 관련이 없다. 김종필이 회전당구, 일명 빠찡코 기계를 일본에서 들여와 업자들에게 고가에 불하, 그 차액으로 막대한 리베이트를 챙겨 정치자금화했는데 국민들의 사행심을 조장한다는 여론의 비난으로 정부가 1962년 10월 빠찡코 유기시설을 폐쇄하자 업자들이 반발해 그 흑막을 폭로한 사건이다.

"정치자금과 관련된 군정기관의 부정은 과거에 비해 그 규모나 수법이 엄청난 것이었다. 예를 들면 공화당 조직자금을 마련하기 위하여 감행된 증권조작 등 이른바 4대 의혹사건이다. 수법의 교묘함과 대담성 그리고 말아 올린 돈의 거액에, 정치인들의 부정에는 이골이 나다시피 한 기자들도 입이 딱 벌어졌다.

군정 말기에 쏟아져 나온 부정사건을 보고 기자들은 '막판의 먹자판' 이라고 개탄하였다." (이상우,《박 정권 18년, 그 권력의 내막》)

한국은행, 정부에 **예속**되다

중앙은행의 굴욕, '재무부 남대문출장소'

9

1962년 5월 하순의 비슷한 시기에 일어났던 증권파동과 한국은행법 개정, 그리고 당시 유창순 한국은행 총재의 퇴진은 서로 밀접하게 관련돼 있는 사건들이다. 이는 당시 금융통화위원이던 나익진 전 산업은행 총재가 남긴 기록에서도 확인할 수 있다.

"이것은 증권시장이라기보다는 일종의 사기도박 행위였다. 그럼에도 불구하고 이 같은 증권업계에 막대한 자금을 계속 공급해야 한다는 것이 재무부의 방침이었다. 초기에는 어느 정도 재무부 의견을 따랐으나 너무도 상식에 어그러진 엄청난 일이 계속되므로 우리는 거의 전원이 이것을 반대하기 시작했다.

어느 날 천병규 재무부장관이 직접 나와 계속 자금 공급을 요구하였지만 유창순 총재를 비롯하여 모두가 반대를 하니 그도 딱하게 되었다. 재무부와 금통위는 아마 이 위원회가 생긴 이래 처음 있었던 정면대결을 한 것이었다.

이렇게 되자 재무부는 한은법을 개정하여 금융통화위원회 제도를 폐지해버렸다. 그렇게 되니 위원회는 자연 해산되고 말았다.

그리고 얼마 후 금통위는 둔갑을 하여 금융통화운영위원회로 되었고 증권자금 공급은 계속할 수 있었으나 그 결과는 증권업계를 아주 폐허로 만들었다."(김병석 편,《인물은행사》)

■　　■　　■　　■

증권금융 위해 5월 24일 한은법 개악

한은법이 개정된 1962년 5월 24일은 대한민국의 중앙은행이 정부, 특히 재무부에 예속된 날이다. 이날 이후부터 김영삼정부 말년인 1997년까지 무려 35년 동안 한은은 '재무부 남대문출장소', 금융통화운영위원회는 '금융통과위원회'라는 비아냥거림을 들으며 굴욕을 감수해야 했다. 이날의 한은법 개정이 위태롭던 중앙은행의 독립성을 단칼에 날려버린 것이다.

대체 이 한은법 개정의 골자는 무엇인가? 우선 통화신용정책의 최고의결기구인 금통위가 금통운위(금융통화운영위원회)로 바뀌었다. 종전 금통위는 재무부장관, 한은 총재, 금융기관 선출 2명, 대한상공회의소 추천 1명, 농림부장관 추천 1명, 기획처 경제위원회 추천 1명 등 7

명의 정 위원과 아울러 대리 위원 7명을 포함해 총 14명으로 구성돼 있었다.

하지만 개정 한은법은 정 위원을 2명 늘리고 대리 위원을 없앴으며 상공회의소 추천을 상공부장관 추천으로 바꿨다. 금융기관 추천도 시중은행 주식이 정부 손에 넘어갔으므로 정부 몫이었다. 즉 금통운위에서는 민간대표가 사라지고 위원 전원을 정부가 좌지우지하게 되었던 것이다.

한은 총재 역시 대통령이 국무회의 동의를 얻어 임명토록 돼 있던 것에서 재무장관의 제청권을 삽입, 사실상 한은 총재를 재무부가 입맛에 맞는 인물로 고를 수 있도록 바뀌었다. 금통위가 임명하던 감사 임명권도 재무장관에게 주어졌고 수석부총재는 부총재로, 부총재는 이사로 격하됐으며 은행감독부는 은행감독원이 됐다.

가장 큰 문제는 금통위 승인만으로 끝났던 한은의 예·결산이, 국무회의 심의를 거쳐 대통령이 승인토록 변한 것이다. 이로써 기관의 목줄인 예산권이 정부로 넘어갔고 한은은 예·결산 때마다 국무회의 심의에 앞서 먼저 재무부의 심사를 받아야 했다.

금통위와 한은에 대한 또 다른 결정적 족쇄는 재무장관의 재의요구권 및 업무검사권이다. 즉 금통운위 의결사항에 대해 재무장관이 재의를 요구할 수 있도록 하고 재의요청이 3분의 2 이상의 결의로 부결될 경우 대통령이 최종 결정토록 했다.

또 한은은 연 1회 이상 재무장관의 업무검사를 받도록 규정, 재무부가 직접 간섭 및 통제할 수 있는 길을 터놓았다.

외환정책에 관한 권한도 정부로 넘어갔다. 1961년 12월 제정된 외국환관리법은 한은의 외환업무와 외환정책 관계 조항을 대부분 삭제, 대외지급준비금의 관리권이 정부로 이관됐다. 하나같이 한은의 손발을 묶는 조치들이었다. 35년간 한은을 예속시킨 독소조항들이 대부분 이때 만들어졌다.

재무부가 1961년 11월 만든 개정안은 각의와 최고회의 재정경제 위원회 및 법제사법위원회의 날림 심의를 거쳐 그대로 공포됐는데 사실은 절차상 위법이었다. 당시 한은법 제82조는 "정부는 중요한 금융통화에 관한 정책을 수립할 때에는 금융통화위원회에 자문해야 한다"고 규정하고 있었는데 정작 가장 중요한 한은법 개정 때에는 이런 절차를 전혀 거치지 않았던 것이다.

'죽어도 앉기 싫었던' 한은 총재 자리

증권금융 문제로 정부와 갈등을 빚었던 유 총재는 한은법 개정마저 겹치자 취임 1년 만에 사표를 제출했다. 후임 한은 총재로 낙점된 민병도 당시 제일은행장은 당시 사정을 이렇게 회고했다.

"금융가에서는 유창순씨가 한은 총재직에서 물러날 것이라는 소문이 돌기 시작했다. 소문은 거기서만 그친 것이 아니라 이번에는 내가 한은 총재에 임명되리라는 데까지 번졌다.

기왕 금융계에 발을 디딘 이상 한 번쯤은 중앙은행 총재가 되어 한 나라의 금융정책을 수립, 집행해보고 싶지 않은 사람이 또 어디 있을까? 나라고 해서 예외일 수는 없다. 그런데도 나는 이때 죽어도 이 자리에 앉기가 싫었다.

그 이유는 간단했다. 당시 정부에서 한은 총재를 경질한다는 것은 단순히 증권파동의 뒷수습을 위한 것이었다.

내가 총재가 되면 유 총재가 반대해온 일이 곧 해결될 것으로 당국에서는 생각했던 것 같다. 그러나 사실상 증권파동에 관한 한 금융이 그 문제에 간여할 바가 전혀 아니라는 유 총재의 의견에 나는 전적으로 동감하고 있었다." (김병석 편.《인물은행사》)

민병도는 조선은행 시절 친구였던 천병규 재무장관을 찾아가 제일은행장에 유임시켜달라고 요구했다. 거의 간청하다시피 했다. 그러나 천 장관은 "인사문제는 벌써 최고회의 의장의 결재를 받았네. 이제 피할 도리가 없어"라고 말했다. 주사위는 이미 던져져 있었다.

5월 26일 유 총재를 포함, 한은 임원 4명이 퇴진하고 전면적인 물갈이가 단행됐다. 후임 총재로 민병도, 부

한은 총재 취임 당시의 상황을 기술한 민 총재의 회고록이 신문에 실려 있다.

총재 홍용희, 은행감독원장 문상철, 감사 장병일, 이사로는 고범준 · 이상덕 · 김봉은 · 김성환 · 정원훈, 감독원 부원장 유재룡 등이었다. 금통운위도 천 장관과 임익두 · 송찬규 위원만 재선임되고 나머지는 모두 새 얼굴로 바뀌었다.

우여곡절 끝에 총재가 된 민 총재는 '죽어도 앉기 싫었던' 이 자리의 괴로움을 톡톡히 맛봐야 했다. 취임하자마자 증권파동의 뒷수습

에 고초를 겪었고 숨 돌릴 틈도 없이 통화개혁에 뒤통수를 얻어맞은 채 뒷감당에 이리 뛰고 저리 뛰었다.

이어 프랑스·이탈리아 어업차관 문제가 터졌다. 민 총재는 정부의 부당한 차관 승인 압력에 맞서 자리를 걸고 정면충돌했다. 1963년 3월 22일 그는 비장한 심정으로 사표를 썼고 정부가 이미 결정해버린 어업차관에 반대하는 내용의 건의문을 경제기획원장관 및 재무부장관에게 발송했다. 그러나 써놓은 사표를 제출하기 전에 마지막으로 해야 할 일이 남아 있었다.

감독원 가져가려는 재무부와 정면충돌

당시 재무부는 한은법 개악으로 만족하지 않고 은행감독원까지 가져가기 위해 또다시 한은법 개정을 기도하고 있었다. 재무부는 1950년대 중반부터 틈만 나면 한은에서 감독원을 빼앗아오려 했다.

재무부는 1963년 3월 11일 이 문제에 대해 금통운위에 자문을 요청했다. 이 역시 한은 총재가 자리를 걸고 막아야 할 사안이었다. 민 총재는 '기왕에 물러날 결심을 한 이상 이 문제를 마무리하고 사표를 내는 것이 도리다. 물러나는 것을 서두른 나머지 이 어려운 문제를 후임 총재에게 떠맡기느니 어차피 그만둘 사람이 멍에를 짊어지는 것이 현명한 처사다'라고 결심했다.

금통운위는 감독원 이관을 반대하는 답신서를 보냈지만 이는 단순한 요식 행위에 그칠 공산이 다분했다. 오히려 이 답신서는 보안업무규정상의 비밀문서로 분류돼 함부로 볼 수도 누설할 수도 없게 됐다. 그렇게 한은법 개정안은 소리 소문도 없이 최고회의에서 그대로 통과될 것이 분명했다.

민 총재는 고민 끝에 보안업무규정을 위반해서라도 답신서를 터뜨려 공론화해야 한다는 결론을 내렸다. 그에 대한 폭로 기자회견과 사퇴 발표를 동시에 함으로써 효과를 극대화하자는 계산이었다.

5월 22일 오전 기자회견을 자청한 민 총재는 사표 제출 예정이라는 폭탄선언과 함께, 정부의 한은법 개정안과 금통운위의 답신서를 공개했다. 또 "혁명정부는 민정이양에 앞서 금융의 정치적 중립 및 민주화를 이루어놓기를 바랍니다"라고 강조했다.

"사퇴 동기가 무엇입니까?" 기자들의 질문이 쏟아졌다. "그 질문에 대해선 언급하고 싶지 않습니다. 다만 중앙은행은 언제, 어느 나라에서나 보수적이기 때문에 정부와 의견 차이가 생기게 마련인데 정부시책이라고 해서 무작정 따를 수도 없지 않습니까?"

이 센세이셔널한 회견은 즉각 여론을 들끓게 했다. 언론들이 일제히 정부를 비판하고 나서자 군사정권도 부담을 느끼지 않을 수 없었다. 이로써 한은법 개악에 이어 감독원마저 차지하려던 재무부의 욕심은 일단 꺾였다.

차관 시대와
편타대출사건

고질적 정경유착,
특혜융자에 외국 빚까지

10

울산광역시는 한국의 경제성장과 산업화를 상징하는 도시지만 1960년대 초반만 해도 고깃배들만 오가는 한적한 어촌이었다. 상전벽해(桑田碧海)라는 말이 딱 어울리던 울산의 변모는 한마디로 '태화강의 기적'이라 할 만하다.

1962년 2월 3일 첫 삽을 뜬 울산공단 건설은 제1차 경제개발 5개년 계획의 핵심사업이었다.

울산은 항만시설을 건설하기 편리하고 태화강의 수원 확보가 용이한 데다 기후는 온난하다. 특히 공장용지로 이용할 수 있는 토지가 광활한 데다 염가 매입이 가능해 공단 조성에 어느 곳보다 유리했다. 이미 일제강점기부터 공업도시 건설을 추진한 바 있다.

삼성 이병철 회장 등 경제인들은 공단 부지로 울산을 적극 추천했고 군사정권은 이를 흔쾌히 수용했다. 밴플리트 장군(한국전쟁 당시 미8군사령관)을 단장으로 한 미국 기업인 28명으로 구성된 경제사절단도 5월 11일 내한, 이튿날 울산 현지를 방문한 후 좋은 평가를 내렸다.

정부는 6월 1일 울산읍과 방어진읍 및 인근 면의 일부를 울산시로 승격시키고 도시계획과 공단건설공사에 착수했다. 그러나 의욕적인 출발에도 불구하고 제1차 5개년 계획 기간 동안 실제로 울산에 준공된 공장은 대한석유공사(현SK)의 정유공장 단 한 곳뿐이다.

■　　■　　■　　■

걸프 차관으로 유공 건설, 공화당 정치자금 수수 의혹

당시 군사정권은 국가안보 차원에서 석유 문제에 접근, 정유공장은 정부가 갖고 있어야 한다는 판단에서 처음부터 국영사업으로 추진했다. 이에 따라 1962년 7월에는 대한석유공사법이, 8월에는 시행령이 각각 공포됐고 설립위원장으로 박충훈 상공부장관, 초대 사장에는 이성호 해군제독이 임명됐다. 울산 정유공장은 정부가 토지수용령을 발동, 국민들의 땅을 강제로 접수한 최초의 사례다.

그러나 문제는 건설자금이었다. 총 25억 원의 자본금이 필요했지만 당시 정부는 제1회 불입자본금 6억 2500만 원조차 2차에 걸쳐 간신히 마련했다. 이 돈을 출연한 한국은행이 파산 위기에 빠졌을 정도였다.

이성호 사장 등은 외국 차관을 얻어 공장을 완공하고자 이리 뛰고 저리 뛰었다. 그런데 구세주가 나타났다. 세계적 석유 메이저인 미국 걸프석유회사가 교섭을 제의해온 것이었다. 걸프는 당시 극동지역에 판매망이 전혀 없어 한국을 극동 진출의 교두보로 삼고자 했다. 쿠웨이트에서 새로운 대유전이 발견돼 장기적 시장 확보가 시급했다.

유공(대한석유공사)과 걸프(걸프석유회사)는 1963년 9월 23일 정식 투자계약을 체결했다. 걸프가 유공 지분 25퍼센트를 갖고 2500만 달러의 차관을 제공한다는 내용이다. 문제는 해상운송계약이었다. 원유수송을 걸프 측이 독점했는데 용선료가 연간 9억 배럴 수송에 7000만 달러로 너무 비쌌다. 당시 한국의 총수출액은 2000만 달러 정도였다.

이 사실이 알려지자 국내 여론이 발칵 뒤집혔다. 일부 언론은 이 사장을 '이완용'에 비유했고 최고회의에서도 '매국노' 소리가 나왔으며 '불평등 계약'이니 '망국적'이니 하는 말들이 들끓었다. 정부 내에서도 찬반양론이 갈려 시끄러웠다. 그러나 박정희 의장은 그대로 밀고 나갔다. 당시 걸프는 공화당에 600만 달러의 정치자금을 제공했고 이 돈은 민정이양 후 공화당이 재집권하는 데 밑거름이 됐다는 의혹도 일었다.

초대 유공 업무부장이던 최덕빈은 나중에 이렇게 말한 적이 있다. "걸프의 입장은 다소간의 희생과 양보가 있더라도 꼭 한국에 진출하겠다는 의지가 확고했다. 그런 입장이, 다른 메이저들은 감히 발을 들여놓기 싫어하는 진구렁 속으로 스스로 뛰어들게 한 요인이다. 걸프와의 계약에 따른 구구한 억측과 비난 그리고 의혹이 가시지 않고 있으나 알고 보면 당시 걸프와 손잡은 것, 그리고 맺은 계약은 최선의 길이었다."

공사대금용 차관자금으로 한은 부도 막아

당시 한국은행은 외화준비금 한계가 1억 달러에 불과했다. 공사착수 단계에서 이미 외화가 바닥나 일국의 중앙은행이 IMF에 부도를 내고 파산선고를 할 위기에 처해 있었다. 이런 판국이었으므로 차관 도입을 위해 걸프와의 합작 및 불평등 계약이 불가피했던 것이다.

1964년 9월경에는 반 이상 진척되고 있던 공사의 기성고대금(시공이 진행된 수준에 따라서 대금을 지급하는 것)을 지급할 돈이 없었다. 이 사장은 걸프 측에 차관 중 500만 달러를 미리 보내달라고 급히 요청했다. 그러나 걸프가 보내온 돈은 기성고 지급에 쓰이지 못했다. 한국은행의 부도를 막는 데 전용되었던 것이다.

공사대금을 받아야 하는 시공사인 플로어사는 당연히 발끈했다. 한 번은 솔직하게 사정을 털어놓고 사정해 넘어갔고 또 한 번은 준공 날짜에 사소한 트집을 잡아 대금결제액을 줄이는 술수를 쓰기도 했다. 예산에는 엄연히 책정돼 있으나 돈은 나오지 않으니 달러로 대금을 지불해야 할 때면 늘 플로어사에게 쫓기는 형편이었다.

심지어 원화자금조달도 어려웠다. 한번은 3200만 원의 현금을 지급해야 했는데 정부에서 돈이 안 나왔다. 할 수 없이 유공은 은행에서 대출을 받아보려 했지만 은행들의 태도는 냉담했다. 당시의 3200만 원은 지금의 1500억 원 정도의 거액이었던 데다 담보라고는 몇 푼 안 되는 공장 부지밖에 없었기 때문이다.

이런 상황에서 한일은행이 구원의 손길을 뻗쳐왔다. 당시 유공이 한일은행 본점 건물 2층에 입주해 있는 관계로 친분이 깊었기 때문이기도 했지만 은행으로서는 분명 모험이 아닐 수 없었다. 유공은 나중에 차관으로 달러가 쏟아져 들어오자 한일은행을 주거래은행으로 삼아 이때의 은혜를 갚았다.

걸프의 차관자금이 모두 입금되자 은행들의 태도가 돌변했다. "유공은 알부자"라는 소문이 퍼지면서 은행장들은 굽실거리며 문이 닳도록 뻔질나게 유공을 드나들었다. 마침내 정유공장이 완공되자 유공은 1963년 12월 21일 플로어사로부터 공장을 인수, 1964년 4월 1일 정식 가동에 들어갔다.

이병철 차관 사업, 한비 밀수사건으로 수포

제1차 경제개발계획에는 정유공장뿐만 아니라 비료와 제철공장도 울산공단에 건설하기로 돼 있었다. 이 중 제철공장은 차관 도입 실패로 일찌감치 물 건너갔고 비료공장은 삼성 이병철 회장의 집념 어린 노력 덕분에 1차 경제개발계획 종료 후인 1967년 영남화학과 한국비료공업 준공으로 빛을 보게 된다.

이병철은 1964년 8월 일본 미쓰이물산과 4190만 달러의 차관 도입 계약을 체결했다. 여기에 다시 200만 달러가 추가돼 총 4390만 달러를 도입하고 울산공단 내에 35만 평의 부지를 구입, 1965년 공사를 시작했다. 세계 최대의 비료공장을 세계 최단기일 내에 건설한다는 게 이병철의 목표였다.

그러나 한국비료는 완공도 되기 전에 소위 '한비(한국비료) 밀수사건' 파문에 휩쓸려 국가에 헌납되고 만다. 한비가 사카린의 원료인 OTSA 약 2000부대를 건설자재로 위장, 밀수했고 회사 간부들이 이 중 일부를 인공감미료공장에 팔아넘긴 사실이 세관에 적발되자 재벌이 특혜를 이용해 당시 '5대 사회악'으로 꼽히는 밀수를 했다고 해서 온 나라가 발칵 뒤집혔다.

주범인 이일섭 상무뿐만 아니라 이병철의 둘째 아들인 이창희 상무까지 구속됐다. 당시 김두한 의원은 국회에서 김정렴 재무장관 등 각료들에게 똥물을 끼얹기까지 했다.

이병철은 결국 더 버티지 못하고 한비의 국가 헌납을 발표했고 경영 일선에서 일시적으로 퇴진해야 했다. 1967년 10월 한비 주식의 51퍼센트가 산업은행에 인수됐다. 한비는 나중에 다시 삼성의 수중으로 돌아왔는데 바로 현재의 삼성정밀화학이다.

차관 러시, 경제개발 비상구냐 재벌 특혜냐

이렇게 우여곡절을 겪은 한비가 바로 본격적인 민간기업 상업차관 도입의 신호탄이다. 경제건설을 위한 자본이 거의 없었던 당시 경제개발의 기본 원동력이 바로 외국 차관이었다. 1965년 말 벌써 21개의 공장이 외자로 건설되고 있었고 10여 개 기업이 차관 도입을 추진 중이었다.

쌍용시멘트는 일본 미쓰비시상사로부터 3815만 달러를 도입, 대단위 시멘트공장을 짓고 있었으며 한일합섬의 김한수는 이토상사에서 1950달러를 도입해 합섬공장을 추진 중이었다. 한국나일론 이원만, 연합철강 권철현, 한국베어링 김종희, 아세아자동차 이문환, 삼양사 김상홍, 극동해운 남궁련, 효성물산 조홍제 등도 일본·서독·프랑스 등과 차관 계약을 체결했다.

당시 재벌들이 이처럼 차관 도입에 열을 올린 것은 당연했다. 내

돈 한 푼 없이도 거대한 공장을 세울 수 있고 외국 차관에는 정부가 지급보증을 해주기 때문이었다. 게다가 물건만 생산하면 독점적 지위 탓에 얼마든지 비싸게 팔 수 있었다.

그러니 차관은 할 수 있는 한 무조건 얻어놓고 보자는 분위기였다. 정 안 되면 공장을 국가에 헌납하면 된다는 사고방식이었다.

아주 매력적이고 손쉬운 축재수단이 아닐 수 없었다. 필요한 돈은 현금차관이나 은행융자로 해결하고 정부가 이를 전적으로 밀어주는, 권력과 재벌의 새로운 밀월관계가 본격화됐다. 이미 차관 도입 허가는 거대한 특권이 되어 있었다.

1967년 6월 1일 현재 확정된 차관은 이자까지 합쳐, 공공차관이 45건에 4억 9499만 달러, 민간상업차관이 80건에 4억 6043만 달러, 총 9억 5542만 달러에 달했다. 또 인가된 차관은 공공차관이 2건에 2300만 달러, 상업차관은 무려 109건에 3억 8940만 달러였다.

1966년 한국의 GNP가 30억 달러 내외였고 1967년의 수출총액이 3억 5000만 달러였음을 감안하면 13억 2870만 달러에 이르는 차관 총액이 얼마나 엄청난 금액인지 잘 알 수 있다. 외채의 원리금 상환액도 1962년 100만 달러에서 1964년 600만 달러, 1966년에는 1440만 달러로 눈덩이처럼 불어났다.

1960년대 대표적인 차관재벌은 락희화학 구인회, 쌍용시멘트 김성곤, 신진자동차 김창원, 삼양사 김상홍, 한국나일론 이원만, 대한산업 설경동, 인천중공업 이동준, 동양시멘트 이양구, 연합철강 권철현 및 현대건설 정주영 등이었다.

이들은 대부분 여당 및 권력층과 거리가 가까웠다. 김성곤은 공화당의 돈줄을 주무르는 실세였고 이동준도 여당 내 영향력이 강했다.

락희 구씨 가문의 구태회와 이원만은 여당 국회의원이었다. 대표적 신흥재벌인 신진자동차 김창원은 그 무렵 최고의 실세였던 이후락 청와대 비서실장, 김형욱 중앙정보부장의 비호를 받는 것으로 알려졌다.

특히 여론의 표적이 된 것은 현금차관이었다. 상당수 재벌들은 연 5~6퍼센트의 현금차관을 들여와 공장은 짓지 않고 돈놀이에만 몰두했다. 은행금리가 연 25퍼센트 이상이었던 것이다. 차관금액의 절반가량이 정치자금과 각종 리베이트 등으로 사라져 실제 사업에는 반만 투자되는 경우도 생겼다.

이런 소수의 특정 재벌들에게 은행은 거액의 대출을 해주었다. 1964년 8월 말 현재 은행대출(지급보증 포함) 총액은 화신산업 31억 5300만 원, 삼호방직 37억 1700만 원, 판본방직 55억 5600만 원, 금성방직 26억 8000만 원, 삼성물산 8억 2900만 원, 대한양회 7억 5400만 원, 대한제분 3억 9600만 원, 극동건설 3억 8300만 원, 대한산업 1억 3200만 원 등 9개 재벌에 총 176억 4000만 원이 집중 지원됐다. 이는 당시 총통화량 409억 원의 44퍼센트에 달하는 액수로 일반 은행 여신총액 462억 원의 약 40퍼센트를 점했다.

산업은행의 경우 총대출금의 53퍼센트를 13개 업체에 편중 융자하고는 이를 회수하지 못해 자금이 고정화되고 대지급금이 누적되면서 재원이 고갈돼 대출업무가 사실상 중단됐다.

이러한 재벌에 대한 금융 특혜와 그 과정에 도사리고 있는 흑막이 외부에 드러난 것이 1965년의 '편타(便他) 대출' 사건이다.

정치자금 낸 회사에 거액의 편법대출

1965년 2월 25일 임시국회가 개회되자 야당인 민정당과 민주당은 금융 특혜를 집중 추궁했다. "1963년 대통령선거 때 화신산업 · 삼호방직 · 판본방직 등이 합계 15억 원의 정치자금을 냈으며 이를 위해 이들 3개 재벌회사에 145억 원의 특혜여신을 해주었다. 이들에 대한 특혜는 고위층에서 직접 지시했다."

이에 대해 정부와 공화당은 "문제가 된 145억 원의 80퍼센트가 지급보증이므로 현금대출은 얼마 되지 않으며 이런 융자는 수출산업 육성을 위해 불가피한 일이다. 또 편타대출은 금융기관에서 흔히 있어 온 일이며 조흥은행의 화신에 대한 것은 그 정도가 좀 지나쳤을 뿐이다"라고 해명했다.

편타란 타금융기관을 지급 은행으로 하는 수표를 받은 금융기관이, 어음교환을 통하여 그 대금이 추심되기 이전에, 거래처에 편의적으로 선지급해준다는 데서 유래한 용어다. 그 과정에서 무자원 당좌수표가 어음교환에 회부됐을 때 당좌계정에 잔고가 부족해도 부도처리를 하지 않고 편법적으로 또 다른 무자원 당좌수표로 받아 메우는 경우가 발생했고 이런 편법이 하루 이틀이 아니라 한 달, 두 달, 심지어 1년 이상 계속되고 금액이 눈덩이처럼 불어나자 문제가 된 것이었다.

그렇다면 왜 실제 대출을 해주지 않고 편타대출이라는 편법을 사용했을까? 이유는 간단하다. 은행법상 대출한도 초과를 피하기 위해서다. 은행법에는 1개 회사에 은행 자기자본의 25퍼센트 이상 대출을 할 수 없게 돼 있었다. 또 자기자본의 15배 이내에서 총대출을 운영해야 했다.

더욱이 편타는 당좌대출을 다른 당좌수표로 1일 결제하는 것이므로 대출금으로 계수가 잡히지도 않고 대출이자도 어물쩍 넘어갈 수 있는 이중의 특혜였다. 편타를 장기간 계속하면 대출이자만큼의 커미션이나 정치자금을 내도 아무런 손해가 없는 것이다.

야당들은 5~6일 동안 집요하게 편타대출 문제를 물고 늘어졌다. "정부의 모 고위당국자는 시중은행에 대해 편타대출을 지령 내지 압력을 가했고 다른 고위층은 이런 편법을 적발한 은행감독원에 압력을 넣어 이를 뭉개버렸다."

3월 2일 국회 재경위는 부총리 겸 경제기획원장관 장기영, 재무부장관 홍승희, 한국은행 총재 김세련, 산업은행 총재 이정환, 은행감독원장 문상철 등을 출석시킨 가운데 질문공세를 벌였다. 문상철 원장을 상대로 김대중 의원(제15대 대통령)이 나섰다.

"편타를 은행감독원에서 적발해서 어떻게 했나?"

"그에 대한 조치를 건의했다."

"명백히 배임죄가 형성되는데."

"배임죄가 형성되지 않는다."

"은행업무를 이렇게 불건전하게 운영한 것이 배임행위가 아닌가?"

"배임은 본인에 대해서 어떤 손해를 끼친다는 전제조건이 있다. 편타를 해가지고 은행에 대해서 손해를 끼친 것은 없다. 오히려 규정 이자 이상의 고율 이자를 받아주고 있다."

"은행 경영자의 편타가 합법인가? 어제 재무장관과 경제기획원장관이 여기서 분명히 불법이라고 말했는데……."

"합법이라는 것보다도, 하나의 지도방침으로서 편타를 하지 말아

라 하는 은행감독원장의 지도사항 위반이 될 것이다. 불법이라는 것
보다는 규정에 위배된다."

그러나 김세련 총재는 편타대출이 불법이라고 시인했고 한도외 대
출액수가 총 23억 원이라고 증언했다.

"장 부총리가 차라리 조흥은행장 하라"

당시 거액의 편타대출을 지원받은 대표적 기업인이 화신산업 박흥식
과 삼호재벌 정재호다.

박흥식은 일제강점기에 상업자본에서 산업자본으로 성공적으로
전환한 대표적인 기업인의 한 사람이다. 그가 종로 한복판에 건립한
화신백화점은 장안의 명물이었고 그는 조선인으로서는 드물게 재계
에서 일본인들과 어깨를 나란히 하는 유수 기업가였다. 하지만 그 과
정에서 일제와의 협력이 불가피했던 그는 일본군에 비행기를 헌납키
로 약속함으로써 해방 후 친일파로 지목돼 반민특위의 제1호 구속자
가 되는 고초를 겪었다.

자유당정권 시절 박흥식이 이끄는 화신산업은 특별히 잘 나가지도
그렇다고 쇠퇴하지도 않은, 경성방직 및 삼양사와 함께 오랜 전통의
대기업 정도로 인식되었다. 그런 박흥식에게 한일국교정상화와 차관
사업 본격화는 절호의 호기로 인식됐다. 원래 일본과 가까웠던 그는
재계 정상탈환의 호기가 왔다고 판단, 일본에서 기존 화학섬유공장
설비를 차관으로 들여오는 사업에 나섰다.

당시 정부는 제1차 경제개발계획의 일환으로 하루 10톤 생산이 가
능한 인견사공장 두 개를 건설하려 하고 있었는데 박흥식이 이에 참

여해 홍한화섬을 설립했다. 사업계획은 일본 동양레이온에서 인견사 생산 기계 도입에 550만 달러, 서독에서 발전기 및 각종 화학기계 도입에 510만 달러 등 총 1060만 달러의 차관 도입을 예정하고 있었다.

박정희 최고회의 의장에게 사업계획을 설명하는 화신산업 박흥식(왼쪽).

문제는 내자조달이었다. 당초 주식불입과 부동산 및 보유 주식 매각 등으로 8억 원, 보리 판매대금 7억 원을 자체 조달하고 산업은행에서 10억 원을 융자받는다는 계획이었다. 하지만 편타대출사건이 표면화됐을 때의 상황은 자체 조달 4억 8000만 원, 산업은행 융자 7000만 원에 불과했다. 반면 임시방편으로 받은 조흥은행 편타대출은 3억 3000만 원에 달했다. 그래봐야 총 9억 원에 불과했다. 내자조달이 계획대로 이뤄지지 않아 공장 설립에 막대한 차질이 빚어지고 있는 상황이었다.

당시 고흥문 의원은 국회에서 장기영 부총리에게 다음과 같이 추궁했다.

"장 부총리는 화신산업을 비롯한 특정 재벌에 대해 20억 원의 막대한 한도외 자금을 방출하도록 확약했고 제1차 단계로 조흥은행으로 하여금 비스코스 인견사공장 건설자금조로 불법적인 편타취급을 강요해서 3억 5000만 원에 달하는 시설자금을 방출케 했고 제2차 단계로 산업은행 업무계획에도 책정돼 있지 않은 자금을 화신산업에 대하여 대출하도록 압력을 가해 융자시켰다.

재무부장관도 아니고 한은 총재도 아닌 장 부총리가 은행장을 호출해서 편타취급으로 화신산업에 특혜융자를 하도록, 공공연한 위법행위를 방법과 절차까지 구체적으로 지시하고 있으니 장 부총리가 차라리 조흥은행장에 적합하지 않을까 생각한다."

물론 고 의원의 주장이 진실인지 여부는 끝내 밝혀지지 않았다.

힘없는 은행장만 정치적 사건의 희생양

이에 대해 화신산업은 신문에 성명서 광고를 실어 자신의 입장을 밝혔다.

"애초엔 정부가 두 명의 화섬공장 설립 희망자들을 묶어 합작으로 단일 공장 건설을 권고했으나 한 명이 주식불입을 하지 않아 화신 혼자만의 힘으로는 감당하기 어렵게 되자 정부가 은행융자로 해결해준다는 약속을 했다."

공장 규모를 절반으로 줄이든지 산은이 투자하게 해주든지 소요자금의 반액을 융자해주든지 아니면 다른 동업자를 구해달라는 요구에 대해 정부가 반액 융자를 약속했다며 "정부 결정에 따라 기업을 추진하다 보니 억울하게 날벼락을 맞고 있다"고 주장했다.

진실은 오리무중인 채 이렇게 시끄럽기만 하니 은행은 물론 정부도 홍한화섬에 대한 지원에 냉담해졌다. 박홍식은 할 수 없이 구종로경찰서 대지 1400평과 당시 신문로에 있던 사옥까지 팔아 공장 건설자금에 충당해야 했다.

이렇게 난항을 거듭한 끝에 홍한화섬 인견사공장은 1966년 12월 4

년 반 만에 겨우 경기도 남양주시 도농동에서 완공됐으나 불과 1년 10개월 만에 산업은행 관리 업체로 넘어가 원진레이온으로 개명됐다. 이후 석면 관련 직업병으로 300여 명의 산재환자를 배출해 '죽음의 공장'이라는 오명을 뒤집어쓴 채 1993년 6월 공장폐쇄가 결정되었고 같은 해 11월 누적결손으로 부도 처리됐다.

박흥식은 흥한화섬에 전 재산을 털어 넣었으나 재계 정상탈환을 위한 그의 거사는 참담한 실패로 끝났다. 이후 여러 차례의 재기 노력에도 불구하고 화신그룹은 점차 재계 역사의 뒤안길로 사라져갔다.

한편 편타대출사건의 그 후 추이는 어떻게 됐을까? 야당들은 이 사건을 단순한 은행법 위반으로만 보지 않고 정치적 사건으로 접근, 급기야 민정당은 '대통령 하야 권고결의안'을 제출하기에 이르렀다.

그러자 여권은 힘없는 은행장들을 희생양으로 삼았다. 금융 특혜로 말썽이 됐던 서병찬 조흥은행장을 사퇴시키고 그 후임으로 상업은행장을 기용한 것이었다. 하지만 삼호그룹에 대한 30억 원 구제금융의 실무책임자로 지목된 제일은행장은 유임됐다. 이 과정에서 정부의 일방적 낙하산 인사에 민간 주주들이 반발, 은행들의 주주총회가 일대 파란을 겪기도 했다.

은행감독원은 편타대출의 법적인 문제점을 보완한답시고 고작 한 것이 편타라는 용어를 '타입대(他入貸)'로 바꾼 게 전부였다. 타점권 입금에 의해 대차대조표에 나타나지 않은 대출이란 뜻이다. 나중에 은행감독원 심의실장을 지낸 이국영은 자신의 저서 《이상한 승부》에서 "이 편타대출사건은 정부가 제5대 대통령선거를 은행의 특혜융자로 치르고 그 책임은 은행장에게 전가한 하나의 모델케이스로 우리 정치사에 기록될 내용"이라고 말했다.

외환은행의 설립

외주내종(外主內從)·반관반민(半官半民)의 기형적 출발

11
∎ ∎ ∎ ∎ ∎

한국외환은행은 1967년 창립될 당시부터 우여곡절이 특히 많았던 은행
이다. 외환은행은 어떻게 설립되게 됐는가? 당시 김정렴 재무장관의 회
고를 들어보자.

"제1차 경제개발 5개년 계획이 수립되어 수출제일주의가 추진되기 시
작한 후 수출은 매년 40퍼센트 이상씩 신장되어왔고 이에 따라 외국환업
무도 급속히 증대되어왔다.

한국은행 외국부만으로 모든 외국환업무를 전담하기는 벅차고 그렇다
고 아직 미숙한 5개 시중은행을 갑종 외국환은행으로 승격시키기도 시기
상조였으며 국내 금융기관의 해외지점 증설도 긴요하게 되었는데 중앙은

행인 한국은행 해외지점을 더 이상 설치하기도 난처했다.

급격히 증가하는 외환업무를 감당하고 상호불가분의 관계를 가지고 있는 외환업무와 무역금융업무의 일관성 있는 처리, 국내 은행의 해외지점망 구축, 그리고 외국 은행과 경쟁해나갈 수 있는 금융체제를 확립하기 위하여 완전히 상업적으로 운영되는 국제수준의 외환전문은행을 설립하는 것이 긴요하다고 생각해서 설립을 결심했다."(김정렴, 《한국 경제정책 30년사》)

이렇게 외환전문은행의 필요성은 인정됐으나 어떤 형태로 할 것이냐가 문제였다. 기존 시중은행을 승격시킬 것인가 새로 전문기관을 만들 것인가, 만일 신설한다면 순수한 민간은행으로 할 것인가 아니면 정책금융기관으로 할 것인가가 논란이 됐다. 결론은 한국은행이 자본금 전액을 출자한 자매은행으로 외환전문은행을 신설한다는 것이었다. 당시의 외환업무 여건을 고려하다 보니 한국은행에 종속된 국책은행이 불가피했던 것이다.

■　　■　　■　　■

한은 외국부를 모체로 독립해나간 것

사실 외환은행은 기존에 갑종 외국환은행업무를 전담하던 한은 외국부를 모체로 해서 독립해나간 것이나 다름없다. 설립취지부터가, 중앙은행이 그런 현업 업무를 취급하는 것이 적절치 않다는 것이었다.

처음 정부가 정한 은행 명칭은 '환금은행'이었으나 국회 심의 과정에서 '한국외환은행'으로 변경됐다. 중앙은행인 한은과 이름이 비슷해서 혼동하기 쉽다는 이유에서였다.

외환은행법은 1966년 7월 11일 국회본회의에서 의결됐고 8월 29일 공포됐다. 8월 31일에는 외환은행 설립위원회가 구성됐으며 위원장에 이호범 재무부차관, 부위원장은 홍용희 한국은행 부총재가 위촉됐다. 위원으로는 민영훈 재무부 차관보, 김용환 이재국장, 이재설 외환국장, 한국은행 정원훈·홍완모 이사, 서봉균 대통령 정무비서관 등이었다.

설립위원회 내에는 사무국을 두었다. 사무국장에 홍윤섭 한은 외환관리부장, 사무차장은 김용권·정인용이 맡았다. 설립위원회와 사무국은 외환은행 정관을 채택, 11월 17일 재무장관으로부터 인가를 받고 서울 중구 남대문로3가 110번지 한은 별관에 본점을 마련했으며 한은에서 인수할 자산과 부채를 정하고 승인을 받았다. 12월 19일 외환은행 설립 등기를 마치고 기타 개업 준비를 위한 모든 잡다한 일들을 불과 다섯 달 만에 해치웠다. 또 개업과 동시에 일본 도쿄·오사카, 홍콩 및 베트남 사이공(현재의 호치민) 등 4개의 해외지점을 설립하는 것도 이들의 몫이었다.

한국은행은 12월 14일 자본금 100억 원 전액을 현금으로 납입하고 초대 은행장을 선임했다. 외환은행의 첫 임원진에는 초대 은행장에 서봉균, 전무이사 정원훈, 이사로는 김봉은·윤승두·진경득·배수곤·김선근, 감사는 이중윤이었다. 그런데 영업 개시 일을 한 달여 앞둔 12월 27일 서봉균 행장이 갑자기 재무장관으로 발탁되면서 재무장관 출신 홍승희가 후임으로 선임, 사실상의 외환은행 초대 행장이 됐다.

해가 바뀌어 1967년 1월 30일 드디어 외환은행은 직원 750명으로 정식 창립됐다.

외환은행 설립의 1등 공신 홍승희 행장

홍승희 행장은 외환은행 설립의 1등 공신이다. 홍 행장의 손에서 초창기의 모든 기초 작업이 이루어졌는데 그는 사심이 없고 원대한 포부와 비전을 갖추고 있어 외환은행의 발전 방향 설정과 시장 정착에 크게 기여했다는 평이다.

홍 행장은, '외환은행을 우리나라의 리딩뱅크가 되게 하겠다, 우리나라를 대표하는 세계적인 국제은행이 되도록 하겠다, 우리나라에서 가장 참신한 이미지를 가진 은행이 되도록 하겠다'는 등 3가지 목표를 세웠다.

이 목표를 달성하기 위해 홍 행장은 다음과 같은 조치를 실천에 옮겼다.

첫째, 외환은행이 리딩뱅크가 되기 위해서는 우수한 인력을 확보하고 전 직원이 최대한 능률을 발휘하게 해야 한다고 생각한 그는 최고의 근무환경을 만들고 직원들이 자부심과 긍지를 가질 수 있도록 충분한 급여를 보장했다. 둘째, 현재의 외환은행 을지로본점 부지를 매입, 최신식의 현대적인 본점 건물을 신축하고 신갈에 연수시설을 마련했다. 셋째, 해외 각국의 중요 도시에 점포망을 지속적으로 확충함으로써 국내 기업들의 수출입 무역 및 해외 영업 활동을 금융 측면에서 적극 지원했다. 또 해외교포의 사업을 돕고 중동지역 및 동남아 등지에 우리 건설업체들이 진출하는 것을 힘써 지원했다.

홍 행장은 퇴임 후에도 외환은행 출신들의 모임인 '환은동우회' 회장을 오랫동안 맡으며 은행에 대한 변함없는 애정을 보였다.

설립 당시 외환은행은 '외주내종(外主內從)' 은행의 성격을 지향했

다. 외환은행의 철학은 대외적인 금융거래를 주로 하고 국내 상업은
행업무는 종으로 한다는 것이다.

하지만 이런 철학은 1970~1980년대를 거치면서 점차 변질돼 다
른 시중은행들과 별 차이가 없는 은행이 되어갔다. 원화자금이 어려
워지고 점포망 부족을 절감, 지점을 많이 설치하다 보니 국내 상업은
행처럼 변한 것이다. 하지만 한은 외국부와 외환은행에서 국제금융
및 외환업무 초창기의 주역들이 배출됐고 그들이 시중은행으로 퍼지
면서 한국 금융산업의 국제화를 주도한 공로는 인정해야 한다.

경로당 · 철밥통 관료은행, 비리의 온상

외환은행은 독립된 민간은행이 아니라 한은의 자매은행으로서 정부
와 중앙은행에 예속된 반관반민(半官半民)의 기형적 행태로 출발함으
로써, 당시 외환 사정상 어쩔 수 없었다 치더라도, 국제경쟁력을 갖
추는 데 한계가 있을 수밖에 없었다.

외환은행이 대외적으로 지급보증을 하는 것은 사실상 국가가 지급
보증을 하는 것이나 다름없었다. 외환은행법에는 손실이 발생할 경
우 중앙은행이 자동적으로 보전토록 돼 있었다.

이런 은행에서 경쟁력과 책임경영 · 수익 마인드가 생길 리 없었
다. 외환은행은 그저 한은 및 정부 출신 인사들이 잠시 거쳐 가는 자
리, 혹은 퇴임 후의 '경로당' 쯤으로 인식되었고 직원들은 '철밥통'
을 꿰찬 준공무원이었다.

외환은행은 오랫동안 정부와 권력자들의 손에 좌지우지되는 관료
은행이었고 각종 특혜와 비리의 온상이기도 했다. 또 초창기부터 정

치권력의 외압으로 거액을 불법대출해 막대한 손해를 입었는데 대표적인 사례가 정인숙사건과 관련돼 발생했다는 의혹을 받은 도쿄지점 불법대출사건이다.

지난 1970년 3월 서울 합정동 강변도로에 세워진 승용차 안에서 총에 맞아 숨진 채 발견된 미모의 여성 정인숙은 박정희 전 대통령을 포함, 당대의 실권자 다수와 염문을 뿌렸던 수수께끼의 여인이었다. 경찰은 그녀의 오빠 정종욱이 여동생의 문란한 사생활에 격분, 살해했다고 발표했지만 시중에는 각종 의혹이 난무했다.

특히 사건 당시 두 살배기였던 그녀의 아들 정성일은 실세 국무총리였던 정일권의 아들이라는 소문이 파다했다. 1991년 그는 정일권을 상대로 친자확인소송까지 냈다가 취하하기도 했다.

정성일은 2007년 3월 다시 뉴스의 표적이 되었다. 경기도 용인의 H골프장 사장 납치사건에 연루됐기 때문이다. 덕분에 정인숙사건도 37년 만에 각 언론에 일제히 다시 등장했다.

정인숙사건 휩쓸려 3000억 불법대출?

외환은행은 어떻게 이런 센세이셔널한 사건에 휩쓸리게 됐을까? 누구의 요청을 받았는지는 알 수 없지만 당시 청와대 경호실장 박종규는 정인숙을 일본에 보냈고 정건영이라는 인물에게 그녀의 신변을 부탁했다. 정건영(일본 이름 마치이)은 도쿄의 교포 주먹으로 '암흑가의 신사' '긴자의 호랑이'로 불리던 뒷골목의 거물이었다.

정건영은 박종규의 입김 덕분에 외환은행 도쿄지점에서 100억 엔 이상의 거액을 대출받았다. 전형적인 불법 외압대출사건의 하나다.

설립 초기 외환은행은 정인숙사건과 관련됐다는 의혹을 받은 불법대출사건에 휘말려 큰 손실을 봐야 했다. 사진은 당시 언론에 실렸던 정인숙 모자 사진.

문제는 정인숙이 아들 정성일을 낳은 시기와, 외환은행이 정건영에게 돈을 빌려주기 시작한 시기가 비슷하다는 점이다. 정인숙의 출산 시기는 1968년 6월이고 정건영이 외환은행과 거래를 튼 시점은 같은 해 7월이었다. 항간에는 박종규가 정인숙의 신변을 부탁하자 정건영이 그 대가로 외환은행에서 대출을 받을 수 있도록 압력을 넣어달라고 요구한 것 아니냐는 소문이 돌았다.

이에 대해 이정식은 《권력과 여인》에서 정인숙이 일본에 간 시기는 출산 이후인 1969년으로 정건영이 첫 대출을 받은 때와는 차이가 있고 정인숙이 피살된 후에도 대출이 계속됐던 점을 들어 두 사건 사이에 직접적 관련은 없을 것이라고 추측했다. "외환은행에 대한 박종규의 입김은 정건영과의 단순한 친분관계에서 비롯됐다"는 것이다.

아무튼 1977년 정건영이 부도를 냄으로써 외환은행은 3000억 원이라는 엄청난 손실을 떠안았는데 사건의 진상은 지금까지도 베일 속에 가려져 있다. 관치금융 시대 관료은행의 비극인 것이다.

1989년 12월 외환은행법이 폐지되면서 외환은행은 설립 23년 만에 시중은행으로 전환됐지만 2003년 국제투기자본인 론스타에 매각됐다. 이 매각 과정에도 각종 불법행위와 아직 다 밝혀지지 않은 의혹이 많다. 관료은행 시절이나 민간은행이 된 이후나 외환은행의 운명은 기구하다고나 해야 할까?

부실기업 정리와
8·3 조치

**빛더미 기업 살리려 사채 동결, 초법적
특혜**

12

1960년대 차관 도입에 의한 무리한 경제개발 밀어붙이기는 허울만 멀쩡
하고 속은 부실투성이인 빚더미 재벌들을 키웠고 차관 및 은행대출이 급
증하는 과정에서 특혜와 유착 의혹도 비일비재했다. 이 곪은 환부는 1960
년대 후반 들어 하나둘 터지기 시작해 지속적인 경제개발의 발목을 잡는
걸림돌로 작용했다.

1967년 말부터 정부가 지급보증을 한 차관 기업 중 상당수가 부실화되
어 산업은행의 대지급이 발생했다. 급기야 1969년에는 외자사용 기업 중
85개 사가 은행 관리로 넘어가고 123개 사는 경영 불능 상태에 빠져 국가
경제의 애물단지로 대두됐다.

정치 · 사회적 분위기도 악화 일로였다. 1968년 1 · 21 사태 및 울진 · 삼척무장공비사건, 1969년 3선 개헌 추진에 따른 정치적 혼란, 인플레 발생 등이 박정희정권을 위기로 몰아넣었다.

경제건설을 내세웠던 정권의 치적이 송두리째 날아갈 수도 있는 상황에 처하자 박정희 대통령은 부실기업 문제를 더 이상 방치할 수 없다고 판단, 1969년 2월 황종률 재무장관 및 김영휘 산업은행 총재에게 부실 불건전 업체에 대한 과감한 정비를 지시했다. 이에 따라 관련 법령이 만들어지고 조사작업이 시작됐다. 5월 13일에는 대통령 특명으로 청와대 비서실에 외자관리비서설이 신설됐다.

■　　■　　■　　■

최성모 대한생명 인수, 신동아 금융재벌로

외자관리비서실의 총책임은 김학렬 수석비서관이, 담당비서관 겸 부실기업정리반장에는 당시 재무부 이재국장이던 장덕진이 맡았다. 부실기업정리반은 청와대 별관 3층 대통령 집무실 바로 맞은편에 사무실이 마련됐고 인원은 장 반장 외에 재무부 박판제, 경제기획원 최동규, 상공부 원용대, 산업은행 윤한상 등 각 경제부처와 한국은행 · 산은 · 중소기업은행 등에서 차출된 엘리트 11명으로 구성됐다.

정 반장은 당시 상황을 "부실기업들을 그대로 내버려둘 경우 보증을 선 정부나 은행이 빚을 대신 갚고 쓰러진 공장을 떠맡아야 했다. 모처럼 얻은 차관으로 애써 만든 공장들도 문을 닫아야 했다. 부실기업의 정리는 한국 경제를 위해 불가피했다"고 정리했다.

정리반은 1차로 정부가 지급보증한 은행 관리 업체 100여 개 사 가운데 자체 부채 상환 능력이 있는 업체를 제외한 83개 사의 리스트를 만들었다. 이를 다시 정상화 가능한 기업, 육성해야 할 기업, 정리 처분해야 할 기업으로 분류했다. 처분 대상 기업도 30개 사나 됐다.

5월 19일 드디어 정리 대상 기업들의 이름이 하나둘씩 발표되기 시작했다. 처음 도마 위에 오른 것은 임창호의 대한플라스틱과 김종수의 공영화학 등 석유화학업체 2개 사로 이들은 신동아손해보험 최성모에게 넘어갔다. 2차는 이동준의 인천제철, 권오문의 삼화제철, 서정한의 한국전기야금 등 철강 3사였다. 인천제철은 계열 인천중공업과 합병했고 한국전기야금은 인천제철이 계열화했으며 삼화제철은 채권자인 서울은행이 공매했다.

6월 14일 강상욱 청와대 대변인은 "부실기업 정리 특별반이 분야별로 정리 방안을 확정하고 있으며 늦어도 8월 말까지는 모든 대상 업체에 대한 정리 방안이 마련될 것"이라고 밝혔다.

재계의 관심은 최성모의 대한플라스틱 인수에 집중됐다. 대한플라스틱 인수는 곧 대한생명보험의 인수였기 때문이다. 대한생명은 대한플라스틱 · 삼척탄좌 · 대성실업의 모회사였기 때문에 대한플라스틱의 정리는 대한생명을 누구에게 넘기느냐 하는 문제였다. 최성모는 신동아손보에 이어 다시 5월 28일 대한생명을 손에 넣으면서 보험업계의 기린아로 등장했다. 이것이 금융재벌 신동아그룹의 시작이다.

반면 임창호는 하루아침에 보험업계에서 밀려났다. 그는 1946년 대한생명을 창업한 한국보험산업의 개척자였다. 하지만 1966년 일본 차관 360만 달러와 내자 5억 원을 들여 완공한 대한플라스틱이 부실의 늪에 빠지자 대한생명은 밑 빠진 독에 물 붓기 식의 지원을 계속 하다가 자금난을 겪으면서 결국 최성모에게 넘어가게 된 것이다.

사채로 흥하고 사채로 망한 수출 1위 천우사

"자본이나 능력은 없어도 이 나라 산업발전에 최선을 다했다. 국가와 은행에 미안한 마음 금할 수 없다. 나 개인의 불찰로 우리 경제인의 대외신용도에 누를 끼치지 않을까 두렵다."(이중재, 《재벌이력서》)

1969년 6월 24일 3차 부실기업 정리로 6개 계열사를 송두리째 처분당한 천우사(天友社) 전택보의 말이다. 설봉(雪峰) 전택보는 함경남도 문천 출생으로 일제강점기부터 사업을 시작, 8 · 15 광복 후 월남하여 1947년 3월 천우사를 창립해 경영하는 한편, 조선일보 대표이사 · 상공부장관 · 이화여자대학교 이사 등을 지낸 거물이다.

1964년부터 4년 연속으로 수출실적 1위를 기록했던 무역회사인 천우사는 1960년대 수출 드라이브 정책의 총아였다. '보세가공' 이라는 말을 유행시키면서 국내 최초로 조화를 만들어 수출하고 합판과 스웨터 및 피복류 · 성냥도 수출했다. 특히 합판 수출의 호조 덕분에 수출 1위 기업이 될 수 있었다. 1968년에도 1920만 달러어치를 수출했고 직원도 4000명이 넘었다.

이런 천우사가 부실기업으로 정리된다고 하니 재계와 국민들의 충격은 컸다. 계열사인 대성목재 · 삼익선박 · 한국축산 · 조선피혁 · 신진완구는 조흥은행이 인수해 처분하고 천우사는 전택보에게 남겨 수출전문상사로 회생을 꾀한다는 것이었다. 대체 왜 이 꼴이 됐는가?

전택보는 사채로 시작해 사채로 발전하고 결국 사채로 망한 전형

대한민국 머니 임팩트

적 케이스다. 창업자금 500만 원이 사채였고 사업이 한창 번창할 때도 그는 명동 사채시장의 가장 큰 고객이었다. 수출이 잘되자 겁도 없이 사채를 얻어다 계열사 확장에 사용한 결과 1967년 말 천우사의 부채는 102억 원에 달해 아무리 수출을 해봐야 이자 갚기도 벅찼다. 1969년에는 4억 4000만 원의 차관 원리금도 갚지 못할 지경이었다. 사업 전망이 밝은 대성목재와, 대외신용도가 높은 천우사마저 방계 기업 때문에 쓰러질 상황이었던 것이다.

천우사 정리 방안이 보고되자 박정희 대통령은 "기업은 자기자본 조달 능력이 있어야 하며 과거처럼 인플레하에서 사채를 쓰더라도 공장만 지어놓으면 돈을 벌 수 있다는 생각들은 이제 버려야 한다"고 말했다.

전택보는 마지막 남은 천우사 재기의 꿈을 끝내 이루지 못한 채 1980년 세상을 떠났다.

"기업이 망하면 기업인도 망한다"

1969년 7월 중순 들어 부실기업 정리반의 발걸음이 빨라졌다. 박 대통령의 방미 전인 8월 9일까지 나머지 19개 기업의 정리를 완료해야 했기 때문이다. 7월 14일 4차 부실기업 정리가 단행됐다. 대상은 이문환의 아세아자동차, 신영술의 한국철강, 설도식의 한국제강이었다. 다시 5일 후 발표된 5차 정리조치는 정규성의 삼양수산·삼양관광·삼양개발·삼양항해와 곽용규의 천양상사·천양수산, 안종옥의 대영수산, 그리고 김태선의 삼해수산 등이 대상이었다.

다음 6차 정리는 홍한화섬, 이순희의 내외방직, 남궁련의 조선공사가 포함됐다. 홍한화섬은 바로 편타대출사건을 일으킨 화신 박홍식의 계열사다. 해방 직후 설립된 이래 한국 조선산업의 개척자였던 조선공사는 자구책 제시로 마무리됐다. 마지막으로 8월 14일 동립산업 · 동양화학 · 신흥개발 · 신흥수산 및 신흥냉동이 부실기업으로 정리됨으로써 92일 동안의 부실기업정리반 활동이 일단락된다.

장덕진 반장은 정리반 활동에 대해 "당시 3개월은 마치 황무지를 걸어가는 심정이었다. 당시의 경제 상황으로는 불가피한 조치였고 우리 부실기업정리반원들은 역사가 이를 심판할 것이라는 각오로 일했다. 사회적으로 명망이 높은 기업인이 오랫동안 키워온 기업체에 대해 가혹한 조치를 취했을 때 인간으로서의 동정과 고뇌가 적지 않았다"고 회고했다.

당시 정리반원들은 '목이 달아나도 작업 내용을 절대 발설하지 않는다, 해당 기업과 관련된 사람은 일체 만나지 않는다'는 서약서를 써놓고 일했다. 매일 새벽 6시에 집을 나와 밤 11시에 들어갔다. 또 1주일에 2~3번은 철야였다. 물론 토 · 일요일도 없었다.

이러한 부실기업 정리작업에 대해 재계는 충격에 휩싸인 채 "우리는 급속한 경제발전 과정에서 정부의 정책을 충실히 따랐을 뿐이다. 이런 식으로 기업을 몰아치면 어디 기업할 마음이 나겠느냐?"라며 강하게 반발했다. 하지만 정부는 단호했다. 7월 16일 대한상의에서 정부와 재계 · 학계 관계자들이 모여 치열한 논쟁을 벌였다. 이때 장 반장은 이렇게 강조했다.

"그동안 부실기업 정비작업을 하면서 뼈저리게 느낀 것은 우리 기업인들이 자기 기업을 은행 관리로 운영케 하려는 그릇된 풍습을 갖고 있다는 점이다. 기업들은 사채에 지나치게 의존하고 있으며 전문

경영자의 부족, 소유와 경영의 결합, 가족회사의 관리방식 때문에 효율적인 경영을 못하고 있다.

부실기업 정리작업을 통해 자원의 합리적인 배분과, 기업이 망하면 기업인도 망한다는 사고방식을 주입시키는 것도 큰 역할의 하나다. 기업의 많은 고통을 충분히 이해하면서도 희생은 불가피하다는 것이 정부의 확고한 방침이고 최소한의 범위에서 빨리 처리해나가겠다." (이중재, 《재벌이력서》)

기획원, 1971년 부실기업 26개 또 정리

그러나 이 부실기업 정리로도 문제는 해결되지 않았다. 결국 정부는 기업합리화위원회를 보강, 부총리가 직접 위원장을 맡았다. 이제 부실기업 정리의 총대는 경제기획원이 메게 됐다.

기획원은 차관 업체 가운데 체불이 1년 이상 계속되거나 가동률이 50퍼센트 미만이거나 결손액이 자본금을 잠식하고 있는 기업을 부실 내지 불건전기업으로 정의, 부실기업 규정의 투명성을 확보했다. 이 규정에 따라 1971년 당시 차관 업체 총 147개 사 가운데 26개를 부실기업으로 규정했다. 한국비료 · 인천제철 · 한영공업 · 조선공사 · 한국전기야금 및 대림수산 등 대기업도 포함됐다. 해당 기업은 물론 국민 모두에게 커다란 충격이 아닐 수 없었다.

기획원은 태완선 부총리의 취임을 계기로 부실기업 정리의 보완대책도 서둘렀다. 재계의 요구를 받아들여 1972년 2월 경기진작방안을 발표하고 3월과 4월에 잇따라 보완대책을 내놓아 인플레이션과 국제수지 악화, 경제 불황 등 '3중고'에 대한 종합대책을 수립했다.

당시의 부실기업 정리는 재계의 부침에 결정적인 역할을 했다. 천우사 전택보, 화신 박흥식, 동립산업 함창희, 삼양수산 정규성, 인천제철 이동준, 조선공사 남궁련, 아세아자동차 이문환, 중앙산업 조성철 등 당시 내로라하는 재계의 거물들이 부실기업 정리의 철퇴를 맞고 조국 근대화의 뒤안길로 사라져갔다. 반면 이들의 알짜 계열사를 인수하는 방식으로 재계에서 급부상한 새로운 강자들도 나타났다. 동국제강 장경호, 현대건설 정주영, 대우실업 김우중, 신동아그룹 최성모 등이 그들이다.

그 결과 1965년의 재계 순위와 1971년의 순위는 판도가 전혀 달라졌다. 1965년 매출액 순위는 1위가 동명목재, 2위는 금성방직, 그리고 판본방직 · 경성방직 · 대성목재 · 동일방직 · 동신화학 · 대한제분 · 제일제당 · 조선견직 등의 순이었다. 그러나 1971년에는 호남정유 · 신진자동차 · 동국제강 · 현대건설 · 대성목재 · 제일제당 · 쌍용양회 · 원풍산업 · 연합철강 · 대림산업 · 대한항공 · 한일합섬 · 삼양식품 등이 매출액 상위에 랭크됐다.

이선기 전 동력자원부장관은 당시 사정을 이렇게 설명했다.

"돈이 없어 외국 자본을 끌어와서 공장을 짓는 데 정치자금 내고 여러 가지 기회비용도 나가고 그러다 보니 사채를 쓸 수밖에 없지 않나? 사채를 쓰니까 결국 회사가 부도가 나기 시작하면서 8 · 3 조치의 원인이 싹트기 시작한 것이다." (김흥기,《비사 경제기획원 33년, 영욕의 한국경제》)

기업들의 생사여탈권 사채업자가 쥐어

1972년 8월 3일은 한국 경제 60년사에서 잊을 수 없는 날이다. 세계적으로도 그 유례를 찾아보기 어려운 8 · 3 사채동결조치가 단행된 날이기 때문이다.

부실기업 정리에도 불구하고 차관과 은행대출도 모자라 사채에 의존하는 기업들의 재무구조는 더욱 악화돼갔다. 이런 기업들을 살리기 위해 모든 사채를 3년간 동결한, 정부가 민간의 사적 계약관계에 간섭한 초법적인 조치가 바로 8 · 3 조치다.

1971년 들어 기업들의 부도사태가 잇따랐다. 외국 차관의 원리금 상환이 시작됐고 수출 촉진을 위해 실시한 18퍼센트의 대폭적인 환율 인상조치로 원리금 상환 부담은 더욱 가중됐다. 특히 동양시멘트 이양구 사장은 1971년 9월 10일 법원에 법정관리신청을 해놓고 잠적하기까지 했다. 시멘트 수요 감소에 따른 매출 둔화, 차관 원리금 상환 부담 증대, 유류 등 원자재 가격 급등으로 그룹 전체가 자금난에 직면한 때문이었다.

당시의 사채시장은 전당포식 담보대출로 운영됐기 때문에 전주들은 땅 짚고 헤엄치는 꼴이었다고 해도 과언이 아니었다. 기업 입장에서는 사업계획의 차질이나 매출의 감소 등으로 경영환경이 악화되면 사채에 의존하는 정도가 더욱 심해질 수밖에 없었다. 사채의 굴레에서 헤어나지 못하는 형국이었을 뿐 아니라 기업이 회생한다 해도 이윤은 전주들이 다 챙겨 가는 실정이었다.

전경련 회원사들도 사채 부담에 시달리기는 마찬가지였다. 언제 사채업자들이 일시에 어음교환을 돌려 부도위기에 처할지 몰라 좌불안석이었다. 전경련은 연일 긴급회의를 가졌으나 뾰족한 대안이 없었다.

전경련 김용완 회장이 8 · 3 조치 주역

마침내 전경련 김용완 회장은 박정희 대통령과의 면담을 요청했다. 1971년 6월 11일 청와대에서 김 회장과 신덕균 · 정주영 부회장은 박 대통령, 김종필 총리, 김학렬 부총리 및 남덕우 재무장관 등과 마주 앉았다.

김 회장 등은 기업들의 자금난 실상을 낱낱이 설명했다. 사채이자가 너무 비싸고 은행융자 금리와 세금 부담이 무거워 부실기업이 늘어난다면서 사채를 은행에서 떠맡고 세금을 감면해줄 것과 금리 인하 및 긴축정책 완화 등을 건의했던 것이다. 이에 대한 정부의 대책이 검토되고 있는 와중에 전경련은 정부예산 반감론까지 들고 나왔다. 세금을 절반으로 줄여 기업을 도와달라는 것이었다.

김 회장이 박 대통령을 다시 만난 것은 7월 월례수출확대회의가 끝난 후 중앙청 국무위원 식당에서 열린 정부각료와 경제단체장의 오찬 자리에서였다. 박 대통령은 차관 기업들의 자금난에 대한 관심을 표명했고 김 회장은 다시 한 번 기업들의 어려운 사정을 호소했다.

남덕우 장관은 "차관 기업들의 부실을 막기 위해 100억 원의 특별지원자금을 배정할 테니 대상 기업 선정은 전경련이 맡아달라"고 말했다. 당시 100억 원은 엄청난 거금이었다. 하지만 김 회장은 "고맙기는 하나 이 정도 규모로는 사태가 해결되기 어렵다"는 반응을 보였다.

박 대통령은 김 회장을 다시 청와대로 불렀다. 김 회장은 대통령을 설득하기 시작했다.

"차관 기업체뿐만 아니라 모든 기업들이 불황 속에서 일하고 있으

대한민국 머니 임팩트

나 고리의 사채 때문에 수익
을 모두 빼앗기고 적자에 허
덕이고 있으며 언제 사채업자
가 일시에 어음을 교환에 돌
릴지 몰라 늘 전전긍긍하고
있습니다. 사채에 대한 비상
한 결단을 내리지 않는 한 우
리나라의 모든 기업들이 연쇄
도산하고 말 것입니다.

박정희 대통령을 예방해 기업들의 자금 사정과 사채의 문제점을
역설하는 전경련 회장단.

　제가 경영하고 있는 경성방직도 사채를 쓰고 있었는데 증설을 위
해 확보하고 있던 공장 부지를 팔아 최근에 사채를 모두 정리했습니
다. 이것은 절대 사심 없는 건의입니다.”

　김 회장의 역설에 박 대통령은 한국은행과 재무장관 출신인 김정
렴 비서실장에게 이에 대한 의견을 보고토록 지시했다. 이에 김정렴
은, 첫째 기업의 위기는 금융의 위기로서 국민경제에 심각한 타격을
주며 외국에는 우리나라의 신용도를 실추시키게 된다, 둘째 특별자
금 100억 원은 악성 인플레이션만을 야기시킨다, 셋째 사채동결만이
유일한 방법이다, 넷째 우선 기업을 살린 후 기업공개를 단행하는 것
이 바람직하다는 요지의 보고서를 제출했다.

모든 사채 3년간 강제 동결, 월리 1.35퍼센트

박 대통령은 청와대 외자담당 비서관 김용환을 단장으로 한 작업반
을 편성, 이를 추진토록 지시했다. 작업반은 재무부와 한은 비서실

등에서 파견된 7명으로 구성됐다. 정영의 재무부 이재2과장, 최진배 세제과장, 이헌재 사무관, 심형섭 한은 대리 등이 포함됐고 나중에 김기춘 전 법무장관 등 법률 전문가들이 합류해 법적인 문제들을 검토했다.

비밀유지를 위해 작업반은 회현동·우이동·북악터널 등지의 호텔을 전전하며 7개월 가까이 작업했다. 남덕우 장관과 김정렴 실장, 김용환 비서관 등의 정책협의회가 작업반의 상위조직이었다.

김 실장은 "박 대통령은 당시 실제 작업을 담당한 청와대 외에, 경제과학심의회에도 사채 문제의 해결을 위한 작업을 검토시켰다. 여기에서도 사채동결이라는 같은 결론이 나왔고 박 대통령은 보다 확신을 갖고 8·3 조치를 추진할 수 있었다"고 밝혔다.

6월 말 모든 작업이 끝났으나 시행 시기는 7·4 남북공동성명 때문에 8월 초로 잡혔다. 때마침 전경련은 기업들의 부채 상환 능력이 한계에 이르렀고 지난해 신규투자는 거의 없었다는 조사 결과를 발표했다.

마침내 1972년 8월 3일 0시를 기해 '경제의 안정과 성장에 관한 대통령 긴급명령'이 발효되었다. 그 골자는 다음과 같다. 첫째, 8월 9일까지 전 사채를 신고하고 신고된 사채는 월 1.35퍼센트, 3년 거치 5년 분할상환 조건의 채권·채무관계로 조정한다. 둘째, 2000억 원의 특별금융채권을 발행하여 기업의 단기대출금 중 30퍼센트를 대환한다. 셋째, 신용보증제도를 확충한다. 넷째, 기업의 투자를 위해 투자세액을 공제한다. 다섯째, 지방자치단체에 대한 법정 교부금을 폐지한다.

불가피한 결단 VS 자본주의 기본 무시

사채동결조치는 취했으나 기업과 사채업자들이 과연 제대로 신고할 것인가가 문제였다. 신고 기간은 1주일이었으나 3~4일이 지나도 신고가 거의 없었다. 혹시 신고에 따른 불이익이 있을까 하는 우려 때문이었다. 이에 청와대가 일체의 자금출처조사나 내사가 없을 것이라고 확약하고 세무서별 신고 실적을 체크하기 시작하자 세무공무원들은 이리 뛰고 저리 뛰면서 실적 올리기에 나섰다. 신고 마지막 날 기한 내에 신고하지 않을 경우 불이익이 닥칠지도 모른다는 생각에 기업도 사채업자도 앞 다투어 세무서로 몰려들었다.

9일 저녁 6시 마감 결과 신고된 사채는 총 4만 677건 3456억 원에 달했다. 당초 전경련이 추산한 사채금액은 1800억 원 정도였으니 정부도 재계도 국민들도 모두 다 깜짝 놀랐다. 신고된 사채총액이 통화량의 80퍼센트를 넘는다는 보도도 나왔다. 당시 기업 중 3만 9676개 업체가 3450억 원의 사채를 짊어지고 있었다. 1억 원 이상의 사채를 쓰고 있는 업체도 543개 사로 이들이 전체 신고 사채의 53퍼센트를 차지했다.

기업들에게 8·3 사채동결조치는 그야말로 구세주였다. 경영 미숙과 과욕으로 인한 빚까지 정부가 나서서, 자본주의의 기본 원칙을 무시하는 초법적 조치를 취해줬으니 그보다 더 큰 특혜가 없었다. 전경련 김 회장은 나중에 박 대통령과의 회식 자리에서 "오일쇼크가 우리나라에 큰 파문을 일으켰지만 대통령 각하께서 난국을 피할 수 있는 조치를 내려주신 덕택에 위기를 무난히 넘길 수 있었고 다시 고도성장을 기대할 수 있습니다"라고 감사를 표했다.

그러나 의사결정 과정에서 소외된 경제기획원은 내심 비판적이었다. '일은 청와대와 재무부가 벌이고 기획원은 뒷정리만 한다'는 불만이었다. 《비사 경제기획원 33년, 영욕의 한국경제》에서 김흥기는 "근본적으로 8·3 조치는 치명적 약점을 내포했는데 국가 공권력이 개개 인간의 사적 계약을 일방적으로 파기·수정했다는 점이다. 또한 사채를 더 쓴 기업에 혜택이 더 가는 형평상의 약점도 있었다. 나중에는 재무구조의 개선을 위한 기업의 자구 노력이 '눈 가리고 아웅'이라는 점이 비판됐다"고 기록했다.

이에 대해 윤능선 전경련 전 상무는 회고록에서 "혹자는 채무가 많은 기업이 덕을 보고 견실한 기업은 혜택이 없었다고 하는 불공평을 거론했지만 당시 기업 실정을 볼 때 이 긴급조치가 없었다면 아마도 오늘의 한국 기업은 존재하지 않았을지도 모른다"고 평가했다.

그는 "8·3 조치는 세계에서 유례를 찾아볼 수 없는 쇼크요법이었지만 그 피해자는 전 국민이 아니라 일부 고리대금업자였다는 데에 유념할 필요가 있다"며 "지나친 고리채는 셰익스피어의 《베니스의 상인》이래 경제 원리에 맞지 않는다는 것을 8·3 조치가 증명한 것이 아닌가 생각한다"고 주장했다.(윤능선, 《경제단체인생 40년》)

악덕 위장사채업자에 박 대통령 대노

그런데 신고된 사채의 분석 결과 놀라운 사실이 드러났다. 신고된 사채의 3분의 1에 해당하는 1137억 원이 기업주가 자기 기업에 빌려준 사채라는 점이 밝혀졌다. 기업 경영에는 관심이 없고 회사 돈을 빼돌려 사채놀이를 하는 기업인들이 있다는 소문이 사실로 판명된 것이다. 악덕 기업인의 위장사채였다. 그중에는 유수한 대기업과, 사채 때문에 부도위기에 직면해 있다고 아우성치던 기업인도 끼어 있었다.

이들 악덕 기업인을 단죄하라는 여론이 들끓었다. 특히 박 대통령은 국가적 견지에서 정부가 정책적으로 지원해주는 기업인들까지 위장사채업자에 포함된 것을 보고 대노했다. 이들 악덕 기업인들이 있는 한 정부의 경제개발계획이 실효를 거둘 수 없을 뿐만 아니라 초법적 특혜도 밑 빠진 독에 물 붓기에 불과하다는 것이었다.

1973년 4월에는 급기야 81개 업체 73명의 반사회적 기업인 명단이 발표됐다. 동해실업 강숙현, 성광무역 김정만, 한국철강 신영술, 삼호방직 정재호, 대성산업 조영일, 동양고무 현수창 등이었다.

경영 능력이나 신용이 극히 불량해 기업을 부실화시키고 금융기관에 결손을 입힌 기업인, 금리감면과 상환조건 변경 또는 결손요인을 안은 채 은행이 구제금융을 해준 기업인 중 사회적 신용이 부실한 자 등이었다.

이들에게는 향후 5년간 금융 지원을 중단하고 당사자와 연대보증인에 대한 세무조사 및 검찰조사 등을 통해 은닉재산과 대출금 유용 등을 가려내 의법 조치키로 했다. 또 탈세 사실이 밝혀지면 세금을 추징하고 은닉재산에 대해서도 채권회수를 위해 필요한 조치를 취하게 돼 있었다.

은행들은 20개 기업 14명의 기업인을 횡령 · 배임 · 수표 부도 등의 혐의로 검찰에 고발했다. 연세개발 박용운, 광성공업 고정훈, 동해실업 강숙현, 삼호방직 정재호, 한국알미늄 장영봉, 한국철강 신영술, 한일목재 장인섭, 삼안산업 예관수, 삼양수산 정규성, 동양고무 현수창, 제너럴서플라이 최경남 등이었다. 강숙현 · 정규성 · 장인섭 등은 업무상횡령, 장영봉은 배임과 사문서위조, 최경남은 부정수표단속법 위반 혐의로 각각 구속됐고 나머지는 수배됐다.

이렇게 철퇴를 맞은 부실기업인 가운데 가장 유명한 거물이 삼호방직 정재호였다. 1950년대 재계에서 삼성 이병철과 어깨를 나란히 했고 은행귀속주 불하 때 제일은행을 장악했던 바로 그 정재호다. 그러나 1960년대 이후 쇠락을 거듭하던 왕년의 최고 재벌 정재호에게 반사회적 기업인이라는 낙인은 최후의 사망선고였다.

기업공개촉진법, 단자사 설립 등 사채 양성화

김정렴 실장이 제시한 8·3 조치의 전제조건 중 하나가 기업공개였다. 초법적 조치로 일단 기업을 살려주는 대신 기업이 더 이상 개인만의 것일 수 없다는 취지에서다. 기업공개로 재무구조 개선 및 부의 사회 환원을 통해 사회 전반의 형평을 기해야 한다는 논리였다.

이에 따라 1973년 1월 기업공개촉진법이 제정되고 '우리사주제'가 도입됐다. 기업공개촉진법은 공개 권장을 넘어 대상 기업을 정부가 직접 선정하여 공개를 요구하고 불응할 경우 강력한 규제를 가한다는 것이었다. 박 대통령은 공개 대상 기업을 지정, 기업공개를 강력히 촉구하는 5·29 특별조치를 지시했다.

당시 한국은행 하영기 부총재는 "지금까지 기업은 망해도 기업인은 망하지 않는다는 것이 통념처럼 돼왔다. 그런 무책임한 사고방식은 이제 버릴 때다. 기업이 망하면 기업주도 망해야 당연하다. 기업도 자립·자조·협동하는 새마을정신을 가지라는 것이 이번 기업공개 촉구의 진의일 것이다"라고 말했다.

이에 따라 여러 재벌들은 그룹 차원에서 기업공개를 서둘렀다. 이때 공개에 앞장선 사람이 쌍용그룹 김성곤이다. 대한상공회의소 회장이던 김성곤은 1974년 7월 주력업종인 시멘트와 무관한 일부 계열사를 정리하고 통폐합하면서 기업을 공개한다는, 당시로서는 선구적인 발표를 했다.

하지만 대다수 재벌들은 여전히 미온적이었다. 정부의 전방위적 압박에도 불구하고 5·29 조치 후 15개월이 지나도록 전체 공개 대상 522개 업체 중 25개만이 공개가 이루어졌다.

한편 8·3 조치는 사채자금을 제도금융권으로 흡수하기 위한 사채 양성화 차원에서 새로운 금융기관 설립의 계기가 되기도 했다. 우선 1973년 7월부터 대한·동양·중앙·한국·한양·부산·서울 등 7개 투자금융회사가 설립됐다. 일명 단자(短資)회사라고 불린 이들은 기업들의 단기자금 공급원 역할을 했다. 1970년대 후반에는 외국인 주주들이 50퍼센트 지분으로 참여한 한국·현대·새한·한불·한외 및 아세아 등 6개의 종합금융회사들이 등장했다.

또 차입보다는 생산설비를 장기간 임대차해 쓸 수 있는 리스(Lease) 회사도 생겨났다. 1972년 12월 산업리스를 필두로 한국개발리스·제일시티리스 등이 잇따라 설립됐다. 서민 금융기관인 상호신용금고 (현 상호저축은행)·신용협동조합도 이 무렵 처음 생겼고 한국투자신탁 (1974년 설립, 현 한국투자신탁증권)·대한투자신탁(1977년 설립, 현 하나대투증권)도 이 시기에 창립됐다.

금융**사기**의
대부 **박영복**

13

지난 2005년 8월 인천공항세관은 3년여 동안 총 677회에 걸쳐 2300억 원 상당의 부정수출입을 하고 미국으로 300억 원 상당의 재산을 빼돌린 박영복 외 5명을 관세법위반 혐의 등으로 검거, 검찰에 고발했다.

이 백발의 사기꾼 박영복(朴永復)은 한국의 50~60대라면 낯설지 않은 이름이다. 바로 1970년대 온 나라를 떠들썩하게 했던 금융부정사건의 주범인 것이다. 박영복은 1980~1990년대 잇따랐던 초대형 금융사기의 원조, '사기범들의 대부'라 불린다.

1960년대 30대 초부터 시작된 그의 사기행각은 지난 1974년 박영복사건으로 절정에 달했다. 그는 형집행정지 중이던 1982년 사기사건으로 다시 구속. 잔여 형기와 새로 선고받은 12년까지 만 19년을 감옥에서 썩고 난 후 2001년 백발의 노인으로 만기 출소했다. 그러나 제 버릇 개 못 준다고 했던가. 총 22년간의 옥살이도 부족했는지 출소 후 4년 만에 그는 또다시 철창 속에 갇히는 신세가 되고 말았다.

■   ■   ■   ■

구류로 시작한 범죄 인생, 쭉 계속된다

박영복은 경북 군위에서 태어나 해양대를 졸업하고 해운공사에서 5년간 선원 생활을 했다. 이 시절부터 사교술로 유명했던 그는 마도로스 생활을 그만두고 무허가 벌목에 손을 대면서 사기성을 발휘하기 시작했다. 그때 구류 29일을 산 것이 그의 범죄 인생의 시작이었다.

그 후 1966년 중앙합동 전무로 경제계에 첫발을 들여놓았는데 사실 이 회사는 관급공사 수주를 위해 만들어진 유령회사였다. 박영복은 맨주먹으로 29억 원짜리 광주천 복개공사를 하청받기 위해 당시 전남도지사의 대학 동창생인 배일태를 감언이설로 끌어들였고 친구를 통해 광주에 있는 토건업자인 김광필을 소개받아 김광필에게 돈을 대게 하고 사장 자리에 앉혔다.

배일태는 중앙합동의 등기서류를 들고 친구인 도지사를 찾아갔다. 그러나 지사는 "김광필 사장은 소문난 부실업자로 그에게는 도저히 공사를 맡길 수 없다"고 거절했다. 이에 배일태는 이사를 사임하고 손을 뗐다. 그럼에도 박영복은 아직도 희망이 있다며 김광필에게 교제비 명목으로 돈을 뜯어냈다. 박영복은 1967년 3월 마포경찰서에 사기 혐의로 구속됐지만 곧 무혐의로 풀려났다.

이후 그는 사채 10억 원을 끌어 모아 이 은행 저 은행을 옮겨 다녔다. 애인도 여럿 있었고 술집 접대부들에게 손에 잡히는 대로 팁을 뿌리기도 했다. 집도 3채를 마련, 한 채는 아내와 자녀들이 쓰고 다른 한 채는 비밀서류를 보관하고 나머지 1채는 애인에게 줬다고 한다.

1974년까지 그는 네 차례나 사법당국의 조사를 받았다. 1970년 감금 혐의, 1971년과 1972년 모피 위장수출로 관세법위반 혐의, 1973년에는 사기 혐의로 각각 수사를 받았지만 모두 교묘하게 빠져나갔다.

부동산권리증 · L/C 위조 74억 사기대출

1974년 사건의 전말을 살펴보자. 우선 회사를 설립해 무역업자 자격을 갖춰놓거나 수출실적이 있는 기존 무역회사를 인수했다. 이렇게 만든 기업이 금록통상 · 영창식품 · 현대통상 · 남도산업 등 18개나 됐다. 그리고 사채시장에서 돈을 빌려 은행에 예금하고 무역회사 사장임을 자처하면서 은행지점장들에게 거액의 예금을 유치해주고 신용을 얻은 후 무역금융 및 기타 대출을 요구했다. 처음에는 대출도 소액이고 정상 담보를 제공했으나 점차 마각을 드러냈다.

그는 등기소장을 했던 김용환과 공모해 부동산권리증을 위조, 허위 부동산 담보로 중소기업은행에서 1971년 10월부터 1972년 4월까지 6회에 걸쳐 거액을 융자받았고 수출신용장(L/C)을 위조해 서울은행 · 상업은행 · 신탁은행 등 시중은행들로부터 무역금융 대출을 받았다.

신용장 위조는 통지 은행과 융자 은행 간 L/C 대사가 허술한 점을 이용했다. 홍콩의 수입상인 교포 김경평과 공모해 현지 중국연합은행에서 특수조건부 L/C를 개설하고 통지 은행인 외환은행에서 조건부를 삭제한 클린 L/C처럼 위조했다. 81건에 달하는 이 위조 L/C로 시중은행에서 수출금융을 받아냈다.

무역금융이 수출불이행 등으로 제재를 받으면 새 회사를 신설해 다른 은행에서 동일한 방법을 이용했는데 신설 기업의 대표자와 임원 등을 새로운 사람으로 임명하고 수출불이행 제재조치나 다른 은행과의 거래 상황을 전혀 알 수 없게 했다.

사기대출 금액은 총 74억 원으로 당시로서는 천문학적인 액수였다. 이 사건으로 박영복과 김용환 등 사기범 일당은 물론 정우창 전 기업은행장(뇌물수수 혐의)이 구속됐고 심병식 전 서울은행장 및 은행 직원 여러 명이 옷을 벗었다.

야당 "대 정치권력형 금융부정사건"

사건의 여파는 정치권으로 이어졌다. 당시 야당인 신민당은 이 사건을, 배후에 권력자가 도사리고 있는 정치권력형 금융부정사건이라고 주장했다.

1972년 5월 8일 국회 재무위에서 신민당 이중재 의원은 "권력을 등에 업고 금융에 개입하는 것을 다시는 없도록 하기 위해서 이 문제를 그대로 척결을 해야 되겠다. 또 금융이 편중되고 따라서 금융 질서가 문란하고 민주화가 못된 점을 쇄신해야 되겠다는 전제 아래 이 문제를 다루기로 결정했다"며 은행의 거액 융자에 대한 방대한 자료를 요구했다.

사건의 배후 인물로 야당이 주목한 것은 박태룡 당시 중앙정보부 감찰과장 및 김보근 수사관이다. 박영록 의원의 주장을 들어보자.

"이번 사건이야말로 검찰이 발표한 그런 정도의 금융부정사건이 아니라 국가안보의 중책을 맡고 있는 정부 내 특수기관 간부가 정부 각 부처에 깊숙이 참여를 하고 그 권력을 최대한도로 남용 악용, 업자와 결탁해서 돈만 벌면 그만이라고 하는 사고방식을 가지고 있음을 여실히 보여주는 사건이다.

그래서 이 사건은 건국 이래 여러 가지 부정사건이 있지만 그중에서도 가장 큰 대 정치권력형 금융부정사건이라고 본 위원은 본다.

이 사건은 공직을 가지고 그 뒤에서 조종하고 또 압력을 가하는, 김보근과 박태룡 이상의 특수기관 간부가 연루되어 있다는 심증을 굳히게 한다."

그러나 대부분의 권력형 의혹사건이 늘 그렇듯이 이 사건도 진상은 흐지부지됐다. 대법원까지 가는 법정공방 끝에 박영복은 징역 10년을 선고받았고 정우창 전 행장은 징역 3년에 집행유예 5년, 김용환은 징역 3년 6개월이 각각 언도됐다.

1982년 아풍산업 회장 행세 부정대출

남덕우 재무장관이 국회에서 밝힌 이 사건의 문제점은 압력 및 청탁이 근절되지 못한 점, 사고 보고의 지연, L/C의 진위판별 소홀, 수출금융제도 악용, 대출 업체에 대한 사후관리 미흡, 거래기관과 그에 관련된 업체의 신용조사 불철저 등이다. 하지만 이에 대한 대책으로 실제로 실행된 것은 은행원에 대한 처우개선을 위한 업무수당 인상이 고작이었다.

강진 후에는 여진이 있는 법이다. 8년 후인 1982년 2월 감옥에 있는 줄로만 알았던 박영복이 또 다시 은행에서 20억 원의 사기대출을 받았다는 뉴스가 일간지 1면 톱을 장식했다. 이때 박영복은 1978년 1월 간염 및 당뇨병에 따른 형집행정지로 가석방돼 서울대학병원에 입원 중이었다. 그러나 사실은 1980년 12월 말부터 1981년 10월까지 측근 명의로 부실기업을 인수하고 아풍산업이라는 유령회사를 설립해 이영국 회장으로 행세하고 있었다.

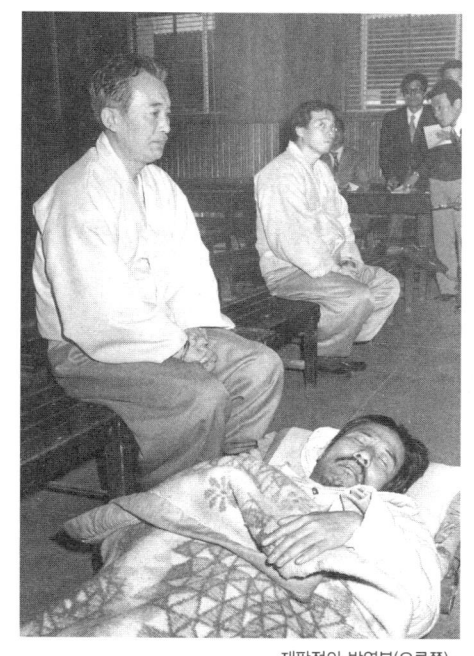

재판정의 박영복(오른쪽).
누워 있는 사람은 감방에서 병을 얻은 정우창 전 행장.

박영복은 내연의 처인 이풍자가 경영하던 술집의 종업원 김두찬을 아풍산업 대표로 앉히고 친구 신상연과 자신의 운전기사 조장년을 하수인으로 활용, 범죄행각을 벌였다. 그는 유령회사들을 신용이 좋고 거래실적이 많은 정상 기업인 것처럼 꾸미고 다른 사람의 주민등록증과 인감증명서 등을 위조했다.

1980년 12월부터 1981년 7월 중순까지 부실한 담보를 제공하면서 총 21차례에 걸쳐 성기언 신용보증기금 대구지점장으로부터 아풍산업 등 5개 회사 명의로 신용보증서를 발급받아 대구투자금융 등 8개 금융기관으로부터 어음할인 등 총 2억 1000만 원의 부정대출을 받았다.

1981년 6월부터 10월 사이에는 서울은행 종로4가지점 및 동대문지점에 6억 원의 사채예금을 유치하고는 이영국이라는 가명으로 5차례에 걸쳐 6020만 원을 부정대출받았다. 뿐만 아니라 1981년 10월에는 부동산을 담보로 은행대출을 받아 그 절반을 자기가 사용하는 대신 높은 이자를 주겠다고 이헌두를 속여 이헌두가 받은 대출금 2억원 중 1억 원을 가로챘다.

검찰은 1982년 2월 11일 박영복을 서울구치소에 재수감하고 이풍자·성기언 지점장 등 관련자 7명을 구속했다. 이 사건으로 그가 선고받은 형량은 징역 12년이었지만 형집행정지 기간 중 재범한 것이므로 앞서 사건의 잔여 형기를 함께 복역, 총 19년이라는 장구한 세월을 감옥에서 보내야 했다.

반평생 옥중생활, 70세에 또 감옥행

이렇게 철창 속에서 21세기를 맞은 박영복은 2001년 11월 15일 만기출소했다. 그러나 그는 변하지 않았다.

인천공항세관에 따르면 그는 국내에 7개, 미국과 홍콩에 6개의 위장기업을 설립하고 31개 업체를 다단계 식으로 포섭한 후 성분 미상의 값싼 한약재 분말을 고가의 아가리쿠스버섯 분말로 위장, 킬로그램당 50~70달러짜리를 2300달러 이상으로 조작했으며 미국·한국·홍콩 등 3국 간에 물품을 단순 회전시키는 부정수출입을 주도했다.

또 실물거래 없이 수출입대금만 지불·수수하는 불법자금거래를 하고 이를 통해 미국에 빼돌린 300억 원 중 100억 원을 자금세탁, 다시 국내에 들여와 부동산을 매입하거나 자신의 사업자금으로 사용했다.

반평생을 '죄와 벌'로 탕진하고 삶을 정리할 나이인 70세에 또다시 감옥에 들어간 그를 보며 도대체 인간의 본질은 무엇이고 인생이란 무엇인지 다시 한 번 생각하게 된다.

박정희정권의
정치자금

1960년대 4인방, 한국형 정경유착의
출발점

14

박태준 포스코 명예회장이 몇 년 전 《중앙일보》에 연재했던 〈쇳물은 멈추지 않는다〉에 이런 얘기가 있었다.

"내가 만져본 최대의 공돈은 1970년 가을에 저절로 굴러온 보험회사 리베이트 6000만 원이었다. 포항1기 건설 때 들여온 고가 설비들은 규정상 팔고 사는 양측이 의무적으로 보험에 들어야 했는데 그게 뜻밖에도 리베이트라는 떡고물로 돌아온 것이었다. 임원들과 상의한 뒤 박정희 대통령에게 통치자금으로 드리는 게 마땅하다고 판단했다."

당시 공화당 재정담당 책임자들은 포항제철에 정치자금을 내라는 압박을 계속 가하고 있었다. 박태준은 청와대로 올라가 박 대통령에게 6000

만 원짜리 수표가 든 봉투를 내밀었다. "나라를 위해 쓰시라고 기부금 좀 가져왔습니다." "포철은 절대 정치자금 안 낸다고 말하던 사람이 갑자기 왜 이래?" 박 대통령이 의아한 표정으로 반문하자 박태준은 자초지종을 설명했다.

박 대통령은 미소를 지으며 탁자 위의 봉투를 다시 박태준에게 밀어놓았다. "임자는 앞으로 할 일이 태산이야. 가져가서 필요한 데 쓰도록 해." 박태준이 "제가 쓰기에는 너무 큰돈입니다"라고 사양하자 박 대통령은 "임자 스케일이 그렇게 작아? 내 선물이라고 생각해"라고 했다. 박태준이 거듭 사양하자 박 대통령은 정색을 하고 화를 냈다. "이봐, 그러면 다른 국영기업체 사장들도 이런 리베이트를 받아왔다는 거 아닌가?"

곤혹스러워진 박태준은 할 수 없이 봉투를 거둬들여 청와대 문을 나서야 했다. 그때 생각한 것이 장학재단 설립이었다. 박태준은 그 6000만 원을 종자돈으로 재단법인 '제철장학회'를 설립했다. 오늘날 한국의 대표 명문사립대의 하나로 성장한 포항공대가 이 돈으로 설립된 것이다.

하지만 얼마 후 한전과 석탄공사 등 몇몇 국영기업체 사장들이 청와대로 불려가 혼쭐이 났는데 "박태준의 고자질 때문"이란 소문이 나면서 "어디 6000만 원뿐이었겠나?"라는 루머로 이어졌다. 이에 따라 박태준과 포철 임원들이 정보기관의 뒷조사를 당하는 등 곤욕을 치렀다.

이것이 바로 포철의 보험사 리베이트사건으로 한때 박정희정권의 대표적 정치자금 관련 의혹사건의 하나로 꼽혔다. 박태준의 기고가 사실이라면 의혹 중 한 가지는 기분 좋게 해소된 셈이다.

■　　■　　■　　■

한국비료 관련 정치자금 및 밀수 공모 의혹

하지만 아직도 해소되지 못한 정치자금 의혹이 많다. 1960년대 후반 이후 삼성그룹은 박정희정권과 관계가 별로 좋지 못했다. 이병철 회장이 "권력과는 불가근(不可近) 불가원(不可遠)의 관계"라는 말을 남겼을 정도였다.

박 정권 초반에는 박 정권과 밀월관계였던 삼성이 그렇게 된 것은 1966년의 한국비료사건 때문이다. '장군의 아들' 김두한 의원의 국회 똥물투척사건으로 더 유명해진 한비사건은 삼성이 건설 중이던 한비(현 삼성정밀화학)가 사카린을 밀수해 관세를 포탈하고 부당이득을 취한 사건이다. 이 사건으로 이병철은 경영 일선에서 퇴진하고 둘째 아들 이창희 상무가 구속됐으며 한비도 완공한 후 송두리째 국가에 헌납돼야 했다.

그러나 이병철은 1986년 출간된 자서전 《호암자전》에서 자신은 정치적 희생양이라며 억울함을 주장했다. "이 사건이 정치문제화되고 일부 매스컴이 이에 가담하여 끈질긴 삼성 공격을 되풀이했던 이면에는 당시의 복잡한 정계 사정이 있었다"며 "일사부재리의 원칙도 무시된 채 강제 수사를 받게 됐던 배경에는 몇몇 정치인의 공작이 숨어 있었다"는 것이다. "이 사건에는 정치인들이 많이 관련되어 있었다. 그들 중에는 나와 가깝게 지내던 사람들이 있었는데 자기들끼리 서로 싸우는 바람에 사이가 나빠진 그들은 나를 정치적 제물로 삼아버렸다."

그런가 하면 야당은 정치자금 의혹을 들고 나왔다. 당시 김대중 의원의 질의 요지다.

"비료공장 건설을 위해 일본에서 도입한 차관은 4390만 달러다. 같은 규모의 공장을 짓는데 일본에서는 2200만 달러면 충분하고 소련에 2800만 달러에 판매한 적도 있다. 적어도 1000만 달러를 일본으로 도피시켜 정치자금으로 흘러들어간 것 아니냐?"

이와 관련해 의문사한 김형욱 전 중앙정보부장의 회고록에 의미 있는 대목이 있다.

회고록에 따르면 이병철은 한비 건설과 관련해 200만 달러의 커미션을 상납하고 이를 벌충하는 동시에 내자조달을 하기 위해 사카린·표백제·전화기·수세식변기·욕조 등 국내에서 인기 있는 품목만 골라 건설자재로 위장해 밀수했다고 한다.

이병철은 한비의 국가헌납 약속 이행을 요구하는 김형욱에게 "저도 사실은 박 대통령 각하에게 정치자금을 5억 원이나 바쳤는데 이럴 수 있습니까? 억울합니다"라고 폭탄 발언을 했고 이에 김형욱은 "억울하면 대통령 각하에게 가서 따지시오. 나는 다만 법에 의해 수사를 재개하여 한비공장 건설에 얽힌 전모를 밝힐 수밖에 없소. 한비를 국가에 바치는 것은 어떤 특정 개인에게 정치자금을 헌금하는 것이 아님을 명심하시오"라고 일축했다고 한다.

한편 이병철의 장남이자 CJ그룹 창업자인 이맹희는 1993년 회고록《묻어둔 이야기》에서 더 충격적인 이야기들을 폭로했다. 한비 밀수사건은 박정희와 이병철의 공모하에 정부기관들이 적극적으로 비호하는 가운데 광범위하게 이루어진 엄청난 규모의 조직적인 밀수였다는 것이다. 이맹희는 한국비료 건설 당시 핵심 주역이었다.

"아버지(이병철)는 미쓰이 측에서 제공할 리베이트 100만 달러를 이용하여 정치자금 문제, 한비 건설자금의 부족분 보충, 그리고 울산공단 건설용 기계류를 들여오는 문제를 동시에 해결하는 방법을 생각했다. (그러나 불법 리베이트 국내 반입이 어렵자) 박 대통령은 '돈을 가져오는 것이 힘들면 물건을 사와서 여기서 처분을 하면 될 것 아닌가'라고 말했다."

이맹희의 회고록에 따르면 100만 달러어치 물건을 밀수해 팔면 400만 달러를 벌 수 있다는 계산으로 삼성이 박 정권과 합의하에 리베이트 100만 달러어치의 물건을 밀수, 암시장에 내다 팔아 그중 일부를 정치자금으로 내고 나머지는 한비 건설에 내자로 쓰기로 했다는 것이다.

초기엔 밉보인 기업에게, 나중엔 이권 대가로 받아

이맹희의 충격 폭로는 계속된다.

"박정희 대통령 시절엔 삼성이 어떤 사업이라도 새롭게 시작을 하려면 늘 힘들었다. 경제기획원이나 재무부·상공부·관련 금융기관·관련 공무원들, 심지어 중앙정보부나 대통령비서실과 협의된 사항이라도 최종적으로 대통령에 의해 거부되기 일쑤였다.

게다가 그 시절에는 대통령의 신임을 얻었다는 이유로 부통령 노릇을 하려는 사람들도 퍽 많았다. 정보기관에 있었던 이모씨(이후락?) 같은 경우가 대표적이었는데 그 역시 대통령의 삼성에 대한 불편한 심기를 읽고 나서는 삼성의 일에 사사건건 위해를 가하려 했다."

이맹희의 회고록에는 박 정권의 정치자금 징수방식에 대해서도 자세히 나와 있다.

"혁명정부는 출범 직후부터 여기저기서 기존의 정치세력보다 더한

대한민국 머니 임팩트

부정을 일삼기 시작하였다. 당연히 기업
들에게도 과다한 정치자금을 요구하고
있었는데 그중 제일 심한 것이 각종 사업
의 인허가를 둘러싸고 정부에서 은밀히
손을 벌리는 것이었다. 즉 어떤 사업을
하거나 공장을 새로 건설하려면 그때마
다 정치자금을 바쳐야 했다. ……

박 정권은 나중에는 자신들이 호감을
가지고 있는 기업들에게 이권을 주고 그
들로부터만 정치자금을 받았지만 초기엔
대통령에게 밉보인 기업들로부터 정치자

박정희 대통령은 검소한 성품이었으나
정치자금 의혹에서 자유롭지는 못했다.

금을 받아냈고 '앞으로 잘 봐주겠다'는 말을 빌미로 아랫사람들이
정치자금을 요구하는 경우도 많았다.

삼성은 정부와 비교적 원만한 관계를 유지하고 있었음에도 상당한
돈이 명분 없이 흘러들어갔던 기억을 가지고 있다."

이렇게 정치자금에 시달리던 재계는 1960년대 후반 정치자금양성
화법의 제정을 건의해 성사시켰다. 재계가 공개적으로 정치자금을
갹출해 선거관리위원회에 헌금하는 데 배정 조건을 붙이면 그대로
수용하고 조건이 없을 때는 국회 의석수에 따라 정당별로 배정했다.
돈에 목말라 있던 야당에게도 배분될 수 있었으니 그들도 당연히 쌍
수를 들고 환영했다.

이에 따라 당시 전경련 윤태엽 상근부회장과 윤능선 사무국장이
각 기업에 정치자금을 걷으러 다녔다. 다음은 윤 사무국장이 남긴 회
고록《경제단체인생 40년》에 나오는 얘기다.

"당시 5억 원 정도를 오르내린 양성적인 정치자금은 적어도 정당의 사무국 운영에 결정적인 도움을 주었다는 사실에서 우리 정치사에도 남을 만한 일이다.

춘수(윤태엽)와 나는 재계의 정치자금 부담이 재력이 많고 적음보다도 성의 여하에 있으니만치 사무국이 이를 계속 맡아야 한다는 것을 안타깝게 생각했다. 그래서 선선히 쾌척해주는 기업인에게는 항상 미안함을 느끼지 않을 수 없었다.

우리 둘은 어느 회장과 그의 사무실 복도에서 마주친 적이 있다. 그는 '내 방에서 기다리라'고 해놓고는 어디론가 사라져 나타나지 않았다. 또 돈에 대해 비교적 깐깐한 것으로 소문난 부동산 거부 조모씨, 개성출신 회장인 R씨, D씨는 물론 심상준씨에게서도 자금을 받아냈으니 지금 생각해도 신기한 노릇이다.

어느 해 섣달그믐날. 약속된 정치자금을 받으러 춘수와 내가 동행하게 됐다. 그날은 매우 재수가 좋아서 세 군데를 들렀는데 모두 선선히 응낙해주어 우리는 매우 흡족해했다."

건설군납 낙찰가의 10퍼센트, 1달러에 20원 상납

박 정권 초기의 정치자금 염출 방식 중 가장 전형적인 것이 군납조합이다. 김형욱 중정 부장은 1963년 박 대통령의 재가를 받아 군납조합을 만들었다. 당시 수억 달러에 달하는 주한미군 군납은 우리 재계에 가장 큰 수입원의 하나였는데 지나친 경쟁으로 덤핑 입찰이 많았다. 이에 따라 덤핑 방지 기구로 만든 것이 군납조합이니 일종의 입찰 담합기구라 할 수도 있다.

방준모 중정 감찰실장이 직접 운영했다는 군납조합은 건설·물품·용역 분야에서 업자들의 입찰을 '교통정리' 하고 낙찰업체에 대해 1달러당 3원씩의 커미션을 받아 일부는 박 대통령에게 상납하고 일부는 중정의 운영자금으로 쓰거나 누군가의 호주머니로 들어갔다. 중정이 군납조합 외에도 직접 암달러상까지 운영하면서 돈도 벌고 정보도 얻었다고 한다.

하지만 당시 건설군납에 깊숙이 관여했던 이태원 태흥영화사 사장의 얘기는 조금 다르다. 1963년 당시 '군납업자친목회'의 업무부장이었던 이 사장은《중앙일보》〈남기고 싶은 이야기들〉에서 이렇게 증언한 바 있다.

군납업자친목회는 주한미군 공사 입찰 시 220명에 달하는 건설군납업자 간의 지나친 경쟁으로 입찰가가 낮아지지 않도록 입찰을 사전에 담합하고 조정했다. 대신 낙찰가의 10퍼센트를 회비 명목으로 거둬 그중 일부를 중정에 상납했다. 낙찰업체는 또 입찰액의 10퍼센트를 '떡값' 조로 탈락 회사들에게 나눠줬다.

친목회 회장은 명동의 주먹이었다 손을 씻고 건설업자가 된 강 모 씨로 이 사장과 절친했다. 그런데 1963년 말 서울시경이 강 회장과 이 사장을 불러 친목회를 해체하라고 요구했다. '윗선', 즉 쿠데타로 집권한 군사정권 실세의 압력이라는 것이다.

친목회는 곧바로 해체, 군납진흥회로 대체됐다. 새로운 인물들이 군납진흥회를 접수했는데 회장 김병학은 육사 8기 출신으로 바로 5·16 쿠데타를 주도한 김종필·김형욱·윤필용·강창성·오치성 등의 동기생이었다.

이후 태흥상공이라는 건설회사를 차리고 직접 미군 군납사업에 뛰어든 이 사장은 1968년 일생일대의 기회를 맞는다. 1·21 사태 이후 미국이 군사시설을 강화하기 위해 한국에 1억 달러를 투자하기로 하자 공화당 재경위원장을 찾아가 로비한 끝에 136만 달러짜리 공사를 따냈던 것이다.

웬만한 공사는 집권당인 공화당에서 건설업자를 지정하고 정치자금 명목으로 커미션을 챙기던 시절이었다. 공사비 1달러에 20원씩을 정치자금으로 떼는 게 당시 관행이었고 이 사장이 납부한 정치자금은 3000만 원가량이었다.

"미군 건설군납을 하면서 정치권의 더티한 모습을 지긋지긋할 만큼 지켜봤다. 정치자금을 안 내면 사업을 따낼 수 없었고 기껏 냈는데도 꿀꺽 삼키고는 더 많은 돈을 낸 사람에게 권리를 넘기기도 했다. 그에 비하면 '딴따라' 영화계는 청정지역이라 할 만했다."

당시에는 권력의 줄을 잡지 않으면 어떤 사업도 할 수 없었고 그 대가로 일정액을 상납해야 했다. 처음엔 공화당 재경위원장이 채널이었다가 나중에는 중정이 도맡았다. 주한미군 건설군납의 경우 중정은 내부에 아예 군납과를 두어 커미션을 챙겼고 업자들은 술대접을 하거나 봉투를 찔러주면서 중정의 비위를 맞췄다. 게다가 중정 직원 부인들을 챙기는 것도 잊어서는 안 됐기 때문에 인사동에서 그림이나 골동품을 사서 중정 직원의 집으로 배달시키기도 했다.

"결정적으로 정나미가 떨어진 것은 이중계약을 당했을 때였다. 내게 주기로 한 공사를 커미션을 더 많이 낸 업체에 넘긴 것이다.

화가 불같이 난 나는 중정 감찰실을 찾아가 따졌다. 그러나 냉랭한 답변만 돌아왔다. '총선에서 정보부가 당선시켜야 할 의원이 35명이고 거기에 드는 돈이 80억 원이다. 한 푼이라도 더 내는 쪽에 공사를

줄 수밖에 없다.'

얼마 뒤 우연히 극장을 인수한 나는 미련 없이 건설업을 떠났다."

일본 기업이 공화당 예산 3분의 2 제공?

박 정권 시절 정치자금 의혹사건 중 대표적인 것이 서울지하철 차량 도입사건이다. 1974년 6월 23일 국내 최초의 지하철인 서울지하철 1호선 서울역과 청량리 구간 개통 당시 박 정권이 일본에서 지하철 차량을 도입하면서 리베이트로 거액의 정치자금을 챙긴 것 아니냐는 의혹사건이다.

의혹은 일본의 미쯔비시·마루베니·미쓰이 및 닛쇼이와이 등 4개 사가 지하철 차량 납품가격을 정상 가격의 2배나 높게 받은 데서 비롯됐다. 당시 일본에서 먼저 이슈가 됐다.

4개 사가 지하철 차량 납품으로 거둔 이익은 총 21억 7000만 엔인데 미쓰비시 사장은 "그중 250만 달러를 한국의 유력 인사의 지시로 외환은행 뉴욕지점에 송금했다"고 밝혔다. 하지만 그 유력 인사에 대해서는 입을 열지 않았다. 그가 누구인지는 곧 드러났다. 아사히신문 사회부 오치아이 기자에 의해서였다. 오치아이는 나중에 한 방송프로그램에서 이렇게 증언했다.

"그 돈의 취지를 물어보니 특별 커미션이란 말을 했다. 말하자면 리베이트다. 나는 취재를 더 진행해서 미쓰비시상사도 정부도 말 못하는 한국의 거물이 누구인지 알아봤다. 그래서 체이스맨해튼과 외환은행에 계좌명을 알아보니 공화당 재정위원장인 김성곤이었다."

그런데 또 다른 의혹이 제기됐다. 외환은행 뉴욕지점에서 김성곤의 계좌로 입금된 250만 달러 중 130만 달러가 일본으로 역송금된 것이었다. 이 사실이 확인되자 일본에서는 큰 이슈가 됐다. 이 130만 달러가 일본 정치인에게 간 것 아니냐는 것이었다. 특히 박 정권과 가까운 것으로 알려진 기시 노부스케 전 수상이 거론됐는데 그 내막은 여전히 베일 속에 가려져 있다.

일본 재계와 박 정권이 얽힌 또 다른 정치자금 관련 의혹이 있다. 다음은 1966년 미국 CIA가 작성한 '한일관계의 미래'라는 내부 보고서의 내용이다.

"민주공화당이 일본으로부터 자금을 받고 있다는 주장은 근거가 충분하다. 당시 공화당이 일본으로부터 정치자금을 받고 있다는 것이다. 일본 기업들의 주장에 따르면 그들은 1961~1965년 사이의 민주공화당 예산의 3분의 2를 제공했다. 또 6·7차 한일회담이 한창 진행 중이던 시기에 일본 기업들이 민주공화당 예산의 3분의 2를 제공했다고 기록돼 있다.

6개 일본 기업이 총 6600만 달러를 지불했고 기업별로 액수는 100만~2000만 달러에 이른다고 했다.

또 김종필은 한일협상을 추진한 대가와, 일본 기업들로부터 한국에서 독점권을 행사하도록 해준 대가를 받았으며 한국 정부가 방출한 쌀 6만 톤을 일본에 수출하는 것을 함께 통제했던 8개 한국 기업들이 민주공화당에게 11만 5000달러를 주었다고 한다."

이 CIA 문서는 지난 2004년 8월 KBS의 '일요스페셜'에서 공개된 것이다.

10월 유신이 정경유착을 없애기 위한 것?

박 정권 때의 정치자금 관련 의혹에 대해 박정희 측 인사들은 어떻게 보고 있을까? 1971년부터 박 대통령 서거 때까지 대통령 경제2수석 비서관으로서 권력의 심장부에서 박 대통령을 모셨던 오원철은 자서전 《박정희는 어떻게 경제 강국을 만들었나》에서 "정경유착이라는 말은 원래가 일본어다. 언론계에서 먼저 사용했다. '한·일 정경유착'이라고 했다. 그 뜻은 '일본 업계가 일본 정치계를 동원해서 한국 정치계와 교섭, 한국 정부로부터 이권을 따낸다'는 뜻이었다. 이 말이 우리나라에 처음 수입된 것은 60년대 말이다"라고 썼다. 1960년대 말 한일관계에 얽힌 정치자금 의혹이 확실히 많았음을 실감케 하는 언급이다.

"한편 당시에 필요한 정치자금 조성을 위한 정치자금 담당기구가 생겨났는데 소위 '4인방'이다. 이것이 한국형 정경유착의 출발점이다. 이 4인방에 청와대 비서실장과 부총리가 포함되어 있었다. 그래서 당시의 '한국형 정경유착'이라는 말에는 정치계·경제계뿐만 아니라 관리, 즉 정부도 포함된 말로 인식하게 되었다.

정경유착의 피해는 막심했다. 우선 관리들은 소신껏 일할 수가 없었다. 그 결과 한국비료 밀수사건이 발생했고 시간이 흐를수록 많은 부실기업들이 발생했다. 69년에 가서는 그 수가 80개나 됐다."

박 정권의 핵심 실세 출신이 직접 1960년대의 정치자금 조성과 정경유착이 심각했음을 실토하고 있다. 여기서 4인방의 다른 2명은 공화당 재정위원장과 중앙정보부장일 가능성이 높다.

그런데 오원철은 자서전에서 이상한 논리를 펴고 있다. "박 대통령은 정경유착의 피해를 근절해야겠다고 결심했다. 그래야만 국가 정책이 정치세력들의 영향을 받지 않게 된다. 72년에는 대통령 선거도 없애버렸다. 대통령 자신이 정치자금 문제에 휘말리지 않기 위해서였다.

정치를 하자면 정치자금이 필요하기 마련이다. 이후로부터 정부는 정치자금과 무관하게 됐다. 그 결과 정치계의 영향 없이 행정업무를 추진할 수 있게 되었다. 따라서 1970년대는 정경유착의 피해가 없었던 연대라고 할 수 있다. ……

이 조치만 그대로 준수됐더라도 IMF 때와 같은 재벌기업들의 심한 부실문제는 발생하지 않았을 것이다.”

오원철은 10월 유신이 정경유착을 없애기 위한 것이었고 1970년대는 정경유착의 피해가 전혀 없었다고, 나아가 대통령직선제가 없었다면 IMF위기를 초래한 재벌들의 부실도 없었을 것이라고 주장하는 것이다.

율산사건과 제세그룹 · 원기업 · 대봉그룹

앙팡테리블, 혜성같이 등장해 유성처럼 사라져

15

'앙팡테리블(enfant terrible)'은 프랑스 작가인 장 콕토의 소설 제목에서 비롯된 말로 '무서운 아이들'이라는 뜻이다. 1970년대 후반 재계에는 '무서운 아이들'이라 불리던 젊은 기업인들이 있었다. 율산그룹 신선호, 제세그룹 이창우, 원기업 원길남 및 대봉그룹 김병만 등 4명이 바로 그들이다.

이 4명의 공통점은 모두 30세 전후의 혈기왕성한 청년들이었고 경기고와 서울대 등 최고 명문 출신의 엘리트들이었으며 500만 원이 채 안 되는 자본금으로 거의 맨주먹 상태에서 창업했다는 점이다. 이들의 우상은 바로 대우 김우중이었다. 이들은 불과 3~4년 만에 신흥재벌로 재계에 혜성같이 등장했다가 유성처럼 사라진 기업인으로 기억되고 있다.

1974년 9월 율산실업이라는 오퍼상으로 출발, 4년여 만에 14개 계열사와 8000여 명의 종업원을 거느린 대그룹으로 성장한 '율산의 신화'는 그러나 1979년 4월 신선호 사장의 구속과 그룹 부도로 짧은 생을 마감했다. 율산이 급성장할 때 매스컴들은 '재계의 신데렐라' '20대 재벌총수' '작은 거인'이라고 찬사를 보냈지만 망할 때는 '철없는 무모한 어린아이들'이라고 매도했다.

■　　■　　■　　■

혜성같이 등장했다 유성처럼 사라진 재벌들

율산의 역사는 1974년 9월 당시 만 26세였던 신선호 · 강동원 · 최안준 · 신태승 · 권순우 등 5명이 율산실업을 차린 것에서 시작됐다고 알려져 있다. 이들 중 신태승을 제외한 3명은 신선호의 광주서중 동창들이었다고 한다. 그러나 이는 잘못 알려진 것이다.

사실 율산은 신선호와 그의 부모 셋이서 등기이사로 처음 시작했고 그의 부인 부정애가 감사였다. 친구들은 그 후에 합류했다. 단돈 100만 원으로 시작했다는 얘기도 사실과 다르다. 등기비를 줄이기 위해 최소 자본금인 100만 원으로 신고한 것이고 실제 자본금은 500만 원이었다. 무역업을 하기 위해 개인회사인 율산실업을 주식회사 율산으로 바꾸었다.

율산의 급성장은 쿠웨이트발 한 무더기의 L/C(신용장)에서 시작된다. 훗날 원기업을 세운 원길남이 국내로 보낸 각종 건축자재 수입

L/C였다. 채산성이 없어 다른 기업들은 모두 외면한 이 L/C를 받아들고 율산은 대모험을 감행했다. 화주가 선주 역할까지 함께하는 새로운 퓨전 방식의 수출기법을 개발, 성공한 것이다.

원길남의 L/C를 계기로 율산은 중동을 집중 공략했다. 율산은 한국에서는 남아돌던 시멘트 · 철근 · 합판 등 건축자재를 중동에 수출, 엄청난 돈벼락을 맞았다. 창업 첫해인 1975년 1000만 달러의 수출물량을 확보했고 1976년에는 수출액이 4300만 달러, 1977년에는 1억 6500만 달러에 달했다. 당시로서는 엄청난 고속성장이었다. 신선호 사장은 1975년 이후 3년 연속으로 동탑산업훈장 · 은탑산업훈장 · 금탑산업훈장을 받았다. 1978년 2월 율산은 종합무역상사로 지정되었다.

신선호는 어떤 인물인가? 신선호는 전남 고흥군 도양면에서 신형식 · 임옥빈 부부의 7남 2녀 중 여섯째로 태어났다. '율산(栗山)'이라는 회사명은 부친 신형식의 호에서 딴 것이다. 신선호는 광주서중 · 경기고 · 서울대 응용수학과를 졸업한 엘리트지만 그의 형들은 더욱 쟁쟁하다.

장남 신은호는 미국 하버드대에서 유학한 물리학박사로 MIT와 마이애미대학 교수를 지냈다. 차남 신상호는 전남대 철학과 교수를 지내다 율산그룹 경영에 참여했다. 셋째 신동호는 버클리대학과 피츠버그대학에서 생화학 및 의학박사학위를 받은 뒤 미국에서 저명한 안과의사로 활약하고 있다. 넷째 신춘호는 마이애미대학 화학박사이며 다섯째 신명호는 재무부 제2차관보와 주택은행장 및 아시아개발은행 부총재를 거쳐 현재 한국HSBC은행 회장이다. 신선호가 여섯째이고 막내는 미 UCLA에서 경제학박사 학위를 받은 신민호 경기대 교수다. 장녀 신연영과 차녀 신혜영도 각각 미국에서 대학을 나온 사업가와 공인회계사다. 한마디로 수재들이 모인 집안인 것이다.

신선호의 처가도 만만치 않다. 그의 장인은 《조선일보》 주필과 《사상계》 편집인을 지낸 강골 언론인 부완혁이다. 부완혁은 장준하 선생 이후 《사상계》를 발행했는데 김지하의 시 〈오적〉 필화사건으로 《사상계》가 폐간되는 사태를 맞았다. 1977년 사위의 회사인 율산그룹의 회장이 됐으나 곧 율산의 붕괴를 지켜봐야 했다. 부완혁은 1985년 사망할 때 율산 부도의 부당성을 지적하는 장문의 유고(遺稿)를 남겼다.

은행 수출금융으로 자기 돈 없이 문어발 확장

율산의 급성장 배경에는 신선호 사장의 맏형 신은호 박사와 사우디아라비아 알파시 황태자와의 친분이 크게 작용했다. 미국 유학 중 알파시 황태자의 룸메이트였던 신 박사가, 사우디 암만항에서 율산이 항구의 체선 상태 돌파를 위해 LST와 헬기를 이용해 마치 해병대 상륙작전 같은 하역작업을 벌인 것이 현지 언론에서 화제가 되자 신선호에게 알파시 황태자를 소개해줬다는 것이다. 막강한 실력자인 사우디 황태자를 만날 수 있다는 것 자체가 엄청난 특권이었으므로 율산의 중동 사업에 큰 도움이 된 것은 사실이다.

율산은 1975년 12월 수출대금으로 받은 가용자금을 활용, 당시 서울신탁은행 관리하에 있던 신진알미늄을 인수, 율산알미늄을 세웠다. 율산으로서는 첫 번째 기업 인수였다. 경기도 광주에 있던 신진알미늄은 우리나라 자동차업계의 효시 격인 신진자동차 김창원이 설립한 회사로 알루미늄 새시 등을 생산하고 있었다. 연간 10억 원의

대한민국 머니 임팩트

적자 기업이었으나 사업성은 밝은 편이었다. 율산은 단돈 5억 원으로 신진알미늄을 인수했는데 새우가 고래를 삼킨 격이었다.

이때부터 재계는 율산을 주목하기 시작했다. 신진알미늄은 율산알미늄으로 간판을 바꿔 달고 미국의 카이저알미늄사와 기술제휴, 신제품을 생산해 사우디에 수출함으로써 단기간에 흑자로 전환됐다.

비슷한 시기 율산은 서울신탁은행으로부터 저리의 수출금융 10억 원을 대출받아 자기 돈 한 푼 안 들이고 부산의 금융해운을 인수해 율산해운으로 개칭했다. 1976년 8월에는 동원건설을 인수, 율산건설을 설립하고 본격적인 해외 건설공사 수주에도 참여했다. 또 기성복 메이커인 경흥물산, 모피업체 동아공업, 유신관광과 광성피혁도 잇따라 인수했다.

이렇게 해서 율산은 1978년 봄 종합무역상사인 율산실업을 비롯해 율산알미늄 · 율산해운 · 율산건설 · 광성피혁 · 율산전자 · 율산중공업 · 율산엔지니어링 · 호텔내장산 · 율산제화 · 동아공업 · 경흥물산 · 유신관광 및 율산공업전문학교 등 14개 회사를 거느린 대그룹으로 도약했다. 그룹 전체 종업원은 8000명을 넘었다. 이 무렵이 신흥 재벌 율산의 전성기였다.

율산 급성장의 또 다른 배경은 정부의 강력한 수출 드라이브 정책의 산물인 수출금융이었다. 당시 수출 오더만 확보하면 즉시 은행에서 받을 수 있는 수출금융의 금리는 연 7~9퍼센트로 일반 대출금리 20~30퍼센트, 사채금리 40퍼센트와 비교하면 공짜나 다름없었다.

또 수출한 물건 대금은 2개월 후에 지불하게 돼 있어 수출업자들은 수출금융으로 확보한 자금을 은행이나 사채시장에서 굴려 막대한 단기차익을 얻을 수 있었다. 더욱이 율산의 주요 수출품목인 건축자재가 전부 외상으로 거래되던 만큼 다른 수출업체에 비해 유리한 위치에 있었다. 이렇게 확보한 거금으로 율산은 문어발 확장에 골몰했다.

1978년 여름 꼬리를 물고 덮친 악재

이러한 급성장의 그늘에서 파멸의 독버섯이 함께 자라고 있었다. 율산의 경영진은 지나치게 젊은이들 일색이어서 경험과 연륜이 부족했고 정치·사회적 흐름을 읽는 식견이 없었다. 부완혁 회장과, 상공부 차관보를 지낸 이문홍 부사장도 '새파란' 실세들과의 갈등 끝에 율산의 몰락을 예언하며 1978년 봄 회사를 떠났다.

또한 기업이 일정 규모를 갖추게 되면 반드시 필요한 재무관리 측면에서 율산은 낙제점이었다. 뿌리 없는 나무는 작은 바람에도 송두리째 흔들리게 마련이다. 율산의 실세였던 최안준 전 수출본부장은 한 인터뷰에서 이렇게 회고한 적이 있다.

"기업이 커가고 계열사가 늘면서 나도 모르게 매너리즘에 빠지고 결과적으로 재벌놀음이 된 부분도 있었다. 재계의 기득권세력은 우리를 거부했고 행정규제와 주위의 질시도 심했다. 우리를 두고 각종 음해가 떠돌기 시작했다.

정부의 수출장려책 때문에 수출금융만으로도 그룹을 충분히 운영할 수 있었다. 그러나 1978년부터 빚이 급격히 늘어나기 시작했다. 자금관리를 잘못한 점이 있었다. 수출금융이라는 초단기대부로 투자한 것이 잘못이었다. 1978년 초 유동자금이 고정화되면서 자금 사정이 악화됐다."

1978년 중반 이후 예기치 못한 각종 악재들이 꼬리에 꼬리를 물고 잇따라 율산을 덮쳤다. 그해 7월 경 "율산이 위험하다"는 소문이 사채시장을 중심으로 나돌았다. 율산이 외국인의 도소매 행위를 금지한 사우디의 국내법을 어겨서 추방될지도 모른다는 것이었다. 사실보다 크게 과장된 이 소문 때문에 단자회사의 어음할인한도가 줄어들기 시작했다.

율산의 주요 수출품목인 시멘트 · 합판 · 철근 등의 수출이 돌연 금지됐다. 또 3억 달러 규모의, 사우디 주택성의 아파트 건설공사가 사우디 국내외 사정으로 갑자기 지연됐다.

특히 '8 · 8 투기억제조치'로 부동산 경기가 급랭한 것이 큰 타격이었다. 율산도 당시 다른 재벌과 마찬가지로 부동산투자에 몰두하고 있었는데 이 자금들이 묶여버리고 말았던 것이다. 아울러 이 조치는 건축자재의 수출도 전면 금지시킴으로써 율산에 강펀치를 먹였다.

9월이 지나면서 율산그룹은 임금 체불 등 심각한 자금난에 봉착했다. 율산은 재무부에 구제금융을 요청했다. 주거래은행인 서울신탁은행과 제일은행 · 조흥은행 · 한일은행 등은 9월에 30억 원, 11월에 40억 원 등 총 70억 원의 구제금융을 지원했다.

당시 율산은 자금부족을 극복하기 위해 연불수출이라는 편법을 이용했다. 특히 물건을 선적하지도 않고 선박회사로부터 가짜 선하증권을 만들어 은행에서 수출대금을 챙기는 소위 '선 네고' 수법으로 자금부족을 해결하려 했던 것으로 추정된다.(이한구, 《한국재벌사》)

하지만 은행은 바보가 아니다. 연불수출자금 500억 원의 조건으로 서울신탁은행은 은행 관리 중이던 대한전자와 광성피혁을 떠안겼다. 대한전자는 연 3억 원, 광성피혁은 연 20억 원의 적자가 나는 부실기업이었다.

여기에다 1978년 추석을 전후한 '밤빔' 사건과 1979년 1월 신선호 사장 납치사건이 연쇄적으로 터졌다. '밤빔'은 율산의 계열사인 경흥물산이 만든 기성복 브랜드다. 율산은 이 밤빔을 티켓으로 만들어 추석선물로 관료들과 은행직원들·고객들에게 돌렸는데 하필이면 이 티켓이 청와대의 공무원 부조리 사정작업에 시범 케이스로 걸려 들어 많은 공무원들이 옷을 벗어야 했다.

대낮의 납치사건과 율산의 정치적 타살설

신 사장 납치사건은 괴이하고 극적인 수수께끼의 사건이다. 이 사건은 율산 몰락 과정에 정치적 음모가 있다는 설의 한 배경이 된다.

1979년 1월 25일 오후 2시 30분께 신 사장이 경제기획원 청사 정문 앞에서 정부 고위기관원을 사칭한 20대 청년 3명에게 승용차로 납치되었다. 납치 차량이 경부고속도로 양재동 톨게이트에 진입하는 순간 신 사장은 "사람 살려"라고 외치며 뒷문을 열고 극적으로 탈출했다.

백주 대낮의 재벌총수 납치사건은 곧 범인들이 붙잡히면서 단순 납치극으로 결론 났다. 문제는 신 사장이 탈출 직후 가진 기자회견에서 "재벌총수가 순순히 납치범들을 따라간 것이 납득이 가지 않는다"는 기자들의 집요한 질문에 "청와대 비서실을 사칭했기 때문에 따라나섰다"고 실토한 것이다. 청와대 비서실은 무소불위의 권력기관이었다. 당시 김계원 비서실장이 신 사장의 회견 내용을 전해 듣고는 노발대발했다고 한다. 이것이 율산을 회생불능으로 몰고 간 계기가 되었다는 이야기가 있다. 반면 자금난으로 궁지에 몰린 신 사장이 위기를 모면하기 위해 펼친 자작극이라는 설도 있다.

은행감독원 간부 출신인 이국영은《이상한 승부》에서 다음과 같이 말하고 있다.

"그즈음 청와대 사정당국자에게 이상한 첩보가 날아들었다. '신선호의 처 부정애씨가 거액 도박을 한다. 강남에 있는 수억 원대 호화주택이 그의 것이다'라는 내용이다.

사정당국은 우선 치안본부에 특수수사대를 편성하고 국세청을 동원한 탈세조사, 은행감독원을 이용한 은행계좌 자금추적을 지휘하고 검찰의 지원까지 받았다. 즉각 수사팀이 구성되고 국세청 조사원이 투입돼 첩보 내용을 중심으로 내사가 시작됐다.

그러나 부정애씨가 도박을 한 사실은 인지된 것이 없었을 뿐만 아니라 거주하는 주택도 그리 호화스럽지 않다는 후문이다. 국세청 조사원도 이렇다 할 탈세 사실을 적발하지 못했다.

어쨌든 청와대 사정당국자는 율산그룹 처리에 몰두하게 된다. 이미 극심한 자금난을 겪고 있으며 경영부실이 국민의 눈에 비치고 있는데 물러설 수는 없었다."

율산 파멸에 대한 정치적 외압설과 관련해 최안준은 "(율산 몰락) 1년 동안의 과정은 단발적 사건이 아니라 하나의 히스토리로 연결된다. 모든 것이 조직적이고 치밀하고 보이지 않는 손에 의해 이뤄졌고 여기에 언론에 의해 만들어진 사회적 악평이 떠돌았다. 율산 몰락에는 하나의 시나리오가 있었다고 생각한다"고 주장했다.

"율산은 너무 순진했다. 나만 죄를 짓지 않으면 되지, 세금 잘 내면 되겠지 하는 생각이 율산의 기본 생각이었다. 율산은 아이디어를 통해 새로운 모델을 제시했었다. 기존 질서를 뒤엎고 변화를 유도해갔다. 이 과정에서 변화를 거부한 사람들은 엄청난 견제를 했다.

율산 몰락에는 엄청난 음모와 정치적 배경이 있다. 정부의 합동작전이었다. 율산은 결국 이지메를 당했다. 처음부터 율산을 몰락하게 만들려고 했던 것은 아닐지 몰라도 여러 가지 요인에 의해 결국 이렇게 된 것이다."

청와대 신선호 구속으로 사건 마무리?

어쨌든 율산은 돌이킬 수 없는 파멸의 길로 달려가고 있었다. 1979년 2월 20일 율산에 대한 채권은행단의 공동감리가 시작됐다. 감리단은 호텔내장산을 시작으로 율산제화·율산전자 등 계열사를 하나씩 매각했다. 알짜 기업인 율산해운은 범양상선에, 율산알미늄은 효성 등 재벌에게 헐값에 팔려나갔다. 일사천리로 진행되었다.

"기업을 살리는 감리가 아니라 노골적으로 죽이는 감리요, 신선호 퇴출을 위한 수순"이라는 율산 측의 반발이 거셌으나 아무 소용이 없었다. 최종적으로 율산실업·율산건설·서울터미널 등 껍데기만 남았다.

한편 경찰청 특수수사대는 3월 20일 신 사장을 소환했다. 이미 율산그룹의 주요 장부도 압수됐으며 서울신탁은행 등 채권은행에 대해서도 조사가 이루어진 상태였다. 4월 3일 특수대에 파견나와 있던 주광일·심재륜 검사는 신 사장을 업무상횡령과 외환관리법위반 혐의로 서울구치소에 구속 수감했다. 신 사장의 구속 사유는 이렇다.

"대기업으로 성장해오는 과정에서 일반 융자금·수출융자금·해외공사 선수금 등을 그룹 산하 계열사에 제대로 입금시키지 않고 가지급금 형식으로 변태지출하거나, 다른 회사를 잇따라 흡수합병 인수하거나 증자하는 데 사용하는 방법으로 지난 3년 동안 134차례에 걸쳐 회사 돈 105억여 원을 빼돌려 회사 자본금의 89퍼센트를 자신의 개인 재산으로 만들었다.

또 그룹 산하 회사원들의 해외출장비를 실제 지급액보다 10퍼센트 정도 많게 책정, 그 차액인 7만 3000여 달러를 빼돌린 다음, 이를 금융기관 등에 보관하거나 등록하지 않고 자신의 사무실에 보관했다."

이어 4월 6일 율산그룹의 전 계열사는 일괄 부도 처리되었다.

이국영은 "신 사장을 구속 수사함으로써 율산그룹으로부터 손을 떼게 하고 이 사건을 마무리하려는 의지가 사정당국자에게 있었을는지 모른다. 사정당국자에 의해 작성된 율산사건 보고서는 대통령에게 보고됐고 대책의 하나로 신 사장을 구속한다는 내신이 담겨 있었다"고 밝혔다.

재무부 지시 따른 홍윤섭 행장만 속죄양

하지만 사건은 여기서 끝나지 않았다. 김치열 검찰총장은 율산그룹 간부, 과다 융자한 시중은행, 이를 묵과한 은행감독원, 재무부 등 정부 관계 부처에 대한 전면수사에 나섰다.

4월 12일 오후 1주일 동안의 검찰 수사 결과 중간보고서가 청와대에 올라갔다. 보고를 받은 박정희 대통령은 금융부조리의 실상에 대해 크게 노했고 배석했던 고위관계자들은 사건 관련자들에 대한 단호한 문책방침을 굳혔다.

그날 오전 김원기 재무장관은 은행장들을 모아놓고 격려사를 했는데 오후에 청와대에 불려 들어갔다가 나와서는 은행장들의 목을 자르는 입장으로 돌변했다. 조진희 은행감독원장이 총대를 메고 주거래은행인 서울신탁은행 홍윤섭 은행장, 부거래인 김정호 한일은행장, 홍승환 제일은행장 등 3명의 사표를 전격 수리했다.

사표에서 끝나면 다행이었겠지만 민심수습을 위해 누군가 속죄양이 필요했다. 검찰은 다음날 오전 조홍은행장을 포함한 4개 시중은행장을 동시에 소환, 12시간에 걸친 마라톤 심문을 벌였다. 특수수사대에 파견됐던 홍함표 · 이종찬 · 이건개 · 이상현 검사가 4명의 은행장을 각각 맡아 심문했다. 4월 14일 오전 0시 40분 홍윤섭 행장이 업무상배임 혐의, 율산의 창업공신인 정문수 종합기획본부장은 외환관리법위반 및 업무상횡령 혐의로 각각 구속됐다.

"은행장 홍윤섭은 1978년 9월 율산그룹이 극도의 자금압박을 받아 도산위기에 처했을 때 한일은행 김정호 행장, 조홍은행 이동수 행장, 제일은행 홍승환 행장 등을 모아 구제금융회의를 열고 무담보로 특혜금융 1차 30억 원, 2차 40억 원, 도합 70억 원을 지원해주었다.

그 회의 과정에서 홍 행장은 율산이 사우디아라비아 주택성(MOH)과 계약한 3억 달러 공사가 취소된 줄 알면서도 앞의 세 은행장에게 마치 이 사실이 있는 것같이 이야기했고 또 율산이 재무구조가 악화되어 있는데도 불구하고 양호하다고 기만을 했다."

은행에 어떤 손실을 끼쳤느냐 하는 배임행위에 대한 내용은 없다. 요는 왜 망할 기업에 대출을 해줬느냐는 것이다. 은행장은 사건 마무리를 위한 희생양일 뿐이었다. 법원도 마찬가지였다. 서울형사지방법원은 8월 31일 홍 행장에게 업무상 배임죄를 적용, 징역 3년을 선고했다.

"율산그룹의 주거래은행장이었던 홍윤섭 피고인은 율산 계열기업

　　　　　　　　　　　　　대한민국 머니 임팩트

의 재무구조가 지극히 나쁘고 사업 전망이 어두워 대출금을 회수할 수 없다는 사실을 알고도 이 그룹에 여신행위를 계속해준 것은, 은행에 손해를 발생시킬 목적은 없다 하더라도 손해 발생을 충분히 예견하고 한 미필적 고의가 있었음이 인정된다.

(피고는) 이 같은 여신행위가 감독관청인 재무부의 지시에 따른 것처럼 말하고 있으나 은행장은 소속 은행의 이익을 위해 경영해야 되고 설사 감독관청의 부당한 지시에 따랐다 해서 위법행위가 용서될 수 있는 것은 아니다."

율산에 대한 은행권의 구제금융은 재무부의 부당한 외압에 따른 것일 뿐임에도 은행장만 죄를 뒤집어쓰고 영어의 몸이 되었던 것이다. 홍 행장은 이후 끈질긴 법정투쟁 끝에 결국 무죄판결을 받았다.

"은행장만 제물, 전라도 기업이라 파산"

율산 부도 당시 금융기관 총여신액은 1332억 원이었다. 수출 관련 여신 629억 원, 시설자금 여신 205억 원, 해외건설공사 관계 지급보증 108억 원. 기타 여신 39억 원 등이다. 종업원은 1978년 말 8100명이었는데 해외건설 종사자만 1000명에 달했고 해외지사도 31개나 됐다.

국민적 관심사였던 만큼 율산사건을 다루기 위해 국회 재무위원회가 열렸다. 김원기 재무장관은 율산의 부도에 대해 "14개 기업을 인수·창업하면서 순수 주식취득자금은 14억 원에 불과하고 100억 원이 넘는 기존 채무를 인수하는 방식으로 진행했다. 자기자본과 사내유보가 부족했다"며 방만한 경영을 지적했다. 기업 인수가 사내유보 등 여유 자금이 아닌 채무 인수나 계열회사 상호출자, 대주주 관계인에 대한 가불금을 통해 이뤄졌다는 것이다. 김 장관은 항간에 떠돌던 외부 압력설·율산타살설은 전면 부인했다. "(외부 압력은) 전혀 없다. 확실히 말할 수 있다"고 단언했다.

이용만 차관보도 "1978년 9월 이후 율산 계열기업의 자금부족이 표면화됐다. 서울신탁은행을 중심으로 채권은행 공동협의하에 일부 긴급자금을 지원했고 율산도 부동산 처분 등을 통한 회생을 확약했다. 그러나 자금부족을 해결하려는 자체 노력이 부족했다"고 밝혔다.

그러나 율산 부도의 배경을 따지는 야당 의원들의 추궁은 매서웠다. 신민당 김승목 의원은 "건국 이후 유례없는 중대한 금융부정사건이자 국민적 공분을 사는 사건이다. 고도성장정책과 수출제일주의정책의 문제점이 드러난 정치권력적 특색을 지닌 사건"이라며 전 경제팀인 김정렴 전 청와대 비서실장, 남덕우 전 경제기획원장관, 김용환 전 재무부장관 등 3인방을 증인으로 요청했다.

이 3인방은 1979년 3월 일제히 경질됐다. 율산 부도의 배경을 놓고 이들 경제 3인방과 후임 김계원 비서실장, 신현확 경제기획원장관, 김원기 재무장관 간 갈등설이 꾸준히 떠돌았다. 하지만 이들에 대한 증인 출석 요청은 여당의 반대로 무산됐다.

"관치금융체제하에서 은행이 자율 기능을 잃은 지 오래인데 율산에 대한 변칙금융의 결과를 금융인에게만 뒤집어씌워 제물을 삼는 것은 시정을 해야 되지 않겠느냐, 그리고 그 이면을 가려야 되지 않겠느냐, 은행장 뒤에서 이것을 시켜서 한 사람이 있다 이거야." 김 의원은 계속해서 "억대 이상 대출은 어디에서 지시해야 나온다는 것 다 안다. 그런데 일개 하수인인 은행장만 구속한 것은 국민들을 호도한 행위"라고 비난했다.

　담양 · 곡성 · 화순 출신인 신민당 고재청 의원은 "김정렴 · 남덕우 · 김용환 경제팀이 이 나라 재정금융을 한 손에 쥐고 모든 일을 저질렀다고 보고 있다. 1972년 이후 수십 개 사건, 박영복사건 · 한독맥주사건 · 고려원양사건 · 원기업사건에도 책임진 사람이 아무도 없다. 왜냐 권력의 심층부에서 이뤄졌기 때문이다"라고 정부를 맹공격하면서 "율산이 많은 세상 사람들이 얘기하고 있는 전라도 기업이기 때문에 구제금융을 받지 못하고 침몰, 파산했다는 항간의 얘기에 대해 장관은 어떻게 생각하나?"라고 추궁했다.

　해남 · 진도 출신의 민정회 임영득 의원도 "율산은 분명히 호남인의 기업이었다. 호남지역에 가면 '왜 하필이면 율산이 얻어맞아야 되느냐, 많은 종합상사들이 수출금융을 악용하고 있는 일이 얼마든지 있는데 왜 율산이냐'며 분개하고 있는 일부의 여론이 있다"며 정권의 지역차별을 거론했다.

재기한 신선호 "원수도 보호한다"

법원에서 억울함이 밝혀진 것은 홍 행장뿐 아니라 신선호 사장도 마찬가지다. 1979년 3월부터 6월까지 3달간 이건개 · 이종찬 · 심재륜 등 당대의 내로라하는 검사들이 모두 달라붙었지만 아무리 털어도 별 먼지가 나지 않았다.

　신선호는 1심에서 징역 7년, 2심에서 징역 5년을 선고받았지만 정작 중요한 혐의인 업무상횡령 부분은 무죄판결을 받았다. 그는 사건이 대법원에 계류 중이던 1980년 7월 보석으로 풀려났다.

그사이 최고 권력자 박정희 대통령은 총신 김재규 중앙정보부장의 총탄에 피살됐고 율산의 14개 계열사는 다른 재벌들이 모두 나눠가졌다.

비극의 10 · 26 사태가 터진 날 박정희 대통령의 마지막 일정은 삽교천 방조제공사 준공식 참석이었다. 바로 이 삽교천 방조제공사가 율산건설에서 시공한 마지막 공사였다. 율산 부도에 직 · 간접적 영향력을 행사한 국정 최고 책임자가 율산의 건설현장 준공식에 참석한 날 저녁 세상을 떠난 것이다.

율산실업 과장을 지냈던 경제학자 천병권 호남대 교수는 율산의 몰락에 대해 "율산은 한국 기업사에서 정경유착 없이 시장원리에 의해 성장한 최초의 기업이다. 그런 기업이 가장 반시장적인 원리에 의해서 몰락한 것이 안타깝다. 또 그 많은 유무형의 자산이 완전히 궤멸된 것은 국가적 차원의 비극이었다"고 평가했다.

이한구 교수는 《한국재벌사》에서 "율산그룹은 창업주 신선호가 중동 진출을 통해 단기간에 재벌화했다는 점과, 내실을 다지지 못한 사업 확장이 화근이었다. 또한 약관의 나이에 기성 기업인들을 비웃듯 무서운 기세로 성장, 기존 재벌들의 지속적인 견제를 받아야만 했다.

더구나 율산그룹의 회장인 부완혁 또한 반체제 인사로서 정권의 기피 인물이었기 때문에 정치권과의 거리를 좁히는 데 한계가 있었고 이를 계기로 몰락의 길을 걸었던 것으로 추정된다"고 분석했다.

그러나 신선호는 1990년대를 지나며 조용히 재기했다. 강남고속버스터미널 호남선 터미널이 들어선 지상 16층의 웅장한 건물, 터미널과 메리어트호텔 · 신세계백화점 등으로 구성된 복합문화공간인 '센트럴시티'를 성공시킨 덕분이다. 현재 그는 주식회사 센트럴시티의 회장이다.

율산은 공중분해됐지만 강남의 금싸라기 땅인 호남선 터미널 부지 1만 8781평은 남았다. 율산은 서울시로부터 이 땅을 1977년 4월 불하받았다. 박 대통령의 터미널 부근 정비 지시에 따라 구자춘 서울시장이 추진했던 사업이다.

율산 신선호의 재기 발판이 된 센트럴시티 전경.

율산 부도 이후 채권단은 율산의 부동산을 모두 팔아치웠지만 이 땅은 당시 법적인 등기가 서울시로 돼 있었고 계약서상 용도가 터미널로 한정돼 있던 것이 채권단의 발목을 잡았다. 결국 채권단은 이 부지에 복합건물을 신축해 그 수익금으로 부채를 갚겠다는 신선호의 현실적인 대안을 받아들였다.

이후 신선호는 건물신축을 위한 자금주를 찾아 1992년 11월 종합터미널 신축계획안을 냈고 지난 2000년 9월 1일 호텔을 끝으로 웅장한 센트럴시티가 완공됐다. 20여 년만의 재기였다.

2003년 센트럴시티의 경영권은 애경그룹으로 넘어갔지만 신 회장은 제2대 주주이자 미국식 이사회제도의 순수 회장 자리를 지키고 있다.

신 회장은 지난 2003년 2월 《일요신문》과의 인터뷰에서 율산 해체의 미스터리에 대해 "지금은 그런 마음이 없다. 결과적으로 한국 경제가 잘되지 않았는가? 민주화도 되고 경제발전도 이루고 박정희도

물러나고"라면서 "지금 그런 얘기해서 무슨 상관이 있나? 원수를 보호합시다. 누구를 미워하고 그러는 마음이 없다"고 인생을 달관하는 자세를 보였다.

'세상을 제압한다'는 야심, 허망한 물거품

율산만큼 떠들썩하지는 않았지만 제세그룹과 원기업 · 대봉그룹 등도 비슷한 케이스였다. 율산이 창업될 즈음 또 한 명의 엘리트 젊은 이가 재벌의 꿈을 품고 사업가의 길에 뛰어들었다. 1974년 4월 설립된 제세산업의 사장 이창우다.

'제세(制世)'란 '세상을 제압한다'는 뜻이다. 사명에서부터 이창우의 야심이 드러난다. "첫째는 기계공업이다. 여기서는 비행기 표 값 정도나 번다. 둘째는 무역업이다. 버는 족족 배를 산다. 셋째는 해운업이다. 넷째 관광사업 및 전자 · 서비스업이다. 다섯째 부동산이다. 그래서 서기 2000년 내 나이 54세에 세계를 다 먹겠다."

경기고와 서울공대를 나온 머리 좋고 야심만만한 이창우에게 중동의 검은 오일달러는 다 자기 돈으로 보였다. 그는 당시 국내 최고의 직장 중 하나였던 외국계 기업을 과감히 때려치우고 당인리 소금창고에 제세산업 간판을 내걸었다. 처음에는 학교 선배들을 찾아다니며 대우 · 대한전선 · 포항제철 등에 기계부품을 조립해 납품했다.

기계부품 사업이 어느 정도 궤도에 오르자 시내로 나와 사무실을 차리고 1977년 8월 무역업자 등록을 했다. 중동수출 열풍에 동승한 것이었다. 이창우는 불과 4개월 만에 1000만 달러의 수출실적을 올리며 재계의 관심을 끌었다.

그가 생각해낸 것은 당시로서는 생소한 '3각 무역'이었다. 대만과 스페인 등에서 조달한 물자를 제세의 이름으로 중동에 수출했던 것이다. 당시 국내에서는 건자재 부족으로 시멘트 수출을 제한하던 때여서 주문량 소화를 위해서는 불가피한 수단이기도 했다. 수입상은 시멘트 외에도 밀·쌀·치즈·감자·비료 등 다양한 품목을 주문했다.

3각 무역에서 재미를 본 이창우는 3단계 작전인 해운업에 착수했다. 1978년 일본에서 시멘트 운반 컨테이너선 한 척을 사서 '제세엠비선호'라고 명명했다. 그해 중 4척, 1979년 20척으로 기반을 마련하고 5년 후에는 500척 규모의 대선단을 거느린다는 구상이었다.

한편 그는 수출실적을 바탕으로 니트웨어 생산업체인 쌍미섬유·진영전자·대성건설 등을 차례로 인수해 그룹의 골격을 갖췄다. 뿐만 아니라 본격적인 중동건설시장 진출을 위해 탈세 혐의로 쓰러진 유수의 건설업체인 대한전척을 인수했다. 이란의 테헤란 외곽지대에 추진 중이던 신도시 건설계획에 참여하기 위해서였다. 4억 달러가 한꺼번에 들어올 수 있는 거대 사업이었다.

그러나 눈앞의 돈만 보고 대한전척의 부실은 보지 못한 것이 이창우에게는 천추의 한이 되었다. 제세에게 경영권이 넘어간 바로 다음 날 대한전척의 해외건설면허가 취소당했다. 이 회사를 인수한 이유가 사라져버린 것이었다. 반면 대한전척의 빚은 사라지지 않고 물귀신처럼 제세의 발목을 붙잡고 늘어졌다.

단기간에 급성장한 제세가 자체 자금만으로 자금난을 이겨내는 것에는 한계가 있었다. 코너에 몰린 이창우는 은행권을 돌며 구제금융을 요청했으나 어느 곳 하나 거들떠보지 않았다. 3년 만에 162억 원의 자산을 축적한 제세가 겨우 1100만 원짜리 당좌수표를 막지 못해 연쇄부도가 터졌다. 시중에는 온갖 억측과 마타도어들이 나돌았다. 언론들은 "시멘트 대신 돌멩이를 수출했다" "사기행각을 벌였다"며 추측 과장보도로 이창우를 매장시켰다.

마침내 1978년 10월 그는 구속됐다. 죄명은 200만 달러 부정인출 (외환관리법위반) 혐의였다. 그는 1979년 항소심에서 징역 1년, 집행유예 2년의 확정판결을 받았다.

나중에 그는 "제세의 몰락에는 말 못할 복합적인 원인이 있다. 특히 은행들이 유독 나에게 매정했다"고 원망했다. 뭔가 억울하고 한 맺힌 게 많다는 뜻이다. 1981년에는 사회 세태와 정·재계 인사들을 육두문자를 써가며 비판한 《옛날 옛날 한 옛날》이라는 책을 펴내기도 했다.

현재 그는 재계와 인연을 끊고 자신이 1992년 설립한 '한백연구재단' 이사장으로 미래문제연구에 몰두하고 있다. 안상수 인천시장이 제세그룹 비서실장 출신이다.

2년 재벌로 끝난 원기업 원길남, 대봉 김병만

그런가 하면 원(元)기업의 원길남은 율산의 신선호나 제세의 이창우보다 더 짧은 시간에 화려하게 등장했다가 더 빨리 몰락한 기업인이다. 원길남은 한국인이면서도 한국 이슬람교 초대 사무총장을 지낸 뒤 쿠웨이트로 건너가 체신청 공무원을 지낸 이색 경력의 소유자이자 당시 최고의 아랍통이었다. 평범한 오퍼상에 불과했던 율산이 급성장하게 된 계기도 원길남이 국내로 보낸 L/C로부터 시작됐다.

율산은 원길남을 율산실업 쿠웨이트 지사장으로 임명했다. 신이 난 원길남은 지사장 명함을 만들어 뿌리고 다니면서 주문을 받았다. 하지만 원길남은 "사우디와 쿠웨이트에서 율산의 회장 자격으로 일했다"고 주장했다.

율산은 1975년 말 박현도를 첫 해외지사장으로 내보냈다. 수출가격을 더 낮추고 자신의 커미션을 올려달라고 요구한 원길남에 대한 불신 때문이다. 이에 원길남은 1976년 1억 달러짜리 주문서를 들고 자신이 직접 수출하기 위해 귀국했다.

당시 1억 달러 이상을 수출하는 기업은 삼성물산과 현대조선ㆍ대우실업 등 몇몇 재벌기업에 불과했는데 듣도 보도 못한 젊은이가 1년 내에 1억 달러를 수출하겠다고 나섰으니 재계가 놀란 것도 당연했다. 실제로 1년 뒤 그는 수출의 날에 포상까지 받았다.

그는 원기업을 시작으로 원엔지니어링ㆍ원해운 등을 설립하며 신흥재벌의 꿈에 부풀었다. 그러나 원길남 역시 당시 신흥재벌의 몰락 공식인 부실건설회사 인수라는 파멸의 길로 접어들었다. 신흥건설을 인수해 원건설로 이름을 바꾸고 중동시장 진출을 노렸지만 뒷감당을 못했던 것이다. 원건설의 부실을 메우기 위해 자금을 쏟아 붓다가 그룹 전체가 자금압박에 몰렸다.

당시 원기업은 수출선수금 신용장을 받아 그 회전자금으로 한남동에 사옥을 매입하고 상업은행이 관리하던 신흥건설을 인수했으나 원기업의 담보력이나 신용 상태에 의구심을 가졌던 상업은행과 조흥은행(원기업의 주거래은행)은 원건설이 확보한 해외건설공사에 대한 지급보증을 해주지 않았다. 설상가상으로 정부의 시멘트 수출 금지조치가 치명타가 됐다. 이에 따라 수출회전자금이 고갈되자 자금난이 원길남의 숨통을 조였다.

1977년 수출의 날 행사가 끝나자마자 그는 김포공항에서 중동행 비행기에 몸을 실었다. 신용장이라도 구해와 구멍을 메울 심산이었지만 그의 출국이 확인된 즉시 원그룹의 부도가 결정되고 말았다. 10개월 후 귀국한 그는 끝내 구속됐고 원기업의 재벌놀음도 2년 만에 끝나고 말았다.

세계 정상을 목표로 내걸었던 대봉(大峰)그룹 김병만 전 회장도 사명처럼 큰 봉우리를 꿈꾸었다. 산을 좋아하는 그가 지은 대봉이라는 상호 역시 세계 정상을 향한 야심을 반영한다.

김병만은 1974년 5월 자본금 500만 원으로 대봉을 창업하고 수출 대열에 뛰어들어 앨범·완구류 등 잡화 수출로 기반을 다졌다. 한편으로는 수출, 다른 한편으로는 사업 확장에 나서 대봉농수산·성진냉동·PP우븐백공장·범철·협성항공화물 등 6개의 계열사를 거느리게 됐다.

그러나 종합상사 지정을 위해 실적 올리기에 급급한 나머지 밀어내기 연불수출을 하다가 뉴욕 등에 산더미 같은 재고를 쌓고 말았다. 자금압박으로 급격히 사세가 기울었고 1979년 말에는 은행 관리에 들어갔다가 1980년 대봉그룹은 소리 소문 없이 사라져갔다.

원기업 선하증권 이중 발급, 무역질서 교란죄

한편 원기업의 부도는 사우디와의 국제 무역 분쟁도 야기시켰다. 무역거래법상의 무역질서 교란죄 국내 제1호 사범이 바로 원길남이다. 당시 원기업은 선하증권을 이중으로 발급해 삼성물산에 팔았고 삼성물산이 이 선하증권을 조흥은행 반도지점에서 사우디 수입상인 알 라제히의 분할양도를 받은 230만 달러짜리 네고 선적서류로 사용했다.

원기업은 부도로 사우디 수입상으로부터 받은 수출선수금 중 거액의 수출불이행 사고를 일으켰을 뿐 아니라 선하증권 허위발급으로 국제 무역질서를 교란시켜 국제 분쟁을 야기한 것이었다. 감독당국은 주거래은행인 조흥은행에게도 수출선수금 사후관리 소홀 등의 책임을 물어 국제영업부장을 면직시키는 등 중징계했다.

사태는 이것으로 끝나지 않았다. 원기업 부도 얼마 후 주사우디 유양수 대사로부터 상공부장관과 조흥은행장 앞으로 외교전문 한 장이 날아들었다. "사우디의 거상인 알 라제히씨가 '원기업이 한 배의 선적화물에 네고를 두 번씩이나 해서 대금을 이중으로 결제해갔으며 원기업은 이미 파산했으니 네고를 잘못한 조흥은행이 책임을 져야할 것이며 그렇지 않을 경우 한국계 기업과 은행을 모두 블랙리스트에 올리겠다'고 위협하며 현지 공관에 강력히 항의하고 있으니 외교문제로 비화되지 않도록 잘 조처해달라"는 것이었다.

상공부 조사 결과 선하증권 허위발행은 원기업 단독 소행이며 삼성물산이 이 선하증권을 산 것이므로 수입상에 대한 책임은 원기업과 삼성물산에 있다는 결론이 내려졌다.

조흥은행은 장철훈 국제과장(은행장 역임)을 현지에 급파, 신용장 개설은행 등에 직접 해명했다. "당행은 네고은행으로서 신용장통일규칙에 따라 선적서류에 의한 네고를 한 것으로 직접 변상할 책임이 없다. 화물에 대한 책임과 클레임은 당사자 간의 문제다. 다만 당행도 이 문제 해결에 최대한 협조하겠다"는 것이었다.

그러나 알 라제히는 변호사까지 대동하고 직접 방한, 상공부에 강력 항의했다. 결국 삼성물산이 기간이자를 포함해 변상을 해주고 원기업과 삼성물산 간의 문제로 남겨졌다. 하지만 허위선하증권만으로 삼성물산에 네고를 해준 조흥은행 반도지점장과 차장·대리 등 3명이 이 사건으로 옷을 벗었다. 조흥은행은 원기업 부도 당시 24억 원의 채권이 있었지만 견질담보와 부동산담보를 처분해 원금과 미수이자를 대부분 성공적으로 회수했다.

제5공화국의 **금융자율화**

시작만 하고 끝, 한 것도 안 한 것도 없다

16

"전두환과 김재익씨의 만남은 5공(共) 시작에 있어서 가장 중요한 사건 중의 하나라고 해도 과언이 아닐 것이다." 이장규 하이트진로그룹 부회장은《경제는 당신이 대통령이야》에서 이렇게 말했다.

그도 그럴 것이 전두환 전 대통령의 경제 가정교사였던 김재익 전 청와대 경제수석은 5공 초기 경제정책의 기틀을 만든 사람이고 그가 5공 경제정책에 끼친 영향은 거의 절대적이었기 때문이다. 책제목 그대로 경제에 관한 한 김재익이 사실상의 대통령이었던 셈이다.

경제에 문외한이었던 전두환 보안사령관은 당시 경제기획원 경제기획국장이던 김재익을 경제 가정교사로 초빙했다. 신군부와 최고의 리버럴

한 엘리트 경제관료의 만남이었다. 전두환은 경제에 대한 철학과 정책에 관한 한 김재익의 제자였다. 김재익은 알기 쉽게 제대로 제자를 가르쳤고 제자는 열심히 배웠다. 그리고 전두환 대통령은 스승의 가르침을 현실 정책에 반영하기 위해 노력했다.

이장규 부회장은 "국제화나 세계화라는 용어가 지금은 유행어가 돼버렸지만 김재익이야말로 그 선구자였다. 그는 개방이라는 말 자체가 금기시 됐던 당시 갖은 저항과 반발을 무릅쓰고 개방체제로의 본격적인 전환을 주도했다. 국제적 시각, 지구적 시각에서 한국 경제를 진단하고 처방했던 선각자였다"고 말했다.

또 "흔히들 3박자를 갖춘 경제관료가 드물다는 소리를 한다. 경제적 식견을 갖춰야 하는 것은 기본이고 대통령의 절대적인 신뢰를 바탕으로 힘을 발휘할 수 있어야 하며 여기에 더해 외국인들에게 신뢰와 설득력을 발휘할 수 있는 언어구사 능력을 함께 갖춰야 함을 이르는 말이다. 김재익은 바로 이러한 3박자를 완벽하게 갖춘 인물이었다"고 분석했다.

개인적 이해관계나 사리사욕 없이 자신의 철학과 신념에 따라 행동했으면서도 대통령의 막강한 권력을 자기의 힘으로 이용할 줄 알았고 그 힘을 바탕으로 자신의 구상을 실천해나가는 데 필요한 요소들을 확실하게 장악, 현실 정치의 핵심까지 꿰뚫고 있었다는 것이다. 이런 김재익이 1983년 10월 아웅산 참사를 당한 것은 한국 경제에 있어 참으로 불운이었다.

■   ■   ■   ■

안정·자율·개방의 경제대통령 김재익

김재익은 우선 박정희정권 시절의 개발 논리를 안정화·자율화·개방화 철학으로 바꿔놓는 일에 집중했다. 김 수석의 주도 아래 경제기획원은 1981년 5월부터 전 대통령에게 매주 한 차례씩 10회에 걸쳐 제5차 경제사회발전계획을 특별 브리핑했다. 경제기획원 식 경제정책관을 최고 지도자의 머리에 가감 없이 심을 수 있게 됐고 경제정책의 큰 흐름을 바꿀 수 있는 천재일우의 기회였다.(김흥기,《비사 경제기획원 33년, 영욕의 한국경제》)

강경식 당시 기획차관보는 김 수석과의 협의를 거쳐 10개 분야의 보고서를 준비했다. 이 보고서의 기본 인식은 성장 위주의 양적 팽창 정책에 따른 고질적인 인플레 구조가 여러 문제를 야기하고 있으므로 과감한 정책 전환이 있어야만 경제발전이 지속될 수 있다는 것이다. 수출 지원 축소, 수입자유화 확대, 정책금융 축소, 실질금리 보장, 과감한 재정 개혁, 중화학공업 지원제도 재검토, 이중곡가제 폐지 등 민감한 사안들이 포함됐다.

김재익과 강경식은 전 대통령은 물론 신군부의 실세들을 차례로 설득해나갔다. 안정·자율·개방의 경제철학이 제5차 경제계획으로 구현되면서 드디어 경제정책의 큰 흐름이 바뀌었다.

한국은행 총재에서 승진한 신병현 부총리는 무엇보다 통화안정이 중요하다고 보고 총통화를 긴축관리하기 시작했다. 1976~1978년 사이 연평균 35퍼센트에 달했던 총통화 증가율이 1979~1981년에는 25퍼센트 수준으로, 1983~1985년에는 14퍼센트 선까지 억제됐다. 재정긴축도 강력하게 시행됐다. 특히 사상 최초로 1984년도 예산을

5공 초기 자율화정책을 주도했던
김재익 수석.

동결한 것과 공무원 봉급 동결은 많은 저항을 뚫고 감행된 것이었다.

5공 정권은 역대 최초로 물가를 잡은 정권이다. 김 수석이 강력한 추진력으로 물가안정을 최우선 정책목표로 삼은 덕분이다. 당시로서는 불가능할 것 같았던 한 자릿수 물가상승률 달성이 목표로 제시됐다.

1981년 추곡수매가 인상률 결정이 한 자릿수 물가의 분수령이었다. 당시 기획원은 10퍼센트 인상을 제시했지만 여당인 민주정의당은 터무니없다며 펄쩍 뛰었다. 야당인 민한당은 45.6퍼센트를 주장했고 주무부처인 농수산부도 최소 24퍼센트 인상이 필요하다고 버텼다. 마라톤 국회심의 끝에 기획원 안보다 4퍼센트 많은 14퍼센트로 인상률이 결정됐다.

이 같은 강력한 안정화 의지를 바탕으로 1981년 도매물가 및 소비자물가 상승률이 각각 11.3퍼센트, 13.8퍼센트로 안정됐고 1982년에는 소비자물가 상승률이 2.4퍼센트에 불과했다. 드디어 대망의 한 자릿수 물가상승률 시대가 열린 것이었다.

기획원 재무부 점령, 자율화정책 강력 추진

이러한 물가안정은 '6 · 28 금리 인하' 조치의 배경이 됐다. 1982년 6월 28일 은행금리를 14퍼센트에서 10퍼센트로 내린 것은 철저히 청와대가 주도한 작품이다.

김홍기 전 기획원차관은 《비사 경제기획원 33년, 영욕의 한국경제》에서 "김 수석의 금리 인하 시도는 '이제는 물가안정에 어느 정도 자신이 붙었다' 는 판단에서 기인한다. 한 자릿수 물가를 감안하면 명목금리가 10퍼센트만 돼도 플러스 실질금리를 보장할 수 있기 때문이다. 특히 장영자사건의 여파로 어느 정도 경제 활성화의 필요성도 있던 상황"이라고 분석했다.

또 "금리 인하조치는 금융자율화의 기반을 닦는 성과도 거두었다. 종래의 정책금리 수준인 10퍼센트 시대가 열린 만큼 오히려 정책금융의 의미는 크게 퇴색된 것"이라고 덧붙였다.

아무튼 6 · 28 금리 인하조치는 파격적이고 전격적이었다. 당시 해외출장 중이던 정주영 현대그룹 회장은 전화로 이 사실을 보고 받고 "정부가 그토록 금리를 많이 내려줄 리가 없다. 뭔가 잘못됐을 테니 다시 알아보라"고 지시했었다는 에피소드도 전해진다.

1982년 초에 터진 장영자사건은 김 수석과 전 대통령 및 기획원의 개혁파 관료들에게 획기적인 개혁조치를 더욱 앞당겨야 한다는 당위성을 일깨워준 계기였다. 그러나 보수적인 문화의 재무부 관료들은 생각이 많이 달랐다. 정책금융 폐지, 금융자율화, 은행민영화, 금리 및 세율의 인하, 금융실명제 실시 등 굵직굵직한 여러 정책과제에 대해 기획원은 신속 과감한 추진을 주장한 반면 재무부는 신중하고 단계적인 접근론으로 맞섰다.

하지만 재무부가 관치금융의 본산이라고 비판받으면서 밀리는 분위기였다. 특히 김 수석은 보수적인 재무관료들을 밀어내고 기획원 사람들을 주축으로 자율화정책을 강력하게 추진해야 한다고 판단했다. 이에 따라 기획원 출신들의 '재무부 점령 시대' 가 시작된다.

장영자사건 후속 쇄신 인사로 재무부는 강경식 장관, 김흥기 차관,

이형구 재정차관보, 강현욱 이재국장 등 핵심 라인이 모두 기획원 출신들로 채워졌다. 재무부는 초토화됐다.

이어 파죽지세로 혁신적인 정책들이 한 달 사이에 잇따라 발표되었다. 금리의 대폭 인하와 은행의 민영화, 법인세율 대폭 인하, 기계부품 생산 우량 중소기업 육성 등을 골자로 한 6·28 조치(투자촉진을 위한 경제 활성화 대책)가 제1탄이었다.

제2탄은 바로 세상을 깜짝 놀라게 한 금융실명제 실시 발표였다. 7월 3일의 '사채 양성화와 관련한 실명거래제 실시와 종합소득세 개편 방안'이다. 제3탄은 7월 28일 발표된 '제2금융권 활성화 대책(7·28 조치)'으로 사채시장 양성화를 위해 단자회사 및 상호신용금고 설립을 무제한 허용하고 아울러 자금출처조사도 면제해줬다.

4대 시중은행 민영화, 경영 자율성 제고

시중은행의 민영화는 당시 자율화정책의 대표적인 가시적 성과였다. 조흥·상업·제일·한일 및 서울신탁은행 등 5대 시중은행은 1950년대 후반 재벌 소유가 됐다가 5·16 쿠데타 이후 부정축재자의 부당이득 환수 차원에서 정부 수중에 들어갔다. 물론 당시 쿠데타정권은 일단 국고에 환수한 다음 적당한 시기에 민간에 다시 불하할 것이라고 했지만 20년 넘게 이 약속은 지켜지지 않았다. 단 상업은행만 예외였다. 1972년 민영화되면서 자본금을 40억 원에서 66억 원으로 늘렸다.

잊혔던 이 불하 약속을 지킨 사람은 당사자인 박정희 대통령이 아니라 전두환 대통령이었고 사실상 이를 주도한 사람은 김 수석이었다. 1981년 5월 한일은행의 정부 보유 주식을 매각한 데 이어 1982년 제일은행과 서울신탁은행, 1983년에는 조흥은행의 정부 보유 주식을 민간에 매각함으로써 마침내 5대 시중은행이 모두 민영화되었다.

상업은행 민영화는 정부가 증자에 참여하지 않는 방식이었으나 5공 초기 다른 은행들의 민영화는 정부 보유 주식을 공개경쟁입찰 방식으로 민간에 매각하는 방식으로 이뤄졌다.

민영화 대상 은행들 중 한일은행을 가장 먼저 민영화한 것은 다른 은행보다 경영실적이 양호하고 민간 보유 주식의 분산도가 높았을 뿐만 아니라 정부의 지분율도 낮아 주식매입자금 동원이 용이했기 때문이다. 당시 4개 시중은행의 정부 지분율은 한일은행 23.4퍼센트, 조흥은행 27.2퍼센트, 제일은행 28.7퍼센트 및 서울신탁은행 31.2퍼센트였다.

정부는 은행의 대형화도 동시에 추진, 시중은행들은 1981년 중 150억 원, 1982년에는 200억 원의 증자가 이뤄졌다. 또한 은행 경영의 자율성을 제고하기 위해 은행의 인사·예산·조직 등 은행 내부 경영에 대한 규제적 성격을 띤 감독기관의 각종 규정 및 통첩을 축소 정비하는 한편, 규제방식도 종래의 직접적인 규제에서 경영지도기준 설정 등에 의한 간접규제 방식으로 전환을 도모했다.

1982년 말에는 금융자율화를 제도적으로 뒷받침하고 민영화 이후 은행의 공공성 확보를 위한 제도적 장치 마련을 위해 은행법을 개정했다. 법 개정의 주요 내용은 은행의 경영 및 업무운영에 관한 은행 감독원장의 포괄적인 지시명령권 삭제, 민영화된 은행의 재벌 사금고화 방지를 위해 동일인 은행주식 소유 및 의결권행사를 8퍼센트로 제한, 동일인 대출한도 외에 지급보증한도 신설 등이다.

이와 아울러 은행의 인사자율화를 위해 은행감독원장의 일반 은행 임원선임 승인 및 파면권을 규정한 '금융기관에 대한 임시조치법'을 폐지했다. 한편 금융기관 간 경쟁촉진을 통한 금융산업의 건전한 발전을 위해 금융기관의 신규설립이 대거 허용됐다.

이에 따라 1982년 7월 재일교포 기업인들이 전액 출자한 신한은행이, 1983년 3월에는 미국 아메리카은행과 국내 기업들이 합작 투자한 한미은행이 각각 시중은행으로 설립됐다. 아울러 1982~1983년 중 단기금융회사 12개, 상호신용금고 58개 및 투자신탁회사 1개가 신설됐다.

단자회사 · 신용금고 무제한 신규설립 허용

단자회사 및 신용금고의 대거 설립은 사채시장을 제도금융권으로 유도하기 위한 7 · 28 조치의 산물이었다. 이 조치의 주요 내용은 다음과 같다. '자본금 기준에 따라 단자회사와 신용금고의 무제한 설립을 허용하고 금리실세화의 1단계 조치로서 신용금고의 최고금리 인상과 자율화를 실시한다. 제2금융권 업무 영역 확대를 위해 단자회사에 어음매매 중개업무를 허용하고 신용금고의 지점 설치를 허용해 지역 은행으로 육성하며 제2금융권 예금보험과 감독 기능을 수행하는 신용관리기금을 설치한다.'

신규설립 기준은 단자회사의 경우 서울 200억 원, 지방 100억 원이었고 신용금고는 서울 50억 원, 직할시 30억 원, 인구 30만 이상 시 20억 원, 기타 시 10억 원, 읍 지역 5억 원 등이었다.

다음은 당시 재무부 실무자(과장급)였던 강만수 전 재정경제부 차관의 증언이다.

"장영자사건 후 나는 '사금융의 제도금융화 방안'을 마련했다. 7·28 조치는 이 방안을 기초로 마련됐지만 6·28 조치와 7·3 조치에 따라 중요한 수정이 있었다.

차등과세에 의한 금융실명제의 단계적 추진은 법에 의한 전면 실시로, 단자회사와 신용금고의 제한적인 설립은 무제한 설립으로 바뀌었고 소비자금융회사와 대금업법 제정은 빠졌다. 기존 단자회사도 영업 기반이 취약하기 때문에 업무 영역 확대가 더 중요하다는 실무진의 주장은 받아들여지지 않았고 예금보험제도의 도입을 전제로 금융기관 설립자유화는 추진됐다.

당시 단자회사와 신용금고의 신규설립은 큰 특혜로 생각하고 있었는데 기준에만 맞으면 무제한 신규설립을 허용하는 것은 놀라운 조치였다."

아니나 다를까 몇 달 사이에 단자회사는 우후죽순처럼 12개가 설립인가를 받아 기존 20개에서 32개로 늘어났다. 언제 설립이 다시 힘들어질지 모른다는 생각에 너도나도 인가를 신청한 때문이었다. 특히 10월 초까지 인가를 신청한 단자회사가 서울의 기존 7개보다도 더 많은 8개 사나 됐고 모두 서울에 집중됐다. 자금출처조사가 면제되었기 때문에 단자회사 설립이 상속세 회피 수단으로 악용되기도 했다.

"한정된 시장에서 무제한 설립에 따른 과당경쟁으로 신설 회사뿐만 아니라 기존 단자회사도 부실화된다고 아우성이었다. 신설 회사들의 인력 스카우트에 따른 잡음이 하도 심하여 신설사 사장회의를 소집하여 자제할 것을 요청했지만 실효가 없었다. 이런 문제들이 노출되자 기존 단자회사를 중심으로 신규설립을 중단해야 한다는 주장이 강하게 제기됐다.

국회에서 금융실명제 연기를 논의하고 있을 즈음 장관에게 상속세 회피, 과당경쟁, 스카우트 잡음, 서울 집중 등의 문제가 심각하고 신규설립이 예상보다 많으므로 서울지역만이라도 신규 허가를 중단할 것을 건의했다.

장관의 허락을 받아 10월 11일에 '앞으로 서울지역에는 단자회사 신규 허가를 중단한다'고 발표했다." (강만수, 《현장에서 본 한국경제 30년》)

"은행의 민영화, 무주화(無主化)로 끝나"

이렇게 해서 서울지역의 단자회사 무제한 신규설립 허가는 반년도 못 가 중단되고 말았다. 명목은 '일시 중단'이었지만 사실상 정책 폐기였다. 이는 간단한 발표였지만 사실 5공 금융자율화정책의 향방과 귀착점을 상징하는 것이었다.

사실 김 수석과 기획원 출신 인사들이 전격적으로 추진한 여러 가지 혁신적인 금융정책들은 모두 현실의 거대한 벽에 부딪혀 시작도 못해보고 좌절하거나 시작하자마자 곧 중단 혹은 굴절되는 운명을 겪었다. 대표적인 케이스가 나중에 자세하게 설명하게 될 금융실명제 무기연기조치였다.

은행의 자율화정책도 마찬가지였다. 형식적인 은행의 민영화는 이뤄졌는지 모르지만 은행들은 여전히 정부의 지배에서 벗어나지 못했다. 은행장은 여전히 정부에서 선임했으며 정부가 리모컨으로 컨트롤하는 관치금융의 폐습이 계속되었고 부실채권도 더욱 증가했다.

강만수 전 차관은 8퍼센트 의결권 한도가 문제였다고 지적했다.

"은행의 민영화도 무주화(無主化)로 끝났다. 그해 은행법 개정에서 대주주의 의결권 한도를 정부가 10퍼센트로 제한했으나 산업자본이 금융자본을 지배해선 안 된다는 여론에 밀려 8퍼센트가 됐다. 엄밀한 의미에서 의결권을 제한하는 것은 진정한 의미의 민영화는 아니다.

무주화된 시중은행의 경영권을 간섭하던 정부는 끊임없이 관치금융과 관치인사의 구설수에 시달렸다.

민영화나 설립자유화는 금융자율화의 제도적인 장치이고 금융자율화의 핵심은 금리자율화인데 금리에 있어서는 신용금고의 최고금리한도를 인상하는 것으로 끝났다. 당시 주요 과제였던 초과자금수요를 해결하기 위한 금리실세화는 한 발도 못 나갔고 환란 이후 금리자율화가 실현됐다."

사실 정통 재무관료였던 강 전 차관은 "칼을 가진 자는 휘두르고 싶고 칼로 일어선 자는 칼로 망한다"고 비꼬았을 정도로 김 수석의 재무부 점령 및 개혁 밀어붙이기를 못마땅해하던 사람이다. "설립자율화보다 기존 금융기관을 발전시키는 것이 더 중요하다. 그러나 이러한 구상은 금융실명제와 신규인가의 소용돌이에 파묻히고 말았다." 그의 비판은 대체로 일리가 있지만 김 수석의 철학과 개혁정책 자체는 획기적인 것이었다.

외환위기가 한창이던 1998년 봄 한국 경제의 목줄을 쥐고 있던 휴버트 나이스 IMF 실무협의단장은 한 세미나에서 경제관료들을 평가해달라는 요청에 대해 "1970년대 말 2차 오일쇼크에 처한 한국 경제는 정말 어려웠다. 당시 김재익 경제수석은 위기의 본질을 정확하게 파악하고 있었으며 훌륭히 대처해나갔다. 우리는 아주 좋은 협력관계를 이루었다"며 김 수석을 극찬했다. 오랫동안 한국 관료들과 같이 일해온 그는 김 수석을 가장 뛰어난 관료로 기억하고 있었다.

김 수석의 금융자율화정책은 잘못된 것이 없었다. 또 해야 할 것을 안 한 것도 없었다. 다만 주변에 적이 너무 많았고 개혁에 저항하는 세력이 너무 강했다. 더욱이 아웅산 참사로 김 수석과 서석준 부총리, 김동휘 상공부장관, 서상철 동자부장관, 이기욱 재무차관 등 엘리트 경제관료들이 한꺼번에 순직하자 그의 정책은 더 이상 존속될 수 없었다.

그런 의미에서 5공 초기의 금융자율화정책은 제대로 해낸 것도 없고 손대지 않은 것도 없다는 것으로 정리할 수 있다. 시작하자마자 혹은 시작도 하기 전에 끝나버렸기 때문이다. 외환위기의 수습에 앞장섰던 이규성 전 부총리는 《한국의 외환위기: 발생·극복·그 이후》에서 이렇게 말했다.

"놀랍게도 1970~1980년대에 추진했던 기업 및 금융개혁정책을 보면 1997년의 경제위기 이후 정부가 추진해온 정책과 내용이 거의 같은 것들이었다. 정부가 이처럼 일찍이 문제의식을 가지고 개혁정책을 추진했음에도 불구하고 어찌하여 그 정책이 실효성을 거두지 못하고 경제위기를 초래하게 됐는지를 생각해봐야 할 것이다."

장영자에게
당한 남자들

**권력형 금융비리로 뻥 튀겨진
단순 어음사기극**

17

"인생을 살다 보면 거역할 수 없는 어떤 운명 같은 게 있는 것 같습니다."
지난 2006년 3월 필자와의 인터뷰에서 원로금융인 임재수는 이렇게 말문
을 열었다. 1982년 장영자사건 때 희생양이 되어 억울하게 구속된 조흥
은행장이 바로 그다. 한국은행에서 금융인 생활을 시작, 입행 동기 중 가
장 먼저 이사로 승진했고 조흥은행에서 최초 40대 은행장이 됐던 임재수
의 영광은 장영자사건에 휩쓸리면서 아무 죄도 없이 1년 반이나 옥살이
를 하게 되는 결과로 반전되고 말았다.

광주 출신인 임재수는 서울대 상학과를 졸업하고 1955년 한국은행에
입행, 조사2부장과 자금부장 · 도쿄사무소장 등 요직을 두루 거쳐 1978년

이사로 승진했다. 한은에서 청춘과 열정을 불사르던 30~40대 시절을 그는 자기 인생의 황금기로 보는데 중앙은행의 촉망받는 엘리트 직원인 동시에 공인회계사 시험위원, 매일경제신문 비상임 논설위원, 서울대 및 이화여대 강사이기도 했으며 경영학 관련 서적도 몇 권 집필했을 정도로 1인 3~4역을 했다.

격무에 지친 그는 쉬고 싶어 도쿄사무소장으로 나갔다. 해외사무소장 자리는 통상 2년은 보장되는 자리였지만 1년 만에 돌아와야 했다. 동기 중 가장 먼저 이사로 발탁되었기 때문이다. 주위에서는 축하한다고 야단들이었지만 정작 본인은 자녀들 교육문제로 곤혹스러웠다.

2년 후인 1980년 전두환정권은 '사회 정화'라는 명목하에 서슬 퍼런 인사의 칼날을 휘둘렀다. 한국은행에서도 이정렬 부총재와 이사 2명이 쫓겨나고 시중은행에서는 행장과 전무들이 거의 싹쓸이됐다. "당시 신병현 한은 총재가 재무부에 들어가더니 그만둘 사람 명단을 받아가지고 나왔는데 어떤 기준에서 어떻게 작성된 건지 아무도 몰랐어요."

초토화된 금융계는 대대적인 후속 인사가 불가피했다. 살아남은 한은 이사 3명이 그 빈자리를 메워야 했다. 정영모 이사가 주택은행장, 임재수가 조흥은행장으로 나가고 안상국 이사는 얼마 후 부총재로 승진했다. 그때 임재수가 49세였으니 당시 언론들은 "40대 은행장 시대가 열렸다"고 호들갑을 떨었다. 그러나 이것은 그와 5공 정권의 본격적인 악연의 시작이었다. "내가 이사·행장이 되고 싶어 승진 운동을 해서 된 것도 아니고 바라지도 않았던 파격적인 고속 승진이 결국 내 발목을 잡은 셈이니 사람의 운명이란 참 알 수 없는 것이더군요."

■　　■　　■　　■

대한민국 머니 임팩트

임재수의 아직 끝나지 않은 피해와 상처

냉혹한 운명의 여신은 모두가 부러워하던 젊은 은행장을 파멸의 길로 내몰았다. 1982년 세상을 뒤흔들었던 장영자사건에 임재수가 휘말렸기 때문이다.

당시 공덕종 상업은행장과 함께 그는 업무상배임 및 1억 5000만 원 수재 혐의로 구속됐다. 그러나 적용된 혐의는 사실무근이었다. 거액예금을 유치한 대신 이철희의 요구에 따라 일신제강과 공영토건에 대해 제한적으로 당좌대월한도를 조금씩 풀어준 것뿐이었다. 일반 대출은 한 푼도 없었으며 이철희·장영자와의 직접거래도 전혀 없었다.

모든 결정은 은행 내 회의에서 이루어졌으며 알려진 것과 달리 대출 외압도 전혀 없었다. 당좌 역시 자꾸 상환이 늦어지자 "차라리 예금을 포기하고 거래를 끊겠다"고 통보했더니 "정리할 시간이 필요하다. 마지막으로 30억 원만 돌려달라"고 하기에 담보를 챙긴 후 연장해준 것이라고 한다.

"그때 확보한 담보가 꽤 많았어요. 사건이 한 달만 늦게 터졌더라도 다 정리됐을 겁니다. 그 담보는 이·장의 탈세 혐의로 정부에 압류됐다가 나중에 이·장이 국가 상대 소송에서 승소하면서 다시 은행으로 돌아왔으니 은행의 실제 피해는 거의 없었을 겁니다."

특히 1억 5000만 원 수재 혐의는 허무맹랑한 것이었다. 장영자가 남들 보는 자리에서 하도 강권하기에 일단 지점장에게 보관시켰다가 받을 때의 포장상태 그대로 이철희에게 돌려주었다. "취조 과정에서 하도 답답해서 깨끗함을 입증한답시고 그 얘기를 꺼냈더니 공소유지에 어려움을 겪던 검찰이 이를 악용해버렸어요. 수사기관에서는 절대 말조심해야 한다는 것을 그때 배웠지."

당시는 검찰은 물론 법원도 서슬 퍼런 군사독재정권의 시녀였던 시절이다. 1심에서 임재수는 5년형, 2심에서는 3년형을 선고받았으나 대법원에서는 이들 재판이 잘못됐다며 사건을 '파기환송' 했다.

고등법원 재심에서는 수재 혐의 무죄, 업무상배임죄는 1년 반 실형으로 판결했는데 이미 복역기간이 다 지난 뒤였다. 업무상배임죄도 무죄가 돼야 했지만 군사정권하에서 모든 것을 100퍼센트 다 뒤집을 수는 없었

장영자사건의 최대 피해자로 억울한 옥살이를 했던 임재수 전 조흥은행장 최근 모습.

다. 명예는 회복했지만 이미 모든 것을 잃고 난 후였다.

"그동안 돈 받아서 구속된 은행장들이 꽤 여러 명 있지만 실형을 산 경우는 거의 없었어요. 돈 안 먹고도 실제 감옥살이를 한 것은 나밖에 없어."

임재수가 받은 억울한 상처와 피해는 25년이 지난 지금도 계속되고 있다. 그는 한여름에도 양말을 신고 자야 한다. 엄동설한 안양교도소 독방에서 걸린 동상 때문이다. 하지만 육체의 고통은 정신적 피해에 비하면 아무 것도 아니다.

"요즘도 잊을 만하면 잘못된 보도가 터지곤 합니다. 그저 사실을 사실대로만 보도해줬으면 좋겠어요. 얼마 전 MBC 드라마 '제5공화국' 에서도 정부의 압력으로 조흥은행이 수백 억 원을 대출해줬다고 합디다. 재판 결과는 확인 않고 검찰이 처음에 왜곡 발표한 것만 보고 대본을 썼기 때문이죠. 너무 분통이 터져서 고소를 하려다가 겨우

참았어요."

"단순 어음사기를 3허씨가 부풀렸을 가능성"

아직도 많은 사람들은 장영자사건을 은행이 권력자를 등에 업은 사기꾼에 농락당한 권력형 금융비리사건으로 알고 있다. 그러나 이 사건의 최대 피해자인 임재수 행장의 생각은 다르다.

당시의 여러 가지 정황을 종합해보면 5공 초기 최대 실세였던 '3허씨(허삼수·허화평·허문도)'와 전두환 전 대통령의 친인척들 간에 벌어진 세력다툼 과정에서 3허씨가 단순한 어음사기사건을 고의로 부풀려 정치문제화한 '정치 쇼'였을 가능성이 높다는 것이다. 즉 단순 어음사기로 사기꾼인 이철희·장영자만 구속하고 조용히 처리하면 될 일을 사채업자 및 은행과 대통령 처삼촌인 이규광(장영자의 형부)까지 억지로 끼워 넣어 정치 이슈화한 것이라는 주장이다.

임 행장은 그 근거로 몇 가지를 든다. 첫째, 당시 재판은 병합심리로 이뤄져 이철희·장영자와 이규광·사채업자·은행·공영토건 등이 다 함께 모여 하루 종일 재판을 받았는데 그렇게 거창하게 심리할 이유가 없다는 것이다.

둘째, 검찰은 이철희가 생활비에 보태 쓰라고 1억 원을 줬다며 이규광을 구속하고는 "대출 압력을 넣지 않았느냐"고 추궁했다. 임 행장은 "동서 간에 1억 원 준 것이 무슨 큰 죄라고 대가성도 분명치 않은데 감히 대통령 처삼촌을 구속하겠어요? 이규광씨도 '내가 왜 여기 왔는지 통 모르겠다'고 합디다"고 말했다.

셋째, 당시 법무장관이 6개월도 못 돼 경질된 것은 사건 처리가 잘못됐다는 증거이며 3허씨도 사건 이후 모두 권력 핵심부에서 밀려났다. 법원의 기류가 바뀐 것도 3허씨가 물러난 뒤부터였다고 한다.

넷째, 안기부차장을 지낸 이철희가 안기부장에 오를 것이라는 소문이 당시 있었다고 한다.

"증거는 없지만 이 몇 가지를 종합해 미루어 짐작해보면 3허씨가 친인척들의 기세를 꺾기 위해 단순 어음사기인 장영자사건을 일부러 부풀리고 정치 쟁점화한 것 아닌가 하는 생각이 든다는 겁니다."

1년 반의 수감생활 끝에 출옥한 임 행장의 몸과 마음은 만신창이가 됐다. 그나마 위로가 된 것은 후임 송기태 조흥은행장이 위로차 찾아와 퇴직금과 더불어 "부점장들이 정성을 모았다"며 "고생하셨는데 차나 한 대 사서 타시"라며 봉투를 건네주었다는 사실이다.

"사실 걱정을 많이 했죠. 한국은행 사람들이야 나를 잘 알지만 만난 기간이 짧은 조흥은행 사람들은 그렇지 못하잖아요? 돈 먹고 대출 외압에 굴복해 은행에 엄청난 피해를 안겨준 사람으로 매도됐잖습니까? 진실을 이해해준 그 마음들이 지금도 너무 고마워요."

조흥맨들만이 아니었다. 당시 조흥은행과 거래하던 업체 사장들도 금일봉을 걷어 보냈다. 이미 은행에서 쫓겨난 임 행장에게 왜 돈을 걷어주었을까를 생각해보면 진실이 보일 듯하다.

"선보수 발행 위험" 김영석 경고 들었다면

조흥은행은 어떻게 장영자에게 걸려들게 된 것일까? 사건 당시 영업부장으로 장영자와 처음 만났으나 그녀의 마수에서 벗어날 수 있었던 김영석 전 조흥은행장은 "1981년 내가 영업부장으로 오자 모씨가 장영자씨를 소개했다. 먼저 거래 요청이 와서 영업부에서 거래를 시작했는데 처음엔 적금도 50억 가입하고 예금도 따로 20억 정도 했다"(《조흥 100년 숨은 이야기》)고 밝혔다.

그러나 김영석 영업부장은 곧 이상한 낌새를 알아차렸다. 장영자는 자금난에 시달리는 기업에 돈을 꿔주고는 그 금액 몇 배의 견질어음을 받아와 입금한 후 다음날 아침 결제도 떨어지기 전에 자기앞수표 발행을 요청했다. 김 부장은 '선보수를 끊어주고 결제 안 되면 우리가 다 뒤집어쓰는 건데 이거 큰일이다'라고 생각하고 "예금이고 적금이고 다 해약해도 좋으니 그렇게는 거래 못하겠다"고 거부했다.

"사고가 난 후 시간이 지나 생각하면 누구나 그런 거래는 하지 말았어야 한다고 쉽게 얘기하지만 시간적 공간적으로 그 한가운데 있을 때에는 실적과 인간관계 등 여러 변수가 얽히고설켜 있고 사고가 터진 것도 아닌 상태에서 단호하게 거래 중단 결단을 내리기란 그리 쉬운 일이 아니다"

결국 장영자는 영업부와 거래를 끊고 반도지점으로 옮겨갔다가 김 부장이 떠나자 영업부로 되돌아와서 결국 사고를 내고 말았다. 김 부장은 반도지점장에게 선보수 발행은 위험한 일이라며 거듭거듭 만류했으나 그의 경고는 받아들여지지 않았다.

반도지점이 걸려들자 조흥은행은 계속 수렁으로 빨려들고 말았다. 반도지점장은 임재수 행장에게 "매일 20~30억 원씩 예금을 해주는 새 고객이 있는데 꼭 한번 찾아가서 인사를 해주십시오"라고 요청했고 임 행장은 바빠서 송기태 상무를 대신 보냈다. 그랬더니 "상무급은 만날 필요가 없다"고 돌려보내는 게 아닌가.

임 행장은 '별 희한한 사람도 다 있다' 싶어 예금실적을 챙겨봤더니 최고 700억 원까지 올라가기도 했다. 할 수 없이 임 행장이 직접 찾아갔다. 이철희는 그에게 "내가 돈을 대고 있는 기업이 공영토건과 일신제강이다. 내 신용을 믿고 이들을 도와달라"고 요청했다. 돌아와 이를 확인한 임 행장은 10~20억 원의 당좌대출을 해주기 시작했다.

하지만 4월 들어 결제가 하루 이틀 늦어지기 시작하고 연체가 생기자 낌새가 심상찮음을 느낀 임 행장은 이철희가 살고 있던 집까지 담보로 챙겼다. 그러나 사건이 더 빨리 터졌다.

부당 · 압력대출 No, 어음용지 과다교부사건

이 사건의 속죄양은 임 행장뿐 아니라 공덕종 당시 상업은행장, 변강우 공영토건 사장, 주창균 일신제강 회장은 물론 전두환 대통령의 처삼촌인 이규광 광업진흥공사 사장까지 포함됐다.

공 행장은 "1982년 2월 9일부터 2월 22일 사이 부실기업인 일신제강의 207억 원 회사채 발행을 지급보증해줌으로써 이 금액 상당의 손해를 상업은행에 가하고 1979년 12월 중순경부터 1982년 1월 4일경까지 사이에 일신제강 대표이사로부터 금융편의 청탁 명목으로 5000만 원을 수수했다"는 혐의였다.

당시 공 행장은 "모든 잘못은 내게 있다"며 철저하게 부하직원들을 비호하면서 바람을 홀로 막아 '의리 있는 은행장'이라는 칭송을 받았다. 그는 1983년 3월 8일 1심에서 징역 2년 6개월, 집행유예 4년, 추징금 5000만 원을 선고받았다. 하지만 확정판결에서는 업무상 배임 부분에 대해 무죄가 선고됐다.

사실 이 사건은 온 나라가 떠들썩했던 것과는 달리 임 행장 말처럼 은행에 실제 큰 피해는 없었다. 사건발생 후 부도 등으로 일신제강과 공영토건이 부실화됨에 따라 부실채권이 생겼는데 이것도 이자 손해만 조금 보고 동아건설 및 동부제강으로 인수됐다.

오히려 금융기관 차원에서 사건의 핵심은 어음용지 과다교부였다. 공영토건은 적정 교부량이 5953장인데 조흥은행 덕수지점과 상업은행 광화문지점에서 합계 1만 1001장이 나갔다. 이 어음용지는 일종의 인쇄물로서 점포장이 임의로 교부하는 것으로 본점 차원의 일이 아니다. 공영토건이 지점장에게 많이 해달라고 하도 매달려서 몇 번 내주었는데 장영자는 공영토건에게 빌려준 169억 원의 몇 배나 되는 1473억 원어치의 어음용지를 받아내 이를 사채시장에서 돌렸다. 공영과 일신의 어음은 C급이므로 신용도가 좋은 라이프주택 어음과 맞바꾸는 수법을 썼다.

은행감독원 검사역을 오랫동안 역임한 이국영은 《이상한 승부》에서 "이 사건은 은행 측에서 보면 과다 또는 부실여신 취급이 아니고 간단히 말해 어음 과다교부사건"이라며 "금융 선진국에서는 상상도 할 수 없는 관행이다. 은행이 어음용지를 인쇄해서 팔 이유도 없고 거래기업은 사서 쓰지도 않는다. 잘못된 금융관행이 은행을 범법자로 만들었다"고 말했다.

이국영에 따르면 장영자는 조흥은행과 관계를 맺기 전에 박동희 당시 주택은행장을 상대로 끈질기게 교섭을 벌였다. 이규광 얘기를 꺼내면서 몇 백억 원의 예금을 해준다기에 박 행장도 하마터면 걸려들 뻔했다.

정춘택 당시 외환은행장은 "거절하기 곤란한 사람을 통해 면담을 요청해왔기에 어쩔 수 없이 한 번 만났다. 처음 만나면서 하는 첫마디가 '외환은행장이 생각했던 것보다 꽤 젊군요' 라는 것이었다. 어쨌든 말하는 내용이 하도 엉뚱해서 정중히 거절했더니 날더러 '은행장이 뭐 그리 소심하냐' 는 식이었다"고 회고했다.

여론 비등하자 허씨들이 나서 이규광도 구속

당사자 임 행장의 증언과 은행감독원 검사역 출신의 최고 전문가인 이국영의 분석, 그리고 최종 재판 결과 등을 종합해보면 장영자사건은 알려진 것과는 달리 단순한 어음사기사건이 권력형 금융비리사건으로 지나치게 부풀려진 게 확실한 것 같다.

그렇다면 어떻게 해서 이렇게까지 확대된 것일까? 1982년 5월 5일 이철희 · 장영자 부부가 외환관리법위반 혐의로 구속되자 각종 의혹과 루머가 걷잡을 수 없이 퍼져나갔다. 장영자의 형부가 이규광이라는 사실이 확인되고 이들이 주무른 돈이 수천 억 원대라는 것이 알려졌기 때문이다.

"이들이 사채시장에서 조달한 자금이 민주정의당 창당자금으로 유입됐다" "3허씨들과 민정당 권정달 사무총장 간 파워게임으로 불거진 사건이다" 등 온갖 유언비어가 나돌았다. 검찰은 "이 사건은 단순한 어음사기사건이며 대통령 친인척 관련이나 정치적 배후는 전혀 없다"며 "이들이 이규광씨가 뒤를 봐주는 것처럼 이름을 팔고 다녔을 뿐이지 실제로는 아무런 관련이 없다"면서 사태 진화에 안간힘을 썼으나 시중의 의혹은 오히려 증폭됐다.

5공 정권 최대의 위기였다. 이런 분위기에서 검찰은 수사 강도를 더 높일 수밖에 없었다. 이국영은 "이 사건에 대한 비판적 여론이 고

조되면서 검찰의 태도가 달라진 것은 당시 실세 핵심이었던 허씨들의 주도에 의한 것"(이국영,《이상한 승부》)이라고 설명했다.

"청와대 안에서도 친인척 관련 문제를 놓고 난처한 입장에 빠졌다. 그러나 허화평·허삼수 두 사람의 강경한 주장이 먹혀들면서 결국 이규광씨까지 구속하게 된 것이다.

사실 당시만 하더라도 감히 대통령의 친인척까지 잡아넣어야 한다는 주장을 펼칠 수 있는 사람은 오직 허씨들뿐이었고 검찰을 포함한 권력의 주요한 길목도 이들의 장악하에 있었던 때였다.

그러나 이것이 대통령과의 사이가 갈라져 자신들이 쫓겨나는 결정적인 계기가 될 줄은 짐작도 못한 일이었다."

대통령에게 흙탕물이 튈까봐 웬만하면 사건 자체를 얼버무리려 했다가 여론이 워낙 심하게 들고일어나니까 소위 '개혁주도세력'의 핵심이었던 허씨들이 나서서 대통령의 처삼촌까지 구속하는 사태로 번진 것이며 검찰수사가 여론 수위를 감안해서 당초 예상했던 것보다 한결 톤이 높아졌다는 것이 이국영의 결론이다.

이렇게 보면 3허씨들도 결과적으로 장영자에게 당한 셈이다. 무소불위의 권력을 휘두르던 그들이 이 사건 때문에 실각했으니 말이다. 이 사건으로 물러난 권정달 민정당 사무총장도 마찬가지다.

"왜 내가? 어떤 음모의 거미줄에 걸린 느낌"

장영자사건의 가장 큰 피해자는 뭐니 뭐니 해도 그녀의 사기행각에 걸려들어 회사도 망하고 자신도 철창 속에 갇힌 기업인들이다.

변강우 전 공영토건 사장은 "왜 내가 그 대상이었는지 모르겠다.

어떤 음모의 거미줄에 걸린 느낌이었다. 당시 우리 기업의 재무상황은 좋았다. 장씨가 싼 이자에 돈을 빌려주겠다고 제의해 어음을 발행해줬다. 그것이 음모였음을 알았다면 단호히 거절했을 것이다"(이종재, 《재벌이력서》)라고 토로했다.

공영토건은 1957년 변호석이 설립한 건설회사로 1977년 사우디아라비아와 이라크 등 중동 해외건설로 급성장했으며 1981년 도급 순위 18위로 서울지하철공사도 맡고 있었다.

쿠웨이트 건설공사가 시원치 않아 자금 사정이 좋지 않던 1981년 3월경 변 사장은 아는 사람에게서 이철희를 소개받았다. 이철희는 처음 만난 자리에서 "돈을 얼마든지 쓰라"며 200억 원을 제시했다. 변 사장이 우선 50억 원만 쓰겠다고 하자 반강제적으로 100억 원을 쓰도록 했다. 금리는 당시 은행금리보다 더 싼 연 20퍼센트였다. 하지만 그 돈의 2배에 해당하는 어음을 발행해준 게 문제였다.

그 후로도 "국가적으로 중요한 사업을 한다"며 수시로 어음을 요구해왔다. 공영토건은 지원받은 금액의 9배 이상 어음을 써줬다. 이철희·장영자 부부는 100억 원의 은행대출이 단 3~4시간 만에 나올 수 있도록 하는 실력도 과시했다.

"이렇게 해서 불어난 공영의 어음이 시중에 너무 많이 나돌아 되돌려줄 것을 요구했다. 부도 위험이 커졌기 때문이다. 그러나 장 여인은 더 많은 어음을 요구했다. 한편으론 국가적 주요 사업인데 협조하라고 하고 다른 한편으로는 부도 위협으로 몰아넣었던 것이다."

변 사장은 위기를 느끼고 최후 담판에 나섰다. 4월 27일 오전 10시 30분부터 배수의 진을 치고 어음회수를 요구했지만 상대방은 오히려 200억 원의 추가 어음을 요구했다. 결론을 못 보고 다음날 10시 30분에 다시 만나기로 했는데 바로 그날 저녁 이철희 · 장영자 부부가 연행됐다. 바로 장영자사건이 세상에 알려진 4월 28일이다. 공영토건은 법정관리를 거쳐 나중에 동아그룹으로 인수됐다.

1955년 설립된 일신제강은 당시 철강업계 선두주자 중 하나로 한국마방적 · 일신산업 · 삼창강재 등의 계열사를 거느리고 있었다. 그러나 1970년대 말 무리한 사세 확장의 후유증으로 자금난에 시달리다 장영자의 마수에 걸려들었다.

주창균 회장은 해방 직후 평안남도 진남포제철소장을 지낸 테크노크라트로서 한국 철강산업의 산증인이었으며 당시 경총 부회장이었는데 그 역시 그만 영어의 몸이 되고 말았다. 이에 경총은 "주 회장이 평소 성실하고 한국 경제에 공이 크다"며 창립 이래 처음으로 각계 요로에 진정서를 제출하기도 했다.

서울구치소로 면회 간 경총 사람들에게 주 회장은 독실한 기독교인답게 "성경과 각종 기술서적을 읽으며 하루 종일 정좌를 하며 아픈 마음을 달래고 있다"고 심경을 전했다.

주거래은행이었던 상업은행은 포항제철에 일신제강 인수를 요청했는데 당시 안병화 포철 부사장이 '동진제강'으로 이름을 바꿔 위탁경영했다. 그 후 1984년 일신제강은 다시 동부그룹으로 넘어가는 수난을 겪었다. 1979년 단일 품목으로 1억 달러 수출탑을 수상했던 일신제강은 동부그룹에 인수될 당시 자산 규모 3000억 원을 넘는 회사였지만 동부그룹은 단돈 800억 원을 주고 인수했다.

부도난 어음 고의로 처리 지연, 피해자 양산

한편 명동 사채시장에서 금융중개업을 하면서 당시 사건을 지켜봤던 최용근은《명동 30년, 금융의 격랑을 헤치며》에서 다른 의혹을 제기했다.

"사건이 터지기 불과 2~3주 전까지만 해도 공영토건·일신제강·라이프주택 등 관련 기업들의 어음은 별 문제 없이 정상적으로 거래되고 있었다. 당시 공영토건의 거래은행에 약속어음에 대한 조회를 하면 부도 직전까지도 담당자들이 발행 유무뿐만 아니라 거래 내용까지 친절하게 가르쳐줬다.

당시 공영토건의 어음은 대개 만기가 90일 정도였기 때문에 1월 하순경 지급기일이 80~90일 정도 남은 어음을 매입했던 사람들은 대단한 피해를 봤다."

거래은행 측이 공영토건에 대해 좋게 말했기 때문에 문의자들은 당연히 공영토건에 대한 신뢰감을 가졌을 것이고 따라서 준수한 기업어음일 것이라고 생각했을 것이라는 얘기다.

최용근은 "문제는 부도가 공식 발표된 것은 4월 29일이었지만 융통어음에 대해서는 22일부터 결제가 중단돼버렸다는 사실이다. 다시 말하면 부도는 이미 22일에 났는데도 1주일간 부도처리를 하지 않은 채 시간을 끌고 간 것"이라고 지적했다.

"있을 수 없는 일이었다. 주거래은행 마음대로 융통어음·무담보 기업어음·진성어음 순으로 결제의 우선순위를 정해놓고 결제를 했으니 한마디로 금융당국의 횡포였으며 고금리를 찾아 융통어음을 매입했던 사채시장 투자자들이 그 피해를 뒤집어쓴 셈이 됐다."

5월 11일이 돼서야 4월 29일자 부도 내용이 공개됐는데 그 기간 동안 공영토건의 계열사였던 동해생명과 기관투자가들은 보유 주식을 처분할 수 있는 시간을 벌었다. 이미 부도가 난 기업의 어음이 정부당국의 고의적인 발표 지연 때문에 시장에서 공공연하게 거래되는 촌극이 벌어졌던 것이다. 이 기회에, 정보를 미리 안 사람들은 정보에 어두운 선의의 투자자들에게 자신이 보유한 주식과 어음을 처분해 피해를 전가할 수 있었다.

최용근은 "대한민국 금융사에서 드물게 보는 미스터리"라며 "누구의 권한으로 국민경제의 혈액순환이라 할 수 있는 금융시스템을 변칙적으로 운영할 수 있단 말인가? 은행장 권한 밖의 더 큰 권한자의 그 어떤 명령이 아니고서는 불가능한 일일 것이다. 감독기관이나 정부 권력기관의 어느 누구도 (이 사건으로) 책임졌다는 소리를 들어보지 못했다"고 비판했다.

1993년 2차 장영자사건, 서울 · 동화은행장 퇴진

장영자 부부는 총 6400억 원의 어음을 시중에 불법 유통시키고 이 중 1400여억 원을 사취한 혐의로 구속돼 1983년 3월 대법원에서 15년 형 확정판결을 함께 선고받았다.

장영자는 10년 형기를 마치고 1992년 3월 가석방으로 풀려났으나 1994년 사기 혐의로 다시 4년 형을 선고받았다. 바로 '제2차 장영자사건'이다. 장영자는 1993년 10월부터 자금난에 시달리다 사채업자인 하정인을 속여 그의 예금 30억 원을 불법 인출했고 변칙어음거래로 삼보신용금고로부터 3차례에 걸쳐 77억 5000만 원을 대출받아 가로채는 등 총 175억 원을 사취했다.

이 사건의 경과는 이렇다. 동화은행 장근복 삼성동출장소장은 장영자를 통해 사채업자로부터 140억 원의 양도성예금증서(CD) 매각을 통해 거액 예금을 유치했는데 그녀의 간청으로 사채업자의 실명확인 절차를 거치지 않았다. 또 장 소장은 예금 조성의 대가로 유림상사가 발행한 50억 원짜리 어음에 불법 지급보증을 해줬으며 돈이 입금되지 않은 상태에서 CD를 선발매해줬다.

서울은행 압구정지점은 50억 원의 CD를 장영자 관련 인물에게 발매하면서 실명확인을 하지 않았다. 김득한 지점장은 사채업자 하정인의 예금이 사실은 장영자의 돈이라는 전 지점장의 말만 믿고 도장도 없이 30억 원을 인출해줬는데 이 역시 CD 예금 조성의 미끼에 걸려들었기 때문이다.

삼보신용금고 대표이사 정모씨는 장영자가 개설한 1억 2000만 원의 수입부금계좌에 그녀의 주변 인물 5명의 명의를 빌리거나 몰래 도용함으로써 금융실명제를 위반했으며 동일인 여신한도도 초과했다.

이런 사례들은 비밀유지를 중시하는 사채시장에서는 매우 흔한 일이었는데 김영삼정권이 전격 단행한 금융실명제가 장영자의 발목을 잡은 것이었다.

이 사건과 관련하여 김영석 당시 서울은행장과 선우윤 당시 동화은행장이 각각 옷을 벗었다. 두 은행장은 은행감독원의 특별검사에 따라 도의적 책임을 지고 자진 사퇴하는 형식으로 물러났다. 또 서울은행 상무이사 2명과 동화은행 상무 1명도 동반 퇴진했다.

2000년 3차 사기, 옥중에서 칠순 맞을 판

장영자의 사기행각이 이것으로 다 끝났다면 좋았으련만 그렇지 못했다. 1998년 광복절 특별사면으로 다시 풀려난 그녀는 2000년 5월 18일 구권화폐 사기사건으로 다시 구속되었다. 자신의 아들 등과 짜고 은행 관계자와 사채업자 등을 상대로 고수익 채권에 투자하라고 속여 45억여 원을 챙기고 "200억 원대의 헌 지폐(구권화폐)를 싼값에 새 지폐로 바꿔주겠다"며 200억 원대의 사기행각을 벌인 혐의다.

2004년 1심, 2006년 3월의 2심에 이어 같은 해 6월 30일 대법원에서 장영자는 징역 10년 형을 선고받았다. 대법원 3부(주심 김영란 대법관)는 이날 장영자의 상고를 기각하고 "범행 동기와 결과, 피고인의 연령 등을 고려해도 형량이 부당하다고 인정할 만한 사유는 없다"고 판결했다.

장영자는 20년 넘게 감옥생활을 하고 있다. 중간에 석방되지 않고 10년 형을 모두 채운다면 환갑에 이어 칠순도 감옥에서 맞을 것이다.

대법원 판결에 앞서 2심 재판장인 서울고법 형사3부 민일영 부장판사는 선고하기 전 장영자에게 "장씨는 이미 사기죄로 실형을 살고도 가석방이나 형집행정지로 잠시 자유의 몸이 된 틈을 타 범죄를 저질렀다. 80평 호화빌라에서 6~7명의 비서를 두고 캐딜락 등 고급 차를 타고 다니며 사기를 일삼은 장씨에게 죄를 짓지 않고 올바로 살아보겠다는 의지가 과연 있는지 의심스럽다"면서 "장씨의 나이도 이제 환갑이 넘었으니 불교신자인 장씨가 복역기간 중 참회의 시간을 갖고 그동안 쌓은 업(業)을 씻길 바란다"고 당부했다.

장영자의 사기행각을 보면 박영복과 마찬가지로 그녀 역시 사기꾼의 천성을 타고난 것은 아닌가 하는 생각이 든다. 도대체 장영자는 어떤 인물인가?

장영자는 1944년 전남 목포에서 부유한 집안의 셋째 딸로 태어났으며 서울에서 계성여중·고를 나오고 1966년 숙명여대 교육학과를 졸업했다. 숙대 재학 시절 '메이퀸'으로 뽑힐 만큼 뛰어난 미모와 말솜씨를 자랑했다. 불교신자인 그녀의 법명은 '보각행(普覺行)'이다. 그녀의 큰언니는 전두환 전 대통령의 처삼촌인 이규광의 아내 장성희다.

장영자는 1966년 1월 첫 남편 김수철과 결혼한 후 1977년 사업가 홍종열과 재혼했으며 1981년 다시 이철희와 세 번째로 결혼했다. 이철희는 육사 2기 출신으로 전두환 대통령과 동기생이다. 그는 5·16 쿠데타 당시 방첩대장으로 권력을 휘둘렀고 1973년 육군 소장으로 예편한 뒤 1974년 중앙정보부 차장, 1979년 유신정우회(維新政友會) 국회의원을 지냈다.

박정희 대통령 후처? 결혼설 등 루머 파다

이호가 이동찬 코오롱그룹 명예회장을 인터뷰해서 쓴 《정직한 경영인 이동찬》을 보면 장영자는 5공 시절이 아니라 박정희정권 시절에 이미 정·관·재계를 떠들썩하게 했다. 빼어난 미모, 비상한 두뇌와 화술이 그녀의 주무기였다.

이동찬 회장은 사기사건이 터지기 훨씬 전부터 장영자와 상당히 가깝게 지내던 사이였다. "가까워도 뭐 이상하게 가까웠던 건 아니야. 물론 나도 사내니까 장영자사건 터졌을 때 자칫했으면 걸렸을지 모르지. 그 여자한테 걸린 기업가들을 보면 전부는 아니지만 몇몇은 약간 끼가 있는 남자들이거든." 이 회장은 그녀를 "겉으로는 교양미가 줄줄 흐르고 알고 보면 역시(여우)"라고 평했다.

"워낙 머리가 좋고 그럴듯하게 말을 잘해. 얘기할 때 보면 증거를 대듯이 분명하게는 절대 말 안 하고 듣는 사람이 사실인 것처럼 느끼도록 하지. 절대 자기 입으로 구체적인 얘기는 안 해요. 듣는 사람이 짐작만 하게끔 하면 되니까. 솔직히 내가 봐도 나쁜 짓만 안 하면 정말 좋은데. 정말 머리가 좋은 여자예요. 엄청 좋은 여자야. 남자로 태어났으면 크게 됐을 여자예요. 야심이 있고."

그런데 1978년 7월 장영자가 갑자기 잡혀 들어갔다. 죄목은 문화재보호법 위반이었지만 항간에는 박정희 대통령과의 관계 때문이라는 루머가 파다했다.

"그 당시에 떠돈 말이지만 박 대통령하고 뭔가 있다는 온갖 얘기가 다 나왔어. 박 대통령 부인이 된다는 얘기, 육영수 여사가 돌아가셨으니까 그 후처가 된다는 얘기, 박 대통령이 미국에 간다고 할 때 자기가 한복을 만들어 입고 내 앞에서 이런저런 얘기하던 거, 그런 걸 내가 다 보고 들었어." 물론 장영자에게 들은 얘기일 뿐 이 회장도 그녀가 실제로 박 대통령과 어떤 관계였는지는 모른다.

"그 여자가 나한테 거짓말을 했다면 그렇게 잘할 수가 없고 어떨 땐 너무도 그럴듯하게 얘기를 하니까 들을 때도 어디까지가 진실인지 헷갈렸다. 그 정도로 말을 아주 잘하는데 그런 말 속에서도 나름대로 '이건 정말이구나' 하는 건 느낄 수 있지 않나?

그리고 청와대 내부를 정말 잘 안다. 가령 지프를 타고 어디에서 만나 가지고 어디로 들어갔다. 청와대 어디로 해서 어디로 갔고 근영 씨(박 대통령의 차녀)가 무슨 말을 했고 박 대통령이 어깨를 툭 치면서 어쩌고 하더라 ……

나는 청와대 출입을 해봐서 알고 있거든. 그런데 그 여자가 말하는 게 딱 맞고 박 대통령이 얘기했다는 말도 내가 생각할 때는 대통령이 할 만한 얘기거든. 그러니 가만히 분석을 해볼 때 거짓말이라면 그렇게 꾸밀 수가 없는 거지요. 아무리 백여시 같은 여자라 해도 말이지.

어쨌든 그렇다 하더라도 박 대통령이 그런 일이 있었다고 말하지 않는 한, 장영자가 자백을 하지 않는 한은 누구도 사실이라고 할 수 없잖아?"

구속된 장영자는 4개월 만에 집행유예로 석방되었다. 이에 대해 이 회장은 "내가 볼 때는 박 대통령이 얘기해서 이철희가 빼준 것 아닐까 본다"고 말했다. 이철희는 당시 중앙정보부 차장이었고 나중에 장영자의 남편이 되었다.

"나중에 내가 김치열(당시 내무장관)씨한테 물어봤어. 그랬더니 뭐 '정신이 이상한 여자고 저 혼자 괜히 꿈을 꾼 것 같다'고 그럽디다. 그런데 내가 김치열씨 눈치를 보니까 뭔가 그런 사실이 있었던 것 같아. 그러니까 사건을 덮은 것이 아닌가, 그런 생각이 들었어요.

한번은 내가 장영자씨 보고 타이르듯이 면전에서 그랬어. '여자의 일생이라는 것은 가난해도 부부생활 해가면서 어려운 살림살이를 일구어내고 할 때 거기에 행복이 있는 건데 무엇 하러 박 대통령의 부인이 되려고 했느냐, 그게 얼마나 어려운 자리라고.' 이랬더니 듣고만 있지 말을 안 해. 본인은 정말 결혼할 수 있다는 생각을 하고 있었는지도 몰라. 나로서는 진심으로 충고를 한 건데 그 야심 있는 여자가 속으로는 웃었을 거야."

설마 박 대통령도 그녀에게 이용당한 건 아닐까?

명성그룹 · 영동개발 · 광명그룹사건

천재 기업인 김철호를 죽인 검은 손은 누구?

18

지난 2006년 11월 23일 전남 영암군은 '관광레저산업과 지역경제 발전 전략'이라는 주제로 공직자와 지역주민 및 관내 유관기관 · 단체 임직원 등 500여 명을 대상으로 하는 '21영암포럼'을 개최했다. 이 포럼의 초청 강사는 김철호 전 명성그룹 회장이었다. 바로 1983년 온 나라를 발칵 뒤집어놓았던 초대형 금융사고인 명성사건의 주인공 바로 그 사람이다.

이 포럼에서 김철호는 "관광레저산업의 대부로서 1980년대 초 한국에 콘도미니엄이란 개념을 최초로 도입하여 불과 3년 만에 23개의 기업을 거느리는 신화 창조의 주역"으로 소개됐다. 그에 대한 부정적인 이미지는 전혀 찾아볼 수 없었다. 이는 김철호가 이미 완벽하게 명예를 회복했고 성공적으로 재기했다는 것을 의미하는 것이다. 그는 "이제 와서 명성사건의 진실을 밝힌들 무슨 소용이 있느냐"는 입장인 것으로 알려져 있다.

김철호, 그는 과연 어떤 인물인가? 그는 1938년 전북 임실에서 태어나 전주공고·한양대 공대를 졸업하고 호남비료에서 사회생활을 시작했다. 입사 2년 만에 안전과장이 되는 등 고속 승진가도를 달렸다.

그가 사업과 처음 인연을 맺은 것은 1966년 금강운수라는 택시회사를 차리면서부터다. 그는 당시 신진자동차가 생산하던 '코로나' 승용차를 구입했는데 당시는 어지간한 업자도 코로나 택시 1대를 확보하기 어렵던 때였다. 김철호는 김제원 신진자동차 회장 집에 매일 아침 찾아가 기다리다가, 출근하는 김 회장에게 매달리는 열정을 보였다.

운수업으로 사업에 재미를 붙인 김철호는 서울로 상경해 퇴계로 동양빌딩에 금강개발을 설립하고 건설업에 진출했다.

그러나 1969년 자동차사업 면허가 개방되면서 독점기업이던 신진자동차 외에 현대자동차·기아자동차·아세아자동차가 만든 승용차들이 쏟아져나오자 코로나 판매중개에 상당부분 의존하던 금강운수는 도산하고 말았다. 또 그가 서울에서 벌인 다른 사업들도 다 실패, 한때 빚쟁이들을 피해 잠적하기도 했다.

그는 1971년 고향인 임실에서 무소속으로 국회의원선거에 출마했다가 낙선하기도 했으며 호구지책으로 2년간 목재회사에서 월급쟁이 생활을 하기도 했다.

■　　■　　■　　■

오뚝이 같은 재기, 국내 최초 관광레저그룹

그러나 김철호는 오뚝이처럼 다시 일어났다. 그가 명성그룹을 일구게 된 직접적 계기는 1979년 4월 9일 명성관광이 상업은행 혜화동지점에 당좌예금계좌를 개설한 것이다. 여기서 만난 사람이 바로 김동겸 대리다.

김철호는 김동겸에게 부도 직전의 명성관광 발행 어음 교환자금 부족액에 대한 연장결제를 부탁하면서 각별한 친분을 쌓았다. 4월 말에는 자금부족으로 공사를 중단한 '예그린'의 건설자금 2억 원의 융통을 부탁하기도 했다. 김동겸은 사채중개인인 이명률에게서 사채예금을 끌어들여 가명으로 계좌를 개설하고 입금시킨 후 김철호에게 그 자금을 융통해줬다.

김동겸이 조성한 사채자금을 활용해 김철호는 1979년 9월 경기도 오산에 있는 오성골프장을 19억 1300만 원에 인수했다. 오성골프장은 예비역 장성 5명이 일본 자본을 끌어들여 공사에 착수했으나 일본 기업의 철수로 자금난에 직면해 공사가 중단된 상태였다. 김철호는 오성골프장을 인수해 명성컨트리클럽으로 개명하고 총 68억 원을 들여 36홀 65만 평 규모의 국제적 골프장을 완성했다. 이 무렵부터 재계는 김철호를 예의주시하면서 한편으로는 의구심을 갖기 시작했다.

이한구 수원대 교수는 "골프장 건설자금의 대부분은 김동겸으로부터 조성한 사채자금이었다. 김 대리는 불법인 수기통장(手記通帳)을 만드는 방법으로 자금을 조성하여 명성에 공급했다. 이로써 김철호는 우리나라 레저산업의 기수로 급부상한다"고 말했다.

확실한 자금원을 확보한 김철호는 의욕적으로 사업을 확장해나갔

영암군 초청강연에 나선 김철호. 그는 오늘날 지방자치단체들의 인기 강사로 완전히 명예회복을 했다.

다. 그 결과 금강개발 · 현대중건 · 현대미건 · 남태평양산업 · 명성관광 · 명성컨트리클럽 · 명성콘도미니엄 · 산(山)건축연구소 · 남태평양레저타운 · 스타월드 · 명성엔지니어링 · 명성종합특산농원 · 명성올림픽레저타운 등 방대한 계열사들을 거느린, 국내 최초이자 최대의 관광레저전문그룹을 형성하게 됐다.

당시는 콘도라는 개념이 생소하던 시절이었다. 명성그룹이 설악산 · 지리산 등 전국 명승지에 콘도를 집중적으로 건설하면서 비로소 우리나라에 본격적인 레저문화가 정착됐다.

그러나 수기통장을 이용한 사채자금조달이 발각되면서 김철호는 1983년 8월 17일 전격 구속되고 만다. 수사당국은 김철호와 김동겸이 공모, 불법으로 사채자금을 조성했다고 발표했다. 명성그룹 계열사들은 한동안 법정관리 상태로 있다가 부실기업 정리 과정에서 대부분 한화그룹에 인수됐다. 현재의 한화콘도가 옛 명성콘도다.

이것이 표면적으로 알려진 명성사건의 개요다.

경제범 아닌 정치범, "사채 쓴 게 무슨 죄?"

이장규 하이트진로그룹 부회장(전 중앙일보 경제전문기자)은 지난 2005년 1월 칼럼에서 김철호를 이렇게 평가했다.

"그는 기발한 사업가였다. 여러 평가가 있으나 어쨌든 한국 레저산업의 선구자였음엔 틀림없다. 무명의 촌놈 기업인이 아무도 생각 못했던 콘도사업으로 전국 땅값을 뒤흔들었고 이른바 리조트 붐을 몰고 오면서 하루아침에 유명해졌다.

온갖 루머가 난무했다. 청와대 배후설을 비롯해 통일교 자금설, 또는 전대미문의 사기꾼이라는 이야기에 이르기까지.

대통령 특명으로 정부가 단속에 나섰으나 콘도라는 신개념 사업을 규제할 법적 근거가 없었다. 하는 수 없이 국세청을 동원해서 사채를 썼다는 죄목으로 콩밥을 먹였다. 사업하는 사람이 비싼 이자 물고 사채를 끌어 쓴 게 무슨 죄가 된다고.

결국 김철호는 경제범이 아니라 정치범으로 감옥에 갔고 명성그룹은 하루아침에 무너졌다. 콘도시설과 골프장 등 주요 재산들은 한화그룹에 헐값에 넘겨져 지금의 알토란이 됐다.

만약 김철호의 명성그룹이 여태까지 무사히 사업을 해왔다면 어떻게 됐을까.

모르긴 해도 그가 한국의 레저산업 수준을 몇 단계 업그레이드시켰으리라 확신한다. 당시 그의 집무실에는 갖가지 아이디어를 형상화한 미니어처가 가득했다. 해외 자본을 끌어오는 것은 물론이고 듣도 보도 못한 세계적인 디자이너 · 설계가 이름을 줄줄이 꿰고 있었다. 지내놓고 보면 그는 너무 앞서 나갔고 사업 구상 역시 그때 실정으로는 너무 벅찬 것이었다."

세간에 알려진, 그리고 사건 당시 당국이 발표한 것과는 너무도 다른 이야기다. 이 칼럼을 읽고 명성사건의 실체적 진실을 찾아보기 위해 나선 이가 인터넷논객 '독고탁'이다. 다음은 그가 2005년 인터넷 언론 '데일리 서프라이즈'에 쓴 글의 요지다.

"제5공화국은 그들의 정치적 목적을 달성하기 위해서는 어떤 분야든 반드시 희생양을 만들고 비참하게 털어냄으로써 '본보기를 보이는' 일관된 전략을 구사하고 있다. 그런데 왜 명성그룹을 찍었을까?

당시 언론에서는 김철호 회장이 전두환의 장인 이규동과 친분이 깊은 것으로 묘사하며 '김철호가 이규동을 팔고 다닌다'는 투의 기사를 썼었다. 만약 그것이 사실이라면 왜 전두환은 장인어른과 친분이 깊은 명성 김철호 회장을 죽이려고 했을까? 그만큼 도덕적이고 정의로워서일까?"

정치자금에 영수증 요구, 괘씸죄 배후 이학봉?

김철호와 이규동의 관계에 대한 의혹의 발단은, 김철호가 1981년 12월 롯데호텔에서 '경로사상 선양을 위한 청산(靑山, 김철호의 호) 서예전'을 열어 그 이익금을 이규동이 회장으로 있는 대한노인회에 전달했다는 데서 비롯됐다. 이국영은 《이상한 승부》에서 이런 소문을 김철호가 사업에 철저하게 이용했다고 주장했다.

"명성그룹이 있는 삼환빌딩 4층에 회장실을 꾸며놓고 이규동이 마치 회장으로 취임해 뒤를 봐주는 것처럼 가장했으며 응접탁자용 담배라이터 케이스를 홍보용으로 만들어 빈 담뱃갑 속에 이규동의 이름이 인쇄된 종이를 넣었다. 이규동의 인사장도 명함도 아니지만 이 종이가 들어 있는 담배 케이스를 선물로 받는 사람들은 명성그룹을 무조건 도와주게 됐다."

이에 대해 독고탁은 이렇게 설명한다. "진실의 핵심은 이렇다. 이 규동 측에서 사람을 넣어 명성그룹과 이규동을 연결했고 이후 이규 동은 명성컨트리클럽을 자주 왕래하며 친분을 쌓는다.

그러던 어느 날 이규동은 김 회장에게 제안을 한다. 자신 소유의 땅 25만 평을 명성에서 고가로 매입해주거나 아니면 그 땅에 명성컨 트리 같은 골프장을 만들어달라는 요청이었다.

김 회장은 골프장 개발전문 인력을 투입해 그 부동산을 조사한 결 과 골프장이 들어서기에 적합하지 않다는 결론이 나왔다. 그것을 설 명해주고 아울러 25만 평을 당장 고가로 매입할 수 있는 여건이 되지 않는다는 점을 완곡하게 이해시키며 결국 거절하는 결과가 됐는데 이게 '괘씸죄 1호'에 해당한다."

또한 명성사건 당시 항간에는 명성이 정치자금 제공을 거부해 괘 씸죄에 걸렸다는 소문이 있었는데 독고탁이 놀랄 만한 사실을 밝혀 냈다.

"쿠데타세력의 막강한 파워와 시퍼런 칼날이 난무하던 시절 이름 석 자만 대면 누구나 아는 사람이 김 회장을 찾아와 '정치후원자금' 50억 원을 요청한다. 그 자리에서 김 회장은 '50억이든 100억이든 줄 테니 회계 처리할 수 있도록 영수증을 달라'고 요청한다.

며칠 뒤 높은 곳에서 전화가 왔다. 없던 일로 하자고. 이게 '괘씸죄 2호'에 해당한다. …… 세상 바뀌자 재벌이고 대기업이고 돈 싸들고 돌아다녔는데 정치자금에 영수증을 요구한 김 회장이 고와 보였을

리가 없다."

이와 관련해 복역 중이던 김철호는 국회 5공특위 청문회에서 "명성을 무너뜨린 배후 인물은 이학봉 민정수석"이라고 증언한 바 있다.

2차 세무사찰, 전 대통령 지시에 의한 것

명성 죽이기는 1982년 5월의 1차 세무조사로부터 시작되었다. 당시 명성은 양평올림픽레저타운 590만 평, 설악레저타운 110만 평, 용인 컨트리클럽 70만 평 등 전국의 관광명소 15곳과 장차 해양관광 시대를 겨냥한 동해안 화진포 · 속초 · 울릉도 · 한려수도 · 부산 수영만 · 통영 · 여수 · 거문도 · 흑일도 · 서해안 무창포 · 천리포 · 남양 등 10개 지역의 관광레저타운 부지 등 총 2000여만 평에 달하는 부동산을 보유하고 있었다.

장기간에 걸친 대대적 세무사찰 결과 17억 원의 세금탈루 추징금을 매겼는데 털어서 먼지 안 나는 기업이 없는 마당에 이 정도는 깨끗한 편이었다.

독고탁은 "세무사찰 결과 명성 보유 부동산의 미래가치만 공인해 준 결과가 됐다"며 "이후 1년에 걸쳐 안기부와 보안대 요원들의 감시와 공작이 이어지고 제1금융권과의 거래가 힘들어지자 자사 보유 부동산을 담보로 제2금융권이나 사채에 의존할 수밖에 없게 됐다"고 말했다.

1차 세무사찰을 겪은 김철호는 특단의 조치를 취했다. 경리 · 세무 담당 부서에는 모두 국세청 출신을 스카우트해 배치하고 세무 · 회계 · 경리상 일체의 하자가 없도록 투명 경영 · 투명 회계를 하라는

대한민국 머니 임팩트

엄명을 내린 것이었다.

"어쩌면 이 부분이 오히려 김 회장의 발목을 잡는 아이러니가 됐을지도 모른다. 그 당시 투명 회계를 한다는 것이 어디 쉬운 일인가. 결국 '나는 털어도 먼지 날 것 없다'는 자신감이 오히려 김 회장으로 하여금 군부실세들

명성그룹 해체 후 명성콘도는 한화그룹으로 넘어가 한화콘도가 됐다.
사진은 양평 한화콘도.

앞에서 굽실대지 않도록 만들고 할 말을 다하도록 만들었던 것은 아닌지……."

1983년 6월 국세청은 다시 2차 세무조사에 나섰다. 안무혁 당시 국세청장은 "명성에 대한 세무조사는 전 대통령의 지시에 의한 것이었다. 당시 윤자중 교통부장관이 명성을 적극적으로 참여시키는 내용을 골자로 하는 레저산업육성계획을 보고했는데 이 보고를 받고 난 대통령이 직접 국세청 조사국장에게 전화를 걸어 '명성이라는 기업이 과연 그럴 만한 기업인가 알아보라'고 지시한 데서 비롯된 것이다"(이국영, 《이상한 승부》)라고 증언했다.

사실 국세청은 전 대통령의 세무조사 지시를 받자 난감했다. 1차 세무사찰에서 별다른 뾰족한 것을 찾지 못한 터여서 실무적으로는 재조사가 전혀 필요 없다는 입장이었다. 더욱이 재조사를 통해 새로운 것이라도 드러나면 1차 조사가 허술했다는 것을 스스로 드러내는 결과가 되는 것이었다. 국세청은 베테랑급 조사인력을 투입하지 않았고 이렇다 할 실적을 올리지 못하고 있었다.

'강호 제현에게 고함', 광고의 미스터리

그런데 갑자기 돌발변수가 생겼다. 세무조사에 시달리던 김 회장이 7월 31일 신문광고를 통해 '강호 제현에게 고함'이라는 성명서를 발표, 대놓고 반발하는 돌출행동을 한 것이다. 일개 신흥기업이 국세청장을 상대로 정면으로 싸움을 걸다니 감히 상상도 못할 일이었다.

안 청장은 발끈했다. "엄청난 탈세 혐의로 조사를 받고 있는 기업이 자숙은커녕 또다시 국민을 오도하려 하는 저의가 한심하다"며 조사요원을 50명에서 100명으로 늘리고 총력전을 선언하고 나섰다. 국세청은 물론 주요 국가기관들이 총공세에 나섰으니 명성의 운명은 뻔한 것이었다.

"김 회장이 국세청을 공격하는 신문광고를 내지 않았던들 이야기는 전혀 달랐을 것이다. 김 회장이 왜 그런 행동을 했는지 지금도 수수께끼다. 아마 김 회장이 그런 짓만 안 했더라도 명성에 대한 세무조사는 얼마 안 가 그만 뒀을 것이다."

이에 대해 독고탁은 "김 회장은 2개월 동안 24시간 감시를 당하는 절박한 상황과 시시각각으로 조여오는 각종 탄압과 끓어오르는 분노를 견디다 못해 4대 일간지에 성명서를 낸다. 명성그룹을 죽이려는 전두환정권에 정면으로 도전한 셈인데 이것은 괘씸죄 완결본으로 '사망 아니면 회복불능의 치명상'에 해당하는 부분이다.

잠자고 있는 사자 코털을 건드린 정도가 아니라 먹이를 찾아 어슬렁거리는 사자의 조인트를 깐 셈인데 결국 그 결과는 구속이었다"라고 했다.

그러던 어느 날 잔뜩 독기가 올라 눈에 불을 켜고 명성의 서류들을 뒤지던 국세청 조사요원들에게 명성과 상업은행 혜화동지점이 거래한 예금원장 하나가 발견되면서 베일에 싸여 있던 명성의 자금출처가 극적으로 밝혀지기 시작했다. 명성관광 대표 신명진(김철호의 부인) 명의의 계좌 거래 규모가 갑자기 불어난 것을 발견, 조사요원 30명이 이쪽에 집중 투입됐다.

마침내 혜화동지점 대리 김동겸이 레이더망에 걸려들었다. 김 대리의 부인 심학자가 명성관광 및 남태평양레저타운의 주주이자 감사로 돼 있었다. 주변을 이 잡듯 조사한 후 김 대리를 집중 추궁했다. 8월 6일 마침내 김 대리는 수기통장 발행 등 범법 사실을 시인했다. 조사요원들은 곧 김 대리의 가택 밀실에서 사채자금조성·부정인출 시 사용했던 비밀노트 한 권을 찾아냈다. 그의 불법 예금사취의 전모가 낱낱이 드러나기 시작했다.

은행 내 사설은행, 김동겸의 불법 수기통장

국세청이 밝혀낸 김동겸의 사채자금조성 방식은 실로 충격적인 것이었다. 일개 은행 대리가 소위 수기통장이라는 것을 통해 은행 안에 자신만의 '사설은행'을 따로 차려놓고 무려 1000명이 넘는 전주들을 상대로 돈놀이를 해서 명성에 필요한 사채자금 1066억 원을 공급했다. 은행 직원이 은행에 앉아서 기업에 사채를 공급해주는 역할을 버젓이 해왔으니 대리가 24개 계열사를 거느린 신흥재벌의 주거래은행장 노릇을 한 셈이었다.

김철호에게 사업자금 부탁을 받은 김동겸은 처음에는 사채업자 이명률, 나중에는 박기서를 통해 예금조성을 했다. 아침저녁으로 박기서와 연락하면서 예금주에게 수기통장을 작성해 교부해주는 한편 거래원장을 별도로 작성해 자신이 언제든 임의로 인출할 수 있는 자금으로 만들어두는 등 치밀한 수법을 썼다. 예컨대 예금주에게는 1억원의 수기통장을 내주고 원장에는 100만 원을 기재한 후 차액 9900만 원은 자신이 임의로 사용할 수 있는 계좌에 입금시키는 방식이었다.

매일 아침 박기서로부터 얼마 정도의 자금이 조성될 것이라는 전화를 받고 은행에 출근했다가 같은 날 오후 그가 실제 조성해준 금액을 파악하고 퇴근시간에 만나 선이자를 전해줬다. 또 거래신청서나 이자전표의 인감란에 직접 예금주의 인장을 받아 날인하면서 그 밑에 놔둔 예금청구서나 지급전표에도 몰래 찍어뒀다가 자금이 필요할 때마다 수시로 인출했다.

아울러 치열한 예금유치 경쟁의 맹점을 이용, 지점장과 차장 등에게 자신의 예금유치 능력을 은근히 과시하고 박기서를 고액 예금주의 대리인인 것처럼 행세토록 해서 내부 통제의 견제를 피했다. 매일 오후 5시 지점장에게 보고하는 예금 속보는 고의로 입출금 상황을 구체적으로 기재하지 않고 가명으로 총입금액과 총지출액만 기재, 상황을 은폐했다.

이렇게 조성한 사채자금을 김철호에게 건네줄 때에는, 교환결제에 돌아오는 명성 어음의 결제를 위해 명성그룹이 갖고 있는 은행계좌에 입금하는 방법을 주로 사용했다. 명성그룹의 계좌는 당좌가 3개, 보통예금 7개 등 총 10개였다.

1984년 8월 14일 대법원은 김동겸에게 업무상배임 및 횡령죄를 적용해 징역 12년, 혜화동지점 전 여행원 송연화에게는 징역 8월에 집행유예 1년을 선고했다.

명성 관련 수기통장 예금주는 총 1089명에 예금액은 1066억 원이었다. 이 중 972명은 원금과 정기예금이자를 합해 정기예금증서로 바꿔준다는 상업은행의 화해조건을 받아들였으나 100명은 이를 거부하고 예금청구소송을 제기했고 나머지 17명은 아예 나타나지도 않았다.

그런데 1987년 7월 대법원은 명성사건과 관련해 "김동겸이 발행한 수기통장은 적법한 예금계약이 아니므로 은행은 예금 반환의 의무가 없다"고 판결했다. 이에 따라 소송을 제기했던 예금주들은 김동겸에 대한 사용주(은행) 측의 지휘감독 소홀에 대한 책임을 물어 은행을 상대로 손해배상청구소송을 제기, 과실상계의 방식으로 배상을 받는 수밖에 없었다.

법인계좌를 개인계좌로 조작, 횡령죄 덮어씌워

김동겸의 불법·편법 행각과는 별개로 명성사건을 그와 김철호 회장이 공모한 것으로 몰아 횡령죄로 감옥에 처넣고 명성그룹을 해체시켜버린 것은 처음부터 김 회장과 명성을 겨냥한 정권의 음모였다. 이는 1993년 12월 경제정의실천시민연합과 부정부패추방운동본부에서 공동으로 작성한 '명성사건조사보고서'에 구체적으로 나와 있다.

이 보고서에 따르면 국세청과 검찰은 사채자금이 김철호 '개인계좌'로 입금됐다며 그가 김동겸과 공모해 고객 예금을 횡령했다고 몰았으나 사채자금이 수수된 은행계좌는 명성그룹 산하 각 법인의 계좌였으며 그 계좌들은 실제 거래대금이 입출금되는 정상 거래 계좌들이었다. 특히 국세청이 사채자금이 입금됐다는 사실만으로 엄연한 법인계좌를 김철호 개인계좌로 탈바꿈시켜 언론에 발표한 것은 명백한 허위다.

"자연인과 법인을 구분하지 못하고 혼동한다는 것은 근본적으로 은행계좌에 대한 기본 상식조차도 왜곡시키는 것이며 법인계좌와 개인계좌를 혼동하는 것은 자연인과 법인격을 구분하는 기본적인 체계를 무시하는 처사"라고 이 보고서는 명시하면서 "법인체의 대표이사가 법인체의 계좌에서 법인체에 소요될 자금을 출금하는 행위가 어째서 '횡령'이 되느냐"고 의문을 제기했다.

뿐만 아니라 이 보고서는 사채조달을 위해 제공된 담보가 모두 명성그룹 산하 각 법인체의 부동산이나 자산이었음을 명시하고 있다. "법인이 자금조달의 주체가 돼 법인 보유의 자산을 담보로 법인계좌로 입금받았는데 문제될 것이 무엇인가"라는 문제제기인 것이다.

독고탁도 "당시엔 법원이나 국세청이나 대단히 초법적인 법적용 감각을 가졌음에 틀림없었던 같다"며 "상업은행 혜화동지점의 김 대리가 개인적으로 수기통장을 만들어 돈을 모아 그 스스로 사채운용을 한 부분에 대해서는 진실을 파묻어버린 것으로 보인다. '그것은 김 대리 개인의 비리이지 명성과는 상관없다'고 강변하는 김 회장의 주장이, 당시 칼자루 휘두른 사람들이 내린 '명성과 김 대리가 짜고 만들어낸 비리'라는 결론에 찍소리 못하고 눌려버렸다.

군부실세 앞에서도 할 말을 다 했던 김 회장이 일개 대리와 짜고 수기통장이나 만들어 고객들의 돈을 횡령했다는 것 자체가 정황에 맞지 않고 대단히 파렴치한 경제사범이라는 인식을 주기 위해 덮어씌워진 오물에 지나지 않는다"고 비난했다.

당시 법정에서 김 회장은 김 대리 및 사채업자 박기서와의 대질심문을 끊임없이 요구했으나 단 한 번도 허락되지 않았다. "심지어 가장 중요한 핵심 키를 쥔 박기서는 출국금지조차 시키지 않고 급하게 해외로 출국시켜버려 조사 자체가 이뤄지지 못하도록 원천 차단해버렸다"고 독고탁은 주장했다.

친인척 문제 관련 과민반응에 괘씸죄 추가?

당시 경제장관을 지낸 한 인사는 퇴임 후 "사실 명성이 무슨 죽을죄를 지었나? 기업이 사업을 하기 위해 비싼 이자를 물어가며 사채를 쓴 게 무슨 죄인가"라고 반문했다. 이에 대해 이국영은 "명성이 지은 죄에 비해 실제로 정부가 가한 단죄는 훨씬 가혹한 것이었다"며 "애당초 국세청과 검찰은 죄의 내용은 어떠하든 간에 명성이라는 기업을 퇴출시킬 생각으로 덤벼들었으며 결국 마음먹은 대로 해치운 것"이라며 다음과 같이 분석했다.

"해답은 간단하다. 정부는 경제적 동기에서 손을 댄 것이 아니었다. 기업으로서 사업이 잘되고 못되고의 문제가 아니라 가뜩이나 국민들의 의혹을 사고 있는 명성의 성장 과정에 대통령 친인척(이규동)이 개입돼 있다는 소문이 자꾸만 꼬리를 물고 일어난 것이 문제였다.

이미 이철희·장영자사건으로 인해 대통령 주변에 대한 국민들의 인식은 대단히 나빠진 상태였다. 이런 상황에서 명성을 둘러싸고 또다시 친인척들 비리문제가 공공연히 제기되고 있었기 때문에 권력 핵심부에서는 명성에 관한 시중 루머에 대해 처음부터 알레르기 반응을 보이고 있었다."

즉 친인척 비리문제로 비화될 것을 걱정한 권력 핵심이 지레 겁을 먹고 '꼬리 자르기'에 나선 것이라는 해석인 셈이다. 여기에다 독고탁이 밝혀낸 이규동의 진노와, 정치자금 영수증 문제에 따른 괘씸죄가 상승작용을 일으켰으리라.

아무튼 천재적인 사업가 김철호는 억울하게 횡령죄로 징역 15년, 벌금 79억 3000만 원의 확정판결을 받았고 9년이라는 긴 세월을 감옥에서 썩고 나서야 집행유예로 풀려났다.

한편 그가 구속된 후 2주일이 지나도록 명성그룹 계열사들이 부도가 나지 않자 청와대는 당황했다. "회사 중역들을 검찰로 불러 부도를 내도록 강요하고 김 회장의 부인을 체포영장도 없이 2주간 불법감금하며 '자식들을 생각해서 부도 처리하도록 남편을 설득하라'고 강요하기도 했다"고 독고탁은 고발했다.

또 회사정리법을 개정까지 해가며 명성 주식 98퍼센트를 완전 소각시켜버리고도 법원이 법정관리개시 결정을 못하자 부채가 자산의 두 배가 되도록 조작까지 했다고 한다.

"알토란 부동산 1조 2000억 원의 재산을 불과 1680억 원의 부채를 이유로 부도를 강제하여 한 기업인을 좌절시키고 고부가가치 미래산업을 선도하던 기업을 공중분해했다. 그 열매는 엉뚱한 사람이 차지하게 된다. 당시 실세에게 헐값으로 거저 주다시피 한 명성콘도는 한화콘도로 이름이 바뀐 뒤 오늘에 이른다."

명성콘도를 인수한 한화그룹 김승연 회장의 장인은 5공에서 내무장관을 지낸 서정화 전 의원이며 백부는 5공 때 국민당 총재를 지낸 김종철이다.

사채시장 큰손, 여걸 영동개발 이복례 회장

지난 2006년 12월 18일 행정자치부는 고액 상습 체납자 1149명의 명단을 발표했다. 이에 따르면 개인 체납자 1위는 이복례 전 영동개발진흥 회장으로 체납액이 38억 원에 달하는 것으로 나타났다. 지난 1983년 또 다른 초대형 금융사고인 영동개발사건을 일으킨 이복례라는 이름 석 자가 23년 만에 다시 언론에 등장한 것이다.

영동개발사건은 조흥은행 중앙지점 일부 직원들이 영동개발진흥 및 신한주철 관계자와 결탁, 상업어음 보증에 필요한 지점장 직인 및 보증 스탬프를 도용해 1691억 원의 융통어음을 보증해주고 영동개발이 이 보증어음을 단자회사 및 사채시장에서 할인한 사건이다.

이 회장은 전국 곳곳에 호텔 체인과 부동산을 갖고 있었으며 14개의 계열사를 거느린 여성 재벌이었다. 계열사는 영동개발진흥 · 서일종합건설 · 도진실업 · 제일호텔 · 부여유스호스텔 · 도진종합인테리어 · 삼광금속 · 일흥기업 · 일복기업 · 태평양투자금융 · 화신상호신용금고 · 불국사관광호텔 · 코단 및 학교법인 통율종합학교 등이었다.

이복례는 충남 덕산 출신으로 일제강점기에 경성여상을 졸업한 인텔리 여성이다. 슬하에 3남 3녀를 두었다. 남편 대신 가족의 생계를 떠맡아야 했던 그녀는 1950년대 온양에 제일여관을 개업했다. 이 여관은 깔끔한 음식 솜씨와 부담 없는 분위기 때문에 언제나 서울 손님들로 만원이었다.

그녀는 억척스럽게 돈을 모았고 부동산투자와 사채놀이로 재력을 쌓았다. 또 서울의 저명인사들과 폭넓게 교류, 내로라하는 저명인사치고 그녀를 모르는 사람이 없을 정도로 유명해졌고 여걸로 소문이

났다.

온양 온천을 찾는 길에 제일여관을 자주 들렀던 모 재벌 회장은 그녀에게 상경을 권했다. "당신 같은 수완과 노력이라면 서울에서도 성공 못할 리 없다"는 것이었다. 마침내 상경한 그녀는 남대문 근처 그랜드호텔을 임차, 서울에서 본격적인 호텔업에 나서 큰 성공을 거뒀다.

제일여관 시절 알게 된 서울의 저명인사들이 음으로 양으로 그녀의 사업을 도와줬다. 특히 공화당정권의 실력자들과 각별한 사이였으면서도 야당 거물급 인사들에게도 급전이나 정치자금을 주선해줄 정도로 그녀의 발이 넓었던 것으로 알려졌다.

그녀는 1973년 영동개발을 설립했다. 영동개발은 서울 영동에 반도유스호스텔을 건설하고 1980년 인천에 700가구, 서울 방이동에 900가구분의 아파트를 지어 분양했다. 또 중동건설 붐이 일자 서일종합건설을 인수해 말레이시아 · 필리핀 · 싱가포르 등의 해외건설사업에도 참여했다. 부여의 유스호스텔 · 불국사관광호텔 등을 인수하거나 건설하는 등 부동산투자를 겸한 호텔업투자에도 열심이었다. '죠다쉬' 상표의 가방과 봉제품 생산업체인 도진실업은 1000만 달러 수출탑도 수상했다. 그리고 학교법인 통율종합학교를 인수해 육영사업에도 나섰다.

차남과 셋째 아들, 그리고 세 사위를 경영 일선에 내세운 이 회장은 재계의 거물 여인, 사채시장의 큰손으로 부각됐다.

대한민국 머니 임팩트

은행원들이 백지어음에 지급보증인 찍어줘

소문난 알부자였던 영동개발은 왜 무너졌을까? 무리한 사업 확장을 한 데다 주택건설과 전기시공업체인 태원건설에 170억 원을 떼이는 등 여러 가지 악재가 겹쳤기 때문이다.

영동개발은 1974년 10월 강남구 역삼동에 반도유스호스텔을 짓는 데 15억 원을 들임으로써 처음으로 자금압박을 받기 시작했다. 당시 영동개발은 사채로 9억 원을 충당했으나 유스호스텔은 파리만 날리면서 적자 운영에 허덕였다. 사채이자는 눈덩이처럼 불어나 1979년 에는 빚이 20억 원에 달했다. 더욱이 그해 온양제일호텔을 짓느라고 40억 원가량의 자금압박이 가중됐다. 1980년 인천시 구월동에 지은 신세계아파트도 분양이 부진, 대우에 사원아파트로 넘기면서 손해를 봤다.

이때 이 회장은 고준호 지점장에게 도움을 요청하면서 은행의 불법행위가 본격 시작되었다. 전부터 알던 고준호가 지점장이 되자 이회장이 1980년 1월 하순경 고 지점장과 박종기 차장에게 "교환어음 결제자금이 부족하니 타점 당좌수표를 자기앞수표로 입금된 것처럼 처리해 부족 자금을 메워달라"고 부탁한 것이었다.

2주 만에 이런 부정결제액이 3억 원 상당에 달하게 되자 감사에서 적발될 것을 우려한 고 지점장과 박 차장은 좀더 안전한 방법을 생각해냈는데 그것이 영동개발 발행 어음에 지급보증을 해주는 것이었다. 본부의 승인 없이 지급보증해준 어음을 할인한 자금으로 부정결제분을 충당키로 한 것이다.

초기에는 두 사람이 지점장실에서 영동개발의 백지어음에 지급보증인 · 지점장명판 및 직인 등을 찍어줬다. 다른 직원들의 눈을 피하기 어렵게 되자 고 지점장이 직인보관담당 차장을 비롯한 다른 차장들을 밖으로 유인해내고 지점 내에 아무도 없는 틈을 이용하여 박 차장이 지점장실에서 회사 측 발행 어음에 직접 날인해 교부했다.

영동개발에서는 이 백지어음에다 필요할 때마다 이 회장과 곽근배 사장 또는 비서실 직원인 이미원 · 박영순 등이 기재 사항을 써넣었다. 또 어음번호 · 보증번호 · 금액 · 발행일 등이 적힌 부정보증어음 명세표를 은행 대출계 대리 및 행원들에게 주어 외부로부터의 확인 조회에 대비토록 했다.

결제된 부정보증어음을 계속 보관할 경우 감사에 걸릴 우려가 있으므로 교환에 회부되거나 창구제시된 것은 같은 액수의 회사 당좌수표로 대치하고 이 당좌수표는 마치 정상적으로 교환된 것처럼 보이게 하기 위해 타은행 횡선인과 교환인까지 찍어 폐기했다. 어음용지는 폐기된 부정보증어음의 번호를 잘라내 어음용지 교부신청 시 훼손된 것처럼 제출함으로써 필요한 어음용지를 계속 확보했다.

박 차장이 본점으로 전근한 1983년 3월 이후에는 대부담당 대리 윤경구와 행원 김용헌이 금고 안에 보관된 직인을 훔쳐내 업체 사무실에서 날인해주거나 회사 직원에게 맡겨 도장을 찍게 하는 식으로 계속 부정을 저질렀다.

1700억 부정지급보증, 조흥은행장 등 구속

당시 40대 전직 교사 이재진은 영동개발의 부정지급보증어음을 전주들에게 할인해준 '총판' 역할을 한 인물이다. 이국영에 따르면 원래는 이 회장의 장인이자 사채시장의 큰손인 김전수가 영동개발과 거래했으나 나이가 너무 많아 이재진에게 모든 것을 맡겼다고 한다.

명동 사채시장에서 영동개발 어음은 곧 '이재진 어음'으로 통했다. 영동개발 어음이 모두 그의 손을 거쳐 나갔기 때문이다. 그는 매일 영동개발에서 어음을 받아다가 중간 사채꾼들에게 할인해줬는데 하루에만 20~30억 원 정도를 취급할 정도였다.

"오전 10시까지만 집이나 강남의 개인사무실에서 계약을 받고 10시가 되면 어김없이 계약을 마감하는데 이때 돈과 어음을 교환할 장소를 지정해준다. 대개 명동과 충무로 일대의 은행로비에서 만난다.

한 은행로비에서 사채꾼을 한꺼번에 만나는 것이 아니고 한곳에서 2~3명씩 만나 돈과 어음을 바꾸고는 재빨리 또 다른 사채꾼을 만나기 위해 약속된 다른 장소로 간다. 이렇게 해서 이씨의 일은 10~12시까지 모두 끝난다." (이국영,《이상한 승부》)

하지만 1982년부터는 명동 쪽에는 나오지 않고 강남에 앉아서 몇몇 굵직한 중간 사채업자를 통해 어음을 풀었다고 한다.

은행금리가 좋았던 시절에는 영동개발에서 월 2.5퍼센트 정도의 할인율에 어음을 받아와서 전주들에게는 2.4~2.2퍼센트에 할인해줬다. 중간에서 0.1~0.3퍼센트의 수수료를 먹은 것이다. 하지만 나중에 은행금리가 낮아지자 어음금리도 떨어져 월 2퍼센트 정도에 거래됐다. 수수료로 0.1퍼센트만 떼도 한 달 거래액이 500~600억 원이었으니 이재진에게는 5000만 원이 떨어졌다. 그는 어떤 사건만 터지만 전화번호도 바꾸고 잠적하곤 했다.

한편 부정어음으로 조달한 자금은 어디에 사용됐을까? 영동개발은 총 1491억 원 중 부동산 매입에 500억 원, 사채이자 지급에 600억 원, 관련 기업투자에 130억 원, 투자손실보전에 261억 원을 썼다. 신한주철은 200억 원 중 사채이자 지급에 80억 원, 손실보전에 90억 원, 주식투자에 30억 원을 사용했다.

이런 엄청난 부정과 비리에도 불구하고 영동개발의 자금압박은 점점 심해져만 갔다. 설상가상으로 곽경배는 1982년 장영자사건에 연루돼 추징금으로 78억 원을 얻어맞았다. 1983년 7월 명성사건이 터지면서 '영동개발도 세무사찰을 받고 있다' 는 소문이 나돌기 시작하자 일시에 어음결제 요구가 밀어닥치면서 더 이상 지탱할 수 없게 됐다.

이 사건으로 이복례 회장 모자 등 영동 측에서 10명, 이헌승 조흥은행장과 고준호 · 박종기 · 윤경구 등 은행원 19명이 업무상배임수재 등의 혐의로 구속됐고 16명이 면직됐다.

도피 중이던 이복례 회장과 차남 곽근배 영동개발 사장은 해인사 백련암에서 검거됐고 고준호는 강원도 화천에서 자수했다. 이헌승 행장에게는 수재죄가 적용돼 징역 4년, 고준호 등 2명에게는 업무상배임수재로 징역 3~12년, 차장 4명은 징역 2년, 대리 10명에게는 징역 2~5년, 행원 김용헌에게는 징역 5년이 각각 선고됐다.

정치권 및 권력 핵심 관련 풍문도 꼬리를 물었으나 밝혀진 것은 아무 것도 없었다.

사건 이후 금융감독당국은 금융기관의 지급보증제도를 바꿔, 어음상에 스탬프로 '보증' 이라는 문구를 찍어주는 방식이 아니라 별도의 지급보증서 용지를 사용케 하고 지급보증 상대처를 명시하도록 했으며 융통어음 할인 금지를 강화했다.

합병 막고 내부 승진 전통 세운 송기태 행장

이 사건에 따른 조흥은행의 사고금액은 영동개발의 어음부정보증액 1020억 원, 교환어음 변칙결제 471억 원, 신한주철에 대한 어음부정 보증 278억 원 등 총 1769억 원에 달했다. 당시 조흥은행의 납입자본 금이 1100억 원이었으니 실로 엄청난 사고금액이었고 은행이 존폐위 기에까지 몰렸다.

사람들은 조흥은행이 도저히 회생이 불가능할 것이라고 생각했고 "금융사고만 났다 하면 조흥은행"이라고 비난했다. 다른 은행에 합 병될 것이라는 얘기도 난무했다.

송기태 전 조흥은행장은 임원이면서 은행장 직무대행을 두 번이나 맡았던 특이한 이력이 있다. 1982년 5월 장영자사건 때 상무이사로 한 차례, 1983년 9월 영동개발사건 때 전무이사로 또 한 차례였다. 은행이 대형 금융사고에 휘말려 위기에 처했을 때마다 그가 소방수 로 나섰다는 얘기다.

"큰 사고 하나를 수습하기도 전에 또 다른 대형 사고가 연이어 발 생했던 그때 은행을 위기에서 건져내야 하는 급박한 상황하에서 경 영을 책임지고 있는 사람으로서 창립 이후 최대의 위기를 벗어나기 위해서는 일상적인 노력 이상의 그 무엇이 필요했다."

《조흥 100년 숨은 이야기》에서 그는 위기 극복 과정에 대한 몇 가 지 얘기들을 털어놓았다. 그에게 떨어진 발등의 불은 합병되는 것을 막는 일이었다. 그는 관계당국과 여권 요인들을 찾아다니며 은행 정 상화에 대한 지원을 호소했다.

"은행의 사활이 걸린 문제를 갖고 여기저기 다니면서도 직원들의 사기를 생각해서 그런 내색을 할 수 없었고 아랫사람에게 얘기를 할 수도 없었다. 그러한 급박한 상황에서도 직원들의 사기를 생각해서 늘 웃는 얼굴로 출퇴근을 했다. 어려운 상황에서 은행 경영을 책임지게 된 나로서는 최고경영자이기 때문에 견뎌야만 하는 고독함과 고충이 있었다."

취임 초 사고 수습에 정신없던 송 행장에게 관계당국에서 곤란한 주문이 하나 떨어졌다. 전 임원에게 사표를 받으라는 것이었다. 후임에는 외부 인사를 기용하겠다는 얘기였다. 하지만 송 행장은 '은행장과 전무는 서로 호흡을 같이할 수 있는 사람이 임명돼야 한다'고 생각했다. 전무로 외부 인사가 영입될 경우 상황에 대해 접근하는 시각이 다를 수 있어 자칫 효과적인 위기관리가 이뤄지지 못할까 우려됐기 때문이다.

그는 고민 끝에 재무부로 들어가 당시 김만제 장관을 만났다. 이 문제에 대한 자신의 소신을 얘기하고 "조흥은행이 사고를 수습하고 정상화될 수 있는 길은 은행장 이하 전 직원이 일치단결해 장사를 잘하는 것뿐이니 외부 인사의 영입을 재고해달라"고 건의했다. 당시는 이미 외부 인사 영입이 사실상 결정된 상황이었으며 감사도 내정돼 있는 상태였지만 김 장관은 송 행장의 의견을 수용, 감사를 제외한 전 임원을 내부에서 선임토록 했다.

이때를 기점으로 조흥은행에서는 은행 내부에서 인사가 이뤄지는 전통이 확립되었다. 사실 송 행장 이전까지는 정부부처나 한국은행 출신 인사들이 행장을 맡는 경우가 많았으나 영동개발사건 이후 외부 출신 인사들이 조흥은행장 자리를 탐탁해하지 않게 되면서 이후 송기태 · 김영석 · 이종연 · 우찬목 · 장철훈 · 위성복 · 홍석주 등 서울대 출신 공채 행장들의 역사가 20여 년간 이어진다.

우여곡절 끝에 선임된 김영석 전무와 이종연 상무가 송 행장 방에 모였다. 이 세 사람은 서울상대 동기동창으로 차례로 은행장을 역임했던 사람들이다. 두 동기들에게 송 행장은 "어려운 시기에 우리가 이렇게 같이 중책을 맡은 것도 쉽지 않은 일이니 같이 힘을 모아 나가자. 그렇게 합심해 은행 경영을 잘해나갈 때 외부 인사가 들어올 여지가 없고 내부에서 은행장과 임원이 선임되는 전통을 세울 수 있다"고 강조했다.

한국은행이 경영 간섭, 조흥은행이 식민은행?

양대 사건의 여파로 자금부족이 심각해진 조흥은행은 한국은행 특융을 받아야 했다. 그 여파로 조흥은행은 한국은행에 자구책을 제출하고 경영상의 간섭과 통제를 받게 됐다.

"은행 경영을 하는 데 있어 자주권을 상실한 것이었다. 우리 은행으로서는 아주 유쾌하지 못한 상황이었다. 중앙은행에서 일일이 간섭하니 시중은행에 걸맞은 영업활동을 제대로 할 수 없었다. 그래서 영업활동을 제대로 하기 위해 여신 규모를 늘려나가겠다는 뜻을 재무부와 한국은행에 비쳤다."

그 무렵 한은의 한 임원은 "조흥은행이 지금 배당을 생각하게 됐느냐, 장사할 수 있는 상황이냐, 지금 간판을 달고 있는 것만으로도 다행스럽게 생각해야 하는 것 아니냐?"고 했다. 이 말에 송 행장은 도리어 오기가 났다. '그래 두고 보면 알 것이다. 이대로 주저앉지는 않을 것이다.'

송 행장은 우선 사고 많은 은행, 구태의연한 은행이라는 이미지를 개선하기 위해 심벌마크를 바꾸기로 했다. 그런데 감독당국에 사전 양해를 구하면 일이 힘들 것 같아 그냥 진행시켰다. 아니나 다를까 바뀐 심벌마크로 TV와 신문에 광고를 내자 발끈한 한국은행이 담당 임원을 호출, "조흥은행이 지금 자금 지원을 받고 있는 상태에서 CIP 작업을 하고 대대적인 광고를 할 수 있느냐"고 따졌다.

김만제 재무장관 초청 금융통화운영위원 만찬에서도 시중은행협의회장 자격으로 초청받은 송 행장과 최창락 당시 한국은행 총재 간에 격론이 벌어졌다. "조흥은행이 지금 많은 비용을 들여 그런 일을 벌일 때냐?"고 추궁하는 최 총재에 맞서 송 행장은 "장사는 조흥은행이 하는 것이다. 조흥은행이 장사를 해야 한국은행 돈을 갚을 것 아니냐, 조흥은행이 한국은행의 식민은행이냐, 좀 지나친 간섭 아니냐?"고 맞받았다. 다행이 그 자리에 동석했던 김만제 장관과 은행연합회장이 그의 편을 들어줬다.

그 후에도 송 행장은 계속 한은과 은행감독원의 눈치를 보지 않고 소신껏 일을 추진했다. 하루 빨리 은행 경영을 정상화하기 위해 꼭 필요한 일이라 판단되는 것은 한은과 다소 마찰이 있더라도 밀어붙였으며 재무부에 시의 적절하게 협조를 구해 난관을 헤쳐나갔다. 김 장관은 송 행장의 든든한 후원자였다.

"김 장관은 참으로 조흥은행 정상화를 위해 노심초사하셨으며 또한 많은 배려를 해주셨다. 우리 은행이 이렇게 성장 발전해나갈 수 있었던 배경에는 이분의 은공이 매우 컸으며 지금도 그것을 아주 고맙게 생각하고 있다."

송 행장은 "나는 은행장이 주주에게 인기를 끌기 위해 또 그렇게 함으로써 자신의 장래를 염두에 두고 이익을 과다 계상하여 억지로 배당을 하는 일도 하지 않았다. 이익의 행외 유출을 막고 행내 유보를 확대하기 위해 주주들에게 미움을 받더라도 무배당을 했다. 그것이 조흥은행을 살리는 길이라고 생각했다.

그 순간 은행을 위해 내가 할 수 있는 일을 다 하고 내가 평생 몸담고 있었던 은행이 잘되면 그것이 최고의 보람이라 생각했다"고 《조흥 100년 숨은 이야기》에서 회고했다.

후세의 조흥맨들은 그를 은행을 위기에서 구하고 안정 기반을 구축한 은행장으로 평가했다.

광명그룹, 계열금융기관 동원 거액 불법대출

한편 1983년 10월에는 또 다른 대형 금융사고가 터졌다. 바로 대구지역경제를 뒤흔든 광명그룹사건이다. 이 사건은 광명그룹이 자금사정이 어려워지자 계열사인 광명투자금융과 광명상호신용금고 등을 동원, 타인 명의를 이용한 불법대출 및 횡령사고를 일으켜 결국 567억 원의 은행 빚을 짊어진 채 도산한 사건이다.

광명그룹(회장 이수왕)은 광명건설과 광명주택 등 건설업을 중심으로 대구지역에서 급성장한 신흥재벌이다. 1983년에는 광명투자금융과 광명상호신용금고 설립인가를 받기도 했다.

하지만 거액 사채자금에 의한 과도한 부동산투자와 무리한 사업확장으로 1983년 들어 자금 사정이 극히 어려워졌다. 그러자 이수왕 회장은 계열 소속 금융회사들을 동원, 변칙적인 자금조달을 지시했고 마침내 거액의 부실 불법대출사건을 일으켰다.

광명상호신용금고는 은행차입·사채 등으로 조성한 자금을 광명 그룹 대주주에게 부외거래로 1965억 원을 지원했다. 또 광명투자금융 대표이사는 개인 명의로 1910억 원의 사채를 중개했다. 아울러 두 회사는 광명그룹 계열사 직원 명의를 이용한 위장대출·사채·동일인 여신한도초과 등 다양한 방법으로 대주주에게 자금을 부당지원한 것으로 밝혀졌다.

그러나 이런 불법지원에도 불구하고 광명그룹은 결국 쓰러졌다. 정부는 1983년 11월 4일 광명그룹 계열사에 대한 여신을 동결했고 광명투자금융과 광명상호신용금고는 다른 단자사 및 금고에 인수됐다.

부도 전 광명주택은 제일생명에서 20억 원을 차입하기로 하고 경일투자금융에서 보증을 선 약속어음을 제일생명에 담보로 제공했었다. 하지만 제일생명은 10억 원만 대출해주고 어음은 그대로 보관하다가 광명그룹이 도산하자 보증인인 경일투자금융에 20억 원의 보증책임을 물어 소송을 제기했는데 이 소송에서는 치열한 법정공방 끝에 경일투자금융이 패소했다.

신한은행의
성장 신화

도전정신으로 압축 성장,
신화 창조의 비결

19

"새로운 통합 신한은행의 출범은 내외적으로 그 의미가 적지 않다. 구신
한은행의 젊음과 패기가 구조흥의 역사와 전통으로 하나가 됐다는 점을
들 수 있고 또 자산 규모 163조 원의 대형 은행이 탄생하는 것에 의미가
있을 수 있다.

사실 25년 전 단지 4개의 지점과 270명의 직원, 당시 시중은행 규모의
약 4분의 1 정도의 작은 자본금으로 시작한 후발 신한은행을 생각해보면
정말 많이 변했다고 말할 수 있다."

2007년 5월 17일 신상훈 신한은행장은 인간개발연구원이 주최한 조찬
세미나에서 '신한은행의 도전과 성공'이라는 주제로 강연을 했다. 신 행

장은 25년 전인 1982년 7월 신한은행이 처음 설립될 당시의 창립멤버다. 그런 그가 은행원으로서는 꿈의 최정상 자리인 은행장에까지 올랐고 다시 105년의 역사와 전통을 자랑하던 조흥은행과 합병한 통합 신한은행의 수장이 되어 지난 25년을 회고한 것이다.

신 행장은 25년 전 창립 당일의 사진을 보여주며 그날의 얘기부터 시작했다. "지금 보는 이 사진이 1982년 7월 7일 구신한은행이 영업 첫날 지금의 코스모스백화점에서 시작하던 사진이다.

영업 첫날 과연 고객들이 올까 걱정이 많았지만 기대 이상으로 많은 분들이 와서 정말 감격스러웠던 기억이 지금도 생생하다. 그날 하루 방문고객수가 1만 7500명이었고 또 신규계좌수가 4200여 개 정도, 창립기념 정기예금과 기타 예·적금을 모두 합산한 수신계좌가 5017좌에 357억 원 정도 됐다. 이것은 한국 금융 역사상 유례가 없었던 기록이었다고 한다."

■　　■　　■　　■

1982년 7월 7일 신한은행이 태어나던 날

신한은행이 창립되던 날 총 279명(남자 198명, 여자 81명)의 창업멤버들은 긴장감을 감출 수 없었다. 서울 명동 옛 코스모스백화점(현 아바타쇼핑몰) 자리에 있던 본점 1층 영업부(현 명동지점). 신설 은행의 첫 출발을 축하하는 기념행사가 끝나고 마침내 개점시간인 오전 9시 30분이 됐다. 은행 문이 열리자마자 밖에서 장사진을 치고 기다리던 고객들이 한꺼번에 객장 안으로 밀려들었다. "어서 오십시오, 신한은행입니다." 직원들은 일제히 기립해 우렁찬 인사로 고객들을 맞았다.

"정말이지 눈코 뜰 새 없는 하루가 정신없이 흘러갔다. 밥 한 톨 구경하지 못한 채 영업 마감시간을 맞은 임직원들이 그날 하루 종일 입에 댄 것이라고는 주스 몇 잔뿐이었다. 그러나 끼니를 놓친 것쯤은 아무 것도 아니었다. 이날을 위해 잠자고 먹는 것도 잊고 분투해온 결과는 실로 엄청난 것이었다."(정동일,《대한민국 은행을 바꾼 신한은행 방식》)

본점 영업부에만 이날 하루 방문한 고객수가 무려 1만 7520여 명, 보통예금과 저축예금을 합쳐 4200여 계좌가 신규로 작성됐다. 수신고는 5017좌에 357억 4800만 원에 달했다.

"그날 하루 동안 쌓인 각종 예수금과 수표·타점권들을 처리하느라 이튿날 새벽 4시에야 업무를 마감한 직원들은 비로소 허리를 펴고 서로의 얼굴을 쳐다보았다. 많은 직원들의 두 눈에는 물기가 차오르고 있었고 모두의 가슴에는 '해내고야 말았다!'는 자부심과 감격이 뜨겁게 소용돌이쳤다.

그들에게 이미 이곳은 생계를 유지하기 위한 단순한 직장이 아니었다. 신한은행은 모든 구성원들의 분신이자 애착이 깃든 창조물이었다."

창립 이튿날《매일경제신문》은 "이날 보여준 신한은행의 위력이 기존 5대 시중은행을 긴장시키고 있다. 당분간 고전할 것이라는 예상을 깨고 …… 신한은행은 활기찬 출발을 맞이했으며 첫날부터 객장은 고객들로 인산인해를 이루었다"고 보도했다.

이희건 등 재일교포와 김재익의 합작품

5공 정권 초기에 신한은행이 태어나게 된 것은 전두환 대통령의 경제교사이자 '5공의 경제대통령'이라 불렸던 김재익 청와대 경제수석이 있었기에 가능했던 일이다. 여러 가지 측면에서 선각자였던 김재익 수석은 '한국이 선진국이 되기 위해서는 일본과 중국을 아우르는 동북아 금융 중심지가 돼야 한다'고 판단, 이를 위해 금융산업을 발전시키기 위한 획기적 방안을 모색했다.

그가 선택한 방법은 바로 선진국 금융자본을 끌어들여 합작 은행을 설립, 이를 통해서 선진금융기법을 이전받는 것이었다. 합작 대상은 미국과 일본이었다. 미국과는 Bank of America와 합작, 한미은행(현 한국씨티은행)을 설립했다. '한미은행'이라는 이름 자체가 '한국-미국은행'이란 뜻이고 영문 이름은 'Koram bank(Korea-America bank)'였다.

또한 일본에서는 재일교포들의 자본과 인력을 끌어들여 신한은행을 설립했다. 신한은행은 오사카지역을 중심으로 한 거류민단계 재일교포들 1200여 명이 출자해 설립한 은행이다. 개인별 지분으로 따지면 가장 많아 봐야 1퍼센트를 넘지 않는 이 '개미 주주'들이 신한은행의 창립 주체이며 그 중심인물은 이희건 현 신한은행 명예회장이다. 이들은 지금까지도 약 20퍼센트의 지분으로 신한금융지주의 최대주주 역할을 하고 있다.

일본에서 경제적 성공을 이룬 이들 교포 기업인들은 사업영역을 한국으로 확장, 모국의 경제개발에 이바지하고자 했다. 이를 위해 '재일 한국인상공회 연합회'를 중심으로 1974년 '재일 한국인 모국투자기업 연합회'가 발족됐고 1977년에는 한국 정부의 인가를 받은 사단법인 '재일한국인 본국투자협회'가 정식으로 설립되었다.

이들 재일교포 기업인들의 궁극적인 목표는 교민들의 손으로 만든

대한민국 머니 임팩트

금융기관을 세우는 일이었다. 그러나 당시 여건상으로는 해외교포들이 은행을 설립하는 것은 꿈도 꿀 수 없는 일이었다. 아쉬운 대로 단기금융회사 설립을 우선 추진키로 한 본국투자협회는 1977년 7월 자본금 5억 원으로 제일투자금융(나중에 제일종합금융으로 개명)이라는 단자회사를 세우게 된다.

그러나 1981년 들어 김 수석의 금융자율화정책으로 숙원이던 은행 설립도 불가능하지만은 않게 됐다. 이에 따라 제일투금 이희건 회장을 중심으로 한 재일상공인협회 대표들은 정식으로 은행 설립인가를 요청했고 1981년 5월 당국으로부터 긍정적인 답변을 얻어냄으로써 신한은행 창업이 본격화되었다. 신한은행의 창립은 김재익과, 이희건 등 재일교포 기업인들의 합작품인 셈이다.

이희건은 대체 어떤 사람인가? 그는 한국과 일본을 오가며 금융 외길을 걸어온 '재일교포 금융인의 대부'이며 재일동포들의 '재팬 드림'을 상징하는 인물이다. 경북 경산 출신인 그는 17세 때 일본으로 건너가 오사카의 무허가 시장에서 자전거를 고치면서 돈을 벌기 시작했다. 성실한 성격으로 주변 사람들의 신뢰를 받았다.

38세 되던 1955년 그가 간사이흥은(關西興銀)의 모체인 오사카흥은을 설립할 때 많은 재일동포들이 그를 도와줬다. 그는 재일동포를 위한 건전한 금융기관을 표방했다. 오사카흥은은 일본 은행들로부터 융자를 받지 못하는 지역 재일교포들에게 집중 융자를 해줌으로써 날로 번창했다. 그리고 이제는 한국에 신한은행을 설립해 사실상의 오너가 된 것이다.

소수정예 외인부대 '돌아갈 곳이 없다'

이 회장을 포함한 34명으로 구성된 은행설립위원회는 초대 행장으로 외환은행 이사와 한국증권금융 부사장을 거쳐 한국증권거래소 전무이사로 있던 김세창을 영입했다.

다음 과제는 향후 은행을 이끌어갈 우수한 인재들을 모으는 일이었다. 우선 급한 대로 제일투금에서 파견된 직원들을 중심으로 사무국을 꾸리고 전국 각지의 은행원들을 위주로 스카우트 작업을 벌였다. 이렇게 모인 다채로운 경력의 인재들이 은행 개설을 위한 소수정예 준비요원이 되었다. 일종의 외인부대가 탄생한 것이다.

당시 은행원이라면 최고의 신랑감으로 꼽힐 만큼 안정적이고 장래가 보장된 직업이었다. 그런 자리를 버리고 미래를 예측할 수 없는 신설 은행으로 옮긴다는 것은 대단한 모험이었다. 그런 만큼 여기저기서 합류한 외인부대원들은 새로운 용기와 포부 · 도전정신이 넘치는 사람들이었다. 당시 개설준비요원들을 비롯한 대다수 창립멤버들에게는 미래에 대한 기대와 더불어 '여기서 살아남지 못하면 돌아갈 곳이 없다'는 위기감이 공존하고 있었다.

당시 5개 시중은행의 평균 자본금은 904억 원이었으나 신한은 은행법상 전국 규모의 은행에 필요한 최저한도인 250억 원에 불과했다. 이렇게 자본금도 열세하고 규모도 작고 이름도 생소한 신설 은행이 살아남으려면 모든 면에서 다른 경쟁 은행들을 압도하는 남다른 열정과 노력, 불굴의 투지가 필요했다.

신한은행은 소수정예 · 영업우선 · 직급별 인력구성의 합리화를 조직의 기본원칙으로 정했다. 최소한의 인원으로 인건비를 줄이되 최고의 대우를 해줌으로써 우수한 인재를 확보하고 영업 중심의 조직을 구성해 기존 은행의 시장을 파고 들어가는 저돌적 경영을 하며 하부조직에 권한을 대폭 이양해 유휴인력을 없애고 신속한 업무처리를 기하자는 것이었다.

"각자 맡은 부서에서 개설을 위한 준비 과정에 참여한 직원들이 남긴 저마다의 무용담은 지금도 은행 내에 전설처럼 남아 있다.

당시 제일투금 건물 3층에서 설립을 준비하던 직원들 모두에게 낮과 밤, 평일과 휴일의 구분이 따로 있을 리 없었다. 한 직원은 '도대체 무슨 일을 하기에 이렇게 제 몸 하나 돌보지 않느냐'는 아내의 걱정에 '지금 망망대해를 건너고 있는 기분이다. 내가 6개월 동안 실종됐다고 생각해달라'는 비장한 각오를 남기기도 했다."(정동일, 《대한민국 은행을 바꾼 신한은행 방식》)

당시 개설준비요원들은 아침 8시에 출근해 밤 11시~새벽 4시에 퇴근했고 휴일도 없었다. 산더미 같은 자신의 일 이외에 틈틈이 오사카흥은에서 파견 나온 직원들에게서 친절교육도 받아야 했다. 여러 은행에서 다양한 사람들이 모였기 때문에 단합대회도 수없이 가져야 했다.

창구에서 기립해 고객 맞은 최초의 은행

인간개발연구원 강연에서 신 행장은 지난 25년 동안 신한은행이 성장해온 과정을 '압축 성장'이라고 표현했다. "세계 선도 은행의 과거 10년간의 연평균 성장률을 보면 20.3퍼센트였다. 신한은 평균 성장률 26퍼센트를 기록한 것으로 나와 있다.

신상훈 신한은행장은 25년 동안 신한은행의 압축 성장 요인을
6가지로 분석했다.

25년 만에 자산 규모 국내 2위의 대형 은행이자 증권·보험·투신·카드를 포함한 금융지주회사체제의 종합금융그룹으로 여러 고객들의 성원에 힘입어 성장할 수 있었다."

그렇다면 신 행장이 보는 신한은행의 압축 성장 요인은 무엇일까? "성공 요인이라고 할 수 있는 것을 6가지로 정리를 해보면 첫째로는 명확한 비전이라고 말할 수 있다. 인간이나 기업이나 어떤 일을 잘하기 위해서는 자신이 무엇을 하고자 하며 왜 그 일을 해야 되는지 아는 것이 중요하다고 생각한다.

신한은행의 경우 창립 초기부터 '고객을 위한 대한민국 최고의 은행이 되겠다'는 분명한 비전을 가지고 시작했다. 이것이 바로 신한은행의 첫 번째 성공 요인이 아니었나 생각한다."

1980년대 당시 은행은 하나의 준국가기관처럼 인식되고 있었으며 일반인들에게 그 문턱은 높았다. 은행은 고객을 골라가며 영업했으며 고객이 무엇을 원하는지에 대해서는 아무 관심도 없었던 시절이었다. 그러나 신한은행은 달랐다. 고객이 은행의 존재 이유라는 사실을 분명히 인식했던 것이다.

'고객들이 정말로 거래하고 싶은 은행을 만들자'라는 슬로건을 정하고 기존 시중은행과의 차별화전략을 모색했다. 그 출발점이 친절이었다. 그때까지는 은행에서 고객에게 인사하는 것을 찾아보기 힘들었지만 신한은행원들은 창구에서 기립해서 고객응대를 했다. 이런 은행 분위기에 익숙지 않은 고객들이 들어오다가 놀라서 그냥 나가버리는 일이 초창기에는 상당히 많았다고 한다. 창구나 길거리에서 인사를 하면 고객들이 놀라 뒤를 돌아보기 일쑤였고 다른 은행 직원들은 "은행원 망신 다 시킨다"며 손가락질하곤 했다.

신한은행의 고객 중심적 사고를 보여주는 또 다른 사례는 1990년대의 동전교환기다. 이것은, 앉아서 고객을 기다리는 것이 아니라 고객이 있는 곳을 찾아가는 '발로 뛰는 은행'의 이미지를 상징한다. 신한의 남녀 은행원들은 매일 아침 동전교환기를 끌고 시장 골목골목을 돌며 고객들에게 동전을 교환해줬다.

또한 '망국병'으로 일컬어지던 대출 커미션 수수를 비롯해 금융계의 고질적인 여러 관행을 일소하며 기업의 이미지 개선을 넘어 사회적 책임과 금융산업의 새로운 이정표를 제시했다. 창립 때부터 직원들의 급여는 물론 지점의 업무추진비가 다른 은행보다 많았는데 대출 사례비 등에 관심을 갖지 말고 깨끗하고 친절하라는 의미에서였다.

"신한은행이 추구한 또 하나의 이미지는 '뭔가 다른 은행, 전혀 새로운 은행'이었다. 그 두드러진 예가, 업무 프로세스 측면에서 국내 최초로 도입한 로우 코너(low corner, 상담창구)와 하이 카운터(high counter, 입출금 및 공과금창구)제도였다.

이는 각기 다른 목적을 가지고 은행을 찾는 고객들을 세분화하여 고객의 대기시간을 최대한 단축하는 한편, 소요 인원을 최소화하는 업무효율성 제고의 이중적 효과를 가져왔다. 지금이야 모든 은행에서 로우 코너와 하이 카운터를 분리해서 운영하고 있지만 당시로서는 '콜럼버스의 달걀'에 비견될 만한 혁신적인 조치였다."(정동일, 《대한

무조건 성공해야 … 될 때까지 도전 또 도전

신 행장이 꼽은 신한은행의 두 번째 성공 요인은 도전의식이다. "다른 은행 대비 강점 중 가장 대표적인 것이 바로 도전의식"이라는 것이다.

신한은행의 창업멤버 대부분은 기존 은행에서 전직한 일종의 외인부대였다. 신 행장도 한국산업은행 출신이다. 기존 은행에 그냥 눌러앉아 있었다면 보장된 삶을 누릴 수 있었겠지만 어찌 보면 무모할 수도 있는 그런 새로운 기회에 과감히 도전한 것이다.

"우리 창업멤버에게는 더 이상 물러설 곳이 없었다. 그렇기 때문에 무조건 성공해야 했고 그 결과 무조건 될 때까지 도전하고 또 도전했다. 생각해보면 가진 것 없던 후발 은행으로서 언제 어떻게 망할지 모른다는 위기의식이 항상 도전하고 또 성공을 갈망하게 만들었다고 말할 수 있다"고 신 행장은 회고했다.

정동일 미 샌디에이고 경영대 교수는《대한민국 은행을 바꾼 신한은행 방식》에서 "초기 신한은행이 소수정예들의 열정과 희생으로 은행으로서 본궤도에 오르고 기존의 관행을 뛰어넘는 상품과 서비스를 통해 소비자들에게 강한 인상을 심어주었다면 이를 바탕으로 더욱 큰 성장을 가능하게 한 것은 철저한 전략과 플랜 덕택"이라고 분석했다. 정 교수에 따르면 1990년대 이후 미국 컨설팅회사들이 경영전략 수립을 위해 사용한 'SWOT 분석'과 유사한 연구를 신한은행은 1980년대 중반에 이미 수행했다.

"당시 내부 분석자료에 따르면 신한은행의 강점은 전 직원의 파이팅 정신으로 요약되는 투철한 업무 자세, 소수정예로 표현되는 우수한 인적 자원, 개인과 전체의 조화를 중요시하며 고객만족을 최고의 목표로 삼는 조직문화, 기존 은행보다 뛰어난 업무전산화 시스템 등이었다.

그리고 약점으로 파악된 사항은 취약한 영업 기반, 열악한 자산 규모, 그리고 은행의 지명도와 인지도가 약해 신규 거래처를 확보하는 데 어려움이 있다는 점이었다."

이런 분석을 바탕으로 수립된 것이 1984년의 제1차 5개년 경영계획이었다.

1985년 2월 신한은행은 김세창 초대 행장을 부회장으로 추대하고 제2대 은행장으로 이용만 중앙투자금융 사장을 선임했다. 이 행장은 신한만의 조직문화를 개발하기 위해 은행권에서는 최초로 민간 종합연구소인 신한종합연구소를 지난 1987년 5월 설립했고 고객의 모든 수신 자료를 통합 관리하는 CMF 온라인시스템을 정착시켰으며 섭외전담반을 설치해 말 그대로 발로 뛰는 영업을 펼쳤다.

1986년 10월 마침내 신한은행은 수신고 1조 원을 돌파했다. 이를 기념하여 당시 전 직원들은 발로 뛰는 은행이라는 의미에서 은행 마크가 새겨진 구두 한 켤레씩을 받았다고 한다.

1988년에는 제3대 행장으로 김재윤 당시 한국은행 부총재가 취임했다. 김 행장은 국제화에 박차를 가했고 1989년 기업을 공개해 자기자본을 1조 원 규모로 확대했으며 전국 영업망을 갖춘 명실상부한 시중은행으로서의 기반을 정립함은 물론, 현재의 남대문 본점 건물을 신축하는 등 외형 성장과 경영 내실화를 동시에 추진한 행장이었다고 평가된다.

해병대문화 · 벌떼문화, 종교집단 같은 열정

신상훈 행장은 세 번째 성공 요인으로 혁신을 꼽았다. 일반적으로 은행을 포함한 금융기관은 체질상 급격한 변화를 싫어하지만 신한은행은 새로운 것을 받아들이고 시도하는 데 주저하지 않았다는 것이다.

"그렇다고 우리가 처음부터 개혁을 추구하고 혁신한 것은 아니다. 다만 고객을 항상 업무의 중심에 두고 고객의 목소리에 귀를 기울이다보니까 기존 은행들에 대한 고객들의 불만이 많다는 사실을 알게 됐고 우리가 고객의 선택을 받기 위해서는 변해야 한다는 사실을 깨달아서 적극 행동에 옮기다보니까 이것이 체질화된 것 같다."

신한은행은 무엇을 어떻게 혁신했을까? 우선 상품과 서비스를 바꿨다. 기존 은행에서는 대출이 어려운 서민들을 위해 '새싹효도적금'이나 '새싹종합통장' 같은 신용대출상품을 만들었고 1990년대 들어서는 고객의 편의를 위해 온라인 뱅킹이나 프라이비트 뱅킹, 무인점포 등을 타행보다 먼저 도입했다.

또한 업무 절차를 개혁했다. 복잡하고 번거롭던 융자 절차를 대폭 간소화했고 고객의 신용정보관리를 아주 정확하게 함으로써 고객 편의와 업무 효율성을 배가시켰다.

아울러 혁신이 조직 내에 깊이 뿌리내리도록 하기 위해 임직원들의 마인드를 혁신 지향적으로 변화시켰다. 내가 왜 이 일을 하는지를 분명히 알고 그것이 습관화될 수 있도록 지속적으로 교육하고 지도했다.

네 번째 성공 요인으로 신 행장은 '열정의 조직문화'를 들었다. 금융계 사람들은 신한의 조직문화를 독특하다고 이야기한다. 특히 1980년대 당시에는 더 이상하게 보였다. 사람 하나하나를 보면 별 다른 것도 없는데 신한이라는 깃발 아래 뭉치면 주어진 목표 달성을 위해 열정적, 열광적으로 노력한다는 점에서 "마치 종교집단 같다"고 말한 사람도 있었다.

신 행장은 "우리 안에서는 '해병대문화'다, '벌떼문화'다 라고 해서 열정이라는 말을 다른 말로 바꿔서 이야기한다. 삶에 대한 열정이라든지 조직에 대한 열정, 그리고 이기고 말겠다는 승리에 대한 열정, 이런 것이 바로 그런 것"이라고 설명했다.

이러한 신한의 독특한 기업문화는 창립 초기 의도적으로 실시했던 다양한 교육훈련 프로그램 덕분이다. 신한은행에는 처음 입행하면 누구나 통과의례로 거쳐야 하는 '맹폐(猛吠)'라는 훈련과, 가두캠페인을 통해 용기를 북돋아주는 'ST감수성훈련'이 있다. 지금이야 흔한 것들이지만 그 당시에는 찾아보기 힘들었다.

특히 맹폐는 이를 경험한 모든 신한맨들의 입에서 두고두고 오르내리는 공포의 훈련이었다. 이는 신입직원 연수 과정 중 가장 힘들 무렵에 실시되던 일종의 정신훈련 프로그램으로 평소와 다르게 엄숙하고 무거운 분위기에서 실시된다. 상대와 마주서서 마치 맹수처럼 상대를 노려보면서 고함을 질러 맞대결한다. 서로 "자신 없으면 나가"라고 소리치며 기세싸움을 벌이는 것이다. 이 연수를 마친 사람의 뇌리에는 이런 생각이 강하게 각인된다. '자신이 없으면 나가야 한다. 남았으면 견뎌내야 하며 이겨야 한다.'

그리고 매년 업적평가대회를 열어 영업실적이 뛰어난 소영웅들을 많이 배출하는 한편 이를 축제의 장으로 승화시켜 다른 직원들에게 자극을 주는 방식도 신한의 독특한 문화였다.

진입 장벽 때문에 리테일 선택, 부실 줄어

다섯 번째 성공 요인으로 신상훈 행장이 든 것은 직원들에 대한 동기부여다.

"연수나 교육 못지않게 초창기 경영진들이 고민한 것은 어떻게 하면 직원들이 스스로 열심히 일할 수 있는 동기를 마련할 수 있을까 하는 것이었다. 그 결과 선택했던 방법이 바로 빠른 승진을 하고 인정과 배려, 업계 최고의 대우를 해주는 것을 통해서 신한은행 직원으로서의 자부심을 갖게 하는 것이었다."

사실 이런 방법들은 초기의 신한은행이 규모가 작았기 때문에 효과를 낼 수 있었다. 조직 규모가 작다보니 경영진과 실무자와의 의견 교환이 쉬웠고 열심히 일하는 직원이 쉽게 눈에 띄었다. 경영진은 이런 직원을 빠른 승진으로 보상해줬다. 그 결과 능력만 인정받으면 학력이나 배경과 무관하게 30대에도 지점장이 될 수 있었다. 다른 은행에서는 상상도 못할 일이었다.

신한은행은 소수정예를 강조했기 때문에 경쟁 은행의 70퍼센트에 불과한 인원으로 운영됐고 직원들에게는 이에 상응하는 대가를 베풀었다. 그러다 보니 직원들은 자연스럽게 자신의 일들을 스스로 찾아서 하게 됐다.

1980~1990년대 신한은행원들은 '일 벌레'라는 소리를 들을 정도로 열심히 일했다. 임원들도 직원들을 한 가족처럼 생각하고 배려해

주며 부하직원들의 의견을 경청하면서 동기를 이끌어냈다.

마지막으로 신 행장이 든 성공 요인은 뜻밖에도 '운'이다.

신 행장은 "초기에 기업고객시장에 대한 높은 진입 장벽의 타개책으로 리테일 영업에 치중했던 것이 결과적으로 은행의 부실을 줄일 수 있는 좋은 기회가 됐다고 생각한다. 특히 리테일은 우리 몸의 하체에 해당하는 것으로서 경기변동에 대한 변화가 적은 리테일을 선택했던 것이 오늘날의 성공 요인 중 하나"라고 밝혔다.

IMF 경제위기 당시 신한은행은 5개의 퇴출 은행 가운데 상대적으로 부실이 적고 구조조정도 쉬웠던 동화은행을 인수했다. 이는 신한은행 성장에 매우 유리하게 작용했다. 당시 동화은행의 지점은 108개였는데 이 중 106개가 신한은행 기존 점포와 인접해 있었다. 그래서 인수 후 쉽게 통폐합할 수 있었다.

"또 하나의 운으로서는 IMF와 같은 국가적인 위기를 우량 은행으로 도약할 수 있는 기회로 삼았다는 점이다. 위기와 고비 때마다 행운의 여신이 신한은행 편을 들어줬다."

신 행장은 "이런 성장의 원동력 중에서 우선순위를 매긴다면 단연코 비전과 열정, 그리고 지속적인 혁신을 선택하고 싶다"며 "아마 성공한 기업의 공통점을 찾아본다면 빠지지 않고 등장하는 조건이 바로 이 세 가지가 아닐까 생각한다"고 강조했다.

관치 없는 주인 있는 은행, 이희건의 역할

신 행장의 이런 분석은 전적으로 옳을 것이다. 특히 운이 좋았다는 점을 성공 요인의 하나로 꼽았다는 점에서 그의 얘기는 매우 진솔하고 그래서 더욱 믿음이 가는 게 사실이다. 하지만 그것만이 전부일까?

이와 관련 1980~1990년대 당시 신한은행의 급성장을 지켜본 다른 은행 사람들은 신 행장과 정 교수가 말한 점들을 대체로 인정하면서도 항상 더 중요한 요인을 지적하곤 했다. '주인이 있는 은행'과 그렇지 못한 은행의 차이라는 것이다.

1997년 IMF위기 이후 국내 은행에 주주자본주의가 뿌리내리기 전까지 우리 금융사를 관통했던 최대의 문제는 '관치금융'이었다. 김재익 수석이 주도한 금융자율화조치로 5대 시중은행은 형식적으로는 모두 민영화됐다. 그러나 재벌의 은행 지배를 막아야 한다는 명분을 앞세워 지배주주를 허용치 않은 정부는 대주주가 아니면서도 사실상 은행 경영을 좌지우지하며 주인 노릇을 해왔던 것이다. 반면 신한은행은 처음부터 관치금융이 통하지 않는 진짜 주인이 있는 은행이었다.

그렇다면 신한은행의 주인은 누구였던가? 신한은행 역시 지배주주가 없기는 마찬가지였다. 그러나 신한은행에는 이희건 회장이 있었다. 은행 설립을 주도한 이 회장은 자신의 소유 지분은 미미했으나 1200여 재일교포 주주들의 지분 의결권을 위임받아 경영권을 행사하면서 사실상 신한은행의 지배주주로 군림해왔다.

20여 년간 신한은행의 임원 인사와 경영상의 주요 의사결정은 거의 그의 최종 결정, 혹은 묵인하에 이루어졌다고 해도 과언이 아니다. 그는 자신이 직접 경영하던 간사이홍은의 파산 및 관련 금융스캔들로 지난 2001년 3월 일선에서 물러났으나 지금도 명예회장으로 상당한 영향력을 행사하고 있는 것으로 알려져 있다.

그렇다면 정부가 다스리는 '관치은행'과 이희건이 지배하던 주인

대한민국 머니 임팩트

있는 민간은행인 신한은행은 무엇이 달랐을까? 다른 시중은행은 은행장을 포함한 주요 임원 인사를 정부에서 했고 신한은행은 이 회장이 했다. 또 다른 은행들은 사사건건 정부나 금융당국의 간섭을 받아야 했으나 신한은행은 그런 간섭이 없었다고 할 수는 없지만 매우 드물었다.

특히 다른 시중은행에서는 부당한 외압에 따른 압력 대출이 부실채권으로 이어져 경영을 좀먹고 있었지만 신한은행에는 외부의 대출 압력이 전혀 없었다. 그것은 사실상의 주인인 이 회장이 경영의 세세한 부분에는 간섭하지 않은 채 정부로부터의 외압을 막아내는 데 주력했기 때문이다. 그는 외풍을 막는 방패막이 역할을 해내고 대출 커미션을 뿌리 뽑음으로써 신한은행이 우량 은행으로 급성장하는 데 초석을 닦았다.

현재의 신한금융지주 회장인 라응찬도 상당 부분 그런 역할을 해냈다. 5공 때 군부 실력자의 외압을 막아냈고 김대중정부 시절에도 인사 청탁을 거부한 적이 있는 것으로 알려졌다.

1990년대 2단계 발전 이끈 라응찬 회장

1990년대에 들어 신한은행은 뛰어난 새 리더를 맞게 된다.

"퀸과 캐머런이 개발한 4단계 모델에 의하면 조직은 창업단계, 집단 공동체단계, 공식화단계, 정교화단계를 거쳐 성장하게 되는데 신한은행에 있어서 집단 공동체단계에 해당하는 시기의 시작은 제4대 은행장으로 라응찬 전무이사가 취임한 1991년부터라고 할 수 있다.

신한은행의 새로운 리더로 취임한 라응찬 행장은 제6대 은행장까지 역임하고 퇴임할 때까지 약 8년여에 걸쳐 리테일 혁명과 고객만족이라는 목표 아래 여러 가지 경영 혁신을 주도하여 오늘날 신한은행이 조흥은행과의 통합을 통해 국내 제2 규모의 은행으로 도약하는 데 가장 큰 공헌을 한 은행장으로 평가받고 있다." (정동일, 《대한민국 은행을 바꾼 신한은행 방식》)

정 교수가 평가한 라 행장의 업적은 4가지다. 첫째, 1990년대 금융자율화정책으로 하나은행 등 후발 신설은행들이 생겨나고 금리자율화조치를 통해 금융업계의 경쟁이 격화될 조짐을 보이자 개인과 가계금융을 중심으로 '리테일 혁명'을 대대적으로 추진, 고속 성장을 지속할 수 있는 원동력을 마련했다는 점이다.

둘째, 새로운 경영체제 출범과 전국 규모 은행으로의 도약이라는 목표 달성을 위해 여러 부서의 창설과 개편을 통해 조직 역량을 강화했다. 특히 기획조사부를 종합기획부로 변경하면서 종합 리스크 관리업무를 추가, 경쟁 심화에 따른 리스크 증대에 효과적으로 대처할 수 있는 기반을 마련한 것을 높이 평가하고 있다.

셋째는 다양한 유통 채널을 구축, 외형 성장에 직접적인 역할을 담당할 수 있는 구조가 이뤄졌다. 국내 최초의 PC 온라인뱅킹 시스템, ATM을 설치한 무인점포 개설 등 선진 IT 기술을 이용한 다양한 유통 채널로 고객 접점을 다양화하고 은행의 성장에 결정적으로 기여했다.

넷째, 금융업계에 본격적인 고객만족 개념을 정착시켰다는 점이다. 1994년 우수고객 전담창구를 마련해 차별화된 서비스를 제공하고 프라이비트뱅킹 개념을 도입해 은행서비스의 혁명을 가져왔으며 중소기업을 고객을 넘어선 동반자로 설정해 경영에 필요한 정보와 자료를 제공하는 '신한경영클럽'을 발족시킨 것이 그 예다.

라응찬이 은행장으로 재직하던 1991~1999년 초 사이 신한은행의 총자산은 10조 원에서 45조 원으로, 지점 수는 115개에서 336개로 늘어났다. 정 교수는 "라 행장 재임기간 동안 신한은행이 보여준 양적, 질적 성장은 1999년 이후 신한은행이 오늘날과 같은 규모로 성장하고 정착하는 데 초석이 됐다. 이렇듯 비약적으로 성장한 신한은행은 국내외 여러 기관의 인정을 받으며 대한민국의 리딩 뱅크로서 자리를 굳혀가기 시작한 것"이라고 평가했다.

외압, 파벌과 투서, 인사 청탁이 없는 은행

라 행장의 또 다른 공로는 파벌과 투서, 인사 청탁을 근절한 일이었다. 창립 당시 상무였던 그는 "어떤 형태라도 파벌 조성은 용납하지 않겠다"며 파벌과의 전쟁을 선포했다. 이는 출신성분이 다양한 사람들이 모인 신한은행에서 매우 중요한 문제였다.

직원들이 사적인 모임을 갖지 못하게 한 그의 철학은 신앙에 가까울 정도였다고 한다. 그는 "단합해도 성공할지 모르는 판에 파벌을 조성하는 것은 있을 수 없다"고 강조하곤 했다. 조흥은행 인수 확정 후 첫 일성도 "적자, 서자라는 구별 자체가 없을 것"이라는 것이었다.

과거 금융계에서는 인사철만 되면 투서가 난무했다. 그러나 신한은행에서는 이 같은 투서를 찾아볼 수 없었다. 청와대의 모 수석이 "신한은행에는 투서가 없어 오히려 이상하다"는 말을 했을 정도다. 또한 신한은행은 인사 청탁을 하는 직원에게 오히려 불이익을 주는 은행으로 유명했다.

은행장을 세 번 연임했던 라 행장은 지난 1999년 2월 임기를 1년 여 남긴 상태에서 "경영 지배구조가 선진적 형태로 바뀌는 지금이 바로 부여받은 소임을 일단락 할 때"라는 말을 남기고서 은퇴했다. 그를 이어 이인호 당시 전무(현 신한금융지주 사장)가 후임 행장으로 취임했다. 당시 언론은 '아름다운 세대교체'라며 이를 반겼다.

국제그룹 해체와
부실기업 정리

위헌적 기업 해체, 특혜 의혹 얼룩진
5공 비리

20

지난 1993년 7월 29일 헌법재판소는 1985년 2월의 국제그룹 해체에 대
해 "공권력이 힘으로 사기업을 해체한 것은 기업의 자율과 경영권 불간
섭 원칙을 위배한 것이며 재산권 침해"라는 결론을 내리고 사실상의 위
헌판결을 내렸다.

재계 랭킹 7위의 국제그룹이 하루아침에 공중분해된 이 사건은 5공 재
계의 최대 화제였다. 당시 5공 정권의 핵심 인사들은 "우리가 군기 빠진
국제그룹을 날려버렸다"고 공공연히 떠들고 다닐 정도였다.

평생 피땀으로 일군 기업을 송두리째 빼앗긴 양정모 회장은 6공 노태
우정권이 들어서자 1988년 서울민사지방법원에 소송을 제기, 빼앗긴 기

업 되찾기에 나섰다. 1991년 증거불충분으로 패소하자 곧바로 헌법재판소에 헌법소원을 신청했다.

위헌판결 이후에도 국제그룹과 관련된 소송은 끊임없이 진행됐으나 이미 해체된 국제그룹을 되살리지는 못했다. 위헌소송 당시 최병모 변호사는 "국제그룹 해체 당시 국제가 주당 1원꼴로 제일은행에 넘겼던 주식은 해체 발표 당시에도 장외에서 주당 300원대에 거래되고 있었다. 국제그룹 해체는 명백한 불법이었다"고 진술했다.

■　　■　　■　　■

구제금융 지원 방침 왜 갑자기 철회됐나?

당시 한국을 대표하는 신발 재벌이던 국제그룹은 모기업인 국제상사를 중심으로 연합철강·국제방직·국제제지·동서증권·동해투자금융·국제상선·조광무역·국진기업·신동제지·국제통운·동우산업·국제토건·국제종합건설·국제종합기계·성창섬유·국제종합기술개발·풍국화학·연합물산·국제제철·보고산업·국제종합엔지니어링 등 22개 계열사를 거느리고 있었다.

1984년 매출액 1조 7913억 원, 수출액 9억 3400만 달러를 기록했고 종업원 수 3만 8800여 명에 달하는 매머드급 복합기업집단이었다. 총여신 규모는 1984년 10월 말 현재 1조 4458억 원으로 부채비율이 946.6퍼센트였다. 당시 10대 재벌이 평균 527퍼센트였으니 국제그룹의 재무구조가 나쁘고 부실했던 것은 분명한 사실이다.

이한구 수원대 교수는 "국제그룹의 재무구조가 취약했던 것은

1970년대 중반 이래 급속한 사업 확장 과정에서 부실기업의 대거 인수 및 무리한 사업 확장을 지속한 때문"이라며 "설상가상으로 당시 서울 용산에 매머드빌딩인 신사옥을 건설하는 동시에 제주도와 부산에 초대형 하얏트호텔과 양산 통도사 골프장 건설 등 의욕적으로 사업을 전개했기 때문"이라고 한다.(이한구, 《한국재벌사》).

주거래은행인 제일은행은 국제그룹의 자금난 타개를 위해 2000억 원의 구제금융을 지원했다. 그러나 그 와중인 1984년 12월 23일 정부는 국제그룹에 대한 완매채 대환 지원방침을 철회했다. 완매채 대환은 어음을 단자회사에 맡기고 지급보증을 받은 후 이 지급보증서를 근거로 각종 기금에서 상당액의 채권을 빌리고 이렇게 확보한 채권을 증권회사에 담보로 제공해 자금을 융통하는 것으로 기업들이 거액의 자금을 조달할 때 자주 사용하는 방법이다.

당초 국제의 완매채 잔액 865억 원을 전액 은행여신으로 지원하기로 한 결정이 갑작스럽게 철회된 지 4일 후인 12월 27일 제일은행은 교환에 돌아온 국제상사 어음 78매 432억 원을 부도 처리했다. 국제그룹은 다음날 이 어음들을 전량 회수해 결제를 끝냈으나 이를 계기로 항간에서는 국제그룹 해체설이 나돌고 신용도가 급락하기 시작했다. 국제그룹에 5504억 원을 빌려주고 있던 제2금융권은 일제히 여신회수에 나섰다. 그룹 총여신의 40퍼센트가 제2금융권에서 차입한 것인데 1985년 1월 23일까지 2012억 원이 회수됐다.

마침내 2월 21일 국제그룹은 전격적으로 해체되는 비운을 맞았다. 계열사들은 부실기업 정리 과정에서 한일합섬그룹이 국제상사 등 5개 사, 동국제강이 연합철강 등 3개 사, 우성건설이 2개 사의 계열사를 넘겨받았고 극동건설 · (주)동방 · 아세아시멘트 · 동양고무 등도 하나씩 인수했다.

당시 김만제 재무장관은 국제그룹 해체의 배경을 이렇게 밝혔다.

"사업 운이 따르지 않은 결과다. 벌여놓은 일들이 수습되지 않고 부실 구멍은 자꾸 커져갔다. 건설 부문의 경우 아주 엉망이었다. 어느 것 하나 제대로 된 것이 없었다. 한 푼 두 푼 넣어서 될 상황도 아니었다. 또 그런 돈을 마련하기 위해서는 통화량을 그만큼 늘려야 한다는 제약도 있었다. 더 이상 방치할 수 없는 지경에 이르러 해체당하게 된 것이 국제다." (이종재, 《재벌이력서》)

부실경영의 결과인가, 괘씸죄 때문인가?

김 장관은 국제그룹의 해체가 부실경영 때문이라고 주장했다.

"그룹은 부실하게 해놓고 경영을 잘해서 이를 풀려고 하기보다 청와대와 고위층 주위를 들쑤셔 해결하려 했다. 주거래은행이나 재무부에 한마디 안한 것은 물론이다. 은행이나 당국을 우습게 봤거나 사태 자체를 안일하게 생각하고 있었던 것 같다. 경영은 부실한데 족벌경영으로 일관하고 있었다.

해결책으로 군 출신 인사를 동원할 생각도 했다. 결국에는 국제상사 사장도 지낸 손상모씨에게 국제의 수습을 부탁했다. 그는 당시 미국 하버드 유학까지 마친 사람이었다.

부탁을 받은 손씨는 양 회장에게 가서 정부가 내놓은 수습방안을 설명했다고 한다. 그러나 양 회장은 '영감이나 사위를 모두 아는데 나로서는 그렇게 할 수 없다'고 말했다. 결국 손씨를 통해 전달한 수습방안이 국제 해체의 시그널이 됐다."

당시 주거래은행이던 제일은행 이필선 행장의 주장은 이렇다.

"그 당시 국제를 부도내 도산시키는 쪽으로 해결했더라면 양 회장은 아마 감옥에 갔을 것이다. 은행의 공신력을 감안해 밝히길 꺼렸지만 사실 국제그룹이 해체되기 전 4개월 동안 지원해준 구제금융만도 2000억 원이 넘었다. 그룹의 경영이 방만했을 뿐 아니라 전반적인 경기 전망도 어두웠고 국제에 무한정 돈 대주기도 어려운 상황이었다.

매일매일 돌아오는 어음이 수백 억 원씩이었다. 양씨는 '설마 재벌을 망하게 하랴' 하는 생각을 갖고 있는 듯했다. 정치적 입김 얘기는 말도 안 된다." (이종재,《재벌이력서》)

그러나 이 사건을 보는 여론의 시각은 이들과 전혀 다르다.

"항간에 국제그룹의 해체를 둘러싸고 설이 분분했다. 즉 양정모가 전두환 대통령에게 미움을 사 정부 지원이 중단, 금융권으로 하여금 서둘러 여신을 회수케 했기 때문이란 것이다.

양 회장은 정치적 로비활동에 소극적이었으며 준조세 납부에 상당히 비협조적이었다고 한다. 국제그룹은 타그룹과 비교도 안 될 정도로 적은 액수를 기부했고 그나마도 고위층의 협박성 압력이 돌아온 후에나 참여했다.

더욱이 1984년 12월 22일(완매채 지원방침 철회 바로 전날) 전 대통령의 초청으로 재벌총수의 모임이 있었는데 (그 모임에) 지각하는 바람에 전 대통령의 심기를 건드렸다고 한다.

또 1985년 2·12 총선을 앞두고 당시 정권은 부산 총선에 전력을 기울이고 있는 상태였다. 양 회장은 1985년 2월 5일 부산 총선 지원활동에 참여할 수 없었다. 당시 연고가 없던 재벌총수들도 총선을 지원하기 위해 부산에 집결한 반면, 양 회장은 부산이 연고였음에도 불구하고 전 대통령의 부름에 응하지 않았다. 바로 여기에 결정적인 '괘씸죄'가 적용된 것이다.

총선 이후 9일 만인 2월 21일 국제그룹은 완전 분해조치가 취해진 것이다.

양 회장이 정치성 로비자금의 제공에 인색했던 것은 일해재단 설립 시의 출연내역으로도 확인된다. 전 대통령이 퇴직 후를 대비하기 위해 설립한 일해재단은 우리나라의 내로라하는 재벌총수들로부터 찬조금을 받았는데 양정모의 기부액은 5억 원에 불과했다. 30대 재벌 중 가장 적은 액수였다."(이한구, 《한국재벌사》)

"5공 정치권력에 의한 정치적 타살사건"

괘씸죄의 근거 중 하나로 제시되는 청와대 모임 지각사건은 어떤 사건인가? 뒤늦게 헐레벌떡 뛰어 들어온 양정모에게 전 대통령은 "어디 외국에라도 갔다 왔습니까?"라며 불쾌한 표정을 지었다. 그런데 양정모는 도리어 "부산지역 경제가 워낙 낙후돼 민정당 지지기반이 취약하니 임해공단을 건설해달라"고 했다고 한다. 이 한마디가 대통령을 더욱 불쾌하게 했고 국제그룹에 대한 모든 지원 중단으로 연결됐다는 것이 국제 측의 주장이다.

"국제그룹 해체는 건국 이래 최악의 경제학살사건이고 사전에 치밀하게 계획된 정치적 타살사건이다. (정권은) 어떤 기업에 대해서는 정상화에 필요한 상당한 시간을 주고 어떤 기업은 은행관리 · 법정관리 등으로 기사회생의 길을 열어주고도 국제만은 발기발기 찢었다.

자구계획의 실행 기회를 박탈하고 주거래은행장의 협박 아래 이루어진 것이 국제 해체이며 법적 근거도 없는 '선인수 후정산'이란 방법으로 경영주의 참여를 원천봉쇄한 가운데 인수자를 결정했다."

5공 비리 청문회에서 답변하는 정주영 현대그룹 명예회장, 장세동 전 청와대 경호실장, 양정모 전 국제그룹 회장.(왼쪽부터)

국제 측 인사들은 그룹 해체 이전에 청와대와의 밀월 소문이 나돌던 기업들에게 계열사들이 넘어간 것을 강조하고 있다. "국제상사의 신발무역 부문은 한일그룹에 넘기고 다른 기업의 선정권도 준다. 국제상사의 건설 부문은 극동건설에 주고 쓸 만한 기업을 끼운다. 연합철강은 동국제강이 맡고 연합철강의 기업 내용이 알차니 부실한 국제종합기계를 함께 넘긴다는 것이 국제 해체 발표 10일 전인 2월 11일 청와대에서 결정된 국제그룹 정리방안이다."(이종재,《재벌이력서》)

양정모 전 회장은 이렇게 주장했다.

"국제의 해체는 전적으로 괘씸죄다. 5공의 정치권력에 의해 정치적으로 타살된 것이다.

우선 정치자금을 적게 냈다는 것이 큰 이유였다. 1983년 새마을성금을 내는 데 재벌 랭킹 7위였던 국제는 3억 원을 내 성금 랭킹 30위였다. 더구나 1984년에 낸 새마을성금 10억 원은 3개월짜리 어음이었다. 다른 그룹들은 대부분 7억 원 이상씩을 냈고 나중에 연합철강을 인수해간 동국은 새마을성금과 심장재단 기부금을 합쳐 무려 30억 원이나 냈다.

국제그룹의 용산사옥 신축이 자금난을 가속화시켰다.

국제를 곱게 봐줄 리가 없었겠지.

이후 일해재단 성금모금 규모가 너무 많다고 주장한 일, 부산 새마을운동 지부장직의 사임, 청와대 만찬의 지각, 총선을 앞둔 1982년 2월 대통령의 부산 방문 때 자리를 지키지 못한 일 등이 모두 대통령에게는 불경죄로 보였을 것이다.

당시에는 국제 이상으로 부채가 많은 기업이 여럿 있었으나 국제가 부실로 찍히게 된 것은 고위층의 미움을 샀다는 이유 이외에는 없다."

제일은행장 "위에서 공중분해 명령했다"

양 회장은 1988년 국회 5공 비리 청문회에 출석, 자신의 생각을 거침없이 밝혔다.

다음은 공화당 김종식 의원과의 일문일답이다.

김종식 의원: 제일은행장이 국제그룹에다 '위의 지시이니 더 이상 버텨보았자 소용없다'고 했나?

양정모 회장: 2월 21일 밤 전화가 와서 만났더니 은행장은 '미안하다. 위에서 명령이 내려오기를 국제를 공중분해시키라고 했다. 양해해달라. 불응하면 당신은 물론 가족까지 다친다'고 했다.

'일해재단 모금 300억 원이 너무 많다. 훗날 말썽이 있을 것이다'

라고 한 것이 나를 죽인 원인이라고 판단했다.

김 의원: 다른 기업에 비해 국제의 경영 상태는 어떠했나?

양 회장: 40년 전 고무공장 한 개 상속받아 23개 기업체로 키웠으며 연간 10억 달러씩 수출했다. 외형 매출액 2조 원에 부채가 1조 5000억 원이었다. 재무부 자료에 부채율이 900퍼센트로 되어 있으나 2만 퍼센트인 기업체도 잘 버티고 있다. 대통령에게 잘못 보였던 것이 화근이었다. 그가 '내 마음대로 죽이고 살린다'고 선언하는 소리도 들었다.

다음은 평민당 김봉욱 의원과의 질의응답이다.

김봉욱 의원: 국제가 부도나는 대로 놔두는 것과 정리하는 것 중 어느 편이 종업원과 관련 업체를 위해 도움이 되는가?

양정모 회장: 정부가 내 기업을 빼앗아가 다른 기업에 나눠주며 6000억 원을 지원했다. 그런데 나에게는 2000억 원을 지원해주지 못한단 말인가?

김 의원: 그룹이 공중분해되기까지의 경위는?

양 회장: 1984년 5월께 청와대 만찬이 있었다. 전 대통령이 중간에 술이 거나하게 취한 상태에서 '기업체를 키우려면 키울 수 있고 죽이려면 죽일 수도 있다'고 해 참석자 모두가 가슴이 섬뜩해졌었는데 지금 생각해보니 날보고 하는 얘기였다.

김 의원: 전경련회의 때는 연령순으로 좌석배치를 하는 반면 청와대 모임에서는 돈 많이 낸 순서로 앉혔다는데.

양 회장: 그럴 때도 있고 아닐 때도 있었으나 나는 10억 원의 새마을성금을 냈을 때 딱 한 번 대통령 바로 옆에 앉을 수 있었다.

이어 민주당 노무현 의원(제16대 대통령)의 질의가 시작됐다.

노무현 의원: 부채비율이 900퍼센트라고 했는데 10대 기업 중에 그 이상 부채비율을 가진 기업은 없었나?

양정모 회장: 있었다.

노 의원: 당시 증인이 작성한 자구계획서가 거래은행에서 잘됐다는 평가를 받은 적이 있는가?

양 회장: 그렇다. 주거래은행을 비롯, 은행감독원에서도 잘됐다고 평가했다.

노 의원: 그룹 해체 결정 후 정부관계자들을 찾아다녔나?

양 회장: 해체 6개월 전 김만제 당시 재무장관에게 하소연했더니 도와주겠다고 약속했다. 해체 후에는 이규호 대통령 비서실장을 만났다.

노 의원: 해체 전후에 재무장관이 연합철강 전 사주인 권철현씨에게 연철을 도로 인수하라고 해 기다렸는데 갑자기 '청와대에서 결정했다'며 동국제강으로 인수시켰다는 얘기를 들었나?

양 회장: 들었다.

노 의원: 신한투자금융은 사돈이 경영해 국제와 관계없는데도 재무장관이 잘못 해체했다는데.

양 회장: 사실이다.

마지막 질의에 나선 것은 공화당 정일영 의원이었다.

정일영 의원: 국제가 비협조 재벌로 낙인찍혔다는 것을 알고 최순달씨를 백방으로 찾아 사죄했다는데 이때 최씨의 반응은?

양정모 회장: 별다른 반응은 없었다. 그리고 나서 모금은 나중에 돈을 서로 내려고 하는 상황으로 변했다. 대통령이 재벌총수 등을 모아놓고 겁을 주었다는 소문이 파다했을 것이다.

국제의 도산은 외국에서마저 말썽이 나서 대통령은 30대 재벌을 모아놓고 '앞으로 국제 같은 일은 없을 것이니 걱정 말고 잘하라'는 얘기를 했다고 들었다. 기금을 낼 수 없는 한 참석자는 이때 섬뜩한 느낌이 들었다고 했다. 이때부터 재벌들은 완전히 권력 수중에 들어갔고 모든 성금은 잘 거두어졌다.

정 의원: 당시의 재계 형편을 설명해달라.

양 회장: 재주가 많은 사람은 돈 많이 내고 잘 보여 급성장했고 나 같은 사람은 망했다.

정 의원: 마지막으로 인수인계 당시에도 도장 찍으라는 강요를 받았나?

양 회장: 제일은행장과 재무차관보들이 매달리며 생활을 보장하겠다고 해서 할 수 없이 찍어줬다.

김만제의 재무부, 부실기업 정리 밀어붙여

양 회장이 이렇게 빼앗긴 기업들을 정권에 잘 보인 몇몇 재벌들에게 나눠준 것은 1986년 부실기업 정리의 일환이었다. 5공의 부실기업 정리는 국회의 청문회 대상이 될 정도로 정치적 의혹투성이였다.

"1986년부터 하나씩 발표된 부실기업 정리는 5공이 끝날 때까지 재계를 온통 뒤흔들었으며 전 국가를 뒤흔든 대사건으로 기록될 수밖에 없게 됐다. 부실로 정리된 기업들이 하나같이 정부의 대상 기업에 포함된 것이 억울하다고 하소연했으며 부실기업을 인수한 기업들은 또 정부로부터 엄청난 특혜를 받은 것으로 밝혀졌기 때문이다."(이종재,《재벌이력서》)

1985년 이전 경제기획원의 부실기업 정리는 주로 산업합리화 차원에서 이루어졌다. 정책조정 차원에서 산업 전체를 대상으로 통폐합을 유도한다든지 개별 기업 대상일 때도 공기업이거나 재정지원과 관련된 경우로 한정됐다. 1981년 12월 비료산업 합리화계획, 1983년 7월의 발전설비제조업 합리화 등이 그 예이다.

　　"이런 수준의 관여가 개별 기업 차원까지 확대된 것은 1985년 이후다. 1983년 10월 재무부는 발등의 불처럼 다가선 부실기업 정리 문제에 대해 본격적인 대처방안을 마련하기 시작했다. 부실기업 문제를 더 이상 방치했다가는 금융시장이 와해될 수 있다고 우려했다. 당시 사공일 경제수석도 같은 입장이었다.

　　기획원은 처음에는 부정적이었다. 그러나 더 이상 덮어둘 수 없는 상황에 봉착하자 급기야는 대대적인 부실 정리작업이 불가피하다는 점에 동의했다."(김흥기,《비사 경제기획원 33년, 영욕의 한국경제》)

　　재무부의 구상은 부실기업의 제3자 인수방식이었다. 그 방편으로 부실기업의 은행부채를 유예해주고 이에 따른 은행의 손실을 보전하기 위해 중앙은행의 발권력도 동원, 한국은행이 연 3퍼센트의 특별융자(한은특융)를 실시하며 인수 기업의 세금까지 줄여준다는 것이었다.

　　"재무부와 상공부의 의견 차이가 드러나기 시작했다. 김만제 장관의 재무부는 부실기업 정리는 정부가 직접 나서서 하나하나 처리해야 한다는 판단 아래 조세감면규제법의 개정과 한은특융 부활을 추진했다.

　　반면 금진호 장관의 상공부는 개별 기업 차원보다는 산업정책 차원에서 접근할 것을 주장했다. 수년 전 기획원이 철폐를 주장했던 섬유산업육성법 등 7개 육성법을 스스로 폐지하는 대신 산업합리화정책 결정의 주체는 상공부가 돼야 한다는 것이다.

기획원 주도의 산업정책심의회는 이러한 부처 갈등을 해결하는 실마리를 제공했다. 개별 부처의 독자적인 정책 결정 대신 이미 마련된 산업정책심의회가 정책 협의의 장으로 활용된 것이다. 또 불가피하게 특혜 시비를 일으킬 민감 사안에 대해 어느 한 부처가 전적으로 책임지기 어렵다는 현실 인식도 작용했다."(김흥기,《비사 경제기획원 33, 영욕의 한국경제》)

부실기업 정리는 김만제 장관의 재무부가 다른 부처의 반대를 무릅쓰고 밀어붙인, 8·3 사채동결조치에 비견될 일종의 극약처방이었다. 그 주역 김 장관은 "한은특융을 부활시키는 것은 사실 법적 무리가 없었던 것은 아니었다. 그러나 달리 방법이 없으니 어쩌겠나? 솔직히 말해 특융을 실시하면서도 어느 세월에 부실은행들을 정상화시킬 수 있을까 하며 아득한 생각이 들었다. 다행히 3저 상황이 닥치면서 은행수지가 급격히 호전되는 바람에 기대했던 것보다 훨씬 빠른 속도로 부실의 흠집들이 사라졌다"(이장규,《경제는 당신이 대통령이야》)고 말했다.

조감법 날치기 개정, 한은특융까지 동원

조세감면규제법(조감법)은 국회에서 야당의 강력한 반대에 부딪혔다. 1985년 8월 국회에서 민정당과 신민당 간에 설전이 벌어졌다.

재무장관을 지낸 민정당 나웅배 의원은 "우리 경제가 급속히 성장하는 과정에서 한때 크게 기여했던 산업이 경기 후퇴 등의 원인으로 일부 부실화되고 그 부실의 규모가 너무 커져 은행의 독단적인 처리가 어려운 것이 현실이다. 이제 정리할 기업은 정리하고 회생 가능한 기업은 살려야 한다. 이를 위해서는 기존 자산의 처분과 비주력 업종을 정리할 수 있도록 금융·세제상의 지원이 필요하다"고 주장했다.

이에 신민당 이중재 의원은 "부실기업의 정리를 반대하는 것은 아니다. 누가 정책을 책임지든 반드시 해결해야 할 문제가 바로 부실기업 정리다. 그러나 정리 과정에서 국민의 부담만은 가중시키지 말아야 한다. 정부가 현재 구상하고 있는 조치들이 국민의 부담을 초래할 수 있다는 점에서 부실기업과 부실채권, 은행 부실화의 발생 원인과 규모 등을 국민 앞에 소상히 밝혀야 한다"고 반격했다.

조감법 국회상정에 앞서 정부는 금융통화위원회를 열어 한은특융을 의결했다. 당시 한은의 일반 은행에 대한 재할인율은 연 6~8퍼센트였는데 이를 3퍼센트짜리 특융으로 바꿔주고 그 돈으로 은행이 기업들에게 11.5~13.5퍼센트로 대출해주게 함으로써 예대마진을 대폭 늘려주는 방식으로 은행의 수지 개선 및 부실채권 정리를 할 수 있다는 논리였다.

조감법 개정안은 야당의 반대로 표류하다가 그해 연말 국회에서 '날치기' 통과됐다. 이렇게 '불법적'으로 부실기업 정리의 법적 근거를 마련한 정부는 1986년 1월 김만제 장관이 부총리 겸 경제기획원 장관으로 옮겨와 산업정책심의회 위원장을 맡으면서 부실기업 정리 작업을 본격 추진했다.

산업정책심의회는 2월 산업구조조정 및 부실기업 정리를 위한 정부 차원의 지원기준을 마련했다. 부실채권 정리작업의 가이드라인은 다음과 같다. 첫째, 기업이 신청한 경우와 주무장관의 직권으로 대상을 선정, 주무부처가 합리화계획을 정한다. 불황 산업은 통폐합하고 사양 산업은 업종전환을 유도한다. 둘째, 기업군의 계열기업 전체를 전문화하거나 중소기업 고유 업종을 처분할 경우 지원한다. 셋째, 부실기업을 정리하거나 금융기관의 거액 결손을 메우기 위해 필요한 경우에도 조세를 지원한다.

사람 잡아넣지 않았고 정치자금 로비 막아

1986년 1월 김만제 장관 후임으로 재무장관이 되어 부실기업 정리를 주도한 정인용은 지난 2001년 2월 《중앙일보》에 연재한 〈남기고 싶은 이야기〉에서 이렇게 증언했다.

"1986년 8월 내가 작성한 '부실기업 정리 원칙'은 10개항으로 돼 있다.

1. 기업 갱생의 원칙. 기업인은 망하더라도 기업은 살린다.

2. 부실 최소화의 원칙. 부실기업이 이자를 거치토록 해 부실 규모가 커지는 것을 막는다.

3. 공정처리의 원칙. 자산·부채에 대한 평가는 한국감정원 등 공인된 전문기관에 맡긴다. 부실기업을 인수하는 회사에 대한 손실보상조 대출금(seed money)의 지원조건을 10-10-10(연리 10퍼센트로 10년 거치 후 10년 분할상환)으로 정형화한다.

4. 기업주에 대한 무한책임 부과의 원칙. 부실 가공자산에 대한 소득세를 기업으로부터 원천징수하지 않고 전 기업주로부터 직접 건는다.

5. 공신력 유지의 원칙. 해외건설의 경우 남은 공사의 완공 등 계약 이행을 위한 지원을 계속한다. 부실기업의 제3자 인수 교섭 과정에서 이미 결정된 사항을 존중한다.(이 원칙에 따라 나는 전임 김만제 장관이 약속한

대로 극동건설에 동서증권을 넘겨줬다)

6. 사회적 책임의 원칙. 관련 기업 근로자의 고용을 유지한다.

7. 능률 처리의 원칙. 관련 금융기관장회의와 산업정책심의회를 통해 합의의 기반을 구축한다. 재무부·한국은행·은행감독원 등 관계 기관들이 역할을 분담해 처리한다.

8. 세금 감면 적정화의 원칙. 해당 기업이 정상적으로 물어야 할 세금까지 부실 정리를 빌미로 면제되는 일이 없도록 한다.

9. 사회적 형평의 원칙. 합리화 기업으로의 지정에 따른 혜택이 부실기업주에게 돌아가지 않도록 한다.

10. 재발 방지의 원칙. 주거래 여신관리제도를 실효성 있게 운영해 이후 기업 경영이 방만해지지 않도록 한다."

정인용 장관과 김만제 부총리, 그리고 사공일 청와대경제수석 등 3인은 부실기업 정리를 하는 동안 사람은 잡아넣지 않기로 합의했다. 이것이 '3자 합의'다.

"우리 몫은 부실기업 정리를 빨리 끝내는 것이었다. 잡아넣는 건 필요하면 나중에 사정당국이 하면 된다는 데 우리 의견이 일치했다. 이때 만일 사람을 잡아넣었다면 아마 부실기업을 몇 십 개나 정리하지는 못했을 것이다.

우리가 정리하고 나간다는 마음으로 부실기업 정리를 철저히 기준대로 처리했다. 한 건의 예외도 없었다. 한 명도 잡아넣지 않았고 이 문제로 우리 가운데 누구도 잡혀간 사람이 없다.

특히 부실기업을 정리하는 과정에서 정치자금을 동원한 로비에 행정이 휘둘리지 않도록 나는 끝까지 막았다."

정인용의 이 자신 있는 주장을 과연 믿어도 될까?

인수 기업 엄청난 특혜, 재계 서열 급상승

1986년 5월 1차 정리가 단행되었다. 대한중기는 기아에, 풍만제지는 계성제지에 인수시켰다. 부실기업 정리 1호의 불명예를 안은 대한중기의 김연규는 해방과 함께 귀속재산이 된 이 공장을 불하받아 대한중기로 상호를 변경했다. 대한중기는 1972년 방위산업체로 지정되면서 도약의 기회를 맞았다. 그러나 미국의 압력으로 인한 수출 부진과 정부 구매 축소로 1981년부터 적자가 누적되어 산업은행의 관리 상태에 있었다.

2차 정리 대상은 삼호그룹과 국제그룹의 일부 계열사였다. 조봉구의 삼호그룹은 해외건설업체인 (주)삼호 · 삼호유통 · 삼호개발 · 동광기업 등 4개 업체가 대림산업에 일괄 인수됐다. 국제그룹의 국제방직은 (주)동방(김용대), 국제제지는 아세아시멘트(이병무), 한주통산은 서우산업(김보국), 동우산업은 대양물산(강석두), 성창섬유는 동양고무(남상철)와 대양(현창훈)에 각각 인수됐다. 3차 정리 역시 이미 주인이 어느 정도 결정돼 있던 국제그룹 계열사가 그 대상이었다.

9월 22일 발표된 4차 정리 대상은 무려 28개 사에 이르렀다. 국제상사와 신남개발 · 남주개발 등 국제 계열사 7개 사와 경남기업 · 경남금속 · 정아그룹 · 남광토건 · 한양그룹 · 삼익가구 · 대성목재 · 동양고속 및 남선그룹 등이었다.

이들 정리 대상 기업들을 인수한 업체들은 한일합섬과 동국제강 · 우성 · 대우 · 쌍용 · 한국화약 등이었다. 대부분 부실기업 정리를 계기로 재계 서열이 급상승한 케이스다.

"4차 정리는 규모의 방대함에서도 재계의 이목을 집중시켰으나 정작 관심을 환기시킨 것은 인수 기업에 주어지는 엄청난 특혜였다. 더욱이 주무부처인 재무부나 한국은행이 인수에 따른 지원방안을 일체 밝히지 않아 의혹은 더욱 증폭됐다.

'부실기업을 인수한 기업에 대해서는 대출원금의 탕감과 종자돈 지원, 대출원금의 상환유예 등의 방법으로 지원했다. 세제감면조치도 취했으며 원리금 상환유예에 따른 은행의 손실을 보전해주기 위해서는 3퍼센트의 낮은 금리로 한은이 특융을 해주었다. 그러나 기업별 지원 내역은 밝힐 수 없다.'

5공 말기 재무부장관이던 사공일의 말이다.

그러나 기자들에 의해 밝혀진 바로는 인수 기업은 거저나 다름없이 기업을 챙겼으며 심한 경우 오히려 은행으로부터 정상화라는 명목으로 거액의 신규 대출까지 받아 사세를 넓혔다.

'대우는 이 돈을 자동차시설 확장 자금으로 사용하고 있다는 얘기들이 공공연했다. 동국제강의 경우 연합철강을 250억 원에 인수했는데 국제종합기계를 인수할 때 상당액의 종자돈을 지원받아 이 돈을 사세 확장에 사용한 것으로 알고 있다.'

부실기업 인수에 뜻을 두고 있었으나 정부의 낙점에서 탈락했다는 재계 관계자의 말이다.

국제상사 건설 부문을 인수한 극동건설도 기업들마다 군침을 흘리고 있던 동서증권을 거머쥐면서 그 자금을 정부의 신규 특별자금 500억 원으로 사용했고 한일합섬은 500억 원의 신규 자금과 함께 골프장 및 두 개의 특급 호텔을 받았다.

결국 5공 시절에 취해진 부실기업 정리는 온갖 의혹과 특혜시비만 남긴 채 특정 기업을 재계의 앞자리로 밀어 올리는 결과만 낳고 말았

다." <small>(이종재,《재벌이력서》)</small>

15년 거치 · 무이자 · 종자돈, 거의 공짜

부실기업 정리 초기에는 청와대 경제수석으로, 마무리 단계에서는 재무부장관으로 직접 정리의 칼자루를 쥐었던 사공일은 이렇게 말했다.

"1980년대 들어서 대내 · 외의 여건 악화로 부실 규모가 더욱 커져 은행 자체 능력으로는 감당하기 어려웠고 국민 부담만 가중될 것으로 판단돼 불가피하게 정부가 개입하게 됐다.

정리방법 면에서 규모가 큰 기업이 도산했을 때 거래선과의 문제, 종업원의 일시 대량 실직, 연관 업체의 연쇄부도, 은행 부실을 포함한 금융권의 연쇄부도 등 국내외적인 충격이 너무 커 도산시킬 수 없었다. 그래서 택한 것이 제3자 인수라는 차선이었다.

인수한 기업들에게는 부채의 이자를 일정 기간 유예해주거나 부실기업의 대출원금을 탕감해주고 연리 10퍼센트의 손실보상 신규 대출을 해줬다. 부동산 양도차익에 대한 양도세와 취득세 · 등록세 등 조세 지원도 했다."

개별 부실기업 정리는 부실화된 개별 기업을 제3자가 인수하는 방법으로 정리한 것으로 5차례에 걸쳐 57개 기업이 정리됐다. 5차 정리는 1988년 2월 덕수종합개발이 대상이었다.

이를 위해 직 · 간접적으로 지원된 부실기업 인수 지원 관련 자금은 총 7조 5000여 억 원가량인 것으로 알려졌다. 이자를 감면해준 대출원금 4조 2000억 원, 원금 면제 9800억 원, 손실보상 신규 대출

4700억 원, 8000억 원가량의 원금 상환유예 등이다.

이런 지원의 혜택을 받은 기업은 총 24개 사다. 대우·쌍용·한진·기아·한국화약·한일합섬·동국제강·대림·해태·극동건설·우성·벽산·유원건설·계성제지·아세아시멘트·(주)동방·서우산업·대양물산·동양고무·거성산업·삼일염직·동양철관·성창기업·동산토건 등이다.

"이들 인수 기업 중 한일합섬과 한국화약 등이 유난히 눈에 띄게 많은 기업을 인수했고 쌍용도 남광토건을 인수하면서 상대적으로 많은 특혜를 받았다고 해서 김중원·김승연·김석원 등 3명의 2세 오너를 '5공의 총애를 받는 3K'라고도 했다." (이종재, 《재벌이력서》)

《재벌이력서》에 따르면 극동건설이 인수한 국제상사 건설 부문의 경우 실사 결과 자산은 1819억 원, 부채는 4087억 원이었다. 자산만큼의 부채는 지원 없이 극동이 안았지만 나머지 2668억 원의 절반은 은행의 결손으로 처리하고 나머지는 인수자가 받되 600억 원은 15년 거치 5년 분할상환에 무이자, 734억 원은 15년 거치 10년 분할상환에 무이자 조건이었다. 따라서 극동의 부채 1334억 원은 실제로는 그 금액이 아니다. 15년 동안의 금리를 복리로 계산하면 현재 가격(현가)은 271억 원에 불과하다.

정부는 또 금액에 대한 보전방법까지 고안해내 지원했다. 즉 217억 원의 돈을 10년 거치 10년 분할상환에 연리 10퍼센트로 신규 대출까지 해줬다. 이른바 '종자돈(seed money)'이다.

대한선주를 인수한 한진의 경우는 1060억 원의 자산을 부채에서 제하고 나머지 7938억 원의 부채 중 4207억 원을 탕감해줬다. 그리고 남은 3731억 원의 부채에 대해 15년 거치 15년 분할상환 조치하고 이 조건의 현가인 453억 원만큼을 부채와 함께 공제하지 않고 남겨둔 자산으로 보전해줬다.

"대부분 부채 상환 시기는 1996년 이후부터나 시작되는 것이니 거저 얻은 것이나 다름없다. 심지어 부채보다 자산이 많았던 연합철강을 인수해간 동국제강은 부채와 자산의 차액인 단돈 237억 원을 내고 총자산 2418억 원의 기업을 손에 넣었다. 특혜가 아닐 수 없다."

국제그룹 주력사들을 대거 차지한 한일합섬은 계열사 수를 6개에서 11개로 늘리면서 섬유기업에서 신발·관광·레저산업을 포함하는 재벌로, 재계 랭킹 23위에서 14위로 뛰어올랐다. 대우·한국화약·대림 등도 업종다각화와 신규 투자를 활발히 해 사세를 급신장시켰다.

한진 조중훈, 대한선주 인수 처음엔 난색

한편 개별 부실기업 정리와는 별도로 업종 전체를 대상으로 했던 업종합리화는 산업환경 악화로 업종 전체를 정리한 경우로 해운업 8개사, 해외건설 13개 사가 정리 대상이었다.

인수 기업에게는 부채이자를 일정 기간 유예해주거나 부실기업의 대출원금을 탕감해주고 손실보상을 위해 신규로 대출을 해주었다. 또 부동산 양도차익에 대한 양도세·취득세·등록세 면제 등 조세지원도 병행됐다.

해외건설은 1987년 4월 합리화조치가 단행됐다. 기업군 전문화 및 부실업체 정리를 통해 재무구조 개선을 꾀했는데 전문화 2개 그룹, 정리 6개 업체였고 3개 기업은 자산 처분됐다.

해운산업은 1985년 5월 1차 합리화조치 때 68개에 달하던 외항선사를 17개로 대폭 통폐합했다. 또 당시 해운업계 총부채의 29퍼센트인 1조 911억 원을 3년 거치 5년 분할상환 조건으로 지원하며 부동산과 노후 비경제선 처분 및 재무구조 개선을 위해 해외지점 축소 등자구 노력을 하면 세부담을 감면해줬다. 그러면서 정부는 해운업합리화조치의 효과로 1986년부터 매년 1000억 원의 흑자를 내고 1988년에는 경영이 완전 정상화될 것으로 내다봤다.

그러나 해운업계의 경영 상태는 더욱 악화됐다. 1000억의 흑자가 난다던 1986년 적자가 2000억 원을 넘었고 총부채도 통폐합 당시의 2조 8900억 원에서 3조 7900억 원으로 불어났다. 이런 상태라면 전체 해운업계가 줄 도산하고 은행 역시 마찬가지 운명에 몰릴 게 뻔했다.

그래서 나온 것이 1987년 4월의 2차 해운업 합리화조치다. '해운업체합리화 보완대책'이라는 이 조치는 6대 해운사 부채 1조 8000억 원을 장기간 상환유예해주고 일부 업체는 이자도 유예해주는 것이 골자다. 또 대한선주와 선주통운 등 일부 부실해운사를 정리했다. 한진그룹이 인수한 대한선주는 실사 결과 자산 1060억 원, 부채 7938억 원이었다. 이 중 부채 4207억 원을 탕감하고 잔여 부채 3731억 원은 무이자로 15년 거치 15년 분할상환을 조건으로 했다.

이에 대해 정인용 당시 재무장관은 〈남기고 싶은 이야기〉에서 그 내막을 설명했다. 처음 인수 후보로 떠오른 기업은 포항제철이었다. 자체 수송 물량이 막대하고 재무구조가 건실해 채권회수를 해야 하는 은행들이 선호했다. 그러나 해운항만청이 반대했다. 비해운사를 신규로 해운업에 참여시키는 것은 해운산업합리화정책에 어긋나고 기존 해운업 질서가 흐트러질 우려가 있다는 것이다. 그래서 같은 해운사 중에서 재무구조가 건실한 회사를 찾게 됐다.

범양상선 · 현대상선 · 한진해운 · 조양해운 등 4개 사가 인수 후보로 압축됐다. 그런데 범양상선은 자체 경영도 힘겨운 상황이었고 현대상선은 경제력 집중을 우려한 기획원이 반대했다.

"한진은 육 · 해 · 공 운수업에 진출한 운수 전문업체로 재력 면에서도 국내 7위의 기업이었다. 반면 조양은 자산 규모면에서 국내 30위권에도 들지 못했다. 채권보전이라는 측면에서 볼 때 한진에 넘기는 것이 유리했다. 한진이 적임이라는 데는 주거래은행을 비롯해 거의 모든 관계기관들의 의견이 일치했다."

한진 조중훈 회장은 처음에는 대한선주 인수에 난색을 표했다. 이미 해운사가 있는 데다 해운업 불황이 언제 회복될지 모른다는 이유에서다. 하지만 정 장관의 거듭된 권유에 조 회장은 "백지(白紙)종군(백의종군이 아님)하는 마음으로 인수를 검토해보겠다"고 동의했다.

노후선 투기꾼 판쳐, 환부 손 못 댄 1차 합리화

"해운업의 부실은 예견된 수순이었다. 정부는 정확한 예측도 없이 금융 지원까지 해가며 무리하게 선복량을 늘리도록 했고 업자들은 정부지원을 발판으로 중고선을 무더기로 들여온 데 이어 해운 경기가 침체되자 과당경쟁에 나서 제 살 깎아먹기 식 경영을 했기 때문이다.

여기서 해운업계의 뇌물 · 리베이트가 일반화됐고 급기야는 운임의 10퍼센트까지 리베이트라는 이름으로 돈이 화물 주인에게 건네졌다. 해운업계가 건실해지려야 건실해질 수가 없는 구조였던 것이다."

(이종재, 《재벌이력서》)

당초 해운산업의 구조조정은 해운항만청에서 주관하고 있었으나 1984년 11월 청와대의 지시로 갑자기 재무부로 넘어왔다. 해운항만청이 만든 합리화계획이 너무 허술했기 때문이다. 당시 재무부에서 1차 해운업합리화 실무를 맡았던 강만수 전 재정경제부 차관의 증언이다.

"채무액을 은행에 떠넘기기 위해 장부가 없다고 주장하는 해운회사도 있었다. 해운항만청은 그동안 부채의 실체도 파악하지 못한 채 업계의 주장을 대변하고만 있었다. 싱가포르항에 붙잡힌 선박의 유류대를 한국산업은행이 대신 지급하고 있는 지경까지 되어 정부 차원의 지원이 불가피한 상황이었다.

한두 척의 배를 소유한 해운회사들이 사고파는 와중에서 해운항만청은 정확한 해운회사의 수도 파악하지 못하고 있었으니 거짓말 같은 상황이었다." (강만수, 《현장에서 본 한국경제 30년》)

산업은행이 추정한 3조 원의 부채를 근거로 합리화계획을 수립, 1984년 12월 24일 발표했다. 주요 내용은 벌크선의 경우 대형사는 130만 톤, 중소형사는 50만 톤을 기준으로 통합하고 근해 노선의 경우는 일본 노선과 동남아 노선으로 구분, 정기 해운회사와 부정기 해운회사로 합병한다는 것이었다. 그러나 이 1차 합리화계획은 완전히 실패했고 1987년 2차 합리화조치가 불가피했다. 당시 뉴욕재무관이던 강 차관은 자괴감을 느꼈다.

"당시 해운업은 일부를 제외한 대부분의 군소 회사들은 사실상 해운업자가 아니라 투기꾼이었다. 해운업은 미국·일본과 같이 운항과 운임수입을 주로 하는 통상의 해운업과, 선박왕 오나시스로 유명한 그리스같이 선박의 매매를 주로 하는 선박투기업 두 가지였다. 우리

대한민국 머니 임팩트

는 두 가지가 뒤섞여 있었다.

중고선을 사들여 선박 가격이 오르기를 기다리던 투기꾼 군소 회사들은 사실상 모두 폐선과 청산의 방법을 택해야 했다.

산업은행의 부실이 문제가 되고 범양상선 등 선발 회사들에게 은행부채의 유예를 조건으로 부실회사를 인수시켰는데 당시로서는 불가피했지만 이는 결과적으로 잘못이었다.

1980년대 중반의 해운산업은 무모한 정부와 무책임한 경영인이 과도한 차입 경영으로 빚어낸 부실산업의 전형이었다. 안보를 내세운 무모한 해운진흥계획, 투기꾼을 양산한 해운행정, 정부계획에 맹종한 무책임한 은행대출, 과도한 차입 경영에 대해 책임질 사람이 없었고 해결할 사람도 없었다.

정부가 뒷돈을 대 벌어진 투전판이었는데 저지른 사람은 떠나고 책임과 비난은 성실했던 해운업자와 후임자들이 덮어썼다.

투기꾼이 설치고 부채도 자산도, 심지어 해운회사의 숫자도 부실하기 짝이 없는 상태에서 시작한 해운합리화계획은 그 결과도 부실하기 짝이 없었다. 산업은행의 부실을 감수하고 투기꾼들의 노후선박을 폐선 처분할 수 있는 용기가 누구에게도 없었다."

범양 박건석 자살로 드러난 해운업계 비리

1987년 4월 19일 당시 재계 랭킹 27위였던 범양상선의 오너 박건석 회장이 투신자살한 사건은 해운업계에 만연해 있던 부실·부패 및 비리가 백일하에 드러나게 된 계기였다.

사건 수사가 진전되면서 재벌들의 실상과 속성이 낱낱이 드러났다. 자산보다 몇 십 배가 넘는 부채로 이루어진 재벌의 허상, 기업이 쓰러져가는데도 회사 돈을 해외로 빼돌리기에 혈안이 된 기업인의 반사회적 행위, 정경유착, 만연된 파벌싸움 ······.

1985년 해운합리화조치가 단행될 때 범양은 부실선사들의 무더기 인수에 나섰다. 1986년 범양의 선단은 20여 척에서 단숨에 84척으로 늘었다. 그러나 인수 과정에서 부채를 같이 떠안게 됐고 그 규모는 4400억 원이나 돼 압사당할 상황에 몰렸다. 적자는 연간 400억 원에 달해 1986년 말 부채 규모는 8600억 원이나 됐다. 당시 전체 해운업계 대출금의 30퍼센트를 범양이 이런 식으로 떠안고 있었다.

박건석의 자살은 이러한 부실경영에다 전문경영인으로 한때 콤비를 이뤘던 한상연 사장 간의 불화와 파벌싸움도 큰 배경 중의 하나였다. 박건석은 유서를 통해 "먼저 인간이 돼라"며 한상연을 저주할 정도였고 회사는 박건석파와 한상연파로 갈려 치열한 암투를 벌였다.

박건석이 자살하던 날 정인용 장관은 이원조 은행감독원장과 골프를 쳤다. 두 사람은 국세청이 범양 세무사찰에 들어간 것에 대해 전 대통령에게 사찰 중단을 건의하기로 약속했다. 대한선주만으로도 시끄러운데 범양이 또 터지면 곤란하기 때문이었다. 하지만 집에 돌아가 TV뉴스를 보니 이미 자살 보도가 흘러나왔다. 박건석은 부채가 1조 원이나 쌓여 부도위기에 직면하자 정 장관에게 어려운 사정을 털어놓기도 했다.

그가 세상을 떠나자 세간에는 '범양 리스트'가 있다는 소문이 파다했다. 정 장관도 당시 범양에서 20억을 받았다는 소문이 돌았다. 그 소식을 들은 그는 재무부 국장회의에서 "나도 20억 원짜리는 된다"고 농담을 했다고 한다. 범양 리스트는 사실 정 장관의 손에 들어와 있었다. 검찰에서 "알아서 하라"고 넘긴 것이었다.

"리스트엔 한 시중은행장도 올라 있었다. 당사자인 은행장이 나를 찾아와 사표만 내게 해달라고 간청했다.

나는 전임자 · 임원들과 상의해 후임자를 추천하라고 했다. 괜찮은 사람을 천거했기에 그대로 발령을 내도록 했다. 그는 '후진을 위해 용퇴한다'고 발표했다. 관의 관여 없이 그만두는 사람이 건의해 행장을 선임한 첫 케이스였다. 불명예스럽게 나갈 뻔한 사람이 미담의 주인공이 된 것이다. 사표를 내고도 그는 고마워했다.

범양 리스트엔 몇 가지 특징이 있었다. 큰돈을 받은 사람이 없었다. 확인 결과 일부 배달 사고도 있었다. 리스트에 있던 사람이 거절하자 심부름을 한 사람이 중간에서 챙긴 것이다."

5년 동안 10원짜리 하나 받지 않았다

정부의 부실기업 정리 관련 결제서류에는 정인용 장관의 사인만 있다. 그 사연은 이렇다.

"당시 나는 부실기업 청소를 내 손에서 끝내겠다고 마음먹고 있었다. 전 대통령은 부실기업 정리에 관해서는 설명만 듣고 전권을 내게 맡겼다. 나는 대통령이 부실 정리에 앞장서면 안 된다고 생각했다. 대통령이 관여하면 정치 스캔들로 비화할 가능성이 크기 때문이었다.

차관 등 결제라인에 있었던 간부들에게도 나는 '사인을 하지 말라'고 지시했다. 전도유망한 후배들이 나중에 다치지 않도록 하기 위한 배려였다.

부실기업 정리는 하느라고 해도 훗날 말썽이 나게 돼 있다. 정권이 바뀌고 나면 당사자인 부실기업주들이 회사를 되찾으려고 하기 때문이다. 부실기업 정리에 일단 발을 들여놓으면 나중에 좋은 소리를 못 듣게 돼 있다. 국제그룹 해체와 관련해 피소된 전임자 김만제 장관도 훗날 '나는 억울하다'고 털어놓은 일이 있다."((남기고 싶은 이야기들),《중앙일보》, 2001년 2월 7일)

정인용은 부실기업 정리를 이렇게 결론지었다.

"내가 외환은행장 · 은행감독원장 · 재무장관 · 부총리로 재직한 1983년 7월부터 1988년 2월까지 약 5년 동안 가장 중요한 경제 현안 중 하나가 바로 부실기업 정리였다.

이 5년 동안 나는 10원짜리 하나 누구에게 준 일도 받은 일도 없다. 돈을 받았다면 아마 부실기업 정리를 제대로 할 수 없었을 것이다. 문제가 된 부실기업들은 대부분 기업주가 내게 돈을 싸들고 왔던 회사들이다. 그때 신변 관리를 철저히 하지 않았다면 결코 무사하지 못했을 것이다."

물론 그가 5공 비리 수사 때 문제가 되지 않은 것은 사실이다. 그러나 그의 생각대로 부실기업 정리가 정치 스캔들이 되지 않았는가? 또 그가 과연 정치자금 로비를 얼마나 막았는지도 의문이다.

5공 **정치자금**과 **금융계**

'금융 황제' 이원조 대선자금 모집책 맡아

21

국제그룹 해체와 부실기업 정리는 지금까지도 5공 정치권력이 재계에 가장 깊숙이 관여한 대표적 사례로 꼽힌다. 이종재의 《재벌이력서》의 내용이다.

"재계가 기억하는 5공은 결코 유쾌하지 않다. 어느 칼에 어떻게 당할지 늘 불안했고 이 칼을 피하기 위해 지불해야 했던 생존비용이 유난히 컸기 때문이다. 그만큼 서슬 퍼렇게 칼을 휘둘러댔던 것이 5공이다.

5공의 7년은 그 어느 때보다도 심한 재계의 부침이 있었다. 당사자의 표현대로 오로지 정권에 밉보였다는 이유만으로 거대한 재벌이 하루아침에 공중분해되기도 했고 재계의 뒷자리에서 변변히 얼굴을 내밀지 못하던 기업이 하루아침에 재계의 앞자리로 떠오르기도 했다. 정권의 재량이 재계의 판도를 정해버린 것이다.

5공 시절 급부상한 기업들은 한일합섬과 한국화약·쌍용·우성 등이었다.

특히 한일합섬의 김중원과 한국화약의 김승연은 쌍용의 김석원과 함께 '5공의 총애받는 3K'로 불리기도 했다. 외형상으로 분명 특혜라고 할 수밖에 없는 각종 사업의 주도권을 거머쥐었으며 이 틈에 재계 앞자리로 성큼 올라섰기 때문이다."

이러한 재벌과 정권과의 은밀한 뒷거래가 처음으로 백일하에 드러나기 시작한 것은 1988년 11월 국회 일해재단 관련 청문회에서였다.

■　　■　　■　　■

일해재단 10억 기부, 연합철강 인수 감사 헌금?

장세동 전 청와대 경호실장에 대한 심완구(민주당) 의원의 질의 중 일부다.

심완구 의원: 윤석민씨가 대한선주를 넘길 때 이해구 당시 안기부 1차장과 만났다는데.

장세동: 내가 윤씨를 안기부 지하실로 끌고 가 고문했다는 얘기까지 윤씨가 말해서 주위에 물어봤더니 자신이 돌았다는 얘기를 했다고 듣고 있다. 윤씨의 외화도피 문제를 확인하라는 지시가 있어 이 당시 1차장이 마침 선후배 관계여서 만난 적이 있다. 그러나 안기부가 관여할 필요가 없다는 판단에 따라 일체 개입하지 않았다.

(윤석민은 해운산업 합리화 조치로 대한선주를 한진그룹에 넘겨야 했던 기업인이다. 이 얘기는 당시 부실기업 정리 과정에 안기부까지 얽혀 있었음을 짐작케 하는 내용이다)

다음은 장세동의 후임 청와대 경호실장이던 안현태의 증언이다.

평민당 김봉욱 의원: 풍산금속 유찬우 회장과 고려합섬 장치혁 회장의 익명 기금 15억 원도 전해준 사실이 있는가?

안현태: 있다. 나는 전 대통령으로부터 15억 원을 받으면서 김인배 처장(일해재단 사무처장)에게 입금토록 하라는 지시만 받았다. 영수증 발부가 안 된 것으로 알고 있다.

민주당 강신옥 의원: 풍산의 유 회장과 고려합섬 장 회장이 냈다는 15억 원은 어디서 받았나? 그때 전 대통령이 뭐라고 말했는가?

안 실장: 청와대 대통령 서재에서 받았다. 유·장 회장이 보내온 돈이니 재단에 입금시키라고 했다.

평민당 조승형 의원: 유 회장과 전씨는 대구공고 선후배 간인가.

안 실장: 그렇다.

강 의원: 선배인 유 회장이 부산 육군 제1조병창을 인수할 당시 전씨가 편의를 봐준 게 아닌가?

안 실장: 유 회장도 증인으로 채택됐으니 그분에게 물어보라.

강 의원: 편의 과정에서 전씨가 10억 원의 익명 기탁금을 받은 게 아닌가?

안 실장: 내가 얘기할 부분이 아니다.

민주당 노무현 의원: 증인은 1985년 10월 동국제강의 장상태씨가 10억 원을 일해재단에 기부한 사실을 아는가?

안 실장: 모른다.

노 의원: 증인이 받은 것이 아닌가?

강 실장: 아니다. 일해재단 창구에서 받았을 것이다.

노 의원: 장상태씨가 1985년 10월 10억 원을 내고 연합철강을 인수함으로써 그 돈이 감사 헌금이라는 의혹이 짙은데 증인이나 전씨가 몰랐다는 얘기는 설득력이 없는 듯하다.

안 실장: 나는 몰랐다.

대통령 친구 대림 이준용, 부실기업 인수 전문

아래는 대림산업 이준용 부회장과 의원들의 일문일답 내용이다.

민정당 황윤기 의원: 증인은 1983년 12월 1일부터 1985년 11월 30일까지 일해재단 이사를 역임했다는데 사실인가?

이준용 부회장: 그렇다.

황 의원: 이사로 선임된 과정을 밝혀달라.

이 부회장: 아웅산사건이 난 서남아 순방에서 본인은 수행기업인 중의 한 명이었다. 유족을 돕는 목적으로 설립된 이 재단에 이사로 선임된 것이다.

(이준용은 4차례에 걸쳐 일해재단에 총 13억 원의 성금을 냈고 새세대육영회에도 5억 원을 기부했으며 이와 별도로 1984년 10월 전 대통령과 청와대에서 만나 10억 원을 건네줬다)

황 의원: (10억 원은) 대림산업이 삼호그룹 등의 부실기업을 인수한 데 대한 반대급부가 아닌가?

이 부회장: 전혀 관계가 없다. 대림이 부실기업을 인수한 데 대해 정부나 외부인들이 특혜를 받았다고 생각할지 모르나 본인은 그렇게 생각하지 않는다.

평민당 김봉욱 의원: 대림산업이 부실기업 인수를 전문으로 하는

재벌이라는 소문과 함께 2900억 원에 가까운 인수금액을 10년 거치 20년 분할상환 융자를 받는 등 엄청난 특혜를 받고 있는 것으로 나타났는데.

이 부회장: 인수금액 분할상환 등의 조치를 받은 것은 사실이다.

김 의원: 독립기념관·평화의 댐 공사 등 국가의 주요 공사는 '송도의 불가사리'처럼 닥치는 대로 해먹은 사실에 대해 국민이 납득할 해명과 사과를 할 수 있는가?

이 부회장: 삼호그룹을 조흥은행에서 인수 제의했을 때 처음엔 거부했다. 왜냐하면 삼호그룹의 사우디 현장 등에 해결하기 어려운 문제점이 있었기 때문이다. 그러나 인수하면서 안은 3000억 원에 가까운 부채에 상응하는 지원을 정부로부터 받은 것은 사실이다.

김 의원: 그것은 정상적인 지원 범위를 넘어선 특혜 아닌가? 소위 '시드머니'까지 800억 원을 추가로 받지 않았는가?

민주당 김동주 의원: 전 대통령과는 평소 말을 트고 지낼 정도로 친한가?

이 부회장: 대통령이 되기 전에는 친구처럼 지냈다.

김동주 의원: 삼호그룹 인수 시 전기환(전 대통령의 형)씨를 대림 고문으로 대동하고 제주도에 다닌 일이 있나?

이 부회장: 전씨가 고문을 한 적이 없다.

김동주 의원: 스스로 그런 행세를 한다는 얘기는 들었나?

이 부회장: 소문은 들었다. 그러나 대림그룹과는 관련 없다.

김동주 의원: 대림이 전기환씨의 힘을 입어 삼호그룹 인수 시 종자돈을 받는 등 특혜를 받은 것 아닌가? 전씨가 제주그랜드호텔의 주식을 몇 퍼센트나 갖고 있나?

이 부회장: 한 주도 갖고 있지 않다.

김동주 의원: 전씨가 제주에 갈 때 숙식비, 그곳 유지들과의 식사비 등은 어떻게 해주었나?

이 부회장: 내게 연락이 오면 처리해주었다.

김동주 의원: 제주그랜드호텔에 자주 간 이유는?

이 부회장: 전 대통령이 취임 직후 전기환씨를 인사시켜주었다. 전 대통령은 '형님이 사회 경험도 많지 않으니 좀 모셔달라. 그러나 조용히 모셔달라'고 해 그 뜻도 가상하고 나를 그만큼 믿어주는 것도 고마워서 개인적으로 관계가 있는 회사(범한항공)의 부사장으로 모셨다.

회장이 아니라 예우 문제를 걱정했으나 전 대통령이 '사회 경험도 많지 않고 회장직은 안 된다'고 해 부사장으로 일하게 됐다. 그런 상황인데 내가 그를 어찌 업고 다니며 특혜를 받고 할 수 있겠는가.

대림의 삼호 인수로 한일은행도 대림에 물려

평민당 임춘원 의원: 주거래은행인 한일은행으로부터 총 1조 1453억 원의 대출을 받았는데 금년도 정부 추경예산이 1조 3000억 원 규모인 것에 비추어 이만한 돈을 한 재벌이 쓰는 것은 경제력 집중이 아닌가?

이 부회장: 그렇게도 볼 수 있겠다.

임 의원: 대림은 부실기업 인수전문 기업인가, 아니면 전문경영을 할 자신이 있었는가?

이 부회장: 주거래은행에도 '자신이 없다'는 의사를 밝혔는데 강제로 떠맡았다.

대한민국 머니 임팩트

임 의원: '대림이 망하면 한일은행이 망한다'는 행원들의 말에서처럼 한일은행이 대림에 완전히 물려버린 셈인데.

이 부회장: 스스로 안타깝게 생각한다. 대림은 삼호를 인수하기 전에는 부채비율이 400퍼센트였으나 인수 후 700퍼센트에 이르게 됐다. 삼호를 계열기업군에서 제외해달라고 사정도 했었다.

다음은 최순영 신동아그룹 회장이 증언대에 섰다.

평민당 조승형 의원: 1984년 10월 22일 청와대에 10억 원을 낸 적이 있는가?

최순영 회장: 그렇다. 전 대통령에게 직접 전해줬다.

조 의원: 10억 원을 낸 시점과 전주대 인수 시기가 한 달 반밖에 차이가 없는데 이 돈이 대학 인수를 위한 뇌물성 자금은 아니었나?

최 회장: 전혀 그렇지 않다.

민주당 김동규 의원: 전두환씨의 사촌동생인 전문환씨가 신동아그룹 이사로 근무한 적이 있는가?

최 회장: 근무했으나 2년 전 그만뒀다.

이어서 유찬우 풍산금속 회장이 나섰다.

민주당 노무현 의원: 조병창 인수 시 전 대통령과 동창관계인 점이 작용한 것 아닌가?

유찬우 회장: 절대 아니다.

노 의원: 증인이 공개적으로 24억 5000만 원, 영수증도 안 받은 10억 원 등 총 34억 5000만 원을 절대권력에 갖다 바쳤는데 기업인으로서 어떤 심정인가?

유 회장: 상황이 7~8년간에 걸쳐 있었던 일이라 간단하게 언급할 수는 없겠지만 70년 사는 동안 오늘 같은 가장 뜨거운 꼴도 당하고

있다.

공화당 정일영 의원: 조병창 인수 과정은 어떠했나?

유 회장: 1978년 민영화정책이 결정된 후 10·26 이후 계속 인수 요청이 있었으나 거절해오다 5공화국 들어 다시 강력한 인수 요청이 있어 연불을 요구, 3년 거치 7년 상환조건으로 인수하게 됐다. 총대금은 230억 원이었다.

"힘 있는 사람에게 당하지 않으려 시류 순응"

이 청문회에서 정주영 현대그룹 명예회장은 유명한 말을 남겼다.

민정당 안병규 의원: 재단기부금 중 각종 헌금이 부도덕하고 강압적으로 이루어졌다고 보는가?

정주영 회장: 23억 모금 때는 자진해서 냈고 1차 모금 때는 취지가 좋아 찬성해서 냈다. 그 후 돈을 받는 측에서는 100억씩 3년간 계속 걷기로 했다고 했다. 우리는 처음 건은 100억을 가지고 충분할 줄 알았다. 분명히 100억이면 충분히 재단 운영을 해나갈 줄 알았다. 이때까지만 해도 어렵지만 돈을 내자고 권장하는 편이었다. 내가 100억을 업체별로 할당했다.

3년 동안 계속 100억씩 걷자고 결정할 때 토론하거나 의논 같은 것은 없었다. 그 다음부터는 내기가 힘들어졌고 안 낼 수 없어 계속 냈다. 100억을 넘어 200, 300, 500억으로 모금액이 늘어날 때마다 매우 힘들었다.

안 의원: 장세동씨는 모금 과정에서 '강압이 없었다'고 했고 양정모씨는 '강제로 냈다'고 했으며 조성희씨(일해재단 초대 사무처장)는 '강압

도 있었던 것 같다'고 했는데 어느 얘기가 맞다고 보는가?

정 회장: 낸 사람 각자 나름일 것이다. 내 경우 1차 때는 '날아갈 듯이' 냈고 2차 때는 '이치에 맞지 않았지만' 냈다. 3차 때는 '내는 게 편안할 것 같아' 냈다.

안 의원: 양정모씨의 주장처럼 기부금을 내지 않아 국제그룹이 해체됐다고 생각하는가?

정 회장: 내게 물어볼 사항이 아니질 않는가. 그러나 경제적 측면에서 말한다면 국제그룹 해체는 잘못된 일이다.

노무현 의원: 증인은 '시류에 순응한다 함은 힘 있는 자를 따르지 않을 수 없는 것'이라고 했는데.

정 회장: 그렇게 말했다.

노 의원: 이 말은 힘 있는 사람에게 접근하는 것도 포함되는가?

정 회장: 나는 이를테면 대통령과 같이 힘 있는 사람이 기업을 돕는 것을 원치 않는다. 시류에 순응한다는 의미는 힘 있는 사람으로부터 괴로움을 당하지 않기 위함이다.

노 의원: 일해재단이 사유물시 되거나 막후 권부로 있을 때는 묵묵히 순종하다가 권력이 퇴조하자 소신을 밝히는 것 아닌가?

정 회장: 대단히 미안한 일이지만 우리가 그런 용기를 갖지 못했다.

사실 5공 7년 동안 정주영과 정권과의 관계는 매우 불편했다. 당시 전경련 회장을 겸하고 있던 정 회장은 어쩔 수 없이 정권과 협력하긴 했지만 피차가 상당히 걸끄러운 관계였다. 특히 5공 정권 출범 직전인 국보위체제하에서 감행된 산업구조조정에 대해 정 회장은 불만이 많았다. 당시 현대그룹은 창원의 현대양행(현재의 두산중공업)을 1원 한 푼 못 건지고 통째로 빼앗겼고 정 회장의 동생 정인영 회장은 옥고까지 치러야 했다.

반면 대우 김우중 회장은 '선인수 후청산'이라는 특혜로 현대양행을 가져갔으나 스스로 포기하고 정부에 반납, 공기업인 한국중공업이 됐다가 1998년 민영화됐다.

당시 정 회장은 그 살벌한 시국하에서도 경총이 마련한 공개석상에서 "공산국가도 아닌 나라에서 민간이 설립한 기업을 정부가 강제로 합쳐라 말아라 하는 경우가 어디 있느냐"며 노골적으로 반발한 적이 있다. 정인영은 1991년 현대양행 반환소송을 제기하기도 했다.

동부 김준기, 동진제강 불하받고 50억 성금

기업별 일해재단 기부금 내역은 장세동의 책《일해재단》에 구체적으로 나와 있다. 가장 많이 낸 사람은 현대그룹 정주영으로 51억 5000만 원을 출연했고 2위는 45억 원을 기부한 삼성그룹 이건희 회장과 박태준 포항제철 명예회장이다. 이어 김우중 대우그룹 회장이 40억 원, 구자경 LG그룹 회장 30억 원, 최종현 SK그룹 회장 28억 원, 이희건 신한은행 회장 25억 원, 이준용 대림산업 부회장 23억 원, 조중훈 한진그룹 회장 22억 원, 신격호 롯데그룹 회장 20억 원 등의 순이다.

유찬우 풍산금속 회장 18억 원, 김석원 쌍용그룹 회장과 김승연 한화그룹 회장, 장치혁 고려합섬 회장이 각각 15억 원, 장상태 동국제강 회장 14억 5000만 원, 최원석 동아그룹 회장 13억 원, 박성용 금호그룹 회장 및 최순영 신동아그룹 회장은 각각 10억 원이다. 또 두산그룹 박용곤, 삼양사 김상홍, 한일합섬 김중원, 효성그룹 조석래 각기 9억, 대농그룹 박용학, 한일시멘트 허채경, 종근당 이종근 각각

8억, 코오롱그룹 이동찬, 기아산업 김선홍, 미원그룹 임대홍 각기 7억, 해태그룹 박건배, 동양그룹 현재현, 동아제약 강신호, 삼환그룹 최종환 각각 6억, 태평양그룹 서성환 6억 5000만 원 등이다. 국제그룹 양정모, 동경상은신용조합 허필석, 일본제일흥업 배종성은 5억을 냈다.

그러나 일해재단 모금은 5공 정권이 기업인들에게서 거둔 정치자금의 극히 일부에 불과하다. "전두환 대통령 집권 7년 동안 각종 성금, 인허가 리베이트, 선거지원 모금 등 정치자금으로 대략 1조 원이 소요됐을 것으로 추정된다."(이한구,《한국재벌사》)

일해재단 모금 598억 원, 새세대심장재단 298억 9263만 원, 새세대육영회 236억 원, 새마을성금 1526억 원 등 성금 성격의 정치자금만 2659억 원이다. 여기에 민정당 지정 정치기탁금을 합친 5대 항목의 기부금 명세를 보면 대체로 재계 매출액 순위와 비슷하다. 1위인 현대그룹이 185억 7000만 원, 2위 삼성그룹이 162억 원을 냈다.

매출액 규모에 비해 상대적으로 유난히 많이 낸 기업은 한일합섬그룹 103억 원, 동국제강 63억 5000만 원, 대림산업그룹 66억 원 등인데 이들은 부실기업 정리 과정에서 큰 수혜를 입은 기업들이다.

"이순자씨는 새세대심장재단 기부금을 1984년 1월 9일부터 받기 시작했다.

1984년 10월 8일 동국제강의 장상태 회장은 20억 원을 기부했다. 그때까지 최고 기부액은 현대자동차 정세영 회장으로 7억 원이었다.

다음해 2월 4일 김만제 재무장관은 국제그룹을 해체하기 위한 준비작업으로 차관보를 연합철강의 전소유주 권철현씨에게 보내 연합철강을 포함한 국제계열 10개 회사를 인수해줄 것을 제의했고 줄다리기 끝에 응낙을 받았다. 그러나 전 대통령의 결재 과정에서 권씨는 배제되고 한일합섬·동국제강·극동건설 등이 인수자로 선정됐다.

국제그룹 내 노른자위인 연합철강을 인수한 것은 동국제강이었다. 동국제강 장상태 회장은 연합철강을 인수한 그해 이례적으로 두 차례에 걸쳐 12억 5000만 원을 일해재단에, 다음해엔 2억 원을 두 번째로(이것도 이례적이다) 새세대심장재단에 기부했다.

한일합섬의 김중원 회장은 국제상사를 인수한 뒤 일곱 번에 걸쳐서 15억 원을 심장재단에 기부했다. 일해재단 및 심장재단에 낸 공식 기부금까지도 일부 기업에서는 이권을 따기 위한 뇌물성 정치자금으로 이용했다. 이순자씨도 또 다른 '자금＝청탁접수창구'였다는 얘기다."(《월간조선》, 1992년 3월호)

동부그룹 김준기 회장은 1984년 8월 포항제철로부터 동진제강(장영자사건으로 부도난 일신제강을 포철이 인수해 정상화시킨 후 다시 불하한 회사. 현 동부제강)을 불하받고 10월에 심장재단성금 30억 원, 새마을성금 20억 원, 도합 50억 원을 냈다고 손건래 전 동진제강 부사장이 1989년 1월 국회에서 시인한 바 있다.

미원 임창욱, 70억 바치며 세무조사 종결 청탁

이 같은 5공 정경유착의 하이라이트는 역시 전두환 비자금사건이다. 당시 '전두환 전 대통령에 대한 수뢰, 부정축재사건'의 피고 전두환에 대한 검찰 공소장을 보자.

"1982년 12월 경 청와대에서 현대그룹 회장 정주영으로부터 정부 또는 정부투자기관 등이 발주하는 각종 국책사업의 사업자 선정, 금융·세제운용 등 기업 경영과 관련된 직무를 수행함에 있어 현대그룹에 대해 선처해달라는 취지로 제공하는 10억 원을 교부받고, 1983년 12월경 청와대에서 삼성그룹 회장 이병철로부터 금융·세제운용 등 기업 경영과 관련된 직무를 수행함에 있어 삼성그룹에 대해 선처해달라는 취지로 제공하는 10억 원을 교부받고, 1984년 12월경 청와대 인근 안가에서 동아그룹 회장 최원석으로부터 정부 또는 정부투자기관 등이 발주하는 각종 국책사업의 사업자 선정, 금융·세제운용과 관련된 직무를 수행함에 있어 동아그룹에 대해 선처해달라는 취지로 제공하는 50억 원을 받고, 1980년 11월경 청와대 부근 안가에서 한진그룹 회장 조중훈으로부터 그 무렵 김포공항에서 발생한 대한항공 소속 KE015 여객기 추락사고에 대한 해명과 함께 위 사고로 인하여 항공운송사업에 대한 정부의 규제, 금융·세제운용 등 기업 경영과 관련된 직무를 수행함에 있어서 한진그룹에 어떤 불이익이 없도록 선처해달라는 취지로 제공하는 10억 원을 교부받고, 1984년 6월경 청와대 인근 안가에서 한일그룹 회장 김중원으로부터 한일그룹의 상속재산 분배 문제로 형제간에 분쟁이 있었던 점에 대한 해명과 함께 그로 인하여 금융·세제운용 등 기업 경영과 관련된 직무를 수행함에 있어 한일그룹에 어떠한 불이익이 없도록 선처해달라는 취지로 제공하는 50억 원을 교부받고, 1985년 9월경 청와대 대통령 접견실에서 금호그룹 회장 박성용으로부터 항공운수사업에 대한 면허, 금융·세제운용 등 기업 경영과 관련된 직무를 수행함에 있어 금호그룹에 대해 선처해달라는 취지로 제공하는 20억 원을 교부받고, 1986년 12월경 청와대에서 미원그룹 회장 임창욱으로부터 미원그룹에 대한 국세청의 세무조사를 조기에 종결하고 세금을 적게 부과하도록 국세청장에게 영향력을 행사해달라는 청탁과 함께 70억 원을 교부받고, 1984년 6월경 청와대 대통령집무실에서 쌍용그룹 회장 김석원으로부터 쌍용그룹에서 추진 중인 강원도 평창군 도하면 수암리 소재 용평골프장 건설에 대해 내인가를 해달라는 부탁을 받고 같은 해 10월경 위 골프장 건설에 대해 내인가를 해준 다음, 같은 해 11월 초순경 청와대 인근 안가에서 10억 원을 교부받고······."

이처럼 공소장에는 "선처해달라"는 추상적인 표현을 넘어 구체적인 청탁 내용과 이에 따른 대가로 수십 억 원이 오갔음을 적나라하게 적시하고 있다. 현대 정주영, 삼성 이병철 등이 '겨우' 10억 원을 바친 반면 동아 최원석, 한일 김중원이 50억 원, 미원 임창욱은 무려 70억 원이나 상납한 것도 그런 사정 때문일 것이다.

전두환은 이렇게 거둬들인 천문학적 정치자금을 어떻게 썼을까?

"전두환 대통령은 '우군 관리'에 그 비자금을 썼다. 우군이란 누구인가. 전 대통령으로부터 월 20억 원씩의 운영자금을 받은 민정당, 약 1500억 원의 대통령선거자금을 받은 것으로 추정되는(전 대통령 측이 주장하는 액수) 노태우 후보 측, 총선에서 1~3억 원씩 받은 민정당 의원들이 그들이다.

전 대통령은 정권 운영자금 공급의 수원지를 독점함으로써 민정당을 사당화했고 여당 정치인들을 사병화할 수 있었다."(《월간조선》, 1992년 3월호)

대선 때 2000억 모금, 1500억 노태우 지원?

이상이 전부 다였다면 좋았겠지만 유감스럽게도 그렇지 못했다. 대통령선거가 있던 1987년 주요 기업들에게서 거둔 선거자금이 별도로 있었던 것이다. 대재벌의 경우는 대체로 50억 원 정도의 대선자금을 추가로 낸 것으로 알려지고 있다. 전 대통령은 대통령선거에 즈음해 약 2000억 원을 모금, 이 중 약 1500억 원을 노태우 후보 측에 보냈다고 한다.

권철현 연합철강 전 사주는 국회 5공 비리 특위에 출석해서 "당시 은행감독원장 이원조씨, 청와대 민정수석 이학봉씨, 경제수석 사공일씨, 전두환씨의 처남 이창석씨, 이런 사람들이 합작해서 연합철강을 동국제강에 넘겨줬다고 생각한다"고 증언한 적이 있다.

맨 앞에 거론된 이름 이원조는 바로 5~6공 시기 금융계 TK 인맥의 대부이며 '금융계 황제'로 불렸던 인물이다. 이원조는 노태우 전 대통령과는 경북고 32회 동기동창이고 전두환 전 대통령과도 죽마고우였다. 그는 1956년 제일은행에 입사한 이래 군부 내 '하나회'를 이끌었던 두 친구의 자금줄 역할을 했다. 그래서 'TK 사단의 금고지기'라는 별명도 얻었다. 1980년 국보위 자문위원, 5공 출범 직후 대통령경제비서관, 다시 은행감독원장으로 발탁되면서 금융계는 물론 재계에서 막강한 영향력을 행사했다.

1989년 당시 백담사에서 사실상의 유배생활을 하던 전두환에게 이원조는 '손봐줘야 할 사람' 1순위로, 노 대통령에게는 '감싸줘야 할 사람' 랭킹 1위로 손꼽혔다. 그가 5~6공의 정치자금에 대해 가장 많은 비밀을 알고 있을 뿐 아니라 전두환은 이원조가 5공 정치자금 및 자신의 친인척에 관한 비밀을 노 대통령 측에 제공, 5공 비리 파문을 일으킨 장본인으로 보고 있었다는 것이다.

"5공 비리 조사특위가 가동 중일 때 노 대통령이 김영삼 당시 민주

전두환 전 대통령은 '권력은 금맥이 있어야 유지될 수 있다'고 믿고 정치자금 모집창구를 청와대로 단일화했다.

당 총재에게 '잘 봐달라'고 부탁한 사람이 딱 한 명 있었다. 그가 이원조 씨였다.

정치자금의 흐름을 따라가면서 5공→6공의 대권 이동 과정을 그려보면 전·노 갈등의 본질적인 의미를 파악할 수 있다. 대권의 이동은 정치자금 수맥의 관리자가 교체됨을 의미하기 때문이다.

노태우 민정당 대표위원은 6·29 선언 이전에는 독자적인 정치자금의 루트를 제대로 관리할 수가 없었다. 권력은 총구에서 나올 뿐 아니라 금맥이 있어야 유지된다는 속성을 깨달은 전두환 대통령은 정치자금 모집창구를 청와대로 단일화해놓고 민정당 운영비(월 20억 원)와 대표위원 판공비까지 일일이 자신으로부터 타 쓰도록 했다.

6·29 선언 이후 대통령선거자금을 모으는 데서부터 불화의 씨앗이 뿌려진다.

연희동 측에선 전 대통령이 처음에는 정치자금을 모으지 않으려고 했었다고 주장하고 있다. 노태우 후보 측에서 모금에 나서봤으나 실적이 오르지 않아 전 대통령이 나서게 됐다는 것이다. 안현태 당시 경호실장이 전 대통령에게 '각하께서 한 번 더 손에 물을 묻히시지요'라고 권유했다는 것이다.

전 대통령이 이원조 당시 은행감독원장을 선거자금 모집책으로 지명, 일종의 대리인 역할을 하게 했음은 그의 직접적인 언급을 통해서

대한민국 머니 임팩트

도 뒷받침되고 있다." 《월간조선》, 1992년 3월호)

자금 모집책 이원조의 의심, 전·노 갈등 확산

당시 이원조는 전 대통령의 지시를 받고 대기업 회장들에게 선거자금 납부를 요청하고 청와대 경호실을 통해 전두환과의 독대 시간을 잡아줘 회장들이 직접 선거자금을 헌납하도록 주선했다. 재벌급 이외의 대기업은 안현태 경호실장을 통해 간접적으로 선거자금을 전달했다고 한다.

대선 직전인 1987년 11월부터는 기업에서 직접 노 후보 진영에 선거자금을 내기 시작했다. 대부분의 재벌은 전과 노 양쪽으로 돈을 갈라서 줬다는 것이다.

"전 대통령의 한 측근은 이렇게 증언했다. '전 대통령은 선거운동이 시작되기 전에 미리 노 대표에게 정치자금을 주어 개인 이미지 메이킹을 위한 홍보 등에 쓰게 했고 선거가 끝난 직후에도 자금을 주어 인사치레를 하도록 했다.

이원조가 모아준 자금은 두 채널로 내려 보냈다. 선거대책본부장이던 이춘구 사무총장–김태호 사무차장 선을 따른 공식 조직 이외에도 네댓 차례 노 후보 집을 방문했을 때 직접 자금을 건네주었다. 이때 어느 기업이 얼마를 기부했다는 식의 명세서도 전달한 것으로 안다.'

대통령선거가 끝났을 때 전 대통령 손에 정치자금이 얼마나 남아 있었는지는 알 수 없다. 그 뒤에 550억 원을 노 대통령에게 인계하고 89억 원을 국가에 헌납했으니 적어도 650억 원 이상은 갖고 있었을 것이다." 《월간조선》, 1992년 3월호)

이 기사에서 당시 민자당 이원조 의원은 이렇게 증언하고 있다.

"전 대통령은 돈을 만드는 사람이 권력을 갖게 되고 부하가 돈줄을 쥐게 되면 파벌을 만든다는 생각에서 정치자금 루트를 철저히 감시했다. 나도 6개월간 내사당한 적이 있다.

전 대통령이 백담사로 가면서 국가에 헌납하기로 공표한 139억 원을 조정할 때 장세동씨와 심하게 다투었던 것은 사실이다. 장씨는 '권총 한 방이면 끝 아니냐' 면서 흥분하기도 했었다. 내가 '바깥에선 수천억 원 모았다고 하는데 수십 억 원이라면 누가 믿겠느냐' 고 이야기한 것도 사실이다.

5·6공 사이가 꼬이기 시작한 것은 전 대통령이 퇴임 후 영향력을 유지하려고 한 데서 비롯됐다. 대통령선거 때 쓰고 남은 돈으로 총선을 빨리 치르자고 하고 공천에 영향력을 행사하려고 하니 6공 측에서 경계심을 가졌던 것이다. 전 대통령이 그만둔 뒤에도 돈을 쓴다고 해서 그것을 영향력 확대로 보기도 했었다.

대통령선거 때 김대중 후보에게 은행 온라인으로 입금된 자금은 은행을 통해서 체크할 수 있었는데 하루 4000만~5000만 원 수준이었다."

이에 대해 전두환의 측근이면서 6공 핵심 인사들을 상대했던 이는 이렇게 말했다.

"노 대통령 주변에선 전 대통령이 너무 많은 정치자금을 갖고 나갔다고 생각하는 것 같았다. '지난 대통령선거 때 얼마를 거뒀고 얼마를 썼는지 우리가 아는데 이건 너무하지 않느냐' 라는 식이었다.

우선 이원조씨가 오해한 것 같았다. 선거자금 모집책으로 모집 규모를 알고 있는데 얘기를 들어보니 '전 대통령이 중간에서 너무 많이 떼먹었다'는 오해를 한 것이 아닐까.

전 대통령이 백담사로 떠나면서 헌납하겠다고 발표한 139억 원은 청와대 측이 50억 원을 보태서 만든 것이다. 청와대 측과 헌납액수를 결정하는 과정에서 우리가 89억 원밖에 없다고 했더니 100억 원 이상은 돼야 한다면서 그렇게 만든 것이다."(《월간조선》, 1992년 3월호)

그러나 이원조는 "선거자금 모금액수에 대해선 알려고도 하지 않았다"며 이를 부인했다.

조흥 · 서울 · 주택은행 2~3억 새마을성금

6공 시절 이원조는 13~14대 전국구의원을 지내면서 금융계 황제로 군림했다. 장관들도 그의 눈치를 살펴야 했고 은행장이 되려면 그의 재가가 필수였다. 심지어 당시 재무장관 중에는 이원조의 인사 개입을 막는다는 명분으로 은행 인사에 간여한 사람도 있었다. "외부에서 개입할 바에는 차라리 재무장관이 제대로 하는 게 낫지 않느냐"는 논리였다. 한 여권 인사가 노 대통령에게 이원조를 멀리하라는 충언을 했다가 "그는 내 친구야"라는 말을 들은 적도 있다고 한다.

그러나 이원조는 김영삼정권 출범 이후 동화은행 비리사건과 노태우 비자금사건 등으로 몇 차례 검찰에 불려 다녔고 해외도피생활을 하기도 했다. 결국 1997년 4월 구속돼 어릴 적 친구인 두 전직 대통령들이 수감돼 있는 감옥에 합류했다. 같은 해 12월 세 사람은 특별사면으로 나란히 석방됐으나 이원조는 지병에 시달리다가 수많은 역사의 비밀을 간직한 채 2007년 3월 세상을 떠났다.

한편 1986~1987년 2년 사이 기업별 주요 성금의 납부 내역을 보면 당시 은행들의 상납액수도 나와 있어 흥미를 끈다. 이에 따르면 조흥은행은 새마을성금으로 1986년 2억 7150만 원을 냈고 외환은행이 1600만 원, 수출입은행은 4600만 원을 납부했다. 또 1987년에는 주택은행이 새마을성금 2억 5800만 원을 냈고 서울신탁은행은 새마을성금 3억 원 등 기부금 총액 3억 6700만 원을 기록했다. 다른 성금이나 정치자금을 빼고 새마을성금만 따지면 이 기간 동안 대림그룹을 대표한 호남에틸렌의 5억 원(1986년)에 이어 은행권이 2~4위를 휩쓸고 있다.

대한민국 머니 임팩트

6공 **북방외교**와 은행**경협차관**

외교 치적의 그늘 속 은행들만 골병

22

2007년 6월 1일 한국산업은행은 낭보를 접했다. 러시아 브네쉬에코놈방크(대외경제은행)가 러시아 경제협력차관 1차 상환분 3500만 달러와 이자 3900만 달러를 입금시켰기 때문이다. 이 러시아 경협차관은 노태우정권 당시 최대의 외교 치적인 1990년 9월 한·소 수교의 반대급부로 제공된 것으로 구소련과 당초 합의하기로는 30억 달러를 제공하기로 했으나 14억 7000만 달러까지 집행된 상태에서 구소련의 해체로 잔여분 지급이 중단됐다.

이 차관은 1999년까지 모두 돌려받기로 돼 있었으나 러시아 측이 자국 사정을 들어 자꾸 상환을 미뤄오다 지난 2003년 9월 협상이 타결됐다. 그 결과 원금에 이자가 붙어 총 22억 4000만 달러로 불어난 금액 중 6억 6000만 달러는 탕감해주고 2006년까지 탱크와 헬리콥터 등 러시아제 무기로 현물상환한 2억 5000만 달러를 공제한 나머지 13억 3000만 달러에 대해서는 2007년 6월 1일부터 오는 2025년까지 23년간 현금분할상환키로 합의했다. 그 현금상환 1차분이 예정대로 입금된 것이다. 상환일은 매년 6월 1일과 12월 1일이다.

■   ■   ■   ■

차관을 은행권에 할당, 정부 지급보증

러시아 경협차관은 1991년 중 현금차관 10억 달러와 소비재 현물차관 4억 7000만 달러 등 총 14억 7000만 달러가 집행됐다. 10억 달러 현금차관 제공의 주체는 은행들이었다. 주관 은행인 산업은행이 1억 5000만 달러, 조흥ㆍ상업ㆍ제일ㆍ한일ㆍ서울 등 5대 시중은행과 외환 및 장기신용은행이 각각 1억 1000만 달러씩, 신한ㆍ한미은행이 각 4000만 달러씩 분담했다. 은행들을 일괄 동원해 차관금액을 할당한 것이다. 물론 정부가 국회 동의를 얻어 원리금의 90퍼센트를 지급보증, 은행의 반발을 무마했다.

제1차 은행단 차관은 1992년 5월 17일 제공한 5억 달러로 이자율은 리보(LIBOR, 런던 은행 간 금리)+1.25퍼센트였고 2차 은행단 차관은 같은 해 11월 19일의 5억 달러로 이때는 리보+1.375퍼센트였다. 1ㆍ2차 모두 3년 거치 5년간 연2회 분할상환하는 조건이었다. 소비재 현물차관(전자제품 등)은 수출입은행이 1991년 중 제공한 것으로 이자율은

리보+1.375퍼센트, 상환 조건은 각 융자일로부터 720일 후 상환한다는 것이었다.

노태우 대통령과 구소련 고르바초프 대통령이 만나던 역사적 장면이 제주 국제평화공원에 밀랍인형으로 재현되어 있다.

그러나 구소련 해체 이후 러시아는 1998년 8월 모라토리엄 선언 등 경제적 어려움으로 상환 일정을 지키지 못했다. 노태우 정부를 이은 김영삼정부는 러시아와 협상을 벌여 1993년까지 1차 만기가 도래한 경협차관의 일부인 4억 6000만 달러를 1998년까지 상환받되 현금이 아닌 현물로 받기로 했다. 이렇게 시작된 것이 우리나라가 러시아제 무기를 처음 도입한 이른바 '불곰사업'이다.

1994년부터 시작된 1차 불곰사업으로 탱크와 장갑차·헬리콥터·휴대용 대공화기 등 러시아제 무기와 알루미늄 등 원자재로 총 4억 6000만 달러를 상환받았다. 하지만 1994년 이후 만기가 도래하는 차관에 대해서는 양측의 줄다리기가 거듭되었고 거의 10년 동안 상환 방식에 대한 합의를 보지 못했다. 이 사이 이자가 늘어 2003년에는 22억 4000만 달러로 원리금이 불어났다.

그러다 2003년 9월의 채무 재조정으로 상환협상이 완전 타결됐다. 차관의 3분의 1 이상을 탕감해준 것은 노무현정부가 북핵문제 등에서 러시아 측의 지지를 얻고 양국관계 개선을 위해 배려해준 것이지만 지나치게 양보해준 것 아니냐는 지적도 있었다.

현금상환분의 이자율은 리보+0.5퍼센트로 합의됐다. 현물상환 2

억 5000만 달러는 2006년 2차 불곰사업으로 이어져 T-80U 전차·BMP3 장갑차·'무레나' 상륙작전용 공기부양정 등 6종의 무기 도입으로 일단락됐다. 이제 현금상환이 본격 시작됐지만 러시아 측이 언제 또다시 현물상환을 주장하고 나설지 몰라 안심하기는 이르다.

김종인 수석 주도, 기획원과 외무부 소외

당초 노태우 대통령의 명을 받고 소련과의 경협협상을 주도한 것은 김종인 당시 청와대 경제수석이었다. 김 수석은 1991년 《월간조선》과의 인터뷰에서 "한국과 소련의 경제협력은 단순히 경제적인 득실 관점에서 거론된 것이 아니다. 소련과 처음 만날 때부터 경제협력이 아니고는 접근이 불가능했다"고 시인했다.

그는 "샌프란시스코 정상회담 때도 회담을 주선한 미국 정부의 고위관리들까지 경제협력이 없으면 회담이 성립될 수 없다고 이야기해 주었다"며 "경제협력 제공은 설사 다소의 경제적인 손해가 있더라도 다른 측면에서 도움이 있다면 충분히 가치가 있다"고 말했다.

다음은 이승윤 당시 부총리의 말이다.

"소련과의 수교를 위해 경제협력자금을 지원해야겠다는 발상과 추진은 김종인 수석이 추진한 것인지는 모르겠지만 외무부와 기획원은 그 주도권에서 완전히 배제된 것으로 봐야할 것이다.

경제협력자금을 얼마나 줄 것이냐, 어느 조건으로 줄 것이냐에 대해서 논의는 했지만 회의 참석자 중 장관은 나뿐이었다. 기획원 실무자를 개입시켜 한 적은 한 번도 없었다. 오히려 경협자금이 결정된 후 그 사실이 신문에 유출돼 혼난 적이 있었다.

당시 언론도 대소련 경협자금이 제공될 것이라는 추측은 하고 있었어도 경협자금의 규모나 더욱이 조건 등에 관한 정보는 극비사항으로 취급되고 있었다. 그런데 어느 날 갑자기 '30억 달러 대소련 경제협력자금 제공' 제하의 기사가 난 것이다. 언론이 보도한 경협자금의 조건도 상당 부분 정확했다.

노태우 대통령은 매우 진노했다고 한다. 당장 안기부 조사가 시작됐다.

경협자금을 결정한 회의의 참석 장관은 나 혼자였다. 당연히 경제기획원 실무자에게 의심의 화살이 쏟아졌다. 이에 따라 김인호 당시 대외경제조정실장, 김선옥 당시 제4협력관을 비롯한 실무자들이 안기부 조사를 받는 고초를 겪었다."(김흥기,《비사 경제기획원 33년, 영욕의 한국경제》)

하지만 중국과의 경제협력은 기획원이 주도한 것이다. 소련이나 동구권과는 달리 중국과의 수교는 경제 교류가 무르익은 상황에서 이뤄져 기획원이 역할을 수행할 여지가 많았다.

"경협차관, 북방외교로 안보 위협 감소"

이런 여러 가지 문제들에 대해 노태우 대통령 본인은 어떻게 생각하고 있을까? 조갑제가 엮은 《노태우 육성회고록》을 보자.

"소련 측이 우리에 대해 관심을 가진 것은 소비재 때문이었다. 당시 소련은 개방을 하고 나서 소비재가 동나다시피 했다. 그래서 제일 급한 소비재를 대줬으면 좋겠다는 것이었다.

그 다음에는 한국의 발전 모델이 자기들에게 도움이 된다는 것이었다. 따라서 앞으로 소련이 시장경제체제로 옮겨가는 과정에서 한국 기업과 한국 정부의 경제개발담당 각료·참모들의 협력을 받고 싶다는 것이었다. 게다가 소련이 외국으로부터 돈을 많이 빌리고 있는 형편이었으므로 가능하면 현금차관을 많이 받고 싶다는 입장이었다.

나는 그런 보고를 받고 관계자들에게 우리가 얼마 정도를 도와줄 수 있는지를 검토하라고 지시했다.

경제협력이라고 해서 무상원조가 아니고 국제금리에 맞춰 빌려줄 생각이었다. 그 결과 30억 달러가 적당하고 반은 현금차관, 나머지 반은 물자로 주는 게 바람직하다는 것이었다. 나는 그 결과를 갖고 소련 측과 협의하라고 했다."

노 대통령은 경협차관이 남북관계 안정과 국가안보에 크게 기여했다고 주장했다.

"30억 달러를 놓고 말이 많지만 북한의 위협을 줄인 점을 감안하면 그 이상의 이익을 보았다고 나는 지금도 믿고 있다. 그 이후에 소련에서 미그29보다도 최신형인 수호이 전투기를 북한에 보내기로 했던 것이 중단됐다. 기름·최신무기 등의 지원이 연이어 중단됐다.

우리가 준 돈으로 다시 우리 소비재를 사감으로써 우리와의 교역량이 급증하기 시작했다. 원자재를 주면서도 조건이 붙어 있었다."

그는 한·소 수교 과정에서 소련 측이 수교의 조건으로 경제 지원을 요구하면서 경협자금을 더 많이 받아내기 위해 수교협상을 질질 끌었다는 얘기는 전혀 사실이 아니라고 지적했다.

"경협차관(헝가리 6억 달러, 소련 30억 달러 등)에 대한 정부의 입장은 단순히 볼 때 많은 금액임에 틀림없다. 그러나 북방외교로 국가안보에 대한 위협을 감축시킴으로써 우리 측에 군비 절감효과를 가져온다는 점을 감안한다면 장기적으로 볼 때 많은 비용이라고는 볼 수 없다. 또한 거저 준 것이 아니라 빌려준 것으로 원금과 이자를 돌려받는 것이다.

특히 우리는 미국과 일본 등으로부터는 무역 적자를 기록하고 있는 반면 이들 북방국가들에 대한 수출은 크게 늘어나 계속 무역 흑자를 내고 있어 북방외교의 성과를 차관문제를 시비 삼아 퇴색시켜서는 안 된다고 본다."

"돈으로 한 · 소 수교를 산 것은 아니다"

이 회고록에 따르면 소련과의 수교 과정에서 경협차관에 대한 구체적인 액수는 마실리코프 소련 부수상이 1990년 8월 서울에 와서 김종인 수석과 함께 결정한 것이다. 이 자리에서 김종휘 당시 외교안보수석은 마실리코프에게 두 가지 원칙을 제시했다.

소련이 경협차관을 수교보다 먼저 달라고 하자 김 수석은 "그건 모양새가 좋지 않다. 당신네나 한국이나 양쪽이 다 좋지 않다. 수교 이전에 경협이 이루어지면 우리가 수교를 마치 돈으로 산 것이 된다. 당신네는 최대 강국인데 먼저 경협을 받으면 수교를 돈으로 판 게 된다. 우리가 경협을 할 원칙이 있으니까 이걸 수교 뒤로 미루는 게 좋겠다"고 반대하면서 "우리나라에서도 한 · 소 수교에 대해 비판하는 사람이 많다. 당신네들이 우리와 경협을 하는 마당에 북한에 고도 정밀무기, 말하자면 전투기라든가 전차 · 미사일이나 군사협력 · 군사원조를 주게 되면 나도 대소 경협의 반대론자가 되겠다"고 경고했다.

그랬더니 마실리코프는 "대북 군사협력은 한국과의 경협이 이뤄지면 중단하겠다"고 약속했다. 그 후 북한에 전투기 · 전차 · 미사일 중 한 기도 가지 않았다고 한다.

노태우는 회고록에서 "소련에 제공한 경협자금 30억 달러를 놓고 비판도 많지만 러시아가 북한에 지원하지 않은 무기 액수만 따지더라도 30억 달러는 갚고도 남은 셈이라는 게 나의 판단이다"라고 강조하면서 수교를 결정한 다음부터 경협교섭을 시작한 것에 대해서는 "소련이란 나라가 어려움을 겪고 있으면서도 자존심이 굉장한 나라예요. 우리야 필요했기 때문에 수교를 했지만 돈으로 수교를 샀다는 것은 소련으로서는 참을 수 없는 모욕이라고. 이것을 나도 알고 그 사람들도 입장을 알기 때문에 참모들 간에 그런 얘기가 나오더라도 치워버렸어요"라고 설명했다.

소련 해체로 이자 연체, 도중에 차관 중단

그런데 소련 해체 이후 독립국가연합(CIS)이 결성되고 다시 러시아연방이 탄생했다. 14억 7000만 달러까지 집행되던 경협차관도 이 과정에서 채무자가 불분명해짐으로써 공중에 뜨고 말았다.

"국내 언론들은 차관 제공의 중지를 촉구하고 나섰다. 우리의 이러한 태도에 초강대국으로서의 자존심을 상한 러시아는 강한 불쾌감과 배신감을 나타냈다. 포항제철에 미사일 하나만 떨어져도 50억 달러가 날아가는데 러시아가 북한에 무기 제공을 중단한 대가도 생각하지 않는다는 소리마저 들렸다.

나는 대소 경협차관 30억 달러는 장기적인 안목에서 집행돼야 한다고 주장했으나 여론과 관련부처의 대세는 차관 제공 중지였다."(강만수, 《현장에서 본 한국경제 30년》)

1991년 12월 정부는 러시아의 추가 보증이 있을 때까지 8억 달러의 소비재차관을 중단했다. 이듬해 5월에는 이자 지급의 불능을 통보해 왔다. 러시아와의 관계가 악화된 상태에서 강만수 당시 재무부 국제금융국장은 채무자를 소련에서 러시아로 바꾸는 회담을 하게 된다.

마침내 1992년 7월 러시아는 구소련 시절 합의된 차관 전액에 대해 채무를 승계하는 법률문서를 제출하고 나머지 차관을 재개하기로 합의했다. 하지만 연체이자에 대한 협상이 무산돼 나머지 15억 달러의 소비재차관 및 자본재차관은 다시 중단됐다. 만기 도래 차관의 이자가 연체되고 수차에 걸친 현물상환 약속도 이행되지 않아 결국 러시아 경협차관의 추가 제공은 완전히 중단되고 말았다. 강만수는 경협차관이 계속 이행됐어야 했다고 보고 있다.

"사실은 그들이 이행하지 않았다기보다 해체되어가는 과도기의 공산체제가 거짓말을 한 것이라 생각됐다. 원리금 상환과 차관 재개를 위해 여러 차례 협의도 하고 합의도 했으나 인형 속에 또 인형이 있는 러시아 민속인형같이 합의를 해도 계속 또 새 합의를 해야 했다.

결국 30억 달러의 경협차관은 현금차관 10억 달러와 소비재차관 4억 7000만 달러, 합계 14억 7000만 달러가 집행된 후 추가 집행이 정지됨으로써 러시아의 자존심을 상하게 만들었다.

30억 달러로 철의 장막이 열리지 않았는가. 공짜도 아니고 빌려주는 것인데 러시아가 어려울 때 도와주면 좋은 우방도 되고 장기적으로 시베리아 개발과 북태평양 어업협상에서도 충분히 실리를 확보할 수 있다. 아무리 생각해도 우리의 결정이 너무나 단견이 아니었던가 생각된다. 대소 경협차관 30억 달러는 이행됐어야 했다."

물론 노 대통령 측이나 강만수의 주장도 나름대로 분명히 일리가 있다. 그러나 이들은 은행의 입장을 간과했다. 은행들은 정권의 외교

치적을 위해 차관의 주체로 강제 동원됐다. 물론 정부의 지급보증이 있었다고는 하지만 러시아가 이 핑계 저 핑계를 대며 차관 상환을 미루고 있어도 정부는 채권보전을 해주지 않았다. 그리고 이 경협차관은 IMF를 부른 은행 부실채권의 일부가 되어 결국 국민들의 짐으로 전가됐다. 이 경협차관 시 은행 동원은 노태우정권 시절 관치금융의 대표적 사례의 하나이다.

관치금융 때문에 소련과의 합작 은행 무산

한편 수교 후 1989년 6월 14일 당시 조흥은행 김영석 행장은 우리나라 금융기관장으로서는 최초로 소련 모스크바를 공식 방문했다. 김 행장은 《조흥 100년 숨은 이야기》에서 "소련에서 나를 초청한 것은 개발도상국가 중 우리나라 금융산업이 매우 발전되어 있고 그중에서도 한국의 조흥은행이 역사와 전통이 있고 실적도 좋은 은행이라고 생각했기 때문이었다"라고 밝혔다.

김 행장은 당시 백승조 국제담당 상무, 박영옥 국제부장, 송승효 비서실장 및 변병주 런던지점장 등과 함께 소련 땅을 밟았다. 소련 사람들은 김 행장에게 합작 은행 설립을 전격 제의했다. 자신들은 자본주의체제의 커머셜 뱅킹을 할 줄 모른다고 솔직하게 고백하면서 조흥은행과 합작으로 커머셜 뱅크를 설립하고 싶다고 구체적인 서류까지 내놓으면서 당장 계약을 하자고 요청하는 것이었다.

"그들은 한국 유수의 시중은행장이 참모를 대동하고 직접 모스크바에 왔으니 내가 결정만 하면 그러한 합작 은행 설립이 가능하다고 생각했으며 실제로 우리 은행과 나에 대해 큰 기대를 하고 있었다.

그들은 실제 이상으로 우리나라가 개방화·선진화·민주화된 것으로 생각했다. 그러나 우리의 현실은 그렇지가 않았다. 외국과의 합작 은행이 은행장 혼자 결정할 사항은 아니었다.

그러나 그 자리에서 우리의 금융 환경이 '관치금융' 하에 있기 때문에 그런 결정을 내릴 수 없다고 대답하면 그들이 크게 실망할 것이고 이로 인해 우리 은행에 대한 기대감과 신뢰감이 떨어진다면 우리가 소련에서 추진하고자 하는 일에 지장을 받을까 염려되어 그들에게 일단 유보적인 답변을 할 수밖에 없었다."

김 행장은 조흥은행은 주식회사이며 해외 진출에 대한 중요 사항은 주주총회에서 결정해야 한다고 둘러댔다. 그러나 소련인들은 당장 결정을 내리지 못하는 그를 납득할 수 없었다.

"답변하기 거북한 사항을 임기응변으로 넘긴 나는 그 서류를 갖고 서울에 와서 관계부처와 의논하였으나 일언지하에 '고려할 가치가 없다'는 얘기만 들었으며 그 문제를 더 이상 거론할 수 없었다."

어쨌든 조흥은행은 김 행장의 소련 방문 이전 소련대외경제은행 (Bank for Foreign Economic Affairs of the USSR)과의 예치환거래 계약을 시작으로 (주)진도 앞 100만 달러 상당의 수입신용장 개설, 1990년 모스크바사무소 개설 등으로 소련 땅에서 국제적 신인도를 높였다.

모피업체인 진도 김영진 사장은 국교수립 전부터 소련에서 활발하게 활동하면서 김 행장의 모스크바 방문과 외환거래를 주선해줬다. 김 행장은 "시중은행 스스로 외국에 진출하고자 할 때 정부의 금융정책이나 주변 환경이 그것을 허락하지 않아 세계화가 지연된 것이 아쉽다"고 덧붙였다.

한국은행의
35년 독립전쟁

정부와의 기나긴 싸움,
IMF로 허무한 종전

23
■ ■ ■ ■

1962년 5월 24일의 한국은행법 개정은 대한민국의 중앙은행인 한국은행이 정부, 특히 재무부에 예속되기 시작한 계기였다. 재무부가 가장 눈독을 들이고 있는 은행감독원을 지키기 위해 1963년 4월 민병도 당시 총재는 살신성인(殺身成仁)의 자세로 재무부의 기도를 온몸으로 막아냈다. 하지만 이것은 재무부와 한국은행의 또 다른 35년 전쟁의 시작일 뿐이었다. 필자는 정부와 중앙은행 간의 이 오랜 투쟁을 '한국은행의 독립전쟁'으로 부를까 한다.

그 제1라운드는 1977년 벌어졌다. 이 싸움도 재무부가 은감원을 가져가려는 데서 비롯됐다. 이에 앞서 1973년 4월 재무부는 총무과장 출신인

조진희를 은감원장으로 내려 보냈다. 다시 1976년에는 역시 총무과 출신 장규진을 부원장보로 합류시켰다. 그러자 한은 내부에서는 조진희 원장 – 장규진 부원장보 라인이 '재무부의 은감원 인수팀' 이라는 소문이 나돌았다.

아니나 다를까 1977년 8월 한은법 및 은행법 개정을 앞두고 재무부는 은감원장에게 금융기관에 대한 독자적인 감독권 및 지시명령권, 은감원 부원장과 부원장보 및 간부직원에 대한 인사권 부여를 주장했다. 그러나 금융통화운영위원회는 "은감원을 사실상 한은으로부터 분리시킴으로써 금융정책의 최고의사결정기관인 동 위원회의 고유권한을 침해하는 동시에 중앙은행의 이원화를 초래할 우려가 있다"고 반대하고 다만 은감원의 기능 활성화를 위해 독자적 지위를 일부 인정하는 내용의 답신서를 정부에 보냈다.

이런 견해는 그해 12월의 한은법 제4차 개정에도 반영됐다. 그리고 조진희 은감원장은 1979년 율산사건의 책임을 지고 사퇴했다.

■　　■　　　■　　　■

1977년 김정렴 비서실장 덕에 한은 역전승

이렇게 외견상으로는 싱겁게 끝난 것처럼 보이지만 사실 그 과정에서 치열한 전투가 있었다. 한은과 재무부를 두루 거친 김정렴 당시 청와대 비서실장은 회고록《한국 경제정책 30년사》에서 당시 속사정을 이렇게 밝혔다.

"은감원을 한은에서 재무부로 이관하는 한은법 개정안에 대한 찬반양론이 강력하게 대립하고 있었다. 1977년 초겨울 어느 날 아침 일찍 한은의 조천식 이사와 김재윤 조사부장이 집에 찾아왔다. 나와는 한은 조사부에서 같이 일하던 사이다.

찾아온 사연인 즉 '은감원을 한은에서 재무부로 이관하는 한은법 개정안이 국회에 제출될 단계에 임박했다'면서 '은감원이 한은에서 분리되면 중앙은행의 기능이 결정적으로 약화되기 때문에 법 개정을 저지하기 위해 백방으로 노력했으나 역부족이니 좀 도와주었으면 한다'는 얘기였다.

나는 출근하자마자 재무부장관을 초치해 재무부의 의견을 충분히 들은 다음, '재무부의 입장과 이론도 일리가 있으나 은감원은 중앙은행에 존속시키는 것이 보다 유익할 것'이라는 의견을 개진했던바 다행이 재무장관이 방침 변경을 결심해주었다.

나는 김성환 한은 총재에게 재무장관의 결심 변경이 있을 것이라는 것을 알리는 동시에 한은으로서는 더욱 재무부를 비롯한 경제부처의 시책에 적극 협조해나가기를 부탁했다."

최고 실세였던 김정렴이 고향인 한은의 손을 들어줌으로써 1라운드는 한은의 '극적인 막판 역전승'으로 끝난 것이다. 이에 따라 12월의 4차 한은법 개정이 이뤄졌다. 그 골자는 우선 은감원의 기능 강화를 위해 원장과 부원장을 보좌하는 4인의 부원장보를 임원으로 추가하고 부원장과 부원장보의 임명을 원장의 추천 및 총재 제청으로 금통위가 임명토록 명문화했다. 원장에게는 금융기관의 비위 사실에 대한 조치권을 부여했다. 또 한은 법정적립금의 적립한도를 폐지하고 적립비율을 매년 순이익의 100분의 5에서 100분의 10으로 인상했다.

대한민국 머니 임팩트

김재익 한은 독립 드라이브, 재무부 막판 뒤집기

2라운드는 5공 정권이 출범하던 1980년 벌어졌다. 2라운드는 한은이 반격하는 양상이었고 이를 주도한 것은 전두환의 경제교사였던 김재익이었다. 무소불위의 개혁 칼날을 휘두르던 국가보위비상대책위원회(국보위)의 경제과학분과위원장이 바로 김재익이었다. 그는 금융자율화를 강력히 주장하면서 그 일환으로 한국은행의 독립을 들고 나왔다. 재무부와 국보위 재무위, 한은 및 경과위가 서로 맞서는 양상이었다.

하지만 '경제대통령' 김재익이 있는 한 대세는 과감한 금융자율화로 기울 수밖에 없었다. 여기에다 새로운 실력자로 등장한 문희갑 운영위원도 김재익의 편에 섰다.

"신군부의 혁명 의지가 가시기 전에 시중은행의 민영화도 매듭짓고 한은법을 개정하여 재무부로부터 한은을 완전 독립시키자는 것이 과감한 금융자율화의 골자였다. 국민에게 무엇인가 보여주고 싶은 신군부도 과감한 쪽을 택했다.

한은 입장에서는 절호의 찬스였다. 5 · 16 군사정권에 의해서 만신창이가 된 한은법을 복원하고 '재무부 남대문출장소'라는 오명을 벗어버리려는 숙원이 있었다. 그래서 차제에 한은법을 개정하여 단숨에 해결해버리겠다는 결전의 자세였다."(이국영,《이상한 승부》)

전두환이 대통령이 된 후 이 금융자율화 안건은 첫 결재서류가 됐다. 보고하는 자리에는 이기백 국보위 운영위원장, 김재익 경과위원장, 문희갑 운영위원, 그리고 주무부처 장관인 이승윤 재무부장관이 참석했다. 이 장관으로서는 마지막 기회였다. 이 장관은 그동안 국보위가 최종 확정한 안에 주무장관으로서 사인을 하면서 '시기상조'라는 내용의 사실상 반대 의사를 밝혀두기는 했으나 대세는 여전히 불리한 상태였다. 그러나 보고를 듣고 난 전 대통령은 뜻밖에도 "금융자율화처럼 중요한 문제를 서둘러서는 안 된다. 이 장관 말대로 시간을 가지고 추진해나가라"고 지시하는 게 아닌가.

김재익은 간단히 사인을 할 줄 알았었는데 너무나 뜻밖이었다. 그동안 금융자율화계획을 확정하는 과정에서 국보위 안에서도 활발한 토론을 거쳤을 뿐만 아니라 전두환 상임위원장에게도 충분히 납득시켰다고 믿었기 때문이다. 전두환은 금융이 뭔지도 잘 모르면서도 아무튼 자율화를 해야 한다는 이야기를 여러 차례 강조해왔었다. 이장규는 《경제는 당신이 대통령이야》에서 전두환이 태도를 바꾼 과정을 다음과 같이 설명했다.

한은 독립을 아예 헌법조문에 넣는 것을 골자로 하는 금융자율화 계획이 확정 단계에 이르자 한은은 환호한 반면 재무부는 초비상이 걸렸다. 설마 했던 일이 현실로 다가온 것이다.

박봉환 당시 재무차관이 황급히 전두환 상임위원장실로 찾아갔다. 박 차관은 전두환의 원조 경제가정교사였다. "금융자율화도 좋지만 한은을 헌법기관으로 해서 어쩌려고 하십니까? 그랬다가는 정부가 일을 못합니다. 통화신용정책의 최종적인 책임은 어디까지나 정부가 져야 하는 겁니다."

전두환은, 이미 결정된 사항이긴 했으나, 자신의 첫 번째 가정교사였던 박봉환의 간곡한 설명이었으므로 내용이야 어떻든 간에 재고하지 않을 수 없었다. 그래서 취임 후에도 금융자율화를 뒤로 미뤄버렸던 것이다. 이로써 김재익이 과감히 한은을 독립시키려 한 계획은 재무부의 막판 뒤집기로 실패하고 말았다.

1983년 3라운드, 금발심이 은감원 분리 반대

그래도 금융자율화라는 정책 기조는 여전히 살아남아 1982년 12월의 한은법 제5차 개정은 한은에 유리한 것이었다. 한은 예·결산을 금통위가 독자적으로 승인토록 하고 정부의 의결 절차를 삭제해 독립적 운영이 가능해진 것이었다.

재무부와 한은의 접전은 1983년 다시 벌어졌다. 1982년 5월 터진 이철희·장영자사건을 기화로 재무부가 다시 공세를 펼쳤다. 금융감독 강화를 빌미로 1983년 5월 은감원을 분리 독립시켜 금융감독원으로 개편하고 금감원·증권감독원 및 보험공사를 일원적으로 지시 감독할 금융감독위원회를 신설하는 것을 골자로 하는 재무부의 금융기관 감독체계 개편방안이 금융산업발전심의회(금발심)에 부의되었던 것이다.

하지만 금발심은 "은감원 분리는 금융자율화 추진과 상충될 뿐 아니라 중앙은행의 기능을 약화시킬 우려가 있다"고 반대했고 여론도 호의적이지 않아서 이 개편방안은 곧 철회됐다. 그러나 재무부는 끈질겼다. 1983년 7월 정춘택 외환은행장이 은감원장으로 부임했다. 정 원장은 교보빌딩에서 국제화재빌딩으로 옮긴 지 1년도 안 된 은감원청사를 다시 여의도 유공빌딩으로 이전시켰다. 쾌적한 환경을 마련하기 위해서라는 것이었다. 또 인사와 예산집행권한을 한은 집행부로부터 분리시켜 독립기구 형태를 갖췄다.

"정 원장은 재무부 외환국장 출신이었다. 그의 당찬 태도로 보아

모종의 특명을 받은 것으로 보였다. 그러나 정 원장은 4개월도 버티지 못했다. 명성 김철호사건과 영동개발진흥 이복례사건이 줄지어 발생했다. 그는 쫓기다시피 하면서 산업은행 총재로 자리를 옮겼다.

당시 한은 비서실장은 산은 총재를 문안차 찾아갔을 때 '3개월 동안 잠 한 숨 못 잤다'고 실토했다."(이국영,《이상한 승부》)

이 세 차례의 전투는 재무부와 한은의 35년 전쟁사에서 전초전에 불과하다. 진짜 큰 싸움은 1987년 6월 항쟁과 6 · 29 선언 직후 사회 전반의 민주화 열풍이 중앙은행 독립성 문제로 옮겨 붙으면서 터졌다. 이 4라운드는 유리한 사회 분위기를 타고 한은이 총궐기에 나서 그동안의 예속과 수모를 일거에 풀어버리려고 도전한 싸움이었다.

민주화 바람 타고 1987~1988년 한은 총궐기

1987년 7월 28일 한은 부산지점 행원 36명은 "한국은행의 독립성이 헌법으로 보장돼야 한다"는 성명을 발표했다. 그러자 이를 지지하는 성명이 본점과 다른 지점에서 잇따랐으며 이런 움직임은 전 직원으로 확산됐다. 마치 전두환정권의 4 · 13 호헌조치에 대한 반대운동이 들불처럼 번진 과정과 유사하다.

정치권에서도 여야 간 개헌협상 과정에서 중앙은행의 독립성 보장이 필요하다는 데 의견을 같이했다. 하지만 한은을 헌법기관으로 하는 것보다는 한은법을 개정하는 쪽으로 합의됐다. 12월의 대통령선거와 1988년 4월의 국회의원총선거에서도 여야 각 당은 모두 한은의 독립성 보장과 기능 강화를 선거공약으로 내걸었다.

13대 국회가 개원하자 한은법 개정작업도 본격화된다. 평화민주당·통일민주당·신민주공화당 등 야 3당은 7월 22일 한은법 개정 단일안을 마련했고 11월 5일 수정합의안을 새로 만들었다. 이 수정합의안의 골자는 금통위 의장을 한은 총재(기존 재무부장관)가 겸임하고 재무부차관을 금통위 당연직위원으로 하며 재무장관에게 은행감독업무와 관련하여 예금자 보호 또는 신용질서 확립을 위해 금통위에 필요한 사항을 요청할 수 있는 권한을 부여하는 것이었다.

반면 11월 10일 정부와 여당은 한은법 개정 방향에 대한 당정협의 결과를 발표했다. 금통위 의장이 한은 총재를 겸임하고 재무차관을 당연직금통위원으로 하는 것은 야당 단일안과 같으나 은감원을 한은에서 분리해 금감원으로 개편하고 재무장관의 지휘·감독하에 둔다는 조항이 포함돼 있었다.

이 두 가지 안에 대해 김건 당시 한은 총재는 11월 14일 기자회견을 열고 "두 안 모두 정도의 차이만 있을 뿐 중앙은행의 독립성과 통화신용정책의 중립성 제고와는 상당한 거리가 있다"고 지적하고 한은법 개정에 대한 한은의 공식 입장을 천명했다.

김 총재의 요구사항은 금통위의 기능을 통화·금융·외환 및 금융기관감독에 관한 정책수립으로 확대하고 금통위 의장을 재무장관에서 한은 총재로 변경하며 금통위 구성에서도 위원의 직능 대표성을 강화해야 한다는 것이었다. 또 금통위 의결사항에 대한 재무장관의 재의요구권 및 재의부결 시 대통령의 최종결정권은 현행대로 존속하되 한은과 정부 간 선언적인 협조의무조항을 두는 방안을 제시했다.

아울러 한은 내부 경영의 자율성 보장을 위해 재무장관의 업무검사권 및 정관변경승인권을 폐지하고 감사도 금통위가 임명토록 하며 통화금융정책과 은행감독기능은 유기적 보완관계에 있으므로 은감원은 기존대로 한은 내에 존치토록 해야 한다고 강조했다.

이 같은 김 총재의 기자회견 내용에 대해 한은은 직원총회를 개최, 이를 지지하는 성명서를 채택하고 '중앙은행 중립성 보장 추진위원회'를 결성했다.

이 추진위의 주축인 한은노조와 평직원협의회는 민주정의당사 연좌농성도 감행했으며 금융노련과 한국노총 및 3개 감독기관노조협의회가 지지성명을 발표했다. 이어 추진위는 서울 등 15개 도시에서 중앙은행 독립성 보장을 위한 가두서명운동을 한겨울에 전개했다. 이 서명운동은 시민들의 호응으로 불과 2개월 만인 1989년 1월 13일 서명 100만 명을 돌파했다. 위원회는 이 서명지 사본을 여야 각 당에 전달하고 한은법의 조속한 개정을 촉구했다.

재무부 반격에 금통위 법 개정 연기 줄타기

한은의 강력한 반대로 야3당 수정합의안은 철회되고 평민당과 민주당은 각각 독자적인 한은법 개정안을 국회에 정식 발의했지만 그해 정기국회에서 처리되지 못하고 일단 해를 넘기게 됐다. 사실 당시 정치권의 관심은 5공 청문회에 집중돼 있었다.

노태우 대통령은 양 기관이 합의한 단일개정안을 마련할 것을 지시했다. 결국 한은과 재무부는 각계의 권고로 당사자 간 직접 대화를 통해 문제를 풀고자 마주 앉았다. 서서히 재무부의 반격이 시작됐다. 20여 차례의 회의에도 불구하고 쉽사리 합의안이 나올 리 만무했다. 가장 의견 대립이 첨예했던 사안은 통화신용정책의 주요 기본사항에 대한 재무장관의 사전협의권을 법제화하는 문제와 은감원의 귀속문제였다.

재무부는 8월 26일 독자적으로 한은법 개정안을 마련해 당정협의에 제출했다. 그 주요 내용은 금통위 의장을 한은 총재로 변경하는 대신 재무부장관에게 사전협의권, 은행감독업무에 관한 일반지시권, 한은의 경비예산승인권 · 정관변경승인권 · 업무검사권 및 감사임명권을 부여한다는 것이었다. 또 은행 신설 · 합병 · 해산 인가권 및 인가취소권 · 점포신설 등 여타 인가권을 재무장관으로 이관하고 한은 총재와 은감원장은 대통령이 직접 임명토록 했다. 금통위 의장이라는 허울 좋은 양보 대신 실제 알맹이는 다 챙겨가겠다는 발상이었다.

이날 당정협의에 참석한 김건 한은 총재는 재무부 안에 대해 반대한다는 입장을 분명히 했다. 특히 "통화신용정책의 주요 기본사항에 대한 사전협의제를 도입하는 것은 통화신용정책의 중립성을 보장하려는 한은법 개정 취지와도 어긋난다"고 지적했다. 그러나 가재는 게 편이다. 당정협의는 재무부 안을 받아들이고 다만 법안을 구체적으로 성안할 때 한은 측의 의견을 반영키로 의결했다.

1989년 10월 26일 재무부는 한은법 개정안을 정부안으로 확정했다. 이 개정안에는 당정협의에 제출한 안에다 재무장관의 한은 총재 및 은감원장 임명제청권, 한은에 대한 보고서 및 자료제출요구권까지 추가했다. 재무부는 이 일방적인 안에 대해 금통위의 자문을 요청해왔다. 이에 대해 한은은 10월 31일 한은법 개정을 위한 재무부와의 협의가 실패했음을 공식 선언하고 1988년 11월 14일 발표한 한은의 당초 원안대로 한은법이 개정돼야 한다고 천명했다.

양측 사이에 끼어 난처해진 금통위원들은 결국 절묘한 타협안을 내놓았다. 11월 6일자 금통위 답신서는 재무부의 한은법 개정안에 대해 "중앙은행제도의 자율적인 운영관행이 정립돼 있지 않은 현실에서 중앙은행의 중립성과 자율성을 오히려 악화시킬 우려가 없지 않을 것"이라고 반대하면서 "한은법 개정은 현재의 상황에서 추진하는 것보다는 변화하고 있는 내외 경제 여건 및 통화금융 사정을 감안하여 장기적으로 신중히 연구하는 것이 바람직하다"며 개정 연기를 주창했고 "정부와 중앙은행이 상호협력하고 존중하여 중앙은행제도의 운영을 획기적으로 개선함으로써 중앙은행의 자율적 운영의 관행을 정착시켜나갈 것"을 권고했다.

정부안에 반대해 한은의 체면을 세워주면서도 법 개정을 미뤄 한은의 독립투쟁 열기를 잠재우는 물 타기를 한 셈이다. 정부 여당은 금통위의 답신을 수용, 한은법 개정을 유보하는 대신 우선 중앙은행의 실질적인 중립성을 보장하는 방향으로 운영관행을 개선하는 데 최대한의 노력을 기울이기로 했다.

이런 움직임에 대해 한은 직원들은 11월 25일 대표 25인 명의로 국회의장 앞으로 '한은법 개정에 관한 청원서'를 제출, "지난번 헌법 개정 시 여야 간의 합의정신과 양대 선거 시 여야 각 당 모두 선거공약으로 내걸었던 취지를 되살려 이번 정기국회 회기 안에 한은법을 개정해달라"고 청원했다.

그러나 상황은 이미 물 건너간 뒤였다. 국회 재무위는 정부안이 제출되지 않음에 따라 야 3당의 개정안 심의도 계류시키고 대신 '한은법 개정심사소위원회'를 구성했으나 이 위원회가 개최되지 않아 결국 한은법 개정은 장기 과제로 미뤄지고 말았다.

1989년의 상황은 재무부의 반격으로, 1987~1988년 민주화 열풍을 타고 고조된 한은의 기세와 사회적 분위기를 효과적으로 막아내

대한민국 머니 임팩트

는 데 성공, 정부의 판정승으로 끝난 셈이다. 이 싸움의 와중에서 양측은 금융관계 교수들을 총동원해 언론매체 등을 통해 자신들의 논리를 지원토록 하는 등 총력 여론전을 펴기도 했다. 이때 재무부 출신으로 금융계 및 업계에 나가 있는 인사들은 대거 재무부를 지원, '재무부 마피아'로서의 역할을 다했다.

1995년 정부 선공, 한은 결사항전으로 실패

이번에는 재무부가 한은에 대해 반격을 펼칠 차례였다. 김영삼정부 출범 이후 경제기획원과 통합해 재정경제원이 된 1995년 정부가 선제공격을 가한 것이다.

1995년 2월 20일 아침 김명호 한은 총재는 홍재형 부총리 겸 재경원장관의 갑작스런 전화를 받았다. "긴히 설명드릴 것이 있습니다. 점심 때 여의도 식당으로 나와주십시오." 김 총재가 의아해하면서 나가보니 김용진 은감원장, 백원구 증권감독원장, 이수휴 보험감독원장도 불려와 있었다.

홍 부총리는 준비해온 재경원의 한은법 개정안을 내놓았다. 모두들 처음 보는 법안이었다. 대통령이 임명한 금통위 의장이 한은 총재를 겸하고 한은 산하 은감원은 증감원 및 보감원과 합쳐 금감원으로 확대개편, 재경원 산하에 둔다는 것이었다. 간단히 설명을 마친 홍 부총리는 "국회의원들과 점심을 같이하면서 내용을 설명해야 한다"며 혼자 자리를 떴다. 남은 세 사람은 황당해하면서 점심을 먹는 둥 마는 둥 하다 헤어졌다.

이날 오후 2시 재경원은 한은법 개정안을 전격 발표했다. 발표 직후 이석채 재경원차관은 사무관급 이상 재경원 전 직원을 강당에 소집하고 한은법 문제에 대한 이론 무장을 시켰다. "재경원 인원은 800명뿐이지만 한은은 3000명이 넘는다. 한 사람이 한은보다 4배 이상의 홍보를 하지 못하면 진다." 이번 5라운드의 주역은 이석채 차관이었다.

"1988년은 한은이 먼저 싸움을 걸었는데 이번은 정부가 싸움을 걸었다. 현행 중앙은행제도와 은행감독제도의 문제점과 그간의 논란을 보고 받은 이석채 차관은 원칙을 바로잡아야 한다는 충정으로 적극 나섰다. 1989년에 마련한 정부안 그대로였다. 청와대 한이헌 경제수석의 지원도 받아 국회 제출까지는 잘 나갔다."(강만수, 《현장에서 본 한국경제 30년》)

이국영의 《이상한 승부》에 따르면 각 금융 관련 단체에는 정부안을 지지해달라는 압력이 들어갔다. 이상철 은행연합회장이 지지발언을 했고 이틀 뒤 연영규 증권업협회장 등 7개 금융기관 협회장들이 모여 금감원 발족을 지지한다고 선언했다.

"곽후섭 상호신용금고연합회장은 정기총회에서 갑자기 '재경원에서 지지를 부탁받았다'며 결의를 제안했다. 그러나 '왜 우리와 관련 없는 일에 끼어드느냐'며 참석자들이 반발하자 '그러면 금감원 신설 대목에만 찬성하자'고 가까스로 결의를 이끌어냈다.

재경원은 법안 발표 8일 만에 국무회의를 거쳐 국회 상정까지 마쳤다. 입법예고 절차는 생략됐고 경제차관회의 심의도 빼먹었다. 경제장관회의에서는 배경만 설명했다. 서상목 보건사회부장관 등 일부 장관들이 '몰아붙일 일이 아니다. 과거에도 국회 재무위에서 외국의 실태까지 조사했지만 결론을 내지 못하지 않았느냐'며 제동을 걸었

다. 그러나 재경원은 아랑곳하지
않았다.

재경원이 조바심을 낸 데는 법
안 발표 4일 전에 나온 경제학자
1054명의 한은 독립 촉구 성명도
한몫했다. 김태동 성균관대 교수
가 주도한 이 성명에는 전철환
충남대 교수도 서명했다."

한국은행과 재무부는 35년간, 아니 50년 동안
은행감독원을 놓고 싸워왔다.

한은은 결사항전의 각오로 맞섰다. 한은의 한 간부는 "정부법안이
국회에서 통과되면 분신으로 대응하겠다"는 말까지 했다. 결국 개정
안은 야당과 여론의 반대로 1996년 5월 14대 국회 폐막과 함께 자동
폐기됐다.

"한은 사람들이 총공세를 취하자 청와대부터 무너지고 여당도 정
치 계산으로 돌아서 재경원은 밀리게 됐다. 협조를 약속한 청와대가
제일 먼저 보류를 주장했다. 국회 재무위원회 소위에서 한은법 개정
이 무산되던 날 고군분투하던 이석채 차관은 소위 회의실을 떠나지
못하고 한숨을 쉬며 실망과 분함을 감추지 못했다.

당시 세제실장이던 나는 한은법 개정에 관한 대책회의에서 '한은
법 개정은 논리와 이성의 싸움이 아닌 억지와 감정의 백병전이 될
것'이라며 이렇게 얘기했다.

'장관은 밀고 나갈 의지와 지혜를 갖고 있어야 하고 대통령과 경제
수석이 법 개정에 대한 확실한 담보를 해야 하고 흔들리지 않는 여당
의 지지가 있어야 성공하는데 지금은 어떤 요건도 갖추지 않아 성공
하기 어려울 것이다.'"(강만수, 《현장에서 본 한국경제 30년》)

1997년 이경식 한은 총재 은감원 분리 동의

1997년 벌어진 6라운드는 정부와 한은의 오랜 전쟁의 최종 완결판이 었는데 IMF 금융위기와 맞물리면서 모두가 패자가 되는 허탈한 결과를 낳고 말았다.

이번에도 정부가 먼저 공세에 나섰다. 최고 권력자가 직접 나서 개전을 선언한 점이 예전과 달랐다. 1997년 1월 7일 김영삼 대통령은 연두기자회견에서 "금융 개혁을 위해 대통령 직속으로 금융개혁위원회를 구성하겠다"고 선언했다.

박성용 전경련 부회장을 위원장, 김병주 서강대 교수를 부위원장으로 하고 31명의 기업인과 금융인 및 전문가들을 위원으로 하는 대통령 직속의 금융개혁위원회가 설치됐다. 이어 1997년 3월 개각으로 강경식 부총리 겸 재경원장관과 강만수 차관이 한 팀이 됐다. 이 두 사람은 금융기관의 부실채권과 구조조정, 특히 금융구조 개혁을 위한 금융감독체제 개편을 가장 중요한 과제의 하나로 지목했다.

"통합금융감독기구 설립을 위해서는 한은법 개정이라는 트랩을 넘어야 했지만 한은의 결사반대로 두 번이나 무산된 뼈저린 경험을 갖고 있었다.

이번에는 지난 두 번의 경우와 여건이 달랐다. 내부적으로 중앙은행과 금융감독에 대한 축적된 연구와 논리가 확고히 확립되어 있었고 청와대가 먼저 나선 데다가 재경원장관·한은 총재·청와대경제수석이 같은 견해를 갖고 있었다. 한보철강과 기아자동차 부도사태로 통합감독기구 설립에 대한 우호적 여론이 형성돼 있었다." (강만수,

《현장에서 본 한국경제 30년》)

여기서 한은 총재가 정부와 같은 견해를 갖고 있었다는 얘기가 주목된다. 강경식 전 부총리의 회고록 《강경식의 환란일기》에 따르면 이경식 당시 한은 총재는 처음부터 그랬다.

"3월 11일 저녁 김인호 청와대경제수석, 이경식 총재와 만났다. 전반적인 경제 현안과 함께 금융 개혁 문제를 깊이 논의했다. 한은의 독립성을 강화해 명실상부하게 통화운용의 주체가 되게 하고 금융 감독기능은 정부의 고유기능으로 이를 통합한다는 큰 방향에 대해서는 세 사람 사이에 의견 차이가 별로 없었다.

특히 금융 감독기능에 있어 이 총재는 '취임 이래 은감원장으로부터 감독업무에 대한 보고를 받아본 적이 한 번도 없었다'고 하면서 '중앙은행과 은감원의 관계가 기능적 연계성보다는 한은 직원의 인사문제 해결을 위한 조직으로 운용된 면이 많았다'고 말하기도 했다.

금융 개혁의 추진방법에 있어서는 금발심에서 안을 만들고 재경원과 한은 사이에 이견이 있을 경우에는 남덕우 총리를 위원장으로 하여 중재하도록 했다. 단 그에 앞서 재경원 실무진의 반발에 대해서는 내가, 한은은 이 총재가 책임지고 설득하여 재경원과 한은의 관계를 새롭게 구축해가기로 합의했다."

이에 따라 5월에 확정된 금융개혁위 권고안은 금통위를 한은의 최고의결기구로 하고 의장은 한은 총재가 겸임하며 국무총리 직속 금감위를 설치하여 은행 · 증권 · 보험감독원 및 재경원 금융정책실의 감독기능을 통합해 금감원을 설치한다는 것이었다.

1997년 6월 4일 저녁 청와대 서별관에서 비밀리에 만난 강 부총리, 박성용 금개위원장, 이 총재, 김인호 수석 등 '금융 개혁 4인방'은 이런 금융개혁안에 다시 한 번 합의했다. 확정된 정부안은 김 대통령에게 보고되었고 6월 16일 과천청사에서 강경식 · 이경식 · 박성용 3인이 함께 발표했다.

우리나라 금융사에 커다란 획을 긋는 회견이었다. 실로 많은 우여곡절이 있었지만 이틀 동안 밤늦게까지 함께 머리를 맞대고 끝까지 인내하면서 토론을 통해 설득한 보람이 있어 세간에서는 도저히 불가능하다고 생각한 재경원과 한은 간의 합의를 도출한 것이었다. 더욱이 합의 내용을 발표하는 모양이 합동기자회견인 것도 과거와는 완전히 다른 모습으로 금융 개혁 과정과 함께 오래 기억될 것이다."

(강경식, 《강경식의 환란일기》)

외환위기 와중에도 서로 밥그릇 싸움만

그러나 한은 임직원들은 분노했다. 비상총회를 열어 한은의 집행기구 전락과 은감원 분리를 반대하고 나섰다. 특히 이 총재를 배신자라며 퇴진운동을 벌이는 등 극력 반발했다. 총재를 제외한 모든 간부들도 이에 동조하고 나섰다. 이들은 부장급 간부 12명으로 구성된 비상대책위원회를 조직하고 정부 입법 저지 및 독자적 한은법 개정안을 국회에 제출하기로 결의했다. 한은노조는 중앙은행 말살 기도에 대해 총파업으로 맞서겠다고 선포했고 증감원 · 보감원 노조도 이에 가세했다.

"한은 직원들은 마치 해방 직후 일본을 대하듯 재경원을 보았다. 피해의식이다. 직원 정서야 이해하지만 그렇다고 합의 내용을 함부로 번복할 순 없었다. 또 건전성을 규제할 권한만 보장된다면 나머지 감독권한을 모두 가질 필요는 없다고 본다. 감독기능을 독점하면 정

부가 간섭할 소지도 있다.'

이 총재는 원래부터 한은 직원들과는 생각이 달랐다. 1989년 한은 법 개정 움직임이 있을 때 그는 금통위원으로서 친정부적 내용의 금통위 답신서를 직접 작성했다."(이국영, 《이상한 승부》)

한은 직원들의 반발에 대해 이 총재도 뒤늦게나마 남덕우 전 총리 등 원로들과의 모임을 통해 직원 의견을 개정안에 반영시키기 위해 애를 썼다. '한은 총재가 금통위 의장을 겸하며 금통위는 한은 내부 기구로 한다' 고 수정한 것도 작은 성과 중 하나였다.

한은법과 '금융감독기구 설치에 관한 법률' 을 포함, 총 13개 금융 개혁법이 8월 19일 국무회의를 통과해 국회에 제출됐다. 재경원 관료들은 금융개혁법의 시급성을 역설하면서 8월 임시국회에서 조속 처리를 부탁했지만 12월 대통령선거를 앞두고 정치권은 대선 준비에만 여념이 없었다. 여·야당 의원들을 일일이 찾아다니며 호소했지만 여름휴가·해외출장 등을 이유로 8월 임시국회는 열리지 않았다. 대선을 앞둔 정치권에서 이런 문제는 뜨거운 감자일 뿐이었다.

가을 들어 금융시장이 심각한 움직임을 보였다. 연일 외국인의 매도 공세로 주식시장이 붕괴 조짐을 보였고 외환시장이 위태로웠다. 10월 29일 2차 금융시장 종합대책이 발표됐다.

강 부총리는 "한은법 반대 극한투쟁으로 금융감독체계의 골간인 중앙은행법 개정이 지연되면서 국가신인도가 떨어졌다"며 조속한 법안 처리를 촉구했다. 반면 한은은 11월 10일 부서장 명의의 성명을 통해 "금융 불안을 극복하기 위해 금융감독기구의 통합을 포함한 금융 개혁 관련 법안의 국회 통과가 시급하다는 정부의 주장은 사실이 아니다"고 반박했다. 야당 새정치국민회의도 "금융감독기구의 통합은 시기상조"라며 정부안에 반대했다.

이 총재는 버럭 역정을 냈다. "그 사람(강경식) 왜 그렇게 고집을 피우지? 외환위기가 발등에 떨어졌는데 엉뚱하게 한은법 통과만 집착하다니……."

총재 퇴진운동을 벌이던 한은노조는 급기야 "이경식을 구속하라"라고 구호를 바꿨다. 이 총재는 괴로워했다. '빨리 떠나고 싶다. 직원들의 신뢰를 못 받으면서 자리를 지키는 게 무슨 의미가 있는가.'

외세 IMF가 반세기의 싸움을 끝장내다

한은의 반대가 격렬해지자 야권의 국민회의와 자유민주연합은 "한은 개편과 금융감독기구 통합에 관한 핵심 법안은 중장기 금융 개혁 과제로서 차기정권에서 처리할 사안"이라며 반대했고 나머지 11개 법안만 이번 회기에 통과시키자고 합의했다. 단 여당이 표결 처리할 경우 물리적으로 방해는 하지 않는다는 입장이었다. 대통령선거를 앞두고 여당이 시끄러운 법안을 단독 처리하도록 몰아 정치적인 부담을 지우려는 계산이다.

국회 앞에서는 한은 직원들과 증감원·보감원 노조가 연일 반대 시위를 벌이고 있었고 한은 내에서도 집단 단식투쟁과 철야근무에 들어갔다. 법안 통과가 임박하자 한은 4000여 전 직원이 총사퇴를 결의했다. 민병도·하영기·김명호 등 전직 한은 총재들도 이에 가세했다.

여당도 흔들렸다. 신한국당과 통합할 예정인 통일민주당 조순 총재가 "한은 직원이 총사퇴를 결의한 마당에 한은법과 금융감독기구 설치법이 통과되면 대선을 앞두고 큰 화를 당할 수도 있다"고 경고하자 신한국당 대통령선거대책위원회에서도 금융개혁법 처리의 연기론이 대두됐다. 부총리와 한은 총재를 지낸 조순 총재는 심정적으로 한은에 동조했다.

재무부로부터 은행감독원을 지키는 데 자리를
걸었던 민병도 전 한은 총재의 초상.

"16일 오후 3시 강경식 장관은 간부들을 불러서 대책회의를 했다. 장관에게 '이제는 대통령이 나서야 하지 않느냐'고 말했더니 이미 요청해봤지만 거절당했다는 것이었다.

10월 22일 이회창 총재로부터 탈당을 권고받아 신한국당을 탈당한 김영삼 대통령은 오기의 정치인이었고 이미 레임덕에 걸려 있었다. 대통령이 금융 개혁을 하라고 지시하고는 대통령이 나서지 않는 전쟁이 어떻게 되겠는가."(강만수, 《현장에서 본 한국경제 30년》)

야당은 불참하고 여당은 단독 처리를 주저했다. 정기국회는 그렇게 18일 회기가 끝나고 강경식 부총리는 경질됐다. 경제위기로 치닫고 있는데 금융개혁법은 또다시 표류하고 말았다.

"IMF 구제금융이 진행되는 상황 속에서 한은 간부들은 금융개혁법안의 국회 통과 저지 성공을 자축하고 있었다. 그러나 '한은 직원의 성공'은 '한국 경제의 실패'를 볼모로 한 것이었다."(강경식, 《강경식의 환란일기》)

그것으로 끝난 것이 아니었다. 1997년 11월 21일 대한민국은 외환위기를 극복하기 위한 최후의 수단으로 IMF에 긴급 지원을 요청했다. IMF는 금융 지원의 조건으로 "금융개혁법안을 조기 처리하여 한국은행의 독립성을 제고하고 통화관리 목표를 물가안정으로 명확히 한다. 독립적인 통합금융감독기구를 설립하고 금융기관에 대한 강력한 권한을 부여한다"고 못 박았다. 골자는 역시 은감원을 한은에서 분리하는 것이었다.

12월 18일 김대중 후보가 대통령에 당선된 후 22일 금융개혁법 처리를 위한 임시국회가 열렸다. 은행 · 증권 · 보험감독원을 합쳐 국무총리 산하 금감위로 통합시키고 한은 내에 금통위를 두며 한은 총재가 의장을 겸하도록 했다. 재경원장관에게는 재의요구권이 부여됐다. 마침내 1997년 12월 29일 금융개혁법이 국회에서 통과되면서 반세기 동안 계속됐던 정부와 한은 간의 지루한 전쟁도 완전히 끝났다.

모두가 잃은 허무한 싸움, 새 한은의 역사를

강만수 전 차관은 《현장에서 본 한국경제 30년》에서 독특한 주장을 폈다.

"반세기 전 FRB라는 외세로 도입된 중앙은행제도가 지금 IMF라는 외세로 바로잡게 되니 착잡한 마음 그지없었다.

1950년 제정된 한은법은 일본의 식민통치를 벗어나고 혼란했던 시기에 위헌으로 훼손됐다. 조선총독부 재무국의 얼마 안 되는 조선 관리들은 친일로 몰릴 것이 두려워 잠적했고 건국정부의 재무부는 조선은행 사람들이 차지하여 재무부가 '한국은행 세종로출장소'였다.

1962년 5 · 16 군사정부는 당시까지 누리던 한은의 과도한 권한들을 빼앗았다. 재무부장관의 재의요구권이 신설됨으로써 한은의 영화가 기울기 시작했다. 재무부장관이 금통위 의장인데 재의요구권을 신설한 것은 군사혁명이라는 시류를 탄 과잉 반격이었다. 한국은행으로서는 치욕으로 생각하고 있는 법 개정이었다.

1988년 한은이 민주화를 계기로 100만 인 서명운동까지 벌이며 재무부장관이 갖고 있던 금통위 의장 자리를 빼앗고 은감원은 그대로 두겠다는 재반격 또한 1962년의 재무부 사람들과 마찬가지로 과욕이었다.

재반격을 불러온 근저에는 '재무부 남대문출장소'로 불리게 해서 한은의 자존심을 상하게 한 재무부 사람들의 난폭이 있었다. 1988년 재무부가 당한 것은 선배들의 난폭에 대한 업보였다.

'카인의 후예'들같이 미워하고 싸운 재무부와 한은 사람들은 모두 선배들이 저지른 업보를 치른 피해자들이었다.

IMF라는 외세는 FRB라는 외세가 만든 중앙은행을 버리고 새로운 중앙은행과 감독기구를 갖게 했다. 외세 앞에 고개 숙인 우리들의 초라한 자화상이었다.

허무한 싸움은 그렇게 끝났다. 인간의 감성이 이성을 압도하면 서로가 죽어가면서도 허무한 싸움을 한다. 제도의 문제가 아니라 행태의 문제였고 법의 문제가 아니라 관행의 문제였으며 우리들의 문제보다 선배들의 문제였다.

한은이 잃었다면 재경원도 잃었다. 시류를 탄 공격과 반격에 상처도 많이 주고 많이 받았다.

새로운 중앙은행의 역사를 써야 할 사명이 한은과 재정경제부 사람들에게 있다. 한은과 재경부의 평화와 협력과 발전을 간절히 빈다."

강만수는 재무부 측 사람이다. 한은 사람들의 생각은 그와는 또 다를 수 있다.

잘못된
금융시장 개방

외환위기로 치달은 어설픈 개방 실험

24

1980년대 중반에서 1990년대 우리 경제의 두드러진 현상 중 하나는 금융시장 개방과 재벌들의 금융업 진출 러시였다.

1986년 9월 제8차 우루과이라운드 협상에서 서비스교역 문제를 다자간협상 대상에 포함시킴으로써 당시 세계 10대 교역국으로 부상한 우리나라의 금융시장 개방이 예고됐다. 더욱이 1986년 국제수지가 적자에서 흑자로 전환된 이래 흑자 규모가 계속 확대되면서 미국 등 선진국들의 국내 금융시장 개방 압력은 더욱 높아갔다.

1985년 외국 은행에 대한 금전신탁업무 및 어음교환소 가입 허용, 1986년 미국 생명보험사 국내 진출 허용, 1988년 12월 자본시장 개방에 따른 외국인 전용 수익증권 및 해외증권 발행 등으로 외국 금융자본에 대한 국내 시장 개방과 국내 금융기관의 해외 진출의 길이 열렸다. 이와 병행해 금융자율화와 금융업 진입제한 완화가 추진됐는데 재벌들은 이에 적극 대응, 금융업 신규 진출이 러시를 이뤘다. 1980년대 후반 그룹별 금융회사 신규 설립 상황을 보자.

고려증권은 1988년 2월 고려투자자문과 1989년 6월 고려시엠생명보험을, 극동건설은 1986년 8월 동서경제연구소와 1988년 2월 동서투자자문을, 기아그룹은 1987년 7월 아신창업투자를, 대신증권은 1988년 3월 대신투자자문과 1986년 11월 대신개발금융 그리고 1989년 6월 대신생명보험을, 대우그룹은 1988년 2월 대우투자자문을 설립했다.

동부그룹은 1989년 4월 동부창업투자를, 동양그룹은 1988년 2월 동양투자자문, 1987년 2월 동양파이낸스, 1989년 4월 동양창업투자, 1989년 4월 동양베네피트생명보험 등을 창립했다. 또 동원산업은 1988년 2월 한신투자자문과 1986년 11월 한신기술개발금융을, 미원그룹은 1989년 12월 대한창업투자를, 봉명그룹은 1986년 11월 우신개발금융을, 삼성그룹은 1988년 3월 삼성신용카드와 동성투자자문을, 삼천리는 1986년 11월 삼천리기술투자를, 서통은 1988년 6월 창업투자자문과 같은 해 9월 한림창업투자를 각각 만들었다.

선경그룹은 1987년 2월 선경경제연구소와 1988년 3월 선경투자자문을, 성신양회는 1988년 1월 신한창업투자를, 신도리코는 1989년 5월 신도창업투자를, 쌍용그룹은 1988년 3월 쌍용투자자문을, LG그룹은 1988년 3월 LG투자자문을, 진로는 1989년 9월 우신투자자문을, 코오롱그룹은 1987년 2월 코오롱파이낸스를, 태평양그룹은 1989년 8월 태평양생명보험을 세웠다. 통일그룹은 1988년 1월 성신창업투자를, 한라그룹은

1988년 9월 한라창업투자를, 한화그룹은 1988년 5월 제일투자자문을, 현대그룹은 1988년 3월 현대투자자문을 각각 설립했다.

■　　■　　■　　■

재벌 증권업 진출, 대주주 재테크 · 정경유착용?

재벌들의 금융업 진출 중 가장 두드러진 것은 경쟁적인 증권업 진출이었다. 한국의 재벌이 증권업에 본격적으로 참여하기 시작한 것은 1973년 대우가 동양증권(현 대우증권)을 인수하면서부터다. 대우는 1983년 강성진의 삼보증권을 인수해 동양증권과 합병하면서 증권업계 선두주자로 급부상했다.

이러한 움직임이 더욱 활성화된 것은 1980년대 중반 이후다. 1984년 쌍용그룹은 효성증권을 인수해 쌍용투자증권으로 개명했고 현대그룹은 국일증권을 인수해 현대증권으로 변경했다. 또 한진그룹은 한진투자증권, 대림그룹은 서울증권, LG그룹은 럭키증권, 한일합섬은 부국증권, 한화그룹은 제일증권 등을 각각 거느리게 됐다.

6공 들어서는 삼성그룹이 국제증권을 인수해 삼성증권으로, 선경그룹이 태평양증권을 인수해 선경증권으로 개명했으며 동부그룹(동부증권) · 동방유량(동방페레그린증권)도 합류했다. 선경그룹과 동방유량은 노태우 대통령의 사돈 기업들이다.

재벌들은 모두 수백 억 원대의 엄청난 프리미엄을 주고 증권사를 확보했다. 재벌들은 왜 이렇게 증권업 진출에 열을 올렸을까?

"증권사는 그룹의 자금줄 역할을 한다. 그룹의 여윳돈이 세탁되는 장소이기도 하다. 1980년대 중반까지는 오너인 대주주의 자산관리창구로도 활동했고 계열사 공개 시에는 물 타기 등을 통해 시세차익을 남기는 창구가 됐다.

물론 오너 입장에서는 증권업 진출이 그룹의 외형을 갖추기 위한 자존심 표출일 수도 있고 증권산업 자체가 돈벌이가 된다고 보는 것이 재벌들이 증권업에 참여하는 이유일 것이다."(이종재,《재벌이력서》)

1980년대 말 H그룹 J회장 일가는 계열 증권사를 통해 그룹 주력사와 미공개 계열사를 합병해 변칙상장하면서 미공개사의 물 타기 유상증자로 엄청난 시세차익을 남겼다는 소문이 파다했다. 또 다른 H그룹 K회장은 계열 증권사를 창구로 수백만 주의 보유 주식을 변칙으로 가족에게 나눠주다 적발돼 당시로서는 최대 규모인 50억 원대의 증여세를 추징당했다.

정주영 전 현대그룹 명예회장은 주가가 폭등하던 1980년대 말 현대증권을 통해 계열사를 무더기로 상장시키면서 물 타기 증자, 발행가 부풀리기 등으로 수천억 원대의 차익을 남겼다고 해서 국회에서 문제가 되기도 했다.

산업자본의 은행 소유가 엄격히 금지되고 있는 상황에서 증권사는 재벌그룹의 자금 파이프라인 역할도 맡고 있다. 직접 자금조달은 물론이고 특히 채권시장 규모가 커지면서 회사채 등 채권 발행을 중개할 수 있는 유일한 금융기관인 것이다. 증권업 자체의 수익성도 크다. 1980년대 말 증권시장 호황기에는 대형 증권사의 경우 연간 1000억 원대의 순이익을 올렸다. 증권사 사장들이 그룹 회장과 가까운 상석을 차지했다. 그러나 재벌들의 증권사 진출에는 또 다른 흑막이 있다.

"증권사가 정경유착의 표 나지 않는 연결고리로 작용할 수 있다는 것이다. 즉 정치인은 주가를 움직일 수 있는 정보를 제공하고 재벌은 계열 증권사를 통해 시세차익을 조성한 뒤 그 차익을 정치권에 제공하는 것이다. 이 같은 방식의 정치자금 제공은 돈을 대는 재벌도 금전적인 피해가 없어 서로가 선호하는 가장 일반적인 정치자금 조성 방법으로 알려져 있다.

증시가 활황이던 5공 말기 이 같은 방식의 정치자금 조성이 활발했다고 하나 이에 대한 확인은 당사자 아니면 불가능한 것이 현실이다." (이종재,《재벌이력서》)

제2금융권 대부분이 삼성 등 재벌의 손에

재벌들의 금융업 진출 러시는 1990년대에도 계속됐다. 이한구 교수는 저서 《한국재벌사》에서 "1980년대 후반부터 1990년대 전반기까지 짧은 기간 동안에 재벌들의 금융업 진출이 특히 돋보이는데 이는 1970년대 무역업 및 건설업 부문에 대한 재벌들의 진출 러시 이래 최대의 사건"이라고 지적했다.

정부는 금융 선진화 준비작업의 일환으로 1991년 서울투자금융(일은증권) 등 단자회사 5개 업체는 증권회사로, 한국투자금융(하나은행) 등 3개 업체는 은행으로의 전환을 허가해줬다. 또 1993년에는 금융기관의 진입 규제완화 및 대형화·전문화 유도 그리고 금융의 개방화·국제화에 박차를 가하는 한편, 1993년 8월 12일 금융실명제를 전격 실시했다. 아울러 1996년 10월 11일에는 OECD에 29번째 회원국으로 가입함으로써 국내 금융시장은 완전 개방됐다.

그런가 하면 1994년에는 LG · 삼양 · 금호 · 한솔 · 경남 · 한길 · 경수 · 고려 · 영남 등 9개 투자금융사를 종합금융사로 전환해줬고 1996년엔 대한 · 중앙 · 동양 · 제일 · 나라 · 신한 · 삼삼 · 한화 · 항도 · 대구 · 울산 · 쌍용 · 신세계 · 청솔 및 경일 등 15개 투금사를 종금사로 전환시켜줬다. 이들 단자사들은 종래의 어음할인업무 외에 해외 증권투자 및 외환운용까지 가능해졌다.

그 와중에 제2금융권의 대부분이 재벌에 의해 지배되는 결과가 초래됐다. 극동건설은 동서증권 · 동서경제연구소 · 동서투자자문에 이어 1994년 2월 동서팩토링을 설립해 건설전문기업에서 금융 중심으로 바뀌었다. 동양그룹도 동양파이낸스 · 동양투자자문 · 동양창업투자 · 동양베네피트생보에 이어 1990년 3월 동양선물을 설립, 그룹의 주력을 종전의 식품 및 시멘트에서 금융업으로 전환했다. 원래 금융이 주력이던 대신증권 · 교보 · 고려증권 등도 증권 · 보험 · 종금 · 신용금고 · 할부금융사 등을 보강해 종합금융그룹으로 도약했다.

상대적으로 소극적이던 삼성그룹도 1990년대 들어 적극적으로 금융산업에서 영토 확장을 꾀했다. 삼성신용카드 · 삼성투자자문에 이어 1991년 10월 제일선물을 설립하고 1992년 11월에는 국제증권을 인수했다. 또 1994년 2월 삼성파이낸스, 1996년 11월 삼성JP모건투자신탁을 설립함으로써 기존의 삼성생명 및 삼성화재와 묶어 종합금융 소그룹을 형성했다.

이밖에 건영은 1990년 10월 건영창업투자를, 금호그룹은 1996년 금호할부금융을, 기아그룹은 1994년 3월 기아오토파이낸스를, 동국무역은 1990년 5월 제일창업투자를, 동아제약은 1990년 3월 동아창업투자를, 벽산그룹은 1990년 4월 벽산창업투자를 각각 설립했다.

쌍용그룹은 1994년 3월 쌍용파이낸스, LG그룹은 1992년 8월 서울선물, 영풍은 1990년 6월 영풍뉴라이프생명보험, 우성그룹은 1995년 2월 우성파이낸스, 원림은 1990년 3월 한일창업투자를 각각 창립했다.

금융사 난립, 후발 은행 6개 중 1개 생존

"재벌들은 1980년대 후반 이후 1990년대 전반기까지 경쟁적으로 금융업에 진출했다. 국내 재벌사상 유례가 드문 일이었다. 분명 1990년대는 금융업에 대한 재벌들의 러시 시기였다.

국내 금융시장의 개방화·국제화는 국내 재벌들의 성격 변화를 초래했는데 첫째, 재벌들이 앞 다퉈 금융산업에 진출함으로써 국내 재벌들의 성격이 종래 상업 및 산업자본적 성격이 엷어지는 대신 금융자본으로서의 특성이 나타나기 시작한다.

둘째, 재벌들의 외부 자금조달 방식에 변화가 초래됐다. 종래 주로 은행 등 외부 금융기관을 통해 자금을 조달받는 간접 조달 방식에서 증권시장 및 해외 기채(起債) 등을 통해 직접 조달하는 방식으로 전환했다는 점이다.

셋째, 자본시장의 자유화와 관련하여 우리나라 기업들의 해외 차입도 급증했다. 국내적으로 여전히 고금리일 뿐 아니라 대기업들이 국내에서 은행대출을 받을 경우 여신관리를 받는 등 상대적으로 제한이 많았기 때문이었다. 더구나 신용도가 높은 국내 기업들은 자기 신용만으로 얼마든지 해외 차입이 가능했다.

그 결과 국내 기업들의 대외종속의 심화 및 외채누증, 환율변동 시

환차손으로 인한 기업 도산의 항상화 등 위험성도 커졌다."(이한구,《한국
재벌사》)

이런 재벌들의 변화 중 부정적 효과들이 누적되고 증폭되면서 외
환위기로 치달은 것이 1990년대의 불행이었다.

금융기관의 난립에 따른 과당경쟁과 동반 부실화는 더욱 큰 문제
였다. 1980년대 후반 이후 생긴 후발 시중은행은 대동은행·동남은
행·동화은행·하나은행·보람은행 및 평화은행 등 총 6개였다. 그
러나 외환위기 이후 금융구조조정 과정에서 살아남은 은행은 단 1
곳, 하나은행뿐이다.

이 시기 설립된 후발 투자신탁회사 및 투자신탁운용회사는 무려
22개에 달한다. 1986년 동서증권의 동서투신운용, 1988년에는 고려
증권의 고려투신운용, 동원증권의 동원투신운용, 선경증권의 선경투
신운용, LG증권의 LG투신운용, 조흥증권의 조흥투신운용, 대신증
권의 대신투신운용, 쌍용증권의 쌍용투신운용, 주택은행의 주은투신
운용, 교보증권의 교보투신운용, 삼성증권의 삼성투신운용 등이 우
후죽순처럼 설립됐다.

1989년에는 한일증권의 한일투신운용, 국민은행의 국민투신운용,
광주지역 기업인들이 설립한 한남투신, 대전지역 기업인들의 중앙투
신, 부산지역 기업인들의 제일투신이 잇따라 창립됐다. 또 1996년엔
한진투자증권 및 대우증권이 합작한 서울투신운용, 신영증권의 신영
투신운용, 신한증권의 신한투신운용이 각각 세워졌으며 1998년 들어
서는 대구지역 기업인들의 동양투신, 현대증권의 현대투신운용, 삼
성생명의 삼성생명투신운용 등이 속속 생겨났다.

리스회사들도 22개나 난립했다. 은행들마다 하나씩 만들었기 때문

이다. 한일은행이 한일리스, 국민은행이 국민리스, 부산은행이 부산리스, 기업은행이 기은리스, 대구은행이 대구리스, 조흥은행이 조흥리스, 신용보증기금이 신보리스, 경남은행이 경남리스, 충북은행은 중앙리스, 외환은행은 외환리스, 한미은행은 한미리스, 경인지역 상공인들은 경인리스, 상업은행은 상은리스, 서울은행은 서은리스, 충청은행은 중부리스를 각각 세웠다. 또 전북은행은 전은리스, 광주은행은 광은리스, 신한은행은 신한리스, 대동은행은 대동리스, 주택은행은 주은리스, 동남은행은 동남리스, 동화은행은 동화리스를 각각 설립했다.

속 빈 강정 종금사, '아니면 말고'식 영업

"시장 규모에 비추어 과다하게 많은 숫자의 각종 금융기관들이 난립하게 된 것인데 그때까지만 해도 금융기관의 부도나 퇴출에 대해서는 어느 누구도 생각조차 하지 못했고 감독기관에서도 이들에 대한 영업 양태나 기초적인 업무능력 파악에 소홀했던 게 사실이다.

뿐만 아니라 난립에 따른 금융산업 전체에 미칠 후유증에 대해서 고민해본 사람도 없었고 그 흔한 연구보고서 한 장 냈다는 소리도 듣지 못했다.

금융업은 판을 벌여놓고 철수하기까지는 그렇게 쉽지 않게 되어 있다. 금융업은 잘못되더라도 끝까지 가서 소위 망하는 길로 가는 줄 알면서도 막다른 데까지 갈 수밖에 없는 사업구조로 되어 있다."(최용근, 《명동 30년, 금융의 격랑을 헤치며》)

특히 종금사들이 문제였다. 1970년대 후반에서 1980년대 초까지는 단자회사들의 전성기였다. 이 기간 동안 17개의 단자사가 새로 생겼다.

신한은행의 모체였던 제일종금(1977년), 삼양사의 삼양종금(1979년), 경남지역 상공인들이 설립한 경남종금(1979년), 성원토건의 한길종금(구 대전투금, 1979년), 쌍용그룹의 쌍용종금(구 인천투금, 1979년), (주)효진의 항도종금(1980년), 청솔종금(1980년), 정영삼이 대주주인 경수종금(1981년), 태광산업 및 현대그룹이 합작한 울산종금(1981년) 등이다.

또 김종호의 신한종금(1982년), 김호준 및 보성어패럴의 나라종금(구 동아투금, 1982년), 한화그룹의 한화종금(구 삼화투금, 1982년), 삼부토건 및 삼환기업의 삼삼종금(1982년), 신세계그룹의 신세계종금(1983년), 금복주가 최대주주인 경일종금(1983년), 고려증권 이창재가 오너인 고려종금(1983년)도 있다.

그러나 1980년대 중반부터 단자사들의 좋은 시절은 끝났다. 예전에는 기업들이 단자사를 찾아가 사정사정하면서 기업어음에 무담보배서(부도 발생 시 배서에 대한 보증 책임이 없음)를 받아야 했으나 그 무렵부터는 거꾸로 단자사에서 기업들을 찾아다니며 담보든 무담보든 제발 거래만 좀 해달라고 사정하는 처지가 됐다.

우후죽순처럼 생겨나는 종금사, 후발 단자사들과의 경쟁과 기타 금융권의 시장 잠식에 따른 현상이었다. 기업어음을 취급하는 직원들은 외판사원 물건 팔듯이 거래처를 찾아다녔다.

"단자회사에서는 기업어음 발행 회사를 칙사대접하게 되고 자연히 신용 상태나 부실 여부는 따져보지도 않고 외형 늘리기에 급급하게 되는 지경에 이르렀다.

1990년대 초에는 단자회사들의 수익성이 극히 악화됐으며 (종금사로 전환한 뒤) 이의 만회를 위해 무리한 영업을 하다가 IMF를 전후하여 결국 금융권이 몰락하게 됐는데 이러한 유의 영업이 모든 금융권에 예외 없이 적용되다 보니 다들 속 빈 강정들이었다.

K·H종금은 인수한 사실도 없는 어느 기업의 발행어음을 인수한 양 고객들의 통장에 기입해줬는데 그 고객이 직접 발행 회사에 발행 유무를 확인한 결과 어음 발행 사실이 없다는 얘기를 듣고 종금사에다 항의한 일들이 한두 번이 아닌 것으로 알고 있다.

명색이 종금사 간판 걸어놓고 '아니면 말고' 식 영업을 하는 세태가 돼버린 것이다."(최용근,《명동 30년, 금융의 격랑을 헤치며》)

단자사 종금 전환은 한건주의 아이디어 수준

잘 나가던 단자사들이 이 지경이 된 것은 종금사들이 생겨나면서 장기금융기관으로 발전할 수 있는 길이 막혔기 때문이다. 고유 업무라고 생각하던 기업어음업무도 종금사에게 잠식당해 독자적인 업무영역이 없어진 데다 은행들은 원래 고유 업무였던 기업어음 매매를 빼앗아간 단자사들을 싫어했다.

설상가상으로 1982년 7월 28일 발표된 '제2금융권 활성화대책'에 따라 12개의 단자사가 무더기 설립허가를 받아 32개로 늘어난 단자사는 과당경쟁에 말려들었고 금융사고가 터질 때마다 무담보 단기거래를 위주로 하는 단자사는 소용돌이에 휘말렸다.

이에 정부는 1991년 '금융기관의 합병 및 전환에 관한 법률(합전법)'을 만들어 단자사들의 합병 및 다른 금융기관으로의 전환을 추진했다. 이에 따라 한국투금은 하나은행으로, 한양투금과 금성투금은 합

병해 보람은행으로 전환됐으
며 은행이나 대기업이 소유한
서울 · 한성 · 동부 · 고려 · 한
일 등 5개 투금사는 증권사가
됐다.

명동 한복판에 있던 단자사에서 전환한 대형 종금사 대한종금.

1993년 출범한 김영삼정부
는 '신경제 5개년 계획'에 따
라 단자사와 종금사의 업무영
역을 통합하고 그 공통의 업무 영역 내에서 각자가 비교 우위에 따라
국제금융업무 · 단기금융업무 · 기업금융업무 등으로 특화하는 방안
을 추진했다. 이에 따라 1994년 9개 지방 단자사들이 무더기로 종금
사로 전환됐으며 1995년에는 나머지 15개 단자사가 일제히 종금사
로 전환했다.

합전법의 실무 주역이었던 강만수 전 재정경제부 차관은 이 조치
를 이렇게 비판했다.

"우리나라는 30개나 되는 종금사 천지가 됐다. 두 차례에 걸쳐 단
자사에서 무더기로 전환된 24개 종금사는 200억 달러에 달하는 무분
별한 단기 해외 차입으로 1977년 IMF사태를 몰고 온 뇌관이 되어 엄
청난 화를 자초하고 사라졌다.

종금사가 '갑류 외국환은행'이라는 것과, 지방 단자사들이 국제금
융업무를 수행할 수 있는 능력과 인력이 있는지에 대한 검토가 있었
는지 의심스러웠다.

합전법의 당초 취지는 전환된 새 업무 영역에 충분히 적응할 수 있
는 우량 단자회사만 선별적으로 추진한다는 것이었다. 태국에서 배

워온 단자사와 영국에서 배워온 종금사의 실험은 너무 큰 대가를 치르고 실패로 끝났다.

한건주의 아이디어 차원의 어설픈 정책은 다시 없어야 한다."(강만수, 《현장에서 본 한국경제 30년》)

어쩔 수 없는 대세라면 적극적으로 개방한다

그렇다면 강만수가 국제금융국장으로 주도했던 금융 개방협상은 잘된 것일까? 그가 국제금융국장이 된 1991년 3월 당시는 한미금융정책회의(FPT)를 통한 미국의 금융시장 개방 압력이 최고조에 달하던 시기였다. 한미금융정책회의는 환율문제·금융자율화·증권시장 개방·외국은행 국내지점 규제 철폐 등이 주요 의제였고 콜시장 개방·금리 완전자유화·정책금융 폐지 등 회의를 거듭할수록 미국의 요구사항은 늘어났다. 미국 측은 강 국장에게 금융정책회의는 비공식적인 '단순한 대화'라고 말했다. 하지만 한국대표단에게는 대화(talking)가 아닌 강압적 분위기 속에서 진행된 협상(negotiation)이었다.

강만수는 "금융정책회의는 미국 측의 일방적 요구와 이를 어떻게 부작용 없이 수용하느냐로 수세에 몰린 한국 측의 방어가 부딪치는 격렬하고 어려운 협상이었다. 회의 때마다 미국 측의 요구사항을 대부분 들어주었다. 우리도 풀기 어려운 금리자유화나 자본거래자유화를 요구할 때는 무력감과 함께 울화가 치밀기도 했다"고 술회했다.

"금융정책회의에서 우리는 이곳저곳으로 쫓겨 다니며 미국의 각목에 머리를 얻어터지는 형국이었다. 미국의 금융시장 개방 압력은 잘 짜인 작전에 따라 금융정책 전반에 걸쳐 계속 밀려오는 파도였다.

개별적인 접근으로서는 문제를 해결하지 못하고 밀리기만 했다. 우리의 지리멸렬이 미국의 각목을 부르는 면도 있었다.

미국과 개방협상을 하면서 19세기말 서구세력의 개항 압력을 생각했다. 어쩔 수 없는 대세라면 밀리면서 열어줄 것이 아니라 적극적으로 대처하는 것이 유리하다는 생각을 했다.”

재무부는 국제금융국이 주도하는 협의체를 만들어 금융시장 개방 전체에 대한 블루프린트를 마련, 미국과의 협상에 대처하기로 했다. 국제금융국이 작성한 안에 따라 단계별로 국제수지 · 내외금리차 · 물가에 대한 전제조건을 달아 세이프가드(safe guard)를 장치했다. 전체를 한눈에 볼 수 있는 '3단계 금융자율화 및 개방 계획' 블루프린트를 만들었다. 이 블루프린트는 미국이 요구한 금리자유화, 화폐시장의 발전, 외환 · 자본거래자유화, 원화조달 기회 확대, 증권산업자유화, 은행 감독 규제 명료화 등 6개 분야가 모두 포함됐다.

1992년 1월 열린 비공식 금융정책회의에서 미국 측은 모든 현안과 장기적 개방 계획이 포함된 블루프린트에 원칙적으로 동의했다. 1992년 3월 워싱턴에서 열린 6차 회의를 끝으로 공식적으로 금융정책회의는 끝났다. 블루프린트는 그 후 우루과이라운드 금융 개방협상과 OECD 가입 시의 자본시장 개방 계획에도 큰 수정 없이 적용됐다.

아무 대책 없이 정치적 욕망으로 OECD 가입

한국의 OECD 가입은 우리 금융시장의 마지막 담장도 완전히 허물어버린 계기였다. 김영삼 대통령은 취임하자마자 신경제와 세계화를 부르짖으며 1996년도에 OECD에 가입하겠다고 국민들에게 약속했다. 세계 11위의 경제력을 갖춘 한국이 세계 선진국들로부터 그 경제력에 상응하는 파트너로서 대우를 받고 세계경제 발전을 위한 논의에 참여함으로써 한국의 위상을 한 단계 높은 수준으로 도약시키겠다는 것이 OECD 가입의 명분이었다. 그러나 OECD 가입에는 그만한 대가가 따랐다. 우선 서비스 및 외환·자본거래의 자유화를 확대해야 했고 OECD 규정 수용을 위해 국내 제도들을 개편해야 했다.

OECD란 선진국들의 모임이다. 국제적인 룰이 냉정하게 통용되는 곳이다. 따라서 한국의 제반 경제적인 시스템과 룰을 완전히 국제화하고 난 다음에 가입해야 하지만 당시 한국은 OECD에 옵서버 자격으로 몇 차례 참석했을 뿐 가입을 위한 어떤 연구나 사전준비가 전혀 마련되지 않은 상태였다.

당시 개발도상국으로서 체면 깎이는 일과 수모는 좀 당했지만 사실 우리에게는 개도국이 취할 수 있는 이익도 많았다. 특히 자유화와 개방에 대한 압박은 상당 부분 피할 수 있었다. 그런데 OECD에 가입하게 되면 이런 이점을 누릴 수 없게 되므로 사전 대비책을 더욱 철저히 마련해야 했던 것이다.

당시 WTO의 한 고위간부는 친분이 있는 오원철 기아경제연구소 상임고문(박정희 대통령 시절 청와대 경제 제2수석비서관)에게 "한국은 왜 OECD 가입을 서두르는지 모르겠다. 한국이 OECD에 가입함으로써 잃는 손실이 얼마나 큰 줄 아느냐?"고 충고를 했다.

오원철은 "OECD 가입을 위해 외환·자본시장을 개방하자면 우리나라의 경상수지가 흑자 기조로 확실히 들어선 다음이라야만 가능하다. 그런데 1994년부터 경상수지가 적자로 반전된 후 해마다 적자폭이 커져서 1997년에는 사상 최악의 경상수지 위기에 직면하던 때였다. 이런 시기에 OECD에 가입한다는 것은 상식적으로 도저히 이해할 수 없다"고 비판했다.

"OECD에 가입한 목적은 무엇일까? 순전히 문민정부 시대에 우리 나라를 선진국 대열에 진출시키겠다는 정치적 욕망을 채우기 위함이 아닌가 하는 추측을 할 수밖에 없다.

김영삼정부는, 한국은 이미 금융의 자유화를 실시하고 있다는 실적을 OECD에게 보여줌으로써 OECD 가입을 촉진시킬 수 있다고 판단하고 1995년부터 미리 외환자유화를 시작하고 있었던 것이 아닌가 하는 의구심이 든다. 그렇지 않고는 1995~1996년에 갑자기 그렇게 큰 액수의 국제수지 적자가 발생할 수 없는 것이다.

김영삼정부가 아무런 사전 대비책도 취하지 않은 상태에서 OECD에 가입하겠다고 욕심을 낸 것 자체가 IMF사태 발생 원인이라는 뜻이다.

그리고 김영삼 대통령이 취한 금융 및 소비의 자유화조치의 결과는 IMF사태 발생으로 그가 바라던 세계화·국제화·선진화와는 다른 방향으로 진행된 것이 아닌가 느껴진다."(오원철,《박정희는 어떻게 경제 강국 만들었나》)

1996년 12월 우리나라는 29번째로 OECD 회원국이 됐다. 이는 국민들에게 '우리나라는 이미 선진국'이라는 환상을 심어주었다. 하지만 외환자유화를 취하고 나니 해외여행과 해외유학이 급증하고 사치성 소비재수입과 과소비 등으로 경상수지 적자폭은 급증했으며 외환보유고는 급감했다. 그렇게 IMF의 망령이 서서히 다가오고 있었던 것이다.

망국적 외화차입, 최악의 시나리오 현실로

금융기관 난립과 준비 없는 금융 개방이 만난 결과 발생한 것이 외환 위기의 직접적 도화선의 하나가 됐던 종금사의 과잉 외화차입이다.

단자사의 일괄 종금 전환으로 30개의 종금사 모두 해외에서 외채를 빌려 원화로 환전, 어음을 교환해줄 수 있게 됐다. 외채금리는 국내 대출금리보다 훨씬 낮다. 교환해준 어음이 결제되면 엄청난 이익이 발생한다. 당연히 종금사들은 더 많은 외채를 빌리기 위해 혈안이 됐다. 자본금 2000~3000달러의 소형 종금사가 3~5억 달러의 외채를 도입한 예도 있다.

해외에서 자금조달의 길이 열리자 기업들은 과당경쟁과 과잉투자에 나섰다. 로비를 해가며 은행에서 돈을 빌렸고 나머지는 종금사에서 빌렸다. 이자의 높고 낮음을 따지지 않았다. 또 은행과 종금사들은 외화차입에 열을 올렸다. 당시 한국은 국제신용도가 높았고 한국에 대한 대출이자율이 다른 나라보다 높았기 때문에 외화차입에 아무런 문제가 없었다. 망국적인 외화차입 행진이 시작되었다.

그러나 여기에는 큰 위험이 도사리고 있었다. 환율이 상승하게 되면 앉아서 환차손을 감수해야 할 뿐만 아니라 대출금을 회수하지 못하면 종금사는 경영이 악화돼 파산할 수도 있는 것이다.

"그런데 1997년 이런 최악의 시나리오가 현실화된 것이다. 막대한 부실채권 발생과 동시에 환율 인상으로 환차손이 누적되자 원래 속 빈 강정이었던 종금사들은 파산을 면키 어렵게 됐고 빌린 외채도 갚을 수 없었다.

이것이 1997년 일어난 금융위기의 본질이다. 결국 IMF위기의 도

대한민국 머니 임팩트

화선은 '종금사의 설립에 의한 금융위기'라고 볼 수 있다."(오원철,《박정희는 어떻게 경제 강국 만들었나》)

외국 금융기관이 한국에 대한 달러대출을 늘림으로써 국내 금융기관은 무분별한 달러차입과 원화대출을 늘렸고 국내 기업은 원화채무가 증가했다. 국고는 외환보유고 및 통화량 증가가 발생하게 되었다. 이렇게 통화량이 증가하자 물가를 걱정한 김영삼정부는 달러 소비를 권장, 사치와 낭비를 부채질했다. 그 결과 차입한 달러는 급속히 소진되고 외환보유고가 급감했다. 1996년 말의 외환보유고는 332억 달러였고 언제라도 쓸 수 있는 가용자금은 294억 달러뿐이었다.

이를 우려한 외국 금융기관이 빚 상환 독촉을 하기 시작했다. 이에 미리 대비를 못한 국내 금융계는 정부(국고)로부터 달러를 구입할 수밖에 없었다. 그 결과 외환보유고가 바닥을 보이기 시작했다. 달러가 부족하다는 사실이 시장에 알려지자 하루가 다르게 환율이 폭등했다. 막대한 환차손이 발생하자 금융계는 공황에 빠졌다. 은행과 종금사들은 황급히 기업대출을 강력하게 회수하기 시작했다. 당연히 기업들은 자금난에 빠졌고 부도와 파산 도미노가 발생했다.

오원철은 이처럼 한국 경제가 IMF위기로 치닫는 과정을 '신용악화→외국 금융계의 대출 회수→환율 인상→막대한 환차손 발생→금융위기→기업대출 회수→기업위기→IMF위기'로 정리했다.

최악의 증시부양책 12·12 대책, 관치금융 전형

한편 노태우정부 시절의 증권시장은 어떠했는가? 1984년 하반기부터 회복세로 돌아선 증시는 저달러·저금리·저유가의 이른바 '3저

호황'으로 인한 경상수지 흑자 증대, 풍부한 유동성과 개미군단의 폭발적 증가 등으로 급성장했다. 건설과 무역, 그리고 금융주가 주가 상승을 선도하며 '트로이카 시대'를 이끌었다. 특히 증권주는 대규모 증자에도 불구하고 3년간 대신증권 7482퍼센트, 대우증권 3594퍼센트가 상승하는 폭등장을 펼쳐갔다.

과열이었다. 장바구니를 든 아줌마부대가 객장에 몰리고 시골에서도 논 팔고 소 팔아 주식에 쏟아 붓는 웃지 못 할 상황들이 연출됐다. 이러한 폭등장세는 1989년 3월 1000포인트 돌파라는 경이적인 주가 상승을 기록한 후 거꾸로 곤두박질치기 시작했다. 주가 하락은, 원화 가치 상승으로 경상수지가 적자 전환하면서 성장에 제동이 걸렸고 지나친 신규기업공개와 증자 등에 따른 공급과잉, 부동산가격 상승, 물가인상, 임금인상, 노사분규 등에 영향을 받은 때문이었다.

1989년 이후의 주가폭락으로 '깡통계좌'가 양산되었고 주식으로 전 재산을 탕진해 자살하는 사람까지 생겨났다. 정부는 주가부양을 위해 한국은행의 발권력까지 동원하는 비상수단(12·12 조치)까지 내놓았지만 오히려 시장만 왜곡시키고 말았다. 특히 12·12 조치는 지금까지 사상 최악의 증시부양책으로 꼽힌다. 당시 이용만 재무부장관은 주가 하락을 막기 위해 투신사를 통한 무제한적 주식매입을 발표했다. 한은이 대한투신·한국투신·국민투신 등 3대 투신사에 각각 약 1조 원을 빌려줘 주식시장을 떠받치게 한 것이다. 투신사들의 주식 매입으로 주가는 단기적으로 반짝 올랐으나 이내 다시 폭락을 거듭했다.

외압으로 엄청난 돈을 증시에 퍼부은 투신사들은 이때의 손해에다 이자 부담까지 합쳐져 투신사 부실의 원죄로 지목됐다. 어처구니없는 관치금융의 전형이었다.

결국 1990년 10월 10일 깡통계좌에 대한 일제 정리를 실시, 많은 투자자들이 강제 매매에 의해 거리로 내몰리고 말았다.

정부는 12·12 조치가 별다른 효과를 내지 못하자 다시 관치금융을 빼들었다. 1990년 3월 증권사·보험회사·은행·상장회사 등을 동원해 자금을 갹출, 증시안정기금을 만든 것이다. 증안기금(증시안정기금)에 출자한 금융회사와 상장사에는 세제 혜택을 줬다. 처음 6000억 원으로 출발한 증안기금은 1994년 6조 원에 육박했다.

증안기금은 사실상 정부에 의해 좌지우지되는 증시의 가장 큰손이었다. 증안기금을 운용하는 실무자에게 정부가 직접 지시, 종목 이름을 불러주고 얼마씩 사라고 하는 게 관행이었다. 증안기금은 급락하는 증시의 버팀목이 되기도 했지만 증시가 자생력을 갖추지 못하게 하는 부작용만 낳은 채 1996년 해산을 결의했다.

자본시장 개방 원년인 1992년 초기에는 외자유입으로 종합주가지수가 700선에 근접했으나 경기침체로 약세로 반전되자 3월 연기금 주식투자 촉진방안 등 부양대책이 잇따랐다.

김영삼정부 출범 후 첫 1년간은 증시가 계속 활황이었다. 1994년 11월 8일 1145.66포인트로 사상 최고치를 경신하기도 했다. 그러나 다시 곤두박질하기 시작했다. 1995년 4월의 증시부양대책, 5월의 증시안정대책, 1996년 12월의 증시수요기반 확충방안 등이 잇따라 발표됐으나 백약이 무효였다. 그리고 1997년 가을부터 외환위기가 본격화되자 증시는 바닥을 모르게 추락했다. 김영삼 대통령의 퇴임일인 1998년 2월 24일 주가는 540.9포인트로 마감했다. 그의 임기 중 주가가 114.7포인트나 빠진 셈이다.

정치논리로 생긴 은행들 IMF 이후 모두 퇴출

1980년대 말 이후 생겨난 후발 시중은행은 총 6개다. 1989년 5월 4일은 2개의 은행이 동시에 출범한 날이다. 대구지역 상공인들이 설립한 대동은행과 부산지역 상공인들이 창립한 동남은행이 그것이다. 같은 해 9월 5일에는 이북5도민들이 힘을 합쳐 만든 동화은행이 첫 팡파르를 울렸다.

이어 1991년 7월 1일에는 한국투자금융이 은행으로 전환한 하나은행과, 한양투자금융 및 금성투자금융이 합병해 은행으로 바뀐 보람은행이 시중은행으로서의 첫 발걸음을 내디뎠다. 하나은행은 신도리코와 교육보험, 보람은행은 두산그룹 및 코오롱그룹이 대주주인 재벌 은행이었다. 드디어 재벌이 시중은행을 갖게 된 것이었다. 1991년 11월 6일 창업한 평화은행도 최대주주는 한국노총이지만 재벌들이 참여한 은행이다.

대동은행과 동남은행은 본점을 각각 대구와 부산에 두고 있으면서도 지방 은행이 아닌 일반 시중은행이었다. 지역 중소기업을 위한 중소기업 전담 은행이 설립 명분이었다. 대동·동남·동화 및 평화은행이 설립되게 된 것은 경제적 차원의 정책이 아니라 정치논리에 의한 것이었다.

후발 은행이 처음 태동한 계기는 노태우 대통령의 선거공약 때문이다. 한 지역에 은행 설립을 약속하다 보니 다른 지역에도 안 해줄 수 없었고 그러다 이북 출신 실향민들은 물론, 강성 노동운동이 폭발하던 시기에 상대적으로 온건했던 한국노총을 지원하기 위한 방편으로 평화은행까지 생겨났던 것이다.

대한민국 머니 임팩트

경제가 아닌 정치논리로 생겨난 은행들이 잘될 리가 없었다. 특히 동화은행은 1993년 안영모 은행장 비자금사건으로 엄청난 사회적 물의를 일으켰다. 안 행장이 거액의 비자금을 조성, 은행장 연임을 위해 노 대통령 시절 청와대 경호실장이던 이현우, 금융계 황제 이원조 등에게 뇌물을 건넸다는 사건이다.

허나 진정한 실체는 그게 아니었다. 당시 함승희 주임검사가 이현우의 수뢰 경위를 캐다 보니 엄청난 사실이 불거져나왔다. 이 실장이 안 행장으로부터 3000만 원씩 7차례에 걸쳐 받은 돈은 은행장 연임을 위한 청탁 대가가 아니라 노태우의 비자금 1000억 원을 1991년 3월 동화은행에 예치해준 데 대한 대가였다. 1995년 10월에 터진 노태우 비자금은 1993년 4월에 이미 1000억 원 이상이 발견됐다.

이들 4개 은행은 IMF 이후 모두 퇴출됐다. 반면 단자사에서 은행으로 전환한 하나은행과 보람은행은 괜찮았다. 돈 냄새를 맡는 데 민감한 단자 출신들의 순발력 덕분이다. 두 은행은 자회사로 증권사도 거느리고 있었다. 특히 하나은행은 톡톡 튀는 참신한 아이디어와 차별화된 마케팅전략, 우수한 맨파워로 돌풍을 일으키며 '제2의 신한은행'으로 주목받았다.

하나은행 초대 행장이던 윤병철은 금융가에서 마당발 인맥을 자랑했으며 김영삼 대통령과 동향(경남 거제)이라는 인연을 십분 활용, 정·관·재계에 많은 인맥을 만들어 은행 성장에 일조한 카리스마형 대부(代父)로 김대중정부에서는 우리금융지주 회장도 지냈다.

하나은행은 IMF 이후 금융구조조정 과정에서 충청은행과 보람은행을 합병하고 서울은행과 대한투자증권도 인수, 하나금융지주회사로 변신해 한국 금융산업의 강자가 됐다.

잇따른
대형 금융사고

정보사 땅 사기치고
은행 지점장 자살하고

25

제5공화국은 장영자사건 · 명성사건 · 영동개발사건 등 초대형 금융사고
로 얼룩졌다. 그 5공을 계승한 6공 역시 대형 금융사고가 잇따랐는데 그
대표적 사건이 1992년의 정보사 땅 매매사기사건과 상업은행 명동지점
장 자살사건이다.

지난 1992년 6월 25일 각 언론은 예비역 대령인 합참(合參)의 고위군무
원이 서울 서초동 소재 정보사 땅 불하를 알선해주겠다고 속여 거액의 사
기행각을 벌인 뒤 수사가 시작되자 홍콩으로 도주했다고 대대적으로 보
도했다. 이것이 이른바 정보사 땅 사기매매사건이다. 합참 군사자료실 군
사자료과장인 김영호가 1990년 1월부터 1991년 8월까지 합참 군사시설

정책실장으로 재직 중 기업 및 민간인들로부터 정보사 땅 불하를 알선해 주겠다고 속여 50여 억 원을 받아 챙겼다는 것이다.

문제의 정보사 땅은 서울 서초구 서초3동 1005-6번지 일대 국방부 소유의 4만 8000여 평이다. 1970년 10월 당시만 해도 논과 밭이 널린 임야지대였던 이곳을 수용, 정보사령부로 사용해왔다. 테헤란로와 서초로로 이어지는 강남지역 교통의 핵심 축에 자리잡은 요지이자 서리풀공원과 우면산을 잇는 녹지축의 요충지다.

이 정보사 부지가 부동산업자들의 입길에 오르기 시작한 것은 1987년 부터다. 서울주둔 군부대의 지방 이전 원칙에 따라 수도방위사령부에 이어 이 정보사도 이전 대상으로 거론되었던 것이다.

그런데 이전계획이 수립돼 1991년 2월 국무회의 의결까지 났으나 곧 백지화됐다. 강남 요지이면서 아직 개발되지 않은 마지막 대규모 땅이라는 점에서 신도시 등 대형 개발사업 때마다 대상지로 거론됐지만 16년이 지난 지금까지도 개발계획이 구체화되지 못하고 있다. 그럼에도 개발에 대한 기대심리를 악용한 사기사건이 1980년대 말부터 꼬리에 꼬리를 물고 계속 발생했다.

김영호의 전임자인 정승원도 1989년 6월 이 땅이 군사기밀보호구역에서 일부 해제된다는 사실을 군 간부 및 친지들에게 미리 알려줘 인근 토지를 매입하게 하는 등 거액의 땅 투기를 벌인 혐의로 자신을 포함, 군무원 6명이 구속됐다.

▨   ▨   ▨   ▨

합참 간부직원이 정보사 땅 가짜 특혜불하

사기범 김영호는 어떤 인물인가? 육사 18기 출신으로 1988년 대령으로 예편한 그는 군무원 2급으로 특채돼 합참 무기체계기획과장을 거쳐 군사시설정책과장으로 재직 중 1992년 1월 처음 사기극을 벌이기 시작했다.

당시 김모씨 소유의 안양 그린벨트 땅 8000여 평의 도시계획도를 위조해 오모씨에게 팔아넘기려다 오씨가 그린벨트지역임을 눈치 채 실패하고 계약금 및 중도금으로 받은 1억 9500만 원을 돌려줘야 할 형편이 됐다. 또 빚을 내서 관악구 봉천동에 연립주택 6가구를 건설했으나 2채만 분양돼 빚더미에 올랐으며 여자 문제로 부인이 합참에 진정서를 냄으로써 군사자료과장으로 좌천되고 말았다.

코너에 몰린 그는 돌파구를 모색한답시고 토지전문 브로커들과 어울리다가 본격적 사기행각에 나서게 된 것이다. 육사동기생에게 소개받은 임환종과 그를 통해 알게 된 명화건설 회장 김인수·곽수열·신준수·민영춘 등이 그들이다.

이 토지브로커 일당은 청와대와 안기부 직원 등을 사칭해 정보사 땅 특혜불하를 미끼로 사기를 치기로 모의하고 현직 국방부 간부직원인 김영호를 끌어들이기로 했다. 이 일당은 1991년 10월경 성무건설 회장 정건중에게 정보사 땅을 특혜불하받을 수 있다고 속여 정건중의 형 정명우를 김영호의 사무실로 데리고 갔다. 그리고 정명우를 정보사 땅을 매입할 '정 회장'이라고 소개하고 사무실 밖으로 내보낸 뒤 정보사 땅 매매계약을 체결해주면 고위층과 잘 아는 김인수가 뒷일을 책임지겠다고 제의, 김영호의 수락을 받아냈다.

정건중은 재미교포로 철학박사 학위가 찍힌 명함을 들고 다니며 미국에서 명문대학원을 나온 것으로 자처하고 중원공과대학 설립을 추진하며 설립인가신청을 내기도 했던 인물이다.

해가 바뀌어 1992년 1월 21일 김영호는 김인수와 임환종이 미리 작성해온 '정보사 땅 1만 7000여 평 중 1만 평은 정명우에게, 7000평은 김인수에게 각각 평당 460만 원씩 총 765억 원에 매도한다'는 내용의 매매계약서 초안에다. 위조한 국방부장관의 고무인과 자신의 직인을 날인해 계약을 체결했다. 그리고 즉석에서 김영호는 정명우로부터 사례금 5억 원과 계약금 명목으로 76억 5000만 원을, 김인수·곽수열은 소개비 등으로 각각 25억 원과 30억 원을 받았다.

김영호는 자신이 받은 81억 5000만 원을 주택은행 한강로지점에 일단 입금시킨 후 주택·신한·상업·한일·서울신탁·조흥 등 6개 은행에 분산시켜놓고 총 11차례에 걸쳐 돈세탁을 했다.

이후 군 합동조사단의 수사 기미가 보이자 6월 10일 홍콩으로 피신하면서 정건중의 부인에게 79억 5000만 원을 돌려주라고 맡기고 자신은 10억 2000만 원을 챙겨 달아났다. 김영호는 홍콩·베이징·장춘·선양·단둥 등을 돌며 도피행각을 벌이다가 6월 28일 베이징에서 중국 공안에 체포돼 7월 5일 한국 측 수사요원에 인계돼 압송됐다.

사기범 일당, 제일생명 꾀어 660억 사취

여기까지가 김영호 및 그와 공모한 토지브로커들의 사기행각이라면 다음부터는 정건중이 연출한 사기극이다. 정건중은 정보사 땅 특혜 불하를 받기로 약속한 후 제일생명 윤성식 상무에게 접근한다. 부동산브로커 박삼화를 통해 제일생명이 본사 사옥 부지 매입을 서두르고 있다는 정보를 입수했기 때문이다. 윤 상무는 과거 박삼화에게 몇 차례 도움을 받은 적이 있어 그를 신임했다.

박삼화는 윤 상무에게 '정계 등에 지인이 많고 대학 설립을 추진 중인 미국 철학박사'라고 정건중을 소개하고 일당인 정영진은 '자금 동원 능력이 뛰어난 사채업자'라고 했다. 또 "유력 인사의 도움으로 정보사 땅을 불하받게 됐는데 그중 약 3000평을 주거지역에서 상업용지로 용도변경해 제일생명에 전매하겠다"고 윤 상무를 꾀었다.

정건중 일당은 정영진의 형인 국민은행 압구정서지점 정덕현 대리에게 동행 압구정서지점 및 석관동지점에 각각 정명우 명의의 계좌를 개설케 한 뒤 1991년 12월 23일 윤 상무와 '정보사 부지 중 윤 상무가 지정하는 약 2000평을 평당 2000만 원에 매도하기로 하고 대금 이행능력을 담보하기 위해 윤 상무가 270억 원을 은행에 예치한다'고 약정했다.

정덕현은 윤 상무가 압구정서지점에서 270억 원을 예금하기 위해 도장을 건네주자 몰래 백지 예금청구서에 도장을 찍고 윤 상무가 예치한 270억 원을 무통장출금 형식으로 그날 당일 전액 인출, 석관동 및 압구정서지점의 정명우 계좌에 250억 원과 9억 6600만 원을 예치했다. 또 동생 정영진에게도 10억 3400만 원을 빼돌렸다.

그러나 윤 상무가 26일 압구정서지점에서 270억 원의 인출을 요구하자 정덕현은 정명우 계좌에서 250억 원을 인출하고 20억 원은 고교동창에게 빌려 윤 상무에게 건네줬다. 윤 상무는 이 중 150억 원은 회사에 입금하고 나머지 120억 원은 제일생명 명의의 새로운 계좌를 만들어 다시 입금시켰다. 이때 정덕현은 실수로 윤 상무에게 압구정서지점이 아닌 다른 통장을 만들어줬다. 이를 의심한 윤 상무는 1월 7일 잔액 120억 원을 모두 인출해갔다.

이를 안 정영진은 윤 상무에게 "정보사 땅을 매입 안 할 것이냐"고 압박한다. 하는 수 없이 윤 상무는 계약대금으로 120억 원을, 또 제일생명 대표이사 하영기 명의로 개설한 2개 계좌에 130억 원을 추가 입금했다. 윤 상무는 통장과 도장을 모두 갖고 있어 안심했지만 정덕현은 위조된 인장을 사용해 230억 원을 무통장출금 방식으로 빼돌렸다. 제일생명은 돈이 빠져나간 사실을 확인하고 항의했으나 정덕현이 사무착오라며 일종의 수기통장을 만들어주자 이를 그대로 믿어버리는 우를 범하고 말았다.

정건중 등은 1월 21일 국방부장관 명의를 도용한 김영호와의 정식계약이 성립되자 1월 30일 이 매매계약서를 윤 상무에게 보여주면서 "정보사 땅을 실제 불하받게 됐으니 예치금 230억 원을 제외한 나머지 대금을 지급해달라"고 요구했다. 이에 따라 양측은 31일 '정보사 땅 3000여 평을 평당 2200만 원씩 총 660억 원에 매매하고 중도금과 잔금으로 430억 원을 어음으로 지급한다'는 새로운 매매계약서를 작성했다. 정건중 일당은 2월 17일 윤 상무에게 "약속어음을 미리 발행해주면 이를 할인해 국방부에 정보사 땅 불하대금의 중도금과 잔금으로 지급하고 3000평을 명도해주겠다"고 속여 약속어음 24장 총 430억 원어치를 받아냈다.

"하도 어이없이 당해" 한은 전 총재의 굴욕

윤 상무는 3개월 이내에 부지를 명도한다는 약정서 조항에도 불구,

정영진이 "국방부와 계약이 안 이뤄졌다"며 20억 원짜리 어음을 다시 가져오고 그 뒤에는 현금을 가져와 "어음을 막아라"고 할 때에야 비로소 사기를 당했다는 사실을 깨달았다. 이에 6월 8일 국방부 합동조사단에 정보사 땅 불하 여부를 확인해달라고 사건을 제보, 비로소 수사가 시작된 것이다.

제일생명 하영기 사장은 윤 상무에게 사옥 신축 부지 매입을 지시했고 1991년 11월 윤 상무로부터 처음 정보사 땅 매입계획을 보고받고 이를 승인했으며 1월 초 땅 매입 약정금으로 230억 원을 국민은행에 예치한 것도 보고받았다. 더욱이 이 과정에서 윤 상무는 매입대금을 부풀려 30억 원을 회사 비자금으로 조성하려 했는데 하 사장은 이 비자금 조성계획도 승인한 것으로 밝혀졌다.

아울러 김영호와 정건중 일당 간의 매매계약서를 확인하고 2월 17일 약속어음 430억 원어치 발행을 허용했으며 6월 2일 정영진이 약속어음 60억 원어치를 제일생명에 결재해달라고 가져오자 이를 승낙했다.

하 사장은 당초 "이 사건에 내가 관여한 바는 전혀 없다"고 거짓말을 해왔는데 "한국은행 총재를 지내는 등 금융계에서 30년 이상을 근무해온 사람으로서 하도 어이없이 당한 창피함 때문"이라고 변명했다. 그는 1982년 1월부터 1983년 10월까지 한은 총재를 지냈다.

또 제일생명 사주인 박남규 조양상선 회장도 이런 내용을 알고 있었으며 윤 상무가 정영진에게 빌려 착복한 8억 원 중 2억 원을 두 차례에 걸쳐 상납받은 것으로 드러났다.

구속된 김영호는 1993년 4월 서울고법 형사5부에서 열린 항소심 선고공판에서 특정경제범죄가중처벌법 위반죄(사기)로 징역 10년에

벌금 5억 원, 추징금 10억 4600만 원을 선고받았다. 또 정건중 등 관련자 8명에게는 징역 10년~1년 6개월에 집행유예 3년을 각각 선고했으나 정건중의 형 정명우에게는 무죄를 언도했다.

서로 속고 속이고 은행원도 깊숙이 관여

이국영은《이상한 승부》에서 "결국 이 사건은 서로 속고 속이는 전문 토지사기단의 일확천금을 노린 한탕주의와, 법과 제도를 아랑곳 않는 무소불위의 권력만능주의, 군사기밀보호를 이유로 한 밀실행정 풍토, 그리고 금융기관들이 다반사로 자행해온 불법금융거래와 탈법적 자산운용, 관행화된 금융권의 정치 입김 등이 빚어낸 합작품이었다"고 요약했다. 하지만 이국영은 "상식적으로 납득이 되지 않는 여러 가지 의문점이 있어 실제 불하가 추진되던 중 '상층부'에서 일이 어긋나 터져 나온 것 아니냐는 추론을 낳았다"고 주장했다.

김영호가 1월 21일 계약금과 사례비로 81억 원을 받고서도 태연히 합참에 근무하다가 6월 11일 홍콩으로 도주하기 직전 정건중의 부인에게 돈을 돌려준 이유가 분명치 않고 굴지의 금융기관인 제일생명이 사옥 터 물색 과정에서 다섯 번 이상 사기당할 뻔했던 경험에도 불구, 정보사 땅 불하 사실을 진위 확인도 않은 채 무엇을 믿고 소유권 이전등기도 없이 수백 억 원을 선뜻 지급했겠느냐는 점 등이 의문이라는 것이다. 제일생명의 피해액 472억 원 중 태반은 행방이 묘연한 점도 의혹을 증폭시킨 요인이다.

한편 검찰 수사와 별도로 은행감독원은 제일생명 예금 무단인출 혐의를 받고 있는 국민은행과 4개 상호신용금고에 대한 특별검사에 들어갔다. 그 결과 국민은행 압구정서지점 대리 정덕현은 제일생명 예금계좌에서 인출한 230억 원을 이리저리 굴리면서 여러 가지 위법행위를 하는 등 토지사기단의 사기행각에 깊숙이 관여한 것으로 드러났다.

3달 동안 총 169회의 입출급 과정에서 자기앞수표 선발행 17회, 가공예금 입금 15회, 영업점장 승인 없이 무통장예금 지급 16회, 예금잔액증명서 발급 시 미결제 타점권 미표시 3회, 예금통장 허위발급 3개, 예금잔액증명서 허위발급 6회 등의 위법 및 위규 사항이 발견됐다.

금융감독원 정창모 검사총괄팀장은《금융사고》에서 이렇게 정리했다.

"이러한 위규처리는 당시 자금 초과수요 지속, 금융회사 및 점포수 증가, 금융자율화에 따른 금융회사 간 자금유치 경쟁으로 지나친 수신실적 제고 위주의 경영 풍토가 만연한 데에서 기인된 것으로 볼 수 있다. 이 사고로 국민은행 은행장 등 경영진이 문책 경고, 직원 16명이 문책 조치됐으며 감독당국은 예금 취급업무에 대한 내부통제 강화, 자체검사기능 강화, 외형 실적위주의 경영 지양, 직원에 대한 사고예방교육 강화 등의 조치를 취했다."

CD 이용 사채자금 조성의 1인자, 의문의 자살

정보사 땅 사기사건의 충격과 파장이 채 가시기도 전인 1992년 11월 15일. 서울 송파구 방이동 올림픽기자촌 아파트 257동 뒤뜰에서, 이 아파트 307호에 사는 상업은행 명동지점장 이희도가 숨져 있는 것이 발견됐다. 이희도의 집 안방 이불에 피가 흥건히 고여 있고 그가 왼손 동맥을 끊는 데 사용한 것으로 보이는 주방용 칼이 놓여 있었으며 7층 복도 베란다에도 핏자국이 있는 것으로 보아 그

명동지점장 이희도의 자살사건으로 상업은행은 김추규 행장은 물론, 전무이사와 감사가 동반 퇴진하는 큰 위기를 맞았다.

가 7층으로 올라가 투신한 것으로 추정됐다.

안방 장롱 속 이희도의 양복 안주머니에 있던 지갑 속에서 유서가 발견됐는데 "당신과 은행에 미안하오. 더 이상 할 말이 없소. 내 몸은 태워 없애주시오"라는 내용이 전부였다. 유서와 함께 발견된 것은 2개월 후 지급만기로 돼 있는 100억 원 및 50억 원짜리 롯데쇼핑 발행 어음 2장. 이는 10월 31일 롯데쇼핑이 상업은행 명동지점에서 300억 원을 대출받았을 때 발행한 어음 중 일부인 것으로 확인됐다.

이희도는 서소문지점장 시절부터 CD(양도성정기예금)를 사용해 사채자금을 조성, 수신고 1위를 차지하는 등 예금 및 사채 동원 능력이 행내에서 가장 우수하다는 평을 들어왔다. 은행 내에서는 그가 한 번에 2000억 원 정도는 조달이 가능한 실력자라고 소문이 나 있었다.

이렇게 한창 잘 나가는 은행지점장이 큰딸의 결혼식을 불과 보름 남겨두고 왜 자살했을까? 은행 자체 조사 결과 CD 100억 원은 대신증권을 통해 수협중앙회가 사간 것으로 돼 있는데 대금은 은행에 입금되지 않은 것으로 확인됐다. 대금 입금 없는 가짜 CD가 발행된 것이다.

또 인천투자금융이 맡긴 450억 원의 CD를 불법유통시키고 중간에서 50억 원을 가로챈 후 증서는 잘못 발행된 것처럼 해서 지점에 보관했고 CD를 발행하지도 않고 고객 김모씨의 수탁통장에 22장 22억 원을 사인 및 날인해주고 유용했으며 자신이 권유한 예금주 3명의 가계금전신탁 7억 4900만 원을 통장이 훼손됐다며 임의로 통장을 재발행, 무단 인출했다. 아울러 대유섬유 · (주)기민 · 희성철강 등에 대한 일시 당좌대출 108억 원을 유용한 것도 밝혀졌다. 이희도가 은행에서 빼돌려 유용한 금액은 총 874억 원에 달했다.

사건 수사를 맡았던 서울지검 특수부 이종찬 부장검사는 26일 이씨가 CD를 이중 유통시킨 자금으로 사금고를 운용하다가 하반기 들어 실질금리가 폭락하자 큰 손실을 입고 원금마저 제대로 회수되지 않자 고민 끝에 스스로 목숨을 끊은 것으로 결론지었다. 그러나 "최초에 자금을 유용한 이유에 대해서는 예금유치를 위한 금리차 부담, 대출 기업의 부도, 주식투자손실 등 여러 각도에서 조사했으나 확실히 규명되지 않았다"고 밝혔다.

즉 사건의 핵심이라 할 수 있는 이희도의 자금유용 내용을 규명하지 못한 채 사실상 수사를 끝낸 것이다. "이씨가 주식투자나 사채놀이 등으로 상당액을 날렸을 가능성이 많다"는 것이지만 실제 밝혀낸 것은 아무 것도 없었다.

고객 보관 어음 · CD 빼돌려 사금고 운용

이희도는 거액의 사채자금을 CD 예금으로 끌어들이는 방법으로 부임하는 점포마다 수신고를 엄청나게 올려놓았다. 그는 대체 어떤 마법을 부렸던 것일까? 그는 사채전주에게 금리차를 보전해주는 조건으로 CD를 사게 하는 방법으로 자금을 끌어들였다. CD 금리가 연 12.5퍼센트인데 사채시장 실세금리가 15퍼센트라면 모자라는 2.5퍼센트를 별도로 보상해준 것이다. 은행예금은 단자사 같은 제2금융권과 비교하면 금리면에서 경쟁이 안 된다. 따라서 수신 경쟁에 쫓기는 은행들은 별도로 금리를 보상해주고 사채예금을 사는 편법을 쓰게 된다.

"사채전주와 기업을 연결해주는 사채 알선도 자주 사용되는 방법이다. 사채 알선은 원래 상호신용금고 등 소규모 금융기관에서 흔히 행해져왔으나 이 사건으로 은행지점에서도 대규모 사채 알선이 행해지고 있다는 점이 새삼 확인된 셈이다.

다만 문제는 금리를 보전할 돈이 어디서 마련되느냐 하는 점이다. 이씨 사건에서 이 대목이 분명히 드러나지 않았으나 기업들에게 대출커미션을 받거나 따로 자금을 개인 운용하는 등의 수법을 사용했을 가능성이 높다. 이씨는 또 사채자금을 기업과 연결하는 방법으로도 수신실적을 올려온 것으로 알려졌다.

예를 들면 사채전주로부터 예금을 받은 뒤 같은 액수와 같은 기간으로 기업에 대출해주는 방식이다. 사채예금은 주로 CD나 개발신탁 등으로 들어오는데 예금금리와 사채금리 간 차이는 기업이 사채전주에게 따로 지급한다."(이국영,《이상한 승부》)

또한 이회도는 기업에서 받은 약속어음을 사채시장에서 할인, 현금화하여 예금으로 입금시켜 수신실적을 높이거나 따로 자금을 운용하는 방법도 사용했다. 이렇게 조달한 자금의 일부는 명동지점의 CD나 개발신탁에 예금하고 나머지는 기업대출 등에 운용했다.

그러나 시중금리가 떨어지고 기업자금 사정에 여유가 생기자 이희 도의 자금운용도 어려워졌다. 사채금리를 지급하고서라도 돈을 쓰겠 다는 기업을 찾기가 쉽지 않게 됐으며 대출 과정에서 커미션을 받는 것도 힘들어졌다. 자금 조성을 해놓고도 운용을 못하는 경우가 종종 생겨났고 이로 인한 손해가 누적됐다.

한편 그는 1986년부터 인천투금과 CD 거래를 하면서 수기(手記)보 관증을 교부하고 CD 실물은 다른 곳에 유통시켰다. 또 1992년 11월 3일 할인 취급된 롯데쇼핑 발행어음 4장 300억 원을 사본교부 후 반 환하겠다며 가져갔는데 이 4장 중 2장 150억 원이 지갑에서 유서와 함께 발견됐고 나머지 2장은 사채업자 김기덕이 가지고 있었다.

이처럼 이희도는 은행금고에 있어야 할 보관 어음을 빼내 유통시 켰고 돈이 입금되지 않은 CD를 발행했으며 고객으로부터 보관 의뢰 를 받은 CD까지 빼돌려 사금고를 운영해왔다.

검찰에 따르면 그는 조성한 자금을 사채시장 등에서 굴려 사금고 를 운용해왔으나 11월 들어 6일과 16일이 만기로 돼 있는 CD 300억 원에 대해 인천투금이 더 이상 매입하지 않고 자금을 회수하면서 문 제가 생기기 시작했다.

검찰은 "어음할인, 가짜 CD 발행 등으로 230억 원의 CD자금을 결 제했으나 인천투금과 롯데건설 어음 수백 억 원의 만기가 잇따라 닥 쳐오자 자포자기 끝에 자살한 것으로 추정된다"며 "7월 이전 20~25 퍼센트나 되던 사채금리가 폭락해 수십 억 원의 금리손실이 발생했 고 인천투금과 거래한 CD 1500억 원에서만 50~60억 원의 손실을 봤을 것"이라고 밝혔다.

가짜 · 위조 CD 속출해 2000억 금융사고설

사고금액 중 가장 큰 부분은 이희도가 빼돌리고 인천투금이 사들인 CD 50억 원이었다. 은행으로서는 선의로 CD를 취득한 제3자에 대한 지급을 거절할 방법이 없다.

은행 측은 수기보관증으로 CD를 매입한 경우에는 지급을 거절했으나 수기보관증 역시 해당 기업이 이중 유통을 묵인하지 않는 한 민법상 예금으로 인정되기 때문에 이중 유통된 롯데건설 CD 100억 원은 물론, 같은 방식으로 CD 500억 원을 매입한 인천투금에도 변제 책임을 져야만 했다. 뿐만 아니라 100억 원의 '가짜 CD'를 매입한 수협중앙회와 예금 7억 원이 유용된 고객 3명에 대해서도 손해보상 책임을 져야 했다.

이 대형 금융사고로 상업은행은 김추규 은행장과 전무이사 · 감사가 줄줄이 사표를 내고 정지태 상무가 전무로 승진해 행장대행이 됐다. 직원들은 지점장, 차장 6명, 과장 7명, 행원 2명 등 총 16명이 징계를 받았다.

검찰에서는 또 이 사건과 관련해 사채업자 김기덕을 단기금융업법 위반 혐의로 구속했다. 그는 자살한 이희도에게 총 232억 9000여 만 원가량의 어음과 CD를 현금으로 교환해주고 4400만 원의 부당이득을 챙긴 혐의였다.

이 사건은 금융시장에 큰 쇼크였다. CD시장이 마비되고 시중금리 급상승, 주가 하락 등이 겹쳤다. 특히 설마 했던 은행의 사채자금 조성이 사실로 확인됨에 따라 충격이 더했다.

때마침 시중에 나돌던 가짜 CD가 잇따라 발견되면서 일파만파의 파장을 불러일으켰다.

부산 소재 한일투자금융 서울사무소는 1992년 6월 세계무역 대표 이광수가 가져온 동남은행 광화문지점 명의의 액면가 10억 원짜리 CD 17장을 할인, 157억을 내줬다. 그러나 그해 12월 이 CD를 동남은행에 지급제시한 결과 이 CD가 위조된 것임을 밝혀졌다.

검찰 수사 결과 동방투자채권 대표 류은형은 1992년 2월 중순경 을지로의 인쇄소 직원 서필수에게 서울은행 발행 CD증서 복사본을 건네주며 위조를 부탁했다. 서필수는 이를 복사해 옵셋 인쇄기로 찍은 가짜 CD증서 400장을 류은형에게 줬고 류은형은 이 중 35장(17억 5000만 원)에 가짜 은행 직인과 담당직원 고무인을 찍어 해동상호신용 금고 등에 유통시켰다.

류은형은 시차를 두고 위조 CD를 발행했다가 만기에 회수하는 수법으로 17장을 폐기처분하고 최종적으로 해동금고 측이 대출에 대한 담보로 보관 중이던 6장을 포함, 총 18장을 시중에 유통시킨 것으로 드러났다.

검찰은 류은형을 추궁, 그가 위조 CD의 주범임을 알아내고 11월 23일 유가증권위조 혐의로 구속했다. 그는 인천직할시 도로공채 12억 원어치도 위조한 것으로 확인됐다.

그러나 동남은행 광화문지점 위조 CD 170억 원의 주범 이광수와, 동화은행 논현지점의 위조 CD 21억 원의 범인 황의삼은 각각 일본과 미국으로 도주해 검거하지 못했다. 검찰은 이들에 대해 사전구속 영장을 발부받아 인터폴에 의뢰, 신병확보에 나섰다.

이들 위조 CD사건들은 기본적으로 이희도의 자살과는 외견상 무관한 별개의 사건들이다. 하지만 서로 성격이 유사한 데다 긴밀한 연

대한민국 머니 임팩트

관관계가 있다는 소문이 나돌면서 시중에는 2000억 원 초대형 금융 사고설이 무성했다.

또 이희도 자살사건에서 총 1000억 원이 넘는 사고금액이 누구의 수중에 들어가 있느냐 하는 점에 대해 금융계에서는 미국으로 달아난 CD 위조범 황의삼이 일부를 가로챘으며 나머지는 이씨와 거래관계가 있는 사채업자에게 넘어갔을 것으로 추정했다.

CD 유통시장 마비, 꺾기로 기업들 비명

아무튼 이 두 유사한 사건들이 겹치면서 그나마 명맥을 유지하던 CD 유통시장은 완전히 마비됐다. 증권사와 단자사들은 직원들을 풀어 보유 CD의 진위 여부를 일일이 확인했고 신규 CD 중개는 무조건 사절이었다.

이렇게 CD 거래가 중단되자 유탄을 맞은 것은 물론 기업들이다.

CD는 기업이 은행에서 대출받으면서 이른바 '꺾기' 용으로 떠안은 것이 대부분이다. 그런데 그 CD가 유통시장에서 할인이 되지 않으면 자금흐름에 큰 문제가 생기게 마련이다.

그렇다면 CD는 왜 이처럼 쉽게 변조돼 유통될 수 있었을까?

"첫째, CD용지 위조가 용이했다. 당시 CD용지는 각 은행이 자체적으로 일반 인쇄소에 의뢰, 인쇄해 사용했다.

둘째, CD 진위 확인을 소홀히 한 점이다. CD를 위조하더라도 단기간 내에 닥치는 만기일에는 위조임이 드러날 것이므로 일반적으로 CD는 위조하지 못할 것이라고 인식하고 있었다.

또 각 은행마다 양식·규격 등이 상이하기 때문에 진본과 비교할 수 없었고 받은 CD만으로 진위 여부 판별이 어려웠다. 아울러 위조 CD가 유통되는 과정에서 증권회사 같은 금융기관에서 사들이는 경우 그 금융기관을 신뢰하기 때문에 진위 여부에 집착하지 않는다.

셋째, 사채업자의 자금 사정 악화다. 부동산과 주식시장의 장기침체로 사채업자들이 자금을 마련하려고 위조 CD를 활용, 이를 담보로 대출을 받아 활용했다."(이국영,《이상한 승부》)

이에 대해 금융당국은 CD 위조방지대책을 급히 마련, 시행했다.

우선 각 은행별로 모두 달랐던 CD의 규격과 색채 등 양식을 통일, 조폐공사에 공동제작을 의뢰하고 1993년부터 바뀐 CD용지를 사용했다. 또 CD 발행 시에는 특수잉크를 사용해 기계로 인자하고 표면에 암호표기 또는 고유 철인을 압날토록 했다.

고객에 대해서는 CD 중개거래를 할 때 반드시 발행은행에 확인토록 권장하고 CD 진위 확인 방법을 통일, 증서 뒷면에 일련번호와 금액 및 확인 절차를 기계로 인자하고 지점장 직인을 찍도록 했다.

그러나 CD는 최근까지도 말썽이 되고 있다. 고수익이며 환금성도 높은 무기명 채권이기 때문이다. 무기명이라 금융실명제하에서도 지하금융의 총아였다. 이희도의 경우처럼 무자원 선발행 되는가 하면 은행의 꺾기 도구로 사용되고 예금증서 없이 수기보관증으로 교부되기도 하면서 은행의 거래질서를 어지럽혔다.

특히 로비자금으로 정경유착의 도구, 혹은 횡령과 범죄의 수단에 악용되기도 했다.

나라까지 말아먹은
한보 망령

**김현철 구속,
단군 이래 최대의 금융비리사건**

26

국세청은 지난 2006년 12월 21일 10억 원 이상의 국세를 내지 않은 고액 상습 체납자 2636명의 명단을 인터넷 홈페이지와 관보에 공개했다. 정태수 전 한보그룹 총회장이 2127억 원의 국세를 체납, 3년 연속 최고액 체납자라는 불명예를 안았다.

한보그룹 정태수. 아마도 대한민국 국민의 3분의 2는 그 이름을 알 것이다. 《이코노믹리뷰》 기자에게 "체납세금을 갚으려면 돈 벌어야 한다"며 "재기를 위해 몸 만들기에 주력하고 있다"던 정태수다. 그러나 재기는 쉽지 않아 보인다.

지난 2005년 9월 12일 대검찰청 공적 자금비리 합동단속반은 정태수를, 서울 대치동 은마상가에 기숙사를 설립한다는 명목으로 한보학원 산하 강릉영동대학의 예산 72억 원을 횡령한 혐의로 불구속 기소했다. 영동대학의 1년 예산이 120억 원이다. 정태수가 72억 원을 빼간 뒤 대학은 인건비 집행이나 건물 보수관리가 안 되는 등 운영에 큰 어려움을 겪었다.

1991년 수서주택조합 택지특혜분양 비리사건, 1995년 노태우 비자금 사건, 1997년 한보사건으로 이미 3차례나 옥살이를 한 정태수는 이번에는 80대 고령인 데다 당뇨병 등 지병이 있다는 이유로 실형은 면했다.

정태수의 이번 대학예산 횡령은 재기자금을 마련하기 위한 것이었다.

2004년 5월 정태수는 공개적으로 한보철강 인수계획을 밝혔으나 실패했다. 동아시아 유전사업에도 뛰어들었으나 여의치 않았던 것으로 알려졌으며 강원도 영월 폐광지역에 172홀짜리 골프장 건설계획을 세웠으나 건설교통부의 허가를 받지 못했다. 또 인천 왕길동 일대의 재개발사업계획도 대부분의 필지가 공원녹지지역으로 묶여 사실상 무산된 상태다.

정태수는 이 횡령사건으로 1심에서 징역 3년을 선고받은 상태에서 법정 구속되지 않고 일본으로 출국해 해외도피 의혹도 제기되고 있다.

■　　■　　■　　■

"토(土)의 운세 타고났으니 흙과 관련된 사업을"

정태수. 그는 1923년 경남 진주의 빈농 집안에서 태어났다. 정태수는 이력서 상에는 진주농림고를 거쳐 한양대 산업대학원 졸업으로 돼있지만 사석에서는 "내가 정식으로 나온 학교는 고향의 초등학교뿐"이라고 말해왔다. 집안이 가난해서 제대로 공부를 하지 못하고 농사나 노동 일을 해야 했던 것이다. 그래도 머리는 좋아서 1951년 세무 공무원 시험에 합격, 세무서에 다니게 됐다.

그는 결혼을 4번 한 사람이다. 첫 부인 김순자는 장남 정종근과 장녀 정희자를 남기고 결혼 10년 만에 세상을 떠났다. 두 번째 부인이 1966년 결혼한 '한보의 어머니' 이수정이다. 이씨는 정태수가 처음 사업을 시작할 때 자신의 계돈을 털어 넣은 동업자이자 공동창업자다. 그녀는 사업 초기 직접 노무자들의 밥을 지어 날랐고 자금난에 몰리자 사채시장을 돌면서 급전을 만들어왔던 여걸이다.

정태수가 처음 사업을 시작한 것은 1974년 52세 때였다. 국내 재벌 가운데 가장 늦은 나이에 창업해 단기간에 굴지의 재벌로 급부상한 특이한 케이스다.

그가 23년 세무공무원 생활을 그만두고 사업에 뛰어든 것은 한 역술가 때문이었다고 한다.

1969년 가을 정태수는 친구와 함께 우연히 한 역술가를 찾는다. 성명학에 따라 태준이라는 본명을 태수로 바꿀 정도로 평소 운명론과 역학에 관심이 많았고 말단 세무공무원 생활이 싫증나던 터였다.

역술가는 "직장 그만둬. 사업하면 대한민국에서 첫째·둘째손가락 안에 꼽힐 거야"라고 권했다.

미심쩍기도 하고 당장 그만두기도 뭣해서 미적거리다 두어 달 후 다시 그 역술가를 찾아갔더니 "왜 또 왔어? 사업하랬는데. 어서 사업 계획이나 세워"라고 재촉했다. "음양오행상 토(±)의 운세를 타고났으니 흙과 관련된 사업을 하라"는 것이다.

"처음엔 반신반의했지만 나중에는 자신의 사업가로서의 천부적인 자질을 굳게 믿었고 이 같은 미신적인 확신이 사업을 추진하는 원동

력이 되기도 했다."(이국영,《이상한 승부》)

20억이 1350억으로, 은마아파트의 성공 신화

그때부터 정태수는 공휴일이면 등산을 다니며 산에서 좀 이상해 보이는 돌멩이들을 주워오기 시작했다. 밑천 없이 일확천금을 얻는 길은 광산밖에 없다고 생각했기 때문이다.

그런데 정말 대운을 타고났는지 일제 때 폐광된 강원도의 몰리브덴 광산을 발견한다. 연 1000톤 규모였다. 광산출원을 내고 2만여 원의 헐값에 인수했다. 그리고 세무서 주사직을 때려치우고 1974년 3월 몰리브덴광석 수출을 위한 한보상사를 설립, 사업가로 변신한다. 사업 밑천은 부인의 계돈 100만 원과 집을 담보로 빌린 200만 원이 전부였다.

이와 함께 정태수는 주택사업도 시작했다. 역술가가 말한 '흙과 관련된' 사업이다. 세무직원 동료들에게 출자를 받아 서울 구로동 재개발지역 내에 1200평을 마련하고 주택은행 융자를 받아 영화아파트 180여 세대를 지어 분양했다. 동료들의 출자금을 이자까지 갚고도 수천만 원이 남았다.

1977년에는 부동산투기 바람으로 신림동 미도아파트 960가구가 대히트를 쳤다. 경쟁률이 10대 1, 순이익도 20억 원이 넘었다. 금상첨화 격으로 국제 시장에서 몰리브덴 값이 치솟았다. 1978년 들어 미국이 갑자기 몰리브덴 생산을 중단, 수출가격이 10배 이상 올랐고 한보상사는 떼돈을 벌어들였다.

그 다음은 지금도 강남 재건축아파트의 상징이자 '강남 집 값의 바로미터'라 불리는 대치동 은마 아파트의 성공 신화다. 20억 원으로 무려 1350억 원을 벌어 들인 엄청난 대박이었다.

은마아파트 부지는 비만 오면 물이 고이는 저습지인 데다 양재천과 탄천의 유수지였다. 정태수는 이 버려진 땅을 헐값

한보의 최대 성공작으로 재벌의 길을 열어준 대치동 은마아파트.

에 사들여 주거용지로 용도변경하고 총 4424세대의 대단위 아파트 단지를 건설했다. 모두 31·34평형으로 당시로서는 중대형 아파트였다.

처음에는 시련의 연속이었다. 정부의 부동산투기 억제조치로 분양이 안 됐다. 무모할 정도로 은마에 올인했던 한보는 극심한 자금난으로 1979년 가을에는 도산 직전에까지 몰렸다.

하지만 역시 행운의 여신은 정태수의 편이었다.

"1980년 1월 제2차 석유파동의 영향으로 유가와 환율이 급등하자 그간 미분양 상태의 아파트가 불과 20일 만에 전부 분양됐다. 정태수는 단숨에 현찰로 2000억 원을 거머쥘 수 있었다. '운칠기삼(運七技三)'이 확인되는 순간이다." (이한구, 《한국재벌사》)

이로써 정태수는 창업한 지 불과 6년 만에 엄청난 부를 축적, 재벌로의 변신을 시작한다.

한보상사는 요르단 등 중동 해외건설에 참여했고 1983년 효성그룹으로부터 290억 원에 신갈골프장을 인수했다. 유창기업으로부터 10억 원에 탄광도 인수했는데 이것이 한보탄광이다. 1984년 12월에는

금호그룹으로부터 금호철강을 인수, 한보철강으로 변경한다.

아울러 1980년대 초 한보기업 · 한보목재 · 한보상가 · 한보아파트 관리 · 한보종합건설 등 계열사를 늘려나가 1985년에는 계열사 12개의 랭킹 43위 중견재벌로 급성장했다.

무모한 당진제철소 건설, 역술 경영의 산물

한보그룹이 재벌로 자리매김한 것은 금호철강을 인수한 후부터였다. 한보철강은 때마침 아파트건설 붐을 타고 철근 판매로 엄청난 이익을 올렸고 한보그룹은 1986년 재계 서열 30위권에 진입했다.

철강업에 자신이 생긴 정태수는 굴지의 철강재벌로의 변신을 구상한다. 1987년부터 충남 당진에 대규모 일관제철소 건설을 추진, 한국 최대의 민간제철업체를 꿈꾼 것이다. 한보철강은 1989년 아산만 일대에 제철공장부지 100만 평을 확보하고 12월부터 공사에 착수했다. 연산 900만 톤 규모의 제철소를 건설한다는 야심 찬 프로젝트였다.

이에 대해 박태준 포스코 명예회장은 1989년 당시 정태수에게 제철소 건설을 말렸다고 한다. 다음은 그가 《중앙일보》에 연재된 〈남기고 싶은 이야기들〉에 쓴 내용이다.

"어느 날 국회사무실로 한보그룹 정태수 회장이 찾아왔다. 충남 당진에 제철소를 세우려고 한다면서 자문을 부탁했다. 철강에 대해 이것저것 물어봤더니 그는 제대로 공부가 안 되어 있었다. 나는 적극 말렸다. '제철소가 실패하면 기업도 기업이지만 국가에 엄청난 피해를 주게 됩니다. 그만두는 게 좋겠어요.'

그러나 1993년 3월 내가 일본유랑 길에 오른 뒤 김영삼정부는 한보의 제철소 건설을 허가했다. 이왕 벌어진 일이니 잘되길 바랐지만 한보는 1997년 엄청난 말썽을 일으켰다."

1997년 2월 한보 국회청문회를 앞두고 기자들은 박태준에게 한보철강의 실패원인을 물었다.

박태준은 "한보 부도는 철강정책이 제대로 정리되지 않았던 결과다. 한보의 코렉스공법은 대량 생산에 문제가 많은데도 정부당국과 철강협회가 이 방식의 대형화를 승인했다. 명백한 잘못"이라고 비판했다.

그러자 권력층에서는 괘씸한 발언으로 받아들이는 분위기였다. 이 때문인지 YS가 발탁했던 포스코 김만제 회장은 한보 위탁경영팀을 즉각 교체했다. 원래는 박태준과 함께 포스코에서 쫓겨났던 박득표·이대공이 가기로 내정돼 있었는데 하루아침에 현직 임원으로 바꾼 것이다.

그런데 이렇게 엄청난 사업이 "쇳가루를 만지라"라는 역술가의 권유로 처음 시작됐다니 어이없는 일이다.

"어차피 역술가의 한마디로 사업에 첫발을 디딘 정씨는 '역술 경영'의 틀에서 벗어나지 못했다. 그리고 이 같은 경영방식은 경우에 따라서는 무모하다는 지적도 받지만 어떤 때는 엄청난 성공을 이끌어냈다.

'정 회장은 사주팔자와 역술을 깊이 믿었죠. 한번은 선박회사를 하나 인수하라고 권하니까 사주에 안 좋게 나왔다며 고개를 가로 저었어요.'

한보그룹 사옥은 대치동 은마아파트상가 3층에 있었는데 14대 재벌기업으로서는 초라하기 짝이 없다. 입구가 여러 곳이어서 신입사원은 처음 사무실을 찾는데 애를 먹기 일쑤다. 그러나 이전하지 않았다. '목수가 자기 집을 지으면 망한다'는 정 총회장의 믿음 때문이다.

또한 은마아파트의 자리가 '물이 들어오고 바람의 기운이 모이는 곳이라 반드시 성공할 수 있는 명당'이라는 풍수지리 측면도 감안된 것으로 알려진다."(이국영, 《이상한 승부》)

수서사건 구속 정치인은 희생양, 주범 노태우?

그런데 당진제철소 건설이 한창이던 1991년 초 수서지구 택지 특혜 분양사건이 터진다.

흔히 '수서사건'이라 불리는 이 사건은 1991년 1월 21일 서울시가 1989년 3월 지정된 수서 · 대치 택지개발 예정지구를 일반 주택청약 예금자들과의 형평에 맞지 않게 특정 조합에 특별공급함으로써 빚어진 비리사건이다.

즉 정치권의 압력과 한보그룹의 로비를 받은 서울시가 법적 근거 없이 이 지구의 민간주택조합 소유 토지 3만 5500평을 이들 조합에 특별분양, 그 조합원과 한보그룹에 특혜를 준 것이다.

당초 수서택지 특별공급 불가 입장을 밝혔던 건설부가 그 공급권을 서울시에 이관하게 된 경위와, 서울시가 1990년 10월 특별공급 불가방침을 조합 측에 최종 통보했다가 몇 개월 후 입장을 바꾼 과정이 의혹을 낳았다.

더욱이 특별분양을 받은 민간조합에 경제기획원 · 서울지방국세청 · 군부대 · 언론사 등 영향력 있는 기관들이 다수 참여하고 있다는 사실이 밝혀지면서 특혜 의혹이 확산됐다.

특히 1991년 2월 3일 청와대와 평화민주당이 이 지구 분양과 관련해 서울시에 보낸 협조공문이 공개되자 수서택지 특별분양은 정치적 쟁점이 됐다. 또 특별분양 결정을 내리기 직전 열린 서울시 관계자대책회의에 장병조 청와대비서관과 민주자유당 의원이 참석했다는 사실이 드러나면서 여론은 더욱 악화됐다.

노태우 대통령은 감사원 특별감사로 정치권의 외압 사실을 숨기는 선에서 여론을 가라앉히려 했으나 실패, 2월 7일 마침내 검찰이 본격 수사에 나서게 된다.

정태수로부터 거액의 뇌물을 받은 사실이 드러난 당시 오용운 국회건설위원장을 비롯, 민자당 이태섭·김동주 의원, 평민당 이원배·김태식 의원, 청와대 장 비서관 및 건설부 고위관리들이 줄줄이 구속됐다. 물론 정태수도 뇌물죄로 감옥에 가야 했다.

특히 한보의 돈을 받아 평민당에 전달한 혐의를 받은 이원배 의원은 "수서사건은 노 대통령도 보고를 받은 것으로 알고 있다"고 폭탄선언, 또 한차례 태풍을 불러일으키기도 했다.

그러나 외압의 배후 실체에 대한 수사는 유야무야 덮어버린 채 마무리됐다.

'청문회 스타'로 이름을 날리다가 이 사건으로 하루아침에 추락한 김동주 전 의원은 1997년《신동아》와의 인터뷰에서 "수서사건은 6공 정권의 광범위한 권력형비리를 은폐하기 위해 일부 정치인들을 도마에 올린 고도의 '정치쇼'였다"고 주장했다.

"권력 핵심부는 '몸통'을 숨기기 위해 정치인 수사로 변죽만 울리고 말았다. 제1주범은 노 대통령이었고 어느 정파, 어느 정당을 막론하고 깊숙이 관련된 사건이었다. 그러나 정치적 타협을 위해 계파별로 희생양이 될 '깃털'을 안배했다.

수서사건의 본질을 은폐·왜곡한 일은 노 대통령이 주범이었고 모든 정파, 모든 정당이 여기에 놀아났다.

수서사건은 단순한 택지 분양 비리사건이 아니라 오늘날(1997년) 당시 한보사태의 축소판이자 모태로 정태수가 노 대통령에게 수백 억원의 정치자금을 주고받아낸 여러 특혜의 변죽만 건드린 사건이다. 한보철강 매립부지 특혜와 금융 특혜 등이 바로 이때 시작됐다."

이런 의혹들에 대해 노태우는 지난 1999년 《월간조선》과의 인터뷰에서 수서비리 의혹과 자신은 무관하다고 완강히 부인했다.

"재임 중에 이미 밝혀진 겁니다만 수서사건 문제는 서울시장이 일관성이 없어서 제기된 문제지요. 하고 말고 대통령이 (서울시장에게) 지시할 게 뭐가 있겠습니까? 서울시가 알아서 택지 개발하는 사업인데."(조갑제 해설, 《노태우 육성회고록》)

로비 귀재의 로비관, '끈끈한 내 사람 만들기'

한보의 입장에서 수서사건은 사전에 매입해둔 땅을 주택조합택지 공급결정을 받아 조합원 아파트를 건설해주고 약 1000억 원을 챙기려다 실패한 사건이다. 이는 당진제철소 건설자금조달을 위해 무리하게 추진하다 불거진 비리라는 견해가 많다.

아무튼 잠시 구속됐던 정태수는 곧 풀려나 재기하고 1992년 경영 일선에 복귀한다.

"수서사건으로 경영 일선에서 물러났던 정 총회장이 당진제철소의 한보철강을 디딤돌 삼아 컴백하는 자리에서 목에 힘주어 말하는 '항상 태양을 향해야 살아남는다'는 이야기는 아마도 '되는 쪽으로 일을 벌여나가야 한다'는 뜻일 것이다.

그런데 참석한 임직원들의 생각은 달랐다. '최고 권력에 가까이해야 한다. 그래야 살아남는다. 나를 봐라. 정국을 회오리로 몰아넣었던 수서사건에서도 재기하지 않았느냐? 사업이란 그런 것이다' 와신상담의 세월을 통한 정 총회장의 재기무대였던 만큼 누구나 그렇게 받아들였다."(이국영,《이상한 승부》)

자물통 같은 그의 입이 재기를 가능케 했다는 분석도 많다. 절대 입을 열지 않고 로비 대상, 특히 몸통을 끝까지 보호하는 것이 인정돼 새로운 로비 행각이 가능했다는 것이다.

정태수를 따라다니는 대표적 수식어가 '로비의 귀재'다. 그는 통이 크고 확실한 현금 배팅을 하는 것으로 유명했다.

한 고위관리가 일식집에서 정태수와 단둘이 만났다. 정태수는 식사를 하는 둥 마는 둥 약속이 있어 먼저 일어나겠다며 나간다. 그런데 그가 들고 온 가방이 자리에 그대로 있다. 열어보니 1만 원짜리 빳빳한 현찰로 가득 차 있었다. 놀라서 전화를 거니까 정태수는 "아 깜박했군요. 감사합니다. 비서를 보내겠습니다"라고 대꾸했다.

'줘도 못 먹는 얼간이에게는 줄 필요도 없고 억지로 줘봐야 나중에 탈이 난다'는 게 그의 지론이었다.

이국영은 "대표적인 수법이 한보에 영입된 전직 고위공무원을 내세워 옛 동료나 부하 등과 접촉해 사전정지작업을 마치는 것. 그 이후 직접 고위당국자나 관계인사를 만나 깜짝 놀랄 거액을 제공한다. 물론 모두 현찰이었다.

학연도 지연도 혈연도 내세울 것이 없었던 정씨는 어떤 형태로든 관계 맺기에 열중할 수밖에 없었다. 그리고 정도 많아 한 번 맺은 인연이라면 쉽게 끊거나 포기하지 않았다. 로비라는 것도 '대가를 바라는 일과성'이 아니라 끈끈한 내 사람 만들기였다"고 말한다.

수서사건으로 구속됐던 장병조 비서관은 88서울올림픽을 치르며 알게 됐다. 특히 '올림픽마피아'를 통해 장 비서관과 깊은 인연을 맺었고 수서사건에 같이 연루됐다.

"장씨는 결코 정씨를 원망하지 않는다. 수사 과정에서 그가 입을 열어 자신이 구속됐다고는 믿지 않기 때문이다. 장씨는 150억 원을 받은 노태우 전 대통령의 보호막이었을 뿐이다. 장씨는 현재 서울 강남에서 정씨의 주선으로 마련된 철강대리점을 경영하고 있다고 한다.

그(정태수)의 사람 관리는 철저하면서도 독특하다. '문제가 생겨서 로비하는 것은 바람직하지 않다. 평소에 돈독한 교분을 쌓는 것이다. 문제가 생기면 로비가 아니라 부탁하는 것'이란 로비관이다. 그래서인지 전직 장관 등을 비롯한 전·현직 관료들의 뒤를 꾸준히 봐준다.

그는 제대로 하면 약속한 이상을 주지만 그렇지 않으면 시쳇말로 국물도 없는 성격이다.

검찰 수사에서도 확실한 증거를 들이대야만 인정할 뿐 결코 먼저 진술하지 않는 것으로 알려져 있다. '베푼 만큼 돌아오고 끝이 좋으면 모든 것이 좋다'는 게 그의 경영철학인 점으로 미뤄 짐작이 가는 얘기다."(이국영, 《이상한 승부》)

밑 빠진 독 당진, 박슬래브 공법 팔수록 손해

수서사건 이후에도 한보그룹은 문어발식 기업 확장을 계속했다.

1993년 한보정보통신·승보철강·승보엔지니어링·한보관광 등을 설립했고 상아제약을 인수했다. 이듬해에는 삼화상호신용금고와 영동전문대를 사들였으며 1995년에는 유원건설을 인수하고 한맥유니온을 세웠다. 1996년 7월에는 시베리아 가스전 개발사업에도 참여했다.

1996년 현재 한보그룹은 매출액 5조 4000억 원으로 재계 랭킹 14위였다. 1997년의 매출목표는 7조 1000억 원. 계열사는 총 22개였다.

한보철강·(주)한보·한보에너지·상아제약·한보건설·대성목재·한보상호신용금고·동아시아가스·한보철강판매·한보선물·상아종합판매·한보정보통신·한보경제연구원·한보아파트관리·승보목재·한보관광·정암생명공학연구원·한맥유니온·이탈리아모터스·승보철강·여광개발 및 대석실업 등이다.

그야말로 무원칙하고 업종을 가리지 않는 문어발 백화점식 재벌이었다.

당초 2조 7000억 원 정도로 예상했던 당진제철소 공사비는 그 2배가 넘는 5조 7000억 원으로 불어났는데도 은행들은 밑 빠진 독에 물 붓기 식으로 천문학적 액수를 계속 대출해주고 있었다. 공사비가 불어난 이유는 1994년 5월 열연강판 연 500만 톤, 냉연강판 200만 톤, 철근 100만 톤 규모로 당초 계획인 열연강판 100만 톤, 철근 100만 톤보다 대폭 확대된 때문이다.

1997년 3월 10일 국회 한보사건청문회에 출석한 한승수 부총리의 설명을 들어보자.

"한보철강에 최초로 자금이 지원되던 1990년대 초에는 건설 경기 호황으로 철강 수요가 급증하고 장래가 유망하게 평가되던 시기였다.

은행들도 철강산업이 국가기간산업으로 유망하다고 판단했으며 외환수수료 수입도 있어서 산업은행·서울은행의 외화대출 취급을 시작으로 자금 지원에 참여하게 된 것이다.

그러나 1990년 11월 당시 1조 2000억 원 수준이던 투자 예상액은 생산시설과 규모의 확충, 설계변경 등으로 9차례에 걸쳐 변동되어 1996년 말에는 5조 7000여 억 원으로 크게 늘어났으며 특히 1994년과 1995년에 걸쳐 300만 톤 규모의 코렉스설비 증설을 위해 4개의 공장을 동시에 착공함에 따라 1994년 1월 1조 6000여 억 원이던 투자비가 9월에는 3조 7000여 억 원으로 불과 9개월 사이에 2조 원 이상 증가했다.

이러한 과정에서 한보 측은 소요자금을 개별 공장별로 여러 금융기관에 요청했고 각 금융기관은 전체 사업계획을 종합적으로 파악하지 못한 채 공장별로 자금을 지원하다 보니 한보철강의 총여신 규모가 크게 증가했던 것이다."

기술적으로 한보철강의 결정적 실패 원인은 연산 200만 톤 규모의 박슬래브 캐스팅법에 의한 열연공장을 먼저 1단계로 추진한 때문이라고 한다.

1995년 10월 가동을 시작한 박슬래브 열연공장은 단가를 맞추지 못했다. 판매가보다 제조원가가 톤당 13만 원이나 더 들어 팔면 팔수록 손해였다. 열연공장에서만 매년 2600억 원의 손실이 발생한다는 계산이었다.

박슬래브 공법은 미국 뉴코어사가 세계 최초로 상용화한 것으로 고철을 이용해 전기로에서 판재류를 생산할 수 있는 기술이다. 하지만 우리나라는 고철 가격이 너무 비싼 데다 열연강판 값은 세계 최저

수준이어서 박슬래브 공법은 우리 실정에 맞지 않는 것이었다.

제일은행 자본금 8000억인데 한보 대출은 1조

"융자 조건이 상대적으로 불리한 단기 악성의 자금들이 대거 유입됐다. 설상가상으로 당진제철소가 제품생산을 개시할 무렵부터는 국내외 철강 경기가 하강국면에 접어들었다. 당시 한보철강은 생산과 건설을 동시에 진행했다. 그러나 철강 경기의 하강으로 인한 철제품의 판매 부진은 한보그룹을 한계상황으로 몰아넣었다.

더구나 한보그룹은 그간 주택 경기로 벌어들인 자금으로 다각화에 주력했으나 1990년대 중반부터 국내 주택시장이 안정기로 접어들면서 더 이상 주택 경기는 기대할 수 없었다.

여기에 부채가 많았던 유원건설과 상아제약을 인수하는 등 무리한 사업 확장으로 자금수요는 더욱 확대됐다."(이한구, 《한국재벌사》)

이런 와중에서도 한보그룹은 1995년 노태우 비자금사건 때 노태우의 비자금 중 300억 원을 한보그룹 명의로 실명 전환해 사용하는 등 금융실명제를 위반, 정경유착 문제가 또다시 쟁점이 됐으며 정태수도 다시 구속됐다가 보름 만에 구속집행정지로 석방되기도 했다.

한보그룹의 국내 여신현황 추이는 1993년 말 은행권 5987억 원, 제2금융권 1034억 원 등 총 7021억 원뿐이었으나 1994년 말에는 은행권 1조 6580억 원, 제2금융권 1637억 원 등 총 1조 8217억 원으로, 다시 4개월 후인 1995년 4월 말에는 은행권 1조 7392억 원, 제2금융권 2119억 원 등 총 1조 9511억 원으로 급증했다.

그리고 부도 직전인 1996년 말에는 은행권 3조 4767억 원, 제2금융권 1조 8484억 원 등 총 5조 3251억 원이었다.

　이처럼 엄청난 거액이 투자됐는데도 완공까지는 1조 5000억 원 내지 2조 원이 더 필요하다고 계속 자금 지원을 요구하니 은행도, 뒤를 봐주던 정치권도 두 손을 들 수밖에 없었다.

　한계상황에 직면한 한보는 은행권에 긴급자금을 호소, 1996년 9월부터 연말까지 제일·산업·조흥·외환은행 등으로부터 총 4000억 원을 지원받았다. 뿐만 아니라 1997년 1월 8일에는 제일은행 등 4개 은행으로부터 다시 1200억 원의 구제금융을 받는 대신 자구 노력의 일환으로 3000억 원 규모의 보유 부동산을 매각키로 했다.

　그러나 아무리 퍼줘도 끝이 없었다. 이자를 갚기 위해 은행에 손을 벌리고 또 돌아오는 원리금 상환을 위해 다시 어음을 발행하는 악순환 속에서 부도는 피할 수 없는 수순이었다.

　마침내 1997년 1월 23일 한보그룹은 전격 부도 처리되면서 파국을 맞았다.

　당시 한보의 금융권 부채는 총 5조 8000억 원에 달했다. 은행권이 챙긴 담보는 2조 6940억 원에 불과했다. 은행별로는 1월 25일 현재 제일은행이 1조 783억 원으로 가장 많았고 산업은행 9326억 원, 조흥은행 4940억 원, 외환은행 4212억 원, 서울은행 2110억 원, 상업은행 455억 원 등의 순이었다.

　특히 제일은행은 은행의 자본금인 8200억 원을 훨씬 초과하는 거액을 털어 넣었다. 동일인 한도초과로 추가 지원이 어렵게되자 신탁계정에서 대출해줬다. 외압이 없이 은행 자체의 판단으로는 도저히 불가능한 일이다.

　1993년 말까지만 해도 한보철강의 주거래은행은 서울은행이었고 다른 은행의 한보철강 대출은 미미했다. 그런데 1994년 제일·산업·조흥·외환은행이 약속이나 한 듯이 거의 동시에 한보 지원에 나섰다. 기존 주거래은행도 꺼리는 시점에서 다른 은행들이 왜 팔을 걷어붙였을까?

"한보철강이 극심한 자금난에 시달리던 1996년 말 은행 실무자들은 한보철강에 더 이상 대출해서는 안 된다고 반발하고 나섰다.

채권은행들이 1997년 1월 1200억 원 등 모두 5200억 원을 추가 지원한 것은 은행 자의가 아니며 그로부터 한 달도 안 돼 부도로 선회한 것도 은행 자체의 판단이라고 볼 수 없다. 은행 속성상 설비투자 사업에 한 번 대출해준 이상 끝까지 살려보려고 하지 완공 직전에 죽이지는 않는다."(이국영,《이상한 승부》)

김영삼 대통령에게 한보 부도를 직접 건의한 것은 이석채 당시 청와대 경제수석이었다고 한다.

검찰, 권력 핵심 거명하자 바로 귀가시켜

한보청문회에서 국민회의 박광태 의원은 이렇게 추궁했다.

"단군 이래 최대의 금융비리사건인 한보사건과 관련하여 구속된 은행장은 제일은행장 신광식씨, 조흥은행장 우찬목씨뿐이다. 한보대출 초기부터 핵심 역할을 했다고 알려진 산업은행 전 총재 이형구씨, 그리고 자신이 은행장에 취임한 직후부터 한보특혜대출이 이뤄진 외환은행장 장명선씨는 아무런 문제가 없다고 검찰이 덮어버렸다.

그러나 이형구씨는 검찰에 불려가서 '내가 무슨 배짱이 있어 수천억 원 이상의 금액을 대출해주었겠는가? 다 위에서 시킨 대로 한 것이다'라고 진술하면서 권력 핵심의 이름을 거명하자 검찰이 소스라치게 놀라서 바로 귀가시켜버렸다고 알려지고 있다.

또 장명선 외환은행장은 김영삼 대통령의 야당총재 시절 LA지점장으로 근무하고 있었는데 그 당시 미국에서 생활하던 김 총재의 장남 김은철씨를 극진하게 도와준 인연으로 현재까지 김 대통령 가문과 각별한 인연관계를 유지하고 있는 것으로 알려지고 있다. 이러한 인연을 바탕으로 은행장까지 오르고 급기야는 한보 대출에 하수인 역할을 한 것으로 알려졌다.

그는 작년 11월 국제밸브사건으로 서울은행장 손홍균씨가 구속될 당시 손 행장과 같이 구속될 처지였으나 청와대에서 민정수석실을 통해서 구제해줬다고 알려지고 있다.

1996년도 상업은행에도 한보에 대한 지급보증 1000억 원이 할당됐다. 그러나 '당시 은행사정이 매우 좋지 않아 정지태 행장이 직접 정태수 회장을 찾아가서 통사정을 해 500억 원만 지급보증해주었다'고 상업은행의 고위간부가 본 의원에게 확인해준 사실이 있다.

세상에 어떻게 대한민국이라는 나라에서 은행장이 채무자를 찾아가 통사정을 하는 이러한 진풍경이 벌어질 수 있나?"

한편 자민련 정우택 의원은 "검찰이 당진제철소 건설에 실제로 들어간 자금 규모를 3조 6000억 원이라고 밝혔다면 한보철강에 대한 특혜대출 금액과의 차액이 무려 1조 5000억 원에 달한다. 이 중 상당 부분이 정태수 회장 개인 축재용으로 빼돌려졌겠지만 검찰 발표와는 달리 적어도 4000~5000억 원은 로비자금으로 사용됐다"고 주장했다. 즉 그 차액은 1997년 대선에서 사용할 자금이 아니냐는 지적인 것이다.

대한민국 머니 임팩트

홍인길은 '깃털', 몸통은 김현철? 청와대?

부도 후 검찰은 즉각 수사에 착수, 한보 정태수 총회장과 김종국 재정본부장, 신한국당 홍인길·황병태·정재철 의원, 국민회의 권노갑 의원, 신광식 제일은행장과 우찬목 조흥은행장 및 김우석 내무부장관 등 총 9명을 구속하는 선에서 사건을 마무리하려 했다.

구속된 정·관계 인사들의 혐의 내용은 다음과 같다.

"홍인길 의원─정태수의 부탁을 받고 김시형 산은 총재, 이철수 제일은행장, 장명선 외환은행장 등에게 청탁하여 당진제철소 시설자금을 대출받게 해주고 5회에 걸쳐 10억 원 수수.

황병태 의원 ─ 정태수의 부탁으로 산은 총재에게 청탁, 한보철강이 500억 원의 지급보증을 받게 해주고 그 대가로 현금 2억 원 수수.

정재철 의원 ─ 정태수로부터 국민회의 소속 의원들이 국정감사에서 한보그룹 여신 및 담보 현황에 대한 질의를 하지 말도록 무마해줄 것을 권노갑 의원에게 청탁해달라는 부탁과 함께 권 의원에게 전달하라는 현금 3억 원을 받아 이를 권 의원에게 전달.

권노갑 의원 ─ 국정감사에서 국민회의 소속 의원들을 잘 무마해달라는 부탁과 함께 정태수로부터 3차례에 걸쳐 현금 1억 5000만 원을 받고 정재철 의원을 통해 같은 청탁과 함께 현금 1억 원을 받는 등 모두 2억 5000만 원을 수뢰.

김우석 장관 ─ 정태수로부터 당진제철소를 연결하는 해안도로에 대한 예산을 조속히 배정함과 아울러 건설부가 발주하는 각종 공사를 한보가 수주할 수 있도록 지원해달라는 청탁과 함께 현금 2억 원의 뇌물을 받음."

그러나 여론은 이러한 검찰의 수사 결과에 대해 결코 수긍하지 않았다.

한보그룹 주변에선 정태수의 비자금이 수천 억 원대에 이를 것이라는 얘기가 공공연히 흘러나왔으며 검찰도 1000억 원 정도의 비자금 조성 사실을 확인한 것으로 알려졌으나 실제 로비에 사용된 것으로 검찰이 밝혀낸 액수는 고작 30억 원 안팎뿐이었다.

특히 홍인길 의원이 자신은 '깃털'에 불과하다며 울분을 토로, 의혹은 더욱 증폭됐다.

문민정부 초기 청와대 총무수석을 지냈던 상도동 가신그룹의 대표자 격인 그가 깃털이라면 과연 '몸통'은 누구란 말인가?

박광태 의원의 발언을 더 들어보자.

"PK 검찰은 어떤 의혹도 밝히지 못한 채 국민들에게 분노와 허탈감만 증폭시켰다. 검찰 중간 수사 결과 발표는 깃털 몇 개만 그려놓고 이것이 '거제도 갈매기'라고 우겨대고 있다. 국민들은 지금 누가 몸통이냐, 왜 밝히지 않느냐 이것을 알고 싶어한다. 몸통이 김현철씨라고 우리 국민들은 말하고 있지 않나?

5조 7000억 원이라는 이 엄청난 돈을, 그것도 부실한 기업에 누가 감히 대출해줄 수 있나? 은행장이? 은행감독원장이? 그 사람들이 능력과 배짱과 책임성이 있나? 청와대가 아니면 누가 과연 이렇게 할 수 있느냐 이 말이다. 삼척동자가 생각하더라도 답이 다 나와 있다."

결정적인 이름이 등장했다. 김현철. 김영삼 대통령의 차남이자 '소통령'으로 불리던 인물이다.

검찰은 2월 21일 고소인 자격으로 출두했던 김현철에 대해 26시간 수사 끝에 무혐의로 귀가시켰다. 그리고 김 대통령은 25일 대국민 담화를 통해 한보사건에 대한 사과성명을 발표한다. 잘못도 없는데 사과는 또 왜 했을까?

그렇게 흐지부지 끝날 것 같았는데 갑자기 돌발변수가 생겼다. 박경식이라는 비뇨기과 의사가 돈키호테처럼 등장. 김현철의 비리에 대해 언론에 떠들어댔다.

국민여론이 급속도로 악화됐다. 민심이 흉흉해지고 민란 조짐까지 나타났다. 서울대 교수들이 4월 혁명 때처럼 성명을 발표하고 거리로 나온다는 정보까지 있었다. 국정 자체가 사실상 마비상태였다. 그냥 덮고 갔다간 정권 자체가 위험했다.

하는 수 없이 재수사가 결정되고 3월 21일 신망받는 특수수사통 심재륜이 대검 중앙수사부장으로 발령되었다.

당시 정권은 심 중수부장이 적당히 수사하면서 비등하는 국민여론을 달래주기만을 기대했다. 그러나 심 부장은 이 기대를 저버리고 김현철을 구속, 끝내 몸통의 한 팔을 뽑아버렸다.

김현철 구속, 증거 확실해 대통령도 못 막아

심재륜은 당시 '끝나는 자리' 라는 인천지검장이 된 지 두 달 만에 갑자기 대검 중수부장으로 발령나면서 화려하게 부활한다.

"한보가 5조 원을 꿀꺽하고도 돈 더 달라고 큰소리치니까 정부는 이래서는 안 되겠다고 부도처리한 거죠. 그리고 한보사태를 정부가 의도하는 선에서 마무리하기로 결정하고 그것을 맡을 검찰팀을 미리 짠 거라고 볼 수 있지요. 야당에서는 권노갑, 여당에서는 홍인길씨, 그리고 장관 몇 명, 은행장 몇 명, 이렇게 잡아넣고는 다 끝났다고 발표를 하게 된 거죠."

심재륜은 지난 2002년 《월간조선》과의 인터뷰에서 한보수사비화를 자세히 털어놓았다.

당시 시중에는 정태수가 검찰과 야합했다는 설이 파다했다. 이를 불식시키기 위해 심재륜은 정태수의 전 재산 5000억 원가량을 압수하고 재기를 외치는 아들 정보근 회장을 중수부장 취임 사흘 만에 구속시켜버렸다.

"그런데 윗사람들은 우리 의지와는 거꾸로 적당히 하라는 겁니다. 제가 말을 안 들으면 총장이 회의를 소집해놓고 검사들의 얘기를 들으면서 '다른 검사들은 다 이렇게 생각하는데 당신만 왜 그러냐'고 할 것이 예상돼서 미리 검사들한테 주지 · 주의 · 설득을 시킨 거죠.

'정치인도 33명 다 불러야 한다. 국회의장도 불러서 조사해야 한다.' 분위기가 이러니까 정치권이나 검찰총장이 검사들을 움직일 생각을 못한 겁니다.

제가 좀 수를 썼습니다. 윗분들 찾아다니며 '정태수하고 혹시 무슨 묵시적인 합의 같은 거 한 거 있습니까' 하고 물어봤어요. 야합했느냐 이거죠. 그랬더니 다들 펄펄 뛰지요. 그래 놓고 잡아들이고 압수하고 하니까 아무도 말 못했지요."

결국 심재륜팀은 2개월 만에 김현철을 구속해버렸다.

"내가 재산을 몰수하고 아들까지 구속시켜버리니까 정태수씨가 화가 난 거죠. 도와줄 사람은 다 입다물고 있고 새로 온 놈이 다시 뒤엎으니까 '에라' 하고 불기 시작한 거예요.

그때 연일 현철씨 얘기가 터져 나오면서 사실상 국정이 마비될 지경에 이르렀지요. 당시 검찰총장이 나를 어쩔 수 없어서 '통제불능'

이란 표현까지 썼는데 사실이 그랬어요. 그러니까 총장이 오히려 '빨리 끝내자'고 한 겁니다.

당시 나는 청와대한테 일체 보고 안 했습니다. 사정수석하고 통화한 적도 없고요. 그러니까 청와대 비서실에서 국사의 일정을 잡을 수가 없었습니다. 이래서 안기부에서도 구속 불가피론을 들고 나오게 된 겁니다. 그렇게 되니까 위에선 '조그만 걸로 빨리 넣어달라'고 주문이 왔어요. 그때 난 그랬지요. '아직 수사 덜 끝났다'고.

그러다가 경복고 출신한테 66억 원을 받은 것이 확실하게 나와서 구속하게 된 거죠. 증거가 확실하면 대통령도 맘대로 못하는 겁니다."

수사 과정에서 심재륜은 개인적으로 테러 위협뿐 아니라 돈 유혹도 받은 적이 있다고 한다.

"밤늦게 집에 오면 주변에 이상한 사람들이 여기저기 서 있었어요. 그래서 일부러 차를 타고 한바퀴 돌고 애들을 내려오라고 해서 함께 엘리베이터를 타고 올라갔다니까요. 그게 안기부 같은 권력기관하고 싸운 거 아닙니까? 청와대·안기부·국세청 간부들이 수사 대상자였으니까요. 그러니까 안기부에서 일거수일투족을 다 감시할 거 아닙니까?

돈도 받은 적이 있어요. 안기부에서 돈을 두툼하게 가져와서 수사비에 보태 쓰라고 합디다. 이 돈을 안 받으면 적의를 나타낼 것이고 받았다간 물리는 거고……

'우리 검찰청에서는 이런 건 총장님한테 드려야지 우리가 개별적으로 받으면 안 됩니다. 고맙긴 하지만 받을 수 없습니다.' 그렇게 해서 다시 가지고 가게 했죠."

고성장 시대 마감 예고, 정경유착 기업의 전형

이한구 교수는 《한국재벌사》에서 한보사건을 이렇게 정리했다.

"한보그룹은 그간 은행권 등 제도금융권에서 총 5조 5951억 원을 인출하여 사업 확장에 사용했다. 국내 재벌사상 최대의 부실금융채권이었다. 한보그룹이 붕괴되면서 은행권은 사상 최고의 부실채권을 떠안음으로써 은행권의 부실로 연결됐다.

이는 그간 관치금융하에서 고성장을 지속했던 한국 경제의 구조적 취약성이 표출된 것으로 한보그룹의 도산은 고성장신화 시대의 마감을 예고하는 신호탄이었다.

국민경제에 엄청난 충격을 주었던 한보그룹의 부도사건 조사 과정에서 김영삼 대통령의 차남 김현철이 연루된 혐의가 발견되는 등 한보그룹은 정경유착 기업의 전형으로 비춰지기도 했다. 정경유착은 더 이상 용납돼서는 안 된다는 교훈을 준 대표적 사건이기도 했다."

무엇보다 한보사건은 도저히 헤어나올 수 없는 엄청난 부실을 은행들에게 안겨줌으로써 결국 IMF 경제위기의 원인이 됐다.

한보 정태수는 은행들은 물론 나라경제까지 말아먹은 지긋지긋한 망령이었다.

파리 목숨 **은행장들**

**문민정부 5년 21명 퇴진,
은행장 수난 시대**

27

노태우 대통령 시절인 1990년 5월 한일은행 이병선 행장이 갑자기 사임한다. 이 사건은 금융계를 발칵 뒤집어놓았다. 사실상 해임이라는데 그만둔 이유를 전혀 알 수 없었을 뿐 아니라 정기 주총에서 행장으로 선임된 지 겨우 78일밖에 안 된 신임 행장이었기 때문이다.

나중에 알려진 해임 사유도 이해가 안 가기는 마찬가지였다.

거래 대기업의 부동산 매입을 승인해주는 과정에서 여신관리규정에 대한 심사를 소홀히 했다는 것인데 금융사고나 대출커미션도 아니고 고작 은행감독원의 주의 촉구 정도로 충분할 이런 일로 대형 시중은행장을 하루아침에 날려버리다니……

당시 재벌의 부동산투기 문제는 뜨거운 사회적 이슈가 됐다. 언론마다 이 문제를 대서특필하자 청와대는 심기가 몹시 불편했다.

정영의 재무장관이 청와대에 불려 올라갔다가 호된 꾸지람을 듣고 나왔다. 정 장관의 발걸음은 무거웠다. 금융계에 강도 높은 문책조치를 취하라는 불호령이 떨어졌기 때문이다.

"청와대 측 주문은 은행장 여러 명을 해임하라는 초강경 카드였다. 간곡한 설명 끝에 한 명 선으로 줄이는 데 성공한 정 장관은 남태령을 넘어 청사로 돌아가지 않고 곧장 승용차를 은행감독원으로 몰았다.

정 장관은 이 행장을 불렀다. 그렇다고 노골적으로 사표를 내라고 한 것은 아니었다. 다만 고위층의 의중을 충분히 전달하면서 스스로 판단토록 은근히 압력을 넣은 것. 결국 이 행장은 사표를 제출케 됐고 조흥 · 상업 · 제일 · 서울신탁은행장은 모두 경고조치를 받았다."(이국영, 《이상한 승부》)

재벌이 부동산투기 한 것을 엉뚱하게 민영화된 시중은행장에게 책임을 물어 목을 자른 것인데 관치금융 시대 정부의 부당한 은행 인사 개입 중에서도 최악의 사례 중 하나로 꼽힌다.

억울하게 퇴진한 이병선 행장은 1991년 보람은행장으로 재기한다. 과거의 일로 좀 미안했던지 6공은 이 행장을 제법 배려해줬다. 그런데 정권이 바뀌자 이 부분이 또 이 행장에게 독약이 됐다. 1993년 집권한 김영삼 정권은 6공 정권과 가까웠던 이른바 '정치행장'들을 타깃으로 삼아 대대적인 금융계 사정작업을 벌였다. 이때 이 행장은 또 옷을 벗어야 했다.

비운의 은행장 이병선은 지난 2006년 고향인 충북 영동군 매곡면사무소에 10억 원을 출연해 장척문화재단을 설립, 불우이웃돕기와 장학사업에 평생 모은 재산을 아낌없이 희사했다.

■　　■　　■　　■

금융사고 터지면 희생양, 걸핏하면 철창행

1970년대 이후 금융사고가 터질 때마다 은행장의 목숨은 한마디로 '파리 목숨'이었다. 걸핏하면 쇠고랑을 차고 철창 속에 갇히기 일쑤였다.

금융사고로 현직 은행장이 수난을 당한 첫 케이스는 1972년 외환은행 홍용희 행장 이후부터라고 할 수 있다. 홍 행장은 1972년 3월 외환은행 LA지점의 630만 달러 부정대출사건 당시 유령회사를 차린 재미 실업가에게 대출을 해주면서 거액의 뇌물을 받은 것으로 밝혀졌다. 홍 행장 등 은행간부들이 29명으로부터 총 3900만 원을 받은 것이다.

1974년 4월에는 박영복사건으로 중소기업은행 정우창 행장이 구속됐다. 서울은행 심병식 행장도 이 사건과 관련해 사표를 냈다.

또 1976년 8월엔 소위 '허위주식 담보대출사건'이 터져 서울신탁은행장으로 옮긴 윤승두 전 한일은행장, 경기은행 류제국 행장 및 전북은행 최주열 행장이 물러났고 경남은행 최희열 행장은 쇼크로 지병이 악화돼 사망하기까지 했다.

이 사건은 '이젠백 맥주'로 유명했던 한독맥주와 모회사인 삼기물산이 주식을 대량 위조, 허위 수출계약서를 만들어 8개 은행으로부터 총 22억 5000만 원을 부정대출받은 사건이다.

1979년 4월에는 율산사건으로 4개 시중은행장이 한꺼번에 물러났다. 주거래은행인 서울신탁은행 홍윤섭 행장은 구속 수감됐고 한일은행 김정호 행장, 조흥은행 이동수 행장, 제일은행 홍승환 행장 등 3명이 사표를 냈다. 이 행장은 다른 사유로 경질됐는데 율산사건을 계기로 같이 처리된 것이라고 한다.

홍윤섭 행장은 "왜 나 혼자만 벌을 받아야 하느냐"며 억울하다고 항변했고 끈질긴 법정투쟁 끝에 무죄판결을 받아냈다.

1982년 4월에 터진 이철희·장영자사건 당시에는 임재수 조흥은행장과 공덕종 상업은행장이 구속됐다. 임 행장은 장영자로부터 1억 5000만 원을 받았다는 누명을 뒤집어썼는데 항소심에서 무죄판결을 받았다.

또한 1983년 10월의 영동개발진흥사건에서는 조흥은행 이헌승 행장이 구속됐다.

"검찰은 영동개발에 대한 담보초과대출이 많은 점을 수상히 여겨 이복례 회장을 집중 추궁한 끝에 이 행장이 구제금융 부탁과 함께 7000만 원을 받은 사실을 밝혀냈다. 이 행장은 수뢰 사실을 추궁받자 '2시간의 여유를 달라'고 부탁하고 한참 동안 눈을 감고 명상을 한 뒤 물 한 컵을 마신 후 관련 사실을 순순히 털어놓았다." (이국영, 《이상한 승부》)

김영삼정권 출범 직후 금융계 사정 칼바람

특히 김영삼정부 시절은 유난히 많은 은행장들이 불명예 퇴진한 은행장 수난 시대였다. 1993년부터 1997년 사이 5년간 사법처리된 6명을 포함, 총 21명의 은행장들이 임기 도중 불명예 퇴진해야 했다.

1993년 김영삼정권 출범 직후부터 대대적인 사정 태풍이 불어닥쳤다. 이른바 '금융계 사정 한파'였다. 김준협 서울은행장, 이병선 보람은행장, 김재기 외환은행장, 박기진 제일은행장, 안영모 동화은행장 등 주로 6공 정권과 가까웠던 '정치행장' 들이 줄줄이 옷을 벗었다.

김준협 행장은 경북 영주 출신으로 금융계 TK인맥의 중심인물 중하나다. 이원조·금진호 등 노태우정권 TK실세들의 후원으로 은행장 자리에 올랐고 부실대출과 노동조합과의 대립으로 은행을 멍들게했다. 김영삼 대표가 여당 대통령후보가 되자 선거운동에도 가담하는 등 정치색이 짙고 권력의 향배에 민감했던 인물로 1996년 총선 때는 고향에서 무소속으로 출마하기도 했다.

김재기 외환은행장은 민주계의 좌장이었던 고 김재광 국회부의장의 동생으로 정치인들과 교분이 깊었던 덕분에 주택은행장을 거쳐 1993년 외환은행장이 됐다. 정·관계에서 '마당발'로 유명했고 업무 추진력을 인정받았지만 너무 오버한 것이 문제였다. 하지만 은행장 사임 후에도 한국씨름연맹 총재, 한국케이블TV방송협회장, 주택사업공제조합 이사장, 한국관광협회 중앙회장 등을 역임하며 만만치 않은 파워를 과시했다.

안영모 행장은 은행 경비 영수증을 변칙 처리하여 23억 5000만 원의 비자금을 조성, 정·관계 로비를 벌인 혐의로 검찰에 구속됐다. 이른바 동화은행 비자금사건이다. 이 비자금은 이원조에 대한 로비용이었다고 발표됐으나 사실은 노태우 비자금의 일부였다는 후문이다.

박기진 제일은행장이 사임한 것은 대출 관련 문제였다. 박 행장의 동생 박경진이 경영하던 학산개발이 제일은행에서 570억 원을 빌려 쓴 채 부도가 난 것이다.

1995년 이후에는 은행장들의 퇴진 사유가 사정보다는 대출비리나 금융실명제 위반으로 바뀐다.

1995년 4월 장기신용은행 봉종현 행장이 돌연 구속됐다. 봉 행장

1993년 김영삼정권의 금융계 사정으로 사퇴한 박기진 제일은행장. (앞줄 가운데)

은 전무 시절이던 1991년 9월부터 덕산그룹에 덕산시멘트 광양공장 증설자금 명목으로 240억 원을 대출해주고 덕산 박성섭 회장으로부터 사례금으로 3차례에 걸쳐 4500만 원을 받았다는 혐의였다.

1996년 5월에는 박기진 행장 후임인 이철수 제일은행장이 효산그룹으로부터 2억 5000만 원의 대출커미션을 받은 것이 드러나 쇠고랑을 찼다.

효산그룹은 부도난 학산개발의 계열사 하나를 인수한 데 이어 제일은행의 골칫거리 부실기업 몇 개를 처리해주면서 거래를 계속 확대해나갔으나 1994년 부도를 내고 말았다. 이 과정에서 이 행장은 커미션을 받고 대출을 해준 혐의를 받았다.

때마침 전 청와대 부속실장 장학로의 비리사건이 터졌는데 그도 효산으로부터 6000만 원의 대출알선청탁 뇌물을 받은 것으로 확인됐다.

서울은행 김준협 · 김영석 · 손홍균 · 장만화 연속 퇴진

1996년 11월에는 서울은행 손홍균 행장이 대출커미션 수수 혐의로 검찰에 끌려갔다. 3월 부도가 난 국제밸브공업 등 2~3개 업체에 대출한도를 초과하면서까지 200여 억 원을 대출해주면서 2억 1000여만 원을 받았다는 것이다.

이 사건은 금융계의 고질적 병폐인 '투서' 때문에 드러났다고 한다. 손 행장과 라이벌 관계였던 이 은행 퇴임 임원이 손 행장의 비리를 검찰에 투서, 수사가 시작됐다는 것이다. 또 경제정의실천시민연합은 국제밸브가 재무제표를 위조해 서울은행에서만 100억 원을 대출받은 과정이 석연치 않다고 고발했는데 이 역시 행내의 손 행장 반대파가 제보한 것이라고 한다.

결국 손 행장은 자진출두 형식으로 검찰에 소환됐다. 그가 국제밸브 박현수 회장에게 받은 대출사례비는 1995년 4월부터 11월까지 4차례에 걸쳐 총 1억 원이었다.

"손 행장과 박 회장은 처음 10만 원권 수표로 4000만 원의 사례비를 주고받았다. 그러나 10만 원 수표는 자금 추적에 노출될 가능성이 있어 안전한 '뇌물통장'이 이용됐다. (박 회장은) 1995년 9월 추석을 앞두고 서울은행장실을 찾아가 1000만 원이 예치된 제일은행 신촌지점 통장을 건넸다. 통장 명의는 박 회장으로 돼 있었으며 도장과 비밀번호도 함께 전달됐다.

손 행장은 앞서 받은 수표 4000만 원도 입금했다가 전액 현금으로 인출해 돈세탁을 했다.

2개월 뒤인 11월에는 더 큰 뭉칫돈이 입금된 뇌물통장이 건네졌다. 자금난에 시달리던 박 회장이 제2금융권에서 대출을 받을 수 있도록 담보가치가 없는 부동산을 잡고 124억 원을 지급보증해준 데 대한 사례비 5000만 원이었다. 이때는 손 행장의 입출금 편의를 고려, 서울은행 망원동지점에 개설된 통장에 입금됐다.

손 행장은 이 돈을 나중에 박 회장에게 돌려줬다고 진술했다. 하지만 이때는 이미 박 회장이 경영하던 국제밸브·국제철강과 박 회장 부인이 대표인 현창산업이 1996년 3월 말 부도가 나 거래가 정지되고 박 회장이 도주한 상태였다."(이국영, 《이상한 승부》)

그런가 하면 1997년 1월 24일 한보철강이 부도를 내자 제일은행 신광식 행장과 조흥은행 우찬목 행장이 구속 수감된다.

신 행장은 1996년 7월과 9월 한보그룹 정태수 총회장에게서 4억 원을 받고 3891억 원을 대출해줬으며 우 행장 역시 같은 시기에 2억 원씩 2차례에 걸쳐 4억 원을 받은 혐의였다.

3개월 후엔 한보 대출 책임과 관련 청와대와 검찰 등으로부터 사퇴 압력을 받아왔던 장만화 서울은행장이 이사회에서 사임을 발표했다. 문민정부 들어 21번째, 1997년 들어선 5명째 은행장이 중도에 퇴진한 것이다. 장 행장은 행장직을 채 3개월도 수행하지 못하는 단명에 그쳤다.

특히 서울은행은 1993년 3월 김준협 행장 이후 김영석·손홍균·장만화 등 4명의 행장들이 연이어 임기를 채우지 못하고 퇴진하는 수모를 당했다.

장 행장이 사퇴한 것은 검찰과 청와대·재정경제원 등 권력기관끼리의 힘 겨루기에서 검찰이 우위를 점함에 따라 결정됐다고 한다. 검찰은 초지일관 한보사태와 관련한 도의적 책임을 들어 장 행장 사퇴를 주장, 이를 관철시켰다.

당시 《한국경제신문》은 "검찰이 이처럼 강경 입장을 고수한 것은 한보사태의 포괄적 마무리 차원 외에 장 행장에 대한 감정의 앙금도 상당 부분 작용했다"며 "한보사태 초기 신광식 제일은행장과 우찬목 조흥은행장을 구속하면서 장 행장도 구속 대상에 올렸으나 '외부실세'에 의해 좌절됐다가 최근 권력 역학관계가 변하자 이를 강하게 밀어붙였다"고 전했다.

잦은 은행장 경질, 자율화 시계 거꾸로 되돌려

김준협 행장 후임이자 손홍균 행장의 전임인 김영석 행장이 물러난 것은 대출비리 때문이 아니다.

김영삼정권은 금융실명제 단행을 최대의 업적으로 꼽아 이와 관련한 금융사고는 특히 엄하게 다뤘다. 1994년 1월 서울은행 김영석 행장과 동화은행 선우윤 행장을 사퇴시킨 것도 금융실명제 위반 책임을 물은 것이었다.

즉 1982년 어음사기사건으로 구속됐던 장영자가 가석방된 뒤 사채거래를 해오다 금융실명제로 인해 거래가 어려워지자 1993년 10월 동화은행 삼성동지점과 서울은행 압구정지점이 실명확인 없이 거액 CD 발행을 도와준 데 대해 관리감독, 내부통제 소홀 책임을 물은 것이다.

이에 대해 선우 행장은 부당한 사임 압력에 승복할 수 없다고 버텼다. 동화은행의 이북5도민들로 이루어진 주주대표(비상임 이사)들과 임직원들도 금융자율화에 역행하는 처사라며 조직적으로 반발했었다.

이처럼 문민정부 5년간 그렇게 많은 은행장들이 중도 퇴진한 것은 자율화로 가는 시계를 거꾸로 되돌리는 것이었다.

한보사건 수습 과정에서 정부가 외환·서울·한미 등 시중은행장을 미리 내정한 것도 권력기관들의 나눠먹기식 자리배분에 따른 것이었다. 청와대·재경원 등에서 자리배분을 하는 과정에서 인사 폭이 커졌고 은행들의 반발에도 불구하고 이를 강하게 밀어붙일 수밖에 없었다.

특히 눈길을 끄는 것은 최연종 한국은행 부총재의 서울은행장 내정이다.

당시 한 언론은 "재경원이 모든 은행장 자리를 독식한다는 인상을 불식시키기 위해 가장 골치 아픈 서울은행장 자리를 한은에 할애함으로써 생색을 내려한 결과"라며 "그러나 한은법 개정을 앞두고 재경원이 눈엣가시 같은 존재인 최 부총재를 제거하려는 의도가 내포돼 있다는 게 한은 내부의 분석"이라고 전했다.

한편 당시 외환은행은 정부가 외환은행장으로 홍세표 한미은행장을 내정한 것에 대한 일부 비상임 이사들의 불만으로 이사회가 한동안 열리지 못하기도 했다. 일부 비상임 이사들이 관치 인사에 반대 의사를 나타내기 위해 한때 이사회를 보이콧한 것이다.

이에 앞서 외환은행은 1994년 4월에도 한국통신주 공개입찰가 전산조작사건으로 허준 행장이 사표를 냈다.

이 사건은 외환은행이 한통주 공개입찰에서 동행 자신의 낙찰가 이상으로 응찰했다가 파문이 일자 전산자료를 조작, 응찰가를 실제보다 낮춰 허위 발표한 사건이다.

파리 목숨인 것은 시중은행장뿐만이 아니었다. 금융계 수장인 한은 총재도 마찬가지였다.

6공 정권은 출범하면서 5공이 임명했던 박성상 총재를 별다른 이유 없이 경질했다. 또 김영삼정권 역시 집권 초기에 취임한 지 1년밖에 안 된 조순 총재를 퇴진시켰다. 부총리를 지낸 저명한 경제학자 출신인 조 총재가 부담스러웠고 특히 박재윤 당시 청와대 경제수석과의 갈등이 사퇴에 영향을 미쳤던 것으로 추측된다.

구조조정 태풍, 은행과 운명을 같이한 행장들

그러나 김대중 대통령의 '국민의 정부' 들어서는 분위기가 전혀 딴판이 됐다.

종전처럼 은행장이 사정의 대상이 된다거나 정권교체기의 희생양이 되거나 금융사고로 물러나는 게 아니라 경제위기 극복 과정에서 아예 은행 자체가 구조조정당하는 일이 빈발하면서 그 은행과 운명을 같이하는 일이 많았다.

또 집권세력 및 시류변화에 따라 TK나 PK 출신들이 퇴조하고 호남 및 충청 출신들이 은행장 자리에 진출하는 케이스도 늘어났다.

1998년 6월 정부는 BIS 자기자본규제비율 8퍼센트에 못 미치는 동화·동남·대동·경기 및 평화은행 등 5개 은행을 퇴출시켰다. 퇴출된 은행의 행장은 물론 임직원들도 대부분 하루아침에 실업자 신세가 됐다.

또 상업은행과 한일은행이 1998년 7월 31일 합병해 한빛은행(현재의 우리은행)이 되자 상업은행 배찬병 행장과 한일은행 이관우 행장이 퇴진했다. 한미은행 김진만 행장이 첫 합병은행의 CEO가 됐다. 공석이 된 한미은행장에는 전남 강진 출신의 신동혁 전무가 임명됐다.

공적 자금이 대거 투입된 한빛은행은 2001년 4월 예금보험공사가 설립한 우리금융지주(주)에 편입돼 자회사가 됐으며 이듬해 5월 우리은행으로 상호를 변경했다. 우리금융지주 회장에는 윤병철 전 하나은행장이, 우리은행장으로는 이덕훈 전 한빛은행장이 각각 취임했다.

조흥 및 강원은행, 현대종금 및 충북은행이 합쳐진 조흥은행의 행장으로는 전남 장흥 출신의 위성복 행장이 5년 만에 복귀했다.

하지만 그 이후 조흥은행은 홍석주·최동수 행장을 거쳐 신한은행에 합병됐다.

한편 하나은행과 보람은행 및 충청은행이 합병한 새 하나은행은 김승유 행장이 경영을 맡았다. 김 행장은 하나은행이 2002년 서울은행을 인수함으로써 거대 하나은행의 수장이 됐다.

반면 2000년 취임한 강정원 서울은행장은 서울은행이 하나은행에 인수되면서 마지막 서울은행장으로 기록됐다. 당시 강 행장의 역할 자체가 서울은행을 정상화시켜 제값을 받고 파는 것이었다는 점에서 그는 임무를 성공적으로 완수했다.

이렇게 피합병은행의 수장으로 쓸쓸히 금융권을 떠났던 강 행장은 2년 후인 2004년 국민은행장으로 화려하게 컴백한다. 하나은행보다 더 큰 국내 최대 은행을 이끌게 된 것이다.

그런가 하면 공모까지 한 주택은행장에는 전남 광산 출신인 김정태 행장이 경영을 책임지게 됐다. 김 행장은 2001년 주택은행과 국민은행이 합병해 통합 국민은행이 되자 국민은행장 자리에 올랐다. 김 행장은 강정원 행장의 바로 전임자다.

이에 앞서 국민은행이 장기신용은행을 합병했을 때는 송달호 행장이 경영을 맡았다.

　송 행장은 건강이 좋지 않아 경영을 제대로 하지 못했고 김대중 대통령의 장남 김홍일 의원의 생모와 인척관계여서 '역차별'을 당한다는 소문도 돌았다. 2000년 3월 그는 남은 임기를 채울 뜻을 금융감독원에 밝혔으나 금감원 김상훈 부원장이 국민은행장으로 내려왔다.

　한편 금융구조조정 과정에서 외국계 펀드에 인수된 제일은행과 외환은행에는 외국인들이 은행장으로 선임돼 한국 금융계에 '외국인 은행장 시대'가 열렸다.

금융계 TK 대부 김준성, 최고의 관운 자랑

은행장 목숨이 언제나 파리 목숨 같은 것은 아니었다. 1960년대 중반 이후 한때 '정치행장'들이 은행을 경영하던 때도 있었다.

　"현금차관이든 상업차관이든 당시에는 정당의 보이지 않는 손에 의해 사전에 허락을 받아야 했다. 자연 은행도 정치권의 돈 배분에 휘말렸다. 이유는 간단하다. 현금차관이든 자본재차관이든, 이를 들여올 때는 은행이 상환을 책임지겠다는 지급보증서를 발부해줘야 했다. 또 상업차관이나 정부 보유 외화로 기계설비를 도입하는 경우 국내 은행이 운전자금을 대출해줘야 했다. 이 모든 과정이 은행으로 하여금 정치와 밀착되게 한 요인들이다.

　그 당시 은행장들의 정치적 배경은 막강했다. 재무부에 가더라도 장관이나 만나는 것으로 끝나고 차관을 방문하는 것은 도량이 넓은 편에 속했다. 주무부처의 장관도 은행장들을 마음대로 다루지 못했다. 여당의 재경위원장 등 국회의 실력자들과 밀착돼 있었기 때문이

대구은행 역대 행장들이 한자리에 모였다. 오른쪽부터 5번째가 김준성 초대 행장.

다. 권력의 핵심인물과 허물없이 지내는 처지이기도 했다. 은행감독 원장은 물론 한은 총재도 이들 정치행장 앞에서는 무력한 존재였다.

오직 정치와 관에만 잘 융합하면 카리스마와도 같은 권위와 영광을 누렸다."(이국영, 《이상한 승부》)

예를 들면 전신용은 정치권 인사와의 친분관계로 서울은행·상업은행·한일은행 등에서 연이어 은행장을 지냈으며 이보형도 서울은 행장은 잠시였지만 제일은행장은 7년이나 역임했다. 또 김용운은 국민은행·조흥은행·서울신탁은행에서 김진홍은 한일은행·주택은 행·한국신탁은행에서 각기 3번씩 은행장을 역임했다.

하진수·문종건·임석춘·윤승두·심원택 및 이석주도 2번씩 은 행장을 맡았다. 하지만 김준성만큼 관운(官運)을 지닌 금융인은 아무도 없다. 김씨는 1967년 대구은행 초대 은행장, 1975년 제일은행장, 1977년 외환은행장, 1978년 산업은행 총재, 1980년 한은 총재를 역 임했다. 또 1982년 부총리 겸 경제기획원장관, 1985년 저축추진중앙 회장도 지냈다.

그는 대구 출신으로 경북고·서울상대를 졸업한 금융계 TK인맥의 대부(代父)였다. 뿐만 아니라 삼성전자 회장, 대우통신 회장, 이수그룹 회장 및 명예회장을 거친 성공한 기업인이기도 하다. 그는 김우중 전 대우그룹 회장의 사돈이다. 소설가이기도 했던 그는 지난 2007년 8월 24일 향년 88세로 파란만장했던 생을 마감했다.

엎치락뒤치락
금융실명제 15년

경제 정의냐 현실 경제냐,
끝나지 않은 줄다리기

28

. . . .

한국의 금융실명제는 1982년 이철희 · 장영자사건이라는 초대형 금융사
고가 발생했을 때 처음으로 도입이 추진되기 시작했다. 이른바 '7 · 3 조
치' 다.

　그러나 '금융실명거래 및 비밀보장에 관한 긴급명령' 에 의해 1993년 8
월 12일 모든 금융거래에 전면 실시되기까지 무려 11년이라는 세월이 필
요했다. 즉 전두환정권이 최초로 도입하려다 중도에 포기했고 노태우정
권도 같은 시행착오를 반복한 끝에 김영삼정권에 와서야 단행된 것이다.

　일반적으로 실명제는 금융거래의 정상화를 통해 경제 정의를 실현하고
국민경제의 건전한 발전을 도모하며 금융거래에 투명성을 기하는 것을

목적으로 한다.

우리나라에서 실명제의 필요성이 계속 제기된 것은 후자의 목적이 더욱 강하다. 이는 이 책에서 계속 봐왔던 것처럼 금융기관을 이용한 '검은 돈' 거래와 정경유착의 전통이 매우 강했기 때문이다.

처음 실명제 도입 논의가 시작된 것도, YS가 전격적으로 단행한 것도 다 그런 배경에서였다.

■   ■   ■   ■

토요일 아침의 전격 발표, 1982년 7·3 조치

1982년 7월 3일 한가로운 토요일 아침 재무부는 '사채양성화와 관련된 실명거래제 실시와 종합소득세의 개편방안'을 전격 발표한다.

실명에 의한 금융거래를 실시, 사채를 양성화하여 지하경제를 파괴하고 금융소득의 종합과세를 강화하겠다는 것이며 떳떳하지 못한 자금의 은신처를 봉쇄하여 사회부조리를 제거하려는 숨은 목적도 있었다.

7·3 조치의 내용은 1년 후인 1983년 7월 1일부터 은행·단자·증권회사의 모든 금융거래는 주민등록증과 사업자등록증에 의한 실명거래만 허용하고 15퍼센트로 분리 과세되는 이자 및 배당 등 모든 금융소득을 종합과세하며 종합소득세율을 76.5퍼센트 수준에서 50퍼센트 수준으로 대폭 인하함과 아울러 가명·무기명 금융자산을 실명전환할 때 자금출처조사를 면제한다는 것이다.

금융실명제가 전격 단행되게 된 배경에는 그해 초에 터진 장영자사건이 있다.

장영자사건은 최고 권력자의 비호를 가장하며 벌인 사기극이었으므로 권력자는 손상된 이미지를 회복할 수 있는 정책이 필요했다. 또 김재익 청와대 경제수석비서관과 강경식 재무장관 등은 차제에 부정부패의 고리를 끊어 나라를 바로잡아보겠다는 충정을 가지고 있었다.

"실명제는 국민여론, 최고 권력자의 정치적 필요, 일부 관료들의 충정이 합쳐져 전광석화처럼 추진된 것"이라고 당시 7·3 조치의 실무자였던 강만수 이재3과장은 말한다.

"나는 금융실명제 자체에 대해서는 긍정적이었으나 일시에 법에 의해 강제적으로 전면 실시하는 방법론에는 반대입장이었다.

'금융은 유리그릇 다루듯이 조심스럽게 다뤄야 한다'는 인식이 금융정책을 오래 수행한 재무부 사람들의 지론이었다. 관행은 관행으로 고쳐야 무리가 없기 때문에 실명제는 인센티브에 의해 단계적으로 유도해야 부작용이 없다는 것이다. 실시하는 경우에도 일시에 법으로 강제할 것이 아니라 금융단협정을 통해 금융관행으로 형성시켜 나가면 된다는 주장이었다.

장영자사건의 문책 개각으로 취임한 강경식 장관은 곧장 나를 불러 실명제 전면 실시 방안을 마련하라고 지시했다. 나는 전면 실시를 반대하는 사람인데도 실명제를 맡으라는 것이었다. 부가가치세라는 사자 등을 타고 혼이 났는데 하는 수 없이 다시 실명제라는 황소 등을 타게 됐다."(강만수,《현장에서 본 한국경제 30년》)

당시는 이른바 '기획원의 재무부 점령 시대'였다. 전두환 대통령의 신임이 두터워 '경제대통령'으로 불리던 김재익 경제수석은 금융자율화와 실명제 등 개혁정책을 신속 과감하게 추진하기 위해 경제

　　　　　　　　　　　　　　　　　　大韓民國 머니 임팩트

기획원과 재무부의 인사교류라는 명분 아래 강경식 장관, 김흥기 차관, 이형구 재정차관보, 강현욱 이재국장 등 재무부 핵심라인을 모두 기획원 출신으로 바꿨다.

이렇게 되니 기획원 출신 간부들과 강 과장 같은 재무부 실무자들과의 의견이 달랐고 과장급들은 이러지도 저러지도 못하는 상황에 처했다.

당시 실명제 밀어붙이기에 앞장선 강경식 재무장관은 '강경식(强硬式)'으로 불렸다.

7·3 조치에 놀란 증권시장은 큰손들의 매물이 쏟아져 종합주가지수가 폭락했고 무기명 거래가 대부분이던 단자사 자금은 하루 사이에 400여 억 원이 빠져나갔으며 명동 사채시장은 거래가 아예 끊겼다. 암달러 가격도 폭등하는 등 금융시장이 크게 동요했다.

당시 시중은행의 무기명예금은 전체 금액의 약 50퍼센트 정도로 추정됐으나 국민·기업·주택은행은 90퍼센트가 실명예금이었다.

여야 정치권 일제히 반대, 재무부 고립무원

전격적인 실명제 발표로 시장이 동요하자 정통 재무부 사람들과 언론, 경제계 등에서는 일제히 우려를 나타냈다.

특히 야당인 민주한국당은 실명제가 야당 말살정책이라며 강력하게 반대했다. "경제기술관료의 수입이론" "백면서생(白面書生)의 설익은 외국 이론"이라며 7·3 조치를 비판했다.

주가 폭락이 계속되면서 340여 개 상장기업의 주가가 액면가 이하로 떨어지고 부동산투기가 다시 불붙어 강남의 7000만 원짜리 아파트가 1억 원으로 폭등하는 등 부작용이 확산되자 뒤늦게 실명제의 심각성에 놀란 민주정의당도 반대하고 나섰다.

특히 정치자금의 흐름이 노출될 것이라는 걱정이 많았다.

민정당은 7·3 조치를 보완하기로 당론을 정하고 여러 차례 당정 협의에서 밀고 당긴 끝에 8월 17일 재무부 초안을 대폭적으로 완화시킨 보완책을 발표한다.

이 보완조치에 따라 재무부는 총 17개 조문의 '금융실명거래에 관한 법률' 초안을 8월 말에 만들었다.

이 완화된 법안도 입법 과정은 험난하기만 했다. 비실명에서 실명으로 넘어갈 때 부과되는 '도강세'는 과징금으로 바뀌어 입법화됐지만 부실기업 정리기금 설치는 기획원 예산실의 반대로 은행 임직원의 부실기업 정리업무에 대한 형법상 배임죄 적용배제 조항은 법무부의 반대로 각각 무산됐다.

결국 11개 조문의 실명거래법이 정부안으로 확정돼 국회에 제출된다. 그러나 여야 정치권은 일제히 반대하고 나섰다.

"야당은 '금융실명제는 야당 말살정책'이라고 들고나오며 강력히 반대했다. 정치자금에 대해 여당은 칼을 쥐고 있는 입장이지만 야당은 칼끝을 잡아야 한다는 위기감 때문이었다. 내거는 명분에 관계없이 정치권의 실명제 반대는 여기에 근본 이유가 있었다.

실명제에 대한 위기감은 여당에게도 확산돼 실명제 실시 연기론이 대두되기 시작했다. 정치권의 'political cost'가 너무 크고 누구도 감당하기 어려울 것을 인지했기 때문이다. 여당에서도 실세가 아닌 사람의 불안감이 더 컸다." (강만수, 《현장에서 본 한국경제 30년》)

실명거래법 상정 하루 전인 10월 25일 민정당은 돌연 실명제 연기론을 제기하고 나섰다.

국회에서 재무부 실무자들은 연일 초주검이 됐고 기획원도 청와대도 원군을 보내주지 않았다. 여당이 구체적인 수정안을 제출하지 않자 재무위는 공전하며 정치공방만 거듭했다. 야당에서는 "금융실명제로 국민들을 가지고 놀았다"며 관련자 문책을 요구하기도 했다.

재무부는 고립무원이 됐고 실명제 무기 연기는 사실상 불가피한 상황이었다.

마침내 그해 12월 31일 제정된 실명거래법은 실시 시기가 빠짐으로써 무기 연기되고 제정 즉시 사문화되고 말았다. "실명거래의 실시는 전산화 등 행정준비 상황과 경제 여건을 감안하여 1986년 1월 1일 이후 대통령령이 정하는 날로부터 시행한다"는 것이다.

기획원·권력층 모두 반대, 실명(失明)으로 끝나

"심사숙고 끝에 나는 명(名)이라도 찾을 수 있는 대안을 마련해 장관에게 보고했다. 전산처리 등 행정준비가 완료될 때 실명제를 실시한다는 안이었다. 사실상 무기 연기지만 형식상 언제라도 실시한다는 것이었다. 당시로선 궁지에 몰린 재무부가 탈출할 수 있는 유일한 대안이었다." (강만수, 《현장에서 본 한국경제 30년》)

이 1982년 실명제 소용돌이의 결과를 강만수는 이렇게 정리했다.

"실명(實名)제의 운명이 실명(失命)·실명(失明)·실명(失名)의 기로에서 오락가락하다가 사실상 무기 연기됨으로써 실명(失命)은 모면했지만 실명(失明)한 상태가 됐다. 실명제를 추진한 사람들은 실명(失名)을 면치 못하게 됐다. 실(實)은 놓치고 명(名)만 잡은 결과였다.

실명제는 광란의 황소 같았다. 실무 '부역자' 들은 '기획원 출신 점령군' 과 함께 황소 꼬리를 잡고 끌고 가려다가 뒷다리에 차인 꼴이 됐다.

재무부가 이런 소동에 말려들었을 때 기획원은 말이 없었다. 경제팀의 총수인 기획원 김준성 부총리는 직원조회에서 '최근의 부동산 투기는 실명제도 원인' 이라고 말했다. 기획원은 왜 점령군에게 지원사격을 하지 않았을까. 김재익 경제수석은 왜 말이 없었을까?"

강만수의 궁금증을 풀기 위해 당시 점령군이었던 김흥기 차관의 얘기를 들어보자.

"처음 실명제가 발표됐을 당시 기획원은 이 사실을 까맣게 모르고 있었다. 사실상 기획원 장·차관도 몰랐다.

정부안에서 실명제를 처음 거론한 곳은 기획원이다. 비록 토론단계였지만 1970년대 중반 제4차 5개년 계획을 작성할 때부터였다. 당시 재무부가 실명제라는 혁명적 조치를 시행할 수 있었던 배경도 따지고 보면 1982년 기획원과 재무부 간부직 간의 인사교류에서 기인한다.

그러나 막상 실명제 실시방침이 발표되자 기획원은 시기상조라는 입장을 폈다. 비록 장영자사건으로 인해 사채자금의 폐해와 그 규모의 심각성은 드러났지만 명성그룹 부도, 광명그룹의 도산 등 기업도산이 잇따르던 당시 경제 상황에서 금융권을 얼어붙게 만드는 충격 조치는 곤란하다는 판단이었다."(김흥기,《비사 경제기획원 33년, 영욕의 한국경제》)

김 전 차관에 따르면 당시 재무부차관에서 기획원차관으로 옮긴 정인용은 이렇게 증언했다.

"나웅배 재무장관도 실명제 준비작업을 몰랐었다. 실명제의 주축

대한민국 머니 임팩트

은 김재익씨와 강경식씨였던 것이다. (기획원 출신의 강경식 재무부차관은 실명제

발표 10일 전 재무장관으로 승진)

김준성 부총리에게 물었다. 김 부총리는 '사실은 나도 몰랐는데 청와대에서 김 수석과 강 장관이 하도 강경하게 해야 한다고 나오기에 나도 동의했다' 라고 말했다."

당시 김 부총리와 정 차관 등 기획원은 실명제에 반대했다.

김 부총리는 "실명제가 정치·사회논리로는 필요한 것이다. 그러나 당시 상황에서 경제논리로 생각할 때 큰 부작용이 예상됐다. 물가가 이제 겨우 한 자리로 잡혀가고 있는데 언제 물가가 다시 뛰어오를지 모르는 상황에서 실명제를 한다면 외화 도피의 위험성이 크다"는 논리를 폈다.

"솔직히 얘기해서 초기에는 기획원이 소외됐다는 점에서 고위간부들의 심기가 불편했다. 또 실명제는 원칙적으로 찬성하지만 당시에는 실명 여부를 식별할 수 있는 능력을 제대로 갖추지 못하고 있다고 판단했다." (김대영 당시 경제기획국장)

기획원을 원군이라 생각했던 김 수석이나 강 장관으로서는 의외의 복병을 만난 셈이다. 기획원조차 이런 입장을 취했으니 실명제의 중도 하차는 예정된 운명이었다.

청와대 등 권력 심장부의 기류에서도 반대가 많았다. 허화평·허삼수 등 군 출신 실세 참모들이 모두 반대해 김 수석은 자신의 목소리를 내기 어려웠다. 전 대통령의 친구이자 5공 정권의 2인자였던 노태우 당시 내무장관도 반대했다.

"실명제를 위해서는 우선 토지거래전산망을 전국적으로 구축해야 한다. 이 관련업무가 내무부 소관이었는데 전산망 준비가 전혀 안 된

상황에서 갑자기 실명제를 한다고 했다. 내무장관에게 협조도 구하지 않은 상황이었으니 '실천할 수도 없는 정책을 무리하게 강행할 경우 나라 망치는 일'이라 해서 반대했다." (조갑제 해설, 《노태우 육성회고록》)

노태우정권 때도 기득권층 반대로 또 좌초

하지만 이때 반대했던 노태우는 자신이 대통령후보로 나선 1987년 대선에서는 금융실명제 실시를 공약으로 내걸었다.

그리고 대통령 취임 후인 1988년 10월 88서울올림픽 이후의 잔치 분위기를 정리하기 위한 방안으로 '경제성장과 선진화합경제 추진대책'을 발표, 1991년부터 실명제 및 금융소득종합과세를 실시하겠다는 의지를 표명했다.

당시 나웅배 부총리는 올림픽 이후 경기에 큰 문제가 없으며 국제수지 흑자 시대에 개혁조치와 제도개선을 서둘러야 한다며 실명제가 1991년 1월부터 전면 실시될 것이라고 못박았다.

이어 1988년 12월 개각에서 개혁론자인 조순 부총리와 문희갑 경제수석이 취임, 개혁작업이 본격화되기 시작한다.

1989년 4월 11일 재무부에 '금융실명거래 실시준비단'이 발족됐다. 7월에는 경제 6단체에서 실명제 실시를 다짐하는 모임을 개최했고 정부 관련 부처 및 금융기관 대표로 구성된 '금융실명제 추진 실무대책위원회'가 구성돼 제도개선방안, 예상 부작용 및 문제점에 대한 보완대책 검토 등 구체적 추진방안을 만들어갔다.

그러나 실명제 준비작업이 본격화되면서 반대세력도 곧 그 거대한 모습을 드러냈다.

대한민국 머니 임팩트

이들은 1989년 후반 경제지표가 하강세로 돌아서면서 원론적 차원의 우려 표명에서 적극적인 반대로 바뀌었다. 또 민주화 바람에 밀려 숨죽이던 여권도 1990년 2월 3당 합당 이후 민주자유당의 목소리가 커지면서 실명제 반대 목소리를 보다 적극적으로 제기했다.

결국 실명제는 1989~1990년의 '총체적 위기론'을 넘지 못했다. 1년 반에 걸친 국가적 논란만 남긴 채 또다시 좌초하고 만 것이다.

1990년 3월 경제팀이 전격 경질됐다. 새로 취임한 이승윤 부총리는 민정당 정책위의장 출신으로 개혁과 안정보다 성장을 중시하는 인물이다. 이 부총리는 4·4 경제활성화조치를 통해 실명제 유보를 공식 발표했다.

"당시 실명제의 전산화 준비도 돼 있지 않았고 극성인 부동산투기를 방치하고 실명제를 한다는 것은 있을 수 없었다. 부동산투기 억제가 선결문제라고 생각했다."

끝까지 실명제 실시를 주장했던 문희갑 경제수석은 기득권층의 반대 탓이라고 회고했다.

"정치인·재벌 등 가진 자들이 실명제의 부작용을 지나치게 과장하며 다시 한 번 기득권 보호를 위해 총력전을 펼쳤다. 3당 합당 이후 여대 야소가 양당구조로 바뀌면서 기득권 옹호의 논리가 개혁논리를 압도했다.

정치인들은 실명제를 하겠다는 의사가 없었으며 언론의 태도 역시 모호한 가운데 기득권층의 강렬한 반대로 실명제는 연기된 것이다."

(김홍기, 《비사 경제기획원 33년, 영욕의 한국경제》)

"경제에 미치는 부정적 영향 커 유보"

그렇다면 노 대통령은 자신의 대선공약이던 실명제를 왜 그리 쉽게 포기했을까?

"1989년 11월부터 갑자기 경제팀에 의해 경제위기론이 제기되고 부동산투기 과열 등으로 1990년 초 경제 상황은 매우 불투명한 양상을 나타냈다. 그래서 나는 실명제 실시가 경제에 끼칠 부정적 효과를 분석하도록 하여 이를 근거로 실명제 실시를 일단 유보시킨 것이다.

실명제는 명분상으로는 마치 경제 정의를 이루는 것처럼 보이지만 원래 실명제는 소득의 종합과세를 위한 수단에 불과하다. 따라서 종합과세를 위한 전반적인 사회적, 세무행정적 여건이 갖춰지지 않고서는 실명제 실시는 아무 의미가 없는 것이다.

흔히 대다수 국민이 찬성하는 실명제를 왜 하지 않느냐고 의문을 제기하는 사람들이 많다. 그러나 실명제로 약간의 세입 증대를 통해 얻는 이득보다 경제에 끼치는 부정적 효과가 클 경우 이의 실시를 강요하는 것은 오히려 국민을 경제적으로 더 괴롭히는 결과를 낳게 된다."(조갑제 해설, 《노태우 육성회고록》)

노 전대통령은 1999년 《월간조선》과의 인터뷰에서 "한 나라의 문화와 관습·관례와 상충되는 여건하에서 제도를 만들어 추진하는 것은 불가능하다는 점을 경험했다"고 밝혔다.

"국정의 총책임자 입장에 서게 되면 정치논리도 중요하고 경제논리도 중요하고 사람들의 반응도 중요하다. 많은 사람들로부터 다양한 의견들을 들어보면 실명제가 우리 경제에 부정적인 영향을 끼친다는 결론이 나올 수밖에 없다. 무턱대고 실명제가 정의라고 하는 것

대한민국 머니 임팩트

은 올바른 사고가 아니다. 권력자가 내 마음대로 휘둘러보고 싶다 할 땐 멋진 처방이 되겠지."

그는 또 실명제 연기 과정에서 전경련이나 정치인들의 로비는 없었다고 주장했다.

인터뷰 자리에 배석했던 김종인 당시 청와대 경제수석은 "재벌들은 실명제에 대해 반대할 이유가 없었다"며 "돈이 많은 사람들은 자기 돈을 관리하는 기술이 고도로 발달한 사람들이기 때문에 실명제가 실시된다 해도 아무런 불편을 느끼지 않는다. 그리고 점차 경제가 개방되면 자본은 외국으로 빠져나갈 수밖에 없다"고 말했다.

"경제정책은 정치·사회 여건을 두루 반영하지 않으면 성공할 수 없다. 권위주의 통치하에서 꽉 눌러놓고 실시하면 몰라도 그렇지 않을 경우 민의가 따라주지 않으면 어렵다.

1982년 7월에 실명제 발표가 난 후 12월까지 5개월간 서울 근교의 땅값이 100퍼센트 올랐다. 1988~1989년 실명제 실시가 예정됐을 당시에도 부동산가격이 걷잡을 수 없이 뛰기 시작했다. 실명제 여파로 부동산가격 폭등 현상만 야기한 것이다."

YS 개혁 중의 개혁, 이경식·홍재형 007 작전

그렇게 꺼진 불로 여겨졌던 실명제는 차기 김영삼 대통령의 대선공약으로 부활한다. 그리고 1993년 8월 12일 저녁 대통령 긴급 재정경제명령 제16호로 금융실명제 실시가 전격적으로 발표된다.

김 대통령은 그날 저녁 9시 특별담화문을 통해 "친애하는 국민 여러분! 드디어 우리는 금융실명제를 실시합니다. 이 시간 이후 모든 금융거래는 실명으로만 이루어집니다. 실명제가 실시되지 않고는 이 땅의 부정부패를 원천적으로 봉쇄할 수 없습니다"라고 선언했다. 또 "금융실명제는 '신한국 건설'을 위해 가장 중요한 '개혁 중의 개혁' 이며 개혁의 중추이자 핵심"이라고 강조했다.

철저한 보안 속에 진행된 실명제를 두고 당시 언론은 "007 작전을 방불케 했다"고 평했다.

박관용 당시 청와대 비서실장에 따르면 이경식 부총리와 홍재형 재무장관은 대통령의 대선공약인 실명제가 언젠가는 실시될 것으로 보고 부하직원들에게 자문을 구하는 등 나름대로 준비를 하고 있었다. (《일요신문》, 2001년 10월)

김 대통령도 마찬가지였다. 청와대 모임 등에서 개혁 얘기만 나오면 YS는 실명제에 대해 사람들의 의견을 물었다. 국민들의 반응을 챙긴 것이다.

그러다 마침내 실시를 최종 결심한 것이 1993년 6월 29일 이 부총리와의 화요일 정례 독대 자리에서였다. 이 부총리가 대통령의 결단을 이끌어낸 것인데 다음은 이 부총리의 얘기다.

"김영삼정부가 출범하자마자 실명제 실시를 둘러싸고 많은 논쟁이 벌어지고 세론이 분분했다. 실명제라는 시한폭탄을 안고서는 경제고 뭐고 운영할 수 없으며 따라서 조기 실시론이 평소의 내 소신이었다.

경제기획원장관에 임명되자 곧 기획원·재무부·한국은행·KDI 로부터 실명제에 대한 보고를 비밀리에 받았다. 그리고 어떤 식으로 대통령의 결심을 받아낼 것인지 고심했다."(김흥기, 《비사 경제기획원 33년, 영욕의 한국경제》)

6월 29일 정례 독대가 거의 끝나갈 무렵 이 부총리는 YS에게 불쑥

대한민국 머니 임팩트

물었다. "각하, 실명제는 어떻게 처리하실 생각입니까?"

"글쎄 말이야. 누구하고 터놓고 의논하지도 못하겠고, 하기는 해야겠는데 큰 고민이야."

YS의 의중을 파악한 그는 평소 지론인 조기 실시의 필요성을 강조했다. YS는 경제에 미치는 영향을 물은 후 이렇게 결론을 내렸다. "조기에 모든 것을 한꺼번에 실시하자."

사무실에 돌아온 이 부총리는 자문관 양수길 박사를 불러 KDI 남상우 박사와 함께 실명제 실시안을 만들도록 지시했다. 양 박사에게 매일

김영삼 전 대통령은 대선공약이던 실명제를 대통령 긴급명령 형식으로 전격 단행했다. 사진은 취임식에서 선서하는 김 전 대통령.

보고를 받고 작업지시를 했으며 저녁에는 이 부총리의 집에서 3인 공동으로 3회 정도 보고를 받았다.

7월 8일 이 부총리는 YS에게 실명거래 의무화 실시방안을 보고했다. YS는 거의 수정 없이 받아들여 계획대로 추진할 것을 지시하고 다시 한 번 보안에 대한 엄명을 내렸다.

양 박사는 삼성동에 비밀작업용 사무실을 구했다. 이 부총리는 홍재형 재무장관과 의논해 김용진 세제실장, 김진표 국장, 진동수 과장 등으로 재무부 작업팀을 구성하고 과천에도 비밀사무실을 얻어 작업에 참여시켰다. 두 팀의 협력작업을 이 부총리와 홍 장관이 삼성동 사무실에서 검토했다.

7월 28일 두 사람은 기본추진계획, 인력동원계획, 홍보교육계획, 비밀보장강화방안, 부작용에 대한 대안, 대통령특별담화 요지 등을 상세히 보고했다. YS는 건의안을 거의 그대로 수용하고 담화문에 대해서는 일일이 구술하는 식으로 지시했다.

외과수술론 · 목욕탕 수리론 · 뒤주론 논쟁 치열

드디어 작업이 완료됐다. 8월 9일 오전 10시 이 부총리와 홍 장관은 준비된 법령제안, 부작용대안, 대통령특별담화문, 시행일 검토 의견, 시행 당일의 일정 등을 대통령에게 보고했다.

이렇게 문민정부의 가장 무거운 과제였던 실명제가 역사적인 시행에 들어간 것이다.

1982년과 1990년 두 차례나 무산된 전례를 의식한 YS는 당시만 해도 높았던 국민 지지를 등에 업고 철저한 비밀작업 끝에 대통령 긴급명령 형식으로 그야말로 기습적으로 단행했다.

1982년 실명제 도입에 실패했던 강경식은 1993년 당시《월간조선》과의 인터뷰에서 YS정권의 실명제를 긍정적으로 평가했다.

"1982년 7 · 3 조치를 대통령 긴급조치로 했으면 성공했을 텐데 라고 후회를 많이 했다. 그때는 경제에 엄청난 충격을 주는 조치는 많이 토론할수록 좋다고 생각했다. 그런데 그 길을 밟았다가 두 번의 실명제 추진이 다 실패했다.

이번에도 국회에서 입법절차를 밟았더라면 심의 과정에서 엄청난 반발이 일어나고 결과적으로 실패했을 것이다. 긴급명령으로 실명제를 실시한 것은 잘한 일이다.

1982년 공평과세 차원에서 추진한 것보다는 훨씬 강한 내용이다. 여기에는 경제 개혁은 물론 사회정의 실현 차원에서 실명제를 실시하겠다는 김영삼 대통령의 의지가 담겨 있다."

그는 "법인세와 소득세를 현실에 맞게 대폭 인하하지 않으면 세 부담이 증폭된 기업가나 개인사업자들이 세금추적을 피하기 위해 금융기관을 이용하지 않아 또 다른 지하경제를 형성할 가능성이 있다"는 쓴소리도 했다.

"당시 실명제를 둘러싸고 경제부처 공무원들 사이에서 벌어진 논란은 비유법으로 진행됐다. 고위관료들이 김 대통령의 경제실력을 감안해 이해하기 쉬운 비유를 통해 설명한 데서 비롯된 것이다. 그 대표적인 것이 외과수술론·목욕탕 수리론·뒤주론이다."(《일요신문》, 2001년 10월)

외과수술론은 당시 박재윤 청와대 경제수석의 지론이다. 환자를 수술하려면 일단 몸을 회복시켜놓고 하듯이 경제·사회 전반에 엄청난 충격이 되는 실명제는 경제가 어느 정도 회복된 뒤 하자는 일종의 연기론이다.

반면 목욕탕 수리론은 재무부 김용진 세제실장의 주장으로 외과수술론과 반대 개념이다. 목욕탕 수리는 손님이 적은 여름철에 하듯이 실명제 같은 충격적 조치는 경제가 나쁠 때 해야 별로 잃을 것이 없다는 것으로 실명제 조기 단행의 논리적 근거가 됐다.

또 뒤주론은 홍 재무장관의 논리였다. 뒤주의 쌀을 둥근 바가지로 퍼내면 네 귀퉁이에 쌀이 조금씩 남는 것과 마찬가지로 실명제도 법망이 미치지 못하는 곳을 조금은 남겨둬야 한다는 얘기다. 본래 돈이란 어두운 곳을 좋아하는 습성이 있고 모든 것을 속속들이 까발리는 것은 부작용이 너무 많다는 것이다.

"그런데 뒤주 속을 빗자루로 구석구석 깨끗이 쓸어내고 싶어했던 YS의 욕심이 문제였다"고 방송작가 김문영은 2001년 10월《일요신문》기사에서 지적했다.

사채시장 거래 실종, 중소기업 자금 갈증

금융실명제의 성과를 가장 직접적으로 나타내주는 지표는 실명확인 및 실명전환에 대한 통계인데 1997년 3월까지 금융기관의 실명확인율은 99.3퍼센트로 실명전환 대상금액 총 405조 5000억 원 가운데 402조 7000억 원이 실명 확인됐다.

가명 또는 무기명예금의 실명전환율도 98.8퍼센트에 달했다. 총대상금액 2조 8417억 원 가운데 2조 8075억 원이 실명전환을 마쳤다.

일단 제도적으로 금융기관을 경유하는 모든 금융거래에서 실명사용을 의무화한 조치는 자금 이동이나 출처에 대한 조사의 위험을 가중시켜 각종 음성적 거래를 위축시키는 데 기여한 것은 틀림없다. 그러나 충격적 조치로 금융시장과 실물경제에 큰 충격파가 된 것도 분명하다.

이한구 당시 대우경제연구소장은 "실명제의 근본취지인 지하경제 양성화와 과표양성화 등에서 뚜렷한 개선 효과는 미흡하고 실명제 실시와 함께 큰 타격을 받을 것으로 예상됐던 중소기업과 영세상인에 대한 대책이 단기적 자금 지원 등 임시방편적 조치만 이뤄졌을 뿐 관련 금융제도의 개선이나 세금감면 등 보다 근원적인 문제해결에는 미흡하다"고 비판했다.

금융실명제 단행이 사채시장에는 어떤 영향을 미쳤을까?

실명제 시행 초기 언론에서는 "명동 사채시장 그 막을 내리다" 같은 성급한 기사를 양산하고 있었다. 하지만 대부분의 사채업자들은 이런 기사들을 비웃었다.

"검은 돈의 생리는 높은 이율과 세금 기피가 궁극적인 목적이다. 그리고 이를 충족시키기 위해서 최우선은 자금을 노출시키지 말아야 하는데 금융실명제를 하니 사채시장에 자금이 나올 리 없는 것이다. 그러니 사채금리는 자꾸 오를 수밖에.

중소기업들은 급하면 사채시장을 찾는데 금융실명제 실시로 일시에 자금이 자취를 감춰버렸다. 쉽사리 자금이 나올 리 없는 것이다. 사채시장은 돈 시장인데 시장에 돈이 없으니 돈 구할 방법이 없고 그러니 중소기업의 부도가 늘어날 수밖에 없는 것이다."(오문영,《사채업자가 말하는 사채이야기》)

당시 명동에서만 하루에 수백 억 원씩 거래되던 어음할인 자금이 일시에 숨어버리고 금융기관 대출 시 수십 억 원씩 동원되던 조성자금도 흔적 없이 사라져버렸다. 기업들은 다급한 나머지 어음끼리의 박치기·쪼개기 등의 신종 방법으로 자금 갈증을 해소하기도 했다.

하지만 비자금용 CD나 가명·차명계좌 예금을 20~30퍼센트의 수수료를 지급하고도 넘긴다는 소문이 사채시장에 퍼지자 검은 돈들은 다시 어둠 속에서 활동을 시작했다.

당시 사채전문가인 오문영은 "금융실명제가 사채시장에 미친 영향은 일시적인 마비증세를 가져오며 일부 노출된 자금 외에 숨겨진 검은 돈을 더욱 깊숙이 숨도록 했다. 그러나 공개된 시장이 아니고 무형의 시장인 사채시장의 속성상 다시 물밑거래를 하기 위해 나타날 것"이라고 말했다.

"실명제 이전보다 돈을 숨기기가 쉽지는 않겠지만 사채업자들은 새로운 방법을 찾아낼 것이며 1972년 8·3 조치나 1982년 장영자사건과 같이 아마 10년 후쯤 되면 실명제도 하나의 얘깃거리에 불과할 뿐 사채시장이 거래하는 데 별다른 장애가 아닐지 모른다."

반대론자들의 강변, 실명제가 IMF 원인?

YS의 금융실명제에 대해 1982년 판 실명제의 실무자 강만수는 어떻게 평가하고 있을까?

"1982년 실명제를 처음 추진할 때나 지금이나 실명제는 법으로 강제할 것이 아니라는 생각에 변함이 없다. 원래부터 실명을 쓰는 99퍼센트 정도의 사람들까지 주민등록증을 제시하게 하고 법으로 다스릴 필요는 없다. 범죄를 수사하기 위해서는 거액의 현찰거래나 외환거래에 대한 자금세탁방지법으로 충분하다.

관행은 관행으로 고쳐야 하고 금융단협정으로 충분하다. 더구나 신용사회가 되면 신용의 축적을 위해 자발적으로 실명을 사용한다. 긴급명령까지 왜 필요했을까?"

재임 시 실명제를 유보시켰던 노 전대통령도 후임자인 YS의 실명제에 대해 비판적이다.

"실명제의 결과는 어떻게 됐는가? IMF사태 이후 종합소득세는 경제 여건을 감안한다는 명분 아래 연기됐고 실명제에 대한 이야기는 사라지고 말았다.

실명제는 세정상 종합소득세의 예금이자에 대한 확대 과정을 통해 얼마든지 실시될 수 있는 것이다. 일시적으로 자금 흐름에 갑작스러운 변동을 가져올 때 평온한 경제 상황에 왜곡을 초래하여 경제에 부정적 효과를 야기한다. 이것이 오히려 저소득층에 경제적으로 불리한 여건을 초래하므로 경제 정의에 배치되는 결과를 낳는 것이 현실이다."(조갑제 해설,《노태우 육성회고록》)

이 인터뷰에 배석했던 김종인 당시 청와대 경제수석은 "경제정책을 긴급조치 형식으로 실시해서도 안 되지만 그런 조치는 결코 성공할 수 없다"고 말한다.

"김영삼정권에서 급작스럽게 긴급조치로 실명제를 실시하는 바람에 자금 흐름의 왜곡 현상을 야기했다. 사채시장에 의존했던 중소기업이 실명제로 자금줄이 막히자 부도사태가 연발했고 그 여파가 IMF 사태로 이어졌다.

정부가 개개인의 예금 재산을 들여다보고 돈이 많은 사람에게 돈을 빼앗아 저소득층에 주는 것 같은 인상을 풍기면서 추진됐기 때문에 실명제에 대한 허상이 생겨났다. 그 결과 '국민의 80~90퍼센트가 지지하는데 왜 실명제 실시를 안 하느냐' 하는 항의가 제기된 것이다. 결국 김영삼정부가 여론몰이 식으로 실명제를 실시했기 때문에 실효를 못 거두고 아무 의미도 없게 된 것이다."

그는 "실명제가 최초 거론될 당시 사회 분위기가 장영자사건으로 뒤숭숭했기 때문에 국민들의 뇌리에 실명제는 정의구현을 위한 방법이라고 인식된 부분이 잘못"이라고 지적한다.

"실명제는 원래 세금징수의 편의성을 위해 고안된 것이다. 일본의 실명제 격인 그린카드 시스템도 당시 대장성의 세제국장이 종합소득세를 위해 필요하다 해서 도입했다. 우리는 종합소득세를 점진적으

로 확대 발전시키면 굳이 실명제를 할 필요가 없는데도 이것을 정치
적으로 이용했기 때문에 경제적으로 어려운 상황을 만든 것이다.

경제정책을 심오하게 생각하는 사람은 순탄한 상황에서 경제의 흐
름을 크게 뒤바꾸는 정책을 추진해서는 안 된다."

즉 노태우와 김종인 이 두 사람은 실명제와 경제 정의는 별 관련이
없으며 공연히 경제 상황만 악화시켜 결국 IMF의 원인이 됐다는 논
리를 펴고 있는 셈이다.

이런 논리가 먹혀들면서 1997년 12월 전경련은 실명제를 외환위
기의 주범으로 지목했고 실명제 보완 또는 폐지 논쟁은 15대 대선의
주요 이슈 중 하나로 부상했다. 주요 대통령후보들도 이를 수용, 금
융소득종합과세 유보 등 실명제의 골격이 크게 훼손되고 말았다.

하지만 실명제는 이미 그해 3월 한 차례 보완된 바 있었다.

결자해지(結者解之), 강경식의 실명제 보완

1982년 7월 실명제 얘기를 처음 공식화했던 강경식이 15년 후 김영
삼정권의 마지막 부총리로 실명제의 보완대책을 마련한 것은 역사의
우연일까 필연일까?

그가 1997년 3월 5일 개각 발표 후 후임 부총리로 기자회견을 하
는 자리에서 한 기자의 질문에 대해 무심코 "실명제는 보완할 필요가
있다"고 답변한 것이 언론의 초점이 됐다.

"금융실명제는 김영삼 대통령이 자신의 최대 치적으로 여기고 있
는 사안이었다. 대통령 긴급명령 형태로 돼 있는 것을 정상적으로 입
법화하자고 해도 '한 자도 고쳐서는 안 된다' 라고 해서 당시의 상황

에서는 금융실명제를 보완하겠다는 말은 금기에 속했다.

그런 상황에서 생각지도 않게 내가 '고양이 목에 방울을 다는 쥐' 꼴이 되고 만 셈이었다. 임명장을 받기도 전에 김 대통령의 '역린'을 건드리는 실명제 보완의 임무를 수행할 수밖에 없게 돼버렸다. 금융실명제를 처음 제안한 나로서는 일종의 결자해지(結者解之)라 할 수 있었다." (강경식,《강경식의 환란일기》)

3월 17일 김 대통령에게 첫 보고를 들어간 강 부총리는 금융실명제 보완 문제에 대한 보고를 했다. YS는 별로 기분 좋은 표정은 아니었지만 별 말은 하지 않았다.

보완 내용의 골자는 금융실명거래에 대한 국세청 통보는 종합과세에 필요한 범위 내로 한정하고 모든 금융거래에서 소득세 최고 세율(40퍼센트)로 분리과세를 선택할 수 있도록 허용하는 등 금융거래 내용의 노출은 세수를 위한 최소한으로 제한하고 지하자금의 산업화를 촉진하기 위해 중소기업 등을 지원하는 경우는 과징금 부과 대신 자금출처조사 면제 등이었다.

신한국당 김중위 정책위의장, 이강두 정책실장에 이어 이회창 대표에게도 내용을 설명했는데 다들 잘됐다는 얘기였다. 18일 오후 기자실에서 실명제 보완 방향에 대해 발표했다.

그러나 양쪽에서 불만이 쏟아졌다. 완화론자들은 "그게 무슨 보완이냐"며 불만이었고 강화론자들은 실명제 후퇴로 받아들였다.

"금융실명제가 완전히 정착된 사회를 하루아침에 만들 수는 없다. 실명제가 정착되려면 사회 전체의 기능이 먼저 정상화돼 있어야 한다. 굳이 법이 없더라도 완벽하게 실명제가 지켜지고 있는 외국의 경우도 많지 않은가.

실명제 보완작업을 하면서 '나라를 다스리는 일은 네모난 뒤주의 쌀을 둥근 바가지로 퍼내듯 해야 한다'는 옛 성현의 말을 되새기게 됐다. 여유를 남겨둬야 한다는 말이다.

완전무결하게 빈틈없이 하는 것이 오히려 역효과를 내는 경우가 허다하다. 미국에서는 개인이나 중소기업들이 소규모로 탈세를 하는 경우 국세청에서 이를 알면서도 그냥 두고 지켜본다고 한다. 그물코를 성글게 해놓더라도 고기가 작을 때는 빠져나갈 수 있지만 몸집이 커지면 자연 걸리게 마련이기 때문이다."(강경식,《강경식의 환란일기》)

강경식 역시도 실명제가 반드시 강행됐어야만 했던 것만은 아니라는 데 동의한 셈이다.

이에 대해 김흥기는 "금융실명제의 보완 내지 폐지를 요구하는 주장들 대부분은 경제 악화를 핑계 대고 있다. 그렇지만 한국 경제의 투명성 확보 면에서 매우 아쉬운 대목이 아닐 수 없다"(김흥기,《비사 경제 기획원 33년, 영욕의 한국경제》)고 논평했다.

금융과 정치자금
그리고 권력

과거 정치자금과의 숨바꼭질 아직도 현재진행형

29

"(1993년의 실명제는) 1982년과 달리 기존의 비실명예금도 소급하여 실명으로 전환하도록 하고 비실명에 의한 인출을 금지시킬 뿐만 아니라 5000만 원 이하의 소액 자금을 제외하고는 자금출처조사를 한다는 것이었다. 과거의 불법을 용서하지 않겠다는 뜻이 담겨 있었다.

과거의 예금까지 소급 적용된 실명제에 의해 수많은 과거의 비리가 드러나게 되어 정치인과 고위공직자들에 대한 사정은 끊임없이 이어졌다. 나중에는 전두환 대통령과 노태우 대통령이 구속되는 사태로까지 이어졌다.

실명제로 발목이 잡혀 아무도 찾아가지 않는 거액 예금도 상당액이었고 지하에 묻혀 있는 거액의 현금을 신권으로 탈바꿈하기 위한 사기사건이 몇 번 일어나기도 했다.

김영삼 대통령도 물러난 후 국가안전기획부 자금사건으로 어려움을 당하게 됐다. 남을 향해 던진 실명제는 부메랑이 되어 자기를 치게 된 것이다."

강만수 전 재정경제부 차관은 《현장에서 본 한국경제 30년》에서 금융실명제와 정치자금과의 관계를 이렇게 설명한다.

"실명제가 실시된 후 부정부패가 얼마나 뿌리 뽑혔는지 통계는 없지만 큰 변화를 체감할 수는 없다. 2002년 대통령선거 때의 '차떼기' 정치자금이 이를 말해준다.

이것이 돈 안 드는 정치 개혁의 계기가 된 것은 사실이다. 정치 개혁이 앞서야 하는 데 순서가 거꾸로 됐다. 소는 코를 꿰어 끌고 가야 한다. 아직 미흡하기는 하지만 최근의 선거법과 정치자금법의 개정은 소의 코를 꿰는 것이었다.

실명제는 지하경제 양성화를 위한 칼로 구상됐는데 정치 보복의 칼로 더 많이 사용되어 정치 갈등을 확대재생산하는 도구가 되지 않았나 생각된다. 권력을 쥔 자는 반대자들의 흠을 들추기 위해 계좌를 추적하고 싶은 끊임없는 유혹을 받을 것이다. 누구도 지킬 수 없는 선거법하에서 실명제는 권력을 가진 자의 칼이다. 실명제는 어두운 면과 밝은 면, 두 얼굴을 갖고 있는 야누스였다."

강만수는 1982년 최초로 실명제를 입안할 당시 최고 권력자 즉 대통령의 정치자금 문제가 실명제 실시 문제와 직결돼 있음을 간파, 'political cost'라는 표현을 썼었다.

■   ■   ■   ■

대한민국 머니 임팩트

실명제 실시되면 가장 큰 피해자는 대통령

실제로 최고 권력자의 비자금 내지 정치자금은 실명제와는 상극이었다. 국회 5공 특위 조사보고서에 따르면 전두환 전 대통령의 영부인 이순자 여사가 거둔 새세대육영재단 기금 중 22억 원은 1981년 12월부터 1983년 6월 사이에 한국투자신탁 등에 육영자·오일호·유영일 등의 가명으로 예치됐다.

또 전두환은 수십 개의 가명 단기성 예금통장으로 정치자금을 관리했다. 입출금 등의 심부름은 측근 부하에게 시켰지만 통장 보관이나 돈을 주고받는 등의 중요한 일은 자신이 직접 했다. 여러 개의 가명 통장에 비자금을 분산시켜놓았고 장기채권이나 증권에는 투자하지 않았다고 한다.

"기업의 비자금과 대통령의 비자금은 금융 '가명제' 하에서만 마음 놓고 유착과 내통의 관계를 유지할 수 있다. 비자금이란 바퀴벌레에게 있어서 실명제는 햇빛과 같다.

실명제가 실시되면 가장 큰 피해자는 다름 아닌 대통령이다. 정치자금의 흐름, 그것에 의한 축재 상태가 드러나기 때문이다. 지난 1982년과 1990년에 실명제 실시가 유보돼버린 원인을 대통령의 비자금 문제와 연관시켜 규명해볼 필요가 있다."(《월간조선》, 1992년 3월)

6공의 노태우 대통령은 취임 초기에는 정치자금 양성화를 국민들에게 약속하기도 했다.

"정치자금을 둘러싼 비리를 없애기 위해 정치자금의 양성화를 추진하겠습니다. 여야가 공동으로 정치자금 양성화 법안을 성안하여 가급적 이번 회기 내에 통과시켜줄 것을 희망합니다. 특히 우리 경제인은 어떠한 특혜나 변칙적 지원도 기대할 수 없게 하는 동시에 자유롭고 떳떳한 활동이 보장되도록 하겠습니다. 또한 기업인에 대한 어떠한 부담금이나 준조세적 기부금도 없앨 것입니다."(1988년 11월 26일 '시국과 관련하여 국민에게 드리는 말씀')

노태우는 취임 첫해에는 정치자금 양성화에 대해 세 번 언급했고 이듬해에는 한 번 얘기했지만 3년째부터는 한 번도 말하지 않았다. 1990년 봄 실명제 유보를 계기로 정치자금 양성화에 대한 의지가 사라진 것이다.

"정치자금 양성화가 6공에서 이뤄지지 않은 이유는 간단하다. 대통령의 음성적 정치자금 모집이 계속돼왔고 대통령이 여당을 통제하는 수단으로서 그것을 긴요하게 썼으며 선거에서 야당에 대해 여당이 유리할 수 있는 부분이 돈과 행정조직의 지원이기 때문이다. 정치자금 양성화는 여당으로부터 돈이란 프리미엄을 빼앗는 것이다."(《월간조선》, 1992년 3월)

그 후 노태우는 전임자 전두환처럼 기업들에게 대놓고 손을 벌려 돈을 걷었다. 그것이 백일하에 드러난 것이 바로 노태우 비자금사건이다.

금융종합과세가 노태우 비자금 노출 불러

1995년 10월 19일 민주당 박계동 의원은 국회 본회의 대정부 질의에서 이같이 폭로했다.

"신한은행 서소문지점에 (주)우일양행 명의로 128억 2700여 만 원이 예치돼 있다. 이는 노태우 전 대통령이 퇴임 직전인 1993년 1월 말까지 상업은행 효자동지점에 예치했던 4000억 원의 비자금 중 일부로 이원조씨가 시중은행 영업담당 상무를 시켜 각 시중은행에 100억 원씩 40개 계좌로 나누어 분산 예치시킨 것으로 알고 있다."

박 의원의 폭로는 비자금의 구체적 근거를 제시했다는 점에서 엄청난 후폭풍을 몰고 왔다.

폭로의 증거자료로 박 의원은 우일양행 명의의 예금잔고 조회표를 제시했다. 신한은행 서소문지점이 발행한 '보통 · 저축 · 자유저축예금 조회표'에는 예금 잔액이 128억 2771만 4879원으로 찍혀 있었다. 계좌 개설일은 노태우의 퇴임 직전인 1993년 2월 1일이었다.

박 의원은 보성고 동문 후배인 하 모씨에게서 이 얘기를 처음 들었다고 한다.

"하씨가 박 의원에게 비자금 얘기를 털어놓은 이유는 바로 금융종합과세에 따른 두려움 때문이었던 것으로 알려졌다. 하씨 부친이 경영하는 우일양행 명의로 된 비자금 계좌를 그대로 둘 경우 1996년부터 실시키로 돼 있는 종합과세 정책에 따라 7억 200여 만 원의 세금을 추가로 물지 않을 수 없었다는 것. 그래서 이 차명계좌를 어떻게든 처리, 억울한 과세를 피하려 했다는 것이다."《신동아》. 1996년 1월)

즉 실명제가 전직 대통령의 꼭꼭 숨겨진 비자금을 찾아낸 셈이다.

문제의 계좌가 개설돼 있는 신한은행 서소문지점 이우근 지점장은 몰려든 기자들의 추궁에 "40대 남자의 부탁을 받고 300억 원의 예금계좌를 개설해줬다"고 실토했다. 비자금의 실체가 확인된 것이다.

이튿날 검찰은 즉각 수사에 착수했다. 당시 김기수 검찰총장은 안우만 법무장관에게 수사에 착수할 계획임을 보고했고 안 장관도 이에 동의했다.

"만약 이 지점장이 '박 의원의 주장은 전혀 사실이 아니다' 또는 '나는 전혀 아는 바 없다'며 폭로 내용을 전면 부인하는 것으로 일관했다면 사태는 전혀 달라질 수도 있었다는 것이 한 검찰간부의 설명이다.

이 말은 매우 의미심장하다. 계좌의 실재 여부가 곧바로 드러나지 않았다면 그냥 덮어버릴 수도 있었다는 사실을 시사하고 있기 때문이다.

사실 검찰이 노씨의 비자금 계좌를 들여다본 것은 이때가 처음이 아니었다. 검찰은 일찍부터 노씨의 비자금 실체를 파악하고 있었다. 단지 노씨 처벌을 목적으로 전면적인 수사를 벌이지 않았을 뿐이다. 따라서 검찰은 노씨의 비자금 규모에 대해서도 어느 정도 파악하고 있는 상태였다."(《신동아》, 1996년 1월)

노태우 비자금의 꼬리가 처음 검찰에 밟힌 것은 1993년 동화은행장 비자금사건 때였다.

당시 함승희 검사는 안영모 동화은행장의 비자금 계좌를 추적하던 중 노태우정권 시절 청와대 경호실장이던 이현우가 안 행장으로부터 2억 1000만 원의 뇌물을 받은 사실을 발견했다.

그런데 더 캐 들어가다 보니 엄청난 사실이 불거져 나왔다. 이 실장이 안 행장으로부터 3000만 원씩 7차례에 걸쳐 받은 돈은 은행장 연임을 위한 청탁의 대가가 아니라 바로 노태우 비자금 1000억 원을 1991년 3월 동화은행에 예치해준 데 대한 대가였다.

즉 노태우 비자금은 이미 1993년 4월에 1000억 원 이상이 발견됐던 것이다. 권력 핵심과 검찰수뇌부의 의지만 있었다면 노태우 비자금의 전모를 훨씬 일찍 파헤칠 수도 있었던 것이다.

대한민국 머니 임팩트

비자금 규모, 사용처 등 검찰 수사 미흡

검찰 수사 결과 노태우의 비자금은 총 4500여 억 원에 달하는 것으로 드러났다.

뇌물공여자 명단을 보면 삼성그룹 이건희 회장과 현대그룹 정주영 회장이 각각 250억 원, 대우그룹 김우중 회장 240억 원, 동아그룹 최원석 회장 230억 원, LG그룹 구자경 회장이 210억 원이다.

이어 한진그룹 조중훈 170억 원, 한보그룹 정태수 150억 원, 롯데그룹 신격호 110억 원, 한양주택 배종열 · 진로그룹 정진호 · 한일합섬 김중원이 각각 100억 원을 줬다.

또 쌍용그룹 김석원 · 청우종건 조기현 · 유원건설 최효석 80억 원, 효성그룹 조석래 75억 원, 대림그룹 이준용 · 금호그룹 박성용 70억 원, 극동건설 김용산 50억 원, 동부그룹 김준기 · 기아그룹 김선홍 · 대농그룹 박용학 각각 40억 원, 고합그룹 장치혁 · 동국제강 장상태 · 삼부토건 조남욱 · SK그룹 최종현 각각 30억 원, 코오롱그룹 이동찬 · 두산그룹 박용곤 · 미원그룹 임창욱 · 삼미그룹 김현철이 각각 20억 원 등이다.

해태그룹 박건배 · 태평양그룹 서성환 · 동양그룹 현재현 · 대한유화 이정호는 10억 원씩을 제공했으며 풍산 류찬우는 5억, 석유개발공사 유각종은 58억 9600만 원을 건넸다.

그러나 검찰이 밝혀낸 금액은 실제 비자금의 절반에 불과하다는 소문이 파다했다. 재벌총수들이 대부분 뇌물 제공 액수를 절반 가까이 줄여 진술했으며 실제로는 비자금 총액이 8000억 원 이상이라는 것이다. 축소 진술한 이유는 검찰이 1992년 대선자금으로 기업이 지출한 것은 묻지 않았기 때문이라는 얘기다.

비자금 사용처에 대한 수사도 허술하기는 마찬가지였다. 검찰에 밝힌 사용처는 1988년 4월 13대 국회의원 선거와 1992년 4월 14대 국회의원 선거에 각각 700억 원씩 1400억 원, 부동산 위장매입에 382억 9400만 원, 민정당·민자당 지원금 790억 3300만 원, 예금 등 비자금 잔액 1940억 원 등이다. 이를 합칠 경우 4513억 2700만 원에 이른다. 그러나 자세히 살펴보면 검찰의 수사 결과에는 허점이 너무나 많다.

"1995년 11월 27일 김대중 당시 국민회의 총재는 노씨가 대국민 사과성명을 발표할 당시 북경에서 노씨로부터 14대 대선자금 명목으로 20억 원을 받은 사실을 공개했다. 그러나 노씨의 비자금 조성액과 사용처에서 김 총재가 스스로 실토한 20억 원은 찾아볼 수 없다.

또 노씨가 김영삼 대통령에게 지원한 대선자금의 내역도 전혀 나타나 있지 않다.

게다가 노씨가 대선 직전에 CD 등을 매각해 마련한 300억 원의 사용처 역시 오리무중이다. 노씨는 1992년 대선 보름 전쯤인 12월 3일 이현우 당시 경호실장에게 300억 원을 찾아오라고 지시했다. 이에 따라 이 실장은 이태진 당시 청와대 경호실 경리과장을 시켜 1억 원짜리 자기앞수표 300장을 만든 뒤 이를 노씨에게 전달했다. 노씨도 이 돈을 받은 사실을 시인했다.

그러나 어디에 썼는지에 대해서는 '기억나지 않는다'며 답변을 거부했다. 문 부장검사는 이에 대해 '이 돈의 사용처에 대해 끈질기게 계좌추적을 벌였으나 수표의 앞뒷면을 찍어놓은 마이크로필름이 훼손돼 도중에 추적을 포기했다'고 말했다.

대한민국 머니 임팩트

게다가 검찰은 노씨 비자금의 사용처에 대해서도 계좌추적을 벌였으나 대부분 확인하지 못한 것으로 알려졌다."(《신동아》, 1996년 1월)

한 푼도 안 받았다는데, 내가 뭐라 하나

노태우는 지난 1999년 《월간조선》과의 인터뷰에서 비자금 조성액과 사용액 간 차액인 약 1000억~2000억 원이 김영삼 대통령 선거캠프로 지원된 것 아니냐는 질문에 알쏭달쏭하게 답변한다.

"김영삼씨가 답변했잖아, 한 푼도 안 받았다고. 그런데 내가 뭐라고 해야 되겠어? 국정을 책임졌던 사람, 통치권자, 이런 입장에서 이것이 국민에게 알려져서 나라에 도움이 되느냐 해가 되느냐를 깊이 생각하지 않을 수 없다"는 것이다.

"비자금 문제로 국민들에게 큰 충격과 실망을 안겼다는 점에 대해서는 어떤 변명도 할 수 없다. 죄송스럽기 짝이 없고 심지어 100번 죽어도 국민들의 실추된 명예를 회복시켜드릴 수는 없다고 본다.

두 사람의 전직 대통령이 구속됨으로써 전 세계적으로 우리의 위상이 바닥으로 떨어져버렸는데 더 이상 내가 특정인을 지목해서 뭔가를 밝힐 경우 당장 쾌감을 불러일으킬 수 있을지는 모른다. 그렇지만 그것으로 인해 나라 전체가 또 한 번 명예를 실추당하는 일을 되풀이할 수는 없다."(조갑제 해설, 《노태우 육성회고록》)

즉 김영삼이 안 받았다는데 '뭔가를' 밝혀 또 국가적 문제를 만들 수는 없다는 것이다.

노태우는 이현우 경호실장이 비자금 출납장부를 파쇄기에 걸어 없애버렸다면서 누구한테 받았다는 것을 밝히지 않기 위해 없앴다고

실토했다. 또 1992년 대선자금은 본인이 아니라 김영삼 후보 측이 직접 받았다고 주장했다.

또한 대선 보름 전 이현우 실장이 CD를 바꿔 만든 300억 원이 김 후보 지원금으로 간 것 아니냐는 질문에 대해 노태우는 "그것은 답변하기 곤란한 사안"이라고 입을 다물었다.

그는 당시 비자금을 제공한 기업들의 상당수가 뇌물 액수를 축소 신고한 것은 인정했다.

김대중 당시 국민회의 총재에게 20억 원을 준 것에 대해서는 "통치권자 입장에서는 어떨 때는 야당도 어려울 때 얼마간은 지원해줄 수 있다"며 "시시비비를 정당하게 가려주는 국정의 동반자가 되기를 원하고 그렇게 생각했지 궁지에 빠지기를 바란 적은 한 번도 없다. 그것(20억 원)도 다른 뜻이 아닌 그런 차원일 거다"라고 밝혔다.

한편 김대중 비자금사건 수사에서는 지난 1991년 당시 손주환 청와대 정무수석이 평화민주당 사무총장 계좌로 1월과 5월에 각각 3억 원씩을 입금시킨 것으로 드러났다.

이에 대해 손 전 수석은 "청와대에서 그런 거금을 입금시킨 적도 야당에 건네준 관행도 없었다. 청와대에서는 그런 돈이 간 적도 없고 또 갈 수도 없다. 다만 매달 한 번씩 당 총재이신 대통령이 집권당 사무총장에게 정무수석이 배석한 자리에서 당의 월별 운영자금을 수표로 전달했다는 사실은 밝힐 수 있다"고 말했다. 아울러 "정기적으로 야당에 운영자금을 준 것은 아니다"라고 해명했다.

여하튼 이 모든 진술을 종합해볼 때 비자금의 전체 조성 규모가 검찰 발표보다 훨씬 더 많을 것이며 이 중 상당 부분이 김영삼 진영의 대선자금으로 흘러갔을 가능성이 있고 또 일부는 야당에도 유입됐다는 걸 알 수 있다. 하지만 검찰은 사건의 전모를 백일하에 밝혀내지 못하고 흐지부지 수사를 끝내고 말았다.

정치자금 남은 의혹이 구권화폐 사기꾼 양산

이렇게 검찰 수사가 미진하다 보니 여러 가지 의혹과 소문이 끊이지 않았다. 그 대표적인 것이 '구권화폐' 사기사건이다.

구권화폐 사기사건이란 과거 정권들이 정치자금으로 모아뒀던 수조 원에서 최대 수십 조 원의 거액을 1993년 실명제 실시 직전에 당시의 현금 1만 원짜리(구권)으로 바꿔 은밀한 곳에 보관 중이라는 소문이 명동과 강남 사채시장을 중심으로 경제계에 널리 퍼져 있는 상황에서 이런 소문을 악용한 사기꾼들이 벌인 사기 행각들을 말한다.

이 구권화폐 사기사건은 1990년대 후반부터 최근까지 10년 동안 잊을 만하면 또 터지고 또 터지는 일이 반복되고 있다.

구권화폐의 주인으로 거론되는 인물은 전두환·노태우 그리고 YS의 차남 김현철 등이다.

여기서 구권이란 1994년 이전에 발행된 1만 원권으로 신권과 달리 가운데 위조방지용 반짝이는 은빛 세로선이 없다. 현용화폐여서 지금도 사용하는 데 아무런 문제는 없으나 한국은행에서는 구권을 계속 신권으로 교체해왔고 2006년부터는 도안과 크기가 과거와는 전혀 다른 신권을 발행하고 있다.

사기범들의 단골수법은 대개 이런 식이다.

"구 정권 핵심인사들이 거액의 비자금을 구권 형태로 갖고 있는데 워낙 뭉칫돈인 데다 구권이어서 자금추적을 우려해 은행에 예금도

못하고 비밀창고에 보관
중이다. 이 돈 다발을 사
용하려고 하는데 갑자기
구권 뭉치가 흘러나오면
발각될 위험이 있어서
나에게 의뢰해 은밀히
거래할 사람을 찾고 있
다. 신권으로 8억을 주
면 내가 구권으로 10억

전두환의 동생 전경환이 최근 구권화폐 사기사건에 연루됐다.
사진은 5공 당시 새마을본부장 시절의 전경환.(가운데 남성)

원을 주겠다."

지난 2000년 4월 희대의 사기여왕 장영자가 3번째로 구속된 것도
수 백억 원대의 구권화폐 사기극 때문이었고 그해 3월과 6월에도 사
기사건이 계속됐다. 2001년 1월에도 대기업 이사 출신을 비롯한 유
력 인사가 다수 포함된 구권화폐 사기단이 적발됐다.

검찰은 구권화폐는 실제로 존재하지 않는다고 누누이 밝히고 있지
만 사채시장에서는 검찰 얘기를 믿지 않는다는 게 문제다.

이들의 수법을 보면 마치 영화의 한 장면 같다. 호텔 지하주차장에
서 구권과 신권을 실은 트럭째로 서로 맞바꾼다. 1팰릿(지게차로 한 번에 들
어 올릴 수 있는 양의 1만 원권을 포장한 것으로 약 30억 원 상당)을 교환하는데 신권은 약
21~24억 원만 준비하면 되는 것이다.

마치 2002년 대선 당시 한나라당의 '차떼기' 대선자금 수수를 연
상케 한다.

사기꾼들은 피해자들에게 구권이 보관돼 있는 창고를 실제 보았다
고 하면서 창고 외관이나 포장된 돈 다발을 사실적으로 묘사하고 수

대한민국 머니 임팩트

백 억 원이 입금된 예금통장 사본이나 은행잔고 증명서를 보여주며 자신의 자금력을 과시한다. 물론 실제로는 입금과 동시에 잔액이 모두 빠져나간 깡통계좌다.

이런 식으로 구권화폐 교환작업에 투자하면 손쉽게 큰돈을 벌 수 있다고 꾀어 투자자를 모집, 투자금을 갈취해 달아나는 것이다.

이들은 청와대나 비실명자금의 실명화작업을 위해 파견된 고위공무원, 전직 장관을 사칭하기도 하고 구정권 시대 고위층 인척 등과의 친분관계를 위장하면서 피해자들로 하여금 신뢰감을 갖게 하는 등의 치밀함도 보인다.

전 대통령 비자금 구권화폐 차떼기로 맞바꿔?

2003년 12월에는 전직 대통령 비자금 관리팀을 사칭, 해외에서 활동 중인 유명 여성 프로골퍼에게 접근해 골프장 건설을 미끼로 투자금을 받아 가로채는 사건도 발생했다.

호텔 커피숍에서 만난 피해 여성 골퍼에게 사기범들은 "구권화폐 형태의 전직 대통령 비자금을 관리하고 있는데 현재 구권화폐를 쓸 수 없으니 전직 대통령 아들이 참여하고 있는 경기도 남양주 골프장 건설작업에 10억 원을 투자하면 3개월 후 17억 원을 돌려주겠다"고 속여 수표 10억 원을 받아 가로챈 것이다.

피해자들은 부끄러운 마음에 입밖에 내지도 못하고 사기단들이 "보안이 새나가면 신변이 위험하다"는 등으로 협박하거나 신고한 경우 혹시나 실제 있을지도 모르는 구권 거래에서 자신이 배제될 수도 있다는 생각에서 대개 신고조차 하지 못했다.

지폐가 아닌 CD(양도성예금증서) · 무기명채권 · 주택채권 등도 구권의 개념에 포함된다.

필자가 지난 2002년 직접 만났던 한 사채업자는 "비자금이 CD와 무기명채권으로 컨테이너 트럭에 하나 가득 들어 있는 걸 내가 직접 봤다. 수조 원이 길거리를 돌아다니고 있는 셈"이라고 말했다.

당시 그는 필자에게 기사 제보의 차원에서 말한 것이었다.

최근에는 전두환의 동생 전경환이 수십 억 원대의 구권화폐 사기 사건에 연루됐다. 사라진 줄 알았던 구권화폐 사기가 2007년에도 횡행하고 있음이 확인되는 순간이다.

사기범들은 사업상 알게 된 피해자들에게 "전두환의 구권화폐 비자금 50억 원을 30퍼센트 싸게 살 수 있다"며 "내일 구권 65억 원을 신권 50억 원과 맞바꾸기로 돼 있는데 5억 원을 투자하면 원금 포함 6억 원을 돌려주겠다"고 꾀었다.

이들은 반신반의하는 피해자들을 속이기 위해 전경환을 끌어들였다. 전경환과 같이 식사하는 모습을 피해자들에게 보여줘 믿게 하는 데 이용한 것이다.

이 사건을 수사한 서울중앙지검은 전경환의 공모 여부를 수사하려 했으나 이미 다른 사건으로 도피 중인 그를 검거하지 못해 조사를 못하고 있다. 전경환은 지난 2004년 한 건설업체 대표에게 외자유치를 도와주겠다며 업무추진비 명목으로 7억 원을 받아 가로챈 혐의로 수배돼 있는 상태다.

이렇듯 5공 정권이 막을 내린 지 벌써 20년이 지났는데도 전두환의 비자금과 사법당국의 숨바꼭질은 아직도 계속되고 있다. 전 재산이 29만 원뿐이라며 추징금 납부를 거부하고 있는 전두환에 대한 국민들의 분노도 여전히 현재진행형이다.

그러니 노태우 · 김영삼정권 시절의 정치자금 문제가 어떻게 다 끝났다고 말할 수 있을까?

부도 또 **부도,**
재벌 붕괴 대행진

외환위기 예고편, 기아는 막았어야 했다

30

■ ■ ■ ■

김영삼 전 대통령 집권기간 내내 경기침체가 계속됐고 집권 후반기에는 불황이 더욱 심화됐다. 이에 따라 1996년 하반기부터 재벌기업들의 자금 난과 부도 관련 루머가 떠돌았다.

재벌 붕괴 대행진의 신호탄은 1996년 7월 부도를 낸 건영그룹이었다.

건영그룹은 지난 1977년 11월 건영주택으로 출발해 주력사인 (주)건영과 건영종합건설·건영종합개발·건영산업개발·건영통상·글로리산업개발 등 계열사들을 확장하면서 중견 건설재벌로 자리매김해왔으나 1996년 들어 자금난이 악화되면서 7월에 부도가 발생, 이듬해 5월 19일 법정관리에 들어갔다.

오너였던 엄상호 전 회장은 2002년 공적 자금비리 수사에서 6700억 원의 대출사기, 500억 원의 계열사 부당지원, 120억 원의 비자금 조성 및 횡령, 5억 원의 뇌물 제공 등의 혐의로 구속돼 1심에서 징역 3년, 2심에서 집행유예를 선고받은 바 있다.

건영은 2006년 11월 LIG그룹에 인수돼 LIG건영으로 바뀌었다.

1997년 들어서는 1월 23일 한보그룹의 부도를 시작으로 정상급 재벌들의 부도사태가 현실이 되고 말았다.

1997년에만 부도를 낸 재벌기업은 한보그룹 · 삼미그룹 · 진로그룹 · 대농그룹 · 한신공영 · 기아그룹 및 태일정밀 등 8개에 달한다. 가히 '부도 도미노' '재벌 붕괴의 대 행진'이었다.

"한보그룹의 부도는 정부의 산업정책이 종래 정부주도 일변도에서 시장경제체제로의 전환을 예고하는 선언이었으며 동시에 국제통화기금(IMF) 관리체제로 편입되는 신호탄이었다. 이른바 개발경제 시대에 조종을 울린 것이다.

1996년 9월 9일 한국은행은 국제결제은행(BIS)에 가입했으며 그해 10월 11일에는 경제협력개발기구(OECD)의 29번째 회원국으로 정식 가입했다. 이후부터 한국 경제의 운용방식은 종래 정부주도 방식에서 시장기능에 의존하는 방식으로 전환하는 한편, 시장기능 회복을 위한 추진작업은 1997년 3월 5일 취임한 강경식 부총리가 전담했다.

정부정책이 정부 중심에서 시장기능 중심으로 전환한 것을 확인한 채권은행들은 한보그룹에 대한 지원을 중단, 한보그룹이 붕괴됐다. 이후 삼미 · 진로 · 대농 등 중견 재벌그룹들의 부도가 잇따랐다.

재벌들의 잇단 좌초에 대해 강 부총리는 '기업들의 부도 여부는 전적으로 해당 기업과 채권은행이 알아서 할 일이다. 시장경제원칙에 의거,

기업이 부도나면 이제부터는 경영의 책임을 묻겠다'며 시장기능에 의존한 기업들의 구조조정을 천명했다."(이한구,《한국재벌사》)

■　　■　　■　　■

재계 17위 삼미그룹 도산, 부실채권 8469억

한보그룹의 뒤를 이어 무너진 정상급 재벌은 재계 서열 17위의 삼미그룹이었다.

삼미그룹은 1959년 제재업 및 목재가공업체인 대일목재공업으로 출발, 광업과 특수강·해운·기계 및 금속공업·건설업 등에 진출하면서 재벌로 도약했다.

1980년 창업자인 김두식 회장의 사망으로 삼미그룹은 2세인 김현철 회장체제로 전환한다.

하지만 제2차 석유파동의 영향으로 고전을 면치 못하던 삼미그룹은 1983년 재무구조 개선 차원에서 그룹의 상징이던 3·1빌딩과 프로야구단 삼미슈퍼스타즈를 매각한다.

그 이후 김현철은 특유의 공격 경영으로 적극적인 다각화에 나선다. 이에 따라 1980년대 말에는 모 기업인 (주)삼미를 비롯해 삼미특수강·삼미금속·삼미화인세라믹스·삼미기술산업·유나백화점 등을 거느리게 됐다.

뿐만 아니라 1989년엔 3억 달러를 들여 북미지역의 특수강공장 4개를 인수, 캐나다의 삼미아틀라스와 미국에 삼미알텍을 각각 설립한다. 인수 직후 총 3000억 원을 집중 투자해 삼미아틀라스와 삼미알

텍의 생산능력을 100만 톤 규모로 확대함으로써 삼미그룹은 마침내 외형에서 재계 랭킹 17위의 대재벌로 부상했다.

1990년대 초에도 삼미특수강 창원공장의 생산능력을 50만 톤 규모로 확대하고자 3000억 원을 투입하는 등 가용재원을 총동원해 특수강 생산능력 확대에 주력했다.

그러나 이것이 부메랑으로 돌아왔다. 지나친 사업 확장으로 재무구조가 악화되고 있는 와중에서 특수강시장의 장기 불황이 겹치면서 북미지역 공장들은 인수 후 4년 연속 적자를 기록했고 국내에서도 누적채무가 눈덩이처럼 불어났다.

위기에 직면한 삼미는 자구책을 위해 1992년 한성자동차서비스와 심미켄하의 지분을 처분하고 1993년 방배동 사옥을 팔았으며 이듬해에는 삼미금속 파주 및 진주공장과 비바백화점의 인천 만석동 부지 등도 매각했다. 유사 계열사도 통폐합하고 김현철은 1995년 말 경영난에 빠진 북미공장에 전념코자 회장직을 동생 김현배에게 인계했다.

그럼에도 경영난은 더욱 악화돼 자기자본비율이 30대 그룹 중 최저치인 2.9퍼센트 수준이 됐고 이자부담액만도 삼미특수강 총매출의 30퍼센트에 달할 정도였다.

1996년 후반이 되자 삼미의 도산 루머가 나돌기 시작했다.

삼미는 1997년 들어 삼미특수강 창원공장의 봉강 및 강관공장을 포항제철에 7194억 원에 매각, 재무구조 개선에 사용하는 한편, 주거래은행인 제일은행에 긴급지원을 호소했다. 그러나 당시 제일은행도 유원건설 부도와 한보사태의 직격탄을 맞아 대규모 부실채권이 발생, 삼미에 대한 지원이 어려웠다.

마침내 1997년 3월 13일 1차 부도가 난 후 3월 19일 삼미특수강과

삼미·해태·쌍방울 등 프로야구단을 운영하던 중견재벌 3곳이 1997년 차례로 무너졌다.

(주)삼미·삼미금속 등이 법정관리를 신청하면서 그룹이 해체되고 말았다.

1996년 말 현재 삼미그룹은 총자산 2조 5378억 원에 총부채는 2조 5937억 원으로 559억 원의 자본 잠식 상태였다. 매출은 1조 4925억 원으로 부채보다 1조 원 이상 적고 금융비용도 2670억 원에 달해 2478억 원의 적자가 발생했다.

삼미그룹의 좌초로 국내 금융권에는 8469억 원의 부실채권이 추가로 발생했다.

탁상공론으로 끝난 금융기관 부도방지협약

삼미그룹의 도산은 정부로서도 충격이었다. 뭔가 대책이 필요했다.

3월 15일 대기업 부도처리에 대한 긴급 조찬모임이 열렸다. 참석자는 강경식 부총리, 임창열 통상산업부장관, 김인호 청와대경제수석, 이경식 한국은행 총재, 김시형 산업은행 총재, 이수휴 은행감독원장, 이동호 은행연합회장, 윤진식 청와대비서관, 윤증현 재정경제원 금융정책실장 등이 모였다.

강 부총리는《강경식의 환란일기》에서 이렇게 회고했다.

"법정관리로 가기에 앞서 은행 자체에서 처리할 수 있도록 투명한 절차를 만들고 또 이를 바탕으로 관련 금융기관 간의 협의절차를 만들기로 했다. 그 다음에는 성업공사에 넘겨서 법정관리 여부를 판단, 그에 따른 절차를 성업공사가 맡아서 대행하게 하는 방안에 대해 의견교환을 했다.

대기업의 부도가 '특별한 현안'이 아닌 금융업의 '일상적인 비즈니스의 일환'이 되도록 함으로써 한보사태와 같이 '사건화'되는 것을 방지하기 위한 방안을 찾자는 것이었다.

부도가 나면 금융기관의 부실채권이 늘어나게 되므로 결국 부실채권 정리를 '일상화'하는 제도적 장치를 마련하게 되면 부도나 부실채권 정리가 일상적인 것으로 받아들이게 될 수 있게 된다는 것이 내 구상의 요지였다."

그의 이런 '이상적'인 생각과 관계없이 시중에는 "5대 그룹을 빼고는 다 위험하다"는 말이 나올 정도로 대기업 부도설이 끊임없이 나돌았다. '금융대란설'이니 '위기설'이니 해서 돈이 돌지 않아 멀쩡한 중견기업도 부도에 몰릴 판이었다.

강 부총리는 3월 25일 은행장들과 오찬을 함께 하면서 금융경색이 오지 않도록 배려해줄 것을 당부하고 4월 3일 윤증현 금정실장에게 금융대란에 대한 비상대책을 준비시켰다.

대기업 부도의 해법으로 정부 실무진이 만든 결과물이 '부도방지협약'이었다. 부도에 직면한 대기업의 주거래은행이 요청하고 채권은행들이 합의하면 3개월 동안 그 기업에 대한 어음을 교환에 돌리지 말자는 일종의 은행 간 협정을 만들어 운영하자는 것이었다. 이렇게되면 협정 기간 동안에는 부도를 내지 않게 되므로 '부도를 방지'하는 결과가 된다는 것이다.

이 아이디어는 1987년 처음 만들어진 금융단 협약인 '기업정상화를 위한 금융기관 간 협정'에서 본뜬 것으로 그동안 활용이 안 되고 사장돼 있는 상태였다.

"우리 실정에 딱 맞는 제도였다. 부도를 내지 않을 수 없는데도 부도를 내지 말라는 대통령의 지시 때문에 고심해야 하고 그렇다고 별 뾰족한 대책도 없는 답답한 처지를 해결해줄 수 있는 묘책이라는 생각에 매우 만족스러웠다. 그렇다고 끝까지 부도를 내지 않는 것은 아니어서 퇴출해야 할 기업은 협약 기간이 끝난 다음에 부도 처리를 하게 되는 것이다.

이렇게 하면 경쟁력이 있는데도 한때의 자금부족으로 부도에 몰려 쓰러지는 기업은 줄어들 수 있다. 부도를 일시 유예해주어 재생기회를 주자는 것이었다."(강경식, 《강경식의 환란일기》)

그러나 부도방지협약은 비록 자율적 합의에 의하고 일시적이라고는 하나 정당한 채무상환을 동결시킨다는 8·3 조치에 버금가는 특단의 처방이었다. 대기업 부도로 인한 피해를 최소화하기 위해 채권자와 채무자가 사전에 협의할 수 있는 시간과 기회를 제공하자는 취지에서 마련된 고육책이었다.

그러나 은행권과 제2금융권 등 채권금융기관 간에 의견이 일치되지 않아 이 제도는 제대로 빛도 보지 못하고 폐기되고 말았다.

대한민국 머니 임팩트

YS "진로 살려라" 설익은 정책으로 수포

이 부도방지협약이 처음 적용된 케이스가 진로그룹이었다.

소주 재벌 진로그룹은 1986년까지만 해도 8개 계열사로 재계 순위 30위 밖이었다. 하지만 1984년 6월 창업자 2세인 장진호가 경영권을 장악하면서 적극적인 사업 다각화에 나선다.

(주)금비 · 연합전선 · 우신투자자문 · G-TV · 진로건설 · 진로인터내셔널 · 진로제약 · 진로종합식품 · 진로종합유통 · 진로쿠어스맥주 · 청주 진로백화점 등을 잇따라 인수했고 양재동 트럭터미널 · 서초동 남부터미널 · 아크리스백화점 · 의정부백화점 등을 건설, 1997년 기준으로 총 24개 계열사를 거느린 재계 순위 19위의 재벌로 급부상했다.

그러나 이러한 급속한 문어발 확장은 주로 외부차입금에 의존한 것으로서 1997년 4월 현재 진로그룹의 부채총액은 은행권 1조 2000억 원, 제2금융권 2조 5000억 원 등 총 3조 7000억 원에 달했고 자기자본비율은 4.34퍼센트에 불과했다. 또 24개 계열사 중 10여 개 사가 적자였다.

삼미그룹 부도 이후 제2금융권은 재무구조가 취약한 기업에 대한 대출금 회수에 적극 나서 진로는 자금난에 빠져들었다.

위기 탈출을 위해 진로는 트럭터미널과 남부터미널 · 아크리스백화점 · 청주 진로백화점 등 계열사들을 대거 처분해 총 1조 2000억 원을 마련해 구조조정자금으로 사용키로 했다. 또 상업은행과 서울은행에 추가 융자를 요청해 1997년 3월까지 각각 600억 원, 400억 원을 빌렸다.

하지만 경기침체로 계열사와 부동산 매각은 쉽지 않았고 은행들은 추가지원을 거부했다.

주거래은행인 상업은행 정지태 행장은 "진로그룹이 이달 중 만기 도래하는 어음을 결제하려면 2000억 원 이상이 필요하다고 자금 지원을 요청해왔지만 이는 영업자금이 아니라 제2금융권의 대출회수 자금으로서 더 이상 지원할 수 없다"고 거절했다.

이렇게 되자 정부가 나섰다. 그 사연을 들어보자.

"청와대 보고에서 대통령은 진로를 부도내지 말도록 당부했다. 만날 때부터 헤어질 때까지 몇 번이고 '잘해달라'는 부탁을 들었다. 처음으로 듣는 얘기였다. 한보 부도로 상상하지도 못한 어려움을 겪게 됐기 때문인지 대통령은 대기업 부도는 절대 안 된다는 생각을 하게 된 것 같았다. 가장 확실하게 부탁형의 지시를 되풀이한 것은 부도내지 말라는 요지였다."(강경식, 《강경식의 환란일기》)

고심 끝에 강 부총리는 막 구상 단계에 있던 부도방지협약을 적용, 진로 살리기에 나섰다.

"경쟁력을 상실한 기업들이 구조조정 과정에서 도산하는 것은 당연하다. 그러나 진로의 경우는 상표가 외국에도 널리 알려져 있고 해당 분야에서 경쟁력을 갖춘 기업으로 봐야 한다. 자구 노력에 착수한 만큼 당면한 경영위기를 잘 넘기면 살아남을 것으로 본다"고 했다.

그러나 설익은 정책인 부도방지협약에는 결정적 문제점이 있었다. 채권은행단에 종금사·파이낸스·상호신용금고·보험사 등 제2금융권이 배제됐다는 점이다.

따라서 은행권보다 제2금융권의 대출 비중이 높은 기업에 부도방지협약이 적용되면 제2금융권이 피해를 입을 우려가 있고 이를 의식

한 제2금융권이 대출회수에 나설 경우 오히려 부도를 촉진하는 결과가 될 수 있다. 진로가 바로 그랬다.

채권은행들은 4월 21일부터 진로그룹의 모든 어음 지급을 동결하고 25일부터 긴급자금을 지원하기로 했으나 이 소문을 들은 제2금융권에서는 반대로 경쟁적으로 어음을 돌려 21일 이전에 자금을 회수하려 했다. 진로의 어음결제액은 4월 14일 441억 원, 15일 676억 원, 17일 728억 원, 18일에는 797억 원 등으로 눈덩이처럼 불어났다.

마침내 진로는 21일 조흥은행 서초동지점에 돌아온 어음 213억 원과 상업은행 서초동지점에 지급 제시된 당좌수표 83억 원을 결제하지 못해 최종 부도 처리되고 말았다. 부도총액은 3조 900억 원, 부실채권은 1조 9000억 원에 달했다.

장진호 회장은 나중에 공적 자금 비리사건에서 5500억 원의 대출사기, 6900억 원 계열사 부당지원, 15억 원 비자금 조성 및 횡령, 회사자금 60억 원 횡령 혐의로 구속되기도 했다.

대농그룹, 적대적 M&A 방어하다 좌초

진로의 다음 차례는 대농그룹이었다.

창업주 박용학은 1915년 강원도 통천 출신으로 신의주에서 섬유도매상으로 돈을 벌었다. 한국전쟁 중 비료 수입을 통해 축적한 부를 기반으로 1955년 대한농산을 창업한 그는 방직업을 중심으로 대농그룹을 키웠다. 1968년 쌍용그룹으로부터 금성방직과 태평방직을 인수했다. 이듬해에는 미도파백화점을 인수했고 한국무역협회장·전경련 고문 등으로도 활동했다.

대농그룹은 1989년 1월 박 회장이 아들인 박영일에게 경영권을 인계한 후 적극적인 다각화에 나선다. 면방 중심의 사업구조에서의 탈피를 시도한 것이다.

이에 따라 대농창업투자·메트로콤·메트로 프로덕트·한국다까치로 등 단기간에 10여 개 계열사를 인수 또는 설립함으로써 1980년대 초 5개 사이던 계열사가 1996년 말에는 21개로 불어났고 재계서열도 33위의 중견재벌로 급성장했다.

그 과정에서 주력기업인 미도파와 (주)대농의 지급보증을 통해 은행 빚을 대거 끌어들였다.

하지만 1996년부터 면방 경기가 악화되면서 대농의 적자가 확대됐다. 이에 박영일은 재무구조 개선을 위해 1996년 하반기부터 보유부동산을 매각하는 등 구조조정에 착수했다.

그러나 뜻하지 않았던 외부의 적이 나타났다. 신동방이 미도파에 대한 적대적 인수합병(M&A)를 시도한 것. 미도파를 지키기 위해 대농그룹은 힘겨운 격전 끝에 겨우 경영권 방어에는 성공했으나 추가적으로 1200억 원의 자금을 써버려 돈줄이 급속히 말라버렸다.

1997년 초 미도파·대농·대농특수산업·제트라인·스파메트로·내외경제신문·코리아헤럴드 및 미도파관광을 제외한 11개 계열사를 매각했음에도 자금난은 풀리지 않았고 결국 5월 미도파가 부도유예협약 대상으로 지정된다.

"5월 13일 종합청사 사무실로 대농의 박용학 회장(당시는 회사를 살리기 위해 박 회장이 다시 경영 일선에 복귀, 노구를 이끌고 동분서주하고 있었음)이 찾아왔다.

대농그룹의 어려움을 풀어갈 계획에 대한 설명을 들었다. 하지만 정부로서 해줄 일이 없음을 분명히 했다. 진로의 경우도 2~3개월 동안 시간을 늦춘 것뿐이라고 말했다. 박용학 회장은 하도 답답해서 그냥 들어와봤다고 했다. 세상이 달라졌는데도 이를 실감하지 못한 데서 비롯된 일들에 나 역시 가슴이 답답했다.……

5월 27일 대농 계열 4개 사에 대해 부도유예협약(부도 방지라는 용어가 오해를 초래하자 부도유예협약으로 이름을 바꿨음)을 적용했다." (강경식, 《강경식의 환란일기》)

이후 대농그룹은 회생에 전력을 다했으나 끝내 재기하지 못하고 좌초하고 말았다. 이로 인해 금융권은 총 1조 3011억 원의 부실채권을 추가로 떠안아야 했다.

유통 과당경쟁의 비극, 한신공영과 뉴코아

그해 5월 30일 도급 순위 24위의 대형 건설업체인 한신공영이 법정관리를 신청한다.

한신공영은 1950년 전쟁 중에 김형종이 창업한 한신축로공업사를 모체로 탄생, 1976년 한신공영으로 상호를 변경한 후 건설업에 뛰어든 회사다. 서울 반포지역 2만 가구 등 전국에서 12만여 가구의 아파트를 지어 명문 주택건설업체로 도약했다.

그러나 주택 경기의 침체로 미분양 아파트가 크게 늘어난 데다 재개발·재건축공사에 따른 이주비 증가 등으로 유동부채가 급증했다. 또 광성주택·무등건설 등 거래업체의 부도로 851억 원의 부실채권이 발생했다.

특히 1988년 유통업에 진출해 한신코아백화점 중계점·광명점·대전점을 잇따라 개점한 것이 발목을 잡았다. 까르푸·마크로 등 초대형 외국계 유통업체들이 국내에 진출했고 국내 업체들 간의 과당경쟁으로 한신공영마저 자금난에 봉착, 법정관리를 신청하게 된 것이다.

한신공영은 2002년 5월 한신코아백화점을 세이브존 컨소시엄에 분할 매각하고 9월 코암시앤시 컨소시엄과 M&A 투자계획을 체결함으로써 11월에 법정관리에서 탈출했다.

한신공영에서 갈라져 나와 당시 국내 최대의 유통전문 그룹이 된 것이 뉴코아그룹이다.

창업자 김의철은 한신공영에서 특유의 유능함으로 김형종 사장의 눈에 띄어 맏사위가 된다. 한신공영의 반포아파트 히트도 그의 작품이다. 하지만 김형종 회장의 외아들 김태형이 경영권을 승계할 것이 확실해지자 김의철은 1978년 한신공영을 떠나 뉴코아유통을 설립한다.

그는 1980년 12월 반포에 강남 최초의 지역 백화점인 뉴코아센터를 건설, 영업개시 후 5개월 만에 하루 매출액이 1000만 원이 넘을 정도가 됐고 1994년까지 반포 본관과 과천·수원점 등 6개의 백화점으로 성장했다.

그룹 형성이 본격화된 것은 1994년 말 2개의 백화점을 건설하면서부터다. 이듬해에는 킴스클럽이라는 상호로 할인점사업에 진출하는 등 1996년까지 3년 사이 17개의 백화점과 할인점을 잇따라 개설했다. 1997년에도 서울 응암동과 의정부·평촌 등에 백화점 건설에 착수했다.

1996년 한신공영그룹에서 정식 분리된 뉴코아그룹은 자산총액 2조 7970억 원으로 재계 랭킹 25위에 랭크됐다.

1997년 현재 계열사 18개, 백화점 15개, 킴스클럽 16개, 외곽 슈퍼

9개, 스포츠센터 17개, 외식사업장 81개점 등 전국에 걸쳐 총 183개의 점포를 운영하는 중견재벌로 급부상했다.

그러나 백화점업계는 유통시장 개방과 국내 대기업들의 잇단 진출로 과당경쟁이 야기되면서 업황이 급격히 나빠졌다. 한보사태 이후 증권시장에선 뉴코아그룹의 자금악화설이 끊이지 않았다. 더욱이 경쟁업체가 퍼뜨린 악성루머로 제2금융권에서 1400억 원을 회수당해 부도위기에 몰렸다.

마침내 1997년 11월 4일 뉴코아 · 뉴코아종합기획 · 뉴타운건설 · 뉴타운기획 · 뉴타운개발 · 시대종합건설, 시대물산 · 시대유통 · 시대축산 등 9개 계열사가 화의를 신청하고 이 중 뉴코아 · 뉴타운개발 · 시대축산 등 3사가 최종 부도처리되면서 뉴코아그룹은 역사의 뒤편으로 사라졌다.

김의철 회장은 분식회계를 통해 2895억 원을 사기대출받고 부도 후에도 급여대장 등을 위조해 4억 2000만 원을 횡령하는 등 10년 간 총 25억 4500만 원을 횡령한 혐의로 2003년 공적 자금비리 합동단속반에 의해 구속됐다.

묻지마 M&A와 분식회계, 해태그룹 잔혹사

제과업계의 대명사 해태그룹도 그해 10월 좌초됐다.

해태그룹은 1945년 해방과 함께 박병규 · 신덕발 · 민후식 등 3인이 적산을 공동 인수해 해태제과를 설립하면서 처음 시작된다. 그러다 1977년 박병규가 사망하면서 공동창업자 2인이 계열 분리해 나가고 박병규의 장남 박건배가 모기업인 해태제과 등을 승계한 것이다.

젊은 나이에 경영권을 이어받은 박건배는 공격적인 다각화에 착수한다. 그 결과 해태그룹은 1996년 말에는 해태제과 · 해태음료 · 해태산업 · 해태상사 · 해태유통 · 해태타이거즈(프로야구단) · 해태중공업 · 해태가루비 · 코래드 · 에어로시스템 · 해태전자 · 해태텔레콤 · 대한포장공업 및 해태 I&C 등 15개 계열사를 거느린 중견재벌로 탈바꿈했다.

해태그룹은 순환출자와 상호지급보증을 통한 금융권 차입으로 문어발식 확장에 주력했다. 그 결과 금융비용은 눈덩이처럼 불어나는 반면, 기대한 만큼 매출신장은 이뤄지지 않았다.

특히 해태그룹의 위기는 1996년 11월 당시 국내 최대의 오디오 업체였던 인켈을 잘못 인수한 영향이 컸다. 당시 해태그룹은 LG전자 등 대기업들을 따돌리고 인켈 인수에 성공, 식품전문그룹이라는 이미지에서 벗어나 멀티미디어 전자그룹으로 도약할 것을 꿈꿨다.

그러나 미처 파악 못했던 우발채무 등 부실이 예상외로 컸고 이것이 인수사인 해태전자를 일격에 부실로 몰고 갔음은 물론, 그룹 전체의 위기를 초래했다. 박건배 회장과 인켈 대주주의 친분만 믿고 인켈에 대한 정밀 실사가 전혀 이뤄지지 않았다고 한다. 인지상정이 개입된 '한국적 M&A'가 실패한 대표적 사례다.

1997년 9월 말 현재 해태그룹의 총여신은 은행권 1조 4876억 원, 제2금융권 1조 8800억 원 등 총 3조 3676억 원이었다. 지급보증을 제외한 순대출액만 2조 9870억 원이었다.

해태그룹은 위기에 처하자 금융권에 도움을 호소, 채권금융기관이 총 547억 원의 협조융자를 전격적으로 해줬다. 그러나 그것도 역부족, 11월 1일 해태제과 등 3사가 부도를 냈다.

부도 후에도 해태제과는 큰 파문을 일으켰다. 숨겨진 대규모 분식회계가 드러난 것이다.

은행관리에 들어간 조흥은행은 처음에는 분식회계 사실을 알고도 문제가 없다고 발표했다가 2000년 12월 기존 입장을 번복, "회계법인이 해태제과를 회계감사하면서 4600억 원 규모의 분식회계를 한 사실을 적발, 채권단협의를 거쳐 검찰에 고발할 방침"이라고 밝혔다.

"막다른 골목에 몰린 조흥은행은 '해태제과가 부실자산이 그대로 드러날 경우 채권단으로부터 사적 화의를 통한 정상화방안을 승인받기 어려울 것으로 보고 회계법인의 묵인 아래 분식결산을 한 것'이라고 실토했다.

결국 해태제과는 2001년 6월 결산 때 4665억 원을 결손 처리할 수밖에 없었다.

해태제과는 분식회계를 악용해 불법으로 출자전환을 자행했고 출자전환한 주식 1억 6000만여 주를 증권거래소에서 공개 매각할 수 있었다. 이러한 분식회계는 엄청난 파장을 일으켰다. 2만여 명의 소액주주들을 경제적 파탄에 빠뜨렸고 1조 원에 달하는 국민 세금이 공적 자금으로 투입됐다."(김건·박병권,《엉터리 재무제표 뒤집어보기》)

2003년 2월 예금보험공사의 '부실채무기업 책임추궁현황'에 따르면 박건배 회장은 분식회계를 통해 금융기관으로부터 1100억 원을 차입하고 1000억 원 규모의 회사채를 발행한 뒤 이를 상환하지 못했다.

무모한 사업 확장, 한라그룹과 태일정밀

1997년 12월 6일에는 국내 최대의 자동차부품 메이커이자 재계 랭킹 12위인 한라그룹이 무너졌다. 한라그룹은 정주영 현대그룹 명예회장의 동생 정인영의 기업이자 1966년 현대에서 갈라져 나온 형제그룹이라는 점에서 더욱 충격이 컸다.

현대양행으로 처음 출발한 한라그룹은 1996년 말 현재 모기업인 만도기계를 비롯, 한라중공업 · 한라시멘트 · 한라건설 · 한라공조 · 한라자원 · 한라해운 · 한라캠코 · 한라마이스터 · 한라콘크리트 · 한라일렉트로닉스 · 한라펄프 · 한라정보시스템 · 한라산업기술 · 마르코폴로호텔 · 한라창업투자 등 총 16개 계열사를 거느리고 매출액 5조 2960억 원을 기록했다.

한라그룹의 붕괴 원인 역시 다른 재벌들과 마찬가지로 무리한 사업 확장 때문이었다.

'중공업 왕국'을 꿈꾼 한라는 1996년 전남 영암에 150만 톤 규모의 삼호조선소를 건설했다. 현대 · 삼성 · 대우 등 굴지의 조선소들도 공급과잉으로 제 살 깎기 식 경쟁이 벌어지고 있는 상황에서 대규모 조선소를 만든 것이다.

삼호조선 완공의 부작용으로 한라중공업은 인건비 상승과 금융비용 등으로 1996년 478억 원의 적자를 냈고 금융부채는 1996년 1조 8000억 원에서 1997년에는 2조 5000억 원으로 급증했다.

자금 사정이 나쁜 와중에서도 한라그룹은 1997년 전남 대불공단 내에 제지공장을 완공하고 재생타이어 · 정보통신 · 금융업 등 신규 사업에 잇따라 진출했다. 해외사업에도 박차를 가했다. 이런 무리한 사업 확장으로 1997년 현재 한라그룹의 부채총액은 6조 5000억 원에 달해 30대 재벌 중 자기자본 대비 부채비율이 가장 높았다.

대표적인 신흥재벌이던 태일정밀도 좌초했다.

당시 국내 최대의 컴퓨터부품 제조업체였던 태일정밀은 1990년대 초반까지 컴퓨터산업 특수 덕분에 호황을 구가했다. 1995년 이후 본격적인 다각화에 나서 뉴맥스 · 태일전자 · 삼경정밀 · 동호전기 · (주)동호 · 신방건설 · 지원정밀 · 영풍철강 · 동호전자 · 태일텔레콤 · 서흥강재 · 남도산업 · 태일개발 등 총 14개의 계열사를 거느리고 매출 1조 1112억 원의 중견재벌로 부상했다.

또 1996년 중에만 9개 사를 인수 또는 설립했다. 1997년에는 대구종합금융 · 청주방송 · 수원종합터미널 등을 인수했고 중국 하얼빈에 쌍태전자를 설립하기도 했다.

그러나 이러한 단기간의 무리한 사업 확장은 역으로 태일정밀의 몰락을 재촉했다.

그룹의 은행권 여신은 1996년 말 2329억 원에서 1997년에는 3591억 원으로, 제2금융권 여신도 1511억 원에서 2481억 원으로 급증했다. 재무구조 악화로 자기자본비율은 1994년 34.3퍼센트에서 1996년에는 22.9퍼센트로 떨어졌고 당기순이익은 40억 원의 적자로 반전됐다.

태일정밀은 계열사에 3382억 원을 지급보증했으나 주력사업인 컴퓨터산업이 침체되고 종합금융사들이 대출규제 및 자금회수에 나서면서 위기를 맞았다.

마침내 1997년 10월 14일 태일정밀이 부도처리되면서 그룹 전체가 좌초하고 말았다.

무주리조트 쌍방울, PK재벌 수산그룹의 몰락

쌍방울그룹은 1963년 3월 1일 전북 이리에서 이봉녕이 쌍령섬유공업사를 창업한 이래 내의 생산으로 성장한 그룹이다.

1980년대 중반 이봉녕이 경영 일선에서 물러나고 장남 이의철과 차남 이의종이 2세 경영체제를 열면서 주력인 의류업 이외에 적극적인 사업 다각화를 추진해 관광 · 레저 · 엔지니어링 부문에 진출하면서 복합기업집단을 형성해나갔다.

그 결과 쌍방울그룹은 모기업인 (주)쌍방울과 쌍방울베베 · 쌍방울전자 · 쌍방울엔지니어링 · 쌍방울개발 · 덕원관광개발 · 쌍방울다반 · 쌍방울상사 · 태영모방 등 총 16개의 계열사를 거느린 중견재벌그룹으로 성장한다. 1990년대 초에는 그룹 이미지 제고 차원에서 계열사 상호를 쌍방울로 통일하고 프로야구단 쌍방울레이더스도 설립했다.

쌍방울그룹은 1980년대 후반부터 전북 무주 덕유산 자락에 국내 최대규모의 스키장과 레저시설을 건설하는 데 총력을 경주했다.

"1997년 당시 쌍방울그룹의 총부채는 9000억 원 정도였는데 이 중 6000억 원이 무주리조트 건설사업에 투자된 것이다. 차입금 중 시중은행은 1000억 원뿐이고 나머지는 모두 제2금융권이었다. 자본회전율이 느린 무주리조트에 사운을 걸고 '올인'을 했으나 소요자금의 대부분을 단기자금에 의존한 것이 화근이었다." (이한구, 《한국재벌사》)

자금난에 직면한 쌍방울은 1997년 9월 초순 1차 부도를 냈고 급기야 화의를 신청하면서 그룹이 좌초되고 말았다.

한편 수산그룹은 문민정부하에서 급성장한 대표적인 PK그룹으로 불렸다.

창업자 박주탁은 경남고 · 서울상대를 졸업한 인물로 1984년 트럭과 크레인 등 특수중장비 생산공장인 수산중공업을 경기도 오산에 설립하면서 사업가의 길을 걷기 시작했다.

1990년대 들어 그는 다각화에 적극 나선다. 1990년 수산정밀 설립을 필두로 수산스타·수산섬유기계·수산정공을 각각 설립해 그룹으로 변신했다. 1995년에는 YS의 차남 김현철과 깊숙한 관련이 있는 것으로 알려진 건설업체 (주)대호를 인수해 주목을 받기도 했다.

수산그룹은 1996년에도 IDM무선정보통신을 설립하고 부도난 한보그룹의 위장계열사들인 세양선박과 세양주건 및 코멕스 등을 부채 3000억 원과 함께 한꺼번에 인수했다.

또 국내 유일의 중형선박 전용 조선업체인 대동조선마저 인수함으로써 '기업 인수의 귀재'라는 평을 들었다. 이렇게 수산그룹은 1996년 말 계열사 11개에 1997년 매출 목표를 1조 3000억 원으로 잡는 등 급성장했다.

그러나 짧은 기간의 무리한 문어발식 확장에는 필연적으로 자금부담이 따라오게 마련이다.

세양선박 등 3사의 부채 3000억 원과 대동조선의 2000억 원도 같이 떠안게 되면서 금융비용이 기하급수적으로 늘어났다. 게다가 경기침체로 특장차 판매도 부진, 자금난이 가중됐다.

결국 1997년 11월 26일 주력기업인 수산중공업·수산특장·수산정밀 등 3사에 대해 화의를 신청하면서 수산그룹은 무너졌다.

기아사태 IMF로 직결, 국민 기업의 허와 실

하지만 재계 서열 8위인 기아그룹의 붕괴만큼 충격적이고 파장이 컸던 것은 없다. 한보사태와 함께 IMF 경제위기 원인을 분석할 때 항상 거론되는 것이 바로 기아사태다.

　기아그룹은 1944년 창업한 이래 자동차 한 분야에만 주력해온 전문 기업집단으로 현대자동차·대우자동차와 트로이카 체제를 구축했다.

　기아자동차·아시아자동차·기아특수강·(주)기산·기아중공업·기아자동차판매·기아정기·기아모텍·기아인터트레이드·대경화성·기아전자·기아정보시스템·모스트·성안건설기술공사·한구에이비시스템·케이티·화천금형·아시아자동차판매 등 국내에만 계열사 28개가 있고 해외에도 10여 개의 현지법인을 거느리고 있었다.

　기아그룹은 다른 재벌과는 달리 소유와 경영이 분리돼 김선홍 회장을 중심으로 하는 전문경영인들이 마치 오너처럼 지배하는 그룹이었다. 주식도 비교적 광범위하게 분산돼 있어 '국민 기업'으로 불리고 있었으며 노동조합이 경영에 막강한 영향력을 행사하고 있었다.

　그러나 그 성장의 이면에는 부실도 확대재생산되고 있었다.

　기아차는 대우에 밀려 1997년 업계 3위로 처졌고 아시아차의 적자도 증가했다. 기산은 건설 경기 퇴조로 1조 2000억 원 이상의 자금이 묶인 데다 기아특수강은 1995년부터 2년간 무려 1600억 원의 적자를 기록했다. 이렇게 주력사들이 비틀거리는 상황에서 연초부터 한보 등 유수 재벌들의 부도가 잇따라 자금시장이 경색되면서 기아도 위기 상황으로 몰렸다.

　1997년 봄부터 자금 사정 악화에 대한 루머가 나돌면서 자금압박이 가중되기 시작했다.

　실제로 4월부터 6월 사이에 종금사들은 5000~6000억 원의 대출

금을 기아그룹으로부터 회수
했다. 주거래은행인 제일은행
은 5월 23일 이후 638억 원을
추가로 지원, 단기 자금난을
해결해주려 했지만 그럴수록
가속화되는 제2금융권의 대출
회수를 감당할 수 없었다.

기아자동차를 국민 기업으로 사랑받게 한 주역 봉고 승합차량.

"기아그룹이 부도에 직면하게 된 직접적인 원인은 기아특수강이
무리하게 차입금을 동원하여 투자를 확대하고 동시에 건설회사 기산
의 부실이 컸기 때문이다.

노동조합의 과도한 영향력으로 경영 혁신도 부진한 상태였다. 또
한 경기가 둔화됨에 따라 자동차와 특수강의 매출이 부진하게 된 것
도 중요한 원인으로 작용했다. 기아그룹 계열 전체가 3년 연속 적자
를 기록하고 있었다." (이규성,《한국의 외환위기: 발생 · 극복 · 그 이후》)

"기아그룹의 부실경영에는 경영층 간의 알력과 강성 노조도 기여
했다. 오랜 동안 소유와 경영이 분리된 채 공기업처럼 운영돼온 기아
그룹의 경우 여타 재벌기업들에 비해 노동조합의 힘이 막강했다. 더
구나 전문경영인체제하에서 경영진 간의 갈등은 강성노조와 함께 기
아그룹의 자체적인 구조조정작업을 어렵게 했다." (이한구,《한국재벌사》)

기아를 부도내야 할 것이냐의 기로에서 정부는 보도유예협약 카드
를 빼들었다.

7월 15일 제일은행은 기아자동차 등 18개 계열사를 부도유예협약
대상 기업으로 선정하고 8월 4일 채권금융기관 대표자 회의를 열어 9
월 29일까지 채권행사를 유예하기로 결정했다.

당시 기아그룹의 총매출은 12조 1800억 원, 총부채는 9조 7000억 원이었다.

정부와 기아 힘 겨루기, 그 5개월의 혼란

"기아에 대해서는 이미 '밑 빠진 독'이라는 판정이 내려진 상태였다. 그렇기 때문에 정부가 나설 수도 없었지만 설사 나선다고 해서 될 일도 아니었다. 그나마 기아가 당장 부도를 내지 않을 수 있는 유일한 길은 부도유예협약을 적용하는 길밖에 없었다. 어음 만기연장을 하면서 기간이 점점 짧아져 더 이상 어떻게 해볼 길이 없어졌다.

기아특수강이나 아시아자동차 등을 처분하는 문제 등은 물론, 자동차사업에 대한 M&A도 부도유예협약을 해야 시작될 수 있을 것 같다.

국무회의 후 총리에게 기아에 대해 부도유예협약 적용이 불가피함을 보고했다. 조용히 처리하고자 노력했으나 채권은행들이 추가 여신은 할 수 없다는 완강한 입장이어서 달리 길이 없었기 때문이다."

(강경식,《강경식의 환란일기》)

강 부총리와 김인호 경제수석, 유시열 제일은행장 등은 기아의 처리 방향에 대해 구조조정과 현 경영진 교체를 자금 지원의 전제조건으로 내걸기로 했다. 그러나 기아는 김 회장의 사표와 구조조정에 대한 노조 동의서 제출을 계속 미뤄 부도유예협약은 공전을 거듭했다.

"일단 부도를 면하게 되자 (기아는) 은행의 추가 자금 지원을 위한 조건으로 내건 김선홍 회장의 사표와 노조의 구조조정 동의서를 두 달 동안 거부했다.

9월에는 일방적으로 화의를 신청하고 김 회장은 계속 버텼다.

화의는 법정관리와 같은 강제력이 없이 당사자 간의 신뢰를 기초로 하는 것이기 때문에 소규모 개인기업에 적용될 수 있지만 대기업에는 부적합한 제도다. 기아차는 주 채권자인 제일은행과 산업은행이 동의하지 않을 것을 알면서도 시간을 끌기 위해 화의제도를 활용했다."(강만수,《현장에서 본 한국경제 30년》)

당시 대통령선거를 앞둔 상황에서 여야 정치권도 기아차의 부도 후 법정관리를 반대했다.

60여 개 시민단체들은 김지길 목사를 앞세워 '기아 살리기 범국민연합'을 조직하고 주식이 잘 분산된 국민 기업 기아차를 살려야 한다고 목소리를 높였다. 유명 연예인과 운동선수들이 '기아자동차 사주기 운동' 광고에 출연했고 기아 임직원과 협력업체 직원 및 가족까지 참여한 대규모 집회와 시위가 벌어졌다.

"많은 사람들은 강경식 장관이 김선홍 회장과 사표제출 문제를 두고 고집으로 대결하며 힘 겨루기를 하고 있다고 생각했다. 재경원은 기아차와 힘 겨루기를 한 것이 아니라 청와대와 여야 대권후보들과 힘 겨루기를 한 것이었다. 강 장관은 김 회장과 힘 겨루기를 한 것이 아니라 김영삼 대통령의 뜻을 따른 것이 진실이었다고 생각한다.

한보철강 부도 이후 대통령은 부도를 내지 말고 원만히 수습하기를 원했다. 원만한 수습의 길은 기아차를 부실로 만든 김 회장을 그대로 두고 요구하는 대로 자금을 지원하는 길 이외에 사실상 없었다. 강 장관은 원칙과 정도로 나갈 수 없는 상황이었다.

이러한 사실을 감지한 기아는 언론과 여론 플레이를 통해 강 장관을 압박하고 경영진 퇴진 없이 부도유예협약을 이용해 자금 지원을 받으려 했다.

기아는 이렇게 버티면서 대마불사(大馬不死)의 요행수를 노렸던 것 같고 이는 12월 대통령선거를 이용하여 다음 정부까지 끌고 가서 기존 경영자들이 계속 살아남는 방법을 도모하자는 전략이었던 같았다."(강만수, 《현장에서 본 한국경제 30년》)

이렇게 기아사태는 5개월간이나 질질 끌다가 결국 10월 22일 법정관리로 귀결됐다. 김 회장은 마침내 국민들에게 사과성명을 발표하고 29일 퇴진한 후 이듬해 구속돼 법정에 섰다.

나라 경제 멍들고 분식회계로 국민 가슴 멍들고

"경제청문회 때 '재임기간 한 일 중에서 가장 후회스런 일, 다시 하면 달리 하겠다고 생각하는 것이 무엇인가'라는 질문을 받았다. 그때 나는 '8월 초 기아에 대해 법정관리를 하지 않은 일'이라고 답변했다.……

기아 처리에 관해서는 강경식(强硬式)이 아닌 강연식(姜軟式)이었고 그 결과 대외적으로 정부의 추진력에 대한 신뢰를 손상하게 됐다는 생각이 들었다.

법정관리밖에는 다른 길이 없다는 결론은 부도유예협약 적용 문제가 제기된 7월 중순에 이미 내려졌던 것이다. 그로부터 100일의 '기아장정'은 기아의 경영진과 노조는 물론, 기업 자체로도 아무 것도 얻은 것이 없이 성가만 추락시킨 만신창이로 끝을 맺게 됐다.

나로서도 대마불사라는 재벌의 신화를 깨고 강성 노조를 무력화하는 길을 찾는다는 당초의 뜻은 어디로 갔는지 알 수 없게 돼버리고

대한민국 머니 임팩트

'처리가 너무 늦어서 외환위기의 원인을 만들었다'는 비난만 얻게 됐다.

군의 지휘관은 전사자가 날 줄 알면서도 진격명령을 내린다. 경제 부총리로서 정치적 부담이 있더라도 곧장 기아를 부도처리하는 과감한 결단을 내리지 못한 것은 부끄러운 일이다. 양자가 모두 승자가 될 수 있는 해법이 되지 못하고 결과적으로 양쪽 모두가 상처뿐인 패자가 되고 말았다. 이런 와중에 나라 경제만 멍들게 된 것이다."(강경식,《강경식의 환란일기》)

기아사태의 파장은 이것으로 끝이 아니었다. 무려 4조 5000억 원 규모의 엄청난 분식회계 사실이 드러난 것이다.

1998년 12월 3일 기아자동차에 대한 금융감독원의 특별감리 결과가 발표됐다. 결과는 온 국민을 경악시켰다. 기아차는 1991년부터 1997년 말까지 총 2조 8000억 원의 매출액을 부풀렸고 이 과정에서 차입금 등 9200억 원을 상계 처리한 것으로 밝혀졌다.

1997년 재무제표에 기재된 적자는 3800억 원뿐이지만 실제로는 3조 3000억 원이었다. 누적된 분식 규모가 약 3조 원인 셈이다.

아시아자동차까지 합치면 7년간 장부조작으로 총 4조 5000억 원의 손실을 축소했다. 1944년 설립 이후 단 1년만 흑자를 냈지만 장부상으로는 매년 흑자로 기록됐다.

더욱이 1999년 1월 27일 국회 'IMF환란조사특별위원회'에 출석한 김선홍 회장은 놀라운 사실을 실토했다. 기아차와 아시아차의 장부조작을 위해 매번 50여 명의 직원들을 1개월 정도 동원했다는 것이다. 회사 규모가 큰 데다 거래처와 관련 장부가 너무 많아서 그 정도로 조직적으로 움직이지 않으면 안 됐다는 것이다.

회계감사를 담당했던 청운회계법인이나 금감원조차 이런 엄청난 부정을 발견하지 못했다.

"이처럼 치밀하게 조작된 수치를 토대로 외부감사에 들어간 공인회계사들은 초장부터 벽에 부딪혔다. 기아차의 경우 할부채권만 86만 건이었고 그 내역이 기재된 200페이지짜리 장부는 400권에 이르렀다. 그토록 방대한 분량을 몇몇 공인회계사들이 샅샅이 조사한다는 건 사실상 불가능했다." (김건·박병권, 《엉터리 재무제표 뒤집어보기》)

삼성의 인수설과 유착설, 진실은 무엇인가

기아사태는 또 다른 측면에서 분석해볼 여지가 있다. 바로 삼성의 기아차 인수설이다. 다음은 당시 기아경제연구소 상임고문이던 오원철 전 청와대 경제수석의 얘기다.

"기아는 자본과 경영이 분리된 순수한 주식회사다. 그럼에도 불구하고 경영책임자를 정부에서 지정한 결과가 됐으니 대외적으로는 기아를 모재벌에 넘기려는 뜻으로 비춰졌다.

민간기업에 대한 관제통치라는 이미지가 생겨났고 정부처사를 불신하게 된 외국 금융계는 불안해지게 됐다. 그 결과 하루속히 채권회수를 위해 빚 독촉을 하기 시작한다. 또한 기아사태 같은 한국 경제의 화약고가 폭발했는데도 대책을 마련하지 못하고 시간만 낭비하자 금융계와 기업들은 극심한 혼란에 빠져들었다." (오원철, 《박정희는 어떻게 경제강국 만들었나》)

오원철은 1999년 6월 일본 도쿄에서 개최된 기자간담회에서 YS가 한 말에 주목했다.

당시 YS는 "기아차가 결정적 문제였다. 그런데 대기업(삼성?)이 자동차를 하겠다고 해서 경제원리에 따라 처리하려 했으나 김대중씨가 국민 기업은 살려야 한다며 처리를 못하게 방해했다"며 "기아차만 없었으면 그렇게 급하게 IMF로 가는 일이 없었을 것이다. 기아사태가 이를 가속화시켰다. 이때부터 외국으로 돈이 빠져나가기 시작했다"고 주장했다.

"김영삼 전 대통령은 '경제원리'라는 용어를 썼는데 그 의미는 기아차를 재벌에게 넘겨주는 것이었다. 그 후의 진행 상황을 보면 자기 고집대로 '김영삼 식 경제원리'에 따라 기아차를 처리해나갔다는 것을 알 수 있다. 그리고 결국에는 IMF 위기사태로 간 것이다.

"정부는 총력을 기울여 우선 기아차를 살려놓아야 했다. 그래야만 한국 정부의 단호한 의지와 능력을 국제적으로 인정받을 수 있게 되고 그 결과 한국 경제에 대한 신용도가 높아져서 달러인출사태 같은 일이 발생하지 않았을 것이다. 기아의 경영권 문제는 그 이후에 처리해도 늦지 않다. 이것이 진짜 경제원리가 아닐까?"(오원철, 《박정희는 어떻게 경제 강국 만들었나》)

삼성의 기아 인수 검토에 대해서는 강 부총리 본인도 부인하지 않았다.

"최종적으로는 제3자 인수로 갈 수밖에 없다는 사실 또한 자명한 일이었다. 다만 이 문제는 시간을 두고 협의해가야 할 일이었다. 기아를 삼성이 인수하게 된다는 루머가 이미 공공연하게 나돌고 있었다. 그러나 기아가 부도유예협약 적용을 받는 시점에서 삼성 문제가 잘못 불거지면 문제를 풀어가는 과정만 복잡하게 얽힐 수 있다는 생각이 들었다.

기아 문제 해결은 구조조정을 통해서만 가능하고 그러자면 이를 추진할 '기아의 주인'이 있어야 한다고 생각했다. 김 회장이 경영 실패에 대한 책임을 지고 물러나는 것은 지극히 당연하다고 생각했다."

(강경식, 《강경식의 환란일기》)

다만 제3자 인수 문제는 당장이 아니라 차기 정권으로 넘긴다는 게 강 부총리의 논리였다.

"기아 문제 처리와 관련해서 나를 가장 괴롭힌 것은 밑도 끝도 없는 '설'이었다. 기아의 제3자 인수설과 삼성 유착설이었다. 이 두 설을 연결하는 고리에 내가 있다는 여론이었다.

특히 한 신문은 '삼성자동차 부산유치위원장'을 내가 맡았다는 허위보도를 했다. 만약 유착설이 사실이었다면 환란 주범으로 몰려 온갖 곤욕을 치르는 과정에서 다 드러났을 것이다. 그런데 아직도 기아를 삼성에 인수시키기 위해서 멀쩡한 기아를 부도내는 등 내가 '기아 죽이기'에 앞장섰다고 믿는 사람들이 더러 있다."

이와 관련 지난 2005년 7월 '이상호 X파일' 사건에서 의혹의 일단이 드러난 적이 있다.

이때 공개된 도청 테이프 녹취록에 따르면 홍석현 당시 중앙일보 사장은 이학수 삼성그룹 비서실장에게 "삼성이 갖고 있는 복안을 당당하게 밝혀 공론화시키면 정치권의 도움을 받을 수 있다"고 제의한다. 또 홍 사장이 "강경식 신임 부총리에게 인사를 했으면 좋겠다"고 하자 이 실장은 "3개에서 5개(3000만 원에서 5000만 원) 정도를 주라"고 말한다.

또 기아차 인수 필요성과 이를 위한 정부와의 공조를 강조한 삼성의 내부 보고서가 폭로되는 등 강 부총리와 삼성과의 유착설이 끊이

대한민국 머니 임팩트

지 않았다.

　그러나 이것만으로는 섣불리 단정지을 수 없다. 강 부총리는 제3자 인수는 다음 정권에서 추진한다는 게 기본 방침이었다고 주장하고 있기 때문이다. 또 이때 삼성이 실제 기아차를 인수했다면 기아사태의 파장은 훨씬 줄어들 수 있었을 것이라는 가정도 성립할 수 있다.

은행 무수익 여신 21조, 금융기관 동반 부실화

"기아그룹의 좌초는 한국의 기업 경영과 관련해 중요한 교훈을 제공했는데 이는 첫째 전문경영인체제하에서의 방만 경영에 대한 컨트롤 곤란과 둘째 기업환경의 변화에 대한 신속한 대응 곤란 등이었다."(이 한구,《한국재벌사》)

　기아사태 이후 제일 및 서울은행 등 시중은행들과 종금사들의 부실채권은 더욱 확대됐다.

　1997년 9월 말 현재 제일은행의 무수익 여신(고정+회수의문+추정손실) 규모는 4조 5187억 원으로 총여신의 16.7퍼센트에 달했다. 한보ㆍ기아사태의 직격탄으로 적자가 확대되고 국제결제은행 자기자본비율이 대폭 하락했다. 수신에도 어려움이 발생해 단기자금 부족도 예상됐다.

　서울은행 역시 부실이 누적되면서 무수익 여신이 총여신의 15.1퍼센트에 해당하는 3조 4568억 원에 이르렀다. 외환은행과 조흥은행도 부실채권 비율이 만만치 않았다.

　일반 은행 전체의 무수익 여신은 1997년 3월 말 16조 3771억 원(총여신 대비 5.4퍼센트)이던 것이 6월 말 16조 8667억 원(5.5퍼센트), 9월 말에는

21조 4610억 원(6.8퍼센트)으로 급증했다.

종금사들은 사정이 훨씬 더 나빴다. 9월 말 현재 종금사들의 총부실여신은 5조 4862억 원이었는데 이는 자기자본의 135.6퍼센트에 달하는 것이었다. 특히 나중에 단자사에서 전환된 종금사들의 부실여신비율이 높았다.

특히 제일종금의 경우 1996년 2월 기아차의 연대보증으로 (주)기산에 대해 660억 원의 어음할인을 해줬으나 1998년 4월 회사정리절차 개시 후 705억 원의 정리채권을 신고한 것을 기아차가 인정하지 않았다. 소송을 제기했으나 패소해 원리금을 고스란히 날렸다. 정리 전 회사가 아무 대가 없이 보증한 것은 다른 정리채권자의 이익을 침해한 것이라는 판결이다.

"대한 · 제일 · 신한 · 삼삼 · 나라 · 한화 · 한솔 · 경남 · 대구 · 쌍용 · 청솔 · 울산 · 신세계 · 경일 등 14개 종금사는 자기자본대비 부실여신비율이 200퍼센트를 초과, 자본이 완전 잠식된 상태였다.

이와 같은 사태의 진전은 국내 금융시장의 위기감을 고조시켰다. 무디스와 S&P는 각각 7월 26일과 8월 6일에 5개 시중은행을 감시대상으로, (한국의) 국가신용등급을 안정적에서 부정적으로 하향 조정했다."(이규성, 《한국의 외환위기: 발생 · 극복 · 그 이후》)

한보 · 기아 등 재벌들의 잇단 부도는 견실한 중소기업들의 부도 도미노사태로 이어졌고 금융기관의 대출창구 위축 및 동반 부실화로 이어지면서 한국 경제 전체를 나락으로 빠뜨렸다.

게다가 아무도 예측 못한 동남아 외환위기의 '쓰나미'가 시시각각 덮쳐오고 있었다.

IMF, 그 막전 막후의 이야기들

외환위기냐 경제위기냐,
숨은 책임자는 누구인가

31

최근 미국 연방준비제도이사회(FRB) 앨런 그린스펀 전 의장이 지난 1997
년 당시 한국의 외환위기와 관련해 한 발언이 파문을 일으킨 적이 있다.

그린스펀 의장은 2007년 9월 출간된 《격동의 시대, 새로운 세계에서의
모험》에서 한국에서 외환위기가 발생했을 당시 FRB와 미 재무부의 대응
과정을 자세히 밝혔다.

이 책에 따르면 그린스펀이 한국의 외환위기 가능성을 처음 알게 된 것
은 그해 11월 일본 은행을 통해서였다.

당시 일본 은행의 한 고위간부가 FRB에 전화를 걸어 "댐이 무너지려
하고 있다. 이제 한국 차례"라고 경고했다고 한다. 일본의 은행들이 한국

을 더 이상 신뢰하지 않으며 수백 억 달러의 대출을 연장해주지 않으려 한다는 것이다.

"그것은 충격이었다. 아시아의 괄목할 만한 경제성장의 상징이었던 한국은 당시 세계 11위의 경제 규모를 자랑하고 있었다. 러시아 경제 규모의 2배였다. 한국 경제는 지극히 성공적으로 발전해서 더 이상 개발도상국이라는 생각도 들지 않을 정도였다. 심지어 세계 은행은 세계 1등급 국가 목록에 한국을 공식적으로 포함시켰다.

시장감시자들의 눈에는 최근 몇 가지 문제점이 보이기는 했지만 경제 지표로도 한국 경제의 성장은 분명 빠르고 견고했다."

그린스펀은 "미국은 당시 한국의 외환보유액이 250억 달러로 이 정도면 '아시아 경기침체의 전염병'을 충분히 비껴갈 수 있다고 생각했다"며 "곧 우리는 한국 정부가 이 외환보유고를 속여왔다는 사실을 알게 됐다"고 주장했다.

한국 정부가 보유한 외환 대부분을 시중은행에 매각 또는 융자했으며 은행들은 악성채무 문제를 해결하는 데 이 자금을 사용했다는 것이다.

당시 FRB의 국제 이코노미스트이자 그린스펀의 1급 보좌관이었던 찰리 시그만이 추수감사절 연휴 주말에 한은에 전화를 걸어 "외환보유고를 좀 더 방출하는 게 어떻겠느냐"고 묻자 한은 측은 "하나도 남아 있지 않다"고 답변했다고 한다.

■   ■   ■   ■

그린스펀 발언, 당시 경제관료들 반발

이 같은 그린스펀의 발언이 국내에 알려지자 재정경제부와 한국은행은 당혹감과 함께 일부 표현에 대해 상당히 불쾌해하는 분위기였다.

특히 강경식 당시 부총리 겸 재정경제원 장관, 이경식 전 한은 총재 및 김인호 전 청와대경제수석 등 3인방은 반발했다.

강 전 부총리는 당시 필자와의 전화 인터뷰에서 "그건 맞지 않는 얘기다. 국가가 외환보유액을 운용하는 것은 당연하고 우리도 그렇게 보유 외환을 운용하게 돼 있다. 그걸 그런 식으로 얘기하는 것은 말도 안 된다"고 반발했다.

또 "구체적인 운용 실태를 알려면 한은에게 물어보라. 외환의 운용 내역은 관계자에게 보고받은 바 없고 사후에야 알았다"고 덧붙였다.

외환보유고 관리의 책임자였던 이경식 전 한은 총재는 그런 사실 자체가 없다고 부인했다.

이 전 총재는 "11월까지는 270억 달러 정도의 가용 외환보유고가 있었다. 그린스펀이 250억 달러를 얘기했다면 11월 상황이었을 텐데 11월 이후에는 보유 외환을 시중은행에 빌려준 사실이 전혀 없다"고 반박했다.

그 훨씬 이전 외환보유고가 600억 달러 정도 되던 시절에는 절반 정도를 시중은행에 빌려주기도 하면서 350~360억 달러 정도를 준비금으로 보유하고 있었으나 가용 외환보유고가 300억 달러 이하로 줄어든 후에는 일체 은행에 내준 적이 없다는 것이다.

이 전 총재는 "그린스펀이라고 해서 전 세계를 다 잘 아는 것은 아니다. 그가 어떻게 당시 한국의 상황을 정확히 알겠는가. 우리 문제는 우리가 더 잘 안다"고 주장했다.

　김인호 전 경제수석도 비슷한 반론을 폈다. 김 전 수석은 "당시까지도 그린스펀은 한국의 외환사정에 대해 밝지 못했다. 그가 한국의 사정을 어떻게 잘 알아서 그렇게 쉽게 얘기하느냐. 상황을 종합적으로 이해하고 말해야지, 그런 식으로 얘기하는 것은 (신중한 발언으로 유명했던) 그린스펀 답지 않다"고 말했다.

　또 "한은과 정부는 보유 외환을 정당하게 운용한 것이다. 수백 억 달러를 그냥 금고에 넣어두기만 하는 나라가 어디 있나? 다양하게 운용하는 것이 불가피하다. 또 한국이 IMF에 구제금융을 신청하고 강 부총리와 내가 그만둔 11월 말까지도 258억 달러의 가용 외환보유고를 가지고 있었다"고 해명했다.

　김 전 수석에 따르면 그 당시 외환보유고의 절반쯤을 일반 은행에 빌려주고 있었지만 그것은 가용 외환보유고에 포함시키지 않았다. 롱텀이어서 가용 외환에서 제외했다는 것이다.

　1997년 10월 말 현재 가용 외환보유고가 305억 달러였는데 국내 시중은행에 빌려준 250억 달러는 여기에 포함되지 않았고 국내 은행의 해외점포 예치금 82억 달러를 제외하면 실제로 만일의 경우 동원할 수 있는 것은 223억 달러였다고 한다.

　그는 "경제수석이 된 2월 말부터 10월 말까지 가용 외환보유고에는 별 변동이 없었다. 11월 28일 현재까지도 258억 원이 있었다. 이미 달러가 바닥이 나서 IMF에 가기로 한 것이 아니라 당시 급박한 아시아 금융위기의 상황에서는 연말에 가면 어떻게 될지 몰라서 예방적 차원에서 IMF 구제금융을 신청한 것"이라고 강조했다.

　실제로 한국의 외환보유고가 바닥난 것은 IMF 긴급지원이 결정되고 난 후 12월의 일이다.

11월부터 갑자기 시중은행들의 해외 차입 리볼빙이 막히자 은행들이 한은에 지원을 요청, 외환보유고에서 지원하는 것이 불가피했던 것이지 돈장사를 하거나 환율을 잡기 위해 외환을 푼 게 결코 아니며 그것도 IMF에 지원을 요청하고 강 부총리와 김 수석이 퇴임한 이후라는 얘기다.

외환위기 극복의 1등 공신은 루빈? DJ?

한편 이 회고록에서 그린스펀은 한국의 외환위기 극복 1등 공신으로 로버트 루빈 당시 미국 재무장관을 들었다. "이 위기에 대한 뛰어난 대처로 루빈은 후일 재무장관들의 '명예의 전당'에 등재됐다"고 극찬한 것이다.

그는 "루빈이 이끄는 태스크포스팀이 사실상 24시간 움직이고 있었고 IMF는 550억 달러의 금융지원종합대책을 마련했다. 역대 가장 큰 규모의 금융구제책이었다"고 밝혔다.

또 "재무부와 연준위는 수많은 세계의 대형 은행들에 연락해 한국에 빌려준 차관을 회수하지 말 것을 요청하는 문제를 해결해야 했다. 우리는 전 세계의 재무장관들과 중앙은행가들의 잠을 확 깨울만한 증거들을 제시해야 했다"고 회고했다.

"한국처럼 큰 경제 규모를 가진 국가가 채무불이행 상태에 빠질 경우 국제 시장이 위태로워질 가능성도 무시할 수 없었다. 그 여파가 일본이나 다른 국가의 주요 은행시스템으로 퍼지면 이들이 파산에 이를 수도 있었다. 선진국에서도 신용관리가 훨씬 엄격해질 수 있었다. 한국의 특수한 군사적 상황도 따로 고려돼야 했다."

반면 루빈은 외환위기 극복의 공을 김대중 전 대통령에게 돌린다.

현재 씨티그룹 회장으로 있는 루빈은 2007년 9월 씨티은행의 한국 진출 40주년을 기념해 방한, 한남동 그랜드하얏트호텔에서 열린 기념 만찬에 연사로 나서 "올해가 외환위기 10주년인데 한국은 아시아 금융위기 상황에서 대처를 잘했다"며 "미국을 비롯한 전 세계 시장의 경제위기 상황에서 한국의 외환위기 극복과 경제성장이 큰 교훈이 된다"고 말했다.

또 "한국이 외환위기를 이겨낼 수 있었던 열쇠는 한국 정부 지도자들의 지도력과 실행능력 덕분이다. 특히 김대중 전 대통령의 리더십은 고무적"이라고 평가했다.

루빈은 지난 2005년 펴낸 회고록 《글로벌경제의 위기와 미국》에서도 "김대중 전 대통령이 국제화와 시장의 신뢰를 회복시킬 수 있는 정책을 수용한 것이 한국의 외환위기를 극복하는 데 큰 힘이 됐다"고 밝힌 바 있다. 이 회고록에서 루빈은 외환위기 당시 미 행정부의 생각과 정책결정 과정을 증언하고 있다.

"나는 한국에서 문제가 발생하리라고는 전혀 생각하지 않고 있었다. 한국은 세계에서 11번째로 큰 경제 규모를 가지고 있는 데다 개도국이라는 이름을 막 접고 멕시코에 이어 경제협력개발기구(OECD)에 가입한 직후였기 때문이다.

1997년 할로윈데이(10월 31일)에 우리의 관심은 한국으로 옮겨갔다. 막상 살펴보니 한국은 인도네시아나 태국과 비슷한 파국으로 치닫고 있었다. 이미 외환보유고는 바닥을 드러내고 있었다. 한국의 은행에는 수십 억 달러만이 남아 있었고 지불불능사태가 임박하고 있었다.

추수감사절 전날 그린스펀 FRB 의장, 서머스 부장관 등이 모여 대책을 마련했다.

사실 지나서 하는 말이지만 당시 경제팀은 국제금융에 관한 한 드림팀이었다. 그린스펀과 서머스는 말할 것도 없고 테드 트루먼, 팀 가이스너처럼 멕시코 외환위기를 경험하고 해결했던 전문가들이 남아 있었다.

한국은 3만 7000명의 미군이 주둔하고 있는 중요한 동맹국인 데다 한국이 불안해지면 북한의 위협이 증가할 것이라고 우리는 생각했다. 한국의 디폴트(채무불이행)가 가까워오자 채권은행들은 이머징마켓에 대한 기대를 접고 돈을 회수하려 했고 이것이 더 큰 문제였다.

내 입장은 확고했다. 한국 정부의 뼈를 깎는 개혁 없이는 시장의 자신감을 회복하기 힘들다는 것이었다. 가장 잘못된 관행 중 하나는 정부관리들이 은행에 누구에게 여신을 늘려주라고 지시하는 이른바 '관치금융'이었다."

루빈 "가장 잘못된 관행은 관치금융"

당시 미 행정부 내에서 루빈은 한국에 대해 가장 강경한 축에 속했다. 11월 하순 추수감사절 휴가를 즐기던 그는 집에서 클린턴 대통령을 비롯한 정책책임자들과 긴급 전화회의에 들어갔다. 매들린 올브라이트 국무장관 등 외교 담당자들은 북한의 도발을 우려, 한국에 대한 신속한 금융 지원을 요구했다.

반면 주무장관인 루빈은 "경제적 안정이 되살아나지 않으면 지정학적 목표도 성취되지 않을 것"이라며 "충분한 개혁 의지가 없는 상태에서 금융 지원을 공약하면 한국이 본궤도를 되찾아갈 확률을 떨어뜨리는 결과를 빚을 수도 있다'고 강경하게 반대했다.

루빈은 미셸 캉드쉬 IMF 총재와의 전화통화에서 "우리가 하는 이야기를 한국 정보당국이 도청해줬으면 좋겠다. 그래야만 한국 정부가 정신을 차릴 것이니까"라고 말하기도 했다.

그가 계속 버티자 한국 정부는 결국 IMF의 고강도 처방을 받아들여야 했다.

"가까스로 협상은 타결됐지만 그것으로 끝난 것은 아니었다. 약속한 내용을 한국 정부가 실행하느냐가 관건이었다.

처음에는 상황이 괜찮았다. 원화 값이 올라가고 주식시장이 살아났다. 이틀이 지나고 12월 8일부터 다시 상황은 악화됐다. 원화가 10퍼센트가량 폭락했고 이런 현상이 4일 동안 계속됐다. 이는 또다시 아시아로 파급되기 시작했다.

한국 정부가 외국인 투자가들이 위험을 안고 들어올 만큼 이자율을 올리지 않은 것이었다.

상황이 더욱 심각해지자 외국 은행들은 채권을 회수하느라 혈안이었다. 마침내 한국의 외환보유고는 90억 달러밖에 없는 풍전등화 상태가 됐다. 마침 월가의 저명한 애널리스트인 바톤 비그스가 '한국 외환보유고는 월 말에 바닥이 날 것'이라고 전망했다.……

한국으로 급파된 데이비드 립튼 차관이 김대중 대통령 당선자와 만나고 보내온 소식은 매우 고무적이었다. 김 당선자는 '재경원의 힘을 분산시키고 대기업의 구조조정을 가속화하겠다'고 약속했다. 또 가장 중요한 것으로 '기업 회생을 위해 노동조합도 해고와 임금 삭감을 받아들일 것'이라고 단언했다.

김 대통령의 지도력과 실물·금융 개혁, 국제적인 협조가 함께 이뤄지면서 한국은 경제위기에서 벗어나기 시작했다."(로버트 루빈·제이콥 와인스버그,《글로벌경제의 위기와 미국》)

루빈과 호흡을 맞춰 IMF 구제금융 프로그램을 주도했던 로렌스 서머스 당시 미 재무부 부장관의 생각은 어떨까? 다음은 서머스가 2007년 5월《조선일보》와 인터뷰한 내용 중 일부다.

"(위기의 원인은) 한국 정부의 치명적 실수 때문이었다. 가장 큰 실수는 거시경제정책 운용의 실패였다. 한국의 외환보유고는 바닥을 드러내고 있었다.

매우 투명하지 못한 경제시스템 역시 문제였다. 극도로 불투명한 상황 속에서 허점을 감추기 위해 무수한 서류상 도구(paper work)들이 동원됐고 결국 현실에서 그 폐해가 한꺼번에 터져버린 것이다.

한국의 경제위기는 금융 분야의 구조적인 결함, 거시경제정책 운용 실패로 인한 외환보유고 조절 실패, 녹록하지 않았던 국제 경영환경이 모두 한데 뒤엉켜 나타난 것이라고 볼 수 있다.

솔직히 우리는 태국의 위기가 한국으로까지 번지게 될 줄은 상상도 못했다. 한국 정부는 한국이 처한 어려운 상황과 외환보유고가 바닥이 났다는 사실 자체를 밝히는 것을 매우 부끄럽게 생각했기 때문에 어려운 상황을 끝까지 숨기고 있었다. 결국 추수감사절 시즌 한국은 국가 부도사태를 불과 며칠 남겨둔 상황에서 외환보유고가 바닥났다는 사실을 터뜨렸다.

이게 바로 아까 한국 경제가 매우 심각한 투명성 부족(lack of transparency)에 시달리고 있었다고 말한 이유다."

"IMF 통하라" 미국 · 일본의 긴급지원 반대

서머스는 당시 한국의 외환위기를 보는 미국 정부 내 시각을 이렇게 전했다.

"우리는 한국의 금융위기를 크게 두 가지 국면으로 나눠서 분석했다. 11월 말에서 12월 초가 첫 번째 시기다. 이 당시 한국 정부는 경제정책의 조정보다는 전적으로 IMF의 자금 지원에 일방적으로 기댔다. 그러자 상황이 더욱 악화됐다. 원화가치는 더 내려가고 외국 자금들이 급속히 빠져나갔다.

그리고 12월에 IMF의 정책권고 내용보다 한국이 자본시장 개방을 더 확대할 경우 구제금융을 조기에 제공하는 협상을 했다. 이때부터 한국은 서서히 신용을 회복해나갔다.

투자자들과 채권자들은 한국의 대통령선거 후 자본시장 개방 등 일련의 약속이 지켜질 것인지 전전긍긍하고 있는 상황이었다. 당시 김대중 당선자가 이에 대해 확고한 의지를 피력하면서 상황은 급반전됐던 것이다."

한때 국내 및 세계 학계에서는 '외환위기 음모론'이 널리 퍼졌다. 미국 정부와 IMF 및 월가의 금융자본이 한국의 외환위기를 부추겨 미국 기업들의 이익을 극대화하려 했다는 것이다.

그 일환으로 당시 일본이 한국을 지원하지 못하도록 미국이 압력을 넣은 것 아니냐는 질문에 대해 서머스는 사실이 아니라고 부인했다.

"당시 미국 정부와 일본 정부의 지배적인 의견은 한 국가에 어마어마한 자금을 지원한다고 해도 해당 국가의 거시경제정책의 기본적인 틀이 변하지 않으면 그 국가 경제가 살아나는 게 불가능할 뿐 아니라

대한민국 머니 임팩트

막대한 지원 자금 역시 물거품이 돼버린다는 것이었다.

　끊임없이 자금을 지원한다고 해도 한 국가 차원에서 지원하면 경제적인 개혁을 수행하는 데 있어서 정치적이고 외교적인 요소들에 휘둘릴 수 있다고 판단했던 것이다.

　당시 한국에 필요했던 것은 단순한 지원이 아니었다. 바닥부터 곪아 있던 경제 상황을 근본적으로 해결할 수 있는 무언가가 절실했다. 미국이 가장 우려했던 것은 강력한 정책변화 없이 단순 자금 지원을 통해서는 결코 한국 경제가 장기적으로 정상화될 수 없다는 것이었다."

　즉 한국의 진정한 경제 개혁을 위해 일본의 긴급지원을 반대했다는 것이다. 그러나 당시 한국 측 협상책임자였던 임창렬 전 부총리의 생각은 조금 다르다.

　"한국의 경제시스템을 자기들 입맛에 맞게 바꾸려는 미국의 의도가 있었다고 본다. 미국은 이전부터 한국에 무역자유화와 자본시장 개방을 줄기차게 요구했다. 우리나라의 외환위기를 계기로 이런 자신들의 요구를 관철시키고 싶었을 것이다.

　그런데 양자협상에서는 이를 관철시키기 어려우니까 IMF를 내세운 것이다. 실제로 IMF와 협상을 하는 과정에서 미국 재무차관이 같은 호텔에 머물며 끊임없이 협상에 관여했다.

　이것은 일본 정부도 마찬가지다. 일본 역시 외환위기 협상 과정에서 일본제품의 수입을 제한하던 우리의 수입다변화정책을 해제시키는 데 성공했다." (《이코노믹리뷰》, 2007년 11월)

　김종인 전 청와대 경제수석도 "그 무렵 일본은 우리에게 달러를 빌려주려는 자세를 가졌지만 미국에서 'IMF를 통해 수습을 해야지 개별 국가 지원은 절대 안 된다'는 카드를 들이미니까 꼼짝 못한 것이다. 결국 한국의 외환위기는 미국 입장에서 보면 동북아에서의 주도권과 영향력을 누가 행사하느냐 하는 차원에서 정치적으로 해결된 것으로 봐야 한다"고 말한 바 있다. (조갑제 해설, 《노태우 육성회고록》)

IMF 고금리 처방 적절했나, 뜨거운 쟁점

한편 만약 한국 경제가 부도났었다면 어떻게 됐을까 하는 질문에 서머스는 "당시 11위 경제대국이던 한국이 모라토리엄(대외채무 지불유예)을 선언해 한국의 금융기관들이 차입금을 갚지 못하고 통화를 태환할 수 없는 형태로 전환하게 되면 세계경제에 어마어마한 풍파가 불어닥칠 거라고 예상했다. 따라서 어떤 형태로든 이를 필사적으로 막으려 했다"고 밝혔다.

당시 IMF가 고금리를 강요해 필요 이상으로 국내 경기를 위축시킴으로써 많은 기업들이 도산했다는 비판에 대해서는 이같이 반론을 편다.

"당시 한국의 가장 큰 문제점은 원화가치가 거의 '자유낙하' 수준으로 떨어지고 있었다는 점이다. 일단 원화가치를 잡는 게 가장 시급했다. 진화를 위해선 화폐를 많이 찍어내는 것보다 덜 찍어내는 게 유리하다. 이는 당연히 고금리정책을 수반한다. 나는 강력한 고금리정책을 통해 일단 신용을 회복하는 게 맞다고 주장했고 지금도 이 생각엔 변화가 없다.

만약 그 당시 강제적인 고금리정책이 없었다면 과연 한국 경제가 안정될 수 있었을까? 대답은 확실한 노(No)이다.

고금리정책은 당시 상황의 역학을 바꾸는 데 대단히 중요한 역할을 했다. 당시 가장 큰 문제는 투자자들로 하여금 한국이 자본을 투입할 만한 매력적인 나라임을 입증하는 것이었다. 여기서 결정적인 역할을 하는 게 바로 자본의 대가인 이자율이다. 따라서 광범위한 IMF 정책권고 사항은 옳은 선택이었고 대부분의 경제학자들이 이에 동의한다."

그러나 세계적인 학자들의 상당수가 당시 미 재무부와 IMF의 처방에 문제가 있다고 말하고 있는 게 사실이다.

미국 대통령 경제자문위원장을 지낸 하버드대 마틴 펠드스타인 교수는 "한국 외환위기의 직접적 원인은 국제 금융환경이 매우 불안정한 상태에서 단기 외자차입에 지나치게 의존했던 점"이라며 "IMF가 처방한 고금리와 재정긴축은 불필요했다"고 지적한다.

또 제프리 삭스 컬럼비아대 교수는 "IMF가 위기에 처한 국가의 취약점을 강조함으로써 안 그래도 불안해하는 국제투자자들의 신뢰를 떨어뜨리는 결과를 초래했다"는 입장이다.

삭스 교수는 "잘못된 IMF의 접근방법 때문에 한국 · 태국 등 외환위기를 당한 국가들의 어려움이 더 가중됐다. IMF와 미국이 더 조용한 방법으로 단기외채의 중장기 전환을 도와주었다면 좀 더 작은 대가를 치르면서 외환위기를 극복할 수 있었을 것"이라고 말한다.

헨리 키신저 전 미국 국무장관은 "IMF는 부정부패 · 관치금융 등을 지적했지만 아시아 국가들에게 돈을 빌려준 국제투자자들은 이런 문제들을 '수용할 수 있는 범위 내의 위험(tolerable risk)'으로 간주했었다"고 비판한다.

최근 《뉴욕타임스》는 "루빈 재무장관이 취임 후 한국 · 태국 등 신

홍콩업국의 자본시장 개방을 역설, 그 결과 이들 국가들의 자본시장 개방을 헤지펀드 등 국제투자가들이 최대한 활용했다"고 꼬집었고 《파이낸셜타임스》칼럼니스트 마틴 울프는 "IMF의 지나친 긴축정책이 한국 기업의 도산을 초래해 결과적으로 국제신인도를 더 떨어뜨렸다"고 주장했다.

심지어 캐나다 오타와대 미셸 초수도프스키 교수는 지난 2005년 "IMF와 맺은 모든 협약을 무력화시키고 외국 자본이 도둑질해간 국부를 환수하라"며 "구제금융이 한국에 긍정적 영향을 준 것은 단 하나도 없다"고 극단적으로 비난했다.

이에 대해 스탠리 피서 IMF 수석부총재는 "IMF가 한국에 요구한 정책처방은 당시 상황으로서는 불가피한 것이었다"고 반박한다.

"한국이 IMF에 구제금융을 신청했을 때는 이미 상황이 심각해서 충격이 적은 방안으로는 해결이 불가능했고 IMF프로그램이 국가별로 대동소이했던 것은 각국의 특수성을 고려하지 않아서가 아니라 각국의 상황이 유사했기 때문이며 극단적인 고금리정책 역시 환율의 급격한 평가절하를 막고 투자자들의 신뢰를 회복하기 위해 불가피했다"는 논리다.

"재벌 규제 폐기, 고삐 풀어준 게 IMF사태 원인"

노태우 전 대통령 측 인사들은 문민정권이 6공 정권의 재벌규제정책을 폐기하고 재벌들의 고삐를 풀어준 것이 IMF사태의 원인이라고 본다.

노 전 대통령은 《노태우 육성회고록》에서 이런 주장을 펴고 있다.

　　　　　　　　　　　　　　　대한민국 머니 임팩트

"IMF체제가 된 후 캉드쉬 총재가 기자회견에서 '7년 전에 한국이 시도하다 못한 것을 우리가 도와주는 것이다'라는 아쉬움을 토로한 내용을 들은 바 있다. 그도 그럴 것이 1991년 초 우리나라 5대 재벌의 부채는 5조 원 정도였는데 1997년 IMF사태가 터질 때 보니까 불과 5년여 사이에 24∼25조 원으로 다섯 배나 늘어나 있었다.

지금 IMF의 신탁통치를 받아 진행되고 있는 일 중의 상당 부분이 이미 내 재임 중에 시도됐다는 것은 나름대로 의미가 있다고 본다.

예컨대 지금에 와서 투명 경영의 기본조건으로 요구되고 있는 연결재무제표만 해도 그 당시 여러 차례 시도했지만 재벌들의 반대로 별 성과를 보지는 못했으나 적어도 이와 관련해 상호지급보증 문제만큼은 첫 시동을 걸었다는 데 의미가 있다고 생각한다."

또 김종인 전 수석은 "김영삼정부의 경제정책이 IMF로 빠질 수밖에 없었던 이유는 정권 초기에 재계의 요구를 비판 없이 수용한 데 있다고 본다. 재벌들이 '6공이 업종전문화니 뭐니 하며 재벌을 틀어쥐는 바람에 경제발전이 위축됐다. 이것을 풀지 않으면 경제성장이 어렵다'고 하소연하니까 정부가 이것을 받아들인 거다.

그래서 나온 정책이 '신경제 100일 계획'인데 이때부터 각 분야에 걸쳐 재벌들의 중복 과잉투자가 시작된 것이다"라고 지적한다.

"우리가 그토록 힘겹게 재벌들의 신규투자를 억제하고 주력업종제도를 통해 강도 높은 구조조정을 펼쳤지만 김영삼정권에 들어와 '신한국'이니 '신경제정책'이니 하면서 그동안 옭죄었던 재벌들의 투자욕구를 풀어놓았다. 그 결과 각 사업 분야에서 중복 과잉투자 현상이 벌어진 것이다.……

빚을 얻어서 투자를 하더라도 투자기간 동안에는 성장률이 높아지게 돼 있다. 밑지면서 수출을 해도 결과는 마찬가지다. 대신 적자가 나는 부분은 전부 은행이 떠안아야 한다.

김영삼정부 시절 이런 현상으로 야기된 거품 수치를 가지고 '우리 경제의 기초는 매우 튼튼하다'고 선전했던 것이다. 정부의 선전이 사실과 다르다고 지적하면 개혁저항세력이니 뭐니 하고 몰아붙이니까 사람들이 입을 다무는 바람에 경제가 이 지경이 된 것이다."

즉 6공 측 인사들은 김영삼정권의 정책 실패를 꼬집으면서 역으로 자신들은 선견지명이 있었다고 은근히 자랑하고 있는데 그들은 금융실명제가 IMF사태의 한 원인이라고 한 적도 있다.

"박정희 시대 수출제일주의 잊어 위기"

그런가 하면 박정희 시대 개발경제체제의 주역 중 한 사람이었던 오원철 전 청와대 경제수석은 《박정희는 어떻게 경제 강국 만들었나》에서 이렇게 분석했다.

"선진국과 후진국을 막론하고 경제가 잘되느냐 못되느냐는 정부의 역할에 달려 있으며 국가원수의 능력과 리더십의 책임이 제일 크다. '한국형 경제건설모델'에는 두 가지 과정이 있는데 경제건설 단계와 경제운영관리 단계이다. 우리는 경제건설 단계에서는 성공을 거두었지만 운영관리 단계에서는 실패해서 IMF를 맞게 됐다.

1960년대 초 경제개발에 착수한 후 우리나라는 세 번의 경제위기를 맞았다.

첫 번째가 1963~1964년의 외화 고갈에 따른 위기이고 두 번째가 1973년도의 제1차 석유위기(석유파동) 때였다. 그리고 이번이 세 번째가 된다. 경제위기의 형태는 나라마다 다르다. 우리나라의 경우는 제 1차 위기 때나 제2차 및 이번의 IMF사태 등이 모두가 외화 고갈로부터 연유되고 있다.

그 이유는 간단하다. 천연자원이 없는 우리나라는 식료품을 비롯해서 에너지 · 천연원료 · 기본소재 · 중간부품과 완제품, 심지어 기술까지 수입해야 하기 때문에 외화가 필요하다. 이 달러가 고갈되면 국가의 경제 운영을 지탱할 수 없게 되고 바로 경제위기로 발전하는 것이다.

20세기 후반 들어서 아시아에는 '네 마리의 용'이 있었다. 경제성장의 모범국들이다. 그런데 이들 네 마리 용 중 IMF위기를 맞은 것은 불행히도 대한민국뿐이다. 그렇다면 (당시 한국이) 대만 · 홍콩 · 싱가포르 등이나 1960~1970년대의 한국과는 다른 길을 갔다는 뜻이다.

네 마리의 용은 모두 수출을 해야 국가 경영을 해나갈 수 있는 나라들이다. '수출이 국시(國是)'가 돼야 한다. 그리고 국가 경영을 건실히 하기 위해서는 달러를 절약해서 국제수지 흑자를 내야만 한다. 이러한 기본적인 나라살림에 차질이 생기면 바로 IMF사태가 닥쳐오는 것인데 이러한 극히 상식적인 진리마저 무시한 결과 위기를 맞게 됐다."

이러한 기본 인식하에 오원철은 수출을 많이 해서 달러를 벌어들이고 외화를 절약함으로써 IMF에서 빌려온 외채를 갚아버리면 된다는, 어찌 보면 간단한 해법을 제시한다. 박정희 시절의 수출제일주의 부활을 강조한 것이다.

어쨌든 결과적으로 볼 때 김영삼정권은 경제에 관한 한 완전히 빵점이었다.

김 전 대통령은 1993년 취임 직후 '신경제 5개년 계획'이라는 장밋빛 청사진을 발표했다. 1996년 OECD에 가입하고 1998년에 1인당 GNP 1만 4000달러 달성으로 선진 경제권에 진입하며 물가는 3퍼센트대로 억제, 7퍼센트의 경제성장, 수출증가율 9퍼센트 달성, 경상수지는 1994년부터 흑자로 반전되면서 계획기간 말에는 104억 달러에 이른다는 전망이었다.

이 약속대로 실제 실천된 것은 OECD가입 하나뿐이다.

YS가 퇴임한 1998년의 1인당 GNP는 겨우 7355달러로 취임 전해인 1992년의 7527달러에도 미치지 못했다. GNP 1만 4000달러의 꿈은 6년 후인 2004년에야 달성됐다.

YS는 1998년 2월 20일 청와대 출입기자단과의 고별간담회에서 "지난 5년간 영광의 시간은 짧았고 고뇌의 시간은 아주 길었다. 특히 IMF 금융지원체제로 국민 여러분께 큰 고통을 안겨드리게 되어 어떻게 죄송스러운 말씀을 드려야 할지 참으로 안타깝다. 사태가 이렇게 된 책임은 오로지 대통령인 저에게 있으므로 어떠한 책임도 마다하지 않겠다"고 말했다.

YS "일본의 만기연장 거부가 직접 원인"

그렇다면 YS 본인은 외환위기에 대해 어떻게 보고 있을까? 이는 환란 수사 당시 검찰의 서면질의에 대해 YS가 검찰총장 앞으로 보낸 답변서(1998년 5월 2일)에 잘 나타나 있다.

"우리 경제는 오랜 세월 누적돼온 고비용 저효율의 구조적 요인과 1997년 발생한 기아그룹 등 재벌기업의 연쇄도산사태, 노사제도와 금융 개혁 등 구조적 문제의 개혁 실패와 금융기관의 부실화로 인한 대외신인도가 급락한 데다 홍콩·태국·인도네시아 등 아시아 국가의 외환위기가 급속하게 확산되면서 일본 등 중요 채권국가들이 외화채권을 일시에 회수, 예상할 수 없었던 외환위기가 급박하게 도래한 것이다.

여기에는 만성적 경상수지의 적자현상 누적, 대기업들의 구조적 결함과 연쇄도산, 금융기관의 부실화와 금융감독기능의 경직성, 노동시장의 경직성, 투명성 결여 등의 문제가 있었다.

정부는 이 같은 문제에 대한 해결방안으로 여러 가지 정책을 추진했으나 금융개혁방안은 관련기관 간의 이해상충으로 국회는 끝내 정기국회 폐회 시까지 법안에 대한 표결도 안 하고 폐기시켰으며 IMF 사태를 맞고 나서야 1997년 12월 29일 국회를 통과하게 됐다."

YS는 외환위기의 직접적 원인을 일본 금융기관들의 대출 만기연장 거부로 보고 있다.

"당시에는 태국·인도네시아 등 동남아 외환위기 때문에 우리가 IMF에 가야 할 위기 상황으로까지 발전한다는 생각을 하는 전문가는 거의 없었다. 그러나 11월 들어 일본계 금융기관들의 갑작스런 만기연장(roll over) 거부라는 '일본을 통한 영향'으로 이어지게 됐다.

10월 23일의 홍콩 증시 폭락은 전 세계적인 금융시장의 불안정성을 가져왔다.

아시아지역의 경제적 위기를 예측하여 많은 외국인 투자자들이 투자분을 썰물처럼 회수해갔고 특히 우리나라 단기차입의 23퍼센트를 점하는 최대 채권국인 일본이 자신들의 경제가 큰 타격을 입는 것을 두려워하여 11월 초부터 우리나라에 대한 일체의 만기연장을 하지 않은 채 단기외채를 극력 회수함으로써 결정적인 사태 악화를 촉발한 계기가 됐다.

아울러 11월 들어서 해외 유력 언론에서 우리 외환사정을 실제 이상으로 왜곡 과장하여 대서특필 보도한 것도 외국 자금의 한국 일탈을 더욱 촉진하는 결과를 가져왔다.

우리가 11월에 겪은 통화위기는 전문가들조차 제대로 예측하기 어려웠다고 해서 소위 '날벼락론'이라는 분석이 나오고 있을 정도다. 위에서 말한 세 가지 대외적인 요인이 단기간에 갑작스럽게 한국으로 불어닥치자 국내적으로 구조적 결함을 가진 우리 경제가 감당할 수 없는 위기를 맞게 된 것이다."

이어서 그는 반성과 교훈을 열거하고 있다.

"우리가 IMF 관리 경제를 맞게 된 근본원인은 우리 스스로의 구조개혁 노력이 제대로 이뤄지지 못한 데 있다. 냉전체제 붕괴 이후 전 세계가 WTO체제라는 하나의 열린 시장경제체제로 급격하게 재편되고 있었음에도 이런 세계적 변화에 대응하는 틀로의 전환을 제대로 이룩하지 못했다.

지난 수년 동안 추구한 변화와 개혁은 충분한 내실을 기하지 못했고 새로운 변화에 걸맞은 제도를 구축하기 위한 국정 전반에 걸친 구조 개혁이 완성되지 못했다.

우리 사회는 구조 개혁에 따르는 고통을 감내하고 나서는 일에는 지극히 소극적이었다. 개방화를 외압에 의해 강제되고 있는 것으로 인식하고 우리의 재래방식에만 집착한 결과, 세계가 요구하는 투명성이나 공정성과 개방화에 크게 뒤지게 됐고 해외에서 '이해하기 어려운 나라'로 인식된 결과가, 우리가 겪고 있는 경제적 어려움의 또 하나의 배경이라고 하겠다.

따라서 우리가 당면하고 있는 경제난국을 해결하는 길은 IMF로 가기 이전 상태로의 회귀가 아니라 그동안 못다 한 구조 개혁을 완성함으로써 새로운 제도로 탈바꿈하는 데 있다.

우리 사회가 노사문제에서 재벌 및 금융 개혁에 이르기까지 여러 가지 당면 문제를 제대로 해결하지 못하는 '총체적 문제 해결 능력의 저하 내지는 부재'가 우리 경제의 해외신인도를 떨어뜨리는 가장 결정적인 요인으로 작용했다.

오늘날 민주적 방식에 의한 구조 개혁을 이룰 능력이 있는가가 당면한 경제난국을 해결하는 관건이라고 생각한다."

임창렬 "급격한 시장자유화정책의 역효과"

IMF와의 협상 등 외환위기 수습에 동분서주했던 임창렬 전 부총리는 2007년 11월 《이코노믹리뷰》와의 인터뷰에서 외환위기의 직접적 원인을 이렇게 진단했다.

"정부 경제정책의 실패였다. 1997년 당시보다 불과 3년 전인 1994년에도 우리의 외환보유고가 90억 달러에 불과했는데 외환위기라는 말은 나오지도 않았다. 그런데 공식 외환보유고가 300억 달러에 달하던 1997년에 왜 외환위기가 일어났을까?

그것은 정부의 급격한 시장자유화정책이 불러일으킨 역효과였다.

사실 당시만 해도 외국의 금융기관이 한국 기업이나 금융기관에 돈을 빌려주는 이유는 한국의 은행이나 대기업은 어려워지면 정부가 나서서 도와준다는 인식이 있었기 때문이다. 한국의 은행이나 종금사의 건전성에 문제가 있다는 것을 알면서도 정부를 믿고 빌려준 것이다.

그런데 한보를 비롯해 1997년 대기업들의 잇단 부도를 계기로 외국의 투자가들이 더 이상 한국 정부가 금융기관이나 대기업의 부실을 막아주지 않을 것이라는 사실을 눈치채기 시작하면서 자금을 빼내가기 시작해 외환위기가 시작된 것이다.

경제를 시장에 맡기려는 정부의 정책이 잘못된 것은 아니지만 그 시기와 속도 조절에 문제가 있었기 때문에 명백히 정책 실패다."

즉 관치금융 자체가 문제가 아니라 급작스럽고 어설픈 관치금융 폐지가 문제였다는 것이다.

"환율도 외환위기에 일조를 했다. 1997년 11월까지 환율의 변동폭을 2.5퍼센트로 묶어두고 있었는데 이 때문에 원화가치가 시장가치보다 상당 부분 고평가됐다. 원화가치가 고평가되면서 수출보다 수입이 늘어나고 외국 투자자들은 원화가치의 하락을 우려해 한국에서 철수하는 원인이 됐다.

실제로 IMF와의 협상 타결 이후 환율변동폭을 자유화하자 원/달러 환율이 한때 1달러당 1900원대까지 치솟았다. 그만큼 원화가치가 시장가치에 비해 고평가돼 있었다는 뜻이다."

임 전 부총리는 IMF 10년을 돌아보면서 그 명과 암을 이렇게 정리한다.

"IMF를 계기로 우리 경제의 체질이 완전히 바뀌었다. 금융기관과 기업의 투명성이 개선되고 경제가 개방화되면서 금융기관과 기업이 국제 규범에 맞춰가기 시작하면서 한국 경제 전반의 신뢰도가 높아진 것은 긍정적인 측면일 것이다. 기업들의 대마불사 신화가 깨지면서 빚을 내 사업을 벌이는 재벌들의 악습이 사라진 것도 좋은 일이다.

그러나 급속한 개방과 개혁으로 기업의 진취적인 투자 패턴이 사라지고 기업활동이 위축된 것은 문제다. 이 때문에 실업률이 낮아지지 않고 젊은이들의 취업난도 이어지고 있다."

IMF행을 김영삼 대통령에게 적극 건의한
홍재형 전 부총리.

강경식 · 김인호 구속은 처음부터 무리였다

한편 위 검찰 답변서에 따르면 YS가 IMF행 가능성을 최초로 보고받은 날은 11월 5일이다.

이날 김인호 전 경제수석이 동남아 외환위기의 파급 영향에 대해 보고하면서 "최악의 경우 IMF의 지원을 받게 되는 경우도 올 수 있다"고 설명했다는 것이다.

11월 10일에는 강경식 부총리로부터 금융외환안정 종합대책과 더불어 "그런 대책과 병행하여 IMF 자금 지원을 받을 수 있는 가능성에 대한 검토를 하겠다"는 보고를 받고 "위기대책에 만전을 기할 것과 IMF 지원을 받는 문제도 적극적인 자세로 검토하라"고 지시했다.

그날 오후에는 홍재형 전 부총리로부터 외환위기의 심각성을 보고받았다.

"그날과 다음날에 통화한 내용을 종합하면 긴박한 위기상황에 대한 상황 인식은 경제팀의 보고와 큰 차이가 없었고 동 외환위기를 해결하기 위한 방법으로서 경제팀에서는 IMF 지원금융을 받기 전에 할 수 있는 모든 방법을 긴급하게 취해보고 안 되면 최후에 IMF에 간다는 의견이었고 홍 전 부총리는 그럴 시간적 여유가 없으니 당장 IMF 에 가지 않으면 국가 부도가 날지도 모른다는 의견이었다."

YS가 12일 김 수석을 제치고 윤진식 금융비서관(전 산업자원부장관)을 직접 불러 얘기를 들은 것도 사실이다.

"(윤 비서관의 보고는) 홍재형 전 부총리의 의견과 거의 같았다. 윤 비서 관은 경제팀 책임자들이 평소에 주장한 방법론을 쉽사리 바꿀 수 없 기 때문에 IMF 지원을 받는 것을 반대하는 것으로 생각하고 있었다. ......

본인은 어차피 IMF 지원금융을 받아야겠는데 그러자면 IMF와 관 련 있는 금융전문가로 경제부총리를 바꿀 필요가 있겠다고 생각하여 금융담당 비서관인 윤 비서관에게 IMF 문제를 잘 처리할 수 있는 금 융전문가에는 어떤 사람이 있는가 물었다. 그는 홍재형 전 부총리라 고 답했고 내가 임창렬 통상산업부장관은 어떠냐고 물었더니 그 분 도 적격자라고 답했다."

이것이 강 부총리, 김 수석이 전격 경질된 내막이다. 홍 전 부총리 는 당시 야당인 국민신당에 가 있어서 정치적 오해 가능성 때문에 배 제됐다.

그러나 YS는 검찰이 강경식과 김인호를 사법처리 하려는 것에는 분명히 반대했다.

"그런 혐의 사실이 인정될 만한 일은 추호도 없었다. 그들은 나름 대로 재직기간 중 처음부터 마지막까지 정직하고 성실하게 직무를 수행했다. 정책의 방법이나 시기의 선택, 정책 집행의 기술이나 효과 또는 보좌기능의 강약이나 효율성 등에 관해서는 보는 사람에 따라 견해의 차이가 있을 수 있지만 그런 문제를 사법처리의 대상으로 삼을 수는 없다고 생각한다.

그들을 11월 19일에 해직한 것은 경제 사정이 어려워지고 금융 개혁입법이 국회에서 통과되지 않은 데 대한 민심수습용 문책과 IMF 협상에 더 적절한 금융전문가로 교체하기 위한 목적이었을 뿐이었지 결코 IMF와 관련한 보고 태만이나 직무유기 책임을 물은 것은 아니다."

사실 검찰이 외환위기에 대한 국민적 분노의 정치적 희생양으로 두 사람을 사법적 단죄의 대상으로 삼은 것 자체가 처음부터 무리한 법 적용이었다.

1998년 7월 《아시안 월스트리트 저널》은 사설에서 "우려할 만한 점은 판단의 오류에 대해 형사 책임을 물으려 하는 시도이다. 한국 국민들은 지난 12월의 대선에서 전 정부를 몰아냄으로써 전 정부의 당국자들에 대해 이미 선고를 내린 셈이다. 한국의 외환위기는 서울의 법원에서 다뤄질 일이 아니다. 그것은 여론이라는 재판정에서 이뤄져야 한다"고 강조했다.

당시 검찰은 "정책적 판단에 대해서도 사법적 심사가 가능하다"는 논리를 폈다. 그러나 법원은 이런 '견강부회(牽强附會)'를 인정하지 않았다.

2004년 5월 27일 대법원은 "피고인들이 외환위기에 안이하게 대처했고 직무를 유기했다는 점을 인정하기 어렵다"며 "정책결정자들을 처벌하는 것보다 시스템상 잘못을 가려내 재발을 막는 것이 외환위기에서 얻어야 할 교훈"이라고 판시, 두 사람의 무죄판결을 확정했다.

강경식 "경제 기초 믿은 우물안 개구리"

그 무리한 사법처리의 희생자 강경식의 얘기를 《강경식의 환란일기》에서 들어보자.

"태국에서 시작된 통화위기가 동남아 이웃나라로 번지는 것을 보면서도 그것이 지닌 '전염 효과'는 거품과 같아서 경제 기초 여건만 튼튼하면 감염되지 않으리라 생각했다. 그러나 우리 경제의 실상과는 상관없이 국제금융시장에서 위험하다고 생각하면 당하게 돼 있었다.

첫째, 아무리 우리의 실상이 태국이나 다른 동남아시아와 다르다고 설명을 해도 위기 때에는 그 차이점이 두드러지기보다는 같게 보이는 성향이 강하다. 외국의 시각에서 볼 때는 우리나라도 아시아의 한 나라에 불과했다.

둘째, 국내 기업의 해외법인이 현지에서 빌려 쓴 돈이 그렇게 심각한 문제를 야기할 것으로는 생각하지 못했다.

앞의 대문 쪽에만 신경을 쓰고 있었는데 뒤에 있는 쪽문으로 나가서 저지른 일이 집안 전체를 뒤흔들게 될 줄은 미처 몰랐다. 현지 은행에서 돈을 빌려 해외에서 운용한 돈의 규모도 문제였지만 단기자금을 빌려 장기로 운영하면서 그 이자 차액으로 돈을 벌려고 한 것이 화근이 됐던 것이다."

처음의 판단이 그의 표현대로 "우물안 개구리" 같은 순진한 생각이었음이 명백해진 것은 11월부터였다.

"만기 연장이 되지 않아 전 세계 금융기관을 밤새 쑤시고 다녀도 자금을 구하지 못하는 것은 종금사뿐만이 아니라는 보고는 불안감을 더욱 크게 만들었다. 9~10월에는 그런 대로 가능했던 중장기 차입이 11월에 접어들면서 사실상 불가능해졌다. 기아에 대한 출자전환의 여파로 산업은행마저 차입을 못하는 상황이 됐다.

그런데도 이를 헤치고 나갈 수 있는 길을 어디에서도 찾을 수 없는 답답함이 몰려왔다. 평생을 살아오면서 이때만큼 속수무책이라는 말의 뜻을 절실하게 느껴본 일은 없었다."

강 부총리가 IMF행을 진지하게 검토하기 시작한 것은 11월 7일이다. 그는 일본에 긴급자금을 요청하겠다는 엄낙용 차관보에 대해 "일본보다는 IMF에 지원 요청을 하는 것이 정도"라고 말했다. 물론 엄 차관보의 지원 요청에 대해 일본은 "자금난 해소를 위한 지원은 IMF를 통해서만 하도록 이미 미국과 일본이 합의했기 때문에 해줄 수 없다"며 거절했다.

이튿날 강 부총리와 김인호 수석은 IMF로 갈 수밖에 없다는 데 의견을 같이했다. 그러나 가능하다면 IMF라는 외세는 피하고 싶었다.

"시장 안정용 IMF 지원이 구제금융으로"

"말로는 빨리 가야 한다고 하지만 막상 그런 상황에 몰리게 되면 어느 나라든지 다른 대안은 없는가를 찾아보게 마련이다. 만일 그런 노력을 하지 않고 IMF에 갔다면 경솔했다는 비난을 면할 수 없었을 것이다. 당시 우리는 한편으로는 IMF에 가는 준비를 하면서 다른 한편으로는 대안을 검토하고 있었다. IMF에 가지 않고 돈을 구하는 방법이었다."

강 부총리는 10일 청와대 국무회의 후 YS에게 금융·외환시장 안정대책에 대해 보고하고 그래도 금융시장이 제대로 안정되지 않을 경우 IMF 지원 요청을 검토할 것이라고 덧붙였다.

다만 그는 실무과장이 만든 보고서의 7가지 제목 중 IMF 지원에 대한 제목은 삭제해 다시 만들도록 지시했다. 만의 하나 IMF행에 관해 대통령 보고까지 했다는 사실이 밖으로 알려질 경우가 염려돼 구두보고만 하겠다는 생각에서였다. 그런데 검찰은 "의도적으로 IMF에 대한 보고를 대통령에게 전혀 하지 않았다"며 직무유기죄를 뒤집어씌웠다.

그 사이 홍 전 부총리와 윤 비서관의 YS에 대한 직보, 이경식 한은 총재와의 면담이 있었고 마침내 11월 14일 IMF행이 결정된다.

"IMF 이외의 대안에 대한 검토가 며칠간 있었으나 이들이 유효하지 않다고 판단된 이상 대안은 없게 된 것이다. 아울러 당장 외환 부족을 메운다는 필요를 넘어서 내년 상반기까지의 정치 상황이라든가 금융산업 구조개편 과정에서 불안하게 마련인 금융시장의 안전장치로서도 어차피 IMF의 도움을 받는 것은 불가피한 선택이 될 수밖에 없는 상황이었다.……

IMF와 협의를 시작하겠다는 보고를 받고도 김영삼 대통령은 이렇다 할 반응이 없었다. 너무나 담담하게 승낙을 하는 것이 어리둥절할 정도였다. 그동안 IMF에 관해 이미 여러 채널을 통해 듣고 있었기 때문이라고 볼 수 있겠지만 IMF로 가는 것의 의미를 제대로 알고 있다면 이렇게 담담할 수는 없다고 생각했다."

YS가 이렇게 담담했던 것은 이미 그를 경질하기로 결심을 굳혔기 때문인지도 모른다. 11월 19일 IMF와의 협의 내용을 보고한 직후 강 부총리는 바로 사표를 제출해야 했다.

강 전 부총리는 《강경식의 환란일기》에서 이런 말을 남겼다.

"원고를 정리하면서 'IMF 이후에 할 수 있었던 일을 IMF가 오기 이전, 특히 1997년에는 왜 할 수 없었는가' 하는 아쉬움이 새삼 컸다. 이와 함께 IMF가 아니었다면 지난 2년(DJ정부) 동안의 여러 가지 구조조정과 개혁들이 과연 가능했을까를 생각하게 됐다.……

IMF에 가는 것도 내가 추진할 때와 협정이 체결될 때는 그 의미와 성격이 크게 달라졌다. 1997년 11월 16일 캉드쉬와 만나서 IMF로부터 300억 달러의 지원을 협의할 때까지만 해도 실제 IMF로부터 자금을 인출해 쓰기보다는 그런 지원 약속이 우리나라에 대한 신인도를 회복하는 데 도움이 되는 '시장 안정용'이었다.

그러나 12월 3일 IMF와 협정을 체결했을 때는 이미 IMF 자금 없이는 부도를 방지할 수 없는 상황에 몰려 '구제금융'이 되고 말았다. 그 후에는 580억 달러라는 상상할 수 없었던 규모의 IMF 자금 지원으로도 금융시장 안정을 회복하지 못하는 상황으로 악화됐다.……

IMF를 당했을 때 국내에서는 '올 것이 왔다'라는 말을 했고 해외에서는 '숨겨진 축복'이라고 했다. IMF로 오랫동안 미뤄온 구조조정을 하게 됐고 그 결과 우리 경제가 새로운 모습으로 탈바꿈할 수 있는 기회가 됐다는 점에서는 같은 얘기였다.……

당연히 해야 할 일을 미루다가 IMF에 의해 개혁을 강요당하는, 자존심 상하고 부끄러운 일은 한 번으로 족하다고 생각한다. 다시는 이런 일이 되풀이되지 않기를 바라는 마음이다."

"누가, 왜, 어떻게 IMF행을 뒤집었는가"

다음은 또 한 사람의 희생양 김인호 전 경제수석의 회고다.

"외환위기는 제대로 기록되어 역사에 남아야 한다. 외환위기는 아직도 끝나지 않았다. 그러기에 나는 우리 사회의 그 망각을 되살리려 한다. 외환위기는 제대로 밝혀지지 않았다. 그러기에 나는 그 왜곡을 바로잡으려 한다."(〈환란주범은 누구인가〉, 《중앙일보》, 2002년)

김 수석은 1997년 11월 19일 그와 강 부총리가 전격 경질되고 후임 임창열 부총리가 금융시장안정대책 발표에서 이미 약속된 IMF행이 삭제된 과정에 의문을 제기한다.

"강 부총리와 나는 보고 직후 경질됐다. 강 부총리는 경질 직후 발표를 취소했다. 그러다 갑자기 방침이 바뀌어 개각 전에 예정된 대로 발표했다. 단 두 가지만 빼고 모든 발표 내용이 우리 보고 내용과 똑같았다. 내용이 달라진 두 가지는 IMF행을 부정하는 것과, 환율변동폭을 15퍼센트에서 10퍼센트로 바꾼 것이었다.……

임 부총리는 우리가 해놓은 대책을 글자 하나 안 고치고 그대로 읽다가 환율변동폭만 10퍼센트로 고쳐 읽더니 기자들이 'IMF에 자금지원 요청을 할 것이냐'고 묻자 '우리 경제 상황이 태국 등과는 달리 그렇게 나쁘지 않으므로 IMF에 꼭 갈 필요는 없다'며 IMF행을 강하게 부정한 것이다.

새 부총리가 IMF·미국·일본이 주시하고 있는 가운데 IMF행을 부인해버린 것이다. 이는 IMF와의 합의를 파기하는 것이었고 미·일과의 신뢰를 깨뜨리는 것이었다.

시장은 이에 즉각 반응했다. 임 부총리 취임 이후 11월 말까지 불과 12일 동안 가용 외환보유액은 86억 달러나 줄었다. 우리의 재임 9개월 동안 줄어든 가용 외환보유액은 69억 달러였다. 임 부총리는 그날 왜 그런 발표를 했을까. 누가, 왜, 어떻게 IMF행을 뒤집었는가?"

대한민국 머니 임팩트

하지만 임 부총리는 이틀을 못 버티고 IMF 구제금융 신청을 발표해야만 했다. 불과 이틀 차이였지만 그 대가는 너무나 컸다.

김 전 수석은 "그날 새 부총리의 IMF행 부정 발표는 한국 경제가 겪고 있던 신뢰

강경식 전 부총리(왼쪽)와 김인호 전 청와대 경제수석(오른쪽)은 외환위기의 책임자로 몰려 구속되는 수난을 겪기도 했으나 결국 무죄판결을 받았다.

의 위기에 결정타를 가하는 것이었다. IMF 지원을 받을 수밖에 없는 나라가 IMF와 미국·일본의 신뢰를 잃었다고 판단하자 외국 투자자들은 경쟁하듯 한국에서 돈을 빼갔다. 더구나 대통령후보였던 DJ는 선거 전략만 생각하는 재협상 발언 등으로 상황을 더욱 악화시켰다.

내가 11·19 개각과 더불어 IMF행 번복이 진정한 의미의 환란에 빠져드는 과정의 시작이라고 보는 이유가 여기에 있다"고 지적한다.

YS 역시 환란 수사 당시 검찰에 보낸 답변서에서 "11월 12~13일 임창열 당시 통산부장관에게 전화를 걸어 '외환위기를 해결하기 위해 IMF 지원금융을 받아야 하는데 임 장관을 그 책임자인 경제부총리로 임명할 생각'이라고 말해줬다. 그 이후에도 11월 17일까지 사이에 몇 차례 전화로 같은 뜻을 말한 사실이 있다"고 진술했다.

YS는 또 "19일 본인이 (새로 임명된) 임 부총리에게 'IMF의 지원금융을 받는 것을 포함하여 강 부총리가 추진해온 사항을 잘 승계받아 발표를 하라'고 말했다.

그런데 임 부총리는 그날 저녁 대책발표를 하는 기자회견에서 이미 확정돼 있던 방침과는 달리 IMF의 지원금융을 받지 않겠다고 하

기에 본인도 놀라서 김용태 비서실장에게 지시하여 임 부총리에게 연락하여 IMF행을 발표하도록 조치했다"고 확인했다.

김 전 수석도 17일 임창열에게 "대통령 재가를 받아 IMF와 협상을 벌여 충분한 자금 지원을 받도록 캉드쉬 총재와 합의했고 이를 조만간 발표한다"고 귀뜸한 적이 있다고 한다.

19일 저녁 임 부총리, 김영섭 신임 경제수석은 이경식 한은 총재와 IMF행에 대해 격론을 벌였다. 이 총재도 후배 격인 임 부총리가 전 경제팀과 합의했던 IMF행을 발표하지 않아 무척 당혹스러워했다.

한국 정부의 이런 태도가 외환 사정을 최악으로 몰고 갔다. IMF와 미국은 "한국 정부의 약속 파기냐"며 강력 항의했다.

임창렬 "강경식은 IMF행 검토한 적 없다"

반면 임창열은 이런 주장들을 전면 부정한다. 강경식 부총리 시절 IMF행을 결정했다는 얘기를 전혀 들은 바 없으며 그런 사실도 없다는 것이다.

"말도 안 되는 얘기다. 당시 언론보도 어디를 봐도 재경원이 IMF행을 검토하고 있다는 이야기는 나오지 않는다. 오히려 감사원의 감사자료에는 당시 경제부총리가 '창피하게 어떻게 IMF에 구제금융을 요청하느냐. 내 임기 중에 IMF행은 없다'고 했다는 말까지 있다.

내가 임명된 11월 19일 아침 재경원이 대통령에게 보고한 '금융시장안정 및 금융산업구조조정을 위한 종합대책'에도 IMF에 협조 요청을 하는 이야기는 전혀 언급돼 있지 않다. 재경원이 협조 요청을 결정하지도 않은 상황에서 내가 어떻게 '번복'을 할 수 있겠나. 번복

이라는 말 자체가 말이 안 된다."(《이코노믹리뷰》, 2007년 11월)

임창렬은 당시 언론보도와 재경원 금융정책과장의 확인서, 재판자료, 감사원 감사자료 등을 기자에게 보여주면서 "19일 아침 경질될 때까지 강 부총리는 IMF에 자금 지원을 하겠다는 말은 한마디도 한 적이 없다"며 (IMF에 가기로 이미 합의가 된 것을 내가 안 가겠다고 번복했다는) 강 부총리의 주장은 터무니없다"고 주장했다.

특히 18일 당시 재경원 정의동 공보관이 "현재 정부가 IMF에 구제금융을 신청하거나 신청할 계획을 검토한 적이 없다"면서 "이는 강경식 부총리의 생각"이라고 말한 것으로 보도한 연합뉴스 기사를 보여주기도 했다.

또 자신이 취임한 후 IMF행을 발표한 21일까지 사흘간의 당시 언론보도자료를 보여주며 "내가 취임 후 세 차례의 인터뷰에서 모두 필요하면 IMF의 도움을 받겠다고 했는데 왜 그런 주장을 하는지 모르겠다"면서 "그동안 참아왔지만 IMF 10년을 맞아 이런 얘기가 다시 나오니 더 이상 참을 수 없어 사실을 밝힌다"고 강조했다.

그렇다면 16일 미셸 캉드쉬 IMF 총재가 극비리에 방한한 것은 어떻게 된 걸까?

"16일 한국을 다녀간 후 캉드쉬 총재는 프랑스 언론에 '한국에 지원 의사를 전달했지만 한국 정부가 공식적으로는 이 같은 지원 의사를 거절하고 있다'고 말했다. 이런 상황에서 어떻게 300억 달러 자금 지원 협의 이야기가 나올 수 있나?"

그는 캉드쉬의 방한 이유에 대해서는 "한국의 상황이 급박하게 돌아가니까 IMF의 지원 의사를 전달하기 위해 온 것이다. 당시 캉드쉬 총재는 지원 의사를 전달하면서 'IMF행에 대한 결정은 한국 정부의 못' 이라고 분명히 밝혔다. 다만 IMF에 자금 지원을 요청하려면 대통령의 재가뿐만 아니라 3당 대통령후보의 동의서까지 제출해야 한다고 한 것으로 안다"고 밝혔다.

그러나 그의 주장에는 석연치 않은 점이 적지 않다. 강경식·김인호는 물론 중립적 입장인 YS와 이경식 당시 한은 총재, 강만수 당시 재경원차관이 모두 강 부총리 시절에 이미 IMF행이 합의됐다고 하고 임창렬도 이를 알고 있었다고 증언하고 있는데 그만 다른 말을 하고 있다.

또 그가 자신의 주장의 근거로 내세우는 것은 국장이나 과장급의 얘기와 언론보도들뿐인데 당시만 해도 IMF행 결정은 1급 비밀이어서 실무자들이 정확히 알고 있었을지 의문이며 보안을 지키기 위해 언론에는 일부러 연막을 피웠을 가능성이 높다.

아무튼 누구 말이 진실인지는 좀 더 시간이 지나봐야 알 수 있을 것이다.

한국에 대한 국제금융계의 '신뢰의 위기'

아무튼 위 〈환란주범은 누구인가〉에서 김인호의 증언은 계속된다.

"IMF행을 결정하면서 우리는 어느 정도의 고통은 불가피하다고 생각했다. 그러나 그를 계기로 유동성위기 해결의 실마리를 잡는 동시에 바람직한 구조조정을 추진, 결국 경제의 선순환을 이룰 것이라고 생각했다.

그 뒤 IMF가 우리에게 요구한 구조조정과 긴축정책 중 구조조정은 우리가 당연히 받았어야 하는 것이었고 원래 강경식 부총리와 내가 하려던 정책과 기본 방향이 같은 것이었다.

그러나 재정긴축과 고금리정책은 받지 말았어야 했다. 재정긴축은 재정 적자가 위기의 주 요인인 남미에 쓰는 처방이었고 고금리는 원화가 국제통화로 통용되지 않고 채권시장이 개방되지 않은 당시 상황에서는 오히려 증시에서 달러가 빠져나가게 하는 잘못된 처방이었다.

그로 인해 죽지 않을 수 있었던 수많은 기업들까지 쓰러지고 수많은 실업자가 생겼다. 그것이 우리가 겪었던 위기의 진상이 아닌가. IMF 지원을 받으면서 우리의 계획과 의지에 의해 구조조정을 할 수 있었던 절호의 기회가, 오히려 6·25 이후 최대의 국난이라는 고통으로 이어진 것이다.

당초 합의 때 이뤄졌던 IMF와의 신뢰를 깨지 않았더라면, 우리 협상팀이 거시정책에 대한 인식을 제대로 갖고 있었더라면, 우리가 구조조정을 스스로 해나가려는 의지를 분명히 했더라면 긴축정책은 얼마든지 협상에 의해 거부할 수 있었다고 나는 본다."

물론 김인호도 IMF행에 대한 자신의 책임은 통감하고 있다.

"홍콩 증시 폭락 이후 불과 보름 만에 IMF 지원까지 검토해야 할 정도로 상황이 악화된 것을 어떻게 설명해야 할까. 솔직히 그때 필자는 위기 징후가 보이면 일시에 빠져나가는 국제금융자본의 비합리적이고 냉혹한 생리를 제대로 모르고 있었다.……

사실 강 부총리와 내가 그토록 IMF행의 보안을 지키려고 했던 데는 이유가 있었다.

해당국과 IMF 간에 금융 지원에 대한 원칙적인 합의를 이뤄 돈이 들어올 수 있다는 기대감을 주면서 IMF행이 알려지면 시장에 호재로 작용하지만 그런 합의를 이루지 못한 상태에서 IMF행을 검토하고 있다는 사실만 알려지면 외환시장이 그만큼 좋지 않다는 것을 방증해 되레 엄청난 악재로 작용한다는 것이 국제금융계의 상식이었다.

결과적으로 많은 사람들은 우리가 IMF행을 어떻게 추진하고 있는 지를 정확히 알지 못했고 뒷날 감사원·검찰은 왜 빨리 IMF에 가지 않았느냐고 우리를 내몰았다.……

국제금융계에선 한국의 금융시스템을 불신하고 있었다. 단기외채를 끌어다가 수익성 없는 곳에 장기투자하면서 생긴 막대한 부실채권이 문제였고 금융기관들은 엄청난 부실채권을 안고도 쓰러질 줄 몰랐다. 게다가 부실채권의 규모를 도대체 종잡을 수 없다는 것이 외국의 시각이었다.

무엇보다 심각한 것은 문제가 무엇인지, 해결할 의지가 있는지, 추진할 능력이 있는지 도무지 믿지 못하겠다는 외국투자자들의 깊은 불신이었다.

그것은 바로 '신뢰의 위기(Credibility Crisis)'였다. 때문에 잃어버린 신뢰를 되찾지 않고선 근본적인 위기 극복은 불가능하다는 것이 당시 위기에 대한 우리의 진단이었다. 부실채권 정리와 구조조정 등을 통해 기업·금융시스템을 과감하게 고쳐야 한다는 점을 한국 정부가 알고 있고 이를 추진할 의지와 능력을 갖고 있다는 점을 국내외에 보여줬어야 했다."

"비 올 때 우산 회수, 일본은 머나먼 이웃"

강만수는 1997년 3월부터 이듬해 3월까지 재경원 차관이었다. 즉 강경식·임창열 두 부총리와 함께 일했고 IMF와의 각종 실무 협상의

대한민국 머니 임팩트

주역이었다. 이제 그의 증언을 들을 차례다.

"1997년 경제위기의 본질은 무엇이었을까. 우리는 IMF사태·외환 위기·환란으로 불렀지만 IMF와 외국 언론은 경제위기라고 불렀다. 1997년의 위기가 일시적 외환 부족 문제가 아니라 경제의 구조적 문제로 보는 데서 우리와 시각이 달랐다." (강만수,《현장에서 본 한국경제 30년》)

강 차관은 취임 시부터 최우선 목표는 국제수지 개선이고 이를 위해서는 환율 절하와 관세율 조정이 중요하다며 환율을 920원까지 올리고 외환보유고도 500억 달러까지 늘리려 했다. 그러나 당시 한은 법개정 문제로 재경원과 한은은 감정대립 상태여서 업무협력이 쉽지 않았고 재경원 내부에서도 외환문제는 한은에 맡겨두자는 의견이 많았다.

이에 따라 외환보유고는 7월의 336억 달러를 피크로 계속 내리막길을 걸었다.

강만수는 "환율과 외환보유고를 중앙은행에 맡겨야 한다는 생각은 잘못이다. 이것은 정부의 임무를 포기하는 것"이라며 "중앙은행의 임무는 물가안정이고 이를 위해 끊임없이 환율을 평가절상하려는 속성을 갖고 있다. 정상적일 때 통상적 업무는 몰라도 대외균형이 깨질 때는 환율을 중앙은행에 위임해서는 안 된다. 시장에 맡겨서도 안 된다"고 주장한다.

1997년 4월 강만수는 영국 런던에서 열린 EBRD총회 참석 길에 영국 은행들을 찾아다니며 한국과의 지속적인 거래를 부탁했다. 그러나 이미 IMF 지원을 받은 적이 있는 영국의 은행과 투자자들은 냉담했다.

HSBC은행 윌리 퍼브스 회장은 신규 대출 중단 이유에 대해 "첫째, 한국의 전투적 노조에 많은 우려를 갖고 있다. 둘째, 한보철강의 거액 부도사건과 뇌물사건을 보고 한국 기업의 투명성에 대한 의구심이 커졌다. 셋째, 예측할 수 없는 북한을 걱정하기 때문"라고 설명했다.

한국이 결정적으로 위기에 휩싸이게 된 것은 10월 23일 홍콩 증시 대폭락 이후 홍콩의 금융시장이 경색되면서 단기차입의 길이 사실상 막혀버린 때부터다.

특히 최대 단기차입 선이었던 일본은 1997년 중 단기대출금 220억 달러 중 130억 달러를 회수했다. 11월 1일부터 19일까지 13억 달러, 이후 12월까지는 70억 달러를 집중 회수, 마침내 외환위기를 맞고 말았다.

"외국은행단 회의에서 정부의 금융시장 안정 노력을 설명하고 '한국은 외채를 1달러도 떼먹지 않은 세계 유일의 나라로 인정받았다'며 급격한 자금회수의 자제를 요청했다.

(특히) 일본을 겨냥하여 '필요할 때 친구가 진정한 친구다. 우리는 오늘을 결코 잊지 않겠다'는 협박성 발언까지 했다. 일본 은행 지점장들은 '9월 말 결산을 앞두고 BIS 자기자본비율 8퍼센트를 지키라는 본점의 지시 때문에 자금회수가 불가피하다'는 대답이었다. 일본도 1997년 중 은행·신탁·증권·보험회사 등 8개 금융기관이 도산할 만큼 어렵기는 했다.

11월 말 아세안+6 재무장관회의에 참석해 일본 사카키바라 국제금융담당 차관을 만나서도 요청했지만 일본 금융기관의 도산이 줄을 잇고 있어 일본 정부도 어쩔 수 없다는 대답이었다. '햇빛 쨍쨍할 때 우산을 빌려주고 비 올 때 회수'한 바다 건너 일본은 머나먼 이웃이었다."

"펀더멘틀에 문제 없다고 할 수밖에 없었다"

특히 단자사에서 무더기로 전환한 24여 개 종금사들이 환란의 도화
선이었다.

외환업무 경험이 없었던 전환 종금사들은 금리가 싸고 손쉬운 단
기차입금의 리스크도 제대로 모르는 채 닥치는 대로 차입해 장기대
출로 운용했다. 1997년 10월 현재 종금사의 총외화차입금이 200억
달러였는데 그중 1년 미만 단기차입이 64.4퍼센트인 120억 달러였
다. 그 단기차입으로 1년 이상 장기대출을 168억 원이나 해줬으니 엄
청난 만기구조의 불일치가 빚어졌다.

심지어 단기차입자금으로 태국·인도네시아·러시아 등의 정크본
드까지 샀다가 동남아 외환위기 때 고스란히 날리고 말았다.

"한보사태로 대외신인도가 떨어져 신규차입이 중단되자 7일 이내
초단기 차입으로 하루 하루를 넘기다가 기아사태 이후에는 일일자금
으로 허덕이게 됐다. 홍콩의 금융시장에서 종금사들은 금리·금액·
기간을 불문하고 돈을 빌리려고 홍콩의 이 골목 저 골목을 누비고 다
니는 '떼거지'라는 얘기까지 듣게 됐다.

금융자율화를 위해 규제를 풀었으면 감독은 더 철저해야 하는데
감독마저 풀어버렸다. IMF 사람들은 이것을 두고 '규제와 감독을 혼
동해 다 풀어버렸다'고 충고를 했다.

8월에 현황을 파악해보니 종금사는 부도지경이었다. 외화 부족이
심각한 12개 종금사에 대해 외환보유고를 가지고 15억 달러를 지원

했다.

10월에는 기아자동차의 주거래은행인 제일은행에 대한 1조 원의 한국은행 특별융자와 함께, 16개 종금사에 대해서도 1조 원의 한은 특융을 했다. 한은은 종금사에 특융을 한 예가 없다고 반대했으나 내가 강력히 주장해 관철시켰다."(강만수, 《현장에서 본 한국경제 30년》)

이런 종금사들에게 왜 한은 특융까지 해줘야 했을까? 정부의 이런 행동들이 외국투자자들의 불신을 증폭시켰음을 생각한다면 강만수 또한 환란의 책임에서 자유로울 수 없다.

강 차관은 "종금사의 단기차입금 회수를 시작으로 은행도 단기차입금을 회수당하는 단계에 들어갔다. 정부는 거의 매일 은행의 부도를 막아주고 있었다. 외화자금과는 은행의 부족 외환을 확인하여 한은으로 하여금 대출하게 조치하고 그날의 동향보고를 작성한 후 새벽 5시에 일이 끝났다. 8월 중순 이후 외환보유고로 금융기관을 지원하지 않으면 밤에는 은행이 부도나고 낮에는 기업이 부도나는 것이 외환시장의 사정이었다"고 말한다.

"1997년 재경원은 대외적으로 '한국 경제의 펀더멘틀은 문제가 없다'는 말을 했다. 나도 런던과 취리히의 은행들을 찾아가서 그런 말을 했다. 과연 펀더멘틀은 문제가 없었는가?

1996년 대내적 펀더멘틀을 보면 성장률·물가지수·실업률 등 단기적인 펀더멘틀에는 문제가 없었지만 고비용·저효율이라는 구조적 펀더멘틀에는 심각한 문제가 있었고 대외적 펀더멘틀인 경상수지는 더 심각했다. 대내적인 균형에 의해 대외적인 균형이 파괴된 것이었다. 확실히 펀더멘틀은 문제가 있었고 특히 경상수지 측면에서 심각한 문제가 있었다.

펀더멘틀은 문제가 없다는 말에는 한국 경제의 잠재적 측면과 대외신인도 유지를 위한 전략이라는 두 가지 의미가 있다.

특히 외국 금융기관들이 급속하게 자금회수를 하고 있는 상황에서는 그런 말을 할 수밖에 없었다. 현실적으로 그 말 이외에 다른 대안이 없었다. '주가가 실제 가치보다 저평가돼 있다'고 말한 것도 외국인 주식투자의 썰물을 막아보자는 안간힘으로 보면 된다. 펀더멘틀에 문제가 있는데도 없다고 말할 수밖에 없었던 것이 당시의 현실이고 비극이었다."

그는 여러 기관의 위기 경고를 정부가 묵살했다는 주장에 대해서도 강하게 반박했다.

"정부의 실책이 없었다고 말할 수는 없지만 외환위기에 대한 경고를 공개적으로 받아들일 때 외환시장에 당장 패닉(panic) 현상이 올 수 있는 상황에서 연구기관이 그런 소리를 못하게 한 것이다. 정부는 8월부터 위기관리에 들어갔고 한은뿐 아니라 재경원 내부에서도 의견이 갈려 대응에 차질이 있었던 것은 사실이지만 위기를 외면했다는 것은 말이 안 된다."

임창렬 "모라토리엄을 선언하라는 사람도 있었다"

강만수의 회고에서 19일부터 3일간 IMF행이 지연된 사연이 밝혀진다. 역시 임창렬이었다.

"IMF와 IBRD에서 이사로 근무한 적이 있었던 임 장관은 'IMF의 긴급자금을 받게 되면 강력한 구조조정과 긴축이 필요하기 때문에 IMF행을 한 번 더 검토해보자'고 했다. 당초에 발표하기로 했던 IMF

자금 요청은 빠진 대신에 국채 발행과 중앙은행 간 협조융자 노력이 추가된 곡절은 여기에 있었다.

다음날 신임 청와대 김영섭 경제수석이 '대통령께서 채근하시니 IMF와 합의한 대로 자금 요청을 빨리 발표하라'는 전화를 나에게 걸어왔다. 임 장관은 한 번 더 생각해보자고 했다.

저녁에 롯데호텔에서 임 장관, 이경식 한은 총재, (급거 방한한) IMF 피셔 수석부총재, 가이드너 미 재무부 부차관보가 만나 IMF 지원문제를 협의했으나 명백한 결정은 내리지 못했다. 이어서 내가 김 수석과 함께 장관을 만났을 때 IMF행이 불가피한 것 같다는 말을 했다. 21일 오전 청와대에서의 경제비상대책회의에서도 IMF행의 불가피함을 보고했다."

강 차관은 21일 오후 알고 지내던 일본 대장성 사카키바라 차관에게 전화를 걸어 IMF 자금 지원 때까지 100억 달러의 브릿지론을 요청했다. 하지만 "정당한 과정을 통해 IMF의 틀에 따라 지원한다. 미국과의 합의가 중요하다"는 거절의 대답이 돌아왔다.

보고를 받은 임 부총리가 직접 일본 미쓰즈카 대장상에게 전화를 걸었으나 답변은 마찬가지였다. IMF의 외통수에 걸려버린 것이다. 결국 그날 저녁 10시 15분에 IMF행을 발표했다.

"IMF 자금 요청 발표 후에도 단기자금의 회수가 계속됐고 임 장관이 '강한 국수주의자'로 불리게 된 것을 보면 3일간의 우여곡절은 선의였지만 대외신인도에 상당한 타격을 준 것은 사실이다. 당시 우리들이 IMF 사람들에게 보여준 이미지는 너무 부정적이었다."

임 부총리가 IMF행을 미룬 것을 선의로 이해해도 그가 지금도 사실을 부인하고 있는 것은 어떻게 해석해야 할까?

사실 임창렬도 처음에는 IMF행이 반드시 필수적인 것으로 보지는 않았다는 것을 인정한다.

"취임 후 나는 미국과 일본 정부의 협조가 있다면 충분히 위기를 극복할 수 있다고 봤다. 그런데 20일 스탠리 피셔 IMF 수석부총재와 함께 방한한 티모시 게이드너 미국 재무성 국제금융담당 차관이 '미국 정부의 도움을 기대하지 말고 IMF에 협조를 요청하라'고 이야기 했다. 그 순간 미국과 일본의 협조를 받기는 어렵겠다는 생각을 했다.

곧바로 김영삼 대통령에게 보고해 재가를 얻은 후 21일 오후 대선 후보들을 불러모아 정부의 방침을 설명하고 동의를 구했다. 그리고 그날 저녁 IMF 지원 요청을 발표했다."

그가 취임할 당시 가용 외환보유고는 140억 달러였고 단기 외채는 1000억 달러였다고 한다.

"당시 주변에서는 내게 모라토리엄을 선언하라고 충고한 사람도 있었다. 하지만 변변한 자원 하나 없이 교역으로 성장한 한국 경제는 모라토리엄을 선언하는 순간 나락으로 떨어진다. 어려운 결정이었지만 IMF에 지원을 요청할 수밖에 없었다."(《이코노믹리뷰》, 2007년 11월)

강만수는 이 논란을 이렇게 결론 내렸다

"11월 16일 강경식 전 부총리와 캉드쉬 IMF 총재가 자금 지원에 관한 합의가 있은 후 IMF는 미국·일본과 깊숙한 논의와 합의를 했음을 확실히 알 수 있었다. 우리는 이미 IMF·미국·일본의 움직임과 반대방향으로 너무 멀리 가 있었고 회복하기 힘든 불신과 국제금융시장의 신인도 하락을 초래하고 말았다."(강만수, 《현장에서 본 한국경제 30년》)

클린턴 YS에 최후 통첩 "월요일까지 합의하라"

이제 강 차관은 나라의 명운을 두 어깨에 짊어지고 IMF와의 협상에 임해야 했다.

정부가 공식적으로 자금 지원을 요청한 이틀 후인 11월 24일 IMF 측 협상단장인 휴버트 나이스 아시아태평양국장이 내한했다.

나이스 국장은 강 차관에게 "현재의 경제위기는 국제금융시장에서 일어난 문제이기 때문에 한국은 IMF를 설득하려 하지 말고 국제금융시장을 설득해야 문제가 해결된다. 또 한국과 IMF가 합의하더라도 미국과 일본이 동의하지 않으면 자금 지원협약은 이사회를 통과하지 못한다"고 말했다.

11월 28일 금요일 오후 강 차관은 YS의 전화를 받았다. "미국 클린턴 대통령의 전화를 받았는데 사정이 생각보다 심각하다. 오늘 중으로 협상을 끝내라. '내주 월요일까지 완료해야 미국 돈이 나갈 수 있다'고 했다."

YS에게 걸려왔다는 클린턴의 전화 내용은 너무나 강력하고 단호한 압박이었다.

"한국의 재무 상태가 극도로 심각하며 빠르면 다음 주말경 국가 부도에 직면할 가능성이 있다고 듣고 있다. 한국이 택할 수 있는 유일한 길은 수일 내에, 늦어도 월요일 이전에 신뢰를 회복시키는 데 필요한 경제·재정 프로그램을 IMF와 합의해 발표하는 것이라고 생각한다. 미국은 한국이 강력한 경제프로그램을 마련하면 IMF·세계은행·ADB가 주도하고 미국과 여타 국들이 협조하여 패키지로 지원할 준비가 돼 있다.

한국이 미국과 일본에 브릿지론 형태의 임시 재정 지원을 요청했다고 들었다. 본인은 브릿지론은 효력이 없다고 믿고 있다. 단기 연결차관은 며칠 사이에 고갈될 것이다. 신뢰 회복에 긴요한 결정을 미루는 것일 뿐이다. IMF 프로그램과 분리시키는 것을 원치 않는다. 만약 분리시킬 경우 돈은 며칠 내에 바닥이 날 것이고 귀국에게 아무런 도움도 주지 못할 것이다."

당시 임 부총리는 급전을 꾸기 위해 일본 도쿄에 가 있었다. 그는 달러 대신 루빈 미 재무장관에게 클린턴보다 훨씬 심한 질책을 들어야 했다.

YS의 전화를 받은 강 차관은 진인사대천명(盡人事待天命)의 각오로 힐튼호텔에서 밤샘 협상에 나서야 했다. 30일 새벽 1시 30분에야 경제프로그램에 대한 양해각서에 최종 합의했다.

그러나 그것이 끝이 아니었다. 미국은 11개 부실종금사의 즉시 폐쇄를 포함, 더욱 강력한 구조조정을 요구했고 더욱이 3당 대통령후보의 협정준수 각서까지 요구했다. 우여곡절 끝에 12월 3일 최종 합의서에 도달, IMF 자금 지원 의향서에 서명하고 공동성명을 발표했다.

"외환위기 아닌 저비용 · 고효율 경제의 위기"

"이면각서에 조치를 취해야 할 날짜와 영업정지할 종금사들의 명단까지 못박게 한 배경에는 당시 IMF와 미국의 우리에 대한 불신이 도사리고 있었다.

캉드쉬 총재와의 약속 파괴와 일본에 브릿지론을 요청한 것이 불신의 근원이었다. 브릿지론은 절대 안 된다고 클린턴 대통령까지 나선 배경도 같은 것이라 생각된다. 클린턴의 통화 내용, 루빈 장관의 '엄한 애정(tough love)', 립튼 부차관의 방한, 브릿지론에 대한 일본의 반응 등을 종합하면 이면각서에 불신의 그림자가 검게 드리워져 있다는 것을 알 수 있다.

18일 (임 부총리 취임 당일) 발표한 금융시장안정대책의 말미에 '세계 11대 교역국인 한국이 잘못되면 미국과 일본도 문제에 부딪치게 될 것'이라고 말한 것은 약자라는 현실을 무시한 우리들의 과오였다. 미국과 일본은 가당치 않은 협박으로 받아들였다고 보도됐다.

강경식 장관이 11월 16일 캉드쉬 총재에게 IMF 자금 지원을 요청했을 때 대세는 이미 기울었고 대외적으로 약속을 했다. 우리는 선의였지만 외국에서는 바깥 세계를 모르고 쇄국정책을 고집한 홍선대원군과 비슷하게 비춰진 것 같았다."

이렇게 IMF와의 협상은 끝났지만 환율은 진정되지 않았고 외화유출은 계속됐다.

12월 5일 IMF 자금 1차분 55.7억 달러가 입금되고 8일 2차분 3.5억 달러가 입금됐지만 외국 은행의 자금회수는 계속됐고 외환보유고는 계속 줄어들었다.

시카고은행의 브라운 지점장은 8월에 이미 한국의 외환위기를 확실하게 예측한 최초의 사람이었다. 강 차관이 무엇이 잘못됐느냐고 묻자 그는 우리가 거꾸로 하고 있다는 것이다.

"기존 차입금의 만기연장도 되지 않는데 장기채권(bond)으로 100억 달러의 신규 자금을 조성(외화표시국채 발행계획)하는 것은 거꾸로 하는 것이다. 기존 차입금의 만기연장대책이 없기 때문에 자금이 계속 빠져나가고 있다. 먼저 단기차입금에 대한 만기연장을 하라. 만기연장을 위해서는 정부보증이나 한은 차입금으로 전환하는 방법이 있다"는 얘기였다.

그제야 외국계 은행들과의 단기외채 만기연장협상이 시작됐다. IMF 나이스 국장도 절대적으로 필요한 조치라고 찬성했다.

12월 23일 조선호텔에서의 만기연장협상에서 외국은행들은 정부보증에 의한 만기연장에 합의했다. 이것이 사태 진정의 분수령이었다.

《워싱턴포스트》는 "루빈 재무장관은 올브라이트 국무장관과 코언 국방장관의 한반도 위기에 대한 강한 우려와, 국제 대형은행들의 한국 외채에 대한 상환유예 검토에 따라 '엄한 애정'의 입장을 바꿔 한국의 자구노력과 국제은행들의 동참을 조건으로 24일 100억 달러 규모의 G-7 선진국 추가지원을 발표했다"고 보도했다.

끝으로 강만수는 회고록에서 IMF사태의 교훈을 이렇게 정리하고 있다.

"1997년의 위기는 외환 부족에 의한 유동성위기라는 측면과, 고비용·저효율에 의한 구조적 위기라는 측면을 갖고 있었다. IMF와 외국 언론들은 경제위기로 불렀던 반면 우리는 외환위기 또는 환란으로 불렀고 더 나아가 원망조로 IMF사태라고 불렀다.……

IMF위기가 외환위기라면 1997년 11월 16일 강경식 장관과 캉드쉬 총재가 IMF 자금 지원을 합의함으로써 끝나게 되어 있었다.

경제위기는 고비용·저효율의 구조적 위기이고 1년 만에 끝날 성질의 것이 아니다.

처해 있는 상황과 갖고 있는 힘을 알았어야 했다. 정책 과오를 전제로 하고 IMF를 믿었어야 했고 미국과 일본에 대해서는 신뢰를 잃지 말았어야 했다. 유동성위기가 해결됐어도 구조적 위기의 해결을

위한 노력이 계속됐어야 했다. 스스로 겸손하고 반성하고 배우려는
자세로 계속적인 노력이 있었더라면 IMF는 축복일 수 있었다." (강만수.
《현장에서 본 한국경제 30년》)

이규성 "세계화에 제대로 대응 못해 위기"

한편 차기 김대중 대통령은 취임사에서 다음과 같이 밝혔다.

"우리에게는 불행히도 이 중차대한 시기에 6·25 이후 최대의 국
난이라고 할 수 있는 외환위기가 닥쳐왔습니다. 잘못하다가는 나라
가 파산할지도 모를 위기에 우리는 당면해 있습니다. 막대한 부채를
안고 매일같이 밀려오는 만기외채를 막는 데 급급해하고 있습니다.

참으로 어이없는 일이 아닐 수 없습니다. 우리 모두는 지금 땀과
눈물을 요구받고 있습니다. 도대체 우리가 어찌해서 이렇게 되었는
지 냉정히 돌이켜봐야 합니다.

정치·경제·금융을 이끌어온 지도자들이 정경유착과 관치금융에
물들지 않았던들, 그리고 대기업들이 경쟁력 없는 기업들을 문어발
처럼 거느리지 않았던들 이런 불행은 일어나지 않았을 것입니다. 잘
못은 지도층이 저질러놓고 고통은 죄 없는 국민들이 당하는 것을 생
각할 때 한없는 아픔과 울분을 금할 수 없습니다."

사실 DJ도 대선 직전 "당선되면 IMF와 재협상하겠다"고 천명, 국
제금융시장의 불신을 부채질한 과오가 있다.

하지만 당선 후 첫 기자회견에서는 "IMF와의 협약을 철저히 이행
할 것"이라며 "이를 위해 관계법안을 조속히 국회에서 통과되도록
노력할 것"이라고 밝혔다. 또 12월 19일 클린턴 및 하시모토 일본 총

리와의 전화통화에서 위기 수습에 적극 협조해줄 것을 요청했다.

마지막으로 DJ정부 초대 부총리 겸 재정경제부 장관으로 외환위기 극복에 진력했던 이규성의 증언을 들어보자.

다음은 그가 지난 2006년 10월 출간한 《한국의 외환위기: 발생·극복·그 이후》의 일부다.

"우리의 경우는 거시경제의 기초조건이 취약하지 아니했는데도 외환위기는 현실로 발생했다. 이렇게 볼 때 거시경제의 기초조건이 취약하지 않다는 것이 외환위기 발생을 방지하는 데 필요조건은 되지만 충분조건은 되지 못한다고 하겠다. 외환위기는 거시경제의 기초조건이 건실하더라도 해외 자본으로부터 신뢰를 잃으면 발생하게 된다.……

김영삼정부는 구조 개혁을 추진했지만 말만 무성하고 행동은 없었다. 기업 개혁은 부도유예협약의 테두리에서 맴돌고 있었으며 금융개혁입법은 실현되지 못했다.

이제 해외 자본들의 신뢰는 낙관에서 비관으로 표변했다. 이와 같은 비관적인 예상은 자기실현력에 의해 결국은 우리나라에 위기를 초래하게 됐으며 해외 자본들의 무리한 행동으로 위기는 급속하게 진행됐다.……

큰 흐름에서 보면 우리가 겪은 외환위기는 세계화가 급속히 진전되는 과정에서 제대로 적응하지 못했다는 점에서 기인한다고 볼 수 있다.

세계경제는 기술력에 경쟁력의 원천을 두고 세계를 상대로 경쟁과 협력을 해나가고 있는데 우리는 외형 확장 위주의 고성장에 안주하고 있었다. 선진국 경제는 철저한 시장 규율, 투명 경영, 합리적 기업

지배구조, 강화된 금융감독 등 이른바 글로벌 스탠더드에 맞는 제도를 채택하고 있었으나 우리는 대기업 불패, 은행 불사의 관행이 고착돼 있어 정경유착, 도덕적 해이가 만연돼 있었다.……

외환위기는 우선 우리 경제의 구조적 취약성과 미숙한 정책대응에 기인한 측면이 크지만 이에 못지 않게 국제금융체제의 불안정에 기인한 면도 적지 않다. 최근 자본자유화의 추진과 더불어 외환위기가 빈발하고 있음은 이를 입증하는 것이다."

"금 모으기 운동, 가슴 짠하게 하는 비극"

YS정부와 대통령 당선자인 DJ 측은 비상경제대책위원회를 통해 의견을 조율하면서 방한한 미 재무부 립튼 차관 및 IMF 나이스 국장과의 협의에 임했다. 그 결과 12월 24일 3차 합의가 이뤄졌는데 그 골자는 한국은 구조 개혁 프로그램을 더욱 강화하고 시행일정을 앞당기며 IMF와 선진국들은 자국 금융기관들의 만기연장을 설득하고 지원자금을 조기 인출토록 한 것이다.

IMF와의 합의에 따라 국회는 12월 22일부터 30일 사이 금융 개혁 법안들을 무더기로 의결했다. 금융실명거래법 · 한은법 · 금융감독기구법 · 은행법 등 그간 많은 갈등을 빚었던 것들이다.

이로써 외환위기는 큰 고비를 넘었고 차기 DJ정부로 구조 개혁의 과제가 넘겨지게 됐다.

외환위기와 관련해서는 당시 국민들의 '금 모으기 운동'을 빼놓을 수 없다. 1998년 1월 5일 주택은행과 KBS가 이 운동을 시작한 이래 3월 14일까지 6개 금융기관과 총 349만 명이 참여, 226톤(22억 달러 상당)

의 금을 수집했다. 전국 1509만 세대의 23퍼센트가 참가해 세대당 평균 65그램의 금을 맡긴 것으로 분석됐다.

'현대판 국채보상운동' 이라 할 이 운동은 해외에도 널리 소개되면서 한국인들의 위기 극복을 위한 단합된 모습과 의지가 전 세계에 알려져 대외신인도 회복에 유리하게 작용했다.

당시 서머스 미 재무부 부장관도 최근 《조선일보》와의 인터뷰에서 이 금모으기 운동을 "가슴을 짠하게 하는 비극"이라고 표현했다.

"나는 단지 결과가 좋았다고 해서 IMF체제를 긍정적으로 평가하고 싶진 않다. 결국 어떤 식으로든 IMF는 한국에 비극이었으니까. 다만 이러한 비극이 일깨워준 부분은 값졌다고 생각한다. 한국의 금융 시스템이 획기적으로 개선됐고 거시경제정책이 향상됐으며 투명성이 강화됐다. 기업지배구조의 개선과 종금사들의 고질적인 문제 해결에도 도움이 됐다."

은행도 망했다,
금융구조조정의 애환

문닫은 은행과 리딩뱅크가 된
은행의 차이는?

32

IMF체제하의 금융구조조정 문제를 살펴보기 위해서는 외환위기 직전 한보·기아사태로 부실채권 문제가 가장 심각했던 제일은행과 자금난에 빠진 종금사들에 대한 한국은행 특별융자 문제를 먼저 짚어봐야 한다. 이것이 위기 발생 이전 금융구조 개혁의 실패를 상징하는 대표적 사례의 하나이기 때문이다.

1997년 8월 당시 강경식 부총리는 제일은행과 서울은행을 비교적 건실했던 국민은행과 주택은행에 각각 흡수시키는 짝짓기 안을 검토했으나 더 이상 추진하지 않고 중단했다. 대선을 앞둔 시점이어서 엄청난 파장을 몰고 올 은행합병 결정을 내릴 상황이 아니라고 생각했기 때문이다. 특융

등의 임시조치를 취하고 합병은 대선 이후 추진하기로 한 것이다.

"특융은 은행의 일시적인 자금부족에 대한 대책이어야지 손실보전용, 즉 특융을 통해 제일은행의 수지를 개선하는 데 도움을 주는 것은 있을 수 없다는 것이 나의 생각이었다. 다만 자구 노력을 전제로 제일은행에 대해 정부 보유 주식이나 국채를 현물로 출자하되 주주권은 행사하지 않는 방식으로 지원하겠다는 것이 나의 입장이었다.

특융 금리는 (3~5퍼센트의 특혜금리가 아니라) 시중은행의 평균 조달 금리인 8.5퍼센트를 적용하고 BIS 문제는 정부 보유 주식을 현물 출자하는 것으로 결말을 냈다.

제일은행 특융에 대해 이처럼 복잡하게 생각한 것은 이 문제가 제일은행만의 문제가 아니라는 걱정 때문이었다.

다른 은행이나 금융기관이 어려워졌을 때도 제일은행과 같은 조건으로 특융을 할 것인지에 대해 분명히 결정하고 그 원칙에 따라 제일은행 특융을 하자는 것이었다. 또 부실채권정리기금이 운영에 들어간 뒤에도 이번에 정한 원칙을 계속 적용해나가야 한다고 생각했다. 이것은 금융기관의 '도덕적 해이'와 직결되는 사안이었다." (강경식, 《강경식의 환란일기》)

제일은행에 대한 한은 특융은 8월 25일 발표된 금융시장안정대책의 주요 골자 중 하나였다.

한은은 9월 8일 1조 원 규모의 특융을 연 8퍼센트로 1년간 지원하기로 했다. 또 10월 말 정부 보유 국채와 주식 6000억 원어치를 현물출자, 제일은행은 정부 지분이 약 49퍼센트에 달하게 됐다. 50퍼센트가 넘으면 정부투자기관이 돼 감사원 감사를 받아야 하므로 49퍼센트로 줄였다.

"국제적인 시각에서 납득할 수 있는 방식으로 부실문제를 해결해서 해외신인도가 더 떨어지지 않도록 하겠다는 것이 나의 생각이었다. 특융을 하면서 종래와는 달리 특혜적 요소를 제거하고 도덕적 해이를 초래할 소지를 없앴기 때문에 그 정도면 국제사회가 납득할 거라고 생각했다. 그러나 그 정도로는 함량 미달이었던 것이다.

외환위기 이후 IMF가 회생 불가능한 종금사의 문을 닫고 제일은행 등 부실은행에 대해서는 주식 소각 및 감자조치로 주주들에게 응분의 책임을 묻는 것을 보고 나서 당시의 대책이 미흡했다는 평가를 받았을 것으로 생각했다.”

더욱이 무분별하고 방만한 외화운용으로 한국 금융계의 대외신용도를 바닥으로 추락시키고 외환위기의 도화선이 된 종금사에도 한은특융을 해준 게 더 큰 문제였다. 9월 중 부도유예협약 관련 여신이 자기자본의 50퍼센트를 초과하는 16개 종금사에 대해 제일은행보다 약간 높은 금리로 1조 원을 지원한 것이다.

YS와 당시 경제관료들은 IMF사태의 원인 중 하나로 금융개혁법 처리 실패만 문제삼았지만 부실하고 도덕적 해이를 범한 금융기관에 대한 온정주의가 대외신인도를 더욱 악화시켰다.

만일 이때 제일은행을 과감히 합병시켰더라면 아니 종금사 몇 개라도 부도 처리했었다면 결과는 어떻게 됐을까?

■　　　■　　　■　　　■

9개 종금사 영업정지, 제일은행주식 소각하라

아니나 다를까 IMF 협상단은 제일은행과 서울은행 그리고 12개 종금사의 즉각 폐쇄를 강력히 요구해왔다.

　　　　　　　　　　　　　　　　　　대한민국 머니 임팩트

최종 합의사항 중 당시엔 공개되지 않았던 이면각서 중에는 이런 내용이 포함됐다.

"사실상 부도 상태인 9개 종금사를 12월 12일 영업정지시키고 30일 내로 회생계획을 제출토록 한다. 나머지 종금사의 자기자본비율을 1998년 3월 말 4퍼센트, 6월 말 6퍼센트, 1999년 6월 말 8퍼센트로 올리는 회생·구조조정계획을 1997년 12월 31일까지 제출한다. 제일은행과 서울은행에 대해서는 BIS 자기자본비율 8퍼센트를 4개월 이내에 맞추는 계획을 IMF와 협의하여 2개월 이내에 제출한다.

다른 상업은행의 부실채권과 자본잠식을 1998년 3월 말까지 보충하고 1998년 6월 말까지 현행 최저 자본금을 6개월에서 2년 이내에 확보하는 계획을 감독당국과 합의한다. 감독당국에 제출하는 금융기관 회생계획에는 신규자본금의 재원과 규모·BIS 자기자본비율(8퍼센트)을 충족시키는 명확한 계획표, 신규 자금 공급자의 경영과 인수·영업계획 등에 관한 확인서를 구체적으로 정한다.

은행에 대한 공적 지원은 현재 주주·무보증채권자 순으로 손실을 흡수한 후 허용한다. 한국 정부는 금융감독과 규제를 강화하는 계획을 IMF와 협의하여 마련한다. 특수은행과 개발기관에 대해서도 상업은행과 같은 건전성 감독기준을 적용하고 재무제표는 외부감사를 받도록 한다."

이와 더불어 IMF는 외국 금융기관의 국내 금융기관 인수합병을 허용하는 것도 집어넣었다.

12월 16일 금융기관 구조조정의 세계적 권위자인 하이켄 스텐 스웨덴중앙은행 부총재가 IMF의 초청으로 방한, 제일은행 주식소각(공적 자금 투입의 전제조건) 문제를 자문해줬다.

그는 강만수 재정경제원 차관에게 제일은행 처리에 대한 보편적 국제기준을 설명했다.

"주식 전체를 소각해 자본금을 제로로 만들어 국유화한다. 영업권은 은행업을 대외에 개방하는 경우 인정할 근거가 없고 제일은행은 예금의 원리금 보장 등 정부 지원 없이는 정상 경영이 불가능하기 때문에 더욱 인정될 수 없다. 손실분담 원칙은 주주-우선권 없는 후순위 채권자-일반채권자-담보채권자의 순이 국제기준이다.

임원은 국유화되는 즉시 경찰이 몰아내고 새 경영진이 취임해 매각하거나 청산한다. 직원도 부실경영에 책임이 있기 때문에 새 경영진이나 매수자의 판단에 따라 정리해고해야 한다."

특히 종금사들은 외환위기의 주범으로 몰려 무더기로 퇴출됐다.

9개 종금사의 급작스런 영업정지로 대부분의 종금사들이 부도위기에 몰리자 은행권에서는 콜자금 공급을 꺼리고 종금사들은 생존을 위해 무차별적인 여신회수에 혈안이 됐다.

정부는 곧 5개 종금사의 추가 영업정지를 발표했다. 하지만 이것이 끝이 아니었다. 1998년 1월에는 10개 종금사를 추가로 폐쇄시켰다. 전체 30개 종금사 중 단자사에서 전환한 24개 사가 모조리 사라진 셈이다.

제일 · 서울 완전 감자 안 하고 15조 쏟아 부어

또한 IMF와의 협상 과정에서 제일 · 서울은행 처리문제가 논의됐다는 것이 시중에 알려지면서 두 은행에서는 예금 이탈 현상이 가속화됐다. 12월 2일 이후 1주일 사이 제일은행에서는 1조 405억 원, 서울은행은 9580억 원의 예금이 빠져나갔다.

IMF와의 이면각서에 따른 두 은행 처리와 관련해 우리 측은 은행이 문을 닫는다는 것은 상상할 수 없는 일이고 자기자본이 마이너스인 경우 주식을 전액 소각한다는 것도 받아들이기 어렵다는 분위기였다. 은행이 문을 닫는다면 예금인출사태가 일어나 금융시장에 감당하기 힘든 혼란이 올 것이라는 것이다.

반면 IMF 측의 생각은 전혀 달랐다. 주식을 전액 소각해 국유화한 후 매각이나 청산을 해야 한다는 것이다. 기존 주주와 경영진에 대한 강력한 책임을 묻지 않고 정부가 출자하는 것은 국제금융시장의 원칙과 맞지 않는다며 반대했다.

특히 당시 주가가 액면가의 절반 이하였는데도 액면가대로 출자하는 것에 대해서는 국민 세금으로 기존 주주를 보조해주는 결과가 되므로 납득할 수 없다는 주장이었다.

1998년 1월 15일 금융통화위원회는 제일은행과 서울은행에게 자본금 8200억 원을 은행법상 최저 자본금인 1000억 원으로 8.2대 1로 감자토록 명령하고 정부에 대해서는 두 은행에 각각 1조 5000억 원씩 출자할 것을 요청했다. 이에 따라 1월 30일 두 은행의 대주주는 정부와 예보가 각각 46.9퍼센트, 일반 주주가 6.2퍼센트로 바뀌었다.

이밖에 성업공사가 부실채권관리기금으로 인수한 4조 4015억 원, 추가지원액을 합친 한은 특융이 2조 1883억 원(제일 1조 4974억 원, 서울 6909억 원)이었으니 두 은행을 살리는 데 총 9조 6000억 원이 투입됐다.

이에 대해 정부는《공적자금관리백서(2005년 판)》에서 다음과 같이 설명했다.

"두 은행의 예금인출사태를 방치할 경우 은행의 도산 가능성이 현실화될 뿐만 아니라 다른 시중은행에까지 인출사태가 확산돼 금융시장 전체가 마비될 가능성이 있으므로 본격 금융구조조정을 추진하기에 앞서 예금인출사태를 진정시키고 금융시장 안정을 회복할 필요성이 있다고 판단했다. 이에 따라 자본 확충을 추진하기로 하고 정부출자방안을 마련했다."

그러나 강 차관은 《현장에서 본 한국경제 30년》에서 이를 강력히 비판한다.

"정부는 IMF의 의견을 대부분 수용했지만 1000억 원 최저 자본금 기준을 끝까지 고수하기 위해 주식을 전액 소각하지 못하고 8.2대 1로 감자한 것이 잘못 끼운 첫 단추가 되어 제일은행 처리에 말려들게 됐다. 완전히 소각돼야 할 주식이 잔존함으로써 국민 세금으로 증권투자를 보상하는 나쁜 선례도 남기게 됐다.……

정부가 IMF의 의견대로 주식을 전액 소각했다면 1조 5000억 원의 출자 없이 1인 주주로 은행을 마음대로 처분할 수 있었고 매각이 어렵거나 조건이 좋지 않으면 예금은 다른 은행으로 계약 이전하거나 예금보험공사가 대리 지급하게 하고 자산 매각을 통해 청산했더라면 지금과 같이 15조 원 이상을 투입하는 상황으로 전개되지는 않았을 것이다.

정부는 당초에 제일은행과 서울은행의 퇴출에 대해 너무 겁을 먹었던 게 아닌가 생각된다.

우리나라 기업들은 대부분 두 개 이상의 은행과 거래하고 있기 때문에 1998년 6월 동화은행 · 대동은행 · 동남은행 · 경기은행 · 충청은행 등 5개 은행이 퇴출됐을 때도 금융시장에 큰 문제가 없었다."

금감위, 5개 은행에 사형선고를 내리다

1998년 2월 김대중 대통령이 공식 취임하면서 국민의 정부가 시작됐고 기업 및 금융구조조정도 본격화된다.

그해 4월 14일 제4차 경제대책조정회의에서는 금융구조 개혁의 기본방향을 결정했다. 구조조정을 신속 과감하게 추진하되 주주·채권자 등의 적정한 손실분담을 통해 도덕적 해이를 방지하면서 그 과정에서 불가피하게 발생하는 비용은 철저한 자구 노력을 전제로 재정에서 부담하되 최소화하도록 노력한다는 것이다.

정부는 IMF 및 IBRD와의 협의를 거쳐 6월 19일 제7차 경제대책조정회의에서 금융구조조정 추진계획을 다시 정리했다. 9월 말까지 1차 구조조정을 완료하고 1차에서 제외된 금융기관은 10월 이후 추가로 조치한다는 스케줄이었다.

정부가 현물출자로 제일은행과 서울은행의 퇴출을 막자 IMF는 한국의 금융 개혁 의지를 의심하게 됐다.

그러자 정부는 상대적으로 부담이 덜한 동화은행·동남은행·대동은행·경기은행·충청은행 등 5개 은행을 퇴출시켰다. 이들 은행의 퇴출 사유는 BIS 자기자본비율이 8퍼센트에 못 미치고 이를 충족시킬 수 있는 방안이 없다는 것이다.

이규성 당시 재정경제부장관이 《한국의 외환위기: 발생·극복·그 이후》에서 한 증언이다.

"학계·회계사·법률가 등 외부 전문가 12명으로 구성된 경영평가위원회를 설치하고 BIS비율 8퍼센트 미달 12개 은행에 대해 자본의 적정성·자산건전성·수익성·유동성 및 경영관리능력과 향후

BIS비율 충족 여부 등을 종합 검토해 자본확충계획을 평가한 후 승인·조건부승인·미승인을 금융감독위원회에 건의하도록 했다.

금감위는 경영평가위의 평가결과를 참조하여 BIS 목표비율의 달성 여부를 중점 점검한 후 승인·조건부승인·미승인으로 구분하여 조치키로 했다.

미승인의 경우에는 합병명령 또는 자산·부채 이전 방식의 계약이전 결정에 의해 정리키로 했다. 다만 조건부승인 은행 또는 미승인 은행이 우량은행과 자발적으로 합병을 추진하는 경우는 정리 대상에서 제외토록 했다. 신속하면서도 경제에 충격을 적게 주는 방법으로 부실은행을 정리코자 청산보다는 합병명령이나 계약 이전 방식을 채택했다."

마침내 운명의 6월 29일 금감위는 전날 제출된 경영평가위의 최종 평가보고를 토대로 BIS비율 8퍼센트 미달 은행 12곳에 대한 경영정상화계획 승인 여부를 결정해 발표한다.

조흥·상업·한일·외환·평화·충북·강원 등 7개 은행은 조건부승인이고 동화·동남·대동·충청·경기 등 5개 은행은 미승인이었다. 자기자본 확충계획의 실현이 가능하지 않다고 판단되거나 이행된다 하더라도 BIS비율 목표수준에 크게 미달할 것으로 판단된다는 것이다.

이들 5개 은행에 사형선고가 내려졌다. 은행도 망하는 세상이 온 것이다.

이 은행들은 우량은행에 우량자산과 부채의 계약을 이전하는 P&A방식으로 정리됐다. 동화은행은 신한은행에, 경기은행은 한미은행에, 대동은행은 국민은행에, 동남은행은 주택은행에, 충청은행은 하나은행에 각각 계약 이전됐다. 이 은행들은 6월 29일자로 일제히 영업이 정지됐고 금감위는 이날 재경부장관에게 은행업인가 취소를 요청했다.

1998년 퇴출당해 역사 속으로 사라진 동화은행이 발행했던 전화카드.

평화은행 특혜성 기사회생, 3년 만에 물거품

"인수 은행 결정은 금감위의 권유에 의해 이뤄졌다. 금감위는 이들 인수 은행들이 BIS비율 9퍼센트 이상의 우량은행으로서 정리되는 은행을 인수할 경우 유상증자 등을 통해 조기 안정화 가능성이 높으며 시장점유율 및 점포 분포 면에서 시너지효과를 거둘 수 있다고 판단하여 계약인수를 권유했다.

중소기업을 대상으로 소매금융에 비교우위를 추구해온 국민은행과 주택은행은 중소기업 전담 은행인 대동은행과 동남은행을 각각 인수했다. 기업 및 부유층 대상업무에 비교우위를 추구하던 신한·한미·하나은행의 경우 신한·한미 두 은행은 수도권에서 점포망이 충실한 동화은행과 경기은행을 각각 인수하고 직원수가 많지 않은 하나은행은 퇴출 대상 은행 중 가장 지점수가 적은 충청은행을 인수하여 리딩뱅크 경쟁 대열에 합류했다.

5개 은행의 정리 과정에서 부작용이 최소화되도록 정부는 대응책을 마련했다.

인수 은행들이 피인수 은행의 자산과 부채를 인수함으로 인해 덩달아 부실화되지 않도록 부채가 우량자산을 초과하는 부분은 예보가 보전키로 하는 한편, 인수 후 일정기간 내에 인수 자산이 부실화되는 경우 부실화 자산을 성업공사가 재매입할 수 있는 선택권을 부여하여 이로부터 인수 은행에 발생하는 손실을 보전해주기로 했다."(이규성, 《한국의 외환위기: 발생·극복·그 이후》)

특기할 것은 평화은행의 케이스다. 평화은행은 경영평가위가 미승인을 건의했으나 1988년 3월 현재 자산이 부채를 초과하고 있어 현행법상 부실금융기관으로 판정할 수 없다는 이유로 금감위가 유상증자 등 자본 충실화를 강력히 요구하면서 조건부로 승인, 기사회생하는 듯 했다.

자본금 2730억 원을 1000억 원으로 감자하고 다시 1200억 원의 유상증자를 실시했다. 이런 자체 노력을 감안해 예보에서도 1999년 4월 2200억 원의 우선주 출자를 실시했다.

1992년 근로자의 지위 향상과 노사관계 인식 전환 차원에서 설립된 평화은행은 주주 구성도 한국노총 등 노동단체와 노조원·일반 근로자들이 상당수 지분을 보유한 특별한 은행이었다.

정부는 "평화은행에 대한 증자 지원은 일부 특혜라는 지적을 하는 경우도 있으나 7개 조건부승인 은행 중 증자계획을 착실히 이행한 은행으로 '기존 주주 등의 지분 참여에 상응하여 공적 자금을 지원한다'는 원칙에 부합되는 지원사례였다"고 위 백서에서 밝혔다.

평화은행은 국제업무 및 50억 원 이상 거액 대출은 취급하지 않는 조건으로 경영정상화 이행계획서가 접수됐다.

김경우 평화은행장은 증자 때 사재를 털어 넣으며 은행 살리기에 앞장섰다. 그는 개인적으로 10만 주 5억 원 이상의 증자에 참여했고 주변 친지들에게도 증자 참여를 권유해 수십 억 원을 유치했다. 그러나 1999년 말 공적 자금 투입에 따른 완전 감자로 투자금을 몽땅 날렸다.

2001년 4월 퇴임하면서 김 행장은 "평화은행은 구조조정의 소용돌이 속에서 어처구니없이 완전 감자를 당하고 부실은행으로 지정되는 어려움을 겪었다. 이러한 모든 한은 가슴으로 삭이는 수밖에 없다"고 눈물을 흘렸다.

그는 평소 큰일이 있을 때마다 한시로 자신의 심경을 피력해 화제가 되곤 했다. 2001년 퇴임하면서도 "같이 지나다가도 날이 밝으면 각자 떠나는 것, 인생도 이러한데 슬퍼하지 말고 받아들이자(衆鳥 同 枝 宿, 天命 各自 飛 人生亦何必淚点)"라는 한시를 남겼다.

평화은행은 2001년 4월 우리금융지주의 자회사로 편입됐다가 2002년 2월 은행 부분은 한빛은행(현 우리은행)으로 합병되고 카드 부분은 우리신용카드로 전환됐다.

"5개 은행 퇴출은 법적 근거 없는 위헌 행위?"

5개 은행의 퇴출작업은 당연히 해당 은행 직원들의 강력한 반발에 부딪혔다. 노조를 중심으로 직원들은 출근 거부 등 집단 반발했고 특히 전산관련 직원들이 업무를 거부하고 잠적해버리는 바람에 시스템이 마비돼 대체인력이 투입돼도 업무를 정상화할 수 없었다. 전산실 직원의 업무 거부는 위법 행위였으므로 사법처리까지 예상됐다.

이렇게 퇴출은행 직원들이 반발한 것은 말할 것도 없이 재취업문제 때문이었다.

금융감독원은 7월 13일 정리 은행 근로자 대책을 마련, 7일 이전에 복귀한 직원 중 희망자는 3개월간 인수 은행에 계약직원으로 채용하고 7일 이후 복귀 직원은 복귀일로부터 9월 29일까지 계약하며 미복귀 직원은 계약할 수 없도록 했다. 정리 은행 직원의 재고용은 전체 1만여 명 중 32퍼센트 수준인 2800여 명이었다.

물론 임시방편이었을 뿐이다. 5개 은행에 적용됐던 P&A방식은 인수합병과 달리 고용승계의 의무가 없으며 실제로 인수 은행에 정식 재취업한 인원은 극소수에 불과했다.

국회 재정경제위원회에서 김재천 위원은 5개 은행 퇴출조치를 맹비난했다.

"첫째, 금감위의 은행 퇴출은 시장원리에 반하는 위헌적인 행위라고 생각한다. 은행의 퇴출은 시장원리에 의해 자유스럽게 이뤄져야 한다. 즉 정상적인 영업이 어렵다고 판단되는 은행 스스로 시장에서 물러날 수 있도록 해야 한다.

둘째, 금감위의 퇴출판정은 월권행위다. 최종적으로 재경부장관의 인가사항임에도 불구하고 실제적으로는 금감위에서 최종 판정을 내렸다.

셋째, 금번 5개 은행의 퇴출은 치밀한 사전준비 없이 이뤄진 졸속 행정의 표본이라 생각한다. 경영평가위는 부실은행의 경영정상화계획 평가 및 조치사항을 금감위에 보고했고 금감위는 불과 이틀 후에 퇴출을 발표했다.

넷째, 고용승계 문제에 대한 고려 없이 퇴출이 결정돼 혼란을 가중시켰다. P&A방식은 M&A방식과 달라 고용승계의 의무가 없다.

다섯째, 퇴출은행 선정 과정의 공정성 문제를 지적한다. 은행 퇴출판정을 채무가 재산을 초과하는 은행에 한하고 있어 경영평가위가 정상 영업이 불가하다고 판단한 평화은행을 퇴출 대상에서 제외했다. 또 강원은행과 충북은행은 경영평가위가 평가한 결과 강원은행은 BIS비율이 가장 낮고 충북은행의 경우도 퇴출 대상인 충청·동남·동화은행보다 낮다.

정부가 제출한 금융산업구조개선에 관한 법률 개정안은 금감위가 6월 29일 단행한 5개 은행의 퇴출 과정을 사후에 합리화하기 위한 조치로 생각된다."

퇴출은행 직원들의 모임인 '5개 은행연합회(www.5bank.or.kr)' 장준배 사무총장도 2007년 11월 필자와의 전화통화에서 "정부의 퇴출 결정은 법률적 근거 없이 이뤄진 뒤 3개월이 지나서야 관련 규정을 만들어 넣은 위헌 행위다. 그래서 '불법퇴출'이라고 하는 것이다. 헌법소원이라도 내고 싶지만 여건이 안 돼 안타깝다"고 주장했다.

인수 은행들에게 지원된 손실보전용 지원액수도 논란이 됐다.

이국영의 《이상한 승부》에 따르면 공적 자금백서에는 예보가 5개 인수 은행에 총 5조 7790억 원(국민 1조 651억 원, 신한 1조 5376억 원, 주택 6812억 원, 하나 7739억 원, 한미 1조 7212억 원)이 지원됐다고 나와 있다.

하지만 금감위 연원영 상임위원이 국정조사에서 브리핑한 액수는 12조 3000억 원이고 국회 김재천 위원은 부실채권 매입 13조 원, 증자 지원 2조 원, 부채초과 지원금 2조 5000억 원 등 총 17조 5000억 원에 달한다고 주장했다.

상업·한일 합병해 한빛은행으로, 외환은 외자유치

한편 차상위 부실은행인 조건부승인 은행들은 어떻게 됐을까?

가장 주목할 만한 것은 상업은행과 한일은행의 합병이다. 두 은행은 8월 25일 금감위에 합병신고서를 제출했다.

정부는 합병에 따른 동반부실화를 방지하고 시너지효과를 극대화하기 위해 공적 자금을 지원해주기로 했다. 합병은행에 대한 공적 자금 지원기준은 부실은행끼리의 합병 시 1998년 말까지의 부실화 요인을 감안하여 BIS비율이 10퍼센트 수준이 되도록 지원하는 것이다.

이에 따라 금감위는 9월 14일 상업은행의 자본금을 1조 원에서 1002억 원으로, 한일은행은 8300억 원에서 806억 원으로 감자토록 명령했다. 또 부실채권 약 4조 원을 매각하고 정부가 3조 2642억 원을 출자했다.

두 은행은 1999년 1월 합병, 한빛은행(주)으로 새출발했다. 2001년 4월에는 예보가 설립한 우리금융지주회사에 편입됐으며 2002년 5월 다시 우리은행으로 상호를 바꿨다.

조흥은행과 외환은행은 외자유치를 통한 독자적 정상화를 추진한다는 계획이었다. 10월까지 수정 이행계획서가 가시화되고 외자유치나 합병이 이뤄지지 않을 경우 전 임원이 퇴진한다는 각서를 금감위에 제출했다.

외환은행은 1998년 7월 독일 코메르츠은행의 증자유치에 성공했다. 당시 코메르츠은행에서 파견한 외환은행 메어포트 부행장은 2007년 1월 《한겨레신문》에서 이렇게 밝혔다.

"동료들은 (외환은행 부행장 부임을) 한결같이 만류했다. '한국 경제는 이미 망했다. 가봤자 고생만 할거야.' 하지만 1990년부터 한국에서 내내 일했던 나는 한국 경제의 가능성에 다시 베팅하기로 마음먹고 한국행 비행기에 올랐다.

생각했던 것보다 훨씬 안 좋았다. 큰 산불이 나 어디부터 꺼야 할지 모르는 상황이었다. 현대그룹 주거래은행이었던 외환은행은 계열사 간 상호지급보증의 고리를 끊는 일에 착수했다.

하이닉스반도체가 대표적이었다. 당시 한국 정부는 하이닉스를 미국 마이크론에 시중금리보다 낮은 융자를 끼어 넘기라는 압력을 넣었다. 우리는 이를 거부했다. 만약 그때 마이크론에 인수됐다면 하이닉스의 핵심기술은 외국으로 이전됐을 것이고 한국 국민들은 엄청난 금융부담을 떠안았을 것이다.

1999년 노조는 회사의 주식을 사면서까지 우리를 도왔다. 파업 한 번 없었다.

그러나 신용카드 위기가 닥친 2003년, 최대주주였던 코메르츠은행도 더 이상의 재정적 여력이 없었고 결국 우리는 외환은행을 론스타에 넘길 수밖에 없었다."

외환과 달리 조흥은행의 독자생존은 쉽지가 않았다. 조흥은행이 경영정상화계획을 계속 이행하지 못하자 금감원은 11월 27일 1개월 내 초고강도 경영개선계획을 요구했고 위성복 행장 등 2명의 임원이 책임을 지고 사퇴했다.

조흥은행은 강원은행 및 충북은행과 합병을 통한 경영정상화로 방향을 잡고 1999년 이를 잇따라 실현시켰다.

그런가 하면 순자산이 납입자본금에 못 미치는 강원·충북은행은 감자가 요구됐다. 두 은행은 8월 20일 주총에서 자본금을 1062억 원, 1135억 원에서 각각 250억 원으로 감자키로 결의했다. 또 10월까지 충북은행은 1200억 원, 강원은행은 1000억 원을 증자키로 했다.

강원은행은 현대그룹 차원에서 정상화를 추진한다는 방침으로 증자 후 현대종금과 합병할 계획이었다.

증권 4개, 투신 6개, 생보 4개 사 퇴출당해

1997년 말 기준 BIS비율이 8퍼센트를 넘는 일반 은행은 총 12개였다. 이 우량은행들 중에서도 자발적인 M&A가 일어났다. 뿌리가 단자사로 같은 하나은행과 보람은행이 9월 8일 합병을 선언했고 국민은행과 장기신용은행도 11일 합병을 발표했다.

금융구조조정의 대상은 은행만일 수 없었다.

금감위는 전 증권사에 대해 1998년 6월 말 기준 영업용 순자본비율과 재산/채무비율에 관한 보고서를 7월 15일까지 제출토록 했다. 이 보고서를 검토한 결과 SK · 쌍용 · 장은 · 동방페레그린 등 4개 증권사가 100퍼센트에 미달했다. 이에 따라 8월 21일 이들 증권사에 대해 경영개선계획 제출을 명령했다.

특히 장은증권은 7월 3일 전 직원을 명예퇴직시키고 일인당 12개월 분의 명예퇴직금 207억 원씩을 나눠 가진 황당한 사건이 발생했다. 자금난 상황에서 주주나 고객을 배신한 임직원들의 도덕적 해이였다. 전 직원 퇴직 후 일부만 계약직으로 전환, 근무하고 있었다.

정상적 영업활동이 불가능하다고 판단한 금감위는 7월 6일 장은증권을 영업정지시켰다.

8월 22일에는 회계법인 경영진단과 경영평가위 평가 결과에 따라 장은증권과 동방페레그린증권을 영업정지하고 쌍용 · SK증권은 경영개선계획을 조건부 승인했다. 또 한국산업증권은 주주총회에서 해산결의를 하고 청산됐으며 신탁자산 대량 인출로 유동성위기에 직면한 한남투자증권과 한남투신도 영업정지됐다.

한남투신의 신탁자산을 인수한 국민투자신탁(현재 푸르덴셜투자증권)은 증권금융의 무기명채권 발행액 2조 원과 투자신탁안정기금 5000억 원을 5년간 지원받았다.

보험업계의 경우는 3월 말 기준으로 지급여력이 부족한 18개 생명보험사 및 4개 손해보험사가 6월 20일까지 금감위에 경영정상화계획을 제출했다. 이 계획을 경영평가위가 평가해 그 결과를 8월 10일 금감위에 보고했다.

이에 따라 금감위는 이튿날 부실보험사에 대한 경영개선조치를 발표했다.

사실상 지급불능 상태에 있어 이미 정상 경영이 어렵고 경영정상화계획도 부실한 국제생명 · BYC생명 · 태양생명 · 고려생명 등은 8월 11일 영업정지됐다. 금감위는 8월 21일 국제생명은 삼성생명에, BYC생명은 교보생명에, 태양생명은 흥국생명에, 고려생명은 제일생명에 각각 P&A방식으로 계약 이전시켰다.

조선 · 국민 · 태평양 · 한덕 · 한국 · 두원 · 동아생명 등은 경영정상화계획을 보완토록 하고 구체적 이행계획서를 1개월 내에 제출토록 했다.

또 대한 및 한국보증보험은 경영평가위가 정상적 경영이 어려운 것으로 평가했지만 이들이 모두 정리되면 보증기능이 일시에 중단돼 금융시장에 미치는 영향이 심각하다는 점을 고려, 경영정상화 및 합병을 추진키로 했다. 양 사의 합병으로 탄생한 국내 유일의 보증보험사가 지금의 서울보증보험이다.

이런 일련의 금융구조조정으로 1998년 한 해 동안 총 2102개였던 금융기관이 1969개로 줄었다. 인가취소 123개, 합병 22개, 영업정지 5개, 그리고 신설이 14개였다.

은행이 33개에서 25개로, 종금사는 30개에서 14개로, 증권사는 36개에서 32개로, 투신사는 31개에서 27개로, 보험사는 50개에서 45개로, 리스사는 25개에서 21개로, 상호신용금고는 231개에서 211개로, 신용협동조합은 1666개에서 1592개로 각각 감소했다.

"제일은행, 뉴브리지에겐 헐값의 꽃놀이 패"

한편 제일은행과 서울은행의 매각문제는 적잖은 우여곡절을 겪었다.

매각 주간사인 모건스탠리는 IMF와 합의한 시한인 11월 15일까지 매각을 성사시키기 위해 총 49개 외국 금융기관과 접촉했으나 관심을 표명한 곳은 HSBC와 시티은행, 뉴브리지캐피털을 중심으로 한 투자컨소시엄뿐이었다. 최종적으로 매수 의사를 밝혀온 HSBC 및 뉴브리지 컨소시엄과 매각협상을 시작했는데 둘 다 제일은행에만 관심이 있었다.

금감위는 두 원매자 중 뉴브리지캐피털이 제시한 조건이 유리하다고 판단, 마침내 12월 31일 제일은행 매각에 관한 양해각서를 체결했다.

하지만 그 양해각서 내용에 대해 국내에서 비판의 목소리가 높았다. 뉴브리지는 단기적 투자이익만 추구하는 사모펀드로서 금융업 경험이 없어 선진금융기법 도입을 통해 우리 금융 선진화의 계기를 마련한다는 당초의 해외 매각 취지를 이룰 수 없을 것이며 인수가격이나 영업권 인정액이 공적 자금조차 회수하기 힘드는 헐값 매각이라는 것이다.

특히 2년 이내에 발생하는 부실채권에 대해서는 정부가 매입하거나 대손충당금을 적립해주는 '풋백 옵션'을 100퍼센트 인정해준 것이 논란이 됐다.

이에 대해 뉴브리지 측은 "우리는 미국의 유수 투자회사가 합작한 투자전문회사로서 40여 개 사에 대주주로 참여하고 있으며 금융산업 구조조정과 관련해 1980년대 말 뱅크아메리카 및 아메리칸 세이빙스 뱅크를 인수해 정상화시킨 경험이 있다"고 주장했다.

"은행의 해외 매각이 대외적으로 약속돼 있었고 현실적으로 더 이상의 매수 희망자를 찾기도 힘든 실정이었다. 이런 상황에서 영업권의 가격을 더욱 올려 받기는 어려웠다. 겨우 정부 보유 주식의 0.5퍼센트 신주인수권을 추가로 확보했을 뿐이다. 또한 풋백 옵션을 부여해 앞으로 일정기간 부실발생으로부터 오는 손실을 보상해주는 것도 필요했다." (이규성, 《한국의 외환위기: 발생·극복·그 이후》)

양해각서 체결 후에도 양측은 조금이라도 유리하게 계약하고자 지루한 줄다리기를 벌였다. 본 계약이 체결된 것은 1년 후인 1999년 12월 23일이다.

최종 매각조건은 뉴브리지가 5000억 원에 정부 보유 주식 50.99퍼센트를 인수하고 정부는 경영권 프리미엄으로 은행 발행 주식의 5퍼센트에 해당하는 보통주를 3년 후 인수할 수 있는 신주인수권을 받았다. 또 풋백 옵션은 기존 여신에 대해 인수 후 2년 이내, 워크아웃 여신은 3년 이내에 발생하는 부실여신을 정부가 책임져주기로 했다. 고정 이하 부실여신은 인수되지 않았다.

금감위는 제일은행이 자본금을 4조 4867억 원에서 9806억 원으로 감자하는 것을 승인했다. 뉴브리지가 실제 투자한 5000억 원으로 지분율 50.99퍼센트를 맞추기 위한 고육책이었다.

"정부가 5조 7000억 원을 출자한 은행의 51퍼센트 지분 2조 9000억 원 상당의 주식을 5000억 원에 팔았으니 공짜를 넘어 오히려 2조 4000억 원을 더 얹어주는 꼴이었다. 부실채권에 대해 이미 투입했거나 투입할 공적 자금까지 계산하면 얼마를 더 얹어주는 셈인지 알 수 없었다.

제일은행의 매각은 뉴브리지캐피털에게는 부실이 많으면 정부에 넘기고 부실이 적으면 내가 먹는 '꽃놀이 패'가 됐다."(강만수, 《현장에서 본 한국경제 30년》)

뉴브리지 클린턴정권과 유착설, 5년 만에 먹튀

이에 대해 지난 2003년 3월 당시 조선일보 송희영 워싱턴지국장은 칼럼에서 뉴브리지와 미 클린턴 행정부와의 유착설을 제기했다.

"이런 이상한 계약과 관련 워싱턴에서는 클린턴정권과 뉴브리지와의 관계를 암시하는 얘기들이 흘러 다닌다. 뉴브리지가 영국계 초대형 은행그룹인 HSBC와 인수 경합을 벌일 때나 인수조건 협상을 전개할 때 백악관이 뉴브리지를 지원했다는 증언들이 있다.

지난 1999년 7월 한미정상회담이 열리기 직전 청와대는 매각협상에 쫓기는 분위기였다. 햇볕정책 지지를 합의한 김대중 · 클린턴 회담에서 일개 은행의 매각협상이 거론되는 이례적인 광경이 벌어졌다고 한다.

정부는 제일은행 매각을 실패로 공식 인정하지는 않지만 골머리를

대한민국 머니 임팩트

앓기 시작했다. 파장이 이쯤에서 끝날 것 같지 않기 때문이다.

예를 들어 현대투자신탁증권과 현대증권을 인수하려는 미국 회사가 제일은행의 매각조건과 엇비슷한 요구를 해오고 있다고 한다. 어느 미국 경영인 입에선 대우자동차를 매각할 때도 한국이 공적 자금을 제공해야 한다는 주장이 나왔다.

많은 한국인들은 뉴브리지 선정 과정, 이해하기 힘든 계약조건의 결정 배경, 백악관과 청와대 간의 정치적 거래 가능성 등에 관해 알 권리가 있다고 생각하고 있다."

뉴브리지 측은 제일은행 지분(48.56퍼센트)을 다시 2005년 1월 영국계 스탠다드차타드은행(SCB)에 1조 6511억 원에 매각했다. 5년 만에 투자금의 3배 이상을 챙긴 것이다. 당시 매각차익은 환차익을 포함해 총 1조 1800여 억 원이었다.

정부 및 예보 역시 같은 조건으로 지분을 양도, 예보(48.49퍼센트)는 1조 6487억 원, 정부(2.95퍼센트)는 1002억 원을 받았다.

그러나 뉴브리지 측은 "한국과 조세회피조약을 맺은 말레이시아 라부안을 통해서 투자를 했기 때문에 세금을 낼 필요가 없다"고 주장하며 매각차익에 대한 세금을 한 푼도 내지 않아 '먹튀'라는 비난을 받았다. 물론 200억 원의 사회공헌 기부로 생색을 내기는 했지만 최소한의 한국 달래기였을 뿐이다.

지난 2005년 발간된 공적 자금백서는 제일은행 정리의 최종 결과를 이렇게 설명한다.

"2005년 6월 말 현재 제일은행에 지원된 공적 자금은 약 17조 7000억 원이며 현재 진행 중인 면책·보상 등에 대한 향후 추가적인 자금소요를 감안할 경우 제일은행 정리와 관련된 공적 자금의 총지원 규모는 약 17조 8000억 원으로 추산된다.

지원된 공적 자금은 유상감자·지분 매각으로 3조 7000억 원, 부실채권 매각 등으로 8조 8000억 원 등 총 12조 3000억 원이 회수됐고 향후 자산 매각을 통해 약 5000억 원 내외의 추가회수가 예상된다. 결국 제일은행을 정리하는 데 소요된 비용은 약 5조 원 내외 수준으로 예상된다."

제일은행 인수전에서 밀린 HSBC는 서울은행에 눈을 돌렸다. 1999년 2월 22일 양해각서가 체결됐지만 매각조건에 대한 입장 차이를 좁히지 못하고 8월 들어 협상은 결렬되고 말았다.

이에 금감위는 일단 해외 매각이 아닌 자체 경영정상화를 추진키로 방향을 선회했다.

8월 31일 경영정상화 추진계획이 발표된다. 그 골자는 저명한 금융인을 CEO로 영입하고 부실이 커서 정상 경영이 어렵기 때문에 공적자금을 더 투입한다는 것이다. 이에 따라 9월 예보는 3조 3000억 원을 증자하고 서울은행은 추가로 발생한 부실자산을 성업공사에 매각했다.

1998년 한성금융유한공사·서은투자자문을 청산하고 서은리스를 리스사 구조조정 회사인 한국리스 여신에 출자했으며 서은상호신용금고는 매각, 룩셈부르크 현지법인은 청산했다. 또 2000년 4월부터 도이체방크가 구조조정 자문계약을 맺고 위탁경영을 맡아 강정원(현국민은행장) 은행장을 선임, 7개월간의 경영 공백에서 벗어났다.

하지만 서울은행은 금융산업 대형화를 위해 2002년 9월 하나은행에 인수됐다. 12월 1일 합병은행 명을 하나은행으로 하고 존속 법인은 서울은행으로 하는 합병은행으로 새 출발했다.

대한민국 머니 임팩트

2년 새 금융기관 직원 4분의 1, 은행 4만 7000명 감원

IMF 이후 대대적인 금융구조조정의 최대 희생자들은 무엇보다 금융기관 임직원들이었다.

금융기관 종사자들은 1997년 말 전 금융권에 걸쳐 총 31만 7623명이던 것이 1998년 말에는 24만 1041명, 다시 1999년 말에는 23만 9155명으로 줄었다. 2년 새 4분의 1이 감소한 것이다.

은행권에선 14만 5530명에서 9만 7738명으로 32.8퍼센트 줄었다. 5개 은행 퇴출에다 살아 남은 은행들도 살인적인 구조조정을 단행했다. 30개나 되던 종금사가 10개로 줄어든 여파로 종금사 임직원도 3646명에서 943명으로 격감했다.

"퇴출은행 은행장 모씨는 부랴부랴 여의도 아파트를 팔고 친척 이름으로 전셋집을 얻어 들었다. 언제 퇴출은행 부실채권의 승인 책임을 물어 개인재산을 압류할지 모르기 때문이다.

은행권에는 끊임없이 감원 태풍이 몰아쳤다. 합병은행과 해외 매각을 앞둔 은행들의 인력 구조조정이 본격화하면서 최대 1만 명에 육박하는 대규모 추가 감원이 잇따랐다. 이에 따라 1997년 연말부터 1999년 상반기까지 직장에서 물러나는 은행원은 모두 3만 명에 달했다.

각 은행들은 300~500여 명에 이르는 차장 이상 간부직 가운데 상당수를 물갈이하는 등 간부급 은행원들에 (구조조정이) 집중됐다. 그동안 은행들은 주로 하위직 행원들을 중심으로 퇴직을 시켜왔다." (이국영,《이상한 승부》)

부실은행의 대명사 제일은행에서는 전 직원 1만여 명 중 4000여 명이 보따리를 싸야 했다.

당시 홍보부 직원 이응준이 만든 '눈물의 비디오'는 두고두고 보는 이들의 심금을 울렸다. 원제목이 '내일을 준비하며'인 이 눈물의 비디오는 6mm 디지털캠코더로 제작된 8분 남짓한 분량의 영상물로 외신들도 앞다퉈 소개했고 청계천에선 해적판까지 나돌았다.

이 비디오에는 영업점 통폐합을 앞둔 마지막 날 당시 제일은행 테헤란로지점 직원들이 최후의 순간까지 업무를 담담하게 처리하는 장면과, 명예퇴직으로 은행을 떠나는 직원들이 최후의 인사말을 하는 모습을 담았다.

특히 정든 은행을 떠나야 하는 여직원의 눈물어린 고별사에 온 국민들은 눈시울을 붉혔다.

당시 이 비디오를 제작했던 이응준은 2007년 11월 필자와의 인터뷰에서 "일본 출장길에 사온 카메라로 처음 찍은 것"이라며 "당시 은행에 여러 일들이 많았는데 이 고비만 넘기면 시련은 오래가지 않을 것이라고 믿었고 상황과 사람들의 모습 하나하나를 기록으로 남겨야겠다는 생각에 무작정 카메라를 둘러메고 뛰어다녔다"고 밝혔다.

"지금도 가끔 그 비디오를 보면 그 당시는 국가도 기업도 개인도 사회 전체에 거품이 끼어 있었고 준비가 안 돼 있었던 것 같다. 발목 지뢰가 무서운 것은 생명에는 지장이 없지만 주변 동료들에게 공포심을 전염시키기 때문이다. 이 비디오가 사람들의 공감을 불러일으켰던 것은, 나도 언제 어떻게 직장에서 쫓겨날지 모른다는 불안과 공포 때문이었던 것 같다."

비디오 속 주인공 격이었던 이삼억 차장은 2000년께 췌장암으로 세상을 떠났다. 다른 사람들과는 한동안 연락들을 하고 지냈지만 지금은 대부분 소식이 끊겼다. 이응준은 2000년 은행을 떠났다가 현대카드 홍보팀을 거쳐 지금은 기업은행 문화홍보부 차장이다.

부실은행의 대명사로 전락한 제일은행은 뉴브리지를 거쳐 SCB로 인수돼 SC제일은행으로 바뀌었다.

"당시 '조상제한서'라 불리던 5대 시중은행이 모두 주인이 바뀌었다. 은행을 외국 자본에 넘긴 것은 선진 금융 도입이 명분이었는데 과연 무엇을 배웠고 잃었는지 이제 손익계산을 해봐야 할 시점이다."

부실이 다소 덜했던 외환은행도 사정은 마찬가지였다. 메어포트 전 부행장의 말이다.

"1만여 명의 행원을 절반으로 줄여야 했다. 20~30대 행원들은 눈물을 흘리며 떠나갔다. 남아 있는 행원들은 자발적으로 월급을 10퍼센트씩 삭감하며 떠나는 이들에게 돈을 보탰다."

자영업 창업했다 알거지, 이혼 등 가족 해체

하지만 역시 퇴출된 은행 직원들의 고통이 살아남은 은행 출신보다 훨씬 클 수밖에 없다.

지난 2004년 9월 동아일보 조사에 따르면 당시 동화은행에서 퇴직한 229명 중 고용보험이 적용되는 직장으로 재취업에 성공한 것은

31.4퍼센트에 불과했다. 또 79.5퍼센트가 재취업교육을 받지 못했고 그나마 교육을 받은 일부 중에서도 3분의 2 이상은 그 교육이 재취업에 전혀 도움이 안 됐다고 응답했다. 교육을 통해 취업했다는 응답자는 단 한 명도 없었다.

당시 정부는 IT인력이 부족하다며 실직자에 대한 대대적인 전산교육을 실시했지만 교육내용이 워드나 윈도우·엑셀을 가르치는 수준이어서 취업에 전혀 도움이 될 수 없었다.

재취업을 하지 못한 사람들은 너도나도 자영업 창업에 나섰다. 하지만 별다른 사전준비 없이 비교적 손쉽게 시작할 수 있는 식당·PC방·미용실·노래방 등으로 창업수요가 몰렸다가 실패하는 사람들이 속출했다. 이 과정에서 퇴직금을 날린 사람들은 빈곤층으로, 심지어 노숙자로 전락했다.

급작스런 실직은 또 경제적 어려움과 정신적 충격으로 가족의 해체를 유발했다.

《동아일보》는 "동화은행 퇴직자 중 이혼위기를 겪은 가정은 72.1퍼센트다. 상당수 부부가 감당할 수 없는 스트레스로 별거나 이혼을 하고 자식들은 가출이나 학업 포기 등 빗나간 길을 걸었다. 이 과정에서 자신의 문제를 전문가에게 상담할 수 있는 기회는 없었다"고 보도했다.

또 "지난 6년간 주위로부터 경제적 도움을 받은 사람은 62명(27.0퍼센트)인데 이들 중 부모(32명)·형제(14명)·처가(8명)·친척(3명)·자식(1명) 등 일가친척에게 도움을 받은 사람이 총 58명"이라며 "23명의 부모가 급한 빚에 쫓기는 자식에게 2000만 원에서 많게는 3억 원까지 현금을 지원해줘 이들이 신용불량자로 전락하는 것을 막아줬다"고 전했다.

9명의 부모는 형편이 넉넉하지 못해 자식의 가족을 집으로 불러들여 함께 먹여 살리거나 시골에서 농사지은 쌀을 보내는 등 다른 방법으로 자식들을 도왔다.

"자식을 위해 희생한 부모도 있다. 이모씨의 어머니는 이씨가 퇴출 직후 동화은행에서 빌린 전세보증금을 갚지 못해 위기에 몰리자 다른 은행에서 2000만 원을 빌려 이씨에게 건네줬다. 이 돈을 갚지 못한 어머니는 신용불량자가 됐다.

장모씨의 아버지는 빚에 몰린 아들에게 집을 담보로 3000만 원을 건네줬다. 재혼한 부인은 '전처 자식에게 상의도 없이 돈을 줬다'고 반발했고 끝내 갈라섰다.

빈곤층으로 전락한 45명 중 17명이 3000만 원에서 많게는 3억 원에 이르는 돈을 지원받았다. 자신의 퇴직금을 털어 시작한 가게가 실패하자 주위에서 도움을 받거나 돈을 빌려 재기를 노렸지만 좌절한 사례가 대부분이다."《동아일보》, 2004년 9월 10일)

채권추심 가장 많이 종사, 신용불량 · 자살까지

5개 은행연합회가 퇴출 1년 3개월 후인 1999년 10월 옛 동료들의 직업을 조사한 결과 전문분야와 유사한 직종에 근무하는 비율은 30퍼센트를 겨우 웃돌았다. 인수 은행에 계약직으로 취업한 사람이 28.6퍼센트, 성업공사 임시계약직이 5.18퍼센트였던 것이다. 나머지 66.2퍼센트는 새로운 직업을 찾아 뿔뿔이 흩어졌다.

2004년 조사에서는 응답자 전체 2263명 가운데 계약직이 38.6퍼

센트로 가장 많고 정규직은 21.5퍼센트에 불과했다. 실업자도 31.5
퍼센트나 되었고 8.4퍼센트는 자영업자였다.

2007년 1월 《한국일보》 보도에 따르면 이들은 신용정보회사에서
남의 빚을 대신 받아내는 채권추심 일을 가장 많이 하며 새우젓가게
를 하거나 포크레인 기사, 생수 배달, 택시 운전 등 각양각색의 일을
하고 있었다. 사회적 물의를 빚은 제이유 등 다단계 업체에서 수천만
원을 날린 경우도 적지 않다.

"(홈페이지에 올라오는) 부고 가운데 특히 눈에 띄는 것은 본인들의 죽음
이다. 정확한 집계는 어렵지만 은행별로 대략 5~10명이 세상을 등
졌다.

상고를 졸업하고 충청은행에 들어왔던 A씨는 혈기왕성한 20대 후
반에 직장을 잃은 뒤 야간대학에 다니며 사채업을 시작했지만 여의
치 않았다. 2004년 여름 눈덩이처럼 늘어나는 빚을 견디다 못해 결혼
3개월 만에 임신 중인 부인을 뒤로하고 스스로 목숨을 끊었다.

동남은행 차장 출신인 이모씨는 1999년 7월 캐나다 취업이민을 준
비하던 중 심장마비로 숨졌다. 인도네시아의 계약직 일자리를 오가
며 과로한 탓이었다."

5개 은행연합회 사무총장 장준배도 생계가 어려워지면서 퇴출 8개
월 만에 부인과 이혼했다가 자식들 때문에 다시 합쳤다. 10년 사이
사는 집은 대전시내 27평 아파트에서 방 2칸의 주택, 다시 변두리의
2500만 원짜리 22평 연립주택으로 바뀌었다. 생계를 위해 아파트시
행사업을 벌이다 9800만 원의 빚을 졌고 이자가 붙어 순식간에 2억
9900만 원까지 불었다. 2006년 8월 면책승인을 받아 겨우 신용불량
딱지는 면했지만 딸의 대학등록금도 친지에게 빌려서 겨우 냈고 아

대한민국 머니 임팩트

내의 결혼 패물도 팔아야 할 처지다.

퇴출은행 직원들은 그동안 출신은행이나 5개 은행연합회 명의로 국가 상대 손해배상·해고무효 등 여러 건의 소송을 냈지만 모두 패소했다. 2004년 3월에는 '금융구조조정으로 정리된 금융기관 직원들의 생활안정지원에 관한 법률'이 제정돼 이들의 재취업을 지원하려 했으나 실제로는 단 1명도 취업에 성공하지 못했다.

"퇴직자들이 당초 요구했던 현금보상 항목이 삭제됐고 법 자체에 강제성이 없어 해당 금융기관들이 하나같이 외면한 결과라는 주장이다."(《한국일보》, 2007년 1월 1일)

경기은행퇴직자협의회 박형각은 2007년 11월 필자와의 통화에서 "모두들 한이 많이 맺혀 있다. 현실의 높은 벽에 대부분 지쳤다. 언론들도 퇴출의 부당성 등 우리의 목소리를 제대로 반영해주지 않고 개인사에만 관심이 있어 회원들이 인터뷰를 꺼리고 있다"고 말했다.

사모펀드가 어떻게 우량은행을 인수했을까?

IMF체제 출범 직후 종금사들의 대거 영업정지에서부터 5개 은행 퇴출, 상업은행과 한일은행의 합병, 하나은행과 보람은행의 합병 및 뉴브리지의 제일은행 인수까지를 1차 구조조정이라고 한다면 2000년대 초의 사건들은 2차 금융구조조정이라 할 수 있다.

그 대표적인 것이 2000년 7월 미국 사모펀드 칼라일의 한미은행 인수, 2000년 12월 국민은행과 주택은행의 합병, 2001년 4월 한빛은행·평화은행·광주은행·경남은행의 우리금융지주회사 편입, 2002년 9월 하나은행의 서울은행 인수 및 2003년 8월 역시 미국 사모펀드인 론스타의 외환은행 인수 등이다.

칼라일 펀드는 JP모건 등과 컨소시엄을 구성, 한미은행을 인수했다. 한미은행은 1998년 6월 퇴출당한 경기은행을 인수하기도 했던 우량은행이라는 점에서 이 M&A는 충격이었다.

한미은행은 다시 2004년 2월 미국의 세계적 금융기관인 씨티그룹에 인수된다. 씨티그룹은 30억 달러를 투자, 칼라일 등 대주주 보유 지분과 소액주주 지분을 합쳐 총 97.5퍼센트의 지분을 인수했다. 한미은행은 상장 폐지되고 한국씨티은행으로 은행명을 변경했다.

이로써 칼라일은 3년 반 만에 약 7000억 원의 매각차익을 벌어들였다.

제일은행 같은 부실은행도 아닌 우량은행을 사모펀드가 인수했다는 점에서 칼라일의 한미은행 인수는 논란거리였다.

다음은 2006년 4월 18일 《한겨레신문》 보도의 일부다.

"관심을 끄는 대목은 2006년 6월 칼라일의 한미은행 인수허용 때 금감위가 내부보고서에서 김앤장(국내 최대 로펌)의 법률자문 내용을 인용했다는 점이다.

금감위는 금융기관이 아닌 칼라일이 은행을 인수해도 되는지를 두고 '금융기관이 아닌 자의 은행 지배를 방지할 수 있는 장치가 있어 (인수가) 가능하다'는 김앤장 정 아무개 변호사의 견해를 인용했고 그 뒤 인수를 승인했다."

이런 논리는 그 3년 후 역시 사모펀드인 론스타가 외환은행을 인수할 때도 적용된다.

론스타가 금감위에 외환은행 인수 승인을 요청할 때 바로 그 김앤장의 정 변호사가 신청서를 작성해 제출한 대리인이었던 것이다.

민주노동당 심상정 의원은 국정감사에서 이런 사실을 지적하면서 "정 변호사가 같은 사안을 두고 승인자(금감위)와 신청자(론스타)를 동시에 대리한 게 아니냐"고 따졌다. 이에 대해 김앤장 측은 "정 변호사는 법률검토 내용을 한미은행에만 제공했다. 금감위가 이를 어떻게 인용하게 됐는지는 알 수 없다"고 밝혔었다.

2003년 8월 론스타의 외환은행 인수는 '역사'가 아니라 현재진행형인 '사건'이다.

현재 외환은행을 론스타로 매각하는 과정에서의 BIS비율 조작 등 각종 불법행위로 재판을 받고 있으며 이 때문에 국민은행으로의 재매각도 무산되고 HSBC와의 인수합의도 승인이 지연되고 있는 상황이다.

이에 대해 론스타 측이 선임했던 로버트 펠런 전 외환은행장은 2007년 4월 국가경영전략연구원 주최 수요정책포럼에서 다음과 같이 주장했다.

"외환은행은 외환위기 이후 현대그룹과 SK글로벌사태·카드부실 등으로 인해 2003년 현재 부실채권이 3조 원에 이르고 그에 따른 손실로 자본 잠식 상태에 빠지게 된다. 당시 외환은행은 외환카드부실, 취약한 자본력, 3조 원에 이르는 부실채권, 비효율적인 조직구조, 늘어나기만 하는 비용, 직원들의 사기 저하라는 6가지 문제에 시달리고 있었다.

이때 론스타가 11억 달러의 자본을 투입하지 않았으면 외환카드는 파산하고 외환은행의 자본도 엄청나게 잠식됐을 것이다. 그 결과 외환은행은 2006년 1조 원에 이르는 사상 최고의 당기순이익을 기록했고 은행들 중 가장 낮은 부실채권과 높은 ROA를 기록하게 됐다."

"우량은행끼리 합쳐라" 정부 전방위 합병 압박

국민은행과 주택은행의 합병은 제2차 금융구조조정 과정에서 가장 큰 사건이었다.

2000년 12월 22일 김상훈 당시 국민은행장과 김정태 주택은행장은 한국은행 기자실에서 양 행의 합병을 발표했다. 자산 기준 1위와 2위 은행의 합병으로 총자산 185조 원, 세계 68위의 초대형 은행이 탄생하는 순간이었다.

2000년 총선 이후 금융계의 최대 화두는 합병이었다. 1998년 부실은행 퇴출 등 1차 구조조정으로 경영이 개선되던 은행들은 1999년 대우사태를 겪으면서 다시 흔들렸다. 이에 따라 은행들의 장기 생존 구도를 다시 짜야 했는데 그 방법론이 합병이었다.

2002년 10월 1일《중앙일보》의 연재기획〈DJ노믹스 미완의 개혁〉중 국민·주택은행 합병 편에 따르면 당초 두 은행 간 합병은 많은 합병구도 중 단지 서류상의 조합일 뿐이었다.

이용근 전 금감위원장은 "국민과 주택은 모두 소매금융에 치중해 있어 진작부터 시너지효과가 없는 것으로 결론이 났다. 국민과 주택을 합쳐놓으면 소매금융을 절반 넘게 차지한다. 거대은행이 소매금융을 독식해서는 바람직하지 않다는 게 당시 금감위의 판단이었다"고 회고했다. 두 우량은행이 상대적으로 부실한 조흥·외환 등과 합병하는 구도를 바랐다는 것이다.

2000년 3월 정부가 노조의 격렬한 반대에도 불구하고 김상훈 당시 금감원 부원장을 국민은행장으로 밀어붙인 데에도 그런 복안이 담겨 있었다고 한다.

김상훈 국민은행장은 취임 직후 기자들과 만나 은행장들 중 처음으로 합병 가능성을 공식 언급한다. 그러나 그가 지목한 합병 파트너는 정부의 계산처럼 조흥이나 외환은행이 아니라 우량은행 간 합병으로 국제수준의 선도 은행을 만드는 것이었다.

"취임 직후부터 모든 합병안을 검토했지만 공적 자금 투입 은행과의 합병은 직원들은 물론 외국인 대주주들이 앞장서 반대했다. 그런 소문만 나면 주가가 곤두박질쳤다."

2000년 8월 7일 들어선 진념 부총리, 이근영 금감위원장 팀은 은행합병의 물꼬를 우량은행 간 합병으로 돌려놓았다.

당시는 대우사태에 이어 현대그룹의 위기로 시장 불안이 커지고 제2의 경제위기설이 퍼지고 있었다. 김대중 대통령도 국면전환을 바라고 있었고 그중 가장 쉬운 것이 은행합병이었다. 진 부총리와 이근영 금감위원장은 9월 이후 "우량은행 간 합병이 곧 가시화할 것"이라며 연일 은행 간 합병에 드라이브를 걸었다.

당시 금감위 고위 관계자는 "부실+우량은행보다 우량+우량 조합이 성사 가능성이 컸다. 거의 매일 우량은행 간 합병을 독려했지만 은행들이 좀처럼 정부 뜻대로 움직여주지 않았다. 주택·국민 등 선도 은행장들에게 특히 많은 얘기가 건네졌다"고 회고했다.

11월이 되자 정부는 부쩍 국민·주택은행을 조였다. 정부의 압박에 몰리던 김상훈이 김정태 주택은행장을 만난 것은 14일 SBS 창사 기념 행사가 열린 힐튼호텔 만찬장에서였다.

김상훈: 다른 은행장들과 합병 의사 타진을 수없이 해봤지만 다들 피합니다. 합병만 생각하면 밤에 잠을 못 잘 지경입니다.

김정태: 저도 마찬가지입니다. 주택은행과는 다들 합병을 안 하겠답니다.

김상훈: 차라리 국민은행과 주택은행이 합병하는 건 어떨까요?

김정태: 정말로 뜻이 있는 겁니까? 몰린다고 무리하지 말고 남들 얘기는 무시하십시오.

김상훈: 정말로 해봅시다.

김정태: 그렇다면 해보죠.”《중앙일보》, 2002년 10월 1일)

신한은행, IMF위기가 리딩뱅크 도약의 기회

이렇게 해서 시작된 국민–주택은행 간 합병협상 과정은 난산의 연속이었다. 합병논의가 마무리 단계이던 12월 12일 국민은행 노조가 은행장실을 점거하고 신나를 뿌려가며 이틀간 실력행사를 한 끝에 김상훈 행장이 협상 중단 발표를 하기도 했다.

이후 양측은 열흘간의 극비협상을 거쳐 22일 전격 합병 선언을 했다. 당일 합병을 위한 양해각서를 체결하고 2001년 6월까지 합병작업을 마무리짓겠다는 스케줄이었다.

그러나 두 은행 노조는 이날부터 연대파업에 돌입했다. 합병 결사저지를 외치며 일산 국민은행 연수원에 집결한 두 은행 노조원들은 바리케이트를 치고 경찰과 대치, 장기농성 태세에 들어갔다. 하지만 합병은 이미 대세였다. 노조는 결국 7일 만에 직장으로 복귀했다.

가장 큰 걸림돌은 치워졌지만 국민과 주택 양측은 합병비율·존속법인·합병은행장·합병은행명을 놓고 팽팽히 대립해 자칫 합병이 무산될 뻔했다.

대한민국 머니 임팩트

결국 이근영 금감위원장의 중재로 존속법인은 별도로 신설법인을 만들어 통합키로 했다.

남은 걸림돌은 누가 통합은행장이 되느냐 하는 것이었다. 7월 25일 오후 하얏트호텔에서 모인 선정위원 6명은 20시간 넘게 난상토론을 거듭했다. 국민은행 대주주인 골드만삭스와 주택은행 대주주 ING베어링 간의 합의가 문제였다. 다음날 새벽 골드만삭스가 김상훈에서 김정태로 선회하면서 마침내 통합은행장 김정태, 이사회 의장 김상훈으로 결론이 났다.

드디어 2001년 11월 1일 두 은행이 통합한 KB국민은행이 정식 출범했다. 총수신 142조 원, 총여신 111조 원, 임직원 수 1만 9000여 명, 시장점유율 30퍼센트의 거대 은행이었다.

한편 신한은행은 IMF 경제위기를 오히려 도약의 기회로 활용한 대표적 케이스다.

신한은행은 창립의 모체가 됐던 제일종금을 잃는 아픔을 겪었다. BIS비율 8퍼센트라는 회생 기준을 달성하기에는 역부족이라고 판단, 증자 참여 포기를 선언한 것이다. 반면 퇴출된 동화은행의 인수 은행으로 선정된 것은 신한은행이 대형 시중은행으로 도약하는 계기가 된 행운이었다.

이로써 신한은행은 점포 249개, 직원 4420명, 자산 규모 56조 5000억 원으로 급성장했다. 5개 인수 은행 중 가장 먼저 전산망을 가동하고 고객예금을 지급하는 등 효율적이고 효과적으로 인수작업을 마무리한 것으로 평가된다.

이런 성과는 실적으로 나타났다. 1998년 일반 은행 전체가 무려 12조 5000억 원의 적자를 기록한 반면, 신한은행은 590억 원의 흑자를 냈다.

"이는 IMF라는 금융위기 동안 신한은행이 인원축소라는 단기적인 시각에서 구조조정을 시행한 것이 아니라 금융위기 이후 리딩뱅크로 부상할 수 있는 초석을 마련하는 장기적이고 전략적인 구조조정을 실시한 결과라고 할 수 있다. 아울러 이러한 개혁적인 구조조정을 추진할 수 있었던 배경에는 라응찬 행장을 중심으로 한 신한은행의 변혁지향적 리더십과 1등주의 조직문화가 다분히 깔려 있었다." (정동일,

《대한민국 은행을 바꾼 신한은행방식》)

신한은행은 2001년 8월 31일 자발적으로 금융지주회사체제로 전환, 지주회사 산하의 자회사가 됐다. 국민·주택은행의 합병과 우리금융지주회사에 대항하기 위한 전략적 선택이었다.

그 후 신한금융지주회사는 굿모닝신한증권·신한생명·조흥은행·LG카드 등을 잇따라 인수합병하면서 한국의 대표적 금융그룹으로 우뚝 섰다.

기업구조조정,
망한 재벌이 남긴 것

하다가 만 개혁, 외국 자본만 웃었다

33

"친구 따라 강남 간 사람 치고 성공한 사람을 본 적이 없다. 기업의 핵심 역량이 없는 채 자금만 가지고 진출한 기업도 그렇고 호황이라는 산업에 뒤늦게 뛰어들어 대규모 설비 확장에 나섰다가 IMF환란 때 부실기업으로 낙인찍힌 대기업들 대부분이 이런 범주에 속한다. 면면을 살펴보면 더더욱 어떤 공통점을 발견할 수 있다."

명동 사채시장의 산 증인 최용근은《명동 30년 금융의 격랑을 헤치며》에서 1997~1998년 사이 부도 혹은 워크아웃 기업의 현금 흐름 악화와 부실화 과정을 6단계로 분석한다.

1단계는 양호한 현금 흐름의 우량기업이며 2단계는 안정적 현금 흐름의 정상기업, 3단계가 현금 흐름이 악화(감소) 중인 관찰대상기업, 4단계로 현금 흐름이 이미 악화된 요주의기업, 5단계는 현금 흐름 악화가 심화된 경계기업이고 마지막 6단계의 경우 지급불능 및 도산기업이다.

1998년 워크아웃된 갑을은 순이자비용이 현금 흐름보다 큰 5단계 경계 기업이고 갑을방적 역시 마찬가지다. 1998년 워크아웃된 강원산업은 현금 흐름이 순이자비용과 배당금의 합계액보다 많은 4단계 요주의기업이며 1998년 워크아웃 기업인 고합도 5단계, 1997년 법정관리에 들어간 기아자동차는 4단계, 부도처리된 기아특수강은 5단계다.

1997년 워크아웃된 남선알미늄, 법정관리 개시된 대농, 1998년 워크아웃 기업인 대구백화점과 동아건설 등도 모두 5단계 경계기업들이다.

반면 1998년 워크아웃을 당한 동방과 동양물산·신우 및 아남반도체는 현금 흐름이 순이자비용과 배당금은 물론 유동성 장기차입금 상환액을 합친 금액보다도 많은 2단계 정상기업이었다. IMF 경제위기에 휩쓸려 억울하게 흑자 도산한 것이다.

1998년 워크아웃된 맥슨전자와 벽산 및 벽산건설, 부도가 난 세양선박과 삼미는 5단계였고 삼미와 같이 부도를 맞은 삼미특수강은 4단계 요주의기업이었다.

또 1997년 화의를 신청한 쌍방울과 아시아자동차, 1998년 워크아웃된 기업인 아남전자와 우방·영창악기·충남방적·피어리스·한국컴퓨터·화성산업·세풍·신원 및 진도, 1997년 화의를 신청한 진로종합식품, 1998년 법정관리 처리된 청구 등도 모두 5단계 경계기업들이다.

아울러 1997년 화의를 신청한 진로, 1998년 워크아웃 기업인 한창제지는 4단계 요주의였다.

"기업들이 처음에는 지극히 정상적으로 자금시장에서 금융거래가 이

대한민국 머니 임팩트

루어지다가 부도 5~6개월 전쯤부터는 서서히 어떤 형태로든 자금운용이나 관리가 허술해짐을 직감으로 알아낼 수가 있다. 금리가 점차적으로 오르는 것은 말할 것도 없고 극히 비정상적인 루트를 통해서 자금을 찾는다는 것이다.

그리고 조건을 따지지 않은 채 차입을 위해 어음을 발행하는 것으로 이는 기업 경영상 더욱 위험스런 일이다. 결국 부도의 D-Day가 가까워질수록 그 정도는 더욱 심화되다가 파국을 맞게 된다는 것이다."(최용근, 《명동 30년, 금융의 격랑을 헤치며》)

■　　■　　■　　■

1997년 12월 하루 100여 개 기업 부도

IMF 경제위기는 기업 부도사태를 더욱 부채질했다. IMF가 고금리와 재정긴축, 금융기관의 BIS비율 제고를 강조했기에 당연한 결과였다.

"IMF체제 출범 첫 달인 1997년 12월에는 전국적으로 하루에 100개 이상의 기업들이 부도를 내고 쓰러졌다. 서울에서만 12월 한 달 동안 무려 1226개 업체가 부도, 평소의 2.5배이자 유사 이래 최고의 부도율을 기록했다. 서울의 부도업체가 전국의 3분의 1 정도임을 감안하면 12월 전국의 부도업체는 무려 3000여 개에 달한 것으로 추정된다."(이한구, 《한국재벌사》)

IMF위기는 재무구조가 상대적으로 취약한 준 재벌급 기업들에게 특히 치명적이었다.

경남모직은 1980년대 이후 급성장한 재벌그룹의 하나인 한일그룹

한 교회의 무료급식소 앞에 몰려든 IMF 실직자들.

의 모기업으로 'K앙고라텍스'로 명성을 떨쳤던 국내 5위의 모방 업체였다. 그러나 경남모직은 매출 감소로 1996년 131억 원, 1997년 상반기에만 114억 원의 적자가 발생했다. 그 와중에 IMF 한파가 터지면서 1997년 12월 9일 부도처리되고 말았다.

김영삼정권하에서 혜성같이 등장, 정권과의 유착설이 나돌던 온누리여행사도 파산하는 등 IMF 여파는 전 산업에 파급됐다.

청구그룹이 자금난에 봉착한 것은 블루힐백화점 때문이었다. 건설비용이 다른 백화점의 2배인 2500억 원에 달하는 과잉투자로 금융비용 부담에 허덕였다. 이런 와중에도 대형할인점 7개를 동시에 오픈하는 등 유통에 투자를 계속하다가 유통업계의 과열경쟁을 맞이했다.

설상가상으로 IMF 이후 실세금리 급등과 금융기관들의 대출 억제로 자금난에 몰리니 회생이 어려웠다. 결국 1997년 12월 26일 (주)청구·청구산업개발 등 주력 기업이 화의신청을 하면서 좌초되고 말았다.

극동, 동서증권으로 재벌되고 증권으로 붕괴

극동그룹은 토목기술자인 김용산이 1947년 대영건설을 설립한 것이 시초로 극동건설로 상호를 변경한 이후 급성장해 창업 10년 만에 '자유당 건설5인조'로 불릴 정도로 국내 굴지의 건설업체로 도약했다.

1985년 국제그룹이 해체되면서 국제종합건설과 동서증권 및 동서경제연구소를 인수한 것이 재벌 형성의 결정적 계기였다.

극동건설은 동서증권을 중심으로 동서투자신탁운용 · 동서할부금융 · 동서팩토링 등을 잇따라 설립하면서 금융그룹으로의 전환을 도모했다. 1995년 총 11개의 계열사가 있었는데 건설 관련이 4개 업체, 금융업 6개 업체, 기타 1개 업체일 정도였다. 총자산 3조 3976억 원에 매출액 9212억 원으로 재계 랭킹 28위였다.

건설업과 금융업을 양 축으로 하는 극동그룹이 좌초위기에 직면하게 된 것은 그간 그룹 형성에 절대적으로 기여한 동서증권의 부도 때문이었다.

외환위기에서 비롯된 국내 기업들의 신용 하락은 급기야 주가 폭락으로 연결됐고 재무구조가 상대적으로 부실한 증권회사들이 부도 위기에 직면했는데 그 와중에서 동서증권이 부도처리된 것이다. 극동그룹이 1997년 12월초 전 계열사와 보유 부동산을 매각한다는 비상경영대책을 발표하자 동서증권의 고객예탁금이 한꺼번에 빠져나가 급기야 좌초했던 것이다.

1998년 1월 17일에는 국제종합건설마저 부도처리됐다. 동서증권과 국제종합건설의 부도로 위기에 직면한 극동그룹은 1월 19일 모기업인 극동건설과 국제종합건설 · 극동요업 · 과천산업개발 등 4개 사에 대해 화의를 신청함으로써 침몰하고 말았다.

1990년대 이후 막대한 규모의 단기차입금을 동원, 부실기업을 인수함으로써 재무구조가 열악해진 데다 IMF 한파를 맞아 붕괴됐던 것이다.

나산그룹은 1982년 9월 설립된 나산실업을 모태로 여성의류사업으로 급신장한 그룹이다.

창업자 안병균은 독특한 마케팅 전략, 자기 공장 없이 하청만으로 의류를 생산하는 무공장 시스템으로 사업을 성공시켰고 오피스텔 등 부동산사업에 대한 감각도 탁월한 인물이다.

1997년 현재 나산실업 · (주)나산 · 나산종합건설 · 나산유통 · 나산클래프 · 나산파이낸스 · (주)냅스 · 나산관광개발 · 나산CLC · 나산웰비 · 나산플라망스 · 새들 · 나산산업 등 총 13개의 계열사를 거느리고 있었다. 종업원 3000명에 1996년 매출액 1조 2000억 원으로 재계 순위 50위였다.

하지만 총자산 1조 7351억 원 중 45.88퍼센트가 부동산 부문에 지나치게 집중돼 있었다.

안병균은 여유자금이 생기는 대로 부동산에 투자했고 1990년대 중반부터 기존에 확보한 부동산을 활용해 백화점과 할인점 · 오피스텔 · 아파트 건설 등에 주력했다. 그러나 부동산 경기 위축으로 미분양이 속출했고 주력 사업인 의류업도 장기불황으로 판매가 부진했다.

이런 상황에서 IMF사태가 터지자 견뎌낼 수가 없었다. 1998년 1월 14일자로 (주)나산과 나산실업 · 나산종합건설 · 나산클레프 및 나산유통 등 5개 사가 화의를 신청하면서 좌초됐다.

동아그룹 2차례 협조융자에도 결국 무너져

IMF의 여파는 국내 굴지의 재벌인 동아그룹마저 무너뜨렸다. 동아그룹은 해방 직후인 1945년 창업한 동아건설을 발판으로 건설업으로 재벌이 된 대표적인 케이스다. 1997년 말 현재 자본금 2069억 원에 매출액 2조 9567억 원의 동아건설을 비롯, 동아생명보험과 대한통운 등 3개 사를 주축으로 총 20개의 계열사에 매출액 6조 146억 원을 기록한 국내 재계 순위 15위의 재벌이었다.

그러나 1998년 5월 9일 그룹 내 매출 순위 6위의 건설기술 용역업체인 동아엔지니어링의 부도 처리는 지급보증과 상호출자로 연결된 동아그룹 전체의 붕괴로 이어졌다.

동아그룹의 약 절반을 차지하는 동아건설은 1996년 말 현재 차입금이 3조 2200억 원, 부채비율이 1556퍼센트로 재무구조가 극히 불량한 상태였다. 더욱이 1년 이내에 상환해야 할 단기차입금이 전체의 71.6퍼센트에 달했다. 공사 미수금이 매출액의 81퍼센트에 달하고 리비아 대수로공사 미수금만도 5억 달러였다.

IMF체제는 비틀거리던 동아그룹의 숨통을 조였다. 고금리에 따른 금융비용 급증, 매출 감소, 은행권 대출 축소 및 회수 등이 운명을 재촉했다.

주거래은행인 서울은행 등 은행권에서는 동아그룹의 도산이 막대한 부실채권으로 이어질 것을 우려, 1998년 초 동아그룹에 2차에 걸쳐 총 3600억 원의 협조융자를 해줬으나 이 중 2200억 원이 제2금융권의 대출 상환에 투입돼 재무구조 개선에는 별 도움이 되지 못했다.

마침내 최원석 동아그룹 회장은 1998년 5월 15일 동아그룹의 소유 및 경영을 포기한다고 선언, 50년 역사의 동아그룹은 무너지고 말았다.

거평그룹은 1979년 주택건설업체인 금성주택에서 출발, M&A를 통해 성장한 그룹이다.

1991년 대동화학에 이어 1994년 대한중석을 인수하면서 거평그룹은 재계의 주목을 받기 시작한다. 이어 1994년 라이프유통, 1995년 한국시그네틱스와 포스코켐 및 정우석탄화학, 1996년에는 강남상호신용금고와 새한종합금융 및 ATE인터내셔널, 1997년에는 태평양패션을 각각 인수하면서 재계 랭킹 30위권 이내에 진입했다.

특히 IMF체제하에서도 1998년 3월 한남투자증권을 인수, 화제가 되기도 했다.

그러나 이런 차입에 의한 무리한 사업 확장이 IMF관리체제하에서 무사할 리가 없었다. 극도의 경기 위축, 은행권의 대출 축소 및 회수, 고금리 등은 거평그룹에 치명타로 작용했다.

부도위기에 처한 거평그룹은 자발적인 구조조정을 선택했다. 1998년 5월 12일 총 19개 계열사 중 거평시그네틱스 · 거평제철화학 · 거평화학 · 한남투자증권만 남기고 나머지 15개 사는 부도처리한다는 방침이 발표됐다.

이처럼 1997년 1월 한보그룹이 도산한 이래 1년여 만에 총 15개 재벌들이 무너졌다. 60대 기업집단 중 4분의 1에 해당하는 그룹들이 단 1년 사이에 사라지고 말았다.

"IMF관리체제 이후 도산한 재벌들은 1980~1990년대에 공격적인 경영을 통해 급속히 재벌로 도약했다는 공통점이 있다.

대마불사(大馬不死)의 신화를 맹신했던 이들은 짧은 기간 동안에 순환출자 · 상호지급보증을 통해 주로 제2금융권 등의 단기성 자금을 동원, 다각화하는 한편, 계열사들 간에 부당 내부거래를 통해 덩치를 키웠던 것이다. 따라서 재무구조 악화는 불문가지의 사실이었는데 예기치 못한 IMF체제에 조우하여 더 이상 견딜 여력이 없었다."(이한

608　　　　　　　　　　　　　　　　　　　　　　 대한민국 머니 임팩트

구. 《한국재벌사》

은행권 55개 퇴출기업 발표, 살생부 논란

김대중 대통령은 집권과 함께 경제 회생과 대외신인도 제고를 위해 공공·금융·기업·노동 등 4대 개혁 분야에 대한 대대적인 개혁작업을 추진했다.

기업 부문은 잠재적 부실기업을 정리하는 한편, 책임경영체제 확립과 투명성을 제고하는 데 역점을 두었다. 시장시스템에 의한 기업의 상시 구조조정이 가능하도록 하는 것이 목표였다.

이에 따라 1998년 6월 18일 55개 퇴출기업 명단이, 25일에는 기아자동차와 한보철강의 매각이 발표된다.

은행단 간사 은행인 상업은행 배찬병 행장이 발표한 55개 퇴출 대상 명단은 당초 금융기관들이 6월 8일 회생 불가능으로 판정한 21개 업체보다 크게 늘어난 것인데 주로 5대 재벌 계열사들을 새로 포함했기 때문이다. 제외됐던 5대 그룹 계열사들이 포함된 것은 5대 그룹이 기업구조조정에 선도적 역할을 해야 한다는 금융감독위원회의 방침 때문이었다.

이 퇴출 대상 기업 선정 과정에서 기업의 '살생부' 논란도 벌어졌다. 퇴출기업 선정에 어떤 객관적 기준이 있느냐는 문제제기다.

이에 대해 당시 이규성 부총리는 《한국의 외환위기: 발생·극복·그 이후》에서 "판정 대상 기업은 11개 협조융자 대상 계열 및 여신관리 대상 64대 계열소속 부실징후기업 등 총 313개 업체로 했다. 협조융자 대상 계열은 그동안 채권은행들의 협조융자를 통해 유동성위기를 모면하고 있는 한화·동아건설·고합·해태·신호·뉴코아·한일·우방·진도·신원 및 화성산업 계열을 말한다.

주요 판단기준은 현금 흐름·유동성·안전성·수익성 비율 등 기업부실 예측도가 높은 재무적 요소, 소속 산업의 환경 및 기술력·시장 지위 등 사업성, 영업이익 창출능력 또는 금융비용 부담능력, 자구계획의 실현 가능성 및 위기발생 시 생존능력이었다"고 밝혔다.

퇴출 대상 55개 기업 명단은 다음과 같다.

현대계열 현대리바트·현대중기산업·선일상선·현대알루미늄, 삼성계열 삼성시계·이천전기·대도제약·한일전선, 대우계열 한국산업전자·한국자동차연료·오리온전기부품·동우공영·대창기업, LG계열 LG전자부품·원전에너지·LG오엔스코닝·LG이엔씨, SK계열의 마이TV·SK창고·경진해운 등 5대 재벌 계열사가 총 20개다.

또 쌍용은 범아석유, 한화 오트론과 한화관광, 동아그룹의 동아엔지니어링, 효성의 동광화성·효성미디어·효성원넘버, 고합그룹 고합아이티·고합정밀화학·에프씨엔, 해태의 해태유통·해태전자·해태제과, 신호그룹 신호상사·신호전자통신·영진테크, 뉴코아의 뉴타운기획·시대축산·시대유통, 거평은 대한중석·거평산업개발·거평종합건설, 한일은 한일합섬·진해화학·남주개발 및 신남개발이 포함됐다.

이밖에 신한견직·동국전자·일화·태성주택·이화상사·대한모방·양영제지 및 우정병원 등도 퇴출 대상이 됐다.

한편 협조융자를 받은 한화·동아건설·고합·해태·신호·뉴코아 및 한일그룹은 퇴출기업 선정과 별도로 계열 전반에 걸쳐 과감한 재편을 단행하기로 했다. 주력사인 효성물산이 자금난을 겪고 있는 효성그룹도 합병과 계열사 매각을 추진키로 했다.

이미 최원석 회장이 경영권 포기를 선언한 동아건설에 대해서는 5월 21일 6000억 원의 3차 협조융자가 제공됐다. 채권은행들은 동아건설이 대규모 부동산을 보유하고 있으며 리비아 등 해외사업에 수익성이 있고 부도시 2조 3000억 원의 대규모 손실 발생과 아울러 700여 개 하청업체의 연쇄도산 등을 우려한 조치라고 밝혔다.

그러나 이는 또다시 부실대기업에 대한 구제금융이라는 국내외 여론의 비판을 받았다.

워크아웃 96사 중 56퍼센트 회생, 절반의 성공

이와 아울러 회생 가능성이 있는 기업들을 선별해 구조조정작업에 착수했는데 그 방법은 전통적인 법정관리와 화의뿐 아니라 워크아웃(Work-out)과 빅딜(Big-deal)도 있었다.

기업개선작업인 워크아웃은 미국 GE의 잭 웰치 전 회장이 지난 1981년부터 수년간의 구조조정을 통해 350개 사업부를 13개 핵심사업부로 재편하고 40만 명에 이르던 임직원을 23만으로 줄여 재기의 발판을 마련한 데서 비롯된 용어다.

1998년 6월 은행 · 종금사 · 투신사 · 보험사 및 리스사 등 210개 전 금융기관이 참여해 '기업구조조정 촉진을 위한 금융기관 협약'을 체결한 것이 워크아웃의 근거다. 이 제도는 처음부터 채권금융기관 주도로 추진됐고 1990년 말까지 지속하되 추이를 보아 연장키로 했다.

워크아웃 대상 기업은 회생 가능성이 있으나 일시 유동성위기에 처한 기업들로 부채 상환 유예와 빚 탕감은 물론 경우에 따라서는 신규 자금도 지원했다.

워크아웃 기업은 조흥은행이 거평그룹(거평화학·거평제철화학·거평시그네틱스), 세풍그룹(세풍·세풍종합건설), 강원산업그룹(강원산업·삼표상사·삼표산업·삼표강원중공업) 등과 아울러 유진관광, 동화면세점, 동화투자개발, 한창제지, 동방, 동방T&C, 맥슨전자, 동방금속공업 등을 포함시켰다.

상업은행은 갑을그룹(갑을·방을방직)과 벽산그룹(벽산건설·벽산·동양물산기업) 외에 피어리스가 워크아웃 대상이었다.

제일은행은 신호그룹(신호제지·신호유화·동양철관), 통일그룹(통일중공업·일성건설·한국티타늄공업,·일신석재)이고 한일은행은 고합그룹(고합, 고려종합화학·고려석유화학·고려물산)을 워크아웃시켰다.

또 서울은행은 진도그룹(진도·진도물산·진도종합건설), 우방, 동아건설, 대구백화점, 대구쇼핑 등을, 외환은행은 신원그룹(신원·신원유통·신원제이엠씨)과 영창악기를, 한미은행은 트레드클럽을, 산업은행은 일동제약, 경기화학공업, 남선알미늄, 대경특수강, 달재화학, 삼일공사 및 한창화학을 각각 워크아웃 기업에 포함시켰다.

이 워크아웃 제도는 금융기관 및 기업들의 연쇄도산 방지에 크게 기여했다.

"1998년 이후 워크아웃 대상 기업체 수는 총 96사인데 2002년 6월까지 회생된 기업 수는 전체의 56퍼센트를 기록, 절반의 성공으로 평가됐다. 100퍼센트 성공할 수 없었던 결정적인 이유는 정부의 수수방관과 채권단의 정부 눈치보기, 경영자들의 기업 돈 빼돌리기, 노조의 막무가내 식 개혁작업 반발, 소액주주 등이 복합적으로 작용했기 때문이다."(이한구, 《한국재벌사》)

대한민국 머니 임팩트

빅딜은 실패, 기업구조조정 엉성한 마무리

빅딜은 재벌기업들 간의 대규모 사업교환을 말한다. 서로 사업을 주고받아 중복투자를 해소하고 업종 전문화를 유도, 경쟁력을 제고하자는 전략이었다.

빅딜은 1998년 9월 4일 전경련의 발표로 구체화됐는데 삼성·LG·대우·현대·한진 등 5대 그룹에 국한하고 대상 사업은 반도체·석유화학·발전설비·항공·자동차·철도차량 및 정유 등 7개 업종이었다.

그러나 빅딜은 해당 그룹들 간의 이해득실과 대규모 감원문제 등으로 난항을 거듭, 현대전자(현 하이닉스반도체)가 LG반도체를, 현대정유는 한화에너지 정유 부문을 각각 인수하고 항공은 삼성·현대·대우중공업 등 3사를 통합해 한국우주항공을 설립하는 것으로 그쳤다.

10월 중 채권금융기관들은 5대 재벌의 25개 부실계열사에 대해 추가 퇴출을 결정하고 신규여신 제공을 중단했다. 현대그룹 6개 사, 삼성그룹 6개 사, 대우그룹 4개 사, LG그룹 5개 사 및 SK그룹 4개 사였다.

정부와 금융권의 전방위 압박에 5대 재벌은 12월 7일 김대중 대통령이 직접 주재하는 재계·정부·금융기관 합동간담회에서 구조조정 추진 합의문을 채택했다.

이에 따르면 현대그룹은 자동차·건설·전자·중화학·금융·서비스업종을 핵심으로 육성하되 형제간 분할에 따른 계열사 분리독립을 추진하고 중장기적으로 자동차 부문을 독립 소그룹으로 전환하며 계열사는 63개에서 30개 내외로 축소키로 했다.

삼성그룹은 전자 · 금융 · 무역 및 서비스업종을 핵심 업종으로 육성하고 계열사는 66개에서 40개 내외로 줄이기로 했다.

또 대우그룹은 자동차 · 중공업 · 무역 · 건설 · 물류 및 금융업종을 핵심업종으로 육성하고 계열사는 41개에서 10개 내외로 대폭 축소하며 LG그룹은 화학 · 에너지 · 전자 · 통신 · 서비스 및 금융업종을 핵심으로 육성함과 아울러 53개 계열사를 30개 내외로 감축하기로 했다.

SK그룹은 에너지 · 화학 · 정보통신 · 건설 · 물류 및 금융업을 핵심으로 하고 계열사는 53개에서 30개 내외로 축소한다는 데 합의했다.

그러나 이 합의문은 사실상 제대로 지켜지지 않았다.

"빅딜의 와중에서 LG는 반도체를 현대에 넘기고 받은 자금으로 외환위기를 무사히 넘겼을 뿐 아니라 덤으로 데이콤까지 인수했다. 한화 또한 정유 부문을 현대정유에 넘긴 때문인지 후에 대한생명을 인수, 외형을 불렸다. 반면 삼성자동차를 넘겨받아 회생의 기회를 도모하려던 대우는 삼성차가 법정관리로 넘어가면서 그룹이 통째로 붕괴되는 재앙을 맞아야만 했다.

하이닉스의 사례에서 보듯 빅딜은 결과적으로 사회적 비용만 가중시킨 채 실패로 끝나고 말았다. 정부가 강력한 리더십을 발휘했던 박정희정부 시절에도 중화학공업 구조조정작업은 실패로 끝났었다.

정부는 과거 정권들처럼 경제논리보다는 정치논리로 기업구조조정을 단행했다. 그 결과 기업구조조정은 수많은 난제만 남겨둔 채 엉성하게 마무리되고 말았다."(이한구,《한국재벌사》)

정부가 1998년 9월 16일 증권투자회사법을 제정하자 이에 의거해 금융기관들이 기업구조조정을 촉진하기 위해 설립을 추진 중이던 기업구조조정기금이 24일 금융감독원에 등록, 설립됐다. 기업구조조정기금은 25개 금융기관이 출자, 4개 기금에 총 1조 6000억 원이 있었다.

기금은 성격상 기업의 단기부채를 장기부채로 전환해주는 부채조정기금과 주식을 인수해 자본 확충을 지원하는 주식투자기금, 또 이 두 기능을 모두 취급하는 통합기금으로 구분된다. 당시엔 부채기금인 서울부채조정기금(6000억 원)과 통합기금으로 한강구조조정기금(3333억 원), 무궁화구조조정기금(3333억 원) 및 아리랑구조조정기금(3334억 원) 등이 생겨났다.

재벌 개혁 드라이브 불구, 대우 구조조정 실패

5대 그룹의 구조조정이 사실상 실패한 것은 이규성 당시 부총리도 어느 정도 인정한다.

"5대 그룹의 구조조정계획은 1999년 말 부채비율 199퍼센트대를 목표로 설정하여 정부가 제시한 200퍼센트 내외의 부채비율 가이드라인을 준수코자 했다. 그러나 1998년의 실적을 보면 삼성그룹의 176퍼센트를 제외하고는 모두 240퍼센트 이상의 부채비율을 나타내고 있었으며 특히 대우그룹은 527퍼센트로 1997년 말의 473.6퍼센트보다 더욱 나빠졌다.

또한 5대 그룹은 모두 자구노력과 외자유치에 있어서 계획 대비 만족할 만한 실적을 나타내지 못했으며 특히 대우그룹과 현대그룹은 다른 그룹에 비해 그 규모가 매우 작았다."(이규성, 《한국의 외환위기: 발생 · 극복 · 그 이후》)

이러한 구조조정의 부진은 곧 참담한 결과로 나타났으니 1999년 대우그룹 붕괴와 2000년의 현대그룹 유동성위기 및 이른바 '왕자의 난' 이 그것이다.

김대중 대통령은 당선자 시절인 1월 13일 국회 귀빈식당에서 4대 재벌총수들과 회동하는 자리에서 결합재무제표 조기도입, 상호지급보증 해소, 재무구조 개선, 주력업종 설정, 지배주주와 경영진 책임 대폭강화 등 재벌개혁 5개 원칙을 발표했다. 이 5원칙은 사실은 IMF가 김 당선자의 입을 빌려 한 말이나 다름없다.

'신재벌정책' 이라 불려진 DJ정부의 재벌정책은 재벌의 투명경영과 재무구조개선 지배구조개선에 초점을 맞췄다.

그 일환으로 공정거래위원회는 30대 재벌에 1998년 3월 말까지 자기자본의 100퍼센트를 초과하는 상호지급보증을 완전히 해소할 것을 명령했다. 또 1998년 3월부터 계열사 간 신규 채무보증을 전면 금지하기로 했다.

2000년 상반기까지 30대 재벌의 부채비율 200퍼센트 이하로 축소, 자산총액 2조 원 이상 기업집단에 1999년부터 결합재무제표 도입 의무화, 외국인의 적대적 M&A 허용 등이 잇따랐다.

1999년 1월부터는 재벌 소유 제2금융권의 계열 분리도 추진됐다.

이에 따라 LG그룹은 1998년 LG화재해상보험의 지분 9퍼센트를 매각해 계열 분리했으며 현대그룹도 1999년 1월 현대화재해상보험을 계열 분리했다. 재경부도 제2금융권 48개 기관에 대해 사외이사 수를 전체 이사의 50퍼센트 이상으로 확대하기로 결정했다.

이러한 정부의 강력한 재벌 개혁 드라이브정책은 일단 가시적 성과를 나타냈다.

공정위 조사 결과 2000년 4월 현재 30대 재벌은 상호지급보증을 전부 해소했고 정부가 가이드라인으로 제시한 부채비율 200퍼센트 목표도 달성됐다. 4대 재벌의 부채비율은 삼성그룹이 1998년 말 275.7퍼센트에서 1999년 말에는 166.5퍼센트로, 현대그룹은 449.3 퍼센트에서 190.1퍼센트로, LG그룹은 341.0퍼센트에서 182.6퍼센트로, SK그룹은 354.9퍼센트에서 167.3퍼센트로 각각 줄었다.

반면 부채비율 축소에 실패한 대우그룹은 1999년 그룹 전체가 붕괴되는 비운을 맞았다.

"DJ정부의 실책은 부채비율의 가이드라인을 너무 빡빡하게 잡은 것이다. 이걸 못 맞추는 기업은 모두 아웃이었다. 업종마다 구조가 다른데 획일적으로 200퍼센트로 맞추라는 게 말이 되나. 결국 현금 챙기기밖에 안 되는 것이지 않나? 근데 금감원에서는 업종마다 뭐가 다르냐고 되레 이유를 제출하라고 하더라."

당시 대우그룹 구조조정본부장 김우일이 《이코노믹리뷰》와의 인터뷰에서 한 말이다.

"부채비율 200퍼센트를 맞추기 위해 구조조정에 들어갔지만 부동산이고 회사고 간에 시장에 내놔도 팔리지 않았다. 금감원에서는 매일 전화가 와서 부채비율 얼마로 맞추라고 자꾸 독촉해대지, 힐튼호텔 하나 말고 팔리는 건 없지 …… 지금 와서 생각해보면 대우가 해체되는 데는 '보이지 않는 손'이 작용했다고 생각한다."

'눈 가리고 아옹' 식 개혁, 재벌 개혁 용두사미

4대 재벌의 부채비율 급감 자체도 어디까지나 명목상의 수치일 뿐

김대중정부는 기업구조조정과 재벌 개혁을 외쳤으나 용두사미로 끝나고 말았다. 청와대 안뜰에서 기념 촬영한 김 대통령 내외와 DJ정부 요인들.

결합재무제표를 통한 계산 결과는 아니었다. 출자총액 제한제의 폐지는 순환출자라는 새로운 문제를 야기했다.

"1998년 출자총액 제한제가 폐지된 이후 계열사 간의 상호출자는 줄어들었으나 대신 계열사 간 순환출자가 크게 증가했다. 순환출자는 두 회사 간에 서로 맞 출자하는 상호출자와는 다른 개념이다. 순환출자는 명목상 부채비율은 축소시키나 그룹 전체의 동반 부실을 초래할 수 있다는 점에서 문제가 있다.

30대 그룹의 계열사 간 출자총액은 2001년 4월 50조 5000억 원으로 1998년의 17조 7000억 원에 비해 약 3배나 증가했다. 또한 2000년 4월 현재 30대 재벌총수들은 4.5퍼센트의 지분으로 순환출자를 통해 그룹 전체적으로 43.4퍼센트의 의결권을 행사하고 있는 것으로 나타났다.

그동안 재벌들은 순환출자를 이용, 부채비율과 총수의 지분을 낮추면서 기업지배권은 오히려 확대하는 '눈 가리고 아웅하는' 식의 개혁을 했던 것이다."(이한구,《한국재벌사》)

DJ정부의 재벌 개혁 의지도 2000년 이후 급속히 후퇴, 결국 180도 선회하고 말았다.

2000년 10월 5일 정부와 여당인 민주당은 2002년부터 산업자본도 투자 목적으로 은행주식을 10퍼센트까지 소유할 수 있도록 허용했다. 또 2001년에는 재벌계 금융기관 소유 계열사들에 대한 의결권 행사도 허용했다. 이에 따라 재벌들이 고객들의 예탁자산으로 계열사 지분을 늘리는 등 금융기관의 사금고화 가능성이 더욱 커졌다.

출자총액 제한제도 재벌들의 반발로 사실상 유명무실해졌다. 2001년 현재 30대 그룹 출자총액은 총 50조 8000억 원으로 2000년보다 4조 9000억 원 증가했다.

특히 부실기업의 조속한 퇴출을 위해 도입한 회사채 신속인수제는 유동성위기 상황에서 현대건설을 살리기 위한 제도로 이용됐다. 회사채를 발행한 기업이 제때 못 갚을 경우 해당 기업이 만기 도래분의 20퍼센트만 상환하고 나머지는 산업은행이 대신 신속하게 갚게 한 것이다.

2000년 5월부터 2002년 9월까지 국책기관과 금융권이 현대그룹에 지원한 금액은 총 33조 6000억 원에 달했는데 주로 현대건설과 현대전자에 쏟아 부어졌다.

"회사채 신속인수제는 결국 정부 스스로 대마불사의 신화를 확인해준 셈이 됐다. 또한 현대그룹과 같은 시기에 유동성위기에 몰렸던 대우그룹에는 이 제도의 적용을 배제함으로써 형평성에도 문제가 있었다.

또한 1999년 말 대우그룹의 좌초와 함께 투신사들이 환매채 때문에 도산위기에 직면하자 정부는 대한투신과 한국투신에는 공적 자금을 투입하면서 현대투신만은 현대그룹이 알아서 자구책을 강구하도록 지시했다. 현대그룹은 계열사들로부터 자금을 끌어들여 현대투신 문제를 해결해야만 했다. 이는 김대중정부의 재벌 개혁정책과 위배되는 것이었다.

대우 및 현대그룹의 유동성위기와 투신사 문제 등이 거의 동시적으로 불거지자 정부는 우선 급한 불부터 끄기 식의 단기처방에 급급했다."(이한구,《한국재벌사》)

이한구 교수는 "이 무렵부터 경기가 더욱 위축되자 정부는 내수진작을 위해 인위적인 경기부양책을 강구했는데 1999년 벤처붐 조성, 2000년 부동산투기 조성, 2001년에는 신용카드 남발 등이었다. 전형적인 포퓰리즘 정책이었다"라고 비판한다.

"김 대통령이 집권 후반기에 들어서고 내수경기가 침체된 상황에서 재벌 개혁을 지속할 경우 재벌들뿐 아니라 일반국민들로부터의 비난을 고려했기 때문이었을 것이다. IMF 구제금융도 조기에 상환한 터에 위험부담을 무릅쓰고 IMF의 지시를 따를 수는 없었을 것이다. 2000년 이후부터 김 대통령은 더 이상 IMF의 모범생이 아니었다.

김대중정부의 재벌 개혁정책은 용두사미로 끝난 채 2003년부터 노무현정부에 인계됐다."

2000년 2차 부실기업 퇴출, 대마불사 여전

DJ정부의 재벌 개혁과 기업구조조정이 공염불이 되고 말았다는 것은 2000년 11월의 제2차 부실기업 퇴출이 시늉만 낸 채 끝났다는 점에서도 확인된다.

대한민국 머니 임팩트

1998년 6월 1차 퇴출기업 발표 당시 정부는 대규모 추가 기업 퇴출은 없을 거라고 공언했으나 2년 후에 그 말은 뒤집혔다. 1999년 대우사태에 이어 2000년 5월 현대사태가 터지면서 시장 불안이 확산되자 진념 재경부장관과 이근영 금감위원장은 2차 기업 퇴출을 들고 나왔다. 이는 50조 원 공적 자금 추가 조성의 명분 쌓기를 위해서도 필요한 절차였다.

"이헌재 전 재경부장관의 회고. '현대사태 등으로 시장은 정부의 구조조정 의지를 믿지 않았고 외국에서도 비난 여론이 높았다. 이런 시각을 일거에 바꿔놓으려다 보니 대규모 기업 퇴출 세리머니가 필요해졌다. 당시에는 강화된 여신관리 기준과 채권시가평가제가 이미 작동 중이라 굳이 세리머니를 하지 않아도 시장에서 부실기업은 자동 도태되도록 돼 있었다'

경제위기설이 증폭되자 DJ는 '경제는 직접 챙기겠다'며 2000년 말까지 2차 금융·기업구조조정을 매듭지으라고 지시한다.

1차 구조조정이 끝난 1999년 말 서둘러 'IMF 조기졸업'을 선언하고 대북정책과 복지로 눈을 돌렸던 DJ가 1년도 채 안 돼 다시 고강도 개혁과 구조조정을 들고 나온 것이었다."(〈DJ노믹스 미완의 개혁〉, 《중앙일보》, 2002년 9월 24일)

하지만 은행들은 소극적이었다. 자율적으로 골라낸 퇴출기업 명단은 이름 없는 중소기업 20여 개뿐이었다. 덩치 큰 부실기업이 퇴출되면 은행도 덩달아 부실해질 것을 겁내서였다. 이근영 금감위원장은 퇴출 명단을 다시 작성하라고 요구하면서 부실기업을 살려준 사실이 드러나면 엄중한 책임을 묻겠다고 경고했다.

그러나 정작 거대 부실기업을 살려준 것은 정부였다. 당시 시장의 관심은 현대건설과 쌍용양회 · 동아건설 등 빅3에 쏠려 있었다. 2차 구조조정 의지를 가늠할 수 있는 시험대였다.

10월 30일 채권단은 워크아웃의 대표적 실패 사례인 동아건설에 대해 자금 지원을 중단했다. 남은 것은 현대건설과 쌍용양회였다.

퇴출 발표를 하루 앞둔 11월 2일 현대건설의 주거래은행인 외환은행은 '현대건설은 강도 높은 자구계획과 만기연장을 통해 회생을 도모하고 자구계획이 부진한 경우 법정관리도 불사키로 한다'고 결정했다. 다른 채권금융기관들도 만장일치로 이에 동의했다.

당초 금감위와 은행들은 부실 징후 기업을 정상, 일시적 유동성 부족, 유동성 문제가 구조적이나 회생 가능, 정리 중 하나로 분류하기로 했는데 현대건설은 이 네 가지가 아닌 '기타'로 판정한 것이었다.

쌍용양회 역시 '기타'로 분류돼 퇴출을 면했다. 일본 태평양시멘트로부터 외자유치를 했다는 이유에서였다. 역시 '대마불사'였다.

"현대건설의 산소호흡기를 떼자니 경제적 충격이 크고 그냥 살려주자니 시장 반응이 걱정됐던 채권단으로서는 달리 선택의 여지가 없었던 셈이다. 채권단은 물론 정부도 현대건설에 대해 뚜렷한 처리 방침은 없었다. 판단을 유보하자는 뜻에서 기타로 분류했다.

사실 애초부터 현대건설의 퇴출은 각본에 없었다. 채권단 판정대로라면 현대건설은 회생 가능 기업으로 분류됐을 것이다.

이근영의 회고. '당시 외신은 물론 정부 내에서도 현대건설을 법정관리에 넣어야 한다는 주장이 많았다. 그러나 그럴 경우 시장 충격이 너무 컸다. 그래서 절충안으로 나온 것이 기타 판정이었다. 당장은 퇴출 명단에서 제외하지만 나중에라도 문제가 생기면 즉각 정리한다는 의미였다.

진념의 회고. '쌍용양회에 대해서도 논란이 많았다. 그런데 판정을
사흘 앞두고 일본 태평양시멘트에서 3600억 원이 입금됐다. 외자가
들어온 상황에서 정리할 수가 없었다."(《DJ노믹스 미완의 개혁》, 《중앙일보》, 2002
년 9월 24일)

현대건설 · 쌍용양회 – 외환 · 조흥 생존의 야합

11월 3일 오후 2시 채권단은 287개 부실 징후 기업 중 52개 퇴출기업
명단을 발표한다. 삼성상용차 등 18개 사는 청산, 동아건설 등 11개
사는 법정관리, 고합 등 23개 사는 매각과 합병을 통해 정리한다는
것이었다.

그러나 시장의 반응은 싸늘했다. 정리 대상 기업 대부분이 이미 법
정관리나 화의 상태였고 퇴출돼야 할 현대건설과 쌍용양회가 살아남
았기 때문이다.

하지만 당시 부실 우려 은행으로 낙인찍혀 경영평가를 받고 있던
조흥 · 외환 · 한빛 · 평화 · 광주 및 제주은행 입장에서는 현대건설 ·
쌍용양회가 퇴출을 면하면서 이들에게 거액을 빌려준 자신들도 부실
판정의 위험에서 벗어날 가능성이 커졌으므로 크게 반색했다.

"11 · 3 기업 퇴출판정 결과는 곧바로 은행 평가에 반영됐다. 특히
현대건설과 쌍용양회의 주거래은행인 외환 · 조흥은행엔 이들 2개
거대기업의 기타 판정이 천군만마나 다름없었다.

당시 두 은행은 경영진 문책과 고강도 구조조정이 따라붙게 마련인
공적 자금 수혈을 거부하고 독자생존 계획을 은행 경영평가위원회에
제출해놓고 있었다. 그런 만큼 두 은행이 거액을 빌려준 현대건설과

쌍용양회의 생사는 곧바로 두 은행의 운명을 좌우할 수 있었다.

익명을 요구한 당시 경평위원의 회고. '채권은행들은 기업 평가를 후하게 했다. 그래야 자신들이 부실 판정에서 벗어나기 때문이었다. 경평위는 회계법인의 사전점검을 기초로 따로 기업 평가를 해놓고 있었다. 문제는 은행과 경평위의 평가가 크게 차이날 때였다. 현대건설·하이닉스·쌍용양회 등 은행의 운명을 결정할 거대기업의 경우가 그랬다. 결국 은행과 경평위 평가의 중간으로 절충할 수밖에 없었다.

은행들이 정상으로 분류한 이들 기업을 경평위가 독자적으로 부실기업 수준으로 낮출 수는 없었다.'(〈DJ노믹스 미완의 개혁〉,《중앙일보》, 2002년 9월 24일)

결국 경평위는 11월 8일 조흥·외환은행에 대해 조건부 승인 판정을 내린다. 독자생존을 허용하지만 대신 뼈를 깎는 자구 노력이 필요하다는 것이었다. 금감위의 최종 판정은 조흥·외환 독자생존 조건부 가능, 한빛·평화·광주·제주는 독자생존 불가능이었다.

그러나 조흥은행과 외환은행이 과연 독자생존에 성공했던가? 나중에 조흥은행은 신한은행에 인수됐고 외환은행은 카드 부실의 여파로 론스타의 손에 넘어갔다.

한편 독자생존 불가능 판정을 받은 4개 은행은 우리금융지주회사로 하나로 묶이게 된다.

금융지주회사는 1998년 이후 노조 등의 반발로 인수합병 등 구조조정이 어렵게 된 정부가 노사정위원회에서 간신히 합의를 얻어낸 절충안이었다. 다소 시간이 걸리더라도 일단 하나의 우산 아래 묶어놓으면 훗날 구조조정이 가능하리라는 계산이었던 것이다.

외국 자본 헐값 인수, 부실기업 해외 매각도 실패

기업구조조정 및 외자유치의 일환으로 정부는 부실기업들의 해외 매각에 적극 나섰다. 그 결과 외국 자본은 헐값으로 알짜 기업을 인수, 엄청난 이익을 얻는 경우가 많았다.

1998년 3월 대상(주) 라이신사업부가 바스프에 8364억 원에 팔렸고 4월에는 한라펄프제지가 보워터에 2439억 원에, 5월 삼성중공업 중장비 부문이 볼보에 1조 36억 원에 각각 매각됐다. 또 7월엔 코메르츠방크가 3500억 원에 외환은행 30퍼센트 지분을 인수했고 8월엔 인터브루가 OB맥주 지분 50퍼센트를 3500억 원에 인수했다.

1999년 1월 조지 소로스 계 펀드인 QEL이 서울증권 지분 27퍼센트를 675억 원에 사들였으며 6월 알리안츠그룹은 제일생명을 4500억 원에 100퍼센트 인수했고 9월엔 UBS캐피탈에 만도기계 아산공장이 2350억 원에 팔렸다. 11월에는 아람코가 쌍용정유의 지분과 부채를 9000억 원에 매입했고 12월에는 해태음료 역시 아사히맥주에 3085억 원으로 자산 매각됐다.

2000년 4월엔 삼성자동차가 르노자동차에 6150억 원에 매각됐으며 8월 일은증권 지분 48퍼센트가 리젠트컨소시엄에 1093억 원에 인수됐다. 11월 한미은행 지분 40퍼센트를 칼라일·JP모건 컨소시엄이 매수했으며 12월에는 유원건설이 울트라 컨소시엄에 2000억 원에 팔렸다.

이후 한동안 외국 자본의 국내 기업 인수가 뜸하다가 2002년 4월 대우자동차 지분 67퍼센트를 GM이 인수했다.

이어 2003년 11월 푸르덴셜이 현대투자신탁증권을 5000억~7000

억 원에 100퍼센트 지분 인수했으며 2004년 2월 인도의 타타모터스가 대우상용차를 1206억 원에, 10월에는 중국 상하이자동차가 쌍용자동차를 6000억 원(49퍼센트 지분)에 각각 매입했다.

2000년까지 국내 기업이 인수한 케이스는 현대자동차가 1998년 12월 기아자동차를 1조 1781억 원에 사들인 것이 유일하다. 하지만 그 이후엔 국내 기업들도 적극적인 M&A에 나선다.

2000년 12월 두산그룹은 한국중공업을 3057억 원에 인수했고 2002년 9월에는 하나은행이 서울은행을 1조 1500억 원에, 10월에는 한화그룹이 대한생명을 8236억 원에, 2003년 4월엔 군인공제회가 금호타이어를 1조 4278억 원에, 그해 7월엔 신한금융지주가 조흥은행을 3조 3701억 원에 각각 인수했다.

진도는 2004년 6월 세양선박 컨소시엄에, 한보철강은 2004년 7월 INI스틸·현대하이스코 컨소시엄에, KP케미컬은 같은 달 호남석유화학에 팔렸다. 그리고 2004년 11월에는 신호제지가 아람파이낸셜서비스에, 우방이 세븐마운틴 컨소시엄에, 범양상선이 STX에 각각 매각됐다.

외국계에 팔렸다가 국내 기업이 다시 사들인 케이스도 있다.

쌍용증권은 1998년 9월 H&Q아시아에 417억 원에 매각됐다가 2002년 4월 신한지주에 3882억 원에 인수됐다. 해태제과는 2001년 7월 UBS캐피털 컨소시엄에 4800억 원에 팔렸는데 2004년 10월 크라운제과가 5000억 원대에 다시 사들였다.

외환위기 직후 부실기업을 대거 해외 매각한 것은 나중에 많은 비판을 받았다.

"제일은행을 비롯, 수많은 기업과 부동산을 헐값으로 처분케 함으

대한민국 머니 임팩트

로써 외국 투기자본에 막대한 이익을 제공한 반면 국민들은 약 160조 원의 공적 자금을 부담해야 하는 결과를 초래했다. 협상실무자들의 전문성 부족과 청와대 및 정부의 잦은 개입에 따른 협상력 저하로 제값을 받기가 어려웠기 때문이다.

부실기업 매각도 실패한 것으로 평가되고 있다. 1999년 포드자동차는 대우차를 70억 달러에 사겠다는 의사를 밝혔으나 2년 후에 20억 달러에 GM으로 넘어갔던 것이 단적인 사례다."(이한구,《한국재벌사》)

최원석 분식회계로 금융기관 1조 4000억 손실

한편 부실채무기업에 대한 책임 추궁 차원에서 예금보험공사는 책임자에 대한 민사상 손해배상청구, 금융감독위원회는 부실초래 금융기관 임직원에 대해 신분상 조치를 취했다.

또 형사상 책임 추궁을 위해 지난 2001년 12월부터 검찰·경찰·국세청·관세청·예보·금융감독원·자산관리공사 등 7개 유관기관 직원들로 구성된 '공적 자금비리 합동단속반'이 대검찰청 중앙수사부에 설치돼 운영됐다.

예보의 '부실채무기업 특별조사단'은 공적 자금 투입의 1차 원인을 제공하고도 보유 재산을 은닉, 도피하거나 공금을 횡령한 부실기업주 등 책임자에 대한 엄정한 책임 추궁을 위해 2001년 12월 24일 설립됐다.

예보 114명과 검찰 12명 등 총 135명으로 구성된 조사단은 2005년 6월 말 현재 350개 부실채무기업에 대한 조사를 실시했다.

조사 결과 드러난 부실책임 유형으로는 분식회계에 의한 금융기관

차입, 회사채 발행 및 부당 이익배당, 부실계열사 기업어음 매수, 지급보증, 유상증자 참여 등을 통한 부실계열사에 대한 부당자금 지원, 사실상 재산가치가 없는 기업주의 부동산을 감정가보다 고가 매입하는 등 대주주 일가에 대한 부당이득 제공, 가지급금 및 회사예금담보 대출 등 회사자금 유용이다.

또 위조서류를 이용한 무역금융사기, 무역거래를 이용한 외화유출, 사적 고용인에 대한 부당 급여지급, 직원급여 과다 계상을 통한 비자금조성, 불법 해외 증권투자 등도 있다.

최원석 전 동아건설 회장은 1995∼1997년 매출액 과다 계상으로 당기순이익이 발생한 것처럼 분식회계한 뒤 금융기관으로부터 1조 1000억 원을 차입하고 3000억 원의 회사채를 발행했다가 이를 갚지 못해 금융기관에 1조 4000억 원의 손실을 초래한 것으로 밝혀졌다.

최 전 회장은 대검 공적 자금비리 합동단속반에 의해서 분식회계를 통해 4000억 원을 사기 대출받아 비자금 184억 원을 횡령한 혐의로 기소됐다. 비자금으로 이혼한 전처(가수 배인순)에게 회사돈 24억 원을 위자료로 지급하고 회사가 자기 소유의 부동산을 사도록 하는 편법을 썼으며 비자금을 사무실 금고에 보관하면서 수시로 로비자금으로 사용했다는 것이다.

이순목 전 우방 회장은 본인 소유인 20억 원 상당의 부동산을 회사부도(2000년 8월) 이전인 5월 자신이 이사장이던 학교법인에 판 것처럼 서류를 조작했다. 또 이준호 전 충남방적 회장은 가족 명의로 예금을 드는 수법으로 본인 재산을 은닉하려 한 것으로 드러났다.

"(조사단은) 2005년 6월 말까지 부실채무기업 관련자 646명에 대해 채권금융기관 등에 대한 손해배상청구를 요구, 535명에 대해 7107억 원의 손해배상 청구소송을 제기했다.

한편 소송에서 승소했을 때 실질적인 회수 효과를 극대화하기 위한 책임재산 확보를 위해 부실 관련자가 소유하고 있거나 은닉한 재산을 철저히 조사, 채권금융기관을 통해 2005년 6월 말까지 부실 관련자 281명의 재산에 대해 1327건, 6689억 원 상당의 가압류 조치를 취했고 101명의 재산에 대해 가처분 307건 등 필요한 채권보전 조치를 취했다.

또한 부실채무기업 대주주 및 전·현직 임직원 총 241명을 사기·횡령·배임 등의 혐의로 공적 자금비리 합동단속반에 수사 의뢰하여 2005년 6월 말까지 28명을 구속, 67명을 불구속(약속기소 등 포함) 기소했다."《공적자금관리백서》, 2005년)

한편 공적 자금비리 합동단속반은 부실채무기업 및 부실금융기관 대주주와 임직원 등의 비리 사실을 수사하고 부실기업주의 은닉재산 등을 추적해 공적 자금 회수에 기여했다.

2005년 상반기까지 부실 관련자 총 246명을 입건하고 그중 102명을 구속한 바 있다.

부실기업주 비리 백화점, 국제 정치자금 의혹도

합동단속반에 의해 확인된 부실기업주들의 불법 비리는 다음과 같다.

고합그룹 장치혁 전 회장은 6700억 원의 대출사기, 500억 원의 계열사 부당 지원, 회사자금 7억 원 횡령 혐의로 구속됐다. 고합그룹은 적자가 누적되자 같은 회사를 공정별로 4개 회사로 분리시키고 계열사 간 내부거래가 매출로 잡힌다는 기업회계상의 허점을 이용해 매출 규모를 부풀렸으며 이를 근거로 금융기관에서 대규모 자금을 차입했다.

갑을 박창호 전 회장도 5500억 원의 대출사기와 2200억 원의 계열사 부당 지원 및 200억 원의 리스사기 혐의로 구속됐다.

구속된 대산건설 최진강 전 사장은 285억 원의 대출사기와 회사자금 8억 원 횡령 혐의를 받았다. 1997년 12월 1000여 억 원의 채무를 안고 있던 대산건설은 채권은행이 자산관리공사에 헐값으로 넘긴 부실채권을 56억 원에 재매입, 600억 원대에 달하는 부채면제 효과를 봤다.

동신 노진각 회장은 90억 원 대출사기와 5억 원 대출금 유용 및 대출사례금 1700만 원 수수, 대출금 8억 81000만 원 유용 혐의로 철창 신세가 됐다.

2003년 2월에는 고병우 전 동아건설 회장이 2000년 4월 총선을 앞두고 비자금 38억 원을 조성, 정치인 60명에게 7억 원을 뿌린 혐의(정치자금법 위반)로 구속 기소되기도 했다.

또 진도그룹 김영진 전 회장은 700억 원의 분식회계로 3500억 원의 사기대출을 받았고 생산하지도 않은 컨테이너를 수출한 것처럼 꾸며 1000억 원의 무역금융대출을 받았으며 40억 원 상당의 친인척 보유 부동산을 회사가 89억 원에 고가 매입토록 했을 뿐 아니라 자녀 3명과 운전기사 2명에게 회사 돈으로 급여를 지급토록 해 4억 원을 횡령한 혐의를 받았다.

극동건설 김용산 전 회장은 549억 원의 분식회계로 1200억 원의 사기대출을 받고 80억 원의 비자금을 조성해 도자기 구입 등으로 빼돌렸으며 자녀 3명과 가정부 등에게 회사 돈으로 월급을 지급해 4억 원을 횡령한 혐의다.

홍창 손정수 전 대표는 420억 원의 분식회계로 914억 원의 사기대출을 받았고 수출서류를 가짜로 작성해 167억 원의 무역금융대출을 받았다. 아울러 핵심텔레텍 정창훈 전 대표는 560억 원의 분식회계로 773억 원의 사기대출을 받았으며 해외 현지법인에 수출한 대금 4000만 달러를 미회수했다.

보성그룹 김호준 전 회장은 무역거래로 가장해 주식투자자금 200만 달러를 불법 해외송금하고 19억 원을 횡령해 주식투자 및 해외여행 경비로 사용한 혐의였다. 또 1997년 인수한 나라종금을 통해 2995억 원을 불법 대출받았고 401억 원을 분식회계해 금융기관에서 568억 원의 불법 대출을 받았다. 보성그룹에 투입된 공적 자금만도 2조 998억 원에 달했다.

그런가하면 나산그룹 안병균 전 회장은 계열사인 나산종합건설에 2359억 원을 부당 지원하고 법정관리인과 짜고 계열사 돈을 빼돌려 부동산 경락자금으로 쓰는 등 회사돈 290억 원을 횡령했으며 골프장 회원권 200억 원을 아내의 회사에 임의로 처분했다.

신호그룹 이순국 전 회장은 1997~2000년 펄프 수입 과정에서 값을 조작해 비자금 36억 원을 조성하고 2002~2003년 같은 방식으로 조달한 비자금 18억 원과 함께 미국 은행에 숨겼다.

동국무역 백영기 전 회장은 분식회계로 2113억 원의 사기대출을 받았으며 1663억 원을 계열사에 부당 지원한 혐의로 구속됐다. 삼악건설 이창수 회장은 364억 원의 대출사기와 계열사 부당지원 94억 원, 46억 원의 비자금조성 및 횡령 혐의로 투옥됐고 동성종합건설 허진석 회장은 300억 원 대출사기와 56억 원 계열사 부당 지원으로 불구속 입건됐다.

가히 불법비리의 백화점이라고 할 정도로 각양각색의 부정들이 난무했다.

한편 외화도피 혐의로 구속됐던 최순영 전 신동아그룹 회장은 카자흐스탄 나자르바예프 대통령에게 1000만 달러를 줬다고 진술, 국제 정치자금 제공 의혹이 불거졌으며 부인 이형자는 남편을 구명하려다 이른바 '옷 로비' 사건을 일으키기도 했다.

쌍용 김석원 구조조정 와중에 310억 횡령

그런가 하면 김성필 전 성원토건 회장은 1997년 3월 한길종금을 인수한 뒤 곧바로 계열사 10개를 통해 4200억 원을 불법 대출받았다. 또 이듬해 부도가 임박하자 사찰 승려와 짜고 사찰계좌로 회사돈 47억 5000만 원을 빼돌려 돈 세탁을 하게 하고 시주금으로 가장하기 위해 허위영수증을 발급받았다.

그는 지난 2000년 12월 구속영장이 청구되자 자신의 호화저택을 포함한 204억 원대의 부동산을 사찰 앞으로 명의이전하고 이 집에 숨어 지냈으며 도피 중에도 승려 명의로 회사를 세워 포항터미널과 주차장 등을 관리하기도 했다.

또 비리를 폭로한다고 협박한 한길종금 노조원에게도 위자료 100억 원을 지급한 것으로 드러났다.

분식회계로 4467억 원을 사기대출받은 혐의를 받고 있는 전윤수 전 성원건설 회장도 회사돈 14억여 원을 자녀 유학비와 호화주택 신축비로 유용한 것으로 확인됐다.

대한민국 머니 임팩트

에스케이엠은 1993년 법정관리 중이던 동산씨엔지를 무리하게 인수하려다 몰락했다. 최종욱 전 회장은 140억 원대의 분식회계를 통해 1258억 원을 불법 대출받아 이 중 1042억 원을 동산씨엔지 회생 자금으로 쏟아 부었으나 결국 2000년 11월 두 회사 모두 부도를 내고 말았다.

또 신동방그룹 신명수 전 회장은 2319억 원을, 노방현 전 서울차체공업 회장은 550억 원을, 신성통상 박풍언 전 대표는 239억 원을 각각 분식회계한 혐의가 드러났다.

그런가 하면 김석원 쌍용그룹 명예회장은 1996년 15대 국회의원에 당선되면서 부친(김성곤)에 이어 정계에 진출했으나 그룹이 경영위기에 처하자 1998년 2월 경영 일선에 복귀, 쌍용정유와 쌍용투자증권을 매각하는 등 구조조정을 단행했으나 한편으로는 회사 재산을 빼돌렸다. 검찰이 파악한 김 회장의 횡령 및 배임 액수는 310억 원이다.

김 회장은 1998년 3월 개인비서 명의로 회사를 설립, 계열사가 운영 중이던 고속도로휴게소 3곳을 2억 4000만 원의 헐값에 인수했다. 이 휴게소들은 연 수입만도 13억 원가량이었다.

또 1998년 9월 쌍용양회가 소유 중이던 강원도 평창군 일대 임야 13만여 평을 사들여 회사에 28억 원 상당의 손해를 입혔으며 1999년 1월경에는 자신이 소유한 계열사 주식을 회사에 고가 매각해 54억 원을 조성, 개인사업인 골프장 부지 내 전원주택에 몽땅 투자했다.

아울러 2000년 5~12월 쌍용양회 자금을 위장계열사에 지원하게 한 뒤 이 돈을 다시 대여받아 개인 빚을 갚음으로써 회사에 178억 원의 손실을 끼쳤다.

한편 현대전자는 1995~2000년 외화 매입을 하거나 원부자재를 수입한 것처럼 장부를 조작해 회사자금 436억 원을 횡령해 비자금으로 조성했으며 분식회계를 통해 7762억 원의 대출사기 및 4조 3305억 원의 유상증자를 실시했고 계열사에 627억 원을 부당 지원했다. 현대전자의 비자금은 수십 개 차명계좌에서 관리됐다.

그런가 하면 두레그룹 김을태 회장은 분식회계를 통한 395억 원의 대출사기, 88억 원 융통어음 할인사기 혐의로 구속됐다.

바로 이들이 자신의 기업을 망하게 하고 금융기관을 멍들게 했으며 국민의 혈세인 공적 자금을 떼먹은 장본인들이었다.

참 고 서 적

강경식, 《강경식의 환란일기》, 문예당, 1999.

강만수, 《현장에서 본 한국경제 30년》, 삼성경제연구소, 2005.

공적자금관리위원회, 《공적자금관리백서》, 재정경제부, 2005.

권영욱, 《결단은 칼처럼 행동은 화살처럼: 정주영의 기업가정신》, 아라크네, 2006.

김건 · 박병권, 《엉터리 재무제표 뒤집어보기》, 더난출판, 2006.

김병석 편, 《인물은행사》, 은행계, 1982.

김상경, 《나는 나를 베팅한다》, 명경, 1994.

김정렴, 《한국 경제정책 30년사》, 중앙M&B, 1991.

김주덕, 《억울한 뇌물 혐의 이렇게 벗어라》, 청조사, 2004.

김흥기, 《비사 경제기획원 33년, 영욕의 한국경제》, 매일경제신문사, 1999.

박정웅, 《정주영-이봐, 해봤어?》, FKI미디어, 2007.

박진환, 《박정희 대통령의 한국경제 근대화와 새마을운동》, 박정희대통령기념사업회, 2005.

서울경제신문 특별취재반, 《한국의 인맥》, 한국일보사, 1992.

송인상, 《부흥과 성장》, 21세기북스, 1994.

오문영, 《사채업자가 말하는 사채이야기》, 더난출판사, 1994.

오원철, 《박정희는 어떻게 경제 강국 만들었나》, 동서문화사, 2006.

윤능선, 《경제단체인생 40년》, 삶과 꿈, 1997.

이국영, 《이상한 승부》, 사회교육신문사, 2002.

이규성, 《한국의 외환위기: 발생 · 극복 · 그 이후》, 박영사, 2006.

이맹희, 《묻어둔 이야기》, 청산, 1993.

이병철, 《호암자전》, 중앙M&B, 1986.

이상우, 《박 정권 18년, 그 권력의 내막》, 동아일보사, 1986.

이장규, 《경제는 당신이 대통령이야: 전두환 시대의 경제비사》, 중앙일보사, 1991.

이정식, 《권력과 여인》, 돋움, 2000.

이종재, 《재벌이력서》, 한국일보사, 1993.

이한구, 《한국재벌사》, 대명출판사, 2004.

이호, 《정직한 경영인 이동찬》, 올림, 2006.

정동일, 《대한민국 은행을 바꾼 신한은행 방식》, 김영사, 2005.

정창모, 《금융사고, 사례와 대책》, 매일경제신문사, 2006.

조갑제, 《내 무덤에 침을 뱉어라》, 조선일보사, 1998.

조갑제 해설, 《노태우 육성회고록》, 조갑제닷컴, 2007.

조흥은행 편집실, 《조흥 100년 숨은 이야기》, 조흥은행, 1997.

주치호, 《서울은 지금 몇 시인가?》, 복지출판사, 1987.

최용근, 《명동 30년, 금융의 격랑을 헤치며》, 도서출판 신세림, 2002.

한국은행 편집실, 《한국은행 40년사》, 한국은행, 1990.

한운사, 《끝없는 전진: 백상 장기영 일대기》, 한국일보사, 1992.

한규훈, 《실록 한국은행》, 매일경제신문사, 1986.

한흥수, 《5공 비리와 청문회》, 한민출판사, 1988.

대한민국 머니 임팩트

초판 1쇄 인쇄 2008년 2월 11일
초판 1쇄 발행 2008년 2월 18일

지은이 윤광원
펴낸이 이범상
펴낸곳 (주)비전비엔피 · 비전코리아

기획 편집 박창석 박승범 윤수진
영업 관리 박석형 한상철 조명구 이미자
디자인 류승인 전공주

주소 121-865 서울시 마포구 서교동 377-26번지 1층
전화 02)338-9861 ǀ **팩스** 02)338-2413
이메일 ekwjd11@chol.com/visioncorea@naver.com
블로그 http://blog.naver.com/visioncorea

등록번호 제313-2005-224호

ISBN 978-89-87224-86-2 03320